LE GUIDE VERT

Lot Aveyron Vallée du Tarn

1 **Figeac, entre Lot et Célé** 31

2 **Souillac et le haut Quercy** 65

3 **Cahors et le Quercy blanc** 111

4 **Rodez, entre Rouergue et Aubrac** 159

5 **Les Grands Causses et les gorges du Tarn** 229

6 **L'Albigeois et la Montagne Noire** 307

7 **La région de Montauban** 385

Covid-19

Attention, les horaires et les modalités d'accueil des sites touristiques sont susceptibles de changer en fonction de l'évolution de la crise sanitaire. De nombreux musées et monuments imposent désormais la réservation en ligne. Vérifiez les conditions de visite afin d'éviter toute déconvenue.

DÉCOUPAGE GÉOGRAPHIQUE DU GUIDE SUR LA CARTE CI-CONTRE

L'équipe du Guide Vert Michelin, de gauche à droite :
Camille Bouvet, Denis Rasse, Natacha Brumard, Amaury de Valroger, Lucie Fontaine, Philippe Orain, Florence Dyan, Catherine Guégan, Hervé Dubois, Fiona Lale, Hélène Payelle, Marie-Pierre Renier, Éric Boucher, Véronique Aissani, Marie Simonet, Carole Diascorn, Jérôme Lévêque, Marion Capéra, Pascal Grougon, Dominique Auclair.

Édito

Redonner du sens au voyage en prenant son temps et dans un plus grand respect de l'environnement, voilà ce à quoi devraient ressembler nos déplacements de demain.

Alors, profitons de cette tendance pour ralentir le pas et nous imprégner en profondeur de la richesse des lieux que nous traversons et des gens que nous rencontrons. Laissons-nous surprendre et réapprenons à nous étonner de tout ce qui se trouve sous nos yeux, en ville ou à la campagne, sur un chemin de traverse, loin de chez nous ou juste au bout de la rue.

La France est une destination magnifique, riche de milliers de sites naturels, villages, églises, châteaux, moulins... sans oublier les femmes et les hommes qui font vivre ces patrimoines et leurs terroirs d'exception. Autant de lieux incontournables ou insolites, connus ou plus confidentiels, que l'équipe du Guide Vert Michelin a cherchés et dénichés pour vous au cours de ses innombrables tournées sur le terrain.

Dans cette nouvelle formule du Guide Vert Michelin, en complément des sites étoilés ★★★, nos auteurs ont également souhaité partager avec vous leurs itinéraires, leurs infos pratiques, leurs plus belles expériences de slow tourisme.
Pour la première fois, ils vous font part de leurs coups de cœur pour des adresses qui s'engagent dans une démarche écoresponsable, signalées au fil des pages par le symbole 🍃.

J'espère que chaque jour vous rendra plus riche et heureux de tout ce que vous découvrirez avec le Guide Vert Michelin !

À votre tour de faire le plein de beau, de bon et de rencontres.

Bon voyage !

Philippe Orain,
Directeur du Guide Vert Michelin

Sommaire

Nos incontournables 6

Nos coups de cœur 10

Nos itinéraires 18

Nos spots en famille 26

DÉCOUVRIR LA RÉGION

1 Figeac, entre Lot et Célé

Figeac 32
Assier 45
Labastide-Murat 49
Les Arques 54
Gourdon 56

2 Souillac et le haut Quercy

Souillac 66
Rocamadour 73
Gouffre de Padirac 88
Martel 90
Carennac 95
Saint-Céré 98
Château de Castelnau-Bretenoux 106
Château de Montal 108

3 Cahors et le Quercy blanc

Cahors 114
Luzech 127
Puy-l'Évêque 132
Château de Bonaguil 136
Quercy blanc 139
Saint-Cirq-Lapopie 143
Marcilhac-sur-Célé 149
Grotte du Pech Merle 156

4 Rodez, entre Rouergue et Aubrac

Rodez 162
Villefranche-de-Rouergue 174
Sauveterre-de-Rouergue 185
Najac 189
Belcastel 192
Conques 194
Vallée du Lot 203
Entraygues-sur-Truyère 213
Aubrac 221

5 Les Grands Causses et les gorges du Tarn

Millau 232
Gorges du Tarn 247
Sainte-Énimie 258
Cité de Pierres de Montpellier-le-Vieux 261
Causse Méjean 264
Meyrueis 271
Causse de Sauveterre 277
Sévérac-le-Château 280
Causse du Larzac 282
Roquefort-sur-Soulzon 289
La Couvertoirade 293
Nant et les gorges de la Dourbie 295
Abbaye de Sylvanès 298
Saint-Sernin-sur-Rance 302

6 L'Albigeois et la Montagne Noire

Albi 310
Lautrec 326
Castres 328

Sidobre....339
Lacaune-les-Bains....342
Mazamet....345
Montagne Noire....349
Lavaur....357
Gaillac....360
Cordes-sur-Ciel....369
Le Carmausin....379

7 La région de Montauban

Montauban....386
Moissac....397
Bruniquel....404
Saint-Antonin-Noble-Val....406
Caussade....416
Montpezat-de-Quercy....419
Lauzerte....422

GordonBellPhotography/Getty Images Plus

COMPRENDRE LA RÉGION

Bienvenue dans le Lot, l'Aveyron et le Tarn....428
10 choses à savoir....429
Saveurs locales....430
Nature et paysages....434
Histoire....440
Art et culture....450
Personnalités....463
Fêtes et traditions....464

ORGANISER SON VOYAGE

Types de séjours....468
Aller dans la région....469
Avant de partir....470
Sur place de A à Z....472
Agenda....478
Livres, films....480

Index général....484
Index cartographique....493
Légende cartographique....494

Retrouvez nos carnets d'adresses à la fin de chaque chapitre

H. Lenain/hemis.fr

Nos incontournables

★★★

L'aven Armand

Une forêt minérale de palmiers et de cyprès peuplée d'êtres fantastiques compose l'univers féerique de l'une des merveilles du monde souterrain. **Voir p. 264**

legna69/Getty Images P

AlbertoLoyo/Getty Images Plus

★★★

La cathédrale Sainte-Cécile d'Albi

L'apparente simplicité de la cathédrale ne laisse pas présager la richesse inouïe de son intérieur, entièrement recouvert du plus somptueux ensemble de fresques Renaissance de France. **Voir p. 310**

on Arnold Images/ hemis.fr

★★★

Les gorges du Tarn

La vue du Point Sublime, le « prince de tous les belvédères du causse », offre le spectacle rare et grandiose des trois plus beaux sites des gorges du Tarn : le cirque des Baumes, le Pas de Soucy et les Détroits. **Voir p. 247**

★★

Le musée Soulages à Rodez

Un espace muséal unique conçu pour comprendre le processus de création d'un des plus grands artistes contemporains. **Voir p. 164**

. Guy/hemis.fr/RCR arquitectes et Passelac & Roques architectes/Christian Lapie "Au-dessus du vent", 2019

★★★

Le viaduc de Millau

Comme un fantastique voilier des airs, le viaduc de Millau s'envole au-dessus du Tarn dans un élan prodigieux de légèreté et d'élégance. **Voir p. 232**

clodio/Getty Images Plus/©CEVM Eiffage/Foster&partners

Nos incontournables

★★★

L'abbatiale Sainte-Foy de Conques

Étape mythique sur le chemin de St-Jacques de Compostelle, l'abbatiale Ste-Foy, célèbre pour son beau tympan, est l'un des chefs-d'œuvre les plus extraordinaires de l'art roman. **Voir p. 195**

Freeartist/Getty Images Plu

★★★

Cordes-sur-Ciel

La « ville aux mille ogives » est un ensemble exceptionnel de demeures gothiques, une cité hors du temps suspendue entre ciel et terre. Une parenthèse inoubliable. **Voir p. 369**

H. Lenain/hemis

'artinM303/Getty Images Plus

ordonBellPhotography/Getty Images Plus

★★★

Rocamadour

Citadelle de la foi et cité sacrée, Rocamadour se présente comme un amoncellement vertigineux d'églises et de maisons accrochées à la paroi verticale d'une falaise dorée. Un équilibre miraculeux. **Voir p. 73**

★★

Le pont Valentré de Cahors

Exemple remarquable de l'architecture militaire médiévale, le pont Valentré de Cahors est un pont fortifié presque inexpugnable. Mais il est aussi l'un des plus élégants de France. **Voir p. 121**

P. Cabrol/Centre de Préhistoire du Pech-Merle (Cabrerets, Lot)

★★★

La grotte du Pech Merle

Cette grotte ornée, peuplée d'un fabuleux bestiaire peint et gravé, est l'une des plus belles au monde, et l'une des rares à être accessibles au public. **Voir p. 156**

Nos coups de cœur

Troupeau de brebis dans le Larzac, près de La Couvertoirade.

TOP 5 Musées

1. Musée Soulages à Rodez (p. 164)
2. Musée Toulouse-Lautrec à Albi (p. 314)
3. Musée Champollion à Figeac (p. 36)
4. Musée Ingres Bourdelle à Montauban (p. 387)
5. Musée Goya à Castres (p. 329)

Le musée Toulouse-Lautrec à Albi.
De Agostini Editore Picture Library/age fotostock

❤ **Se prendre à rêver** de tout plaquer et aller élever des moutons dans le Larzac. Pour ses larges horizons. Pour ses étendues austères. Pour ses bornes en granit posées par les Templiers. Pour ses prairies vertes et grises ponctuées de moutons blancs dont on entend parfois les sonnailles percer le silence absolu du plateau. **Voir p. 282**

❤ **Fermer les yeux** pour apprécier les arômes des aligots, truffes, foies gras, fourmes et roqueforts qui proviennent des étals du marché de Villefranche-de-Rouergue, le jeudi matin, au pied de la collégiale. Et, bien sûr, ne pas hésiter à tout goûter. **Voir p. 174**

❤ **Regarder avec une pointe d'envie** le vol des vautours qui planent au-dessus du canyon de la Jonte au cours d'une randonnée sur la corniche du causse Noir. Poursuivre ensuite son chemin à travers des sous-bois et des rochers aux formes inouïes dans un paysage grandiose. **Voir p. 272**

❤ **Admirer les gants noirs d'Yvette Guilbert**, les cheveux roux de la Goulue et l'écharpe rouge d'Aristide Bruant, au musée Toulouse-Lautrec d'Albi, qui abrite quelques chefs-d'œuvre du peintre. Et suivre le parcours de cet artiste immense et facétieux à travers les riches collections du musée. **Voir p. 314**

L. Maisant/hemis.fr

Nos coups de cœur

Canoë dans les gorges du Tarn.
clodio/Getty Images Plus

❤ **Reprendre des forces** en savourant un aligot à Aubrac. Ce plat roboratif à base de pommes de terre et de tomme fraîche, était servi aux pèlerins en route pour St-Jacques-de-Compostelle. **Voir p. 226**

Aligot.
margouillatphotos/Getty Images Plus

❤ **Réviser son cours d'histoire** en suivant les traces des Templiers qui ont fondé cinq villages sur le plateau du Larzac. S'attarder à La Couvertoirade, un minuscule bourg fortifié du 12e s. qui abrite derrière ses remparts intacts le seul château érigé par les Templiers en France. **Voir p. 293**

❤ **Avoir une petite poussée d'adrénaline** en sentant le courant du Tarn prendre brusquement de la vitesse sous son canoë. Se laisser emporter par les rapides et retrouver ensuite des eaux calmes pour lever les yeux vers les parois impressionnantes qui s'élèvent de chaque côté de la rivière, tels les gratte-ciel d'une ville minérale. **Voir p. 254**

Transhumance des vaches à Aubrac.
D. Caviglia/hemis.fr

Cordes-sur-Ciel.
Simon Biggar/Getty Images Plus

TOP 5
Villages de charme

1. Cordes-sur-Ciel (p. 369)
2. Rocamadour (p. 73)
3. Saint-Cirq-Lapopie (p. 143)
4. La Couvertoirade (p. 293)
5. Cantobre (p. 296)

❤ **Accompagner Marquise**, Charmante, Finette et les autres, couronnées de fleurs et de houx, pendant les premiers kilomètres de la transhumance des vaches à Aubrac, dans un joyeux vacarme de cloches. **Voir p. 221**

❤ **Prendre une leçon magistrale** d'architecture militaire au château de Bonaguil. L'orgueil paranoïaque de son propriétaire en a fait une forteresse inexpugnable exemplaire mais… inutile. Le château n'a jamais été attaqué ! **Voir p. 136**

❤ **Compter les nuances de rouge** des façades en briques d'Albi. Et succomber au charme fou de cette ville douce et familière à l'atmosphère méditerranéenne où l'on se sent tout de suite bien. **Voir p. 310**

Nos coups de cœur

Musée Champollion - Les Écritures du monde.
L. Boegli/Agence Moatti et Rivière/Adagp, Paris, 2023

❤ **Méditer sur le chemin** de St-Jacques de Compostelle entre St-Chély-d'Aubrac et St-Côme-d'Olt. Ou décider de continuer jusqu'au pont Vieux d'Espalion, 5 km plus loin, le lieu de rendez-vous des pèlerins qui se réunissaient devant les tanneries de la ville.
Voir p. 207

❤ **Observer la couleur pourpre**, presque noire, d'un malbec, le vin aux arômes de réglisse et de prune de la région de Cahors. C'était le vin préféré de François Ier. À déguster avec une truffe du Quercy pour une expérience gustative qui, dit-on, frôle l'apothéose. **Voir p. 433**

Pont Vieux d'Espalion.
jeanro/Getty Images Plus

TOP 5 Grottes

1. Grotte du Pech Merle (p. 156)
2. Aven Armand (p. 264)
3. Grotte de Dargilan (p. 274)
4. Grottes de Lacave (p. 69)
5. Grottes de Cougnac (p. 58)

La grotte de Lacave.
A. Spani/hemis.fr

❤ **Avoir envie de poser la main** sur la main négative de la grotte du Pech Merle pour répondre au salut envoyé à travers le temps par l'un des hommes qui ont couvert cette grotte de centaines de dessins et de motifs géométriques de toute beauté. **Voir p. 156**

❤ **S'ouvrir aux musiques du monde** au Festival de musiques sacrées et de musiques du monde de Sylvanès. L'abbaye cistercienne accueille des artistes de très haut niveau avec l'objectif d'offrir à tous, loin des circuits mercantiles, la possibilité de découvrir et de partager les musiques d'ailleurs. **Voir p. 298**

❤ **Apprendre à déchiffrer des hiéroglyphes** au musée Champollion à Figeac. Mais aussi découvrir les mille formes d'écriture inventées par l'homme dans un musée passionnant dédié au citoyen le plus célèbre de la ville. **Voir p. 36**

❤ **Réaliser le rêve d'une vie** et voler. La région offre de multiples possibilités : montgolfière à Villefranche-de-Rouergue, planeur au-dessus de la Montagne Noire, deltaplane, parapente et saut à l'élastique à Millau. **Voir p. 473**

Montgolfières au-dessus de Rocamadour.
digital_eye/Getty Images Plus

Nos coups de cœur

Gouffre de Padirac.

❤ **Suivre les pas des chevaux** qui, au 19e s., tiraient les gabarres chargées de marchandises pour leur faire remonter le courant du Lot en suivant le spectaculaire chemin de halage taillé dans la roche entre St-Cirq-Lapopie et Bouziès. Et se souvenir qu'à certains endroits, les chevaux ne passant pas, c'était au tour des hommes de tirer les bateaux à leur place. **Voir p. 153**

❤ **Apprendre à traire une brebis** en observant le geste millénaire des éleveurs dans une ferme d'élevage aux environs de Roquefort-sur-Soulzon. Et se rendre compte de ses propres yeux qu'il n'y a pas deux brebis pareilles. **Voir p. 289**

❤ **Voir des vitraux uniques au monde** à l'abbatiale Ste-Foy à Conques. Étonnamment blancs, translucides et striés de lignes parallèles noires, ils ont été conçus par Pierre Soulages pour sublimer la teinte naturelle de la pierre. **Voir p. 195**

❤ **Descendre à 100 m sous terre** au fond du gouffre de Padirac. Et observer le résultat du travail de l'eau qui a patiemment modelé des paysages calcaires peuplés de formes inconcevables par l'esprit humain. À visiter en dehors des périodes d'affluence pour en profiter pleinement. **Voir p. 88**

Détail de l'abbaye Sainte-Foy, à Conques.
GeorgesDiegues/Getty Images Plus

TOP 5
Randonnées

1. Chemins de St-Jacques (p. 446)
2. Gorges du Tarn (p. 247)
3. Corniche du causse Noir (p. 273)
4. Chemin de halage du Lot (p. 153)
5. Voie verte le long du canal des Deux-Mers (p. 401)

Le chemin de halage de Ganil au bord du Lot et le bas-relief du sculpteur Daniel Monnier.
J.-M. Barrère/hemis.fr

Nos itinéraires

5 jours

Le Lot, au départ de Luzech

En bref : 180 km de méandres sur le chemin des gabarres.

Jordi Santacana/Getty Images Plus

Luzech J-1

Le matin, visite de la ville de Luzech. L'après-midi, balade à la découverte des villages des causses du Quercy jusqu'à Cambayrac. Nuit aux alentours de Luzech (**p. 127**).

Cahors J-2

Rejoindre Cahors par la D 8. Visite du pont Valentré et de la cathédrale. Balade en ville en suivant l'itinéraire des jardins secrets de Cahors. Nuit à Cahors (**p. 114**).

Vue du village d'Albas depuis le Lot.
J.-M. Barrère/hemis.fr

St-Cirq-Lapopie J-3

Cap sur St-Cirq-Lapopie en suivant le cours du Lot. Balade dans les rues à la rencontre des artistes et artisans du bourg (**p. 143**). Visite du château de Cénevières (**p. 145**) ou promenade sur le chemin de halage (**p. 153**). Nuit à St-Cirq-Lapopie.

Conques J-4

Remonter le Lot jusqu'à Conques pour visiter l'abbatiale Ste-Foy et le Trésor. Nuit à Conques (**p. 194**).

Entraygues-sur-Truyère J-5

Continuer à remonter le cours du Lot en direction d'Entraygues-sur-Truyère (**p. 213**). Visite de la vieille ville. L'après-midi, visite du village vinicole du Fel (**p. 214**), du centre céramique du Don du Fel (**p. 214**) ou bien découverte des gorges de la Truyère (voir circuit **p. 215**). Nuit à Entraygues-sur-Truyère.

Conseil : vous pouvez parcourir le tronçon entre Puy-l'Évêque et Cahors à vélo, sur la véloroute de la vallée du Lot.

5 jours

Le Tarn, de Florac à Moissac

En bref : 360 km le long d'une rivière mythique.

ciadio/Getty Images Plus

Les gorges du Tarn J-1

Au départ de Florac, longer les gorges par la D 907bis. Déjeuner à Ste-Énimie (**p. 258**) et halte au Point Sublime (**p. 248**). Nuit à Millau.

Millau J-2

Millau et son viaduc, et la vue sur l'ouvrage depuis l'aire de vision du viaduc. Nuit à Millau (**p. 232**).

Conseil : réservez une demi-journée pour faire du parapente au-dessus de Millau : frissons garantis !

Les Raspes et les Grands Causses J-3

Longer le Tarn en suivant une partie du circuit des Raspes et en passant sous les piles du viaduc. Rejoindre Brousse-le-Château (**p. 304**) puis St-Sernin-sur-Rance (**p. 302**) via Coupiac (**p. 304**). Nuit dans les alentours.

Albi J-4

Visite de la cathédrale Ste-Cécile, du musée Toulouse-Lautrec et balade dans la vieille ville (**p. 310**). Après-midi dans le vignoble de Gaillac (**p. 362**). Nuit au château de Mauriac (**p. 364**) ou à Albi.

Montauban et Moissac J-5

Cap sur Montauban (**p. 386**). Visite du musée Ingres Bourdelle. Après-midi à la pente d'eau de Montech (**p. 392**), ou à Moissac pour découvrir son abbaye (**p. 398**). Le confluent du Tarn et de la Garonne se trouve à quelques kilomètres à l'ouest. Nuit à Montauban.

Le cloître de l'abbaye de Moissac.
S. Lemaire/hemis.fr

Nos itinéraires

6 jours

Le Tarn et l'Aveyron

En bref : 450 km entre bastides et abbayes.

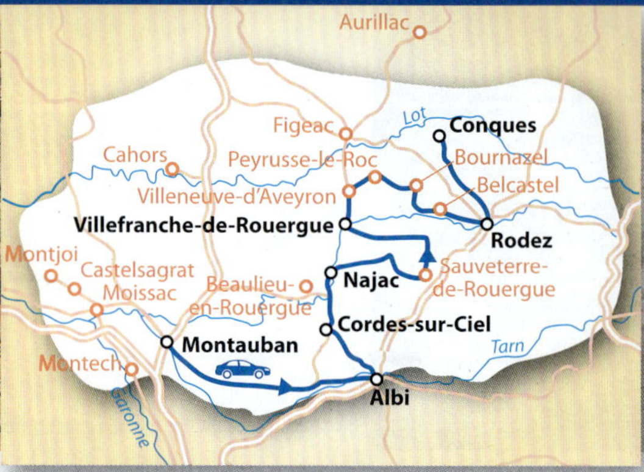

wakila/Getty Images Plus

Montauban J-1

Visite du musée Ingres Bourdelle (**p. 387**). Puis, direction Montech et la pente d'eau (**p. 392**) où l'on peut déjeuner. Découverte de l'abbaye de Moissac (**p. 398**), avant de rejoindre les bastides de Castelsagrat et Montjoi (**p. 423**). Dîner sur place et nuit à Montauban.

Conseil : pour une journée de plus à Montauban, louez un vélo et rejoignez Montech puis Moissac par la voie verte (p. 401).

Albi et Cordes-sur-Ciel J-2

Cap sur Albi. Visite de la cathédrale Ste-Cécile, du musée Toulouse-Lautrec et balade dans la vieille ville (**p. 310**). Fin d'après-midi à Cordes-sur-Ciel (**p. 369**). Nuit dans le village perché.

Najac J-3

Direction Najac (**p. 189**). Visite de la bastide et de la forteresse. Après-midi à l'abbaye de Beaulieu ou baignade dans l'Aveyron (**p. 408**). Nuit à Sauveterre (**p. 185**).

Villefranche-de-Rouergue J-4

Matinée dans le Ségala pour visiter les bastides, de Sauveterre à La Bastide-l'Évêque (**p. 181**). Déjeuner à Villefranche où vous passerez l'après-midi et la soirée (**p. 174**).

Conseil : visez d'arriver un mercredi soir à Villefranche pour assister au marché du jeudi.

Rodez J-5

Plein nord vers la bastide de Villeneuve (**p. 182**) puis visite de Peyrusse-le-Roc et sa cité oubliée (**p. 180**). Après-midi consacrée à la visite d'un château : Belcastel (**p. 192**) et sa forteresse, ou Bournazel (**p. 192**) et ses splendides jardins. Nuit à Rodez (**p. 162**).

Conques J-6

À Rodez, visite du musée Fenaille (**p. 167**) et du musée Soulages où vous comprendrez tout sur les vitraux de Conques (**p. 164**). Après-midi consacrée à découvrir le village et l'abbaye de Conques (**p. 195**).

7 jours

Le Lot, le Tarn et l'Aveyron

En bref : 630 km au fil des trois rivières.

pase4/Getty Images Plus

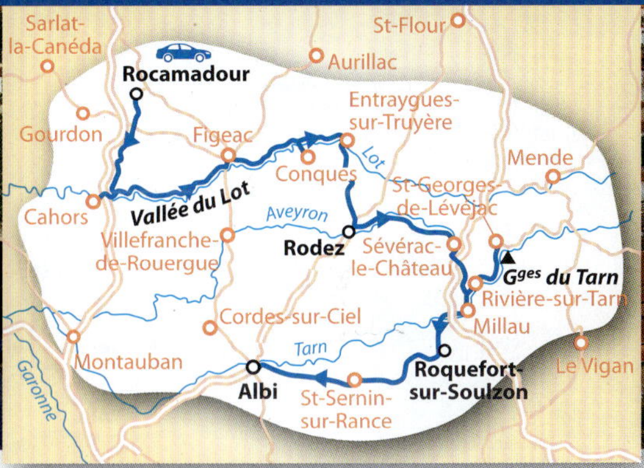

Rocamadour — J-1

Faites étape à Rocamadour pour découvrir la citadelle de nuit (**p. 73**).

Vallée du Lot — J-2

La vallée du Lot en passant par Cahors (**p. 114**), puis au fil de la rivière jusqu'à Figeac. Nuit à Figeac (**p. 32**).

Vallée du Lot — J-3

Visite de l'abbatiale Ste-Foy à Conques (**p. 195**), puis du château à Entraygues-sur-Truyère (**p. 214**). Étape à Rodez (**p. 162**).

Rodez — J-4

Visite du musée Soulages, puis cap sur Millau, avec arrêt à Sévérac-le-Château (**p. 280**) aux sources de l'Aveyron. Nuit à Millau (**p. 232**).

Gorges du Tarn — J-5

Journée consacrée aux gorges du Tarn et à leurs splendeurs (**p. 247**). Nuit à Rivière-sur-Tarn ou au Rozier (**p. 248**).

Roquefort — J-6

En chemin, passage sous les piles du viaduc de Millau. Escale gourmande à Roquefort-sur-Soulzon (**p. 289**). Nuit vers St-Sernin-sur-Rance (**p. 302**).

Albi — J-7

Visite du vieil Alby : la cathédrale et le musée Toulouse-Lautrec (**p. 310**). Nuit à Albi.

Conseil : après Albi, prolongez votre séjour en allant à Cordes-sur-Ciel.

Rocamadour.
MartinM303/Getty Images Plus

Nos itinéraires

14 jours

Le grand tour des causses

En bref : 1150 km dans une nature sauvage et préservée.

H. Lenain/hemis.fr

Saint-Cirq-Lapopie.
jon chica parada/Getty Images Plus

Canoë sur le Tarn.
tilo/Getty Images Plus

Les causses du Quercy J-1 & 2

Une journée pour découvrir Rocamadour (**p. 73**). Le lendemain, visite du gouffre de Padirac (**p. 88**), de la grotte du Pech Merle (**p. 156**) ou du château de Vaillac (**p. 53**). Deux nuits à Rocamadour.

Le causse de Limogne J-3

Traversée du causse de Limogne (**p. 412**) via St-Cirq-Lapopie (**p. 143**). Puis découverte des gorges de l'Aveyron à partir de St-Antonin-Noble-Val (**p. 406**) via Penne (**p. 411**) et Bruniquel (**p. 401**). Nuit à St-Antonin-Noble-Val.

Cordes-sur-Ciel J-4

Une journée pour visiter la ville haute de Cordes-sur-Ciel (**p. 369**). Dîner et nuit à Albi (**p. 310**).

Albi J-5

Les rues du vieil Albi, la cathédrale Ste-Cécile, le palais de la Berbie, le musée Toulouse-Lautrec et le musée de la Mode (**p. 310**). Nuit à Albi.

Rodez J-6

Direction le nord, par le viaduc du Viaur (**p. 187**). On aperçoit bientôt la silhouette de la cathédrale de Rodez, dressée sur le causse. À Rodez (**p. 162**), visite de la cathédrale, du musée Soulages et du musée Fenaille. Nuit à Rodez.

Millau J-7

En chemin vers Millau, traversée des paysages d'altitude du plateau du Lévézou (**p. 238**). Avant de rejoindre la ville, halte à l'aire de vision du viaduc de Millau (**p. 232**). Nuit à Millau.

Les gorges du Tarn J-8

Traversée des gorges du Tarn (**p. 247**), entourées par les causses. Nuit à Ste-Énimie (**p. 258**).

Le causse Méjean J-9

Dans le causse Méjean, visite de l'aven Armand (**p. 264**), le chaos de Nîmes-le-Vieux (**p. 266**) et de la Cité de Pierres de Montpellier-le-Vieux (**p. 261**). Nuit à Millau (**p. 232**).

Le Larzac J-10

Traversée du causse du Larzac (**p. 282**) en suivant le circuit des Templiers et des Hospitaliers. Nuit sur le causse du Larzac (**p. 287**).

L'Aubrac J-11

Rejoindre le plateau de l'Aubrac (**p. 221**) en empruntant le viaduc de Millau. Déjeuner en chemin à Sévérac-le-Château (**p. 280**). Nuit à Aubrac ou à Laguiole (**p. 224**).

La vallée du Lot J-12

Après avoir sillonné les petites routes de l'Aubrac, redescendre en fin de journée dans la vallée du Lot. Nuit dans les environs d'Estaing (**p. 208**).

Les gorges du Lot J-13

À la découverte des gorges du Lot et de la vieille ville d'Entraygues-sur-Truyère (**p. 213**). Nuit dans le village vinicole du Fel (**p. 214**).

Conques J-14

Fin du périple à l'abbatiale Ste-Foy de Conques (**p. 195**), l'un des joyaux du chemin de St-Jacques-de-Compostelle. Nuit à Conques.

Conseil : les causses dissimulent d'incroyables réseaux souterrains pour les spéléologues, professionnels comme amateurs. N'hésitez pas à les explorer !

H. Lenain/hemis.fr

En 3 étapes

Les gorges de l'Aveyron

En bref : 85 km de Montauban à Laguépie.

24K-Production/Getty Images Plus

Ça grimpe, ça grimpe ! Mais que c'est beau ! Au départ de Montauban, pour profiter de la vallée et des gorges de l'Aveyron, des magnifiques villages et des châteaux perchés, des plages de rivière et des berges ombragées, deux solutions : être l'heureux propriétaire de mollets d'acier ou d'un vélo à assistance électrique.

De Montauban à Montricoux 33 km

Réservé aux cyclistes entraînés (ou aux adeptes du vélo électrique), ce circuit démarre en douceur, un peu plus de 2h en selle, avec 65 m de côtes. Il faut bien s'échauffer ! Profitez-en pour prendre votre temps. Commencez par flâner dans Montauban, accueillante pour les deux-roues. Au départ de la rue du Fort, près de l'office de tourisme, la traversée vélo est fléchée. Passé une première côte, l'itinéraire rejoint la « Promenade des Montalbanais » (3e km) et reste en site propre jusqu'à la sortie de la ville. Il serpente ensuite sur de petites routes tranquilles.

À Nègrepelisse (22e km), vous rencontrez enfin l'Aveyron, que vous longez jusqu'à Montricoux, l'étape du soir. En chemin, admirez à loisir – mieux, visitez – les châteaux de Nègrepelisse et Montricoux.

De Montricoux à St-Antonin-Noble-Val 28 km

Attention, ça se complique ! L'étape est courte mais elle grimpe, avec 520 m de côtes (et presque autant de descentes) ! Ceci dit, quel spectacle ! Un causse au fond duquel coule l'Aveyron, avec ses gorges piquées de villages et châteaux perchés. Ces panoramas valent bien quelques litres de sueur ! Empruntant surtout des petites routes, l'itinéraire rejoint deux fois la D 115, passante, sans espace réservé aux vélos : prudence entre Bruniquel (5e km) et Penne (13e km), puis sur 2 km à partir de Vayrevignes (20e km). Juste après, au 22e km, voici la plus longue côte du parcours (100 m de dénivelé) ! Courage, voilà enfin le village médiéval de St-Antonin-Noble-Val, l'étape du jour.

Pour télécharger le tracé GPX du circuit, flashez ce QR code. Ouvrez le fichier téléchargé à partir d'une application GPX et laissez-vous guider !

De St-Antonin-Noble-Val à Laguépie 24 km

Encore une étape qui grimpe, mais bien moins que la précédente (234 m de côtes). Il faudra pédaler un peu plus d'1h30 durant la journée. L'itinéraire démarre en rive gauche de la rivière, sur la tranquille D 958. Au 7e km, il traverse la rivière et croise la D 115 quelques centaines de mètres plus loin. Prudence au carrefour ! Autre passage délicat : à partir de Lexos (15e km), 500 m partagés avec les voitures sur la D 958, ici passante. Ces deux passages exceptés, vous profitez sereinement de cette dernière portion, tout aussi spectaculaire que la précédente, constituée principalement de petites routes tranquilles, en fond de vallée, le long de l'Aveyron. Ce, jusqu'à Laguépie, le terme d'une belle escapade.

Infos pratiques

Louer son vélo à Montauban
Maison du Vélo – 16 allée de l'Empereur (à 15mn à pied de la gare) - ✆ 06 17 13 90 72 - www.montm.com/tm-velo - tlj sf dim. 12h30-19h. Vélos classiques (6 €/sem.) et électriques (10 €/j, 25 €/sem.). Panier compris, mais pas de casque. Attention, il faut rendre les vélos aux heures où l'agence est ouverte.

Et pour le retour ?
Comptez minimum 2h pour rejoindre Montauban de Laguépie en train, avec une correspondance à Toulouse.

Où dormir ?
À Montauban, **Hôtel du Commerce.** p. 396.

À Montricoux, **Chambre d'hôte Le chat qui dort.** p. 415

À St-Antonin, **Chambre d'hôte La Résidence.** p. 415.

Bon à savoir
Attention, cet itinéraire est trop rarement en site protégé pour être conseillé avec des enfants.

Nos spots en famille

F. Cassing/La Cité de Pierres

Via ferrata dans la Cité de Pierres.

Tout au long du guide, ce symbole vous aidera à repérer les sites ou activités qui intéresseront les enfants.

▸ **Expérience des écritures au musée Champollion à Figeac.** Pendant 2h, les enfants abordent le codage et le décodage d'une écriture en s'initiant aux hiéroglyphes. On s'amuse en écrivant son nom en signes, on s'interroge sur la nature de ce signe et on visite le musée avec l'esprit ouvert. **Voir p. 36.**

N'oubliez pas de vous inscrire - 05 65 50 31 08.

▸ **Les chèvres angora.** Roquefort et Ratatouille, 60 cm au garrot, sont nés en 2020. Ces chevreaux ont agrandi la famille de chèvres angora de Cécile. Ils donnent leur toison toute douce pour fabriquer la laine mohair. Partez à la rencontre des chèvres dans leur pâturage ou à la Ferme au doux Mohair au cœur de l'Aubrac. **Voir p. 226.**

Fête de la tonte début juillet.

Balade en âne
tepic/Getty Images Plus

▸ **Conduite d'une turbine sur la pente d'eau de Montech.** Après une balade le long des canaux (à pied, à vélo, en kayak), la péniche Altaïr est en vue, au milieu de la pente d'eau (qui ne fonctionne plus). En descendant dans l'embarcation, on peut se mettre au poste de commande, actionner les leviers des machines et entrer dans la salle qui simule le passage de la péniche. **Voir p. 392.**

▸ **Baignade sous une cascade du Tarn.** La cascade des Baumes tombe d'une vingtaine de mètres dans un calme plan d'eau à l'eau cristalline, baigné de soleil. Pour y arriver, il faut un canoë, des coups de rame et une grosse envie de se jeter à l'eau. **Voir p. 241.**

Baignade sauvage. Les enfants doivent savoir parfaitement nager. Vous ne serez pas tout seul en été...

▸ **VTT dans un canyon australien... en Aveyron.** Au départ de Montlaur, enfourchez votre VTT et c'est parti pour 3h de joie dans les creux des canyons de terre rouge et sur les crêtes qui dominent le rougier de Camarès. Au passage, les statues-menhirs vous saluent bien. Sportif et dépaysant. **Voir p. 300.**

26 km - à partir de 10 ans - évitez les journées de grosses chaleurs.

▸ Le travail du dresseur d'ours. Shadow a du caractère. C'est normal, il est une star des écrans. Au parc animalier du Ségala, Jean-Philippe Roman raconte son travail de préparateur animalier pour le cinéma et la télévision, entre deux gros câlins de 500 kg. **Voir p. 186**.

Plusieurs animations se succèdent avec les différents habitants du parc.

▸ Barque à 100 m sous terre à Padirac. Plongez dans le monde féerique du gouffre vertigineux. Après la descente dans les entrailles de la terre, une flottille de bateaux plats vous emporte sur la rivière aux eaux limpides. Par la magie des lieux, les guides se transforment alors en gondoliers et naviguent sous d'incroyables pendeloques de pierre. **Voir p. 88**.

Les samedis d'été, des visites de nuit, à la lanterne, sont proposées.

▸ Écomusée de Cuzals. Il faut surveiller les animations formidables de ce merveilleux musée qui recense les pratiques et les objets du monde rural. Un jour, le nez à hauteur de la table du boulanger, on apprend à fabriquer le pain, un autre à tisser, à croiser l'osier, ou encore à quoi servent les plantes, comment recycler, ou bien comment se passe une journée de battage. Tout le monde participe et chacun comprend. **Voir p. 151**.

On y passe facilement la journée.

▸ Randonnée avec un âne dans la vallée du Célé. Petites routes et sentiers pénètrent au cœur d'une des plus jolies vallées du Causse. Les ânes, charmants porteurs de bagages, font vite partie de la famille : il faut leur parler, les caresser et en prendre soin. Une présence que les enfants quittent à regret, et les parents aussi. **Voir p. 153**.

Les balades peuvent durer de quelques heures à plusieurs jours.

▸ Via ferrata dans la Cité de Pierres. Sanglez vos baudriers, ajustez vos casques, le cœur un peu battant, car cinq tyroliennes impressionnantes vous attendent, dont une de 200 m de long. En plein cœur du causse Noir, la via ferrata de la Cité de Pierres de Montpellier-le-Vieux offre un parcours unique, d'abord souterrain, puis aérien, jusqu'à 830 m d'altitude. Sensations fortes et vues panoramiques sur l'ensemble des Grands Causses. **Voir p. 263**.

Grande via ferrata pour les + 12 ans et parcours 8-12 ans.

Promenade dans le gouffre de Padirac.
Philippe CROCHET/Gouffre de Padirac

Gorges de la Dourbie, le moulin de Corps et son pont du 15e s.

D. Bugrat/hemis.fr

DÉCOUVRIR LA RÉGION

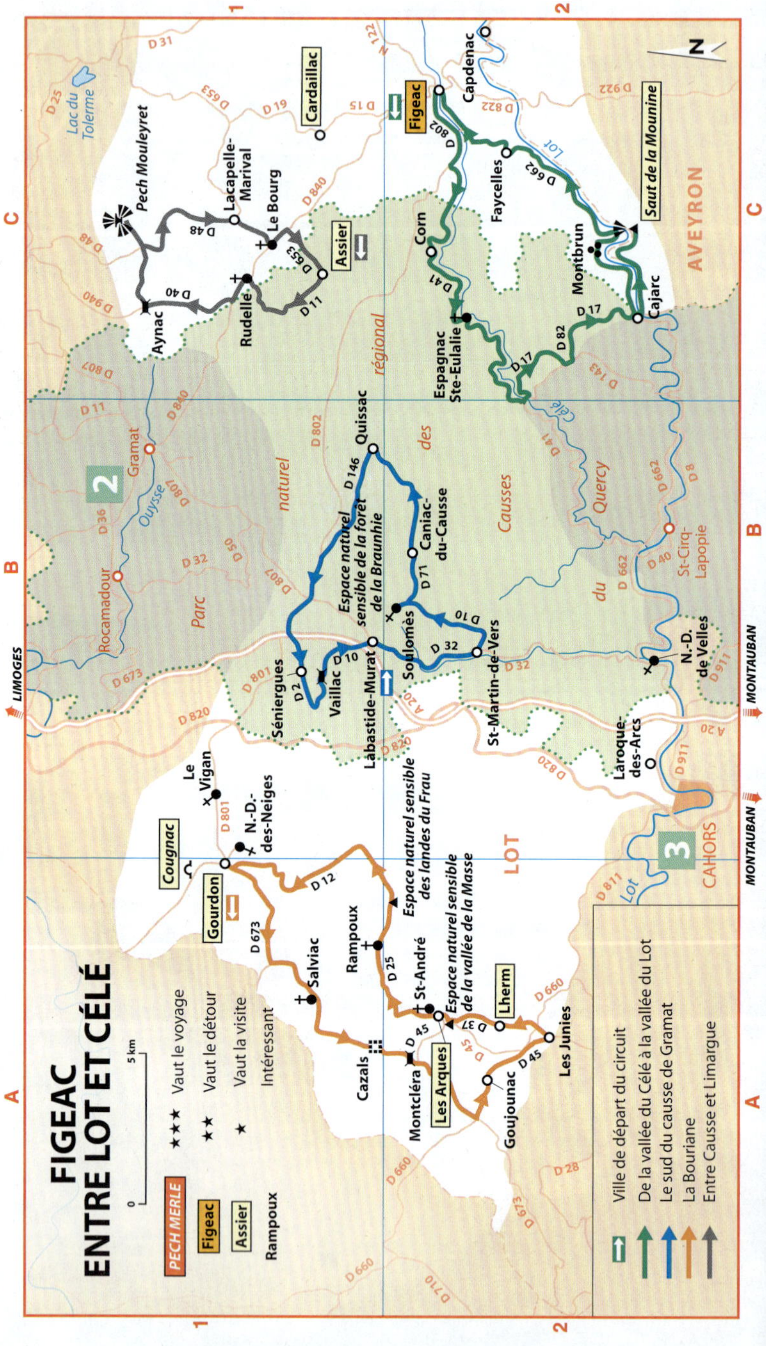

FIGEAC
ENTRE LOT ET CÉLÉ
0
5 km
PECH MERLE ★★★ Vaut le voyage
Figeac ★★ Vaut le détour
Assier ★ Vaut la visite
Rampoux Intéressant
Ville de départ du circuit
De la vallée du Célé à la vallée du Lot
Le sud du causse de Gramat
La Bouriane
Entre Causse et Limargue
Parc naturel régional des Causses du Quercy
LOT
AVEYRON
CAHORS
LIMOGES
MONTAUBAN
Figeac
Capdenac
Faycelles
Saut de la Mounine
Montbrun
Cajarc
Corn
Espagnac Ste-Eulalie
Assier
Cardaillac
Lacapelle-Marival
Le Bourg
Rudelle
Aynac
Pech Mouleyret
Lac du Tolerme
Gramat
Rocamadour
Ouysse
Quissac
Caniac-du-Causse
Espace naturel sensible de la forêt de la Braunhie
Soulomès
St-Martin-de-Vers
Labastide-Murat
Vaillac
Séniergues
St-Cirq-Lapopie
N.-D. de Velles
Laroque-des-Arcs
Le Vigan
N.-D.-des-Neiges
Cougnac
Gourdon
Salviac
Rampoux
St-André
Espace naturel sensible des landes du Frau
Espace naturel sensible de la vallée de la Masse
Lherm
Les Junies
Goujounac
Les Arques
Montcléra
Cazals
Célé
Lot

1

Figeac, entre Lot et Célé

CARTE MICHELIN DÉPARTEMENTS 337 - LOT (46)

Figeac★★	32
Assier★	45
Labastide-Murat	49
Les Arques★	54
Gourdon★	56

Figeac ★★

Merveille d'architecture héritée d'un passé prestigieux, Figeac déroule ses ruelles médiévales au gré d'une topographie mouvementée. On ne se lasse pas de découvrir le lacis des venelles en pente, leurs coudes et leurs détours, leurs escaliers entre des murailles de grès, où chaque porte, chaque fenêtre témoigne du soin apporté à leur restauration. Au cœur de la ville, il fait bon s'asseoir à la table d'une terrasse installée sur l'une des petites places du secteur sauvegardé, à moins que vous ne poussiez la porte du musée Champollion, belle réussite muséale. Aux premières heures du jour, la brume se déchire au-dessus des vallées qui entaillent le causse, découvrant leurs trésors.

Place Champollion, à Figeac.
C. Goupi/age fotostock

Se repérer

CARTE C2 (P. 30) - PLAN (P. 34) -
CARTE D'UNE VALLÉE À L'AUTRE (P. 39).

9802 Figeacois – Lot (46).
70 km à l'est de Cahors et 34 km au sud-est de Gramat.

À ne pas manquer

Le musée Champollion ; les rues la nuit ; la vallée du Célé à proximité.

Organiser son temps

Comptez une journée pour la ville et une journée pour les environs.

En famille

Le musée Champollion. À Cardaillac, le Musée éclaté. Le domaine de loisirs du Surgié.

Carnet pratique p. 43

Nos adresses p. 43

★★ Le vieux Figeac

PLAN P. 34

Circuit tracé sur le plan p. 34.
Il a conservé son plan du Moyen Âge, avec son entrelacs de rues étroites et tortueuses, circonscrit par une ligne de boulevards à l'emplacement des fossés. Figeac est située au bord du Célé, sur la route du pèlerinage de St-Jacques-de-Compostelle. Les nombreux bâtiments des 12e, 13e et 14e s., construits dans un beau grès beige, s'ouvrent au rez-de-chaussée par de grandes arcades surmontées au premier étage de baies sculptées. À cela s'ajoutent des tours en encorbellement, des portes ouvragées caractéristiques de cette époque, dont la plus ancienne date du 15e s. Les escaliers en vis annoncent la Renaissance.

★ Hôtel de la Monnaie A2

ABC d'architecture p. 461. Cet édifice du 13e s., caractéristique de l'architecture civile figeacoise, déploie ses arcades au rez-de-chaussée. Les fenêtres, doubles et surmontées d'oculi, percent la façade. La belle cheminée en pierre octogonale était un modèle fréquent à Figeac. Le nom « Oustal dé lo Mounédo » évoque la fabrique royale de monnaie créée par Philippe le Bel, mais il est établi aujourd'hui que l'atelier de frappe se trouvait dans un autre bâtiment et que cet immeuble n'était que la maison d'un riche Figeacois. L'hôtel de la Monnaie abrite à présent l'office de tourisme.

Prenez la rue Ortabadial de laquelle part la rue Balène à droite.

Rue Balène A2

Au n° 7, le palais Balène dresse sa façade du 14e s. percée d'une porte monumentale. Derrière l'enfilade de ses fenêtres rayonnantes s'ouvre une vaste salle, lieu de vie de la maisonnée. Au n° 1, l'hôtel de Viguier d'Auglanat, du 14e s. également, fut la demeure d'une riche famille. Il s'orne d'une belle porte décorée en arc surbaissé et d'une tourelle d'angle du 15e s.

Rue Gambetta A2

Tracée sur la voie romaine, cette rue restera longtemps l'artère principale de la cité. Elle est aujourd'hui piétonne. Aux nos 25 et 28, maisons à colombages garnis de briques, très bien restaurées.

Remontez la rue Gambetta jusqu'à la place aux Herbes, engagez-vous à droite, vers la place de la Raison.

Abbatiale St-Sauveur B2

En dépit des lourds aménagements qu'elle a subis, St-Sauveur frappe par ses nobles proportions : plan en forme de croix latine, selon le modèle des églises de pèlerinage à déambulatoire; parties anciennes qui remontent au 11e s. (nef romane) et au 13e-14e s. (transept et chapelles gothiques). La nef présente une dissymétrie, le côté nord ayant été reconstruit au 17e s. Le côté sud comprend des arcades en plein cintre puis une tribune aux baies géminées inscrites dans un grand arc, surmontée de fenêtres du 13e s. À la suite des guerres de Religion, la tribune a disparu côté nord. L'aménagement, à la Révolution, de la place de la Raison à l'endroit

Levez les yeux

Particularité du Figeacois, le **soleilho** (grenier ouvert) servait à faire sécher les aliments, les produits d'artisanat ou le linge... Ses ouvertures sont séparées par des piliers en bois, en pierre, ou encore en brique, qui supportent le toit plat.

1

des bâtiments conventuels isole l'église de son contexte initial. Les restaurations du 19e s. ont fait disparaître le portail ouest (quatre chapiteaux romans sont réutilisés comme bénitiers) et le carré du transept a été reconstruit en 1917.

★ **Chapelle N.-D.-de-Pitié** – La salle capitulaire date du 13e s. De proportions harmonieuses, elle est composée de neuf travées séparées par quatre piliers. Lieu de réunion des moines, elle devint un lieu de culte au 17e s. et reçut alors un décor de bois sculpté et peint. Œuvre d'une famille de sculpteurs figeacois, les Delclaux, il se compose d'un retable à trois panneaux sur le thème de la Passion, autour de la Vierge de Pitié.

Musée Paulin-Ratier B2

9 pl. Edmond-Michelet - ratier.org - fermé pour travaux, devrait rouvrir en 2023.
Ce petit musée présente plusieurs hélices en bois produites par la manufacture Ratier-Figeac à partir de 1908, ainsi que des modèles à réglage de pas.
Quittez la place par le nord dans la rue Tomfort pour bifurquer à droite.

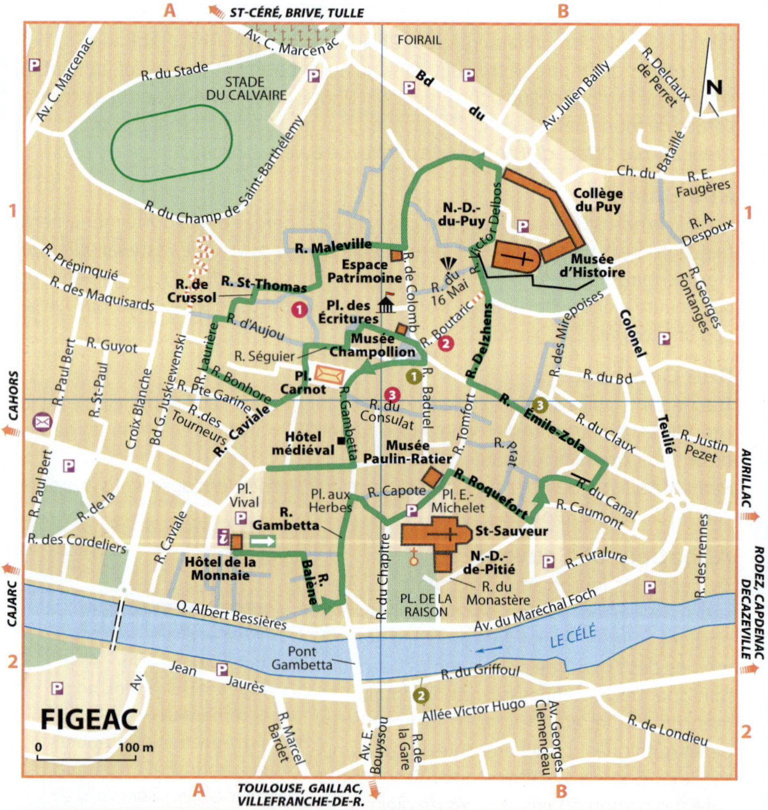

SE RESTAURER		SE LOGER	
La Puce à l'oreille	1	Le Champollion	1
La Dînée du Viguier	2	Hôtel des Bains	2
La Racine et la Moelle	3	Chambre d'hôtes Conquans	3

Active Figeac

Figeac se développe autour d'un monastère établi au 9e s. qui atteint son apogée au 13e s. L'abbé, seigneur ecclésiastique, dirige la ville. Les artisans et les commerçants aisés de Figeac bénéficient de sa situation géographique au carrefour de l'Auvergne, du Quercy et du Rouergue. En 1302, à la suite d'un conflit entre l'abbé et les consuls, Philippe le Bel étend son autorité sur la ville. Représenté par un viguier, il se concilie les habitants en leur accordant le privilège rare de battre monnaie royale (d'où l'invention postérieure d'un « hôtel de la Monnaie »). La guerre de Cent Ans et les guerres de Religion ralentissent le développement de la ville. En 1576, les calvinistes s'emparent de la cité dont ils font, jusqu'en 1622, une de leurs places de sûreté avant qu'elle ne soit démantelée. Aux 18e et 19e s., moulins et tanneries s'activent le long du canal. Les vieux quartiers évoluent : au 20e s. les îlots insalubres disparaissent remplacés par des espaces plus lumineux gagnés sur des habitations détruites au 20e s. L'*oustal dé lo Mounédo* (*p. 33*), en piteux état, fut sauvé *in extremis* par un groupe d'amateurs de vieilles pierres.

Rue Roquefort B2

1

La maison à tourelle en encorbellement au cul-de-lampe sculpté appartenait à Galiot de Genouillac, grand maître de l'artillerie de François Ier et sénéchal du Quercy, qui fit construire le château d'Assier (*p. 45*).

Gagnez la rue Émile-Zola par la rue du Canal.

Rue Émile-Zola B1-2

Notez les arcades médiévales et, aux nos 35-37, une série de portails du 17e s.

Prenez à droite.

Rue Delzhens B1

Au no 3, l'**hôtel du Viguier du Roy**, occupé par l'hôtel Mercure, n'a conservé de son architecture d'origine qu'une tour carrée et une tourelle d'escalier du 14e s.

Remontez la rue.

Église N.-D.-du-Puy B1

Elle est située sur une hauteur d'où l'on a une belle vue sur la ville et ses environs. Les protestants l'intégrèrent dans une citadelle, confortant la façade d'une chambre de veille. L'édifice gothique, très remanié au 17e s., marque l'emplacement d'un des deux premiers noyaux de la ville. Un vaste **retable** en noyer sculpté, de la fin du 17e s., encadre deux toiles représentant l'Assomption et le couronnement de la Vierge.

Prenez, à gauche de l'église, la rue Victor-Delbos.

Salons du Collège du Puy-Musée d'Histoire B1

Espace Henri Vayssettes - cour du Puy (accès par la r. Victor-Delbos) - 05 65 50 31 08 - juil.-août 14h30-18h30 ; reste de l'année sur demande au musée Champollion - 3,50 € (-18 ans gratuit).

Découvrez les appartements d'apparat du supérieur du collège-séminaire du Puy, établissement d'enseignement fondé au 16e s. Le salon et la chambre à coucher ont conservé leur **décor★** de boiseries et de toiles peintes (17e-18e s.) qui constituent un ensemble admirablement conservé. Deux salles adjacentes accueillent un musée d'histoire qui se veut mémoire de la ville et conserve peintures et objets légués par des donateurs de Figeac. Portraits, œuvres du peintre Pierre Daura, meubles, cadeaux du président Georges Pompidou, outillage préhistorique, armes à feu se côtoient dans une ambiance cabinet de curiosités.

Redescendez par la rue de Colomb.

Espace patrimoine B1

5 r. de Colomb - ✆ 05 65 50 05 40 - www.figeac.fr - de mi-juil. à mi-sept. : 10h-12h30, 14h-18h ; de déb. avr. à mi-juil. et de mi-sept. à fin oct. : tlj sf lun. 14h-18h ; reste de l'année : sur demande - gratuit.

Installée dans l'**hôtel de Colomb**, aménagé au 17e s. et abritant l'Hôtel de Ville, une frise retrace 1000 ans d'histoire ; maquettes et bornes interactives reproduisent l'évolution de l'architecture. Un portrait d'une ville, complété de focus thématiques et d'expositions temporaires, à voir si possible avant de parcourir les rues du secteur sauvegardé de Figeac.

Revenez sur vos pas et prenez à gauche.

Rues Maleville et St-Thomas A1

La rue Maleville passe sous le passage couvert blasonné de l'**hôtel de Laporte** du 17e s. *(visite, rens. à l'office de tourisme).*

Descendez l'escalier sur la gauche et prenez à droite.

Rue de Crussol A1

Au n° 5, la cour de l'hôtel de Crussol (17e s.) présente une galerie au-dessus de l'escalier.

Poursuivez dans la rue Laurière et prenez à gauche la rue Bonhore.

Rue Caviale A1

Au n° 30, l'hôtel dit Louis XI (le roi y aurait passé un moment en 1463) est un rare exemple de demeure intégralement construite en pierre au 15e s. Au n° 24, on remarque une maison médiévale affichant une fenêtre à trois arcades et deux oculi sous un arc supérieur, témoin du passage du roman au gothique à Figeac.

Place Carnot A1

Elle était autrefois appelée place Basse. L'ancienne halle au froment, détruite en 1888 et remplacée par un pavillon en fonte inspiré des halles parisiennes, accueille le marché tous les samedis matin. Dans l'angle nord-ouest, la **maison Duchêne** est flanquée d'une tourelle.

Traversez l'étroite rue Séguier, passez le porche pour atteindre la place des Écritures.

★ Place des Écritures A1

Enchâssée dans un ensemble architectural du 13e s., son sol est couvert d'une immense reproduction de la **pierre de Rosette** sculptée dans du granit noir du Zimbabwe par l'artiste américain Joseph Kosuth. Dans une courette attenante, la traduction en français des inscriptions est gravée sur une plaque de verre.

Place Champollion A1

Ici se font face une grande demeure privée (14e s.) et la plus vieille maison datable de la ville (milieu du 12e s.), dite du Griffon.

★★ Musée Champollion - Les Écritures du monde AB1

Pl. Champollion - ✆ 05 65 50 31 08 - ♿ - juil.-août : 10h30-18h30 ; avr.-juin et sept.-oct. : tlj sf lun. 10h30-12h30, 14h-18h ; reste de l'année : tlj sf lun. 14h-17h30 - 5 € (13-18 ans 2,50 €).

Le musée propose de nombreuses animations très sympas pour les enfants.

Champollion, l'attrait des langues obscures

En 2022, Figeac a fêté les 200 ans du décryptage des hiéroglyphes. On doit cette découverte majeure à **Jean-François Champollion**, né à Figeac le 23 décembre 1790. Enfant précoce, il ne rêve que d'une chose : déchiffrer les hiéroglyphes. À 11 ans, il apprend le grec et le latin ; à 14, il sait l'hébreu et l'éthiopien. Son brillant parcours se poursuit à Paris où il fréquente l'École des langues orientales et le Collège de France, tout en rédigeant un dictionnaire et une grammaire copte. Nommé à 19 ans professeur d'histoire à la faculté des lettres de Grenoble, il s'intéresse de près à la « pierre de Rosette » trouvée lors de l'expédition d'Égypte dans le delta du Nil et conservée au British Museum à Londres. S'aidant de copies de la pierre, il parvient enfin à percer le secret des hiéroglyphes. En 1826, Champollion fonde le musée égyptien du Louvre, dont il devient le conservateur, et part deux ans en Égypte. En 1831, il se voit confier une chaire d'archéologie égyptienne au Collège de France, mais n'y dispense que quatre cours, et meurt épuisé et malade de la phtisie, l'année suivante. Figeac rend hommage à la sagacité de cet homme hors du commun dans le musée installé dans sa maison natale.

1

La maison natale de Champollion (13e s.), où se trouvait un musée qui lui était consacré, s'est vue adjoindre deux bâtiments attenants permettant de tripler la surface du lieu et d'élargir la thématique de l'exposition. Cet espace, véritable « moucharabieh typographique polyglotte », dont la partie la plus remarquable est la façade de cuivre et de verre (due à Pierre Di Sciullo) dans laquelle se découpent près de mille caractères de vingt-huit écritures différentes filtrant la lumière, a été aménagé par l'architecte **Alain Moatti**.
Au rez-de-chaussée, les pièces exposées font revivre le destin de Champollion, un homme fasciné par le culte des morts et le Panthéon égyptien, et ses travaux d'égyptologue (sarcophages, tablettes d'argile...). Au fil des étages se dévoile l'histoire des graphies du monde : Naissance de l'écriture, du calame des scribes à l'invention de l'alphabet ; évolution du livre, du parchemin à l'informatique, ce musée propose un voyage dans tous les sens des signes liés à des civilisations. L'ensemble s'appuie sur un fonds documentaire riche et varié (objets, manuscrits) et des outils multimédias (bornes interactives, vidéos). Ludique et didactique, le musée invite les visiteurs à tracer du doigt les signes d'écriture et à s'essayer aux différentes graphies. Un lieu passionnant.
Regagnez la place Carnot pour rejoindre la rue Gambetta.

Hôtel médiéval A2

41-43 r. Gambetta. Ce vaste ensemble à la belle façade gothique date du milieu du 14e s. Le premier corps de bâtiment est constitué de deux tours couvertes, le second corps présente une structure à colombages.
Revenez à la place Vival par la rue du 11-Novembre.

Aiguilles de Figeac HORS PLAN

Ces deux monuments de forme octogonale se dressent l'un au sud, l'autre à l'ouest de la ville et mesurent respectivement 14,50 m et 11,50 m, socle compris. Certains ont voulu y voir les limites du monastère. Elles dateraient du 13e s. L'**aiguille du Cingle** (ou du pressoir) est fléchée depuis la D 822 au sud de Figeac. L'**aiguille de Lissac**, plus isolée, est proche du quartier de Nayrac.

Capdenac, un petit village qui résiste ?

La cité perchée était un site gallo-romain, comme l'ont prouvé les travaux du 19e s., notamment ceux des frères Champollion. Si certains historiens ont voulu voir à Capdenac l'emplacement d'**Uxellodunum**, dernier bastion de la résistance à César, les recherches récentes situent plutôt la place forte au puy d'Issolud (*p. 68*) près de Martel. Considérée comme l'une des positions clés du Quercy, elle joua un rôle de premier plan au Moyen Âge et soutint au moins onze sièges au cours de son histoire. Selon une charte du 14e s., le nom de Capdenac viendrait de la configuration du bourg sur son promontoire en forme de navire. On l'appelle aussi **Capdenac-le-Haut** pour le différencier de son voisin d'en bas, Capdenac-Gare.

À proximité

CARTE P. 30

Capdenac C2

6 km au sud-est de Figeac par la D 840.

Maison des Gardes - r. de la Commanderie - 05 65 38 32 26 - www.tourisme-figeac.com.

Lieu stratégique, Capdenac-le-Haut est juché sur une avancée rocheuse prise dans un cingle du Lot qu'il domine, offrant de beaux points de vue sur la vallée du Lot. La citadelle, qui conserve de jolies ruelles anciennes, est perchée sur son promontoire escarpé de tous côtés, excepté au nord.

Entrez dans le bourg par la porte nord.

Après la porte nord, dite « Comtale », la **rue de la Peyrolerie** borde le village à l'est et domine la vallée du Lot, d'où monte la rumeur de Capdenac-Gare au bord de la rivière. Elle débouche sur la rue de la Commanderie ; remarquez le bâtiment de la **Commanderie des Templiers** et descendez jusqu'à la très belle **porte sud**, prise dans les remparts, derniers vestiges de l'enceinte et de la citadelle des 13e et 14e s.

Fontaine des Cent-Marches (dite des Anglais) – *Pl. St-Andrieu - code d'accès à retirer à l'office de tourisme - 2,50 € (-18 ans 2 €) billet commun avec le donjon.* Un escalier vertigineux de 135 marches, creusé dans la falaise au-dessus de Capdenac-Gare, mène à deux bassins qui auraient été aménagés à l'époque romaine dans une grotte où l'eau cristalline et fraîche sourd dans l'ombre du rocher.

Remontez par la rue de la Commanderie.

Place Lucter – La rue de la Commanderie bordée, comme la rue de la Peyrolerie, de maisons à encorbellement, à pans de bois et arcs en ogive, conduit à la place Lucter. L'église St-Jean, brûlée par deux fois lors des guerres de Religion, a été remaniée au 18e s. À l'extrémité de la place s'ouvre un superbe **panorama★** : la vallée du Lot déploie ses méandres jusqu'à Faycelles.

Donjon – *Pl. Lucter - 05 65 38 32 26 (office de tourisme) - horaires, se rens. - 2,50 € (-18 ans 2 €) billet commun avec la fontaine des Cent-Marches, à retirer à l'office de tourisme.* Puissante tour carrée, flanquée d'échauguettes d'angle (13e-15e s.), abritant une petite exposition évoquant le passé historique et préhistorique de Capdenac.

Fontaine romaine, dite de César – *À l'entrée nord du village, suivez un sentier sur 50 m.* Une fontaine d'époque gallo-romaine côtoie une autre fontaine, plus ancienne, asséchée, qui passe pour être celle tarie par César.

★ Cardaillac C1

11 km au nord par la D 840, puis la D 15. Garez-vous sur le parking du fort et suivez le fléchage du circuit historique.

Ce village est le berceau de la grande famille quercynoise à laquelle il a donné son nom. Bâti sur un éperon rocheux se dresse le **quartier du fort** (12e s.) dont il ne subsiste que deux tours carrées, la tour de l'Horloge ou tour des Barons, et la **tour de Sagnes** (*se visite*). Celle-ci possède deux hautes salles voûtées desservies par un escalier à vis. De la plate-forme, **vue★** sur la vallée du Drauzou.
Musée éclaté – *Pl. de la Tour - ✆ 05 65 40 10 63 - www.musee-eclate.chez-alice.fr - visite guidée (2h) - de mi-juil. à fin août : tlj sf sam. à 15h et 16h30 ; du déb. à mi-juil. et de fin août : tlj sf sam. à 15h ; reste de l'année sur RV - participation libre.* Visite avec animations de sites évoquant la vie au 20e s. : l'école, l'artisanat, la condition paysanne, la fabrication des « comportes » (hottes de vignerons), spécialité de Cardaillac.

★ De la vallée du Célé à la vallée du Lot

CARTE CI-DESSOUS

Circuit de 95 km tracé sur la carte. Quittez Figeac par la D 802, puis la D 41 à l'ouest, vers Cahors.
Le circuit suit en grande partie la **vallée du Célé**. Né sur les granits de la Châtaigneraie cantalienne, le Célé (de *celer*, rapide) doit son nom à la vivacité de ses eaux. Il fait vite son entrée en Quercy et court vers la vallée du Lot. Lorsque la colline de Capdenac lui barre la route, il n'en est plus qu'à 5 km ! Mais le Célé oblique vers l'ouest et perce un bloc calcaire long de 40 km. Cette percée héroïque est une suite de défilés où le Célé serpente entre de hautes murailles colorées dont il vient miner la base : c'est le **Val-Paradis**.

Corn

Entre la falaise et le Célé, ce petit village s'est construit autour d'une résurgence qui confère un charme particulier aux lieux. Le ruisseau d'eau fraîche sort d'une grotte et alimente un lavoir bordé de pierres plates.
La route longe le hameau de **Ste-Eulalie**, dont la grotte *(ne se visite pas)* est réputée dans le milieu scientifique pour ses peintures et gravures pariétales préhistoriques.

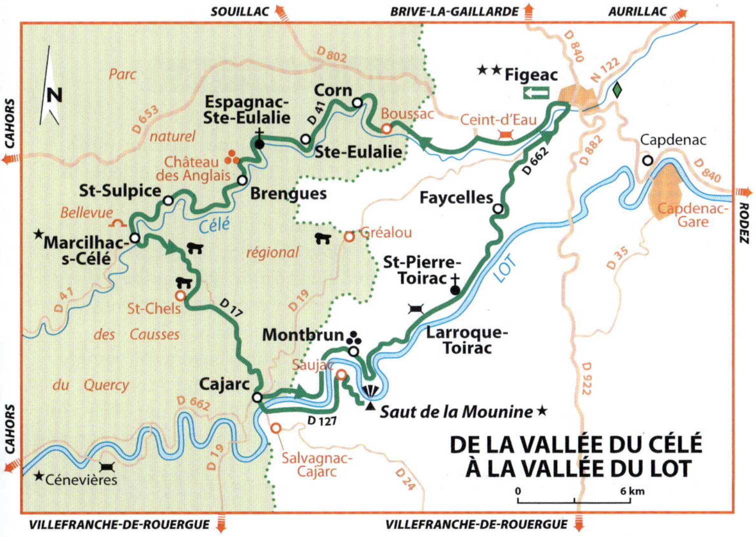

Méandre du Lot au lieu-dit du Saut de la Mounine.
Ph. Body/hemis.fr

Espagnac-Ste-Eulalie

Établi à l'extrémité d'un méandre, le village groupe ses maisons coiffées de clochetons et de toits pointus autour du **prieuré N.-D.-du-Val-Paradis** *(✆ 05 81 48 06 57 - visite guidée (45mn) mai-oct. : tlj sf vend.-sam. 10h30-13h, 16h-18h30 - 2 €; -15 ans gratuit)*. Fondé en 1145 par le moine Bertrand de Griffeuille, de l'ordre augustinien, le prieuré accueille en 1211 une communauté de chanoinesses. Il s'agrandit sous l'impulsion d'Aymeric Hébrard de St-Sulpice, fondateur de l'université de Coïmbra au Portugal, et évêque de cette cité. Soumis aux inondations de la Célé, le prieuré est déplacé en 1283. Mais la guerre de Cent Ans voit le cloître et l'église démolis. Ils sont reconstruits au 15e s. et perdurent jusqu'à la Révolution. Les bâtiments conventuels subsistants abritent foyer rural et gîtes communaux, ouverts aux pèlerins de St-Jacques.

On vous emmène dormir dans une œuvre d'art

Dép. de Gréalou - 1h A/R (env. 6 km) - se garer pl. de l'Église.
Cette balade commence sur le chemin de St-Jacques, que l'on emprunte à son passage dans le joli village de Gréalou. Après 2 km, le **dolmen de Pech Laglaire** vous indique qu'il est temps de laisser le GR 65 à gauche et de poursuivre tout droit. Quelques minutes encore sur un chemin de crête d'une beauté époustouflante, et le **Super-Cayrou** surgit, bâti près d'un chêne centenaire. À mi-chemin entre le tas de cailloux *(cayrou)*, la caselle de berger et le lieu ésotérique, ce double-abri, où le détail contemporain affronte l'immémoriale construction en pierre sèche, possède la splendeur des choses inutiles : une parfaite disponibilité où chacun trouvera son compte. Toujours ouverte, cette œuvre d'art-refuge est à la fois un but de promenade et une aire où pique-niquer. Vous pouvez aussi prévoir d'y bivouaquer la nuit pour vous émerveiller devant l'horizon de roches et de forêts où s'est enfoncé le Célé, et après lui le soleil.
www.parc-causses-du-quercy.fr

De style flamboyant, l'**église** remplace un édifice du 13e s. dont il ne reste que les murs de la nef, un portail et, en prolongement, les ruines des travées détruites au 15e s. lors d'incendies. L'extérieur offre la particularité d'un chevet pentagonal s'élevant au-dessus de la nef et flanqué, au sud, d'une tour-clocher.
Revenez sur la rive droite et poursuivez sur la D 41.

Brengues

Ce modeste village, possession des seigneurs de Cardaillac, occupe un site agréable accroché à une plate-forme que domine un à-pic vertigineux.
Sentier des falaises – *Dép. du parking - 2h - facile.* Une balade de 5 km passe par le **château des Anglais**, nom donné à ces fortifications accrochées aux falaises des vallées du Lot et du Célé (*p. 50*), procurant au passage de superbes points de vue.

St-Sulpice

Maisons et jardins s'accrochent sous un magnifique encorbellement de la falaise. Un château du 12e s., remanié aux 14e et 15e s., garde le passage. Il appartenait à la famille Hébrard de St-Sulpice, dont c'était le fief d'origine.

Marcilhac-sur-Célé

p. 149

La D 17 contourne la falaise du **Bout du Rocher**. Dolmens, ruines et grottes se succèdent sur ce causse parsemé de fermes. La route, ombragée, redescend à flanc de combe pour rejoindre la vallée du Lot, offrant de belles échappées.

1

Cajarc

Village rendu célèbre par le président **Pompidou**, qui y avait une propriété, et par l'enfant du pays, **Françoise Sagan**, révélée à l'âge de 19 ans par son premier roman, *Bonjour tristesse* (l'écrivaine est enterrée dans le petit village voisin de Seuzac), Cajarc est aussi réputé pour sa culture du Safran du Quercy, qui le classe « Site remarquable du Goût ». Une trentaine de petites **safranières** ont été recensées dans le canton, relançant une production tombée un temps en désuétude. Près de l'église, la maison de l'Hébrardie, aux fenêtres gothiques, est un vestige d'un palais des 13e et 14e s.
MAGCP Maison des Arts Georges et Claude Pompidou – *134 av. Germain-Canet - 05 65 40 78 19 - www.magcp.fr - - juil.-août : tlj sf lun. 10h-13h, 14h-18h ; reste de l'année : durant les expositions merc. et dim. 14h-18h - gratuit.* Ce centre d'art contemporain, qui gère également la maison Daura à St-Cirq-Lapopie (*p. 144*), organise des rétrospectives Hartung, Bissière et Soulages qui ont hissé Cajarc parmi les principales places régionales de l'art contemporain.
Quittez Cajarc par le sud en empruntant la D 24, direction Villefranche-de-Rouergue. Juste après avoir franchi le Lot, tournez à gauche dans la D 127.
La route qui remonte la rive gauche du Lot passe en encorbellement au-dessus de la rivière et, aussitôt après Saujac, s'élève, sinueuse, dominant une gorge boisée avant d'atteindre le sommet du causse.

★ Saut de la Mounine

Le point de **vue★** se situe à 323 m, et la rivière en contrebas à 155 m. Le méandre du Lot qui enserre un damier de cultures et qui découvre les ruines de Montbrun, mérite qu'on s'y attarde. Le « saut de la Mounine » évoque une curieuse légende : voulant punir sa fille pour l'amour qu'elle portait au fils du châtelain de Salvagnac, le sire de Montbrun donna l'ordre de la précipiter du haut de la falaise ; ému par cette cruauté, un ermite déguisa avec des vêtements de femme une guenon

(*mounine* en langue d'oc) aveugle et la jeta dans le vide. À ce spectacle, le père regretta son acte criminel, et sa joie de revoir sa fille saine et sauve fut telle qu'il en oublia ses réticences envers le prétendant.
Revenez à Cajarc et prenez vers l'est sur l'autre rive la D 662 en direction de Figeac.

Montbrun

Enserré de falaises abruptes, le village de Montbrun s'étage sur un promontoire rocheux dominant la rivière. Au sommet de cette éminence se dressent les **ruines** d'un château fort qui appartint à l'un des frères du pape Jean XXII, Pierre Duèze, puis à la puissante famille des Cardaillac.
Poursuivez sur la D 662.

Château de Larroque-Toirac

06 60 08 80 10 ou 06 12 37 48 39 - www.chateautoirac.com - visite guidée (1h) mai-sept. : horaires, se rens. - 8 € (5-12 ans 4 €).
Visite aux chandelles et en costumes juil.-août : mar. 20h30 - 10 € (-15 ans 5 €).
À flanc de falaise, le château dresse sa haute silhouette au-dessus du village et de la vallée du Lot. Bâti au 12e s., il appartient à la famille de Cardaillac qui, au cours de la guerre de Cent Ans, s'illustra dans la résistance quercynoise à la domination anglaise. De la place de l'église, un chemin mène au château, bel exemple de conception défensive. On accède à une première tour ronde construite au début de la guerre de Cent Ans pour résister aux techniques nouvelles de l'artillerie. Remarquez sa charmante ouverture en forme de cœur.
Après deux cours successives, on pénètre dans la demeure seigneuriale (15e s.). Un escalier en vis, situé dans une tour accolée au bâtiment principal, en dessert les différents étages. La salle des gardes a conservé une belle cheminée romane, des latrines aux murs peints et la salle d'honneur, une cheminée gothique. À noter aussi la cuisine d'origine et la chambre des enfants. À l'est, l'énorme donjon (fin 12e s.), autrefois haut de 38 m, a été rasé de 22 m en 1793 sur l'ordre de la Convention. Sa forme pentagonale avait été choisie pour mieux supporter le choc des rochers précipités sur lui depuis le sommet de la falaise.

St-Pierre-Toirac

L'**église** des 12e-13e s. fut fortifiée au 14e-15e s., énorme donjon carré crénelé dont l'étage constituait un réduit pour la défense. L'abside romane adoucit son aspect austère. Sur la façade ouest, curieuse scène de combat : Samson tue le lion de Thymée que seul l'ange peut affronter. La nef très courte, voûtée en berceau, est ornée de chapiteaux de facture primitive. Des **sarcophages mérovingiens** mis au jour dans les environs sont rangés derrière l'église.
Poursuivez sur la D 662.

Faycelles

Possession de l'abbaye de Figeac, ce village silencieux qui surplombe la vallée du Lot, a conservé sa fontaine non loin de la maison du Fort, ancienne propriété du seigneur de Larroque-Toirac, la place de la Barrière, octroi pour les foires et le barri (faubourg) des Carbes, à la limite du village, au sud-est.
Poursuivez sur la D 662 qui ramène à Figeac.

Carnet pratique

S'informer

Office de tourisme – *Pl. Vival - Hôtel de la Monnaie - Figeac - ✆ 05 65 34 06 25 - www.tourisme-figeac.com.* L'office de tourisme propose des visites de la vieille ville, des balades avec des habitants et des visites aux flambeaux *(en été, merc. 21h - 8 €).*

Arriver/partir

Se garer – D'où que l'on vienne, les accès à Figeac peinent à ventiler une circulation importante. Garez-vous sur les boulevards, avenues et quais qui enserrent le vieux bourg ou le long du Célé; les parkings des Carmes, de l'av. Jean-Jaurès, près du centre-ville, et de l'av. du Mal-Foch sont gratuits, ainsi que celui de la pl. du Foirail sur les hauteurs.

Agenda

Festival de théâtre – *✆ 05 65 38 28 08 - www.festivaltheatre-figeac.com - fin juil.* Un festival ouvert à la diversité, aux nouveaux talents et aux grandes figures du théâtre. L'un des moments forts du calendrier culturel du Lot. Partenariat avec le festival de St-Céré *(p. 104).*

Festival La BD prend l'air – *Fin sept. - www.labdprendlair.fr.* Dégustations, dédicaces, débats.

À Cajarc

Africajarc – *✆ 05 65 40 29 86 - www.africajarc.com - 4 j. fin juil.* Festival pluridisciplinaire, sur scène et dans les rues, réunissant des artistes de tout le continent africain.

Fête du safran – *Le 3e w.-end d'oct.* Cajarc fête le safran. Avec un grand marché au safran et des visites de safranières pendant tout le mois d'octobre.

1

Nos adresses

PLAN P. 34

Restauration

Budget moyen

1 La Puce à l'oreille – A1 - *5-7 r. St-Thomas - ✆ 05 65 34 33 08 - 12h15-13h30, 19h15-21h30, sam. 9h-13h30, 19h15-21h30 - fermé dim.-lun. - formule déj. 16 € (sem.) - plats env. 18/25 €.* Aux beaux jours, on s'attable dans la cour verdoyante de cette maison médiévale embusquée dans une ruelle de la vieille ville. Une cheminée monumentale réchauffe l'élégante salle à manger. Cuisine traditionnelle raffinée.

Budget moyen

3 La Racine et la Moelle – B2 - *6 r. du Consulat - ✆ 09 83 53 81 58 - fermé dim.-lun. - 26/34 €.* Plancher de bois, tables en bois, bar en bois. Ajoutez une terrasse sous les canisses dans le vieux Figeac et surtout une cuisine inventive, fraîche et joliment dressée. On y va et on y retourne.

Pour se faire plaisir

2 La Dînée du Viguier – B1 - *4 r. Boutaric/52 r. Émile-Zola - ✆ 05 65 50 08 08 - fermé sept.-juin : dim. soir et lun. - plats 18/35 € - menu 69 €.* Au cœur de la cité médiévale, dans l'ancienne salle des gardes du château du Viguier du Roy *(p. 35)* : haut plafond de poutres peintes, cheminée... et cuisine d'un beau classicisme, qui change au gré des saisons : foie gras du Quercy poché au malbec; agneau rôti et morille étuvée à l'ail des ours; soufflé à la vieille prune.

À Cajarc

Budget moyen

Jeu de quilles – *7 bd du Tour-de-Ville - ✆ 05 81 24 01 43 - fermé dim.-lun., et 3 sem. en janv., 1 sem. déb. juin., 1 sem. en oct. - formule* *déj. 25 € - menu 32 €.* Porc noir gascon, volaille du Gers, agneau et veau aveyronnais… Bien à l'inverse d'un chien dans un jeu de quilles, on se lèche les babines devant les délicieux produits dénichés par le chef ! Il les utilise à merveille dans des plats simples et nets, accompagnés de bons légumes bio… et de vins naturels.

Petite pause

À Capdenac

L'Oltis – *R. de La Commanderie - Capdenac - ✆ 05 65 34 05 85 - 10h30-21h30, sam. 10h30-23h - fermé lun.-mar.* Petite pause dans cette sympathique crêperie dominant la vallée du Lot.

Shopping

Marchés et foires

Figeac – Marché sam. matin. Foire le 2e et le dernier sam. mat. de chaque mois.

Cajarc – Marché sam. après-midi.

Activités

Domaine du Surgié – *Figeac-Surgié - ✆ 06 76 15 77 78 - www.oisgrandfigeac.com - juil.-août : lun.-sam.* Importante base de loisirs de 14 ha située au bord du Célé et autour d'un plan d'eau, au nord-est de Figeac. On y trouve un centre nautique, une piscine à vague, des locations de vélos et de canoës mais la baignade est interdite.

Hébergement

Premier prix

1 Le Champollion – B1 - *3 pl. Champollion - ✆ 05 65 34 04 37 - www.hotelchampollion.fr - 10 ch. 66 € - ☕ 8 €.* Une maison médiévale sur la jolie place Champollion, face au musée éponyme. Les chambres sont épurées et agréables, avec leur beau parquet en châtaignier massif.

2 Hôtel des Bains – B2 - *1 r. du Griffoul - ✆ 05 65 34 10 89 - www.hoteldesbains.fr - ♿ - 19 ch. 71/89 € - ☕ 8,50 €.* Sur la rive gauche du Célé, les établissements de bains publics ont été transformés en hôtel dans les années 1970. Chambres bien tenues, terrasse-bar au ras de l'eau.

Budget moyen

3 Chambre d'hôtes Conquans – B1 - *2 r. des Lazaristes - ✆ 06 84 72 98 28 - www.chambre-dhotes-conquans.com - P ♿ - 2 ch. 110 € ☕ - 1 loft et 1 gîte.* Deux chambres arrangées avec soin ainsi qu'un loft et son soleihou vous attendent dans une maison du 14e s. située au cœur du vieux Figeac. Petit-déjeuner locavore.

À Gréalou

Budget moyen

Ecoasis – *305 rte de Puy-Clavel - 16 km au sud-ouest de Figeac - ✆ 09 50 07 74 66 ou 06 71 00 48 30 - www.ecoasis.fr - P - ch. 85 € ☕ - gîte 38/66 €/pers. en 1/2 P.* L'Ecoasis porte bien son nom. Les charmants propriétaires cultivent la zen attitude dans une maison construite en minimisant son impact sur l'environnement. Une halte idéale sur le chemin de St-Jacques, pour se ressourcer avec vue imprenable sur la nature environnante. Cours de yoga et activités sportives.

À Capdenac-le-Haut

Budget moyen

Le Relais de la Tour – *Pl. Lucter - 6 km au sud-est de Figeac - ✆ 05 65 11 06 99 - www.lerelaisdelatour.fr - fermé vac. de la Toussaint et de fév. - ♿ - 11 ch. 85/100 € ☕ - ✕ formule déj. 11,50 €, menu 24/34 €.* Cette maison villageoise du 15e s., entièrement restaurée, fait face au donjon médiéval de Capdenac qui surplombe la vallée du Lot. Chambres sobrement décorées. Plats du terroir au restaurant servis avec une grande gentillesse.

Assier ★

Une ligne de faux mâchicoulis surligne de sa mâchoire la façade blonde du château d'Assier où s'amusent en désordre des fenêtres à meneaux. Une lourde porte de bois ornée des épées de grand écuyer ferme l'entrée triomphale qui a conservé sa niche, imposante et orpheline de son cavalier. Qui était-il ? En traversant la muraille de pierre, on s'attend à pénétrer dans la cour royale d'un souverain disparu. Il ne reste qu'une étendue d'herbe, un tracé poétique et la superbe façade intérieure d'une aile épargnée par le temps. Des objets épars sollicitent habilement l'imagination du visiteur dans les salles rescapées de ce qui fut la plus somptueuse demeure du Quercy à la Renaissance.

Se repérer

CARTE C1 (P. 30).
633 Assiérois – Lot (46).
18 km à l'ouest de Figeac.

Organiser son temps

Comptez 1h pour visiter le village et le château.

Nos adresses p. 48

★ Château

✆ 05 65 40 40 99 - www.chateau-assier.fr - mai-août : tlj. sf mar. 10h-12h30, 14h-18h30 ; reste de l'année, sur RV - 4 €.

« Bien qu'élevé en fort laide assiette, en fort laid pays montagneux et raboteux, le château d'Assier égale en splendeurs les palais du val de Loyre. » Il était « mieux meublé que maison de France, tant en vaisselle d'argent qu'en tapisseries et ciels de soye d'or et d'argent ». Ainsi Brantôme décrivait-il la demeure de Galiot de Genouillac, qui l'avait souhaitée somptueuse et digne de son rang. Ce vœu, exaucé entre 1525 et 1535, a donné naissance à un château qui n'aurait pas déparé aux côtés de Blois ou de Chenonceau. Son architecture et son programme sculpté s'inscrivent en plein dans la transition de la première Renaissance : façades médiévales (dont les ouvertures sont commandées par l'agencement intérieur) et classiques (à l'ordonnancement plus régulier et au vocabulaire antique), escaliers en vis (médiéval) et à rampes (nouveauté), toitures à pentes (à l'ancienne) et tours couvertes en dôme (innovation). Ce chef-d'œuvre n'est plus visible que sur une aquarelle de la collection de Gaignières montrant le château en 1692. La propriété, vendue par les descendants en 1766, fut livrée aux démolisseurs, à l'exception de l'**aile ouest**. On doit à Prosper Mérimée d'avoir fait classer Monument historique, en 1841, les vestiges de ce rêve de pierre alors à l'abandon.

Façades – La **façade extérieure**, dont la toiture a perdu ses lucarnes, garde des traces de mâchicoulis entre ses deux tours rondes. Au centre, l'entrée monumentale, encadrée par un portique à l'antique surmonté d'un fronton timbré de la salamandre royale, est pourvue d'une niche qui abritait la statue équestre de Galiot de Genouillac. La **façade intérieure★** montre une grande pureté de lignes. Elle est ornée de frises à compartiments courant au-dessus de chaque étage. Des scènes de la légende d'Hercule font allusion à la toute-puissance du capitaine, des canons crachant des flammes rappellent sa charge de grand maître de l'artillerie.

Intérieur – Les salles du bas, voûtées d'ogives, contiennent des éléments architecturaux du château et un remarquable gisant du 17e s. représentant Anne de Genouillac. Un bel escalier de transition gothique-Renaissance donne accès

Galiot de Genouillac (1465-1546)

Page de Louis XI, écuyer de Charles VIII, capitaine général de l'artillerie de Louis XII en 1512, enfin grand écuyer de France sous François Ier, Jacques Galiot de Genouillac aimait à dire qu'il avait servi quatre rois. Il contribua largement à la victoire de Marignan, reçut le collier de chevalier de l'ordre de St-Michel, fut nommé sénéchal du Quercy, puis gouverneur de Guyenne. Enfin, il organisa le fameux camp du Drap d'or, où François Ier rencontra Henri VIII d'Angleterre dans un luxe inédit pour l'époque. Cet homme d'armes, qui montra un véritable génie tactique, était aussi un fin lettré. Il célébra ses exploits guerriers par un remarquable programme sculpté, qui eut sans doute une place importante dans la création de son temps. En divers endroits des deux monuments, on retrouve également sa devise : « J'aime Fortune » (qui pouvait aussi s'écrire « J'aime Fort Une »).

à l'étage. Sur le palier, un **pilier★** sculpté dans un calcaire pur représente sur une face la Fortune, sur la deuxième les trophées de Galiot de Genouillac et sur la troisième Hercule luttant contre le lion de Némée.

★ Église

L'église construite de 1540 à 1550 nous est parvenue intacte. La **frise** extérieure présente les exploits et les titres de Galiot de Genouillac. Ce décor inhabituel sur un édifice religieux – sièges de villes et combats, cavaliers, fantassins, artilleurs – est un document irremplaçable pour les historiens militaires. Au tympan du portail, deux angelots offrent à la Vierge les insignes de Galiot, l'épée de grand écuyer et le collier de l'ordre de St-Michel. À l'intérieur, le **gisant** du grand homme repose sur un sarcophage de marbre : il est représenté en costume de cour ; au-dessus, un haut-relief montre Galiot entouré de ses attributs militaires et de deux canonniers. La **voûte** à seize branches de la chapelle, taillée en étoile, forme un dôme soutenu par des trompes, un procédé remarquable et rarissime.

Pigeonnier

Au nord du bourg, ce pigeonnier du 16e s. est un exemple de l'architecture rurale. Sa tour cylindrique (9 m de diamètre) et son toit conique surmonté d'un lanternon d'envol (11 m de hauteur) en font l'un des plus grands du Quercy.

Entre Causse et Limargue

CARTE P. 30 C1

Circuit de 40 km tracé en gris sur la carte p. 30. Quittez Assier par la D 11 au nord-ouest, puis la D 38 (à droite). À Théminettes, prenez à droite.

Rudelle

Fondée au 13e s., l'**église fortifiée**, la plus surprenante du Quercy, est en fait un ancien bastion féodal, dont le niveau inférieur, de plan ovale, a été aménagé en chapelle. L'accès à la chambre de défense se fait par l'escalier de bois montant à la tribune, une échelle, une trappe et un escalier de pierre ! D'étroites meurtrières éclairent ce refuge qui abrite les cloches. Du vieux cimetière qui entoure cette église-forteresse *(accès par un passage public à droite de l'église)*, **vue** sur le chevet et l'ensemble du monument. Derrière l'église, l'**oratoire** décoré d'une coquille rappelle qu'un des chemins de St-Jacques-de-Compostelle passait là.
Quittez Rudelle par le nord-ouest en empruntant la D 840. Après 2 km (aux Quatre Routes), prenez à droite la D 40.

Le château d'Aynac.
C SAPPA/De Agostini Editore/age fotostock

Château d'Aynac

Ne se visite pas. Dans un cadre de bois et de prairies, cet édifice du 15e s. presse autour de son curieux donjon central à six étages ses tours d'angles crénelées couvertes de dômes. Remarquez les armes des Turenne sur la belle porte d'entrée.
Quittez Aynac par l'est en empruntant la D 39.
La route longe la **vallée de Largentié**, puis s'élève vers les bois de Leyme, classés pour ses hêtres centenaires. Peu après Leyme, la route *(D 48 à droite)* offre de belles **vues** sur l'est du causse de Gramat. Un autre point de vue de grande ampleur avant Molières, au **Pech Mouleyret** *(suivez les panneaux).*

Lacapelle-Marival

Le Château - ✆ 05 65 34 06 25 - www.tourisme-figeac.com.
De l'importante seigneurie de Lacapelle-Marival, qui appartint du 12e au 18e s. à la famille de Cardaillac, la localité a conservé plusieurs bâtiments. L'**église**, de style gothique, et la **halle**, coiffée d'une charpente en châtaignier couverte de tuiles rondes et soutenue par des piliers de pierre, datent du 15e s. L'ancienne **porte** de ville, l'« Arbol », était jadis intégrée aux remparts du bourg qui conserve de belles maisons. Le donjon carré massif du **château** *(mai-sept. : 14h30-18h30)*, à mâchicoulis et flanqué d'échauguettes à chacun de ses angles, remonte au 13e s., tandis que le corps de logis, cantonné de grosses tours rondes, a été ajouté au 15e s. Il abrite des poutres ornées du début du 17e s. représentant les châteaux quercynois de la famille Cardaillac, des paysages pittoresques et des figures antiques.
Quittez Lacapelle par le sud en empruntant la D 940.

Le Bourg

Unique vestige d'un prieuré dépendant de l'abbaye d'Aurillac, l'**église** du 12e s. comprend un transept et un chœur décoré d'arcatures romanes supportées par de beaux chapiteaux où quelques oiseaux observent les rares fidèles.
Quittez Le Bourg par le sud-est en prenant la D 840, vers Figeac. Après 1 km, prenez à droite la D 653 qui ramène à Assier.

Nos adresses

Restauration

À Espédaillac

Premier prix

Auberge Beauville – *Le bourg (à 12 km au sud-ouest d'Assier) - ☎ 05 65 40 55 62 - ♿ - fermé dim. soir et lun. - 14,50/27 €.* Devant une élégante maison de pierre sont disposées aux beaux jours des tables recouvertes de nappes à carreaux entourées de chaises paillées. On y profite de l'ombre des marronniers et d'une jolie perspective sur la campagne, en attendant que soient apportés – sans façons car l'efficacité prime – carafe de vin et plats maison, simples et frais.

À Lacapelle-Marival

Premier prix

Hostellerie La Terrasse – *Pl. Larroque, près du château (9 km au nord-ouest d'Assier) - ☎ 05 65 40 80 07 - www.hostellerie-la-terrasse.com - fermé janv.-fév.; dim. soir et lun. (sf lun. soir en sais.) - ♿ - P payant - formule déj. 14 € - menu 35/62 € - 13 ch. 79 € - ☕ 8,50/10 €.* Dans un cadre verdoyant bordé d'une rivière, cet établissement séduisant propose d'appétissants plats au goût du jour avec des produits du terroir revisités...

Hébergement

À Grèzes

Pour se faire plaisir

Le Grézalide – *Le Bourg - 8 km au sud-ouest d'Assier - ☎ 05 65 11 20 40 - www.grezalide.com - ♿ P 🏊 - 20 ch. 101/179 € - ☕ 10 € - ✕ menu 36 €.* Au cœur de ce village du Quercy, une adresse qui vous entraîne dans des chambres aux humeurs changeantes (la mélodieuse, la capricieuse...) égayées par des couettes colorées. Une cuisine aux accents du terroir est servie dans une salle à manger voûtée.

À Livernon

Budget moyen

Chambre d'hôte Les Enclos secrets – *214 ch. du Mas de Janduret - ☎ 07 86 88 78 04 ou 05 65 38 72 84 - les-enclos-secrets.com - 3 ch. 95/115 €.* Dans une maison caussenarde restaurée en 2020, les chambres empruntent leurs noms à des femmes raffinées, prélude à leur confort. C'est un mariage heureux entre l'inspiration Chanel ou Ricci et la nature sauvage qui accompagnera vos nuits. Petit-déjeuner maison.

Labastide-Murat

et le causse de Gramat

Dressé sur une hauteur, le village se souvient encore du plus glorieux de ses fils, Joachim Murat. Sa maison natale et le château perpétuent la mémoire de l'un des plus vaillants soldats de l'Empire. Labastide-Murat, qui accueille le siège du Parc naturel régional des Causses du Quercy, constitue une ville-étape idéale pour découvrir le causse de Gramat, ses âpres paysages et la forêt de la Braunhie.

Se repérer

CARTE B1 (P. 30).
894 Bastidois – Lot (46).
32 km au sud de Souillac et 46 km à l'ouest de Figeac.

Organiser son temps

Comptez 1h pour le village, une demi-journée pour les environs.

En famille

Les animations du Parc régional et les balades dans la forêt de la Braunhie.

Nos adresses p. 53

Musée Murat

1 pl. de Tolentino - 05 65 35 23 63 - www.musees.lot.fr - visite guidée (30mn) de mi-juil. à mi-sept. : tlj sf mar. 10h-12h, 15h-18h - 3 €.
9 pl. de la Mairie - 05 65 21 11 39 - www.tourisme-labastide-murat.fr.
Il est installé dans la maison natale de Murat, roi de Naples (*encadré ci-dessous*). On y voit la cuisine du 18e s., la salle d'auberge et un grand tableau généalogique où sont représentées plus de dix nations européennes et de nombreuses familles royales. Le musée, qui a fait l'acquisition d'un portrait d'Antoinette Murat, épouse du prince de Hohenzollern-Sigmaringen, présente différents souvenirs du roi de Naples et de sa mère. La descendance du flamboyant maréchal était alliée avec la plupart des trônes d'Europe.

Le prodigieux destin de Joachim Murat

Né en 1767 de parents aubergistes et voué à l'état ecclésiastique, Murat embrasse, à 21 ans, la carrière des armes. Les campagnes d'Italie et d'Égypte lui permettent de gravir rapidement tous les grades dans l'ombre de Bonaparte, dont il devient le beau-frère en se mariant avec sa sœur Caroline. Il cumule les honneurs, remporte la victoire de Marengo, devient maréchal puis prince d'Empire, grand-duc de Berg et de Clèves et roi de Naples. La bravoure dont il fait preuve sur les champs de bataille et son ascendant sur ses cavaliers font de lui un héros. Son étoile pâlit avec celle de Napoléon, qu'il abandonne aux jours sombres de l'Empire. Sa fin misérable illustre cette vie toute de contrastes : après le retour des Bourbons à Naples, il tente de reconquérir son royaume, mais il est fait prisonnier et fusillé en 1815. Bastide royale fondée vers 1200, le bourg portait le nom de Labastide-Fortanière, puis celui de Labastide-Fortunière avant de choisir en 1836 le nom de Murat, en souvenir de l'illustre enfant de la commune.

Le Parc naturel régional des Causses du Quercy

Créé en 1999, le Parc s'étend sur 185 000 ha, entre Figeac, Souillac, Cahors et Villefranche-de-Rouergue, couvrant les causses entre la rive sud de la Dordogne, les contreforts du bassin garonnais, l'Auvergne, la Dordogne et l'Agenais. Il recoupe 95 communes rassemblant plus de 30 000 habitants. Ses objectifs sont la protection et la mise en valeur de la richesse des milieux naturels, mais aussi celle des patrimoines bâtis et archéologiques. Le Parc entend aussi soutenir et promouvoir le pastoralisme, garant de l'entretien des pelouses sèches emblématiques du Quercy et des pratiques agricoles ou artisanales de qualité. Enfin, il favorise le développement d'un tourisme respectueux de l'environnement (labels d'hébergements, plaquettes d'information, organisation de manifestations en saison). Depuis 2017, le parc est classé **Géoparc mondial Unesco**. Sixième parc français parmi les 177 labellisés dans le monde, il affiche par ce label le caractère unique et remarquable de son patrimoine géologique.

Sous le signe de l'eau et de la pierre

Deux mondes cohabitent dans le PNR des Causses du Quercy. D'un côté, il y a les causses de Gramat, de St-Chels ou de Limogne, couverts de pelouses sèches où paissent des ovins. À cet univers suffocant l'été, tantôt désertique, tantôt couvert de chênes pubescents, s'oppose la fraîcheur des verdoyantes vallées de la Dordogne, du Lot, du Célé, et celles creusées par de plus petites rivières comme la Rauze ou la Vers. L'action incessante de l'eau a créé partout d'étonnantes formations calcaires, le karst – falaises, grottes, gouffres –, et tout un réseau complexe de galeries ou de rivières souterraines. Versants boisés des vallées, mares et lacs, falaises et plateaux calcaires arides : la diversité des milieux explique l'extrême variété de la faune et de la flore. On dénombre dans le parc près de 200 espèces d'oiseaux, une centaine de papillons, et 58 mammifères (rares loutres). Sur les hauteurs poussent des espèces de lichens particulièrement résistants à la chaleur, des plantes rares et même des orchidées.
L'action de l'homme, à l'origine de nombreux espaces naturels aujourd'hui classés Natura 2000, a laissé un patrimoine d'une très grande richesse : dolmens et menhirs, vestiges gallo-romains, châteaux tirant parti de la protection naturelle des falaises, appelés « châteaux des Anglais », ainsi que d'innombrables maisons quercynoises des 18e et 19e s. avec escalier extérieur ou bolet. À cela s'ajoute le formidable patrimoine rural lié à l'eau (fontaines, lavoirs, citernes, etc.) et à l'activité agricole. C'est en effet au pastoralisme que le Quercy doit ces fameuses constructions en pierres sèches (murs et murets, abris de bergers ou gariottes), qui constituent l'un des grands attraits des paysages du Parc.

ⓘ **Maison du Parc** – *11 r. Traversière - Labastide-Murat - Cœur-de-Causse - ✆ 05 65 24 20 50 - www.parc-causses-du-quercy.fr - ♿ - tlj sf w.-end 9h-12h30, 14h-17h30 - gratuit. Pour connaître les animations proposées par le Parc (veillées, sorties nature, atelier de construction en pierres sèches), demandez Les Causseries. Pour les randonneurs, un topoguide est en vente dans les offices du tourisme des communes du Parc, sur Internet ou en consultation sur le site.*

Troupeau de moutons sur le causse de Gramat.
N.Thibaut/Photononstop

★ Le sud du causse de Gramat

CARTE P. 30

Circuit de 60 km tracé en bleu sur la carte. Quittez Labastide-Murat par la D 32 au sud.

St-Martin-de-Vers B2

Ce village aux charmantes maisons à toits de tuiles brunes s'est formé autour d'un ancien prieuré dépendant de Marcilhac. Le clocher-tour crénelé témoigne encore du sentiment d'insécurité ressenti par la population d'autrefois.
Quittez St-Martin par l'est en empruntant la D 13. Après 3 km, prenez à gauche la D 10, puis la D 17.

Soulomès B2

Au 12e s., les Templiers aménagent une commanderie dans ce village.
Église – Dans le chœur, admirez d'intéressantes **fresques** des 15e et 16e s. représentant divers épisodes de la vie du Christ. On reconnaît, entre autres, le Christ et Marie-Madeleine, l'Incrédulité de saint Thomas, la Mise au tombeau, l'Apparition de Jésus ressuscité à un chevalier de Malte.
Quittez Soulomès par le sud en empruntant la D 17, puis après 1 km, tournez à gauche dans la D 71.

Caniac-du-Causse B2

La **crypte de l'église** fut construite au 12e s. par les moines de Marcilhac-sur-Célé pour abriter les reliques de saint Namphaise. Cet officier de Charlemagne devenu ermite, tenu en vénération par les populations de la Braunhie, passait pour avoir creusé dans le roc les petits « lacs de St-Namphaise » que l'on aperçoit encore sur le causse et qui en atténuent l'aridité. Minuscule, cette crypte présente une voûte inhabituelle et une attrayante colonnade centrale *(interrupteur au pied de l'escalier à droite du chœur).*
Prenez la D 42 au départ de Caniac-du-Causse, direction Fontanes-du-Causse.

Le château de Vaillac.
Targa/age fotostock

Espace naturel sensible de la forêt de la Braunhie B1

La Braunhie (prononcer « brogne ») est la partie la plus élevée et la plus âpre d'un plateau calcaire du causse de Gramat à l'intérieur duquel l'eau a façonné nombre de gouffres et de cavités. À perte de vue, murets de pierres sèches et maigre végétation : chênes, érables, noyers rabougris, genévriers et épineux.

Boucles de 6,5 km (2h10) et 5,5 km (1h30) - balisage jaune. Restez sur les chemins, car les gouffres sont aussi nombreux qu'invisibles. Fiches des circuits disponibles à l'office du tourisme de Labastide-Murat et en téléchargement sur son site Internet et sur www.tourisme-lot.com

Ces deux sentiers d'interprétation (un au départ de l'igue de Planagrèze, entre Caniac et Fontanes, et un près de Fontanes) permettent de découvrir la faune, la flore (chênes pubescents, érables de Montpellier, cornouillers, genévriers), la géologie et l'histoire du site. Les traces de l'occupation humaine sont nombreuses : murets, compte-moutons, passages à gibier ou à berger, caselles et bassins de rétention pour l'eau de pluie (les « lacs » de St-Namphaise).

Revenez à Caniac-du-Causse. Continuez sur la D 71.

Cette route traverse les terres les plus arides de la Braunhie.

Quissac B1

À voir : des fermes-manoirs, un « travail » à bœufs, jadis présent dans les localités du causse.

Pour apprécier cette contrée, partez à la découverte des cloups, igues ou cuzouls, noms du pays qui désignent des formations calcaires (*p. 438*), dans les anciens chemins de troupeaux réhabilités.

Quittez Quissac par la D 146 à l'ouest. À Fontanes-du-Causse, prenez à gauche la D 2 et franchissez l'A 20.

Sénergues B1

Le village se distingue par son **église romane** et son clocher carré. L'édifice au plan en croix grecque présente à la croisée du transept une coupole rustique.

Quittez Séniergues au sud par la D10. 4,5 km après Montfaucon, prenez la D17 à gauche.

Château de Vaillac B1

La silhouette d'un puissant château féodal (15e-16e s.) domine ce modeste village du causse, réputé dès le 18e s. pour sa fabrique de draps. Le vaste corps de logis est flanqué de cinq tours et d'un donjon. Des travaux ont agrandi les écuries afin d'abriter quelque 200 chevaux, et un nouveau corps de logis fut édifié pour accueillir la nombreuse descendance du seigneur de Vaillac. L'ensemble offre l'un des meilleurs exemples d'architecture militaire du Quercy à la fin de la guerre de Cent Ans. *Rejoignez à l'est la D 10 vers Labastide-Murat.*

Nos adresses

Restauration

La Garignote – *Voir La Garissade ci-dessous.*

Au Bastit

Premier prix

Les 2 Pattes – *13 km au nord-est de Labastide-Murat - ✆ 05 65 34 32 82 - 11h-14h, 19h-23h - fermé dim., lun. soir, mar. soir et merc. soir - menu midi 20 € - plats 14/20 €.* Sa façade colorée, sa terrasse semi-couverte, une carte simple et des prix doux en font une adresse prisée. Le serveur vous présentera de belle façon les plats du chef, à base de produits locaux. Une vraie bonne adresse.

Shopping

Foires et marchés – *Pl de la Mairie - juil.-août : dim. mat.* En plus du marché des producteurs de pays du dim. mat., la foire de Labastide-Murat a lieu les 2e et 4e lun. du mois.

Hébergement

Budget moyen

La Garissade – *20 pl. de la Mairie - ✆ 05 65 21 18 80 - www.garissade.com - ♿ - fermé nov.-mars - 19 ch. 78/85 € - ☕ 10 € - ✕ plats 17/19 €.* Une ambiance familiale règne dans cette maison villageoise du 13e s. Les chambres sont fonctionnelles et bien tenues. Au restaurant, formule bistrot le midi, gastronomique le soir. Une bonne adresse.

Au Bastit

Pour se faire plaisir

Le Bois de Faral – *13 km au nord-est de Labastide-Murat - ✆ 05 65 40 13 38 - www.bois-de-faral.com - ♿ P 🏊 - 15 chalets 109/163 €.* Dans un cadre boisé de 18 ha, les écologîtes de bon confort sont en bois de mélèze et douglas *made in France* ! Offrant une belle superficie, ils sont adaptés aux familles. Eau chaude solaire, chauffage au bois, récupération des eaux de pluie, les installations sont respectueuses de l'environnement. En saison, vous profitez de la piscine, du club enfants et de VTT et vélos à assistance électrique gentiment prêtés.

1

Les Arques ★

Du haut de son promontoire, le village des Arques domine les vallons boisés de la Bouriane. Au cœur préservé de la cité, quelques maisons de pierre enserrent l'église romane et le logis du Doyen flanqué de sa tour du 12e s. C'est dans cette « campagne enchanteresse » que s'est arrêté en 1934 le sculpteur d'origine russe Ossip Zadkine, dont le musée aujourd'hui anime le petit bourg. Devant ses grands bois sculptés, on comprend son attachement au pays et on ne peut résister à l'envie d'aller se promener sur ses traces « sous un énorme ciel d'un bleu lointain ».

Se repérer

CARTE A2 (P. 30).
210 Arquins - Lot (46).
28 km au sud de Gourdon et 33 km au nord-ouest de Cahors.

Organiser son temps

Comptez 1h15 pour le village.

En famille

Le sentier d'interprétation de la vallée de la Masse.

Nos adresses ci-contre

★ Église St-Laurent

C'est le seul vestige d'un prieuré bénédictin fondé au 11e s. par l'abbaye de Marcilhac. Si la nef, autrefois plus vaste, a été restaurée, l'abside et les absidioles ont conservé toute la pureté de leur architecture romane. Certains archaïsmes apparaissent, tel l'oculus du bras sud du transept, reste des traditions carolingiennes, et les bases à bourrelet des colonnes des arcs doubleaux. Les chapiteaux sont sculptés de motifs orientaux. L'aspect le plus original de l'édifice réside dans le cintre de ses arcs. À l'intérieur, deux œuvres poignantes de Zadkine : le **Grand Christ★**, arraché par l'artiste à un orme du Lot et installé au revers de la façade, et la **Pietà★** de la crypte.

★ Musée Zadkine

✆ 05 65 22 83 37 - www.lot.fr - avr.-oct. : tlj sf lun. 10h30-12h30, 14h30-18h30 ; reste de l'année : tlj sf lun. 14h-18h - 3 € (enf. 1,50 €).

Petit musée, certes, mais vivant et animé par son régisseur avec une passion et un savoir communicatifs. On suit la vie et l'œuvre de l'artiste à travers objets, photographies, montage audiovisuel et œuvres sur tous supports, présentés dans trois salles à l'agréable muséographie : premières sculptures traitées comme des

« Moi et les arbres, nous sommes de la même essence »

D'origine russe, **Ossip Zadkine** (1890-1967) arrive à Paris en 1909. Sculpteur reconnu dès les années 1920 pour sa pratique de la taille directe, du bois et de la pierre, il s'inscrit dans le courant du primitivisme et des recherches de l'avant-garde. Après un intermède cubiste, il explore dans les années 1930 les thèmes de l'Antiquité. En 1934, il acquiert une maison aux Arques. Après guerre, il participe au renouveau de l'Art sacré et produit des œuvres monumentales en quête d'une fusion entre l'humain et le végétal.

icônes (*Sainte Famille* pelotonnée dans la matière), têtes cycladiques, bronzes cubistes, jusqu'aux imposants bois taillés dans l'épaisseur de l'orme (*Orphée* inachevé) qui conserve les traces de hachette et de gouge. « Tout un peuple debout », dont la plupart étaient présents dans son atelier à son décès. D'autres pièces sont installées dans les rues du village, où l'on aperçoit aussi la superbe demeure de l'artiste *(ne se visite pas)*.
Au musée sont associés **Les Ateliers des Arques**, structure accueillant des artistes pour quelques mois. Leurs œuvres sont exposées dans l'une des salles.

À proximité

CARTE P. 30

Espace naturel sensible de la vallée de la Masse A2

Départ en face du musée Zadkine.
2h - 4,7 km - guide d'interprétation en vente au musée Zadkine ou à l'office du tourisme de Cazals (2 €, p. 59).
Ce circuit d'interprétation *(balisage jaune)*, qui allie écologie, agriculture et histoire, longe la vallée de la Masse et les marais. Leur richesse biologique (libellules, grenouilles, oiseaux...) est soutenue par l'entretien assuré par des chevaux. Avant le milieu du 20e s., ces marais étaient gérés par les paysans qui y coupaient le carex pour leurs chaumes. Des artisans vanniers travaillent toujours ce végétal.

Église St-André A2

3 km à l'ouest des Arques par la D 150; itinéraire fléché depuis les Arques. *p. 60.*
20mn. Demandez la clé au musée Zadkine (*ci-contre*) et parcourez à pied le sentier qui conduit à cette chapelle romane perdue dans la campagne.

Nos adresses

Restauration

Pour se faire plaisir
La Récréation – *Le Bourg - 05 65 22 88 08 - www.la-recreation-restaurant.com - 12h-13h, 19h30-21h (vend.-sam. 23h) - fermé merc. (sf en juil.-août) et jeu. - formule déj. 28 € - menu 42/51 €.* Les nostalgiques des taches d'encre seront ravis d'apprendre que l'école du village abrite un restaurant. La classe-salle à manger a pris de belles couleurs et les préaux ainsi que la cour de récréation accueillent une charmante terrasse. Les recettes concoctées par le chef enchantent le palais.

À St-Médard

Une folie
Le Gindreau – *146 r. du Gindreau - 11 km au sud des Arques - 05 65 36 22 27 - www.legindreau.com - 12h-13h15, 19h30-21h45 - fermé lun.-mar., merc. soir et dim. soir - menu 75/135 €.* Encore une école de village reconvertie pour cet étoilé du guide Michelin! Derrière les fourneaux, Pascal Bardet signe une savoureuse cuisine contemporaine qui met en valeur les produits du terroir, et particulièrement la truffe. Terrasse sous les marronniers.

1

Gourdon ★

Entre Périgord et Quercy, Gourdon s'étage au flanc d'une butte rocheuse autrefois surmontée d'un château. Son architecture médiévale remarquablement conservée se déploie à l'abri de la circulation, cantonnée sur les boulevards inférieurs. Loin du bruit, on gravit les ruelles en pente jusqu'à l'esplanade qui toise les vallons de la Bouriane.

Centre médiéval de Gourdon.
Luoxi/Alamy/hemis.fr

Se repérer

CARTE A1 (P. 30) -
CARTE DE LA BOURIANE (P. 59).
3 981 Gourdonnais – Lot (46).
47 km au nord de Cahors et 30 km au sud de Souillac.

Organiser son temps

Comptez 3h pour visiter la ville et ses environs immédiats, une demi-journée avec la grotte de Cougnac.

En famille

Le musée du Patrimoine agricole et automobile de Salviac ; le sentier des landes du Frau et la base de loisirs « Écoute s'il pleut ».

Carnet pratique p. 61

Nos adresses p. 61

Se promener

Partez de la place de la Libération, où se trouve l'office de tourisme où vous trouverez un plan de la cité médiévale.

★ Rue du Majou

Passé la porte fortifiée du 13e s., la pittoresque rue du Majou, jadis axe principal du bourg, est bordée de maisons médiévales dont les rez-de-chaussée s'ouvrent par de grands arcs en ogive.
Au n° 17, la **maison du Sénéchal** (14e-15e s.) abrite le centre d'interprétation de l'architecture et du patrimoine (CIAP) qui aborde la vie quotidienne des Gourdonnais au fil des époques *(✆ 05 65 27 01 10 - www.lamaisondusenechal.fr - de mi-juin à fin sept. : 10h30-12h30, 15h-18h ; reste de l'année : se rens. - gratuit).*

Jardins de la Butte

Sur la droite, la rue des Consuls mène au **jardin Zig-Zag**. D'inspiration médiévale, la roseraie, le verger et le jardin des simples forment un dédale charmant entre les murs de pierre. Attenant, le **jardin du Sénéchal** fait la part belle au buis taillé, qui tâche de résister aux chenilles de la pyrale...
La rue du Majou débouche sur la place St-Pierre.

1

Hôtel de ville

À l'angle de la rue du Majou et de la place St-Pierre, où convergent les principales artères historiques de Gourdon, ce consulat du 13e s., agrandi au 17e s., présente des couverts qui servaient de halles.

Église St-Pierre

Autrefois dépendance de l'abbaye du Vigan, elle fut édifiée au 14e s. Elle possède un portail orné d'élégantes archivoltes qu'encadrent deux hautes tours asymétriques. La grande rosace est protégée par une ligne de mâchicoulis, aménagés au 16e s. La nef est remarquable par son ampleur ; des panneaux de bois sculptés du 17e s., peints et dorés, décorent le chœur et le croisillon droit. Ceux-ci proviennent vraisemblablement des ateliers des frères Tournié : ces sculpteurs ont laissé nombre de retables baroques dans le Grand Ouest en général et en Bouriane plus précisément *(Chapelle Notre-Dame-des-Neiges, p. 58)*.
À droite de l'église s'élèvent de vieilles maisons, parmi lesquelles celle du conventionnel Jean-Baptiste Cavaignac *(privé)*, close par une porte sculptée (allégorie des vices et des vertus) du début du 17e s.
Derrière l'église, un escalier monte vers l'esplanade.

Esplanade

En lieu et place du château féodal a été aménagée une table d'orientation. **Panorama★** sur les plateaux qui bordent les vallées de la Dordogne et du Céou.
Redescendez vers la place St-Pierre.
Empruntez face au portail latéral droit de l'église la **rue du Cardinal-Farinié** en descente, artère habitée jadis par les marchands de la ville.
Sur votre droite, en contrebas du boulevard, se trouve l'église des Cordeliers.

Église des Cordeliers

Ouv. seult à l'occasion d'expositions et de concerts. Se rens. à l'office de tourisme.
Une belle abside à sept pans est éclairée par des vitraux du 19e s. Au milieu de la nef gothique trône une magnifique **cuve baptismale★** du 14e s., sur le pourtour de laquelle s'inscrivent des arcatures trilobées.

À proximité

CARTE P. 30

★ Grottes de Cougnac A1

3 km au nord de Gourdon par la D 704.

53 rte de Milhac - ✆ 05 65 41 47 54 - www.grottesdecougnac.com - visite guidée (1h10) de mi-juil. à fin août : 10h-17h45 ; de mi-avr. à mi-juil. et sept. : 10h-11h30, 14h30-17h ; d'oct. à la fin des vac. de la Toussaint : tlj sf dim. 14h-16h - 9,50 € (5-12 ans 6,50 €).

La visite de ces grottes, discrètes et bien aménagées, est une réussite. Le parcours et l'éclairage intelligents laissent au visiteur tout le loisir d'admirer les concrétions, et de découvrir les parties ornées de dessins, sans doute contemporains de ceux du **Pech Merle** *(p. 156)*. Les grottes comprennent deux cavités distantes de 200 m environ et développent leur réseau sous un plateau calcaire boisé de chênes. Les voûtes de la première présentent une pluie de stalactites extrêmement serrées et souvent très fines. La seconde, plus spacieuse, compte surtout deux salles remarquables : la **salle des Colonnes** et la **salle des Peintures préhistoriques** où sont visibles sept bouquetins, trois mammouths, trois mégacéros et un cheval réduit à son encolure. Notez la présence de signes en forme d'oiseau, datés du solutréen, un peu à l'écart, et du dessin d'un « homme blessé », au corps hérissé de lances dont on retrouve le motif dans la grotte du Pech Merle.

Si vous êtes particulièrement intéressé par la Préhistoire, faites un détour par la **maison du Piage** à Fajoles *(8 km au nord des grottes de Cougnac - ✆ 05 65 32 67 37 - www.maisondupiage.fr - w.-end 14h-18h - sur réserv. d'oct. à avr. - 4 € ; enf. gratuit)*. Cet espace muséal, modeste mais très pédagogique, présente les fouilles menées dans le site archéologique du Piage *(accès à pied par un sentier)*. Ce gisement est connu pour prouver la coexistence des hommes de Néandertal et de Cro-Magnon, renforçant l'idée de continuité culturelle entre les deux espèces. Il comporte aussi l'une des plus riches collections au monde datée de l'Aurignacien ancien (34000-31000 av. notre ère), culture qui semble coïncider avec l'arrivée des hommes de Cro-Magnon en Europe.

Remarquez au passage l'église romane à clocher-tour de Fajoles.

Le Vigan B1

5 km à l'est de Gourdon par la D 1.

D'une abbaye fondée au 11e s. par l'évêque de Cahors, Géraud II, et qui devint au 14e s. un chapitre régulier de chanoines, subsiste l'**église** gothique. Elle possède un chevet spectaculaire, dominé par une tour coiffant le carré du transept, intercalant des tourelles défensives dans les absidioles. Dans la nef, belles voûtes d'ogives.

Chapelle de N.-D.-des-Neiges B1

1,5 km au sud-est de Gourdon.

Cette petite chapelle, lieu de pèlerinage pour sa source miraculeuse depuis le 12e s., date du 14e s. Elle abrite un beau retable polychrome (17e s.), chef-d'œuvre d'art populaire sculpté par les frères Tournié. La « source miraculeuse » s'écoule dans le chœur même de la chapelle.

La Bouriane

CARTES P. 30 A1-2 ET CI-CONTRE

Circuit de 85 km tracé sur la carte. Quittez Gourdon par l'ouest en empruntant la D 673.

De Gourdon à la vallée du Lot et à l'ouest de la D 820 s'étend la Bouriane, région couverte de châtaigniers, de pins et de noyers. La vigne occupe les versants

bien exposés. Des rivières sillonnent le plateau, créant des paysages vallonnés et boisés à l'habitat dispersé. Les hommes ont exploité les oxydes de fer, utilisés pendant des siècles par les débuts de la sidérurgie et ses moulins à eau.
Poursuivez sur la D 673.

Salviac

Bd Hugon - ✆ 05 65 41 57 27 - www.tourisme-cazals-salviac.com.
Joli village aux toits de lauze. L'**église**, gothique, possède de beaux vitraux (16e s.) contant la vie de saint Eutrope. Le petit **jardin médiéval du Barry** se visite *(tlj)*.
Musée du Patrimoine agricole et automobile – *Pepy - ✆ 05 65 41 56 18 ou 06 81 09 98 05 - www.musee-agricole-salviac.com - ♿ - 9h-19h - 8 € (-12 ans 5 €).* Place à la nostalgie ! Des dizaines de Solex côtoient des reconstitutions du début du 20e s. (une épicerie, une école...), tandis que les tracteurs et les voitures rivalisent d'authenticité. La visite guidée du propriétaire, un passionné, vaut le détour.

Cazals

R. de la République - ✆ 05 65 22 88 88 - www.tourisme-cazals-salviac.com.
Cette **bastide**, fondée en 1319 pour le roi d'Angleterre, s'organise autour d'une grand-place carrée. L'ancien château domine un plan d'eau aménagé au bord de la Masse.
Quittez Cazals par le sud et poursuivez sur la D 673.

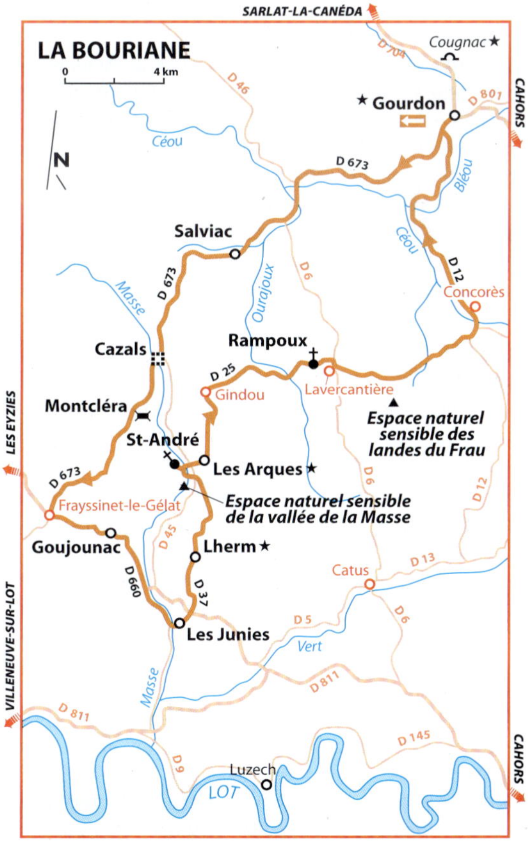

Château de Montcléra

Ne se visite pas. De la fin du 15e s., il présente une porte d'entrée fortifiée, un donjon carré et un corps de logis flanqué de tours rondes couronnées de mâchicoulis.
Poursuivez sur la D 673. À Frayssinet-le-Gélat, prenez à gauche la D 660.

Goujounac

Les pierres ocre des maisons donnent au village un véritable charme. Autour de l'église se trouvait autrefois un prieuré roman dont il reste quelques vestiges.
Sur le mur sud, un **tympan** roman, représentant un Christ en majesté entouré des symboles des quatre évangélistes, est l'œuvre d'un artiste quercynois probablement influencé par le tympan de Beaulieu-sur-Dordogne.
Poursuivez sur la D 660 et tournez à droite sur la D 45.

Les Junies

Le château du 15e s. flanqué de tours rondes s'orne d'élégantes fenêtres Renaissance. À l'écart du village, l'église Ste-Madeleine (14e s.), édifice sobre et puissant, impressionne par ses proportions. Elle faisait partie d'un prieuré rattaché aux dominicains en 1345, qui avait été fondé par l'un des seigneurs du lieu, Gaucelin des Junies, cardinal d'Albano.
Quittez le village par le nord en empruntant la D 37.

★ Lherm

Poursuivez vers le nord sur la D 37.
Le village aux allures séculaires, avec sa tourelle et ses pigeonniers, est animé par le formidable **Bar à trucs** (*« Nos adresses »*) et par un petit **musée du Fer** (*05 65 21 46 02 - de déb. juil. aux j. du Patrimoine : 16h30-19h30*), qui rappelle l'exploitation ancienne du minerai dans la région et explique la richesse de l'architecture. S'y déroulent également des concerts en été.
Jadis siège d'un prieuré perdu au milieu des bois du pays bourian, l'**église N.-D.-de-l'Assomption** est entourée de hautes maisons quercynoises de calcaire blanc qui s'agencent le long de ruelles tortueuses. Entrez dans l'église à l'abside romane et à la sobre nef voûtée d'un berceau de moellons. Un monumental **retable baroque** réalisé par les frères Tournié occupe le chœur. L'édifice a été remanié au 16e s. : porte soignée de style Renaissance.

Église St-André

Descendez vers la Masse, traversez la D 45. Adressez-vous au musée Zadkine aux Arques pour la clé (p. 54).
Située au milieu des bois, dans un site poétique qui respire la sérénité, cette église de style roman, édifiée entre le 10e et le 12e s., présente un ensemble remarquable de **fresques★** de la fin du 15e s. découvertes par Zadkine en 1954. La fenêtre du chœur est encadrée par l'Annonciation, puis, de part et d'autre, par les apôtres tenant soit l'instrument de leur supplice (croix en diagonale de saint André, hallebarde de Matthias), soit l'objet qui les symbolise (clé de saint Pierre, long bâton de pèlerin de saint Jacques, équerre d'architecte de saint Thomas). Au-dessus, sur la voûte constellée d'étoiles rouges, le Christ en majesté assis sur un trône en forme d'arc-en-ciel est entouré des attributs des quatre évangélistes. Sur les piliers de l'abside soutenant l'arc triomphal, on reconnaît saint Christophe et de l'autre côté, l'Enfant Jésus l'attendant pour passer la rivière.
Quittez Les Arques par le sud-est en empruntant la D 150, que l'on poursuit après Maussac. Après 2 km, prenez à gauche la D 47, qui bientôt rattrape la D 25.

★ **Les Arques** (☞ p. 54)

Rampoux

Intéressante église romane du 12e s. en pierre rouge et blanche, restaurée au 19e s. Des fresques « naïves » de la fin du 15e s. (remaniées) racontent la vie de Jésus.

Poursuivez sur la D 25. 2 km après Lavercantière, prenez à gauche vers Concorès, puis la D 12, qui ramène à Gourdon en longeant le Céou et le Bléou.

Espace naturel sensible des landes du Frau

Circuit d'interprétation - guide (1 €) en vente dans les offices de tourisme de Salviac, le plus proche, de Cazals et de Gourdon.

Marais, tourbières, bocages, bruyères ou fougères mais aussi loge et vie des forestiers au 19e s. sont commentés le long de ce sentier court et plaisant.

1

Carnet pratique

S'informer

Office de tourisme – *20 bd des Martyrs - Gourdon - ☏ 05 65 27 52 50 - www.tourisme-gourdon.com.* L'office de tourisme organise des visites guidées, des balades nocturnes aux flambeaux (en été, jeu. 21h30-23h - 6 €), et des visites sensorielles.

Agenda

Les Médiévales – *medievalesdegourdon.jimdofree.com - 1er w.-end d'août.* Tournois, campements, conteurs, forgerons... et ripaille médiévale dans les rues de Gourdon.

Nos adresses

Restauration

Premier prix

Pizzeria La Notté – *30 r. du Corps-Franc-Pommies - ☏ 05 65 41 27 70 - 9h-14h30, 17h-22h30 - fermé oct.-mai - pizzas 12/15 € - plats 16/20 €.* Sur une terrasse ombragée, on déguste d'honnêtes pizzas, grillades, salades et spécialités locales.

Au Vigan

Budget moyen

Le Péché Mignon – *Derrière l'église - 5 km à l'est de Gourdon - ☏ 06 89 35 43 32 - 11h45-15h45, 19h-21h - fermé dim.-lun. - plats 17/25 €.* Cet établissement fait la part belle aux produits locaux et de saison. Tout est cuisiné sur place. L'accueil est charmant. Terrasse.

Petite pause

Deux endroits sympathiques pour prendre un café ou un en-cas dans la vieille ville : **Le Coin des pipelettes** *(10 r. Corps-Francs-Pommies - ☏ 06 09 57 80 86)* et **La Fabrique** *(pl. de la Libération - ☏ 05 65 32 03 98 - 9h-18h30, lun. 10h-18h, jeu.-vend. 9h-19h - fermé dim.).*

Bars à vins In Vin'Oh – *65 ter bd Galliot-de-Genouilhac - ☏ 05 82 13 00 04 - invinoh-gourdon.eatbu.com - ♿ - 10h30-13h,*

17h-21h - fermé dim.-lun. Ce bar à vins s'autoproclame « bar des copains ». Voilà pour l'ambiance qui planera autour de votre verre sélectionné chez un vigneron connu de la maison, accompagné d'une planche de charcuterie ou de fromage. Salle chaleureuse ou terrasse sous les grands platanes.

À Lherm

Bar à trucs – *Le bourg - 05 65 22 84 66 - - 12h-20h - fermé mar.-merc.* Un bar associatif producteur de bonheur ! Sur la place du village, ce lieu central, toujours animé et sympathique, fait office d'épicerie, bar, restaurant, salle d'expos, de concerts, selon les heures. Bon, simple et généreux, en prise avec les lieux.

Shopping

Marchés – À **Gourdon**, marché le sam. matin pl. du Gén.-de-Gaulle. À **Cazals**, marché le dim. matin.

Activités

Base de loisirs « Écoute s'il pleut » – *Accès libre.* Cet espace réunit deux plans d'eau, une plage aménagée *(baignade surveillée l'ap.-midi en juil.-août)*, des aires de jeux et de pique-nique, autour desquels se pratiquent sports nautiques, accrobranche et pêche. Départ de la véloroute **Promenade en Bouriane** qui conduit à Groléjac par la vallée de la Marcillande. Possibilité de louer des vélos sur place.

Hébergement

Pour se faire plaisir

Hostellerie de la Bouriane – *Pl. du Foirail - 05 65 41 16 37 - www.hotellabouriane.fr - P - fermé de déb. janv. à mi-mars - 20 ch. 113/149 € - 16 € - menu 39/62 €.* Cette maison cultive le sens de l'hospitalité depuis 1898 ! On s'y repose dans des chambres rustiques bien tenues. L'été, on profite de l'agréable jardin.

À Flagel

Budget moyen

Chambre d'hôte La Métairie des Songes – *5 km au sud-ouest de Gourdon - 09 61 29 75 84 - www.lametairie-gourdon.com - 4 ch. 76/100 € - 2 nuits mini en haute sais. - menu 39 €.* Dans une jolie maison quercynoise, un couple d'Anglais propose des chambres élégantes à la décoration classique. Le soir, à la table d'hôte, laissez-vous tenter par les inspirations créatives du chef.

À Rouffilhac

Budget moyen

Chambre d'hôte La Lysiane – *Mondonnet - Rouffilhac (10 km au nord de Gourdon) - 05 65 41 42 64 - www.la-lysiane.com - avr.-oct. - P - 4 ch. 90/100 €.* Installé dans un hameau restauré du 15e s., La Lysiane offre un cadre chaleureux et paisible, dans une ancienne ferme quercynoise rénovée avec des matériaux écolos, à l'image de ses propriétaires. Les petits-déjeuners bio sont un délice.

Une maison typique de Bouriane.
P. Atkinson/Alamy/hemis.fr

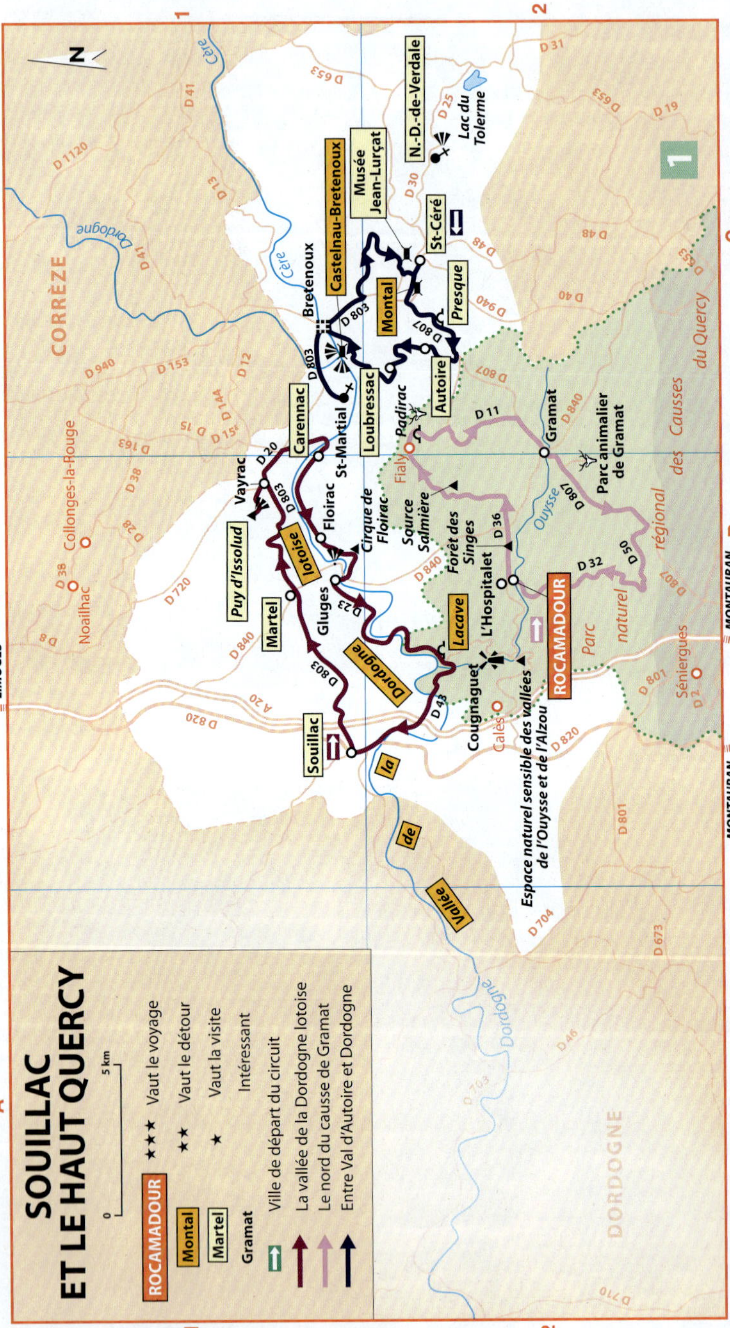
SOUILLAC
ET LE HAUT QUERCY
0
5 km
ROCAMADOUR ★★★ Vaut le voyage
Montal ★★ Vaut le détour
Martel ★ Vaut la visite
Gramat Intéressant
Ville de départ du circuit
La vallée de la Dordogne lotoise
Le nord du causse de Gramat
Entre Val d'Autoire et Dordogne
CORRÈZE
DORDOGNE
LIMOGES
MONTAUBAN
MONTAUBAN
Souillac
Martel
Puy d'Issolud
Vayrac
Floirac
Cirque de Floirac
Gluges
Carennac
St-Martial
Loubressac
Bretenoux
Castelnau-Bretenoux
Musée Jean-Lurçat
St-Céré
N.-D.-de-Verdale
Lac du Tolerme
Montal
Presque
Autoire
Padirac
Fialy
Source Salmière
Forêt des Singes
Gramat
Parc animalier de Gramat
L'Hospitalet
ROCAMADOUR
Lacave
Cougnaguet
Calès
Espace naturel sensible des vallées de l'Ouysse et de l'Alzou
Parc naturel régional des Causses du Quercy
Sénierques
Noailhac
Collonges-la-Rouge
Dordogne
Cère
Ouysse
la vallée de la Dordogne
lotoise
A 20
D 820
D 803
D 840
D 807
D 940
D 653
D 1120
1

2

Souillac et le haut Quercy

CARTE MICHELIN DÉPARTEMENTS 337 - CORRÈZE (19) - LOT (46)

Souillac★ 66

Rocamadour★★★ 73

Gouffre de Padirac★★ 88

Martel★ 90

Carennac★ 95

Saint-Céré★ 98

Château de Castelnau-Bretenoux★★ 106

Château de Montal★★ 108

Souillac ★

Porte orientale du Périgord noir, Souillac a conservé un patrimoine architectural d'exception, à commencer par son église à coupoles. Il fait bon découvrir ses jolies rues, ses automates enjoués et sa douce animation, avant d'arpenter le Quercy et le Périgord noir.

Se repérer

CARTE B1 (P. 64) - CARTE DE LA DORDOGNE LOTOISE (P. 70).
3 201 Souillagais – Lot (46).
63 km au nord de Cahors.

Organiser son temps

Comptez 1h30 pour la ville, une journée pour les environs.

En famille

Le musée de l'Automate, les grottes de Lacave, le Préhisto-Dino Parc et une descente de la Dordogne en canoë.

Carnet pratique p. 71

Nos adresses p. 71

Découvrir

On oublie vite le trafic routier en pénétrant dans les ruelles héritées du tissu urbain médiéval, ponctuées de petites places où s'installent les terrasses aux beaux jours. Elles convergent vers l'agréable **place du Puits**. Passez par la rue de la Halle jusqu'au **beffroi** (*encadré ci-dessous*), et rejoignez l'abbaye.

★ Église abbatiale Ste-Marie

ABC d'architecture p. 460. Chef-d'œuvre de l'art romano-byzantin du Haut Quercy, l'église Ste-Marie remonte au 12e s. et s'apparente aux édifices à coupole de Périgueux et de Cahors. En contournant l'édifice, on peut admirer les toits de lauzes et l'admirable **chevet** aux absidioles pentagonales.
L'intérieur présente une envolée harmonieuse sous l'enfilade des trois coupoles et face à l'ample chœur. À l'entrée, sous le buffet d'orgue, des fragments du **portail★**, chef-d'œuvre de l'art roman, ont été déplacés au 16e s. afin de le protéger pendant les guerres de Religion. Sur le tympan, entre saint Benoît et saint Pierre, est inscrite

Une abbaye tenace

Une première communauté monacale est fondée, d'après la tradition, au 8e s. dans la plaine de Souillès (*souilh* signifie lieu marécageux). Les bénédictins qui lui succèdent au 10e s. assèchent le marécage et aménagent les lieux en un riche domaine dont le rayonnement ne cesse de croître. Maintes fois saccagée, l'abbaye parvient à survivre à la guerre de Cent Ans et aux guerres de Religion, à l'issue desquelles elle est reconstruite (17e s.). Après la Révolution, ses bâtiments sont transformés en magasin des tabacs. L'église abbatiale devient église paroissiale au 19e s., alors que l'église St-Martin est désaffectée. Cette dernière, d'origine romane (tympan du 12e s. remployé sur le porche occidental) abrite aujourd'hui l'office de tourisme dans son beau clocher beffroi (16e s.) dont les ruines rappellent que les guerres viennent parfois à bout des plus tenaces.

L'église abbatiale Sainte-Marie et son chevet aux cinq absidioles pentagonales.
A. Spani/hemis.fr

la légende du moine Théophile. Ce dernier, injustement privé de ses fonctions d'économe, signa un pacte avec le diable pour recouvrer son emploi. Rongé par le remords, il implora le secours de la Vierge qui lui apparut en rêve, accompagnée de saint Michel et de deux anges, pour lui accorder son pardon. À droite de la porte, le bas-relief du prophète **Isaïe★★**, pièce majeure de la sculpture romane, montre un savoir-faire d'une infinie délicatesse. Le pilier sculpté qui jouxte ce bas-relief représente, dans un tumulte d'animaux plus ou moins imaginaires et de couples enlacés (face externe), le sacrifice d'Isaac par son père Abraham, arrêté à temps par la main de Dieu. L'église abrite également un des tableaux religieux les plus importants de Théodore Chassériau, **Le Christ au jardin des Oliviers** (1844), qui symbolise, à l'époque de Vigny et de Lamartine, la réflexion romantique sur la menace d'un monde sans Dieu.

★ Musée de l'Automate

Espl. A.-Chastagnol - ✆ 05 65 37 07 07 - www.musee-automate.fr - ♿ - juil.-août : 10h-12h15, 14h-18h; fin mai-juin et sept. : tlj sf lun.-mar. 14h-18h - 9 € (5-12 ans 3 €). Le musée sera fermé pour travaux en 2023.

Ce musée-spectacle, toujours en mouvement, réunit plus de 300 automates et jouets mécaniques des 19ᵉ et 20ᵉ s. Presque tous ont été fabriqués par la maison Roullet-Descamps, où se sont succédé quatre générations de mécaniciens créateurs d'automates. La collection réunit des automates publicitaires, de divertissement et de vitrine. Beaucoup se mettent en marche au fil de la visite : Charlot attire votre attention en frappant la vitre de son pied, un exceptionnel *jazz-band* (1920) donne un concert, une station de métro presque grandeur nature se met en mouvement. On apprend que les automates se sont développés à la fin du 19ᵉ s., notamment grâce aux grands magasins, qui commandaient de grandes scènes animées pour les fêtes de Noël. Ainsi en est-il de la Pêche sous-marine, une scène cocasse conçue d'après une œuvre du dessinateur humoristique Albert Dubout et exposée aux Galeries Lafayette en 1948.

★★ La vallée de la Dordogne lotoise

CARTES P. 64 BC1-2 ET P. 70

Circuit de 85 km tracé en violet foncé sur la carte. Quittez Souillac par le nord-est en empruntant la D 803.

★ Martel

p. 90

Continuez sur la D 803 jusqu'à Vayrac et prenez, vers le nord, la D 720 en direction de Brive. Avant la sortie du bourg, tournez à gauche sur la D 119.

★ Puy d'Issolud

Culminant à 311 m, ce plateau est bordé de falaises abruptes surplombant des affluents de la Dordogne. Du sommet, la **vue★**, bien que fragmentée, s'étend en direction de la vallée. Entouré à l'époque gauloise de solides retranchements en terre et en pierres sèches qui en faisaient l'un des *oppida* les plus redoutables du Quercy, ce puy correspond à **Uxellodunum**, théâtre de l'ultime résistance gauloise face à Jules César après Alésia. Certains auteurs situaient Uxellodunum à Capdenac (*p. 38*), d'autres à Luzech, mais les dernières recherches archéologiques ont démontré qu'il est bien situé au **puy d'Issolud**. La lutte menée par les légions romaines se solda par une nouvelle défaite gauloise, à la suite du détournement d'une source, qui fit croire aux défenseurs d'Uxellodunum que leurs dieux les avaient abandonnés... en les assoiffant *(le site archéologique est actuellement fermé au public sauf pour les visites guidées - rens. sur www.uxellodunum.com).*

Revenez à Vayrac. Poursuivez sur la D 803, vers Puybrun. À Bétaille, prenez à droite.

★ Carennac

p. 95

Quittez Carennac par le nord-ouest en empruntant la D 43 qui longe la rive gauche de la Dordogne.

Après Carennac, se frayant un passage entre causses de Martel et de Gramat, la Dordogne s'engage dans la magnifique trouée du cirque de Floirac.

Floirac

Dressée sur la place du village, une tour-donjon constitue le dernier vestige d'une forteresse médiévale. Au nord, la chapelle du 15e s. mérite un coup d'œil.

La Couasne de Floirac

À parcourir avec le guide découverte disponible à la mairie ; fiche rando téléchargeable sur www.tourisme-lot.com.

La Couasne est un bras mort de la Dordogne habité par des espèces animales et végétales spécifiques. Ce long sentier (*6,8 km*), très facile, passe par Floirac, le lit de la Dordogne, la forêt alluviale, des paysages agricoles, les prés sableux... Vous croiserez moulins, fontaines, murets de pierre sèche.

★ Cirque de Floirac (cirque de Montvalent)

La route longe souvent la rivière et s'élève parfois en corniche au-dessus d'elle. À chaque tournant se révèlent de belles **perspectives** sur la vallée et les falaises des causses.

Prenez à droite la D 840 vers Gluges. Franchissez la Dordogne et tournez à droite.

★ Belvédère de Copeyre

Du petit calvaire planté au bord de la falaise, **vue** sur les sinuosités argentées de la Dordogne du cirque de Floirac, à droite, et sur le puy d'Issolud, à gauche.

Gluges

À l'entrée d'un méandre, le bourg se blottit au pied de la falaise autour de son église romane semi-troglodytique. Le village occupe un **site★** pittoresque, dominé de 120 m par une falaise à la végétation clairsemée.

Quittez Gluges par le sud-ouest en empruntant la D 43 et poursuivez sur la D 23 creusée dans la falaise.

Creysse

La châtellenie des vicomtes de Turenne regroupe ses vieilles maisons aux toits de tuiles brunes au pied d'un petit éperon. À son sommet se dressent les vestiges du château (15e s.) et sa chapelle romane (12e s.), originale avec ses deux absides accolées. De la place ombragée de platanes, vue d'ensemble sur le bourg. En contrebas, le port de Creysse, très fréquenté, appartenait au roi.

Creysse accueille la **Station expérimentale de la noix** *(✆ 06 65 32 22 22 - www.noixsudouest.fr - visite en juil.-août : horaires, se rens.),* chargée, en collaboration avec l'Institut national de recherche agronomique et le Centre technique interprofessionnel des fruits et légumes, de la création de la noiseraie du 3e millénaire. Une action qui concerne toute la filière nucicole française.

Quittez Creysse par le nord-ouest avec la D 114. À St-Sozy, prenez à gauche la D 15.

Meyronne

Du pont, jolie **vue★** sur la rivière et le village. Le cadre exquis de Meyronne plut aux évêques de Tulle qui en firent leur lieu de résidence. Si leur château a aujourd'hui disparu, l'église, restaurée à la fin du 19e s., porte encore des traces de leur passage.

Sortez de Meyronne par le sud-est en empruntant la D 15, puis tournez à droite après avoir parcouru 1 km.

2

Site du moulin du Limon

Il se compose d'un vieux moulin ruiné et d'un gouffre entouré d'une rafraîchissante verdure... très bucolique !

Revenez à Meyronne et prenez à gauche la D 23.

La route épouse alors le tracé de la rivière dans un très beau décor de rochers et de falaises jusqu'à Lacave.

★★ Grottes de Lacave

✆ 05 65 37 87 03 - www.vert-marine.com/grottesdelacave - horaires variables, voir le site Internet - 12 € (4-13 ans 8 €).

Accès aux grottes en petit train, puis ascenseur.

Tel un palais englouti, les salles féeriques des grottes de Lacave déroulent leurs formes fantastiques. Les eaux immobiles des gours renvoient mille reflets trompeurs, seulement troublés par la chute d'une goutte d'eau pure ou le frémissement des pas du visiteur. Le site a été découvert en 1902 par Armand Viré, fondateur de la biospéléologie, discipline qui étudie les animaux des cavernes et souterrains. Quatre cents mètres en petit train séparent le visiteur des entrailles de la Terre. Douze salles s'enchaînent alors le long d'un parcours d'1,6 km, au cours duquel, les yeux rivés au spectacle d'un monde merveilleux, on franchit sans s'en rendre compte 428 marches. Le parcours se divise en deux galeries que l'on suit successivement en aller-retour. La première galerie est riche en stalactites et stalagmites en forme de personnages, d'animaux, de végétaux, voire de monuments ou de cités englouties. Vous verrez de superbes cascades, de fines draperies, la plus ancienne concrétion de la grotte de 100 m de hauteur et de belles orgues. L'ensemble offrant des teintes contrastées, entre les parties blanches et ocre des concrétions.

La seconde galerie comprend des salles très différentes. D'abord celle du **grand dôme** à l'aspect chaotique lié à des éboulements provoqués par des secousses telluriques. Haute de 60 m, elle compte en son centre une stalactite qui paraît petite mais n'en mesure pas moins 3 m ! Suit une belle colonne isolée sur laquelle sont accolées des **excentriques** (parmi les plus grandes d'Europe) semblables à des pattes d'araignée et des draperies en forme de cigarettes russes. Puis vous pénétrerez dans le domaine des eaux souterraines : un **lac** de 2 m de profondeur cascade de gour en gour (barrage naturel) pour terminer en filet d'eau. Dans la **salle des Merveilles★** (au moins 2 000 m²), un jeu de lumière noire qui permet de mieux voir les concrétions rend luminescente la partie vivante des stalactites. Enfin, vous traverserez une salle d'excentriques. De retour dans la salle des Merveilles, quand l'éclairage revient, la magie se fait jour : c'est à un jeu de miroir que vous assisterez, l'eau reflétant les concrétions.

Prenez la D 247 sur 3 km.

Grotte des Carbonnières

Rte de Rocamadour, sur le site de Préhisto-Dino Parc - 05 65 32 28 28 - www.grottedescarbonnieres.com - visite guidée (45mn) juil.-août : 10h-13h et 14h-19h30 ; mai-juin et sept. : 10h-19h ; reste de l'année : tlj pdt les vac. scol. (horaires, se rens.) - 9 € (5-13ans 5 €) - 14,50 € (5-13 ans 8 €) billet commun avec le Préhisto-Dino Parc.

Cette jolie grotte découverte dans les années 2000 comprend 350 m de galeries et 6 salles pouvant atteindre 15 m de hauteur. Le parcours, pédestre, dévoile des formations minérales forgées par l'eau (draperies, disques, stalactites et stalagmites, colonnes et fistuleuses, excentriques), mises en valeur par un spectacle son et lumière respectueux de l'environnement.

Préhisto-Dino Parc

Rte de Rocamadour - 05 65 32 28 28 - www.prehistodino.com - juil.-août : 10h-20h ; avr.-juin et sept. : 10h-19h ; reste de l'année : se rens. - 9 € (5-13 ans 5 €) - 14,50 € (5-13 ans 8 €) billet commun avec la grotte des Carbonnières.

Parcourez quelque 4,6 milliards d'années qui séparent l'apparition des premiers animaux de celle de l'Homme. Des reconstitutions scientifiques et grandeur nature de dinosaures (autour d'un volcan en activité), d'oiseaux et de reptiles primitifs, de mammifères préhistoriques et des premiers hommes illustrent l'évolution de la vie sur Terre.
Revenez vers la D 23.

Château de Belcastel

En face du village de Lacave, sur l'autre rive de l'Ouysse, le château de Belcastel (à ne pas confondre avec le château du même nom, situé en Aveyron, voir p. 192)domine la vallée depuis le Moyen Âge. Seuls le donjon et la partie est du corps de logis datent de cette époque, les autres éléments ayant été ultérieurement reconstruits.
Suivez la D 43 pour revenir vers Souillac.

Carnet pratique

S'informer

Office de tourisme – *Bd Louis-Jean-Malvy - Souillac - ✆ 05 65 33 22 00 - www.vallee-dordogne.com.*

Agenda

Souillac en jazz – *www.souillacenjazz.fr - mi-juil.* Pendant 7 jours, festival Sim Copans qui s'adresse volontiers aux non-spécialistes.

Nos adresses

Restauration

Premier prix

La Bicicleta Ravito – *25 av. de Sarlat - ✆ 06 83 73 12 96/06 08 65 80 91 - www.labicicletaravito.com - mar.-dim. 10h-22h (horaires variables, se rens.) - plats 10/25 €.* Dans cette grande maison et hangar aménagés avec des objets chinés, on pense la mobilité douce et la pratique écologique du vélo de façon conviviale, culturelle, sportive et gastronomique. On vient ici pour pédaler (location de vélos), dormir (nuit en dortoir, en cabane bivouac 40 €, ou en chambre d'hôte 90/110 €), pour déjeuner, boire un verre, se rencontrer et discuter autour d'une plancha, d'un jus frais ou d'un plat issus de circuits courts.

Budget moyen

La Vieille Auberge – *1 r. de la Recège - ✆ 05 65 32 79 43 - www.la-vieille-auberge.com - P - horaires, se rens. - fermé nov. - formule déj. 15/17 € - menu 34 € - 9 ch. 84/100 € - ☕ 12 €.* Une institution. Cuisine de haute volée qui fait la part belle à l'agneau du Quercy et au foie gras de canard, avec des échappées marines. Incontournable omelette aux cèpes. Service parfait. Confortables chambres à l'étage, même si elles sont un peu petites.

À Meyronne

Pour se faire plaisir

La Terrasse – *Pl. de l'Église - ✆ 05 65 32 21 60 - www.hotel-la-terrasse.com - 9h-21h - fermé mar. midi et de nov. à mi-mars - menu 35/60 € - plats 22/28 € - 10 ch. 95/155 € - ☕ 13 €.* La terrasse dominant la Dordogne est parfaite pour un dîner romantique ; l'hiver, on se réfugie sous les voûtes de cette ancienne place forte du 11e s. Au menu, une cuisine aux parfums bien marqués, avec quelques clins d'œil aux saveurs du sud. Charmant !

À Lacave

Une folie

Le Pont de l'Ouysse – *05 65 37 87 04 - www.lepontdelouysse.com - avr.-nov. : 12h30-14h, 19h30-21h - fermé lun.-mar. midi - menu déj. 45 € - menus 70/98 €.* Un frère en salle, l'autre en cuisine. Ils magnifient avec simplicité de superbes produits, à l'instar de cette selle d'agneau du Quercy, ces œufs de caille fermiers, ces truffes récoltées en famille… La terrasse ombragée a un charme irrésistible.

Shopping

Marché – vend. mat.

Distillerie Louis Roque – *41 av. Jean-Jaurès - 05 65 32 78 16 - www.lavieilleprune.com - 8h30-12h, 14h-17h30 - fermé sam.-dim.* Liqueurs et apéritifs régionaux sont élaborés dans le souci d'une tradition vieille de près d'un siècle. On goûtera notamment la vieille prune, qui a fait la renommée de la maison. Visite (gratuite) du chai avec dégustation.

Activités

Quercyland – *Les Ondines - 05 65 32 72 61 - www.copeyre.com - 11h-20h - fermé de mi-sept. au 1er Mai - location 20 €/pers. avec accès au parc, sinon 10 €.* Canoës et kayaks pour naviguer sur la Dordogne, parc aquatique et accrobranche.

Plage de Vayrac – Plage (non surveillée) au bord de la Dordogne, avec des aires de jeux et de pique-nique ; on peut également y louer des canoës.

Hébergement

Premier prix

Grand Hôtel – *1 allée Verninac - 05 65 27 76 21 - www.legrandhotel.net - fermé de déb. nov. à mi-fév. - 28 ch. 61/131 € - 12 € - formule 23/25 €, menu 28 €.* Cet édifice centenaire abrite des chambres contemporaines personnalisées. Un agréable patio, vrai puits de lumière, éclaire la salle des petits-déjeuners. Véranda ou terrasse sous les platanes.

Le Quercy – *1 r. de la Recège - 05 65 37 83 56 - www.le-quercy.fr - fermé déc.-fév. - P - 23 ch. 74/82 € - 12 € - 1/2 P possible.* Accueil familial dans cet hôtel confortable, à l'écart du centre. Les chambres, bien tenues, sont pour la plupart dotées d'un balcon tourné vers la terrasse fleurie ou la piscine.

Budget moyen

Hôtel Les Ambassadeurs – *21 av. du Gal-de-Gaulle - 05 65 32 78 36 - www.ambassadeurs-hotel.com - fermé nov.-mars - - P payant - 22 ch. 87/92 € - 9 €.* Hôtel confortable et familial, à 200 m du centre-ville. Ambiance surannée et confort optimal.

À St-Sozy

Budget moyen

Hôtel Grangier – *12 km au sud-est de Souillac - 05 65 32 20 14 - www.hotel-grangier.com - P - 18 ch. 74/122 € - 12 € - menu 21,50 €.* Une belle maison en pierre flanquée d'une tour, abritant des chambres confortables… L'été, on profite de la jolie piscine. Restaurant traditionnel.

À Lacave

Une folie

Le Pont de l'Ouysse – *Restauration - 05 65 37 87 04 - P - 12 ch. 178/267 € - 2 appart. - 2 nuits mini en haute sais.* Une séduisante demeure du 19e s., dans un jardin baigné par l'Ouysse, qui a creusé ce vallon escarpé et verdoyant… Beaucoup de charme dans les chambres, mêlant goût de l'ancien et esprit champêtre, et belle attention portée aux clients.

Rocamadour ★★★

Rocher miraculeux, recueil d'histoire, de croyances et de légendes, sanctuaire de la Vierge noire, lieu de pèlerinage : Rocamadour est tout cela à la fois. C'est aussi l'un des sites les plus extraordinaires qui soient. Les vieux logis, les tours et les oratoires dégringolent le long de la falaise escarpée dominant de 150 m le canyon de l'Alzou, sous l'égide du fin donjon du château et des sept sanctuaires.

Rocamadour, accrochée à la paroi verticale d'une falaise dorée.
Rrrainbow/Getty Images Plus

Se repérer

CARTE B2 (P. 64) - PLAN P. 77.
623 Amadouriens – Lot (46).
50 km au nord-ouest de Figeac, 70 km au nord-est de Cahors.

À ne pas manquer

Le point de vue depuis l'Hospitalet, le système défensif du moulin de Cougnaguet et une balade dans les vallées de l'Ouysse et de l'Alzou.

Organiser son temps

Comptez une journée et profitez d'une nuit sur place pour voir la cité illuminée, le soir, sans la foule.

En famille

Le Rocher des Aigles, la promenade des vallées de l'Ouysse et de l'Alzou, la Forêt des Singes, et le parc animalier de Gramat.

Carnet pratique p. 82

Nos adresses p. 83

Un haut lieu de la chrétienté médiévale

L'énigmatique saint Amadour

Son identité n'a pu être établie d'une façon formelle. Un chroniqueur rapporte qu'en 1166 « un habitant de la localité ayant manifesté le désir d'être enterré sous le seuil de la chapelle élevée à la Vierge, on trouva en creusant la terre un corps intact, que l'on déposa auprès de l'autel pour l'exposer à la vénération des fidèles et que de nombreux miracles se produisirent depuis lors en ce lieu ». Quel était ce personnage mystérieux dont la sépulture semblait très ancienne ? On a soutenu sur ce point les thèses les plus contradictoires. Certains auteurs en font un ermite égyptien, d'autres l'identifient à saint Sylvain. La légende la plus répandue (à partir du 15e s.) est qu'il s'agit de Zachée, le collecteur d'impôts de petite taille qui, grimpé dans un sycomore pour apercevoir le Christ, le vit s'arrêter pour lui demander l'hospitalité.
Dans l'évangile, l'homme, bouleversé de n'être pas tenu à l'écart par son métier et l'usage qu'il en a fait, se convertit. La tradition locale ajoute qu'il était le mari de sainte Véronique. Tous deux seraient venus s'établir en Limousin et, à la mort de Véronique, Zachée se serait retiré dans cette vallée de l'Alzou, alors désertique et sauvage.

La renommée de Rocamadour

Dès les premiers miracles et jusqu'à la Réforme, le pèlerinage de Rocamadour est l'un des plus célèbres de la chrétienté. Les foules y accourent. Avec plus de 120 miracles déjà recensés dans ses pages, le *Livre des miracles de Notre-Dame* assoit la réputation de Rocamadour dès sa parution en... 1172. Les jours de « grand pardon » où l'indulgence plénière est accordée, 30 000 personnes se pressent à Rocamadour. Comme le village est trop exigu, la vallée de l'Alzou est transformée en un vaste campement. Henri Plantagenêt, roi d'Angleterre, miraculeusement guéri, est l'un des premiers à s'agenouiller devant la Vierge et son exemple est suivi, au cours du Moyen Âge, par les plus illustres personnages : saint Bernard, saint Dominique, Saint Louis et Blanche de Castille, Philippe IV le Bel, Philippe VI et Louis XI. Le culte de Notre-Dame de Rocamadour s'établit à Lisbonne, à Porto, en Sicile et en Andalousie où l'étendard de Rocamadour, déployé à la bataille de Las Navas de Tolosa, contribue à mettre en déroute les musulmans et donne la victoire aux rois d'Aragon, de Castille et de Navarre.

Le pèlerinage et les pénitents

Les tribunaux ecclésiastiques, et parfois les tribunaux civils, ont fréquemment imposé le pèlerinage de Rocamadour. C'était une grande pénitence. Le jour de son départ, le pénitent entendait la messe et, vêtu d'un costume orné de grandes croix, coiffé d'un large chapeau, il partait bourdon en main et besace au dos. Arrivé au terme de son voyage, le pèlerin se dépouillait de ses vêtements et, en chemise, gravissait à genoux les fameux degrés. On lui attachait alors des chaînes aux bras et au cou.
Conduit devant l'autel de la Vierge noire, il prononçait l'amende honorable dans cette posture humiliante. Le prêtre récitait les prières purificatrices et enlevait ses fers au pénitent qui, désormais

La basilique de Saint-Sauveur, à Rocamadour.
wjarek/Getty Images Plus

sanctifié, recevait une attestation du recteur et une « **sportelle** », sorte de médaille de plomb à l'image de la Vierge miraculeuse.
Mais les pèlerinages n'étaient pas toujours un but d'expiation : les seigneurs et les consuls des villes aimaient à se placer sous la protection de Notre-Dame pour conclure un traité ou signer une charte. On venait aussi au pèlerinage de Rocamadour par curiosité, pour rencontrer nombre de gens ou éventuellement traiter des affaires.

Déclin et renaissance

Au 13e s., Rocamadour atteint son apogée. On y obtient des grâces refusées à Jérusalem ; les donations affluent sans cesse. Mais les richesses accumulées suscitent de nombreuses convoitises. Pendant un siècle, les abbayes de Marcilhac et de Tulle se disputent la possession de l'église de Rocamadour. Après arbitrage, Tulle l'emporte. Au cours du Moyen Âge, la ville est plus d'une fois saccagée : Henri Court-Mantel, révolté contre son père Henri Plantagenêt, dévaste l'oratoire en 1183 ; pendant la guerre de Cent Ans, les bandes anglaises et les routiers pillent à plusieurs reprises le trésor ; au cours des guerres de Religion, les capitaines protestants Bessonies et Marchastel s'emparent de Rocamadour qu'ils profanent et dévastent. Les reliques sont déterrées.
La tradition veut que le corps, étonnamment préservé, ait été livré aux flammes mais n'ait pas brûlé si bien que, de rage, le capitaine protestant Bessonies le brisa à coups de marteau. Seules la Vierge et la cloche miraculeuse échappent à la destruction.
Rocamadour ne se relèvera pas vite de ses ruines, le sanctuaire végète jusqu'à la Révolution qui lui porte le coup de grâce. Au 19e s., les évêques de Cahors essaient de faire renaître le pèlerinage : les sanctuaires sont restaurés.
Avec une partie de sa splendeur passée, Rocamadour a retrouvé la ferveur des pèlerins et c'est aujourd'hui le but d'un pèlerinage suivi, ainsi qu'une étape du pèlerinage en plein renouveau vers St-Jacques-de-Compostelle.

La cité religieuse

PLAN CI-CONTRE B2

Circuit tracé sur le plan ci-contre.
Sanctuaire - ✆ 05 65 14 10 59 - www.sanctuairerocamadour.com - ♿ - ouv. des portes juil.-août : 7h-22h ; sept. : 8h-21h30 ; de déb. avr. à fin juin : 8h-20h ; reste de l'année : se rens. - gratuit.
Par la **porte du Figuier**, qui existait déjà au 13e s., vous pénétrez dans la rue principale du village, encombrée de magasins de souvenirs. Il vous reste à gravir les 216 marches du **Grand Escalier** dont les pèlerins font souvent l'ascension en s'agenouillant à chaque degré. Cinq paliers conduisent à une plate-forme où s'élèvent les habitations des chanoines, converties en magasins et en hôtels. La **plate-forme du Fort** est également appelée **place des Senhals** : là étaient fabriqués les insignes de pèlerinage, *senhals* ou *sportelles*. La **porte du Fort** (ou Porte sainte), percée sous le mur d'enceinte du palais des évêques, permet d'accéder à l'enceinte sacrée.

Parvis des églises

C'est autour de cet espace assez restreint, aussi nommé place St-Amadour, que s'élèvent **sept sanctuaires** : la basilique St-Sauveur en face de l'escalier ; en dessous, l'église (ou crypte) St-Amadour ; à sa gauche la chapelle Notre-Dame ou chapelle miraculeuse. À droite se trouvent les chapelles St-Jean-Baptiste, Ste-Anne *(comprise dans les visites guidées de la cité religieuse avec la chapelle St-Michel)* et St-Blaise, tandis que la chapelle St-Michel se dresse à gauche sur une terrasse.

Basilique St-Sauveur

De style romano-ogival (11e-13e s.), elle appuie ses deux nefs sur la paroi de la falaise. La mezzanine en bois a été rajoutée au début du 20e s. pour pallier la petitesse de la basilique lors des grands pèlerinages. Sur le mur gauche de la nef se dresse un beau **christ** en bois polychrome du 16e s. dont la croix représente un arbre privé de ses rameaux. Un bel **orgue** contemporain en forme de proue de navire a été installé en 2013, en suspension entre le deuxième pilier et la tribune.

Église St-Amadour

Cette petite église inférieure (12e s.), s'étend sous les deux travées sud de la basilique St-Sauveur. Elle comporte un chevet plat et deux travées sous voûtes quadripartites. On venait autrefois y vénérer le corps de saint Amadour.

Chapelle Notre-Dame

Du parvis, un escalier de 25 marches s'élève jusqu'à la chapelle miraculeuse, considérée comme le « saint des saints » de Rocamadour. C'est là en effet que l'ermite aurait aménagé un oratoire dans le roc. Écrasée en 1476 par la chute d'un rocher, elle fut reconstruite en gothique flamboyant par l'évêque de Tulle, Denys de Bar. Cette nouvelle chapelle, saccagée pendant les guerres de Religion et sous la Révolution, a fait l'objet d'autres travaux au 19e s.
Dans la pénombre de la chapelle noircie par la fumée des cierges, on découvre sur l'autel la Vierge miraculeuse appelée aussi **Vierge noire★** : elle est assise, hiératique, portant sur son genou gauche, sans le tenir, un étonnant Enfant Jésus au visage d'adulte. Cette statue reliquaire de petite taille (69 cm), en bois, de facture rustique, date du 12e s. Tout autour ont été accrochés de nombreux témoignages de reconnaissance : ex-voto, fers que l'on mettait jadis aux pèlerins pendant certaines cérémonies de pénitence *(☞ p. 74)*. Suspendue à la voûte, une très vieille

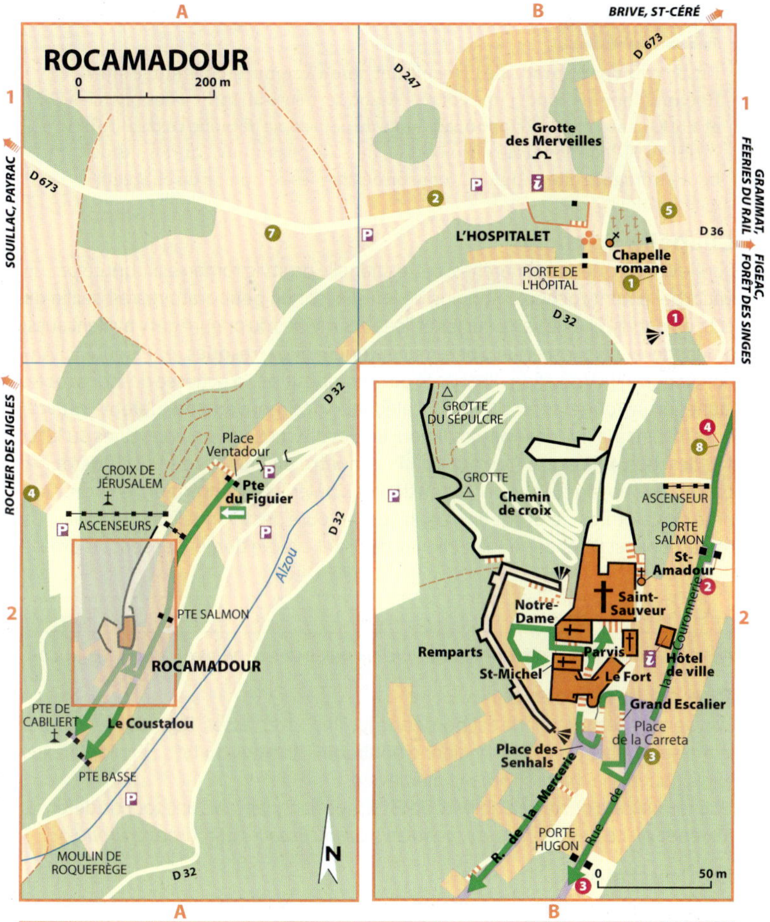

SE RESTAURER	SE LOGER	
Hostellerie Bellevue 1	Le Belvédère 1	Amadour Hôtel 5
Envies de Terroir 2	Le Bellaroc 2	Les Esclargies 7
Les Jardins de la Louve 3	Le Terminus des Pèlerins 3	Hôtel Beau Site 8
Le Jehan de Valon 4	Hôtel Le Relais Amadourien 4	

cloche, faite de plaques de fer assemblées et datant sans doute du 9e s., sonnait d'elle-même pour annoncer les miracles, par exemple lorsque des marins perdus en mer invoquaient Notre-Dame de Rocamadour.

En sortant de la chapelle Notre-Dame, on peut voir au-dessus de la porte une grossière épée de fer fichée dans la paroi rocheuse. La légende l'identifie à **Durandal**, la célèbre épée de Roland (*encadré p. 92*) : cerné par les Sarrasins et ne pouvant la briser, Roland implora l'archange saint Michel et lança son épée qui d'un seul jet vint se planter dans le rocher de Rocamadour, loin des infidèles.

À droite, creusé dans le roc, le **tombeau de saint Amadour**, à l'emplacement présumé où fut découvert le corps.

Point de vue

En arrivant par la route de l'Hospitalet, **vue★★** remarquable sur le site de Rocamadour : au fond d'une gorge, l'Alzou serpente au milieu des prairies, et à 500 m environ, agrippé à la falaise du causse, se détache l'extraordinaire profil du village dont l'élévation est un défi à la pesanteur. Au-dessus du bourg s'étage la cité religieuse couronnée par les remparts du château.

Chapelle St-Michel

Surélevée de quelques marches, cette chapelle de style roman est abritée par un encorbellement rocheux. Son abside, où s'inscrit un petit oratoire, fait saillie du côté du parvis. Elle servait pour les offices des moines du prieuré qui y avaient aussi aménagé leur bibliothèque. Sur le mur **extérieur** deux **fresques** représentent l'Annonciation et la Visitation : l'habileté de la composition, la richesse des tons (ocre, jaune, brun-rouge, fond bleu roi), l'élégance des mouvements datent l'œuvre, qui s'inspire à la fois des châsses limousines et des mosaïques byzantines du 12e s. Au-dessous, une autre fresque du 14e s. montre un immense saint Christophe, patron des voyageurs et par extension des pèlerins. À l'**intérieur**, le chœur est orné de peintures : le Christ en majesté est entouré des évangélistes ; au-dessous un séraphin et l'archange saint Michel, devisant avec le démon, pèsent les âmes.

Le bourg AB2

À la sortie du chemin de ronde, regagnez la place des Senhals et prenez à gauche.

Rue de la Mercerie B2

L'ancienne rue marchande est bordée de jardins en terrasses. Remarquez à droite la maison de la Pommette, ancienne boutique à arcades du 15e s., et un peu plus loin à gauche, la maison romane médiévale.

Vous arrivez à la porte de Cabiliert, du 13e s., que flanquait jadis une tour de défense.

Revenez place des Senhals, descendez le Grand Escalier et tournez à droite.

Le Coustalou A2

Passé la porte Hugon du 13e s., vous pénétrez dans ce charmant quartier médiéval. La maison de la Louve à colombages est la mieux préservée. Au-delà de la porte Basse, au bord de l'Alzou, se dresse le vieux moulin fortifié dit « de Roquefrège ».

Retournez sur vos pas pour rejoindre la porte du Figuier.

Hôtel de ville B2

R. de la Couronnerie - ✆ 05 65 33 63 26 - www.mairierocamadour.fr.

Il est installé dans une maison du 15e s. restaurée et appelée « la Couronnerie » ou maison des Frères. Dans la salle du Conseil *(visite organisée par l'office de tourisme)* sont exposées deux belles **tapisseries★** de Jean Lurçat *(p. 101).*

Poursuivez un peu après la porte de Figuier.

Sur le plateau AB2

Chemin de croix B2

Aménagé au 19e s., il monte en lacet à travers un sous-bois jusqu'aux remparts. Après les grottes de la Nativité et du Sépulcre, illuminées par 53 lampes, on aperçoit la grande croix de Jérusalem, rapportée des lieux saints par les pèlerins de la pénitence.

Remparts B2

Le Château - ✆ 05 65 33 23 23 - 9h-18h - 2 €.

Ultimes vestiges d'un fort du 14e s. destiné à barrer l'éperon rocheux et à protéger le sanctuaire. Adossée à ce fort, la demeure des chapelains de Rocamadour a été construite au 19e s.

★ Rocher des Aigles HORS PLAN PAR A2

Rte du Château - ✆ 05 65 33 65 45 - www.rocherdesaigles.com - ♿ - juil.-août : 10h-20h; avr.-juin et sept. : 14h-19h, vac. scol. et j. fériés 10h30-19h - 11 € (4-13 ans 7 €).

Pour le premier spectacle de la journée, arrivez 10mn avant.

Tout près des remparts se trouve un **centre d'élevage et de reproduction** de rapaces diurnes et nocturnes, où œuvre Raphaël Arnaud, initiateur de cette aventure, entouré d'une douzaine de passionnés qui travaillent sur les lieux à plein temps. Près d'une centaine d'oisillons naissent ici chaque année *(vidéo de présentation)*. Certaines reproductions en captivité constituent des premières mondiales. Les volières sont adaptées pour assurer le bien-être des animaux, d'où la visibilité réduite pour le visiteur. Par ailleurs, une unité de soin accueille des oiseaux blessés pour les relâcher ensuite dans leur milieu naturel.

Vous assisterez à une étonnante **démonstration de vol** de ces rapaces dressés auxquels succèdent des perroquets, apportant une touche de couleur finale à ce spectacle exceptionnel. Le commentaire assuré par des spécialistes ajoute à la compréhension de ces oiseaux de proie méconnus, dont certaines espèces sont menacées de disparition.

*Pour redescendre au bourg, revenez à l'esplanade à hauteur de l'enceinte sacrée et empruntez l'ascenseur (**p. 82**) qui rejoint la rue principale près de la porte Salmon, ou retrouvez le Grand Escalier.*

2

À proximité

CARTE P. 64

Espace naturel sensible des vallées de l'Ouysse et de l'Alzou B2

4,5 km (2h) et 8 km (3h), balisage jaune - à parcourir avec les fiches du guide disponibles en téléchargement sur www.tourisme-lot.com.

L'Ouysse et l'Alzou ont tellement taillé le calcaire que Rocamadour vit perché. Le sentier du moulin du Saut *(4,5 km - 2h. Dép. parking du moulin du Saut - dir. Cahors, par Gramat, puis Les Aspes et Lauzou)* et celui entre Ouysse et Alzou *(8 km - 3h. Dép. du parking du gouffre de Cabouy - par la D 32 au sud de Cahors)* permettent de comprendre le travail de l'eau. Technologie des moulins, régimes particuliers de ces deux rivières, écologie des berges et d'un canyon pour le premier circuit; karst, résurgences, combes et gouffres pour le second.

Moulin de Cougnaguet B2

10 km à l'ouest de Rocamadour par la D 673. ✆ 05 65 32 63 09 - www.cougnaguet.com - avr.-sept. : 10h-12h, 14h-18h; oct. 10h-12h, 14h-17h - 6 € (enf. 3 €).

Le moulin fortifié de Cougnaguet enjambe de ses arches en plein cintre une dérivation de l'Ouysse. Il date du 15e s. mais fut précédé par un autre moulin auquel le « droit des eaux » fut concédé en 1279. Au Moyen Âge, le grain et la farine, denrées précieuses très convoitées, devaient être particulièrement protégés.

Le système défensif du moulin est impressionnant : l'ouverture des vannes précipitait les assaillants vers une conduite forcée où, engloutis, ils connaissaient une mort atroce. Le moulin abrite quatre meules qui pouvaient produire 3 t de farine par jour ; l'une d'elles fonctionne et moud le grain sous vos yeux.

Le nord du causse de Gramat

CARTE P. 64

Circuit de 70 km tracé en violet clair sur la carte. Quittez Rocamadour par le nord en empruntant la D 32.

Le causse de Gramat s'étend entre la vallée de la Dordogne, au nord, et celles du Lot et du Célé, au sud. Vaste plateau calcaire, haut de 350 m, il est le plus important et le plus sauvage des causses du Quercy. C'est en automne qu'il faut le parcourir, lorsque les arbres hésitent entre le jaune et le rouge et illuminent de leurs teintes dorées le gris des pierres et des rochers.

L'Hospitalet B2

Le nom de ce village, sur le rebord de la falaise de Rocamadour, lui vient d'un petit hôpital fondé au 11e s. par Hélène de Castelnau, pour soigner les pèlerins sur la route du Puy à Compostelle. Seule la **chapelle romane**, remaniée au 15e s., a été conservée. Passé le parvis, vous verrez les vestiges de cet hôpital et, au-delà, le Champ aux pauvres (ancien cimetière des pèlerins modestes) aménagé en jardin.

Grotte des Merveilles - *✆ 05 65 33 67 92 - www.grottedesmerveilles.com - visite guidée (45mn) de mi-juil. à fin août : 10h-18h, dép. ttes les h ; de déb. avr. à mi-juil. et de fin août à mi-sept. : tlj sf vend. (tlj pendant les vac. scol.) 10h30, 11h30, 14h15, 15h15, 16h15 et 17h15 ; reste de l'année : se rens. - 8 € (5-11 ans 5 €).*

Découverte en 1920, cette petite grotte située sous seulement 8 m de roche présente quelques belles formations minérales. Sur ses parois, quelques peintures rupestres dateraient de 20 000 ans. Elles représentent des mains « négatives », des ponctuations, quelques chevaux, un félin et un cervidé schématique.

Quittez L'Hospitalet par l'est en empruntant la D 36.

Forêt des Singes B2

L'Hospitalet - ✆ 05 65 33 62 72 - www.la-foret-des-singes.com - juil.-août : 9h30-18h30 ; mai-juin : 10h-12h, 13h-18h ; fin mars-avr. et de déb. à mi-sept. : 10h-12h, 13h-17h30 ; reste de l'année : se rens. - 9,50 € (5-14 ans 5,50 €).

Sur 20 ha boisés, 150 singes vivent en liberté dans ce cadre qui rappelle les hauts plateaux d'Afrique du Nord, d'où ils sont originaires. En effet, ce sont des magots – ou macaques – de Barbarie (en fait, de Berbérie), primates en voie de disparition, qui s'ébattent dans la forêt.

Poursuivez sur la D 36. À Rignac, tournez à gauche sur la D 20.

Source Salmière B2

Les premières études sur l'eau de source de Miers datent de 1624. Très riche en magnésium, elle séduit rapidement les spécialistes pour son efficacité contre les maladies de foie, des voies biliaires et urinaires, mais surtout pour son action laxative. L'eau minérale de Miers-Alvignac est vendue dans les boutiques diététiques.

★★ Gouffre de Padirac C2 p. 88

Rejoignez Padirac (au sud) et prenez la D 673. Après 2 km, empruntez la D 11.

Padiparc

Pech du Puits-Le Gouffre - Padirac - ✆ 05 65 34 68 49 - www.padiparc.com - juil.-août : 10h-19h ; fév.-juin et sept.-nov. : tlj sf lun. 10h-18h - 8 € (4-11 ans 6 €).

Ce parc animalier, qui s'investit en faveur de la conservation et de la protection de la biodiversité, est consacré à l'univers des **reptiles**, répartis sur 300 m²

On vous emmène dans les étoiles

Sur le causse de Gramat, un territoire favorisé des dieux est drapé dans l'un des ciels les plus noirs d'Europe. C'est le bien nommé « triangle noir », où l'exceptionnelle pureté du ciel s'explique par la sécheresse de l'air et la faible pollution lumineuse. Planètes, voie lactée, étoiles, et surtout étoiles filantes en été, se révèlent même aux yeux des astronomes les plus béotiens. Plusieurs communes du Parc naturel régional (PNR) des Causses du Quercy préservent ce trésor scintillant, notamment en éteignant l'éclairage public la nuit. Cette initiative, non contente de plaire aux scientifiques et aux amateurs, est aussi indispensable au bien-être des animaux et des plantes. Surveillez le site Internet du parc, il relaie les activités « astro », en particulier lors de la Nuit des étoiles, début août : séances d'observation, soirées musicales, nuits à la belle étoile, etc. Le mas de Cantagrel, par exemple, organise une soirée musique et astronomie. Il se trouve un peu en dehors du triangle mais jouit d'un superbe site. On vient en famille avec pique-nique et sacs de couchage. Des crêpes et des boissons vendues sur place provoquent de joyeux va-et-vient, tandis qu'on se fabrique son petit coin à soi dans la prairie, sous la voûte céleste qui fonce jusqu'à l'ébène et se pique de diamants. On écoute la musique, les contes, la vie des étoiles... parfois une ovation salue le passage d'une météorite, les murmures s'apaisent... les plus petits s'endorment, et bientôt les grands, dans un dernier chuchotement.

PNR des Causses du Quercy – www.parc-causses-du-quercy.fr.
Mas de Cantagrel – www.cantagrel.com - 05 65 23 81 45.

2

d'espace couvert. Vous pourrez vous approcher des tortues géantes, assister au nourrissage, découvrir des poissons, des amphibiens et l'univers des arachnides.

Gramat BC2

Pl. de la République - 05 65 33 22 00 - www.vallee-dordogne.com.
Excellent point de départ pour la visite de la région comprise entre le Lot et la Dordogne, capitale du causse qui porte son nom, Gramat est un centre de **foires** (ovins notamment) très importantes qui la rendent conviviale les 2e et 4e jeudis matin du mois. Vous y verrez bien sûr la halle, vous y goûterez les bons produits du terroir *(marché mar. et vend. matin)*, mais un tour dans les ruelles vous fera découvrir une autre facette. C'est à Gramat qu'est installé, depuis 1945, le **Centre de formation des maîtres-chiens de la gendarmerie**, bien que ce soit une ville dédiée au cheval ! Des haras y sont installés et des courses se déroulent au mois d'août *(R. du Col.-Puyaubert-le-Segala - caserne Godefroyd-Gamin - 05 65 10 14 30 - - démonstration de dressage de fin juin à fin août : jeu. 15h30).*
Quittez Gramat par le sud-ouest en empruntant la D 807. Après la voie ferrée, tournez à gauche dans la D 14.

Parc animalier de Gramat B2

D 14 - 05 65 38 81 22 - www.gramat-parc-animalier.com - - juil.-août : 9h30-19h ; avr.-juin et de déb. sept. à la fin des vac. de la Toussaint : 10h-18h30 ; reste de l'année : 13h30-17h30 - 14,50 € (4-11 ans 9 €).
Animations, dont le nourrissage des animaux, à heures fixes.
Cet espace a été acquis par la municipalité de Gramat pour que les visiteurs découvrent la réalité animale et végétale dans un cadre isolé de 40 ha.

Les spécimens de la flore locale – chênes pubescents, cornouillers, frênes du causse – côtoient des espèces animales en grande partie européennes vivant en semi-liberté. Certains des animaux présentés (aurochs, cheval de Przewalski, bouquetin, bison d'Europe) étaient là à l'époque préhistorique. Un conservatoire de races de basse-cour présente des espèces très variées de gallinacés, de porcs, etc. Un parcours balisé de 3 km permet de découvrir ces animaux... une agréable promenade.

Faites demi-tour et rejoignez la D 807 (à gauche). Au Bastit prenez à droite la D 50, puis à Carlucet tournez à droite dans la D 32 qui ramène à Rocamadour.

Carnet pratique

S'informer

Office de tourisme – *Cité médiévale - Rocamadour - ✆ 05 65 33 22 00 - www.vallee-dordogne.com.*

Arriver/partir

Se garer – Bourg et cité religieuse sont réservés aux piétons ; l'accès en voiture est réservé aux clients des hôtels et des restaurants.

On se rend au village, soit par le haut, depuis le plateau *(parking)*, à pied ou en ascenseur *(voir ci-après)*, soit par la vallée de l'Alzou *(parkings)*, à pied *(une centaine de marches à monter)* ou en petit train *(payant,* *p. 84**)*. Entre le bourg *(à mi-hauteur)* et la cité religieuse *(en haut)* : grand escalier des pèlerins *(216 marches)* ou ascenseur *(voir ci-après)*.

Ascenseur de Rocamadour – *✆ 05 65 33 62 44 - ♿ - juil.-août. : 9h-21h ; reste de l'année : se rens. - fermé de mi-nov. aux vac. de fév. - 3,20 € (-8 ans gratuit) AR, 2,20 € (-8 ans gratuit) AS.* Relie la cité médiévale au sanctuaire.

Ascenseur incliné – *Le Château - ✆ 05 65 33 67 79 - www.ascenseurincline-rocamadour.com - ♿ - juil.-août : 9h-21h ; mai-juin et sept. : 9h-19h ; reste de l'année : se rens. - fermé janv. - 4,20 € (-9 ans gratuit) AR, 2,60 € (-9 ans gratuit) AS.* Relie le sanctuaire aux remparts du château et au parking P2.

Agenda

Transhumance en Quercy – Rocamadour-Luzech - *✆ 06 83 29 62 22 - transhumance.lot.fr - mi-avr.* Les brebis du Lot parcourent 70 km en 5 étapes, lors de la grande transhumance en Quercy, de Rocamadour à Luzech. L'événement attire des centaines de marcheurs venus de toute l'Europe.

Fête de l'Assomption – *14 août.* Procession aux flambeaux.

Festival de Rocamadour Musique sacrée – *www.rocamadourfestival.com - 3e sem. d'août.* Concerts (dont certains dans la basilique) avec des musiciens de renommée internationale, résidence d'artistes et stages de chant choral.

Montgolfiades – *Dernier w.-end de septembre - www.rocamadouraerostat.fr.* Deux envols par jour d'une trentaine de montgolfières.

Fête des fromages – *W.-end de la Pentecôte.* Troupeau caprin et dégustations dans le parc du Belvédère.

Nos adresses

PLAN P. 77

Restauration

Premier prix

1 **Hostellerie Bellevue** – B1 - *L'Hospitalet - ✆ 05 65 33 62 10 - www.hotel-bellevue-rocamadour.com - P - 8h30-22h30 - fermé janv.-mars - plats 18/30,50 € - 13 ch. 65/76 € - ☕ 9 €.* Cette pension de famille qui porte bien son nom dispose d'un restaurant aux airs de vieille taverne. Sur la terrasse et sous la vigne vierge, on goûte une cuisine généreuse. Service sympathique et impeccable.

2 **Envies de Terroir** – B2 - *R. de la Couronnerie - ✆ 05 65 33 67 38 - fermé de mi-nov. à mi-fév. sf vac. de Noël, merc. - menu midi 20 €.* Pour déjeuner sur le pouce, cette brasserie, lumineuse et cosy, à la décoration contemporaine, dispose d'une superbe terrasse d'où le regard embrasse toute la falaise, face au village de Rocamadour. Une restauration légère aux accents du terroir comble les petites faims. Accueil souriant, service efficace.

3 **Les Jardins de la Louve** – B2 - *Pl. Hugon - ✆ 05 65 33 62 93 ou 06 80 00 37 68 - 12h-14h, 19h-21h - fermé de mi-nov. à mars - formule déj. 17 €.* Élégante adresse installée dans une superbe demeure bâtie au 13e s. et remaniée au 15e s. Grande cheminée, pierres et poutres apparentes et agréable terrasse arborée. Cuisine régionale et pizzas. Salon de thé l'après-midi et pub-bar à cocktails le soir *(tlj juin-sept. et w.-ends en mai).*

Budget moyen

4 **Le Jehan de Valon** – B2 - *Cité médiévale - ✆ 05 65 33 63 08 - www.beausite-rocamadour.com - P - 12h-14h, 19h-21h - fermé de déb. nov. à mi-fév. - formule déj. 19,50 € - plats 16/25 € - menu 38 €.* Dans le restaurant de l'hôtel Beau Site, le chef Xavier Menot décline des recettes classiques mais goûteuses tel ce gigot d'agneau fermier du Quercy découpé en salle accompagné de haricots blancs en cocotte et de pommes de terre gratinées au cantal. Cuisine haut de gamme, adresse incontournable dans la cité amadourienne. Salle à manger panoramique embrassant la vallée de l'Alzou ou terrasse à l'ombre des tilleuls, selon la saison. En salle, une équipe charmante veille au bien-être des hôtes.

Hôtel-restaurant du Château – HORS PLAN - *Rte du Château - ✆ 05 65 33 62 22 - www.hotelchateaurocamadour.com - P - 12h-14h, 19h30-21h - fermé de mi-nov. à mars - formule déj. 24/28 € - menu 46 €.* Situé en retrait du village, ce restaurant déploie quelques tables sous les chênes, dans un véritable sous-bois. Le chef mise sur la simplicité et la qualité des produits pour concocter une cuisine traditionnelle : foie gras mariné au jurançon, côtes d'agneau coulis de tomates à la sauge, tarte fine aux pommes. Cuisine bien tournée qui connaît ses classiques. Service familial et attentif.

À proximité

Premier prix

Le Roc du Berger – *Bois de Belveyre - rte de Padirac - 1,5 km au nord-est de Rocamadour - ✆ 05 65 33 19 99 - www.rocduberger.fr - P - 12h-14h, 19h15-21h - fermé nov.-mars, en sem. en oct. (sf sur RV) - menu 25 €.* Terrasse ombragée, ambiance animée, service décontracté et, au menu, produits fermiers régionaux. Aire de jeux.

À Lavergne

Premier prix

Auberge Le Limargue – *14 km à l'est de Rocamadour - ✆ 05 65 38 76 02 - P - 12h-13h30, 19h-20h30 - fermé juil.-août : merc. et dim. soir ; reste de l'année : lun.-mar. et jeu.*

2

le soir, merc. et dim. soir - plats 18 € - 3 ch. 67 € - ☕ 8,50 €. Faites une halte dans cette sympathique maison en pierre de taille pour y goûter la cuisine du Quercy. Chambres personnalisées.

À Gramat

Budget moyen

Le Lion d'Or – *8 pl. de la République - ✆ 05 65 10 46 10 - horaires, se rens. - menu 23,50/34 € - ch. 87 € - ☕ 11 €.* Cette demeure régionale de caractère propose une carte classique et des recettes du terroir dans une salle à manger bourgeoise. Agréable bar-salon. Service de brasserie en terrasse sous une pergola : agneau grillé du Quercy et bœuf de l'Aveyron. Chambres soignées.

Le Relais des Gourmands – *2 av. de la Gare - ✆ 05 65 38 83 92 - ♿ - www.relais-des-gourmands.com - 12h-13h30, 19h15-20h30 - fermé dim. soir et lun. (sf en juil.-août) - menu 24/36 €.* Laissez-vous séduire par la cuisine traditionnelle et canaille du chef britannique Carl Jenner, derrière les fourneaux de cette jolie maison familiale. Aux beaux jours, en terrasse, on savoure un gigot d'agneau fermier du Quercy braisé au citron confit. La tête de veau est souvent au menu, qui change tous les trois mois.

Shopping

Ferme Lacoste – *Les Alix (3 km au nord de Rocamadour) - ✆ 05 65 33 62 66 - à partir de 10h.* Cette belle ferme héberge une centaine de chèvres qui broutent pour préserver la réputation de leur délicieux fromage AOP : le fameux Rocamadour.

Ferme des Alix – *Les Alix - rte de Padirac - ✆ 06 47 07 69 94 - www.fermedesalix.fr - juin-août : 10h-12h30, 13h30-18h30 ; mai et sept.-oct. : tlj sf merc. et sam. mat. et dim. mat. 10h-12h, 14h-18h.* La lavande revient dans le Quercy, et en particulier dans cette ferme ! On visite la distillerie et la boutique de produits à base de lavande : huiles essentielles, miel, chocolat, sirop, cosmétiques, etc. Également jeu d'exploration Explor Games *(2 joueurs 19,80 €).*

À Miers

Marché des producteurs de pays du Lot – *Pl. de la Mairie - 11 km au nord-est de Rocamadour - vend. en juil.-août 17h-20h.* Productions agricoles et artisanales de qualité.

Activités

Visites

Petit train de Rocamadour – *La Truffière - ✆ 05 65 33 65 99 - www.lepetittrainderocamadour.com - ♿ - de mi-avr. à sept. : 10h30-19h30 - 4 € (5-9 ans 2,50 €) AR, 3 € (5-9 ans 2 €) AS - dép. ttes les 15mn.* Liaisons de jour et de nuit entre la cité médiévale et la vallée de l'Alzou.

Ferme La Borie d'Imbert – *Rte de Sarlat (4 km au nord de Rocamadour) - ✆ 05 65 33 20 37 - www.fermelaboriedimbert.com - avr.-sept. : 10h-19h; reste de l'année : se rens.* De nombreuses animations sont proposées dans cette ferme dotée d'un sentier pédagogique et d'une boutique. La traite est un moment fort de la visite.

Parc à thème

Parc Durandal – *Marcayou (près du Rocher des Aigles) - ✆ 06 19 39 18 00 - www.parcdurandal.com - de mi-juil. à août : dim.-jeu. 11h45 et 16h - spectacles 12 € (7-15 ans 10 €).* Parc à thématique médiévale avec des animations interactives et des spectacles équestres. Bienvenue à Gromadour, petite bourgade où le temps s'est arrêté en l'an 778.

Vol en montgolfière

Association Rocamadour Aérostat – *✆ 06 79 24 28 21 - www.rocamadouraerostat.fr - fermé* *nov.-mars - 200 € (10-14 ans 120 €).* Rocamadour est le lieu rêvé pour découvrir la montgolfière. Après avoir assisté à la préparation du ballon, on s'élève du fond de la vallée pour un vol de 45mn à 1h.

Hébergement

Premier prix

1 Le Belvédère – B1 - *L'Hospitalet - ✆ 05 65 33 63 25 - www.hotel-le-belvedere.fr - ♿ P - 17 ch. 68/89 € - ☕ 10,50 € - 1/2 P et P possibles - ✕ menu 21/28 €.* Une atmosphère familiale règne dans cet hôtel rajeuni. Chambres aux touches décoratives actuelles; splendide vue panoramique pour la plupart. Restaurant gastronomique; brasserie et pizzeria en sais. Terrasse avec vue sur le site.

2 Le Bellaroc – B1 - *Rte de la Corniche - L'Hospitalet - ✆ 05 65 33 63 06 - www.hotel-bellaroc.com - fermé de nov. à mi-mars - P 🏊 - 12 ch. 71/78 € - ☕ 10,50 € - 1/2 P possible - ✕ plats 16/22 €, pizza 12/18 €.* Perché sur une falaise, cet hôtel jouit d'une jolie perspective sur Rocamadour. Chambres lumineuses, jardin et piscine.

3 Le Terminus des Pèlerins – B2 - *Pl. de la Carretta - ✆ 05 65 33 62 14 - www.terminus-des-pelerins.fr - fermé nov.-mars - 12 ch. 73/92 € - ☕ 9 € - ✕.* Au pied d'une falaise escarpée se tient ce petit hôtel familial et chaleureux. Les chambres, sobres et confortables, offrent une belle vue sur la vallée.

5 Amadour Hôtel – B1 - *L'Hospitalet - ✆ 05 65 33 73 50 - www.amadour-hotel.com - fermé de mi-nov. à mi-fév. - ♿ - 15 ch. 67/84 € - ☕ 9 €.* Construction récente proche des ruines de l'hôpital qui soignait les pèlerins de Compostelle. Petites chambres pratiques, lumineuses et bien tenues. Certaines avec terrasse.

Budget moyen

4 Hôtel Le Relais Amadourien – A2 - *Rte du Château - ✆ 06 86 64 69 61 ou 05 65 34 39 19 - www.relais-amadourien.com - P - 28 ch. 88/98 € ☕.* Situé au pied du château, à proximité du chemin de croix et des ascenseurs qui mènent au village de Rocamadour, cet hôtel familial est d'un excellent rapport qualité-prix. Chambres cosy confortables, petit-déjeuner buffet avec vue, jardin pour la détente et accueil chaleureux.

Pour se faire plaisir

7 Les Esclargies – A1 - *Les Esclargies - L'Hospitalet - ✆ 05 65 38 73 23 - www.esclargies.com - ♿ P 🏊 - 16 ch. 118/165 € - ☕ 13,50 €.* Une belle découverte! Implanté au cœur d'une chênaie, cet établissement à l'architecture contemporaine mêle avec bonheur la pierre et le bois. Tout a été pensé pour donner la part belle à la lumière, omniprésente. Matières naturelles et couleurs douces dominent dans les chambres, spacieuses et chaleureuses. Accueil parfait. Calme absolu.

8 Hôtel Beau Site – B2 - *Cité médiévale - ✆ 05 65 33 63 08 - www.beausite-rocamadour.com - fermé de déb. nov. à mi-fév. - ✕ ♿ P - 34 ch. 105/170 € - ☕ 16 €.* Les chambres de cette vénérable maison disposent d'un excellent confort et la plupart bénéficient d'une superbe vue (pour certaines d'un petit balcon) sur la vallée de l'Alzou (celles donnant sur la rue principale sont un peu plus bruyantes). Une excellente adresse, tenue par la même famille depuis cinq générations.

À proximité

Premier prix

Camping Le Padimadour – *La Chataigneraie (8 km à l'est de Rocamadour) - ✆ 05 65 33 72 11 - www.padimadour.fr -*

- fermé de mi-oct. à mars - 42 empl. 19/28 € - 50 locatifs 45/115 €. Des emplacements ombragés sont disposés en pleine nature et baignent dans un calme serein. Les cottages et tentes lodges, eux, proposent un réel confort. Pour la détente, une piscine couverte et chauffée et un snack sont installés au centre du terrain.

Budget moyen

Chambre d'hôte La Noyeraie – *En Caminou - 5 km à l'est de Rocamadour - 05 65 40 43 91 - www.lanoyeraierocamadour.com - - 3 ch. et 1 studio 82 € - table d'hôte 20 €, le soir seult.* Cette ferme a gardé le charme suranné du début du 19e s. Les chambres sont spacieuses et donnent toutes sur la campagne environnante. Les petits-déjeuners et dîners sont savoureux et faits maison, l'essentiel venant du potager du propriétaire des lieux.

À Lagardelle

Premier prix

Chambre d'hôte Domaine de Lagardelle – *1,5 km au nord-est de Rocamadour - 06 07 87 91 45 - www.domainelagardelle.com - fermé de déb. oct. à mi-avr. - - 3 ch. 70 € - 1 gîte 495 €/sem. - table d'hôte et paniers pique-nique.* L'ancienne ferme équestre, située en plein causse du Quercy accueille, dans ses chambres d'hôte indépendantes et son gîte, les cavaliers et les simples amateurs de détente. Sur place, vous aurez l'embarras du choix en matière de randonnées pédestres.

À Alvignac

Budget moyen

Hôtel du Château – *Pl. de la Mairie - 8 km au nord-est de Rocamadour - 05 65 33 60 14 - www.hotelchateaurocamadour.com - fermé de la Toussaint au w.-end de Pâques - - 28 ch. 75/115 € - 12 € - menu 46 €, plats 19/30 €.* Adossée à l'église, bâtisse séculaire à la façade en pierre tapissée de vigne vierge. Les chambres sont fonctionnelles et bien tenues. Agréable jardin avec piscine. Salle à manger simple et chaleureuse, en accord avec la cuisine du terroir.

À Calès

Budget moyen

Hôtel Le Petit Relais – *8 pl. de la Croix - 15 km à l'ouest de Rocamadour - 05 65 37 96 09 - www.hotel-petitrelais.fr - - 13 ch. 88/118 €, 198 € en 1/2 P - 13 € - menu 52 €.* Chambres rénovées et insonorisées dans cette maison quercynoise. Restaurant rustique, terrasse ombragée et plats du terroir.

À Lafage

Pour se faire plaisir

Les Vieilles Tours – *5 km à l'ouest de Rocamadour - 05 65 33 68 01 - www.vtrocamadour.com - fermé nov.-mars - - 15 ch. 143/183 € - 12 €.* Voilà une adresse parfaite pour un week-end au vert ! Dans un site classé Natura 2000, cet ancien relais de chasse dégage une ambiance des plus champêtres. Sachez que le fauconnier (13e s.) abrite la plus belle chambre.

À Fialy

Pour se faire plaisir

Maison d'hôte C7Endroit – *11 km au nord-est de Rocamadour - 06 08 70 12 91 - www.c7endroit.com - - 2 ch. 110 €.* Ancien ébéniste et brocanteur, Hervé a chiné et détourné chacun des objets qui meublent les chambres et les parties communes de ce corps de ferme remodelé tout en lumières, blancheur et beaux matériaux. Contemporain et doux, à deux pas de Padirac et Rocamadour.

Dans les rues de Rocamadour.
syolacan/Getty Images Plus

L'Ecurie

Gouffre de Padirac ★★

Plongez dans un monde à part, celui des « réseaux noyés » parmi les plus longs du monde après ceux du Yucatán (40 km!) au Mexique. La visite de ce gouffre vertigineux, de sa mystérieuse rivière et des vastes cavernes ornées de concrétions calcaires gigantesques reste un rendez-vous incontournable pour qui découvre le causse de Gramat.

Se repérer

CARTE C2 (P. 64). Lot (46).
54 km au nord-ouest de Figeac, 13 km au nord-est de Rocamadour et 17 km à l'ouest de St-Céré.

Organiser son temps

Pour éviter une longue file d'attente, surtout en saison, réservez votre visite sur le site Internet.

Découvrir

05 65 33 64 56 - www.gouffre-de-padirac.com - d'avr. à mi-nov. : horaires, se rens. - 19,50 € (4-12 ans 14,50 €).

Prévoyez un vêtement chaud (il fait 13 °C toute l'année dans le gouffre) et un imperméable, surtout s'il a plu les jours précédents.En saison, l'affluence allonge les files d'attente et rend la visite très bruyante.

La visite du gouffre est incontournable avec les enfants.

Deux ascenseurs doublés d'escaliers conduisent à l'intérieur du gouffre de 32 m de diamètre jusqu'au cône d'éboulis formé par l'effondrement de la voûte primitive. Du fond du cône, à 75 m de profondeur, la vue est saisissante sur les parois couvertes de coulées de stalagmites et de végétation, et sur le coin de ciel qui se détache au-dessus. Ensuite, des escaliers descendent au niveau de la rivière souterraine, 103 m au-dessous du sol. Après la descente au fond du gouffre, on parcourt 500 m en barque puis 400 m à pied.

Galerie de la Source – Elle est aménagée au fond d'un canyon souterrain dont la voûte s'élève peu à peu. Longue de 300 m, elle emprunte le tracé de la rivière qui l'a creusée et conduit à l'embarcadère.

Rivière Plane – Une flottille de bateaux plats permet d'effectuer une promenade féerique sur la « rivière plane » aux eaux étonnamment limpides. Les guides se transforment alors en gondoliers le temps de cette traversée souterraine. La profondeur de la rivière varie de 50 cm à 4 m, la température de l'eau est constante, (11 °C), comme celle de la grotte (13 °C). Au cours de cette navigation, remarquez les niveaux d'érosion correspondant aux cours successifs de la rivière. En fin de parcours, on admire la **Grande Pendeloque du lac de la Pluie**. Cette gigantesque

GOUFFRE ET RIVIÈRE SOUTERRAINE DE PADIRAC

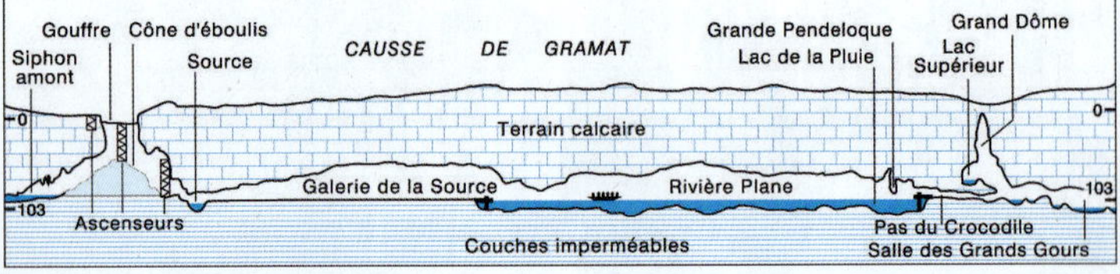

MICHELIN

La légende du diable

Saint Martin, à la recherche d'âmes à sauver, vit brusquement sa mule s'arrêter : Satan surgit portant un grand sac plein d'âmes. Se moquant du saint, il lui propose un marché : il lui donnera les âmes qu'il emporte en enfer à condition que saint Martin fasse franchir à sa mule un obstacle qu'il crée sur-le-champ. Il frappe le sol du pied et aussitôt apparaît un gouffre béant. L'animal fit un tel bond de l'autre côté de l'abîme que les empreintes de ses sabots y sont encore visibles ; dépité, Satan regagna l'enfer par le trou qu'il avait créé, laissant les âmes à saint Martin !

De la légende à l'exploration – Malgré la légende et leur peur du gouffre, les gens du lieu y descendaient pour y chercher du salpêtre. Le gouffre servit de refuge aux habitants du causse pendant la guerre de Cent Ans et au cours des guerres de Religion, mais il semble que ce soit seulement vers la fin du 19e s., à la suite d'une violente crue de la rivière, qu'une communication praticable se soit ouverte entre le fond du puits et les galeries souterraines. Le spéléologue **Édouard Alfred Martel** découvre ce passage en 1892. En onze ans, il entreprend neuf expéditions. En 1898, Padirac est inauguré. Depuis, de nombreuses expéditions spéléologiques ont porté la longueur du réseau reconnu à 22 km. Une expédition en 1947 a déterminé, par une expérience de coloration à la fluorescéine, que les eaux de Padirac réapparaissent à l'air libre à 11 km de là, à la source du Lombard et à la fontaine de St-Georges, au **cirque de Montvalent**, près de la Dordogne.

stalactite dont la pointe atteint presque la surface de l'eau n'est que le pendentif final d'un chapelet de concrétions de 78 m de hauteur.

Pas du Crocodile – Un passage resserré entre de hautes parois sépare le lac souterrain des salles vers lesquelles se poursuit la visite. Sur la gauche du pas du Crocodile trône le **Grand Pilier**, haut de 40 m.

Salle des Grands Gours – Une série de bassins séparés par des gours, barrages naturels de calcaire, partagent la rivière et le lac en superbes vasques au-delà desquelles une cascade haute de 6 m marque l'extrémité du parcours aménagé pour les visiteurs.

Lac Supérieur – Alimenté seulement par les eaux d'infiltration tombant de la voûte, il est situé à 20 m au-dessus de la rivière plane et limité par une série de gours aux formes arrondies. Ses eaux sont d'un beau vert émeraude. La forme plate des concrétions s'explique par la hauteur de plafond.

Salle du Grand Dôme – Cette salle impressionnante par sa hauteur (91 m) est la plus belle et la plus vaste du gouffre. Le belvédère aménagé à mi-hauteur permet d'observer les formations rocheuses et les coulées de calcite qui décorent ses parois. Au cours de la descente vers l'embarcadère, vues intéressantes sur le Grand Pilier et la Grande Pendeloque.

De l'extrémité de la galerie de la Source, près du gouffre, 4 ascenseurs reconduisent au pavillon d'entrée, évitant ainsi la montée de 455 marches.

Martel ★

Ce bourg ravissant mérite bien son surnom de « ville aux sept tours », avec ses clochers, beffrois et autres flèches. Admirablement préservée, bâtie sur un causse du haut Quercy, cette cité charmante est une étape idéale pour découvrir le causse de Gramat et la vallée de la Dordogne.

Se repérer

CARTE B1 (P. 64) - PLAN CI-CONTRE.
1625 Martelais - Lot (46).
15 km à l'est de Souillac, 58 km au nord-est de Figeac et 77 km au nord de Cahors.

Organiser son temps

Comptez 2h. Le marché, très agréable, a lieu le mercredi et le samedi.

En famille

Les serpents de Reptiland et le train « Le Truffadou ».

Nos adresses p. 93

Se promener

PLAN CI-CONTRE

Circuit tracé sur le plan ci-contre.
Pl. des Consuls - 05 65 33 22 00 - www.vallee-dordogne.com.

Ancienne enceinte

Des boulevards - fossés des Cordeliers, fossés du Capitani - ont été aménagés à l'emplacement des remparts des 12e et 13e s. La **tour de Tournemire** (A1), qui servit à la fois de tour de guet et de prison, la porte de Souillac et la porte de Brive évoquent l'époque où Martel était une ville forte, protégée par une double enceinte. La seconde muraille englobait alors les faubourgs de la ville.
Passez entre la poste et la tour de Tournemire pour pénétrer dans la vieille ville.

Rue du Four-Bas AB1

Traversée par une archivolte ogivale, elle conserve quelques maisons Renaissance.
Suivez cette rue en direction de la place de la Rode.

Église St-Maur B1

L'édifice gothique (14e-16e s.) était inclus dans le dispositif défensif de la ville, d'où son caractère massif : contreforts aménagés en tours de défense, mâchicoulis protégeant le chevet plat, et une tour-clocher de 40 m de hauteur qui prend des allures de donjon. Sous le porche s'ouvre un beau **tympan** historié, d'époque romane, représentant le Jugement dernier : le Christ assis, la tête entourée du nimbe crucifère, écarte les bras et montre ses plaies ; deux anges tiennent les instruments de la Passion, deux autres sonnent les trompettes de la Résurrection. La nef ne manque pas d'ampleur ; le chœur, couvert d'une savante voûte en étoile, est éclairé par une grande **verrière** du 16e s. représentant Dieu le père, les quatre évangélistes et diverses scènes de la Passion.
Revenez vers le centre par la rue Droite.

Rue Droite AB1-2

Elle est bordée de vieux hôtels dont celui de **Vergnes-de-Ferron**, qui s'orne d'une belle porte Renaissance, et que l'on aperçoit également de la rue de la Bride.
Place de la Bride, engagez-vous dans la rue du même nom.

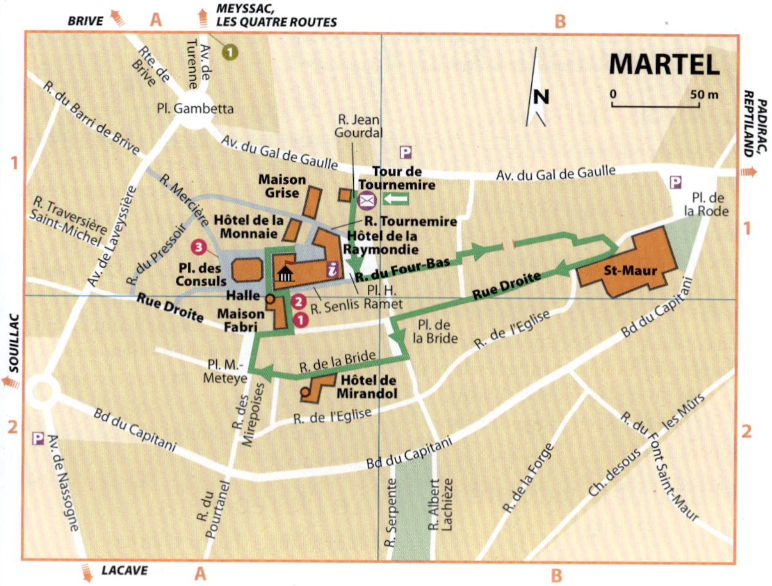

SE RESTAURER		SE LOGER	
Le Petit Moulin	1	Auberge des Sept Tours	1
Saveurs des Halles	2		
Maison Sophie	3		

Hôtel de Mirandol A2

Édifié au 15e s. par François de Mirandol, il possède une grosse tour carrée avec escalier à vis.

Quittez la rue de la Bride par la place Mathieu-Meteye, prenez à droite, puis engagez-vous à gauche.

Maison Fabri A2

La petite tour qui barre la façade en son milieu montre sur cinq niveaux des baies ornées de frontons à boules. Cette tour porte aussi le nom d'**Henri Court-Mantel** car celui-ci y mourut en 1183.

★ Place des Consuls A1

Charmante et animée, cette place est occupée par la **halle** (18e s.) autour de laquelle les cafés installent leurs terrasses. La charpente repose sur de gros piliers de pierre. Remarquez, sur l'un des côtés, les anciennes mesures de Martel.

★ Hôtel de la Raymondie A1

Pl. des Consuls.

La forteresse des vicomtes de Turenne, commencée vers 1280, a été transformée en palais gothique au 14e s. La **façade★** donnant sur la rue Senlis est remarquable par ses ouvertures : la file d'arcades en ogive du rez-de-chaussée est surmontée de sept fenêtres à roses quadrilobées, dominée par un beffroi et couronnée de tourelles d'angle. Le portail de l'entrée principale, situé place des Consuls, s'orne d'un écusson sculpté de trois marteaux. Dans les salles du 1er étage, remarquez les deux cheminées en bois sculpté et le bas-relief Renaissance.

La ville aux sept tours

Les trois marteaux

Après avoir arrêté les Arabes à Poitiers en 732, **Charles Martel** les poursuivit en Aquitaine. Quelques années plus tard, afin de commémorer une victoire décisive sur les « infidèles » à l'issue d'une nouvelle bataille, il aurait fait édifier une église en action de grâces. Une ville se serait bientôt élevée, qui aurait reçu le nom de Martel et placé sur son blason trois marteaux, en souvenir de son fondateur.

Martel et la vicomté de Turenne

Une histoire digne d'une série populaire. La vérité historique, telle qu'elle s'écrit aujourd'hui, est tout autre. Les trois marteaux (*martel* en patois) ne seraient-ils pas plutôt l'emblème des forgerons, charpentiers et maçons ? Leur présence sur le blason de la ville laisserait plutôt supposer la présence d'une forte corporation de ces artisans à son émergence vers les 11e-12e s.
Cette ville « neuve », née à la convergence de routes commerciales entre Auvergne et Aquitaine, fut fondée par les vicomtes de Turenne et demeura la capitale de la partie quercynoise de la vicomté de Turenne jusqu'au 18e s. En 1219, grâce à la charte la reconnaissant comme ville libre, octroyée par le vicomte Raymond IV, Martel est exemptée d'impôts vis-à-vis du roi et obtient le droit de frapper monnaie. C'est le début d'une période de prospérité, d'autant que la cité devint le siège du bailliage royal et de la sénéchaussée, des cours de justice où se traitaient les affaires de la région. La sénéchaussée occupait plus de cinquante magistrats, juges et avocats. L'apogée de Martel se situe à la fin du 13e s. et au début du 14e s. ; ensuite, elle connaît les vicissitudes de la guerre de Cent Ans : jamais prise, la ville tombe aux mains des Anglais par le traité de Brétigny (1360). Elle connaît aussi les ravages des guerres de Religion, pendant lesquelles elle est saccagée par les bandes huguenotes. En 1738, la vente de la vicomté de Turenne au roi fait perdre ses privilèges à Martel qui devient une simple châtellenie.
De sa période faste, Martel conserve sept tours visibles, alors que la ville en comptait une bonne trentaine au Moyen Âge.

Le fils rebelle

Martel fut le théâtre d'un des tragiques épisodes de discorde qui mirent aux prises le roi d'Angleterre **Henri II Plantagenêt**, sa femme, **Aliénor d'Aquitaine**, et leurs quatre fils. En 1183, le deuxième d'entre eux, héritier de la couronne d'Angleterre, **Henri Court-Mantel**, en rébellion contre son père qui avait favorisé son jeune frère Richard Cœur de Lion en lui donnant l'Aquitaine, ravage la vicomté de Turenne et le Quercy. Sans ressources, le prince pille les trésors des abbayes. À Rocamadour (☞ *p. 73)*, il enlève la châsse et les pierreries de saint Amadour et aurait vendu Durandal, l'épée de Roland. La légende raconte qu'au moment où les troupes quittèrent la ville la cloche miraculeuse tinta en signe d'avertissement divin. Henri trouva refuge à Martel, à l'hôtel Fabri, où il arriva malade (de la dysenterie) et confessa ses crimes. Agonisant sur un lit de cendres, une lourde croix de bois sur la poitrine, Henri Court-Mantel finit par expirer, non sans avoir imploré le pardon de son père et adressé à sa mère Aliénor un suprême adieu. Sa disparition mit fin à la querelle entre les deux frères et au risque de guerre entre les deux royaumes. Jusqu'à nouvel ordre.

Musée gallo-romain d'Uxellodunum – *05 65 37 30 03 (mairie) - www.amis-museeraymondie.org - de juil. à mi-sept. : merc.-dim. 15h30-18h30 - 2 € (12-18 ans gratuit).* Il est consacré à l'archéologie préhistorique et gallo-romaine avec une exposition sur la bataille d'Uxellodunum en 51 av. J.-C. Une salle, consacrée à l'histoire de Martel dans la vicomté de Turenne, présente notamment des objets de l'époque médiévale à l'époque moderne. Voyez par exemple la collection de pots à pharmacie (17e-18e s.) et les maquettes de maisons quercynoises.

Rue Tournemire A1

La rue s'ouvre à gauche de l'hôtel de la Raymondie. C'est à l'hôtel Condamine, aussi appelé **hôtel de la Monnaie** (13e s.), qu'étaient frappés écus et deniers pour la vicomté de Turenne. La **maison Grise**, du 16e s., s'orne d'un buste sculpté et d'un écusson aux trois marteaux.

À proximité

★ Reptiland

À environ 2 km à la sortie de Martel en direction de Gramat - 05 65 37 41 00 - www.reptiland-le-nouveau.fr - - juil.-août : 10h-18h30 ; fév.-juin et sept.-nov. : mar.-dim. 10h-18h - 10,50 € (enf. 7 €).

Dans plus de 40 terrariums éclairés par la lumière du jour vivent 92 espèces de serpents mais aussi de lézards, crocodiles, mygales, scorpions... Le propriétaire, Antoine Gouygou, a pris le parti de mettre en avant la beauté et le caractère calme des serpents vivant chez lui plutôt que leur côté dangereux ou spectaculaire. Les phobiques peuvent même venir et se faire connaître, il s'engage à les guérir de leur peur des serpents. S'il y a des amateurs...

2

Nos adresses

PLAN P. 91

Restauration

Premier prix

3 **Maison Sophie** – A1 - *Pl. des Consuls - 05 65 27 87 34 - 12h-15h, 19h-23h - plat 12/20 €, menu 26 €.* Dans ce charmant restaurant-boutique où l'on profite du cadre de la place des Consuls, on vous apporte une cuisine locale dans de jolies assiettes. Vous pouvez aussi acheter des objets pour la maison (céramique, textiles, paniers).

Budget moyen

1 **Le Petit Moulin** – A2 - *R. Droite - 06 59 59 27 66 - 9h-14h15, 17h15-22h45 - fermé janv.-fév. - plats 15/18,50 € - menu 30 € - 5 ch. 87/122 €.* Ce bar à vin tendance bistronomie est une belle découverte. Cuisine raffinée, vaste carte des vins très bien conseillée, desserts à tomber, le tout dans une ambiance un rien branchée et très sympathique. Les habitués sont nombreux, Réservez ! Chambres claires, design et fraîches.

Pour se faire plaisir

2 **Saveurs des Halles** – A2 - *R. Sans-Lys - 05 65 37 35 66 - www.restaurant-saveurs-des-halles-martel.fr - 12h-13h30, 19h30-21h - fermé nov.-fév. ; merc.-jeu. - menu 43/80 €.* À l'angle de la place des Consuls, cet

établissement sans prétention sert une cuisine où les produits frais tiennent le haut du pavé. Les saveurs locales (tourte de confit de canard aux cèpes) voisinent avec des plats plus recherchés (ravioles de St-Jacques aux truffes). Terrasse aux beaux jours.

Aux Landes

Budget moyen

La Table du Moulin – *3 km à l'est de Martel - ✆ 05 65 37 40 69 - www.moulin-martel.com - ♿ 🅿 - 12h-14h, 19h-21h30 - fermé nov.-mars ; lun.-merc. et dim. soir (hors sais.) - menu 34 €.* Dans la belle salle de ce moulin du 17e s., savoureuse cuisine du terroir (*sur réserv. seulement*). En été (*mar. et jeu. apr.-midi*), vous pourrez y découvrir la fabrication de l'huile, effectuée dans la tradition. Boutique de produits maison (*tte l'année sf dim.-lun.*).

Petite pause

À Floirac

Le Pourquoi Pas – *Av. du Barri - 10 km au sud-est de Martel - ✆ 06 87 20 84 78 - www.lepourquoipas.fr - horaires variables, se rens. - fermé lun.-mar., merc. midi et sam. midi hors sais. et en juil.-août sam. midi.* Pourquoi pas une bière, au pays du foie gras et du malbec, accompagnée d'une galette et d'une crêpe ? Vous trouverez environ 100 références de bières (blondes, brunes, ambrées) ! Conseils avisés et petite terrasse.

Shopping

Marchés – Merc. et sam. 8h-13h sous la halle. Marché primé aux truffes certains sam. en déc.-fév.

Activités

Chemin de fer touristique du haut Quercy Le Truffadou – *Près de la Gare - ✆ 05 65 37 35 81 - www.trainduhautquercy.info - ♿ - de déb. avr. à la fin des vac. de la Toussaint : horaires, se rens. - 12 € (-11 ans 7 €) train à vapeur, 9 € (-11 ans 5,50 €) train diesel - durée 1h AR.* Un sifflement, un gros panache de fumée à l'odeur familière, et vous voici transportés 50 ans en arrière à bord d'un vrai train à vapeur ou diesel, de Martel à St-Denis-lès-Martel. Circulant sur les falaises à plus de 80 m de hauteur en corniche, il vous fera découvrir la vallée de la Dordogne, ainsi que la riche histoire de cette ligne, devenue concurrente des gabares en 1889.

Hébergement

Budget moyen

1 Auberge des Sept Tours – A1 - *Av. de Turenne - ✆ 05 65 37 30 16 - www.auberge7tours.com - 🅿 - 7 ch. 90 € - ☕ 9 € - ✕ menu 30/34 €.* Chambres fonctionnelles rénovées. Belle salle à manger avec véranda tournée vers la campagne. Au restaurant : spécialités de canard et vins locaux.

À St-Denis-les-Martel

Premier prix

Chambre d'hôte Cabrejou – *Cabrejou - 7 km à l'est de Martel - ✆ 05 65 37 31 89 - www.ferme-cabrejou.com - fermé 11 nov.-Pâques - 🅿 - 4 ch. 60 € ☕.* Sur cette exploitation agricole (noix), quatre chambres simples, vastes et confortables ont été aménagées dans l'ancienne grange rénovée. Agréable jardin avec un bassin de carpes Koï et une jolie vue sur la vallée de la Dordogne. Cuisinette à disposition.

Carennac ★

Il semble que rien n'ait changé ici depuis le 18e s. : architecture typique du nord du Quercy, murs de calcaire patiné, portes et fenêtres sculptées, sobres tuiles plates et brunes, comme grillées par le soleil. Sur les pas de Fénelon, la promenade dans les ruelles en surplomb de la Dordogne n'en manque pas de vie pour autant. Rivière chantante, expositions amusantes, terrasses de café accueillantes, tout concourt à vous retenir à Carennac.

Mise au tombeau du 15e s., dans la salle capitulaire du cloître.
F. Leroy/hemis.fr

Se repérer

CARTE BC1 (P. 64).
441308 Carennacois – Lot (46).
33 km à l'est de Souillac et 22 km au nord de Rocamadour.

À ne pas manquer

L'émouvante Mise au tombeau du cloître ; l'impressionnant portail de l'église St-Pierre.

Organiser son temps

Comptez 2h.

Nos adresses p. 97

Fénelon à Carennac

Le prieuré-doyenné, fondé au 10e s. et rattaché au siècle suivant à l'abbaye de Cluny, doit sa célébrité aux longs séjours qu'y fit François de Salignac de La Mothe-Fénelon (1651-1715) avant de devenir archevêque de Cambrai. Encore étudiant à Cahors, Fénelon aime passer ses vacances chez son oncle, le prieur doyen. En 1681, ce dernier meurt, le jeune abbé lui succède et reste titulaire du prieuré pendant quinze ans. Il s'est plu à relater les festivités qui ont marqué son arrivée par bateau et son installation en tant que prieur. La tradition veut que Fénelon ait composé son *Télémaque* à Carennac. Cet ouvrage n'aurait été au départ qu'un exercice littéraire, avant de devenir un livre instructif à l'attention du duc de Bourgogne, petit-fils de Louis XIV, dont l'illustre prélat écrivain était devenu le précepteur.

Se promener

Cours du Prieuré - ✆ 05 65 33 22 00 - www.vallee-dordogne.com.
Depuis Fénelon, le cadre a gardé tout son charme. Supprimé en 1788 par un arrêt du Conseil du roi, le prieuré fut mis aux enchères et vendu en 1791. Des anciens remparts, il ne reste qu'une porte fortifiée et des bâtiments, le château et la tour du prieur.
Franchissez la porte fortifiée.

Château

Attenant à l'église St-Pierre, cet édifice du 16e s. est composé d'un corps de logis flanqué de tourelles d'angle et d'une galerie construite au-dessus des chapelles gothiques de l'église. L'austère façade domine la Dordogne et l'**île de Calypso**. L'île Barrade a reçu ce nom en hommage à Fénelon et on montre une tour du village appelée « tour de Télémaque » dans laquelle aurait été écrit ce chef-d'œuvre.

★ Église St-Pierre

Elle est précédée d'un porche orné d'un beau **portail★** sculpté du 12e s. dont le tympan s'apparente par sa facture à ceux de Beaulieu, de Moissac, de Collonges et de Cahors : au centre de la composition, le Christ en majesté, dans une mandorle symbolisant la gloire de Dieu, la main droite levée en signe de bénédiction, est encadré par les symboles des quatre évangélistes. De chaque côté, les apôtres sont disposés sur deux registres superposés, tandis que deux anges prosternés figurent au registre supérieur. Ce tympan est encadré de petits animaux. La suite de ce bestiaire se retrouvait autrefois sur un bandeau saillant qui doublait l'arc du porche : un chien et un ours subsistent à gauche. À l'intérieur, les chapiteaux archaïques de la nef sont ornés d'animaux fantastiques, de feuillages ou de scènes historiées.
Longez le château qui surplombe la Dordogne. Prenez la première rue à gauche.
Un petit jardin public s'ouvre sur une ravissante **chapelle romane**. En face, une maison du 16e s. à fenêtre d'angle.
Prenez sur la droite pour contourner l'ancien prieuré et revenez devant le château.
Une bretèche domine encore le pont de Carennac. Elle aurait servi de tour de harangue. De l'autre côté du pont, une autre tour du 16e s. toise de ses quatre étages un embarcadère.

Espace patrimoine – château des Doyens

Escalier à gauche du portail. ✆ 05 65 33 81 36 - www.pays-vallee-dordogne.com - avr.-nov. : merc.-vend. 10h30-13h, 14h-17h30, w.-end 14h-17h30 - gratuit.

Ce château Renaissance possède de beaux plafonds à la française peints au 17e s. Il accueille un centre d'interprétation de la vallée de la Dordogne dans son parcours lotois. Des **maquettes**, notamment une géologique représentant la vallée de la Dordogne de Carennac à Souillac, évoque le patrimoine, l'histoire de l'art et de la navigation. Des expositions de photos de paysages complètent la visite.

★ Cloître

Cours du Prieuré - ✆ 05 65 33 22 00 - www.vallee-dordogne.com - juil.-août : 9h30-13h, 14h-19h ; avr.-juin et sept.-oct. : 10h-12h30, 14h-18h, dim. 14h-18h - 3 € (-14 ans gratuit).

Il conserve une galerie romane accolée à l'église et trois belles galeries de style flamboyant. Un escalier mène à la terrasse. Donnant sur le cloître, la salle capitulaire abrite une remarquable **Mise au tombeau★** du 15e s. Le Christ est étendu entre deux disciples, Joseph d'Arimathie, à ses pieds, qui s'apprête à décrocher son corps de la croix, et le pharisien Nicodème, à sa tête ; derrière, la Vierge est soutenue par l'apôtre Jean et Marie Cléophas ; Marie-Madeleine essuie ses larmes, Marie Salomé prie à sa gauche. Les attitudes sont sobres, le rendu réaliste. Remarquez les doigts de saint Jean sous le manteau de la Vierge, signes d'un ciseau particulièrement habile.

2

Nos adresses

Hébergement/restauration

Premier prix

Hostellerie Fénelon – *Le bourg - ✆ 05 65 10 96 46 - www.hotel-fenelon.com - fermé nov.-mars - P - 15 ch. 59/71 € - 10 € - menu 19/26 €.* Grande maison quercinoise à l'atmosphère familiale, avec certaines chambres offrant une vue sur la Dordogne. Poutres, pierres, cheminée et objets paysans font le cachet de la salle de restaurant largement ouverte sur la campagne.

Shopping

Marché des producteurs de pays – Juil.-août, mar. 17h-20h, parc du château.

Activités

Visites

Visite guidée – *Château des Doyens - ✆ 05 65 33 81 36 - www.pays-vallee-dordogne.com.* Visites thématiques, nocturnes, découverte ou ludiques, organisées par le Pays d'Art et d'histoire Causses et vallée de la Dordogne sur un territoire situé au nord du Lot et comprenant 70 communes.

Canoë

Carennac Aventure – *La Prade - ✆ 06 30 87 66 65 - www.carennac-aventure.fr - fermé nov.-mars.* Descente de la Dordogne en canoë et kayak *(à partir de 19 €/pers.)* ou en canoraft *(90 €/j/4-6 pers.)*.

Saint-Céré ★

Jean Lurçat avait bon goût. Entre deux tours médiévales, il établit sa demeure, son atelier et ses tapisseries, deux tours perchées dans le ciel, qui attirent le regard à des dizaines de kilomètres à la ronde. Au pied de sa demeure transformée en musée, St-Céré est attachante à plus d'un titre. Entre les ravissantes maisons médiévales du centre historique, des tables sont tirées aux beaux jours sur de jolies places tranquilles, tandis que les mélomanes affluent au moment du festival. Une rencontre estivale qui devient incontournable, d'autant qu'elle se situe entre val d'Autoire et Dordogne.

Se repérer

CARTE C2 (P. 64) - PLAN (CI-CONTRE) - CARTE ENTRE VAL D'AUTOIRE ET DORDOGNE (P. 102).
3 414 St-Céréens – Lot (46).
45 km au nord-ouest de Figeac, 28 km à l'est de Rocamadour et 17 km à l'ouest du gouffre de Padirac.

À ne pas manquer

La foire sur la place du Mercadial *(1er et 3e merc. du mois)*; le musée Lurçat; le cirque d'Autoire; le point de vue de Loubressac.

Organiser son temps

Une demi-journée pour la cité, une journée avec les alentours.

Carnet pratique p. 104

Nos adresses p. 104

Se promener

PLAN CI-CONTRE

Circuit tracé sur le plan ci-contre. Laissez votre véhicule place de la République et remontez la rue de l'Église.

Place de l'Église A2

D'origine romane et largement remaniée au fil des siècles, l'**église Ste-Spérie** s'élève sur votre gauche. Elle abrite un retable d'autel du 18e s., une *Adoration des mages* d'après Rubens (par Henriette Haillot, 1860) et, dans la crypte, une pierre sculptée du 11e s.

Face au chevet, se tient l'**hôtel de Puymule** (15e s.). Ses portes aux arcs en accolade et sa tour d'escalier en vigie forment un agréable cadre aux beaux jours lorsque le restaurant sort ses tables.

Passez sous le clocher-porche (18e s.) et tournez à gauche dans la charmante **rue Paramelle** qui a conservé une maison d'angle à pans de bois.

Par la rue Chapou, rejoignez la rue du Mazel que vous prendrez à gauche.

Rue du Mazel AB1-2

Maisons à arcades ou à ouverture d'échoppes, étages à pans de bois et beaux portails donnent sur cette rue jadis marchande.

À l'angle de la rue St-Cyr, la maison natale (15e s.) du général d'Empire **Jean-Jacques Ambert** (1765-1851) s'ouvre par une porte Renaissance, sous ses deux tourelles à toits de lauzes.

Engagez-vous, à droite, dans la rue St-Cyr.

St-Céré, terre de progrès

Vingt ans avant l'Américain Graham Bell, **Charles Bourseul** (1822-1912) avait déjà découvert le téléphone en mettant au point, dans le caveau familial, à St-Céré, un instrument permettant la transmission de la parole grâce au courant électrique.

Rue St-Cyr AB1

Elle se faufile entre des maisons à encorbellement et pans de bois. À droite, l'**hôtel de Miramon** (17e s.) est flanqué d'une tourelle d'escalier et d'une terrasse couverte de lauzes en écailles *(par l'étroit passage St-Cyr, on peut admirer la façade de l'hôtel sur le bd Carnot)*.

Plus loin s'ouvre, à gauche, le **passage Lagarouste**, pavé de galets, dont l'étroitesse fait ressortir les maisons à encorbellement.

Place du Mercadial A1

La place accueille une foire les 1er et 3e mercredis du mois. Allez-y !

La rue St-Cyr débouche sur la place qui, comme autrefois, accueille le marché *(1er et 3e merc. du mois)*. À l'angle de la rue Pasteur, une maison de marchand a conservé sa façade à pans de bois en encorbellement, son beau toit de petites tuiles brunes, et le « taoulié », étal de pierre sur lequel était présentée la marchandise.

Au milieu de la place, la **maison dite des Consuls** à la façade Renaissance est construite dans la tradition médiévale avec un étage à pans de bois.

Revenez vers la place de la République par la rue Mazel. Dans son prolongement, vous pouvez accéder à pied au musée Lurçat par un sentier qui démarre rue du Fg-Lascabanes, sur votre gauche (indiqué 20mn en montée).

2

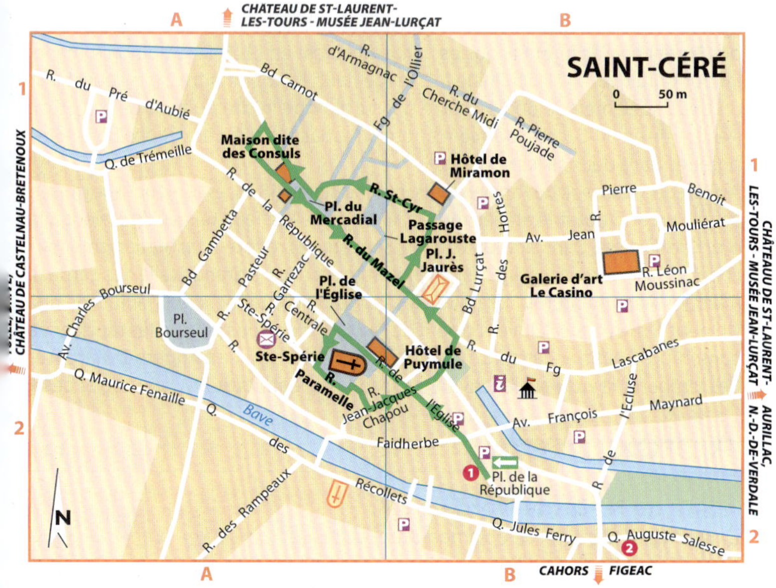

SE RESTAURER

Sarrasine, Comptoir à crêpes 1

Le Victor Hugo 2

Château de Saint-Laurent-les-Tours - musée Jean-Lurçat.
D. Schneider/Photononstop

★ Château de St-Laurent-les-Tours - musée Jean-Lurçat

À 2,5 km du centre-ville - 1679 av. Jean-Lurçat - ✆ 05 65 38 28 21 - ♿ - de mi-avr. à sept. : tlj sf lun. 10h30-12h30, 14h30-18h30 ; reste de l'année, se rens. - 4 € (12-25 ans 2 €).

Perchées sur la colline abrupte qui domine St-Céré, les deux hautes **tours★** médiévales et leur enceinte sont inséparables du site et de l'histoire de St- Céré. Au crépuscule, elles se parent d'une couleur rouge orangé et attirent immédiatement l'œil curieux. Pour un peu on serait transporté en Toscane... Propriété de la famille des Turenne, elles furent acquises par Jean Lurçat en 1945. De tradition romane, la tour primitive, à l'est, culmine à 25 m de haut. La tour maîtresse, à l'ouest, est un beau spécimen de donjon carré qui surplombe le site du haut de ses 35 m. Restaurée en 2015, cette dernière abrite un espace dédié à des expositions temporaires dans deux salles voûtées.

Au rez-de-chaussée de l'ancien logis, reconstruit en 1895, est aménagé le musée Jean-Lurçat. Véritable atelier-musée, il présente les lieux tels qu'ils étaient à la mort de l'artiste. D'inspiration cubiste, ses œuvres reflètent un humanisme touchant. Vous y verrez des tapisseries (notamment dans la grande salle des gardes), mais aussi des peintures, céramiques, lithographies, gouaches et papiers peints. Un petit film évoque l'univers créatif de l'auteur d'une des plus belles tapisseries contemporaines françaises, *Le Chant du monde*, conservée à Angers. Du jardin et des remparts, la **vue★** sur les environs vallonnés et les toits de St-Céré est très belle.

À proximité

CARTE P. 64

★ Site de N.-D.-de-Verdale C2

Quittez St-Céré à l'est, en empruntant la D 673. Après 2 km, prenez la D 30 à droite. 1 km après Latouille-Lentillac, prenez à gauche une petite route qui longe le Tolerme. Laissez la voiture sur le parking bordant le cours d'eau et continuez à pied.
Environ 1h AR. Un sentier borde le cours impétueux du Tolerme, qui coule en cascade au milieu des rochers. Franchir à deux reprises le ruisseau par de

rudimentaires ponts de bois ; le sentier s'élève alors rapidement, dans un cadre vallonné. Bientôt, on découvre la chapelle de pèlerinage N.-D.-de-Verdale (15e s.) accrochée à un piton rocheux. De la chapelle s'étend une jolie **vue★** sur les gorges du Tolerme et sur les collines couvertes de châtaigniers.

Lac du Tolerme C2

23 km à l'est de St-Céré par la D 673, puis la D 30.

Un sentier de 4 km longe les rives du lac et permet une agréable promenade.

Situé à 530 m d'altitude dans un agréable cadre de verdure, ce vaste plan d'eau de 38 ha accueille une **base de loisirs** : baignade (surveillée en été), plage de sable, club d'aviron, parcours de santé, pêche, aires de jeux, pique-nique, buvette, snack *(parking payant en sais.).*

Entre val d'Autoire et Dordogne

CARTES P. 64 C1-2 ET P. 102

Circuit de 45 km tracé sur la carte en bleu marine. Quittez St-Céré par l'ouest.

★★ Château de Montal

p. 108

La route, en direction de Gramat, s'élève au-dessus de la vallée de la Bave : vues sur les tours de St-Laurent.

Par St-Jean-Lespinasse, rejoignez la D 807.

★ Grottes de Presque

05 65 40 32 01 - www.grottesdepresque.com - visite guidée (45mn) juil.-août : 9h30-18h30 (dép. ttes les 30mn) ; avr.-juin et sept. : 9h30-11h30, 14h-18h (dép. ttes les h) ; reste de l'année : se rens. - 8,50 € (12-17 ans 7,50 €).

Une succession de salles et de galeries s'étire sur 350 m pour nous faire découvrir un ensemble de **concrétions** : de superbes coulées murales aux mille facettes dans la salle des Draperies ; les piliers stalagmitiques de 8 à 10 m de hauteur, d'une grande finesse, dans la salle de la Grande Cuve ; mais aussi la salle des Merveilles où s'élèvent des colonnes d'une blancheur surprenante...

Poursuivez sur la D 807 en direction de Padirac, puis bifurquez à droite sur la D 38.

★ Cirque d'Autoire

Parking sur la droite ; il est interdit de se garer au-delà du virage. Traversez la route et engagez-vous à gauche de la route sur un chemin.

Peindre au petit point

Peintre, céramiste, créateur de décors et costumes pour le théâtre et célèbre créateur de tapisseries, **Jean Lurçat** a terminé sa vie à St-Céré. Le flamboiement de ses dernières œuvres doit beaucoup à la lumière si particulière de la région. Né en 1892 dans les Vosges, il abandonne vite la médecine pour la création artistique. La découverte de la *Tenture de l'Apocalypse* d'Angers en 1937 décuple son inspiration de peintre-cartonnier. En 1941, alors qu'il participe dans le Lot à la lutte clandestine, il découvre les Tours, où il se fixera à partir de 1945 pour y installer son atelier. Il crée dans ce lieu austère et puissant la plupart de ses œuvres emblématiques, telles *Le Chant du monde* et la *Tapisserie de l'apocalypse*. Il disparaît en 1966.

Après le petit pont, un sentier rocailleux, en forte montée, court à flanc de rocher *(zone sécurisée)*. Très rapidement se développe une **vue★★** magnifique sur le cirque, le vallon et le village d'Autoire. En continuant sur le chemin *(soyez prudent)*, vous accédez à la très spectaculaire **ruine du château des Anglais**, qui se confond avec la falaise. Les moins courageux apprécieront le coup d'œil depuis la route qui descend vers le village, à gauche.

★ Autoire

Le bourg était jadis un lieu de villégiature très apprécié des notables de St-Céré qui appréciaient ce **site★** magnifique, à l'entrée d'un cirque. Au hasard de ses rues se dévoile, intact, le caractère quercynois d'Autoire : fontaine entourée de maisons à colombages, vieilles demeures à encorbellement coiffées de tuiles brunes, élégantes gentilhommières flanquées de tourelles comme le manoir Laroque-Delprat, le château de la Roque-Maynard ou le château de Busquelles, haut manoir du 15e s. De la terrasse proche de l'église St-Pierre, au beau chevet roman, jolie **vue** sur le **château de Limargue** et le cirque rocheux qui se dessine au sud-ouest.
Quittez Autoire par le nord en empruntant la D 135.
Au détour des virages, beaux coups d'œil sur le village perché de Loubressac.

★ Loubressac

Moins authentique qu'Autoire, mais charmant et propret tout de même, le bourg fortifié de Loubressac, situé au sommet d'un piton rocheux, découvre l'un des plus **harmonieux paysages** de la vallée de la Dordogne embrassant la vallée de la Bave, St-Céré qu'on reconnaît à ses tours, les châteaux de Castelnau et de Montal, ainsi que les premiers contreforts du Massif central.
En empruntant des ruelles aux maisons coiffées de tuiles brunes, on gagne la poterne du château. Ce manoir *(ne se visite pas)* du 15e s., remanié au 17e s., occupe un **site★** remarquable, à l'extrémité de l'éperon qui porte le village, d'où l'on a une superbe vue sur le château de Castelnau-Bretenoux. À voir également, la porte fortifiée et la maison des gardes.

Château de Castelnau-Bretenoux.
paulprescott72/Getty Images Plus

Poursuivez sur la D 118. Au hameau de La Poujade, tournez à droite dans la D 14. La route descend vers la vallée de la Bave en offrant des **vues★** remarquables sur la vallée de la Dordogne.

★★ Château de Castelnau-Bretenoux

p. 106

Quittez Castelnau par la D 14 au nord.

Bretenoux

Baignée d'eau et de verdure, cette bastide, fondée en 1277 par un puissant seigneur de Castelnau, a conservé son plan en damier, sa place centrale entourée de couverts et des restes de remparts. Ne manquez pas la pittoresque **place des Consuls** avec sa maison du 15e s. à tourelle, dite « château fort », et de là, par un passage voûté, le vieux manoir qui occupe un angle au bout de la jolie rue du Manoir-de-Cère. Tournez deux fois à droite et revenez par le quai plein de charme qui longe la Cère.

Prenez la D 803 pour rejoindre Tauriac.

Église St-Martial de Tauriac

Composée d'un sanctuaire roman et d'une nef remontant au début du 16e s., l'église St-Martial recèle des peintures monumentales (16e s.) d'une grande richesse qui recouvraient à l'origine entièrement les murs et les voûtains. Ceux de la première travée du collatéral sud mettent en scène des épisodes de la Création, d'Adam et Ève, du Péché originel et du martyre de saint Jean-Baptiste. Remarquez les motifs ornementaux peints sur les croisées d'ogives, les colonnes et les arcs où carreaux, feuilles et cœurs côtoient de simples pointillés. Les voûtains du collatéral nord relatent des épisodes de la vie des prophètes, revêtus de costumes somptueux et réalistes.

Revenez à Bretenoux et continuez sur la D 803 en direction de St-Céré.

Carnet pratique

S'informer

Office de tourisme – *13 av. François-de-Maynard - St-Céré - ✆ 05 65 33 22 00 - www.vallee-dordogne.com.*

Agenda

Festival de St-Céré – *www.festival-saint-cere.com - 2 sem. fin juil.-déb. août.* Opéra, théâtre musical, concerts, souvent en plein air... à St-Céré et dans d'autres lieux : abbatiale de Souillac, église de Martel, cathédrale de Cahors, château de Montal, etc. Partenariat avec le festival de théâtre de Figeac (*p. 43*).

Nos adresses

PLAN P. 99

Restauration

Premier prix

❶ **Sarrasine, Comptoir à crêpes** – B2 - *11 pl. de la République - ✆ 05 65 11 67 49 - tlj sf lun.-mar. 10h-14h, 17h-20h30 - moins de 15 €.* Un sympathique bar à crêpes, à deux pas du couvent des Visitandines, désormais lycée Jean-Lurçat.

Budget moyen

❷ **Le Victor Hugo** – B2 - *7 av. des Maquis - ✆ 05 65 38 16 15 - www.hotelsaintcere.com - fermé sam. midi, dim. et lun. midi, 3 sem. en oct.-nov. et 2 sem. en fév. - ♿ P - formule déj. 16,50 € - menu 34 € - 16 ch. 75/95 € - ☕ 9/10 €.* Ancrée sur les bords de la Bave, cette jolie maison à colombages du 16e s. abrite une salle à manger accueillante où l'on sert une cuisine traditionnelle qui met à l'honneur magrets et pâtés locaux. Excellent rapport qualité-prix au déjeuner. Petites chambres, pour la plupart climatisées; certaines offrent une vue sur la rivière.

Pour se faire plaisir

Les Trois Soleils – HORS PLAN - *Les Prés-de-Montal, rte de Gramat - 3 km à l'ouest de St-Céré - ✆ 05 65 10 16 16 - www.3soleils.fr - 12h-13h30, 19h30-21h - fermé de mi-nov. à mi-déc.; dim. soir-mar. midi d'oct. à mars, lun., mar. midi et merc. midi d'avr. à sept. - ♿ P 🏊 - menu déj. 42 € - menu 64/98 €.* Ce restaurant gastronomique séduit avec sa salle à manger élégante et bourgeoise, ouverte sur la terrasse d'été et le parc. La cuisine régale les hôtes avec des produits de qualité et beaucoup de finesse d'exécution. Le tout pour un excellent rapport qualité-plaisir. Du côté de l'Informel, l'autre restaurant en bord de piscine, cuisine simple de saison.

Petite pause

Mama Café – *2 rue des Roubinets - ✆ 09 72 57 65 75 - www.mamacafe.fr - ♿ - 9h-18h - fermé dim.-lun.* Sur la place du Mercadial, Le Mama Café est le bon endroit pour avaler un vrai café, torréfié sur place et issu du commerce équitable. Il propose également du thé et de la restauration sucrée.

Confrérie de Dionysos – *112 r. Léon-Moussinac - ✆ 06 43 80 81 49 - laconfreriededionysos.com - ♿ - 12h-0h (vend.-sam. 1h) - fermé dim.-lun.* Lieu mythique où se sont produits les plus grands, de Charles Aznavour à Johnny Hallyday, le casino de St-Céré revit sous les atours d'un bar à vins. On y déguste des breuvages choisis, des planchas, et on y danse parfois.

Grande terrasse ombragée à côté de la salle retapée.

Activités

Chemin Art-Nature – *Latouille-Lentillac (7,5 km à l'est de St-Céré) - ✆ 05 65 38 06 27 (mairie).* Un sentier en sous-bois, d'environ 1 km, offre l'occasion d'admirer une cinquantaine d'œuvres aussi poétiques qu'insolites... et de quelques arbres à rêves.

Hébergement

Budget moyen

Villa Ric – *Rte Leyme - 2,5 km au sud de St-Céré - ✆ 05 65 38 04 08 - www.villaric.com - fermé de mi-nov. à fin mars - P - piscine chauffée - 4 ch. 99/109 € - petit-déj. 11 € - 1/2 P possible - menu 36/40 € - 3 j. mini en haute sais.* Maison accrochée à flanc de colline proposant des chambres d'esprit cosy aux tons pastel. Cadre reposant et ambiance *guesthouse*.

Pour se faire plaisir

Les Trois Soleils – *p. 104* *- 29 ch. 125/195 € - petit-déj. 16 €.* Dans cette campagne lotoise si bucolique, qui plus est dans un parc charmant, à deux pas du château de Montal : l'adresse est idéale pour voir la vie en vert ! Chambres spacieuses et confortables, dans une veine plutôt moderne.

À Sousceyrac-en-Quercy

Budget moyen

Chambre et table d'hôtes Bout de côte – *Lacam d'Ourcet - Sousceyrac-en-Quercy (à 14 km à l'est de St-Céré) - ✆ 06 72 66 34 16 - www.boutdecote.com - 2 ch. 82 € petit-déj. inclus.* Au bout de la côte, on aperçoit la vallée jusqu'aux tours de St-Laurent. Le panorama reposant encadre des chambres qui ne le sont pas moins, car l'éco-responsabilité préside aux choix de cette maison. Calme, matériaux véritables et produits de la ferme vous conduisent jusqu'au petit déjeuner, cerise sur le gâteau.

À Loubressac

Premier prix

Domaine de Gamot – *1595 rte de Vailles - ✆ 06 73 20 94 86 - www.domaine-de-gamot.com - fermé oct.-avr. - P - non-fumeurs - piscine - château entier (15 pers. maxi) 2 000 €/sem. - gîte La Ferme (6-8 pers.) 850 €/sem. - gîte La Grange (5 pers.) 700 €/sem.* Vous serez tout de suite séduit par le charme de cette grande demeure familiale du 17e s. et ses dépendances, nichées dans un beau cadre pastoral. Les gîtes, bien équipés, prennent place dans les bâtiments anciens avec pierres apparentes, poutres, cheminée...

Budget moyen

Le Relais de Castelnau – *Rte de Padirac - ✆ 05 65 10 80 90 - www.relaisdecastelnau.com - fermé de nov. à mi-avr. - accès handicapés - P - piscine chauffée - 40 ch. 99/150 € - petit-déj. 12 € - 1/2 P possible - menu 25/36 €.* Ce Relais donne sur l'imposant château de Castelnau-Bretenoux. Les chambres sont confortables ; préférez celles avec vue sur la vallée de la Dordogne que l'on contemple aussi en barbotant dans la piscine à débordement.

2

Château de Castelnau-Bretenoux ★★

« À plus d'une lieue à la ronde, écrit Pierre Loti, c'est le point marquant… la chose qu'on regarde malgré soi de partout : cette dentelure de pierres de couleur sanguine, émergeant d'un fouillis d'arbres, cette ruine posée en couronne sur un piédestal garni d'une belle verdure de châtaigniers et de chênes. » À la lisière septentrionale du Quercy, la masse triangulaire du château s'élève sur un éperon qui domine le confluent de la Cère et de la Dordogne. L'importance de son système de défense en fait l'un des plus beaux exemples de l'architecture militaire du Moyen Âge.

Se repérer

CARTE C1 (P. 64).
Lot (46).
41 km à l'est de Souillac et 55 km au nord de Figeac.

À ne pas manquer

Les **vues**★★ sur le château depuis la D 14, la D 43 et la route de Félines.

Découvrir

05 65 10 98 00 - www.castelnau-bretenoux.fr - juil.-août : 10h-19h ; mai-juin : 10h-12h30, 14h-18h30 ; sept.-avr. : 10h-12h30, 14h-17h30 - fermé mar. de sept. à juin - 8 € (-25 ans gratuit) - 12 € billet combiné avec le château de Montal.

Comptez 2h en saison, car il y a foule. Visite guidée obligatoire pour les appartements (sf l'apr.-midi en juil.-août).

Protégé par son enceinte fortifiée, le vaste château fort s'est développé pendant la guerre de Cent Ans autour d'un puissant donjon élevé au 13e s. Laissé à l'abandon au 18e s., il subit diverses déprédations lors de la Révolution. Incendié en 1851, il est habilement restauré de 1896 à 1932 grâce à la passion de **Jean Mouliérat** pour cet édifice. Cet enfant du pays, devenu chanteur d'opéra-comique, acheta le château en 1896 et consacra sa fortune à sa restauration. Il en fit don à l'État en 1932.

Extérieur – Il se présente sous la forme d'un triangle irrégulier flanqué de trois tours rondes et de trois autres en demi-saillie sur les côtés. Trois enceintes concentriques en défendent les approches, tandis qu'une allée d'arbres remplace les anciens remparts. Les douves, larges et profondes, ne furent jamais remplies d'eau. Des remparts se développe une large **vue**★ : au nord, les vallées de la Cère et de la Dordogne ; au nord-ouest, à l'horizon, le château de Turenne ; à l'ouest, le cirque de Montvalent ; au sud-ouest et au sud, le château de Loubressac et le vallon d'Autoire.

Cour d'honneur – Face à vous s'élève la tour-résidence, partie la plus ancienne du site, bâtie en pierre rouge ferrugineuse comme à Collonges. D'élégantes ouvertures romanes à colonnettes signalent la grande salle, aula, aux étages supérieurs. Du haut de ses 30 m, le donjon carré domine l'ensemble. La chapelle gothique a miraculeusement gardé son mobilier d'origine. Du vaste logis édifié au nord au 17e s., seul subsiste un balcon ouvert sur la campagne. Ne manquez pas de monter

L'œuf de Turenne

Dès le 11e s., les barons de Castelnau sont les plus puissants seigneurs du Quercy ; ils ne prêtent hommage qu'aux comtes de Toulouse et s'appellent fièrement les « seconds barons de la chrétienté ». En 1184, Raymond de Toulouse donne au vicomte de Turenne la suzeraineté de Castelnau ; le baron n'accepte pas l'humiliation et fait hommage à Philippe Auguste. Une guerre sans merci éclate alors entre Turenne et Castelnau ; le roi Louis VIII intervient et son arbitrage tranche en faveur de Turenne. Bon gré mal gré, le baron s'incline. Redevance toute symbolique, Castelnau devra apporter à son suzerain... un œuf. Aussi, tous les ans, en grande pompe, un attelage de quatre bœufs transportait-il à Turenne un œuf frais.

au sommet de la grosse tour d'artillerie, dont le diamètre de 14 m en fait une des plus grosses tours de château fort en France. Du sommet, superbe **vue★** sur la cour et les environs.

Intérieur – La visite du château reflète les goûts éclectiques d'un collectionneur de la fin du 19e s. Un dépôt lapidaire est aménagé dans des salles voûtées de manière contemporaine. Remarquez en particulier les **chapiteaux★** romans provenant de l'église de Ste-Croix-du-Mont près de Bordeaux (et notamment le baiser de Judas). Les salles rassemblent un mobilier de styles médiéval, Renaissance et classique. La salle des états généraux du Quercy présente de nombreuses statues, dont un beau saint Sébastien en bois, issu de l'école flamande du 17e s. Dans le salon dit de Luynes et le grand salon, remarquez les boiseries peintes, les parquets et les plafonds qui constituent un bel exemple d'art décoratif du 17e s. et qui ont échappé à l'incendie de 1851. Des tapisseries d'Aubusson et de Beauvais, ainsi que de nombreux tableaux ornent les murs. Enfin, dans l'oratoire voûté d'ogives, transformé par Jean Mouliérat en salle à manger, un vitrail du 15e s. provient de la cathédrale de Quimper, tandis qu'un remarquable **retable★** espagnol de la même époque figure le martyre de saint Barthélemy.

Quittez le château, puis engagez-vous à gauche pour descendre sur la collégiale.

Collégiale St-Louis

Élevée par les seigneurs de Castelnau en 1460, bâtie aussi en belle pierre rouge ferrugineuse, elle se dresse en contrebas du château. À proximité subsistent quelques-uns des logis des chanoines. À l'**intérieur★**, la chapelle des seigneurs présente une belle **voûte** quadripartite dont la clef porte les armes des Castelnau. Important mobilier dont les pièces maîtresses sont dans le chœur. Il s'agit de deux œuvres en pierre polychrome du 15e s. : une Vierge de majesté et un baptême du Christ. Remarquez également de belles stalles de bois sculptées du 15e s.

Château de Montal ★★

Ne passez pas par St-Céré sans visiter l'élégant château de Montal. Dans un site en partie préservé, sa silhouette de pierre blonde s'embrase sous les ors du soleil. Montal réserve une surprise derrière l'austérité de ses hauts murs médiévaux et ses tours d'angle coiffées en poivrière : côté sud, une aimable cour, habillée des charmes de la première Renaissance, célèbre la Vertu et le fils disparu.

Se repérer

CARTE C2 (P. 64).
Lot (46)
3 km à l'ouest de St-Céré.

Découvrir

05 65 38 13 72 - www.chateau-montal.fr - 10h-12h30, 14h-18h30 (17h30 sept.-avr.); sept.-avr. : 10h-12h30, 14h-17h30 - fermé mar. de sept. à juin - 8 € (-25 ans gratuit) - 12 € billet combiné avec le château de Castelnau-Bretenoux.
Visite libre (rez-de-chaussée et jardin) et accompagnée (premier étage). Comptez 1h.
À l'issue d'une campagne de travaux menés en 2015 et 2016, les salles du premier étage ont retrouvé tout leur lustre. Elles restituent l'état voulu par Maurice Fenaille qui les avait réaménagées au début du 20e s. Grâce à la restauration des brocatelles italiennes tendues aux murs, ainsi qu'au soin attentif porté au mobilier, les pièces conservent le charme d'un intérieur habité par la passion d'un collectionneur.

Extérieur

Par ses toits à forte pente et ses imposantes tours rondes à canonnières, le château présente au nord l'aspect d'une forteresse médiévale. La tour carrée abrite l'escalier distribuant les pièces dans les deux corps de logis qui se déploient en équerre vers le sud. Ceux-ci encadrent une **cour intérieure★** qu'il faut visiter en premier. On est saisi par le contraste entre les deux côtés de Montal, l'austère et le gracieux. L'ordonnancement en damier des façades de la cour est caractéristique de la première Renaissance : moulures, frise et corniche à coquilles séparent les niveaux horizontaux ; pilastres et hautes lucarnes, elles aussi sculptées, marquent l'élan vertical. Au-dessus des ouvertures du rez-de-chaussée, la **frise** (32 m de longueur), merveille d'ornementation, associe figures mythologiques (Hercule, Mars) et allégoriques, angelots, personnages et animaux fabuleux (licorne), rinceaux habités, blasons et initiales de Jeanne (« I ») et de ses fils Robert (« R ») et Dordet (« D »). Au 1er étage, les fenêtres à meneaux alternent avec de fausses lucarnes à frontons très ouvragés, encadrant **sept bustes**, accompagnés de statues des Vertus cardinales (Force). On reconnaît les effigies des membres de la famille de Montal, de gauche à droite :

Une hôte mystérieuse

En 1943, le château de Montal a caché **Mona Lisa** entre ses hauts murs. La Joconde a retrouvé les cimaises du Louvre en 1945.

Mère au foyer

Pour son fils aîné Robert, qui guerroie en Italie au service de François Ier, **Jeanne de Balsac d'Entraygues**, veuve d'Amaury de Montal, gouverneur de Haute-Auvergne, fait construire en 1523 un manoir de « plaisance » à l'emplacement d'un château féodal. Des rives de la Loire, la châtelaine fait venir les meilleurs artistes et élève un véritable chef-d'œuvre. Mais les jours passent et la mère attend toujours le retour du fils aîné ; seul son cadavre reviendra au castel. Jeanne fait sceller la lucarne à laquelle elle s'accoudait pour guetter l'arrivée de son fils et, sous celle-ci, fait graver ce *motto* : « Plus d'espoir ». La construction s'interrompt en 1534, laissant le château inachevé, avec deux ailes sur les quatre prévues. Le second fils de Jeanne, Dordet de Montal, dignitaire de l'Église, reçoit alors l'autorisation du pape de se démettre de ses fonctions afin de perpétuer le nom de sa lignée. Proclamé bien national et devenu inhabitable à la suite des déprédations commises au cours de la Révolution, Montal est la proie des spéculateurs. En 1879, un certain Macaire met le château en pièces : 120 t de pierres sculptées sont débitées et expédiées à Paris. Vendus aux enchères, les chefs-d'œuvre de Montal sont dispersés dans le monde entier. Le château n'est plus que l'ombre de lui-même. Il est sauvé par un riche industriel, collectionneur et mécène, **Maurice Fenaille**, qui l'achète en 1908. Avec un acharnement admirable, il retrouve ou fait copier les pièces et rend au château ses joyaux, rachetés à prix d'or. Après l'avoir entièrement meublé, il en fait don à l'État en 1913.

Amaury, coiffé d'un bonnet ; Jeanne, dont le visage, presque monacal, semble figé dans un deuil éternel ; Robert, le fils aîné, tué en Italie, qui porte un chapeau à panache à la mode de François Ier ; Dordet, le second fils, au visage de jeune page ; puis Robert, le père de Jeanne ; Antoinette de Castelnau, sa mère ; et l'abbé de Vézelay, Dordet de Béduer, son neveu. Ainsi Jeanne honore-t-elle les morts et les vivants : elle s'intègre, avec son fils cadet et son neveu (seuls en vie pendant l'exécution des portraits), dans un programme décoratif inspiré de l'humanisme de la Renaissance, où le culte de la mort et du souvenir est associé à la quête de la Vertu. Au registre supérieur, les quatre **lucarnes** rappellent par leur décor celles de Chambord. Elles se sont teintées de notes macabres après la mort de Robert en 1523.

Intérieur

Au rez-de-chaussée, on visite la cuisine, la **salle des gardes**, voûtée d'arcs surbaissés et ornée d'une magnifique cheminée, et la **salle du Cerf**. La pièce maîtresse est l'**escalier droit★★**, dont le modèle remplace à la Renaissance les escaliers en vis. L'évidement du mur central permet d'admirer le dessous des marches en pierre blonde de Carennac, très finement sculptée : rinceaux, coquillages, oiseaux fantastiques, initiales et petits personnages forment un plafond dont la décoration complète celle des voûtes à clef des vestibules.

Au premier étage, salon d'apparat, chambre d'apparat et autres pièces plus intimes sont tendues de **brocatelles italiennes** (17e-19e s.). Tomettes d'origine, vitraux rapportés (17e s.), dessus de cheminée en cuir repoussé forment avec les meubles anciens (surtout Renaissance et Louis XIII), retables, tableaux, céramiques, tapisseries des Flandres et de Tours, un décor d'exception.

Château de Cenevières.
J.-P. Azam/hemis.fr

3

Cahors et le Quercy blanc

CARTE MICHELIN DÉPARTEMENTS 337 - LOT (46) ET LOT-ET-GARONNE (47)

Cahors★★	114
Luzech	127
Puy-L'évêque★	132
Château de Bonaguil★★	136
Quercy blanc★	139
Saint-Cirq-Lapopie★★★	143
Marcilhac-sur-Célé★	149
Grotte du Pech Merle★★★	156

A
B
1
2
Bonaguil
Montcabrier
Martignac
St-Martin-le-Redon
Duravel
D 673
D 811
Puy-l'Évêque
Grézels
D 8
Bélaye
Anglars-Juillac
Castelfranc
Albas
Luzech
N.-D.-de l'Île
Plage aux ptérosaures de Crayssac
Lot
Mercuès
Laroque-des-Arcs
Cahors
Croix Magne
Mt St-Cyr
D 820
D 653
D 911
D 44
D 23
Cambayrac
Saux
D 656
LOT-ET-GARONNE
LOT
Lastours
Montcuq
Ste-Croix
D 228
Rouillac
D 45
D 953
D 55
Boisse
D 19
Le Quercy blanc
D 64
Flaugnac
Moulin de Brousse
D 74
D 28
D 57
Castelnau-Montratier
D 26
Russac
D 31
TARN-ET-GARONNE
D 957
D 20
7
MONTAUBAN

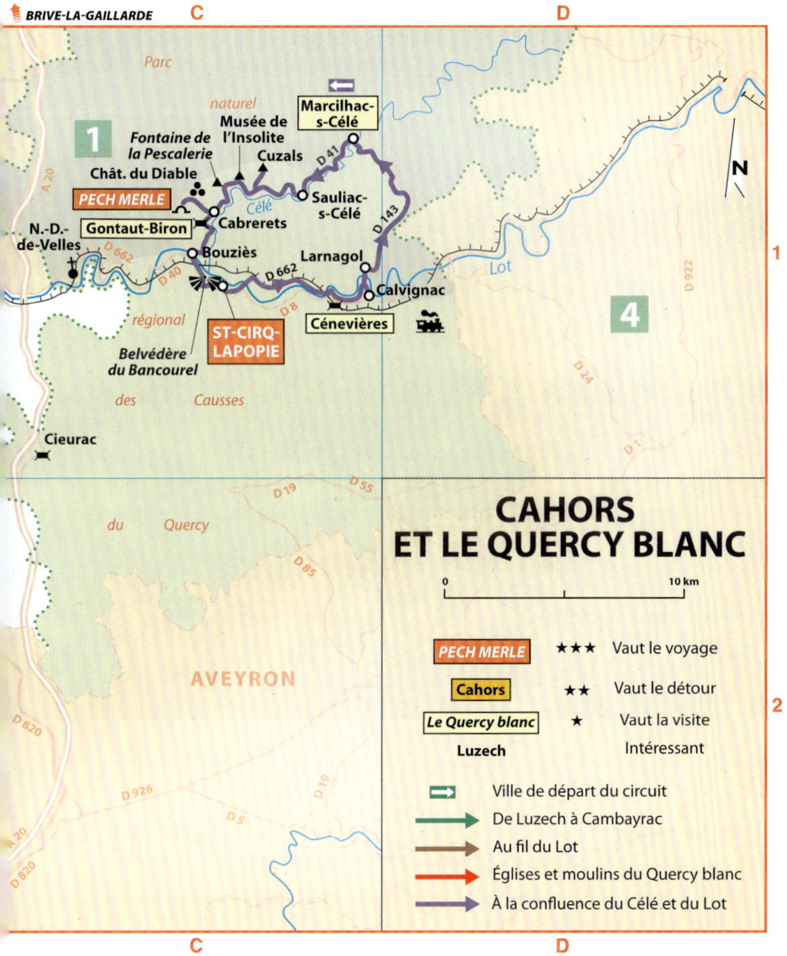
BRIVE-LA-GAILLARDE
C
D
Parc
naturel
régional
des
Causses
du
Quercy
Musée de
l'Insolite
Marcilhac-
s-Célé
Fontaine de
la Pescalerie
Cuzals
Chât. du Diable
PECH MERLE
Célé
Sauliac-
s-Célé
Cabrerets
Gontaut-Biron
N.-D.-
de-Velles
Bouziès
Larnagol
D 662
Calvignac
Lot
Cénevières
ST-CIRQ-
LAPOPIE
Belvédère
du Bancourel
Cieurac
AVEYRON
N
1
4
1
2
CAHORS
ET LE QUERCY BLANC
0
10 km
PECH MERLE
★★★ Vaut le voyage
Cahors
★★ Vaut le détour
Le Quercy blanc
★ Vaut la visite
Luzech
Intéressant
Ville de départ du circuit
De Luzech à Cambayrac
Au fil du Lot
Églises et moulins du Quercy blanc
À la confluence du Célé et du Lot

Cahors ★★

Établie dans une presqu'île enserrée dans un cingle du Lot, l'ancienne capitale des Cadourques a pris pour emblème le célèbre pont Valentré, qui enjambe la rivière du haut de ses trois tours fortifiées. En flânant au gré de ses jardins secrets, découvrez ruelles et maisons hautes qui sont autant de témoins de l'histoire médiévale de Cahors. La ville compte un secteur sauvegardé exceptionnel autour de la cathédrale, dont le portail rivalise avec les plus beaux ouvrages d'art roman du Sud-Ouest.

Le pont Valentré.
J.-M. Barrère/hemis.fr

Se repérer

CARTE B1 (P. 112-113) - PLAN (P. 118).
19 937 Cadurciens – Lot (46).
60 km au nord de Montauban.
Le boulevard Gambetta coupe la ville en deux selon un axe nord-sud et mène aux quais qui longent le Lot.

À ne pas manquer

Le pont Valentré ; le portail latéral nord de la cathédrale ; le point de vue sur la ville depuis le mont St-Cyr ; le marché (merc. et sam. matin).

Organiser son temps

Comptez une journée.

En famille

La plage aux ptérosaures ; une croisière en bateau sur le Lot avec passage d'écluse.

Carnet pratique p. 123

Nos adresses p. 123

Le **boulevard Gambetta**, dont le tracé correspond à l'ancien fossé des remparts de la ville médiévale, fut créé au 19e s. Il devint l'axe majeur de la ville le long duquel sont érigés les bâtiments publics. C'est aujourd'hui un cours typiquement méridional avec ses platanes, ses cafés, ses commerces et son animation. Dans sa portion centrale, annoncée par la statue de Léon Gambetta, s'ouvrent les **allées Fénelon** (AB2) où se tiennent les brocantes d'été. Perpendiculaires au boulevard Gambetta, elles ont été conçues et aménagées pour les piétons. On aperçoit la tour campanile (1676) de l'ancien **collège des Jésuites**, au-dessus de l'actuel collège Gambetta.

★ La ville médiévale

PLAN P. 118

Circuit tracé sur le plan.

La ville a mis en place un parcours, **Les jardins secrets de Cahors★**, matérialisé au sol par des clous en cuivre et ponctué de panneaux. Il commence au pont Valentré. Demandez la brochure gratuite à l'office de tourisme.

★★ Cathédrale St-Étienne et son cloître B2

Pl. Chapou - 05 65 35 27 80 - www.paroissedecahors.fr - - 9h-12h, 14h-19h, dim. 14h-19h.

Vieille dame de style romano-byzantin, dominée par ses deux exceptionnelles coupoles, la cathédrale St-Étienne a fêté son 900e anniversaire en 2019. Sur l'emplacement d'une église remontant à saint Didier (7e s.), un édifice roman a été construit au début du 12e s., dont le maître-autel fut consacré en 1119 par le pape Calixte II. Les modifications apportées aux 13e et 14e s. furent complétées à partir de 1493 par la reconstruction du cloître dans le style gothique flamboyant et la création de la chapelle St-Gausbert. La cathédrale présente ainsi un aspect composite, formé d'une nef romane à coupoles sur laquelle viennent se raccorder un chevet et un massif occidental, aux allures de forteresse. Elle exprime la puissance des évêques comtes et barons de Cahors qui se devaient d'assurer à la fois le service religieux et la tranquillité de leurs vassaux.

Parvis – L'imposante façade ouest en grès est ouverte par des baies étroites et un portail à voussure surmonté d'une rose inspirée de celle du transept sud de Notre-Dame de Paris. Elle est surmontée d'un beffroi en brique.

Contournez la cathédrale par la gauche.

★★ **Portail nord** – Ancien portail principal de la cathédrale, il date du 12e s. et s'apparente aux ensembles romans de Conques, Moissac et Carennac (*p. 194, 397 et 95*). Le tympan a pour sujet l'**Ascension** : le Christ dans une mandorle s'élève entre deux anges, lesquels se penchent vers les apôtres entourant Marie (registre inférieur) pour leur annoncer Son retour. Sur les côtés, épisodes du martyre de saint Étienne. Remarquez les détails du **décor de l'avant-corps**. Sous la corniche, en haut, entre les modillons historiés à têtes grimaçantes, des médaillons laissent émerger des personnages (on reconnaît la Luxure avec ses longs cheveux). Sous les bandeaux horizontaux qui séparent les jeux d'arcatures ainsi que sous la troisième archivolte qu'ils rejoignent, court une frise : les scènes mimées deux à deux (soldats, paysans, scènes de lutte) évoquent le combat des vices et des vertus ; sous le bandeau gauche, on aperçoit une scène de chasse au cerf qui va se prendre dans un filet (extrême gauche).

Intérieur – En pénétrant dans la cathédrale par le portail sud, couvert d'un arc trilobé, on admire la très large nef, coiffée de deux coupoles qui culminent à 32 m, un record pour l'époque, seulement battu par Ste-Sophie à Constantinople.

L'une d'elles comporte un décor peint (14e s.) représentant le martyre d'Étienne entouré des prophètes de l'Ancien Testament. Depuis 2014, les onze baies de la nef sont ornées de **vitraux** (90 m^2) organisés en quatre groupes évoquant chacun un évangéliste (Matthieu, Marc, Luc et Jean). Composés d'emprunts iconographiques superposés, ils sont le fruit des techniques de l'imprimerie (report des images) et du travail traditionnel du vitrail (émaux vitrifiables, verre et plomb). Les scènes de la Genèse peintes au revers du massif occidental (peintures du 14e s.) ont échappé aux restaurations du 19e s., lesquelles ont porté sur les peintures et les vitraux du chœur gothique, et sur la chapelle d'axe, récemment rénovée. L'ensemble produit un effet grandiose. Une partie du mobilier date des 17e et 18e s. comme l'orgue, la chaire et le retable de la chapelle profonde.

★ **Cloître** – *Accès par une porte, à droite du chœur.* De style Renaissance (datant de 1509), il fait suite à ceux de Carennac (*p. 95*) et de Cadouin avec lesquels il présente de nombreuses ressemblances. Vraisemblablement jamais achevé, il offre néanmoins une riche décoration sculptée. Les galeries sont couvertes d'une voûte en étoile, dont les clefs auraient dû être ornées de pendentifs : un seul est visible au-dessus de la porte nord-ouest et représente Jésus aux cieux entouré d'anges. Près de la porte du chœur, remarquez un escalier à rampe hélicoïdale, et, sur le pilier d'angle du nord-ouest, une gracieuse Vierge de l'Annonciation, aux longs cheveux tombant sur les épaules, drapée dans un manteau.

Chapelle St-Gausbert – *Ne se visite pas.* Bâtie vers 1500 à l'emplacement de l'ancienne salle capitulaire, elle est ornée d'une voûte très élaborée, dont les liernes et tiercerons encadrent des voûtains peints. Un grand Jugement dernier orne son mur ouest.

Par la porte de l'angle sud-est du cloître *(souvent fermée)*, on gagne la cour intérieure de l'archidiaconé St-Jean, dont la décoration Renaissance est intéressante. Elle abrite l'un des plus ravissants jardins secrets de Cahors, le **Courtil des Moines** *(autre accès par le 38 r. de la Chantrerie).*

Partez de la cathédrale pour découvrir le secteur sauvegardé.

Rue Nationale B2

Anciennement rue Droite, l'artère principale de la ville médiévale était l'axe commerçant et industrieux. La **halle aux grains** (1865) a retrouvé son volume sous sa charpente en bois depuis sa restauration réussie en 2019. Après avoir traversé la rue G.-Clemenceau, au no 116, une belle porte du 17e s. présente des panneaux décorés de fruits et de feuillages. Un peu plus loin sur la gauche, l'étroite **rue St-Priest** a gardé ses maisons médiévales en brique, à colombages et à encorbellements.

Tournez à droite.

Rue du Docteur-Bergounioux B2

Au no 40, l'hôtel Lémozi, une demeure du 16e s., montre une intéressante façade Renaissance (moulures à l'antique et entablement orné de reliefs sculptés) percée de fenêtres aux croisées sculptées, d'inspiration italienne.

Rebroussez chemin et poursuivez en face.

Rue Lastié B2

Au no 35, remarquez les fenêtres à remplage. Place St-Priest, ne manquez pas au no 18 un très bel escalier extérieur en bois d'époque Louis XIII. Au no 117, une maison des 14e et 16e s. a conservé son échoppe au rez-de-chaussée, surmontée au premier étage d'élégantes fenêtres à remplage de style gothique. Cette rue se termine par de jolies maisons en brique et pans de bois.

Tournez à gauche.

De Divona à Cahors

La source divine

L'antique *Divona Cadurcorum* doit sa naissance à la fontaine des Chartreux, belle résurgence qui alimente encore la ville en eau potable. Les Gaulois puis les Romains lui vouèrent un culte, dévotion confirmée par la découverte en 1991 de nombreuses monnaies gallo-romaines, jetées en offrande dans la fontaine. La ville s'épanouit : elle possède son forum, son théâtre, ses temples, ses thermes.

L'âge d'or

Au 13e s., Cahors connaît une période de prospérité économique, due en grande partie à l'arrivée de marchands et de banquiers lombards, qui font commerce aux quatre coins de l'Europe. Ces derniers ont le génie du négoce et de la banque, mais ils se livrent souvent à des opérations de « prêt à usure » assez peu recommandables. Le mot « cahorsin », qui désignait autrefois les habitants de Cahors, était alors synonyme d'usurier. L'enrichissement trop facile étant une insulte à Dieu, l'écrivain florentin Dante (1265-1321) a précipité Cahors, comme Sodome, dans l'enfer de sa fameuse *Divine Comédie*. En 1316, le Cadurcien Jacques Duèze devient le deuxième pape d'Avignon sous le nom de **Jean XXII**. En 1332, il fonde dans sa ville natale une université qui comptera parmi les quatre universités du Midi, avec Toulouse, Montpellier et Avignon, jusqu'à l'édit de 1751 supprimant l'université de Cahors.

Ville fidèle au roi de France

Dès le début de la **guerre de Cent Ans**, les Anglais s'emparent de toutes les places du Quercy : seule Cahors demeure imprenable malgré la peste noire qui emporte la moitié de sa population. Le traité de Brétigny, en 1360, cède le sud-ouest de la France à Édouard III d'Angleterre, mais la ville invaincue refuse de se livrer. Fidèle au roi de France, Cahors subit une brève occupation des troupes du parti anglais mais elle s'en libère rapidement. Le roi de France la récompensera de sa fidélité par des exemptions de taxes. En 1450, lorsque les Anglais quittent le Quercy, Cahors est ruinée.

Cahors et la Réforme

Après quelques décennies de paix, la Réforme pénètre, vers 1540, dans les murs de la ville. Très rapidement, la population se trouve divisée. En 1560, des protestants sont massacrés rue des Soubirous. Vingt ans plus tard, la cité est assiégée par les huguenots conduits par Henri de Navarre. L'assaut dure trois jours et se termine par le pillage de Cahors.

Le suaire de Cahors

Objet aux origines incertaines (cadeau de Charlemagne, linge mortuaire rapporté de croisade au 12e s. ?), la Sainte Coiffe est considérée comme l'une des reliques provenant du tombeau du Christ. Ce bonnet de lin aurait couvert la tête du Christ et serait son « suaire de tête ». Comme beaucoup de reliques, on lui associe nombre d'histoires mystérieuses. La Sainte Coiffe est vénérée par les chrétiens depuis plusieurs siècles, ce qui lui confère aujourd'hui une réelle dimension historique. Après avoir été placée en ostension dans le chœur en 2019, à l'occasion du 9e centenaire de la cathédrale, elle est désormais visible dans la chapelle d'axe.

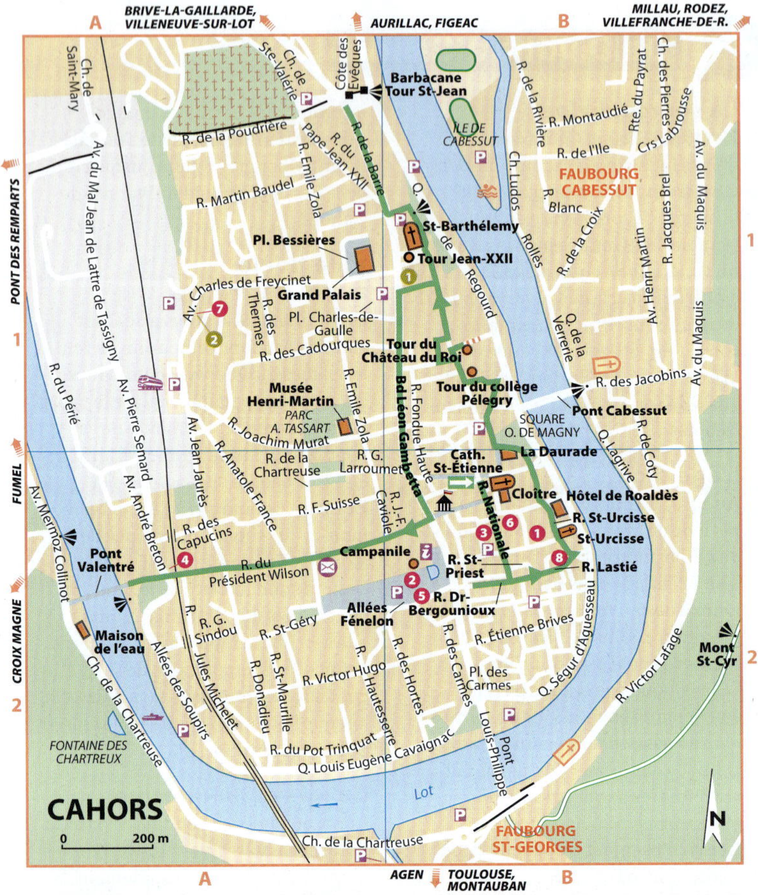

SE RESTAURER
- Marie Colline 1
- Le Courson 2
- Le Bistrot des Étaliers 3
- Au Fil des Douceurs........ 4
- L'Ô à la Bouche 5
- Le Marché........ 6
- Le Bistrot 1911 7
- La Petite Auberge 8

SE LOGER
- Jean XXII 1
- Hôtel Terminus 2

Rue St-Urcisse B2

L'**église St-Urcisse** (fin du 12e s.) s'ouvre par un portail du 14e s. Le trumeau central accueille une statue de Vierge à l'Enfant de la même époque, dont le visage a été remanié *(église fermée pour une durée indéterminée)*. La rue est bordée de maisons anciennes de taille modeste, dans lesquelles voisinent arcades de boutiques, fenêtres géminées et pans de bois.

Tournez à droite.

Hôtel de Roaldès B2

Appelée aussi maison d'Henri IV (le roi de Navarre y aurait logé pendant le siège de Cahors en 1580), cette demeure de la fin du 15e s. a été restaurée en 1912. Elle appartint, à partir du 17e s., à une famille de notables du Quercy, dont elle porte le nom. La façade nord, donnant sur la place, est décorée de roses, de soleils flamboyants et d'arbres écotés (réduits à leurs troncs) – éléments typiques de l'école

de sculpture quercynoise au début du 16e s. La façade sud, à pans de bois, est surmontée d'un balcon et flanquée d'une grosse tour ronde.
Revenez sur vos pas et empruntez à droite la rue de la Chantrerie. Au passage, vous apprécierez le jardin à l'arrière de la cathédrale. Continuez rue de la Daurade.

La Daurade B2

Riche ensemble de demeures anciennes, parmi les plus belles de la ville, bordant le square Olivier-de-Magny : maison dite du « Bourreau », à fenêtres géminées (13e s.), maison Dolive (17e s.) et maison Heretié (14e-16e s.).
Prenez la rue Clément-Marot, à droite, puis la rue Pélegry qui descend à droite de la place de la Libération. Vous pourrez apercevoir, sur votre droite, le pont Cabessut.

Pont Cabessut B1

De ce pont, la **vue★** sur le quartier haut de la ville est intéressante. Au loin se dresse la tour des Pendus ou tour St-Jean, puis le clocher de l'église St-Barthélemy, la tour Jean-XXII, plus près, la tour du Château du Roi et enfin celle du collège Pélegry.
De la rue Pélegry, juste avant le quai de Regourd, empruntez la venelle à gauche, rue du Four-Ste-Catherine.

Collège Pélegry B1

Créé en 1368, le collège fut, jusqu'au 18e s., l'un des établissements les plus importants de la ville. Des bâtiments d'origine, on ne distingue plus que la belle **tour hexagonale**, avec sa tourelle d'accès au comble, du 15e s. *(visible depuis le quai).*
La rue du Four-Ste-Catherine débouche sur la rue du Château-du-Roi.

Rue du Château-du-Roi B1

Cette rue suit l'axe sud-nord de Cahors, dans le prolongement de la rue Nationale. Elle s'inscrit sur le tracé de la Grand-Rue médiévale qui montait vers la ville haute, ou **quartier des Soubirous**. Elle est bordée d'arcades animées de nombreuses boutiques d'artisans et de commerçants et d'un superbe bâti ancien, révélé au fil des restaurations. À droite, le donjon du **palais de Via** domine la vallée. Ce palais, attribué à Pierre de Via, consul de Cahors en 1314-1315 et neveu du pape Jean XXII (Jacques Duèze, *p. 117*), témoigne de l'opulence de la ville médiévale. Il est devenu au 15e s. la résidence du sénéchal du Quercy – le « château du roi » –, puis a servi de maison d'arrêt du 19e s. à 2012 *(la réhabilitation de l'ensemble des bâtiments est à l'étude).* Au no 58, remarquable porte du 17e s.
La rue du Château-du-Roi devient rue des Soubirous (remarquez, au no 88 la maison médiévale avec son étal restitué au rez-de-chaussée, et ses fenêtres d'habitation au premier étage), puis rue St-Barthélémy.

Palais Duèze B1

La tour, dite Jean-XXII, est le principal vestige du palais de Pierre Duèze, frère du pape (*p. 117*). Haute de 34 m, elle est percée de cinq étages de fenêtres géminées.

Église St-Barthélemy B1

Édifié dans le quartier le plus élevé de la ville, ce bâtiment s'appelait au 13e s. St-Étienne-de-Soubirous, *sancti Stephani de superioribus*, par opposition à la cathédrale, qui occupait le quartier bas : Soubirous vient du latin *superioribus*, qui signifie « plus haut ». Reconstruit en plusieurs étapes, il présente un beau clocher-porche rectangulaire à trois rangs de baies en tiers-point superposées ; ce clocher sans flèche, dont la base est du 14e s., est presque entièrement en brique. La nef, voûtée d'ogives, a été édifiée au 15e s. Dans la chapelle la plus proche de l'entrée, à gauche, une plaque de marbre et un buste rappellent que Jean XXII

3

y fut baptisé. Les émaux cloisonnés qui ornent le couvercle des fonts baptismaux modernes ont pour thème les principaux événements de la vie du pape cadurcien. De la terrasse située à proximité de l'église, on bénéficie d'une jolie vue sur le faubourg de Cabessut et la vallée du Lot.
Rejoignez le boulevard Gambetta et poursuivez vers le nord.

★ Barbacane et tour St-Jean A1

La ligne des remparts, construite à partir de 1345, barrait entièrement l'isthme du Lot. De ces fortifications subsistent quelques vestiges : une grosse tour, à l'ouest, abrite une poudrière et l'ancienne porte St-Michel sert d'entrée au cimetière. C'est à l'est, à l'endroit où la D 820 pénètre dans la ville, que s'élèvent les deux plus belles constructions fortifiées : la barbacane, élégant corps de garde qui protégeait la porte de la Barre, et la tour St-Jean (ou tour des Pendus) bâtie sur un rocher dominant le Lot. Sur la place se trouve le « **Closelet des croisades** » : il compte parmi la vingtaine de jardins aménagés dans la ville.

Vers le pont Valentré

PLAN P. 118

Redescendez par le bd Gambetta jusqu'à la préfecture et prenez à droite.
Le trajet le plus direct entre la vieille ville et le pont Valentré prend 10mn. Si vous avez du temps, faites le détour par le cingle du Lot, rejoignez le pont Cabessut et suivez les berges aménagées en promenade (*30mn*).

Place Bessières A1

Dans le cadre de la réhabilitation du cœur de ville, la place Bessières, comme les Halles, fait l'objet d'une rénovation. Saluons au passage le travail de la municipalité qui, avec le soutien de l'État, prend soin de conserver la vitalité des commerces pour préserver la qualité de vie. Ce dynamisme, allié à la beauté de l'architecture, rend la visite de Cahors très plaisante et prend ici la forme d'un cinéma classé art et essai, le **Grand Palais**, logé dans un bâtiment contemporain (2019) pourvu d'un café-coin lecture au cadre très réussi *(même si des efforts restent à faire pour la proposition gastronomique - www.cinelegrandpalais.fr - 14h30-21h30)*. Les combles hébergeront le **musée de la Résistance, de la Déportation et de la Libération** *(ouverture prévue en 2025)*.
En sortant, prenez la rue Émile-Zola, qui conduit au musée de Cahors.

★ Musée de Cahors Henri-Martin A1

792 r. Émile-Zola - www.museehenrimartin.fr - 05 65 20 88 88 - merc.-dim. 11h-18h - fermé lun.-mar. - 8 € (enf. 5 €).
Enfin le musée de Cahors a rouvert ! Après six ans de travaux, il a retrouvé en 2022 une surface de 2 000 m² pour accueillir les quelque 11 000 objets de sa collection. Le nouveau parcours se déploie dans le palais épiscopal concordataire qui héberge le musée depuis 1929 et dans un bâtiment en acier corten ajouté le long de l'aile nord. À l'exception des aménagements épiscopaux du 19e s. préservés (la salle à manger, la bibliothèque et la chapelle dont le décor est classé), le cadre est minimaliste – blanc, bois et acier – et s'ouvre largement sur le parc Tassart. Un choix heureux qui se conjugue habilement à la fluidité et à la clarté du parcours, secondé par le repère constant des grands arbres du parc.
La visite commence par la peinture ancienne, prélude au point d'orgue de la collection : la soixantaine d'œuvres d'**Henri Martin** (1860-1943), peintre né à Toulouse qui, après avoir été l'élève de Jean-Paul Laurens, obtint un succès public grâce auquel il put s'offrir, en 1900, le domaine de Marquayrol, sur les hauteurs de

Labastide-du-Vert, au nord de Cahors *(le domaine est en cours de réhabilitation avant son ouverture au public)*. Le Lot entra alors dans sa peinture qui s'orienta vers le pointillisme. Son *Monument aux morts de la Grande Guerre*, et sa *Fenaison*, immense toile de 4 m sur 7, restaurée alors qu'elle dormait depuis trente ans dans les réserves, sont accrochés dans les nouveaux espaces. Voyez aussi, dans la petite section océanienne, la **statuette de Rongo**, dieu de la pluie dans la mythologie polynésienne, une des pièces maîtresses de la collection, ainsi que l'aile sud consacrée à l'archéologie romaine et médiévale.

Continuez par la rue Henri-Martin, qui devient rue Jean-François Caviole.

On passe devant la **chapelle des Dames de Nevers** (19e s., *fermée au public*) et l'espace Caviole *(en cours de réaménagement)*.

La rue Caviole débouche dans la rue du Président-Wilson.

Elle correspond au tracé d'une rue ouverte en 1306 qui reliait la cité médiévale au quartier ouest dévolu aux établissements monastiques. Remarquez (n° 75) la façade classique de la chapelle du **collège des Jésuites** où a été replacé un superbe **portail en bois sculpté** qui fermait le cloître du 17e s. Devant, s'épanouit le joli jardin de l'enclos des Cordeliers.

Descendez, à droite, la rue Wilson où se dessine au loin le pont Valentré. Un passage souterrain franchit la voie de chemin de fer vers la rive du Lot.

★★ Pont Valentré A2

ABC d'architecture p. 461.

C'est de la rive droite du Lot, en amont, que l'on a la meilleure vue sur le pont Valentré *(passez sous l'arche et suivez la promenade aménagée)*.

Cet ouvrage constitue une remarquable manifestation de l'art militaire du Moyen Âge. Ses trois tours, dont deux sont fortifiées, ses parapets crénelés et ses avant-becs aigus rompent la succession des sept arches créant ainsi une impression de grande harmonie. L'aspect initial du pont commencé en 1308 a été sensiblement modifié au cours des travaux de restauration entrepris en 1879 par Paul Gout, émule de Viollet-le-Duc : des deux châtelets qui complétaient la défense, l'un a été détruit, l'autre a été modifié dans son aspect actuel. Tel qu'il se présentait alors, il formait une sorte de forteresse isolée commandant le passage du fleuve ; tandis que la tour centrale servait de poste d'observation, les tours extrêmes étaient fermées de portes et de herses. Les tours s'élèvent à 40 m au-dessus de la rivière. D'après la légende, l'architecte du pont Valentré avait livré son âme au diable, en échange de l'aide du Malin. Mais il ne tint pas parole et, pour se venger, ce dernier aurait fait tomber chaque jour sur le pont la même pierre de l'angle nord-est de la tour centrale. C'est à cet emplacement que les rénovateurs du 19e s. ont sculpté un diable.

Maison de l'eau – *Quai Albert-Cappus - ✆ 05 65 24 09 15 - www.cahorsvalleedulot.com - juil.-août : 10h-13h, 15h-19h ; avr.-juin et sept.-oct. : vend.-dim. 15h-18h ; reste de l'année : se rens. - gratuit.* Parmi les trésors que compte Cahors, il en est un qui nous sort du Moyen Âge pour nous plonger dans les prouesses technologiques liées au développement urbain du 19e s. Une station de pompage fut construite en 1853 pour acheminer l'eau d'une source de type vauclusien, la **fontaine des Chartreux** *(visible juste à côté, le coup d'œil vaut le détour)*, vers d'immenses réservoirs de 137 m de hauteur, en utilisant la force motrice de la rivière. L'eau coulait vers la ville par le pont Valentré utilisé comme un aqueduc. Dans ce site unique, appelé **Maison de l'eau** depuis qu'il a été transformé en musée, on découvre la machinerie qui a fonctionné pendant un siècle, jusqu'en 1971, ainsi que de remarquables expositions.

À proximité

CARTE P. 112-113

Point de vue de la Croix Magne B1

À 5 km par la sortie ouest. Du pont Valentré, prenez à droite et aussitôt à gauche, puis, juste après l'école d'agriculture, à gauche, ainsi qu'en haut de la montée.

Des abords de la croix, une **vue★** s'offre sur le causse, le cingle du Lot, la ville de Cahors et le pont Valentré.

Point de vue du mont St-Cyr B1

À 7 km par le pont Louis-Philippe et la D 6, que l'on quitte 1,5 km plus loin pour gagner le mont, en obliquant toujours à gauche.

Accès à pied par le pont Louis-Philippe (indiqué à la sortie du pont, puis escaliers) ou par le pont Cabessut (en face à la sortie du pont, continuez tout droit après le feu tricolore, puis suivez les indications à droite).

Du sommet *(table d'orientation)* se révèle une très belle **vue★** sur Cahors : l'opposition entre les quartiers neufs et anciens, que sépare le boulevard Gambetta, artère vitale de la ville, apparaît nettement, tandis que se profile à l'arrière-plan la silhouette du pont Valentré.

Château de Mercuès B1

6 km au nord-ouest de Cahors par la D 811.

L'ancienne propriété des comtes-évêques de Cahors, aujourd'hui transformée en hôtel-restaurant (Relais & Châteaux), occupe un site remarquable au-dessus de la rive droite du Lot. Château fort cité dès 1212, agrandi au 14e et au 15e s., assiégé à plusieurs reprises au cours de la guerre de Cent Ans et pendant les guerres de Religion, devenu demeure de plaisance au 16e s. avec la création de terrasses et de jardins, la résidence des évêques de Cahors a été restaurée au 19e s. Du château, la **vue** sur la vallée est remarquable. À l'ouest de Mercuès, la route abandonne un instant la vallée pour traverser une région où abondent la vigne et les arbres fruitiers, puis elle suit les méandres de la rivière.

★ Plage aux ptérosaures de Crayssac B1

11 km au nord-ouest de Cahors par la D 811. Mas de Pégourdy - ✆ 05 65 23 32 48 - www.plageauxpterosaures.fr - en visite guidée (1h15) uniquement, sur réserv. avr.-août : horaires variables, consulter le site Internet - 9 € (6-14 ans 6 €).

Vous parcourrez en compagnie d'un guide cette ancienne carrière qui fait référence pour les traces d'animaux préhistoriques, notamment de reptiles volants. Il y a 150 millions d'années, ces derniers se posaient sur la plage. Leurs empreintes fossilisées apparaissent dans la lumière rasante des spots. On en découvre de nouvelles régulièrement.

Laroque-des-Arcs B1

4 km à l'est de Cahors par la D 653.

Son nom évoque l'aqueduc qui traversait le vallon de Francoulès et alimentait Cahors en eau. Un pont de trois étages soutenait l'aqueduc qui transportait sur 20 km l'eau de Vers à *Divona* (l'antique Cahors). Les consuls de Cahors l'ont fait démolir en 1370. D'une tour perchée sur un rocher, en bordure du Lot, on surveillait le trafic et percevait les péages.

Notre-Dame-de-Velles C1

8,5 km à l'est de Laroque-des-Arcs par la D 653.

Cette chapelle de pèlerinage du 12e s. a un beau clocher carré et une abside romane. Son nom, qui signifie N.-D.-des-Voiles, indique qu'elle était fréquentée autrefois par des mariniers du Lot.

Carnet pratique

S'informer

Office de tourisme – *Pl. François-Mitterrand - Cahors - ✆ 05 65 53 20 65 - www.cahorsvalleedulot.com.* L'office de tourisme organise des visites thématiques, des visites pour les familles et nocturnes.

Arriver/partir

Se garer – Deux parkings gratuits ont été aménagés aux extrémités est et sud de Cahors. Un service de navettes gratuites (ttes les 15mn) les relie au centre-ville. Un 3e parking (de l'Amphithéâtre) a été aménagé au cœur de la ville *(payant - accès depuis le boulevard Gambetta, fléché).*

Agenda

Cahors Juin Jardins – *www.cahorsjuinjardins.fr - 1er w.-end de juin.* Autour d'une thématique, jardins publics et privés s'ouvrent à l'art contemporain, aux spectacles et aux animations ludiques.

Lot of saveurs – *✆ 05 65 53 20 65 - www.lotofsaveurs.fr - déb. juil.* Rencontres autour de la gastronomie avec de grands chefs des Bonnes Tables du Lot.

Cahors Blues Festival – *www.cahorsbluesfestival.com - mi-juil.* Une semaine de concerts donnés par des artistes renommés, sur la place Bessières.

ClassiCahors – *classicahors.com - fin juil.* Une programmation de concerts classiques de qualité, donnés dans de beaux lieux.

Nos adresses

PLAN P. 118

Restauration

Premier prix

1 Marie Colline – B2 - *173 r. Georges-Clemenceau - ✆ 05 65 35 59 96 - fermé soir et w.-end - plats du jour env. 10 €.* Face à l'église St-Urcisse, derrière la vitrine en bois, Marie Colline évolue entre des tablées colorées et conviviales. Elle propose une cuisine végétarienne, simple et délicieuse, à base de produits du marché. Quelques tables dehors l'été.

2 Le Courson – B2 - *28 allées Fénelon - ✆ 05 65 35 10 74 - fermé dim.-lun. - plats 15/25 €.* Le Courson est le produit d'une superbe alchimie de couple ; elle, cuisinière inspirée, lui, sommelier passionné. Résultat : un bistrot-bar aux propositions inventives qui ne vous ruinent pas. La cuisine, il va sans dire, est élaborée à partir de produits frais et locaux. 250 références de vins, majoritairement bio, complètent le repas dans une ambiance agréable, ou mieux, sur la terrasse quand il fait beau.

3 Le Bistrot des Étaliers – B2 - *50 pl. Galdemar (sous la halle) - ✆ 06 47 63 01 74 - 8h30-19h, dim. 9h30-14h - fermé lun. - plats 10/22 €.* La halle a fait peau neuve en 2019, et c'est une réussite. Ambiance bon enfant au milieu des allées et venues des amateurs de produits de la région et des bons mots des étaliers. Les quelques tables sont vite et délicieusement servies, petits plats (soupes, tapas, ravioles) ou grands (agneau rôti, brochettes de canard). Parfait pour un déjeuner rapide.

Budget moyen

4 Au Fil des Douceurs – A2 - *32 av. André-Breton - ✆ 05 65 22 13 04 - ♿ - fermé dim.-lun. - formule déj. 17 € - menu 30/41 €.* Après 23 années passées dans son bateau-restaurant sur le Lot, le chef du Fil des Douceurs a finalement posé pied à terre et pris ses quartiers dans cette petite maison colorée, au cadre contemporain, face au superbe pont Valentré (14e s.). Sa bonne cuisine traditionnelle, à prix doux, nous fait toujours voyager!

5 **L'Ô à la Bouche** – B2 - *56 allée Fénelon - ✆ 05 65 35 65 69 - www.loalabouche-restaurant.com - fermé dim.-lun. - menu déj. 23,50/37 € - menus 30/48 €.* À la tête de ce sympathique restaurant, un couple de passionnés qui a sillonné les contrées lointaines et les mers avant de jeter leur ancre à Cahors. Jean-François concocte des plats gourmands, comme ce saumon mariné au fenouil, cette pièce de bœuf, aligot et champignons à la grecque ou cette poêlée de blettes et cromesquis d'ail rose de Lautrec. On en a l'eau à la bouche!

6 **Le Marché** – B2 - *27 pl. Chapou - ✆ 05 65 35 27 27 - www.le-marche-cahors.fr - fermé dim.-lun. - plats 23/28 €.* Si vous allez au marché *(merc. et sam. mat.)*, profitez-en pour déjeuner à côté! Dans ce restaurant, où la carte change souvent, on ne sert que des produits frais. À apprécier dans un cadre à l'élégance toute contemporaine.

7 **Le Bistro 1911** – A1 - *5 av. Charles-de-Freycinet - ✆ 05 65 53 32 00 - terminus-1911.fr - fermé dim.-lun. - menu 27 €.* Vitraux, belle hauteur sous plafond, moulures… Le cadre de ce restaurant familial vaut le détour! Aux fourneaux, Alexandre, le fils de la famille, revisite la cuisine traditionnelle avec brio et avec des produits qui viennent de moins de 100 km. La cave, supervisée par son épouse, Cécile, recèle des merveilles!

8 **La Petite Auberge** – B2 - *144 r. St-Urcisse - ✆ 05 65 35 06 05 - lapetiteauberge-cahors.com - fermé mar.-merc. - menu 28 €.* Entre des murs du 15e s., une équipe jeune et inventive tient ce restaurant et salon de thé. Dans un charmant quartier de Cahors, la carte soignée, fraîche et locale, est proposée en terrasse aux beaux jours. Un régal.

La Grignotte – HORS PLAN PAR B1 - *662 av. Éd.-Herriot - ✆ 05 65 35 03 06 - www.maison-marlas.fr - mai-sept. déj. seult - menus 25/30 €.* Non contente d'être un des meilleurs fournisseurs de foie gras de Cahors, la Maison Marlas pose en été quelques tables sous les cèdres centenaires du mas de Ricard, fief de la famille depuis des générations. Foie gras et canard grillé au feu de bois sont à l'honneur. Délicieux moment de détente, à la bonne franquette. La boutique vend un excellent choix de produits du Quercy *(lun.-vend. 9h-18h, sam. 9h-12h).*

À Cieurac

Pour se faire plaisir

La Table de Haute-Serre – *Château de Haute-Serre - à 15 km au sud de Cahors - ✆ 05 65 20 80 20 - www.hauteserre.fr - ♿ P - fermé dim. soir et merc.-jeu. d'oct. à juin - formule déj. 29 € - menu 36/79 €.* Voir apparaître le domaine de Haute-Serre dans les vignes est une vision de toute beauté. La salle du restaurant, contemporaine (sol en béton, mobilier en alu), est un peu froide mais l'atmosphère est vite réchauffée par l'assiette et le verre. On savoure une cuisine ancrée dans son époque, à l'instar de cette poitrine de cochon dorée au sautoir, épeautre au safran du Quercy et jus réduit.

À Douelle

Budget moyen

Chez Malique - Auberge du Vieux Douelle – *19 r. des Tonneliers - 12 km au nord-ouest de Cahors - ✆ 05 65 20 02 03 - www.chezmalique.com - mai-oct. : midi et soir; reste de l'année : se rens. - fermé mar.-merc. (sf de mi-juil. à mi-août) - menu 24,50/42,50 €.*

Cette auberge propose, dans une belle cave voûtée, salades, omelette aux cèpes, hamburgers au canard, grillades au feu de bois et une spécialité : la tête de veau.

À St-Henri

Pour se faire plaisir

La Garenne – *3 km au nord de Cahors - ✆ 05 65 35 40 67 - www.la-garenne-cahors.com - P - fermé lun. soir, mar. soir et merc. - menu à partir de 34 €.* Murs en pierre, charpentes apparentes, objets paysans… Ces anciennes écuries cultivent de glorieux temps oubliés ! Voilà qui se marie harmonieusement avec la cuisine du chef : des recettes tantôt classiques tantôt régionales, tels les magrets de canard ou les escalopes de foie gras poêlées au verjus…

À Caillac

Budget moyen

Le Vinois – *Pl. de la Croix - 12 km au nord-ouest de Cahors - ✆ 05 65 30 53 60 - www.levinois.com - fermé mar.-merc., dim. soir et lun. soir - menu 25/45 € - 7 ch. 110/141 € - ☕ 10 €.* Dans un village au cœur du vignoble de Cahors, cette auberge au décor contemporain propose une cuisine actuelle et soignée, saine et le plus possible bio. Végétariens bienvenus. Terrasse pour les soirs d'été. Jolies chambres.

Petite pause

Lily Bowl - *12 r. Daurade - ✆ 06 30 03 73 89 - 10h-15h - fermé sam.-lun.* Couleurs et fraîcheur dans une des plus jolies rues de Cahors : un smoothie (5 €), une tarte ou une soupe (6 €), végétarien et à base de produits bio et locaux. Délicieux !

Les Petits Producteurs – *4 pl. Champollion - ✆ 05 65 31 26 24 ou 06 81 04 35 67 - www.lespetitsproducteurs.fr - 9h30-19h, dim. 10h-15h.* Chez les petits producteurs, il y a à boire et à manger, mais que du bon ! Juste derrière la cathédrale, boutique, bar à vins et petite restauration, pour se régaler de produits frais et locaux (salades, tartines de foie gras, pâtes…).

Mets Saisons – *64 pl. de la Libération - ✆ 05 65 23 08 31 - fermé dim.* Tartes, gâteaux glacés et autres desserts faits maison en fonction de l'offre maraîchère. Également des glaces artisanales et une palette de thés à siroter en terrasse à la belle saison.

Shopping

Marché – Merc. et sam. matin, place Chapou, face à la cathédrale : le plus beau du département. Intéressant marché couvert tlj sf lun. et dim. apr.-midi, sous la halle (halle aux grains), place Galdemar.

Villa Cahors Malbec Lounge – *Pl. François-Mitterrand - ✆ 05 65 23 82 35 - www.vindecahors.fr - horaires variables, se rens.* Géré par l'Union interprofessionnelle, un espace lounge pour connaître le vin de Cahors. Cours d'œnologie et soirées dégustation.

Les Petits Producteurs – *Petite pause.*

Activités

Visites

Bateau « Le Valentré » – *Quai Valentré - ✆ 05 65 30 16 55 - www.bateau-cahors.com - ♿ - mai-sept. : 11h, 15h et 16h30 ; reste de l'année : se rens. - fermé nov.-mars - 12,50 € (5-13 ans 6 €) - 16,50 € billet combiné avec le petit train.* Croisière commentée (1h15), dans le méandre de la ville de Cahors, avec le passage de l'écluse de Coty.

Le Petit Train de Cahors – *Quai Valentré - ✆ 05 65 30 16 55 - www.bateau-cahors.com - horaires variables, voir le site - 7,50 €*

3

(5-13 ans 4 €) - 16,50 € billet combiné avec la croisière sur le Valentré. Cette balade commentée de 8 km parcourt la cité et passe au pied des principaux monuments.

Cyclotourisme

Véloroute de la vallée du Lot – Itinéraire fléché (160 km) entre Cahors et Aiguillon (Lot-et-Garonne), le long de la rivière Lot, à travers vignes, vergers et paysages préservés.

V-Lot – *Pont Valentré - ✆ 07 50 59 21 57 - www.v-lot.fr - VAE et VTT 20/39 €/j.* Service efficace et accommodant. Nombreux conseils pour visiter les alentours de Cahors ou partir plus loin.

Multi-activités

Lot Of Sports – *Mont St-Cyr - ✆ 06 80 45 33 31 - www.lotofsports.fr.* Escape Game, vélos, sarbacane, disc-golf, tir à l'arc... Des activités, plus ou moins innovantes, pour toute la famille.

Parc aventure

Cap Nature - accrobranche – *Chemin de l'Île - Pradines - 8 km au nord de Cahors - ✆ 05 65 22 25 12 - www.capnature.eu - juil.-août : 9h30-19h30; reste de l'année : se rens. - 7/35 € - à partir de 2 ans.* Une dizaine de parcours, dont 2 parcours familiaux et 1 grimpant jusqu'à 22 m. Avis aux aventuriers. Réserv. conseillée.

Hébergement

Premier prix

(1) **Jean XXII** – B1 - *2 r. Edmond-Albe - ✆ 09 87 75 77 48 - www.hotel-jeanxxii.com - P - 9 ch. 75/85 € - ☕ 9 €.* Voici un point de chute pratique et calme, au pied de la tour Jean-XXII. Les murs de ce palais (13e s.), édifié par la famille du pontife, abritent des chambres confortables et fonctionnelles. Vos bagages posés, partez à la découverte de la cité !

Budget moyen

(2) **Hôtel Terminus** – A1 - *5 av. Charles-de-Freycinet - ✆ 05 65 53 32 00 - terminus-1911.fr - ♿ - P 10 € - ✕ - 20 ch. 60/125 € - ☕ en sus.* Terminus, tout le monde descend ! Face à la gare, cet hôtel de 1911 a conservé son style Art déco. Les chambres ne sont pas de prime jeunesse, mais elles sont spacieuses, confortables et ont conservé leur charme rétro. Préférez celles avec des vitraux et du mobilier ancien. Son restaurant, Le Bistro 1911 (*« Restauration »*), possède plus d'un atout pour séduire. Une bonne adresse.

À Vers

Premier prix

Chambre d'hôte Le Clos des Dryades – *Le Bois Noir - 15 km à l'est de Cahors - ✆ 05 65 31 44 50 - www.closdesdryades.com - P - 5 ch. 65/95 € ☕ - table d'hôte 25 €.* Au milieu des bois, cette maison basse coiffée de tuiles bénéficie d'un calme total. Les chambres sont confortables. Également trois gîtes.

À Espère

Une folie

Maison d'hôte Domaine de Labarthe – *1 r. des Granges - 10 km au nord-ouest de Cahors - ✆ 05 65 30 92 34 ou 06 08 70 22 52 - www.domaine-de-labarthe.com - ♿ P - chauffée - 5 ch. 168/175 € - ☕ 19 € - 2 gîtes (2 pers.) - table d'hôte 42 €.* Vous serez accueilli en ami dans ce joli domaine agrémenté d'un pigeonnier. Chambres calmes et coquettes ouvrant sur le jardin et sa piscine, bouquet de fleurs et biscuits déposés le jour de votre arrivée : on vous rend la vie douce.

Luzech

Couronnée par le donjon de son château épiscopal, Luzech occupe une presqu'île entourée par un cingle du Lot. L'isthme étroit laissé entre les courbes de la rivière, qui se rejoignent au nord de la bourgade, est dominé par l'oppidum de l'Impernal, une colline historique dont l'ascension représente un des principaux attraits du site.

Se repérer

CARTE B1 (P. 112-113).
1789 Luzechois – Lot (46).
À 20 km à l'ouest de Cahors par la D 8, Luzech n'occupe pas seulement la boucle du méandre, mais aussi la rive gauche du Lot.

Organiser son temps

Comptez 1h30 pour Luzech, une journée pour les alentours.

Carnet pratique p. 130

Nos adresses p. 130

Se promener

Laissez votre véhicule sur l'un des parkings le long du Lot et rejoignez à pied la place du Canal, entre les deux ponts. Dirigez-vous vers la médiathèque-musée.
De la ville médiévale jadis entourée de remparts, il reste principalement le donjon du 13e s. *(ne se visite pas)* et la rue de la ville, bordée de bâtiments anciens : la **maison des Consuls** ornée de belles fenêtres géminées, la chapelle des Pénitents (13e s.) et la porte du Capsol avec son ogive de brique.

Musée Armand-Viré et musée Ichnospace

152 r. de la Ville - ✆ 05 65 20 58 47 - www.ville-luzech.fr - ♿ - mar.-vend. 10h-12h, 14h-18h, sam. 10h-12h - chaque musée 3 € (-12 ans gratuit) - 5 € billet combiné.
Ces deux musées sont logés dans un bâtiment moderne qui abrite également la médiathèque. Le premier retrace la longue histoire du site de Luzech, du paléolithique à la période gallo-romaine. Il est divisé en deux temps : une collection paléontologique riche d'ammonites fossilisées et une collection archéologique issue des fouilles du plateau de l'Impernal et de la grotte creusée dans ses flancs. L'Ichnospace est consacré aux empreintes et aux traces fossiles de dinosaures et autres animaux du Jurassique supérieur. Un moulage de 60 m² met en évidence des pistes et des empreintes de pas de dinosaures.

Musée La Planète des moulins

144 quai Émile-Gironde - ✆ 05 65 31 22 59 - www.museelaplanetedesmoulins.fr - juil.-août : tlj sf w.-end 10h-12h, 16h-18h ; reste de l'année : merc. et dim. 15h-18h.
Cet attachant musée expose des moulins et des mécanismes à vis du monde entier à partir de maquettes animées, illustrées par des photographies des sites.

Donjon

On pénétrait à l'origine dans ce donjon qui surplombe l'ancien castrum médiéval par la petite porte ogivale du 1er étage.

★ Point de vue

Accès par la route ou par un chemin pédestre, le GR 36, qui grimpe à droite au bout de la rue de la ville.

3

Du haut de l'**Impernal** (150 m - *accès par la route ou par un chemin pédestre, le GR 36, qui grimpe à droite au bout de la rue de la ville*), la vue embrasse Luzech ramassée au pied de son pech, puis la presqu'île – autrefois une île –, comme une proue de navire fendant la plaine alluviale où le Lot serpente parmi d'opulentes cultures.

Notre-Dame-de-l'Île B1

1,2 km au sud de Luzech par la D 23.
Tout au bout de la presqu'île, dans un cadre paisible de vignes et de vergers, s'élève cette chapelle de style gothique flamboyant (début 16e s.), sur la toile de fond des coteaux abrupts enserrant le Lot. Logée à un endroit particulièrement périlleux du Lot, elle compte parmi les nombreuses chapelles édifiées pour protéger les mariniers des dangers de la navigation. Le lieu, dédié à la Vierge, fit l'objet, sans doute dès le 13e s., d'un pèlerinage très fréquenté, comme l'attestent plusieurs ex-voto, dont une superbe maquette de gabarre suspendue aux voûtes (18e s.). Le pèlerinage existe toujours (15 août).

De Luzech à Cambayrac

CARTE P. 112-113

Circuit de 60 km tracé en vert sur la carte p. 112-113. Quittez Luzech par l'ouest en empruntant la D 8.
C'est à travers les causses du Quercy que le Lot déroule ses plus beaux atours, au pied d'escarpements couverts de châtaigneraies et de villages perchés. Depuis la route sur la rive gauche du Lot, belles perspectives sur la vallée.

★ Albas B1

Albas se découvre progressivement dans les derniers lacets de la route qui vient de Luzech. Les points de vue sur le village, perché sur son rocher et dominant fièrement la vallée, sont saisissants. Jadis possession et un temps résidence des évêques de Cahors, le castrum d'Albas a conservé ses rues étroites et les vestiges du château aménagé par les prélats. Rare témoin de l'enceinte médiévale, la **Maison du Pal et du Patrimoine** a été aménagée en un remarquable centre d'interprétation sur l'histoire de la cité et ses alentours. En haut du village, la mairie, qui occupe le logis du château, jouxte l'entrée du **jardin Toscan** *(9h-22h, accès libre)*. Ne ratez pas cette réussite végétale (2019), aménagée en terrasse sur le Lot auquel elle ajoute des accents italiens de toute beauté.
Un chemin de halage (1,5 km), qu'on peut emprunter aussi à vélo (par temps sec), démarre au pied du pont. Au calme, en pleine nature, il constitue un poste d'observation privilégié pour admirer le Lot et le village perché.
Peu avant d'arriver à Anglars-Juillac, traversez le Lot pour rallier Castelfranc.

Imprenable et fidèle

Habité dès les temps préhistoriques, le **pech de l'Impernal** constitue une défense naturelle (*pech* signifie mont) appréciée par les Gaulois qui font du plateau une puissante place forte (des fouilles ont révélé des murailles et des constructions gallo-romaines). Au Moyen Âge, une citadelle dont il subsiste le donjon carré est édifiée en contrebas. En 1118, Richard Cœur de Lion se rend maître de Luzech. Siège de l'une des quatre baronnies du Quercy, la ville est convoitée par les Anglais durant la guerre de Cent Ans, mais elle résiste et devient un important centre fortifié. Pendant les guerres de Religion, elle demeure fidèle au catholicisme en restant aux mains des évêques de Cahors.

Castelfranc B1

Ancienne bastide, Castelfranc est dominée par une **église** massive à mur clocher (14e s.), l'un des exemples les plus significatifs d'un type fréquent dans la région. De l'autre côté de la place, derrière la halle, s'étend le charmant **jardin des Sens**. Rafraîchies par le ruisseau du Vert, plantes tinctoriales, variétés potagères, simples et fleurs renouvellent la mode du jardin médiéval en bousculant sa conception et sa traditionnelle séparation des usages.

Repassez sur la rive gauche et dirigez-vous vers Anglars-Juillac.

Anglars-Juillac B1

Le portail de l'église romane St-Laurent a été orné à la Renaissance d'une Crucifixion qui a subi les outrages du temps.

Poursuivez sur la D 8. Après 2,5 km, tournez à gauche dans la D 50.

★ Bélaye B1

Le village occupe le sommet d'une haute falaise qui borde le Lot et que l'on appelle dans la région une « cévenne ». De la place supérieure, où une petite terrasse ombragée accueille les visiteurs, se révèle une **vue★** étendue sur la vallée (130 m de hauteur). Qui prend le temps de parcourir le bourg découvre nombre de souvenirs de ce fastueux passé où Bélaye était intégré au fief des évêques de Cahors : les vestiges du château du coseigneur, à l'extrémité de la « montagne », se dévoilent déjà du fond de la vallée ; le château de l'évêque, dont seul reste intact le mur méridional ; ou encore l'église St-Aignan, dite « église grande », du 14e s.

Revenez à la D 8, que vous prenez à gauche.

Grézels A1

Château de La Coste – *✆ 06 83 53 21 41 - visite (1h30) de mi-juil. à fin août : merc. et dim. 16h30 - 4 € (-18 ans gratuit). Le château était fermé au moment de notre visite, se rens. sur sa réouverture.* Les évêques de Cahors possédaient la vallée du Lot de Cahors à Puy-l'Évêque, et Grézels marquait une des limites de leur fief. Ils avaient donc construit ce château au 12e s. pour défendre l'entrée de leur territoire. Transformé pendant la guerre de Cent Ans par les Guiscard en château fort et restauré au 14e et au 16e s., il tomba à l'abandon après la Révolution. Petit musée du vin dans les caves.

Continuez sur la D 8, puis vers le sud (D 44).

Saux A1

Dominant le village, l'**église St-André** (12e s., reconstruite au 15e s. et remaniée au 17e s.) présente un chevet roman semi-circulaire et un clocher-tour percé de quatre baies en plein cintre, flanqué d'une tourelle d'escalier en vis. L'église recèle en outre un beau mobilier baroque (bénitier à godrons, clôture à balustre en pierre).

Suivez la D 656 en direction de Cahors ; après Sauzet, prenez à gauche la D 23 puis à droite la D 67.

Église de Cambayrac B1

Elle se signale par son clocher-mur en forme de chapeau de gendarme. À l'intérieur, l'abside romane fut revêtue au 17e s. d'un rare décor de marbres et de stucs dans le goût classique.

Revenez sur la D 23 pour rentrer à Luzech. En quittant le bourg par le nord, la D 9 longe le Lot et traverse les paysages de vignes du château de Cayx, propriété de la famille royale du Danemark.

Carnet pratique

S'informer

Office de tourisme – *90 pl. du Canal - Luzech - ✆ 05 65 20 17 27 - www.cahorsvalleedulot.com.*

Agenda

Rencontres internationales de violoncelle de Bélaye – *1re quinz. d'août - www.belaye-violoncelle.fr.* Formidable festival de violoncelle, dans un cadre magnifique. Si vous ne trouvez pas de places pour les concerts du soir, assistez l'après-midi aux « séminaires », répétitions et cours.

Nos adresses

Restauration

À Albas

Premier prix

Guinguette d'Albas – *sur le chemin de halage - ✆ 09 77 91 34 67 - guinguettealbas.wordpress.com - 11h-15h, 17h-2h - fermé mar.-merc. - carte 20 €.* Ambiance guinguette, au bord de l'eau, au pied du charmant village d'Albas-la-Jolie : meubles fabriqués en bois de palettes, guirlandes d'ampoules. Repas à base de produits locaux et bio, belles planches et salades fraîches et colorées. Concerts et spectacles. Réserv. conseillée !

À Anglars-Juillac

Budget moyen

Clau del Loup – *Métairie Haute - 11 km à l'ouest de Luzech - ✆ 05 65 36 76 20 - www.claudelloup.com - ♿ P - fermé dim. soir et lun. - formule déj. 18/23 € - menus 29,50/60 € - 5 ch. 100/120 € - ☕ 12/13 €.* Une belle demeure en pierre (1818), un univers feutré et une cuisine gastronomique aux accents du Sud, savoureuse et réalisée avec des produits de qualité, signée par un enfant du pays. Conquis ? Si oui, des chambres agréables et soignées permettent de ne pas refermer trop vite cette douce parenthèse.

À Parnac

Pour se faire plaisir

Les Jardins – *1533 rte du Port-de-l'Angle - à 4 km à l'est de Luzech - ✆ 05 65 23 58 24 - restaurant-lesjardins.fr - fermé merc.-jeu. et mar. soir - menu 32/65 €.* Ce restaurant de campagne fait les délices d'un paisible village. Dans les chais d'un ancien domaine viticole, le jeune chef Marius Halter réalise une jolie cuisine actuelle avec les produits des environs, non sans omettre des touches créatives bien équilibrées (épices, sucré-salé). C'est juste et bon. Petite carte de vins bio, service plein de gentillesse et agréable terrasse-jardin.

Petite pause

À Albas

Guinguette d'Albas – *Voir restauration.*

À Prayssac

Les Catounes – *14 pl. d'Istrie - 11 km à l'ouest de Luzech - ✆ 05 65 36 04 86 - fermé dim.-lun.* Un restaurant-magasin de décoration-salon de thé qui offre un joli patio ombragé et un salon extérieur pour des pauses thé revigorantes. Pour les petites faims, des salades et quelques plats d'honnête facture.

À Bélaye

Le Couvent – *Pl. du Mercadiel - ✆ 07 86 53 73 75 - fermé lun.*

Avec sa terrasse façon guinguette, ce bar à tapas, décontracté et sympathique, a au moins deux atouts : une vue à tomber sur la vallée et des soirées musicales à la bonne franquette.

Shopping

Marchés – Joli marché régional à **Prayssac** le vend. mat. Marché des producteurs le dim. mat. l'été. Marché de **Luzech**, plus modeste, le merc. mat.

À Fages

Château Les Croisille – *Famille Croisille - 6 km au nord-ouest de Luzech - ✆ 05 65 30 53 88 - www.lescroisille.com - 8h-10h, 14h-18h - fermé dim.* Un vignoble bio qui s'étend sur 35 ha et produit des AOC cahors et des vins blancs (chardonnay, sauvignon...).

À Parnac

Château St-Sernin – *Familles Cavalié et Swartvagher - Les Landes - à 3,5 km à l'est de Luzech - ✆ 05 65 20 13 26 - www.chateau-st-sernin.com - lun.-vend. 9h-12h, 14h-19h, w.-end sur RV.* Le domaine s'étend sur 33 ha. On y travaille de façon appliquée pour produire de jolis rosés charnus, des rouges de très bonne facture, et des blancs sec ou moelleux. Les origines polynésiennes de Jean-Michel se retrouvent sur les surprenantes étiquettes de certaines cuvées.

À Albas

Château Eugénie – *Famille Couture - Rivière-Haute - 5 km à l'ouest de Luzech - ✆ 05 65 30 73 51 - www.chateaueugenie.com - lun.-sam. 9h30-12h30, 14h-19h.* Un travail remarquable donne des cahors puissants et gourmands, de l'entrée de gamme Tradition au fleuron de la maison, le Haute Collection. Également des côtes-du-lot blanc, rosé et rouge et du ratafia.

Hébergement

À Albas

Une folie

Yourtes Les Hauts d'Albas – *Bos del Pech - 5 km à l'ouest de Luzech - ✆ 06 83 80 14 44 - www.leshautsdalbas.com - ♿ P 🏊 - 10 yourtes 188/192 € ☕ - 3 nuits mini en haute sais.* Perchée sur une colline, la maison en bois des propriétaires sert de repère. Puis on découvre la piscine et, à l'orée de la forêt, les premières yourtes. Vastes (56 m², chambre à l'étage avec couchage grand confort), elles sont aménagées pour accueillir les vacanciers avec le nécessaire pour cuisiner. En hiver, le petit bassin couvert et chauffé est un lieu prisé. Calme absolu.

À Anglars-Juillac

Premier prix

Les chambres de la p'tite vallée – *Combe Alibert - à 13 km à l'ouest de Luzech - ✆ 06 20 80 04 31 - 2 ch. 73 € ☕.* Deux petites chambres, confortables et impeccablement situées entre Albas et Puy-l'Évêque si vous empruntez la véloroute du Lot.

Budget moyen

Hostellerie Clau del Loup – *Métairie Haute - à 12 km à l'ouest de Luzech - ✆ 05 65 36 76 20 - www.claudelloup.com - ♿ 🏊 - 5 ch. 90/155 € - ☕ 13 € - ✕.* Les chambres de cette maison de maître en pierre donnent sur un parc au calme. Le restaurant gastronomique propose une formule à 18 €.

3

Puy-l'Évêque ★

Tranquille mais pas endormie, Puy-l'Évêque étage, sur la rive droite du Lot, ses vieilles maisons aux belles pierres ocre jaune autour de son donjon et de son église. La petite ville garde les traces de la suzeraineté des évêques de Cahors, gravées dans le tracé de ses charmantes ruelles. Pleines de surprises – ici un lavoir, là un point de vue sur le Lot –, elles invitent aussi à pousser la porte d'un bon restaurant ou à goûter les arômes d'un cahors.

Se repérer

CARTE A1 (P. 112-113).

1892 Puy-L'Évêquois – Lot (46).
À 33 km à l'ouest de Cahors. La D 811 passe par le haut de la ville où se situent parking et office de tourisme. Mais le plus joli point de vue se trouve en arrivant par la D 44, en bas du bourg, de l'autre côté du pont.

Carnet pratique p. 134

Nos adresses p. 134

La vieille ville

La municipalité a mis en place un intéressant parcours fléché dans la ville, accompagné d'un dépliant disponible à l'office de tourisme. Une bonne raison de vous y arrêter avant de découvrir la vieille ville, d'autant que le bureau est doublé d'un espace d'interprétation du vignoble de Cahors, **Vinoltis**, où l'on comprend tout sur l'appellation cahors et ses corrélations : les hommes, le terroir, la vigne, les métiers, les paysages, l'histoire, les arômes. Dégustations sur place.

À deux pas de l'office de tourisme, au nord-est de la ville, l'**église St-Sauveur** était située à l'extrémité du système défensif dont elle faisait partie. Précédé d'un puissant clocher-porche flanqué d'une tourelle (15e s.), l'édifice s'ouvre par des portes jumelles surplombées d'une archivolte flamboyante. Entre les tombes du charmant cimetière attenant s'élève, sous un dais, une croix-calvaire du 15e s.

Laissez-vous ensuite conduire par les numéros du dépliant qui s'échelonnent à travers les ruelles anciennes de la vieille ville.

Vous passerez par le **donjon** (13e s.), seul vestige du château épiscopal. Haut de 23 m, il domine les dépendances du palais et l'**ostal de Lychairie**, vaste édifice bâti par la famille del Pech.

Le cheminement se poursuit jusqu'au **château Bovila** et sa porte Renaissance, puis par la **promenade Marguerite Bessières**, délicieuse dans la fraîcheur d'un jardin en surplomb sur le Lot, avant de descendre jusqu'au quartier des moulins et des lavandières.

Les points de vue changent sans cesse, soit sur les superbes maisons accrochées à la falaise, soit sur la vallée. Puy-l'Évêque marque la limite des amples méandres du Lot. Le fond alluvial s'élargit considérablement, terrasses et collines sont couvertes de vignes, tandis que la plaine est tapissée de cultures.

Après avoir admiré le point de vue sur la cité depuis le pont, ne quittez pas les lieux sans faire étape à l'**usine Virebent**, formidable exemple de reprise d'une entreprise patrimoniale (*p. 134*).

À proximité

CARTE P. 112-113

Martignac A1

2 km au nord de Puy-l'Évêque par l'av. de Martignac (D 28).
Le village possède une belle **église** rustique. Bâtie en pierre jaune et surmontée d'un haut clocher barlong à pans de bois, elle présente une nef et un chœur presque entièrement décorés de **fresques** du 15e s. L'expression des physionomies et la composition des scènes donnent à cet ensemble un intérêt certain. Dans la nef, un personnage monté sur un homme figure la paresse, un autre, un jambon sous le bras, la gourmandise, tandis qu'une femme chevauchant un bouc symbolise la luxure. Face à cette fresque se déroulent le couronnement de la Vierge et l'entrée des élus au paradis, conduits par saint Michel et accueillis par saint Pierre. Dans le chœur, on distingue un superbe christ en majesté, une mise au tombeau et des anges.

Au fil du Lot

CARTE P. 112-113 A1

Circuit de 30 km tracé en marron sur la carte. Quittez Puy-l'Évêque par la D 811 à l'ouest.

Duravel

Rattachée à un prieuré clunisien dépendant de l'abbaye de Moissac, l'**église** du 11e s. est considérée comme un édifice majeur du roman quercynois. Le chœur est décoré de chapiteaux historiés de style auvergnat, et des colonnes ornées de chapiteaux plus anciens rythment une intéressante **crypte préromane**. Le bourg et l'église furent cédés à l'abbaye de Moissac qui y transféra les corps des saints anachorètes (ermites) Hilarion, Poémon et Agathon, encore conservés au fond de l'abside. L'ostension des reliques (exposition solennelle) a lieu tous les cinq ans *(la prochaine doit avoir lieu en 2025)* en octobre.
Quittez Duravel par le nord (D 58).

Montcabrier

La **bastide** fut fondée en 1297 par Guy de Cabrier, sénéchal de son état, qui lui donna son nom, puis elle fut dotée en 1304 d'une charte de franchise par Philippe le Bel. Autour de la place, quelques maisons anciennes, dont la maison de la Cour royale (16e s.), occupent encore le tracé régulier du plan d'origine.
Reconstruite en partie au 14e s., l'**église** possède un portail flamboyant restauré, surmonté d'un joli clocher ajouré. À l'intérieur, objet d'un pèlerinage local, une statue d'un style plutôt rustique (14e s.) représentant Saint Louis, le saint patron de la paroisse, est entourée d'ex-voto.
Prenez la D 673 en direction de Fumel.

St-Martin-le-Redon

Conservant encore de belles bâtisses anciennes, le joli village est connu pour les eaux de la source St-Martial qui avaient la réputation de soigner les maladies de peau. C'est en effet saint Martial, premier évêque de Limoges (3e s.), qui les aurait fait jaillir pour guérir les lépreux. L'église du 16e s. garde dans sa façade des vestiges du bâtiment roman préexistant.
Prenez la D 158 vers le nord en direction de Bonaguil.

★★ Château de Bonaguil

p. 136

Carnet pratique

S'informer

Office de tourisme – *Pl. du Rampeau - Puy-l'Évêque - ✆ 05 65 21 37 63 - www.cahorsvalleedulot.com.* *p. 132.* L'office de tourisme organise des visites guidées aux lampions en saison.

Arriver/partir

Se garer – Vous trouverez deux parkings en haut de Puy-l'Évêque (pl. du Rampeau et pl. de la Truffière) et un grand parking ombragé en face de l'hôtel-restaurant Chez Henry.

Nos adresses

Restauration

Budget moyen

Le Médiéval – *24 Grand'Rue - ✆ 09 86 31 80 88 - www.lemedieval-puyleveque.fr - 10h-15h, 18h-22h - fermé dim.-lun. - plats 16/18 € - menu 36 €.* Divine surprise. Dans une jolie maison de la vieille ville, le chef bourguignon Pierre Creuzet, ancien second de Jacques Lameloise, compose une cuisine fraîche et équilibrée. En salle, son épouse Loren, sommelière de métier, l'épaule avec complicité. Un régal à prix tenus, pour un des meilleurs rapports plaisir-prix de la région.

Côté Lot – *Hébergement.*

À Cazals

Premier prix

Aux Délices de la Serpt – *La Serpt - Frayssinet-le-Gélat - 11 km au nord de Puy-l'Évêque - ✆ 05 65 36 66 15 - P - horaires, se rens. - menu 23/28 €.* Une ferme-auberge isolée dans la campagne qui propose, dans une grande salle à manger ou dans un agréable jardin, tous les classiques de la gastronomie quercynoise. Cuisine solide et portions généreuses. Seuls les appétits les plus féroces parviendront au bout du menu gastronomique… Réservation obligatoire.

À Vire-sur-Lot

Budget moyen

Le Caillau – *✆ 05 65 23 78 04 - www.lecaillau.com - P - 12h-14h, vend.-sam. 12h-14h, 19h-21h ; sept.-juin : 10h-17h (sur réserv.) - fermé mar. - formule déj. 16 € - plats 15/26 €.* En plein cœur du vignoble, une adresse qui propose des plats goûteux : filet de bar rôti, champignons et épinards sautés ou salade de fenouil braisé, clémentine et buratta. À déguster dans une superbe cour ou à l'ombre dans la grange. Le Caillau, c'est aussi le **Café Céramique** : un bon thé ou un chocolat chaud, des gâteaux maison, et même un atelier poterie.

Shopping

Marchés – *Pl. de la Truffière - mar. mat. en été.* Marché de producteurs le merc. soir. Foire aux vins et produits régionaux les 14 et 15 août à **Duravel**. Marché des producteurs de pays du Lot (charte de qualité) en juil.-août, le vend. soir, à **Montcabrier**.

Virebent – *R. de l'Usine - ✆ 05 65 36 46 31 - www.virebent.com - 10h-12h, 14h-18h.* L'usine centenaire de porcelaine Virebent a été reprise au tournant du 21e s. par deux associé(e)s qui lui ont donné un coup de jeune sans transiger sur la qualité. Porcelaine, grès, faïence, émaux sortent de l'atelier, dont l'ambiance surannée vaut à elle seule le détour *(petit musée gratuit)*. Le magasin d'usine regorge de trésors, bouteilles en porcelaine aux lignes sobres et aux couleurs folles, lampes design, arts de la table... Prix attractifs.

À Vire-sur-Lot

Clos Triguedina – *Jean-Luc Baldès - Les Poujols - 5 km à l'ouest de Puy-l'Évêque - ✆ 05 65 21 30 81 - www.jlbaldes.com - 9h-12h, 14h-18h, dim. sur RV seult.* La famille Baldès, dans laquelle on est vigneron depuis huit générations, cultive avec passion et savoir-faire ce domaine viticole de plus de 60 ha. Le Clos Triguedina est l'un des fleurons de l'appellation cahors et l'un des crus les plus primés du Quercy. Visite des caves, du chai et du musée familial sur RV.

Château Nozières – *Famille Maradenne-Guitard - Bru - ✆ 05 65 36 52 73 - www.chateaunozieres.com - 9h-12h, 14h-19h, dim. sur RV - visite des chais sur RV.* Une production sur 50 ha de plusieurs cuvées, régulièrement primées, de l'attrayant et fruité Château Nozières.

À Duravel

Le Clos d'un jour – *Véronique Azémar - Le Port - 5,5 km à l'ouest de Puy-l'Évêque - ✆ 06 70 74 18 33 - www.leclosdunjour.fr - sur RV.* Trois cuvées produites par cette propriété de 7 ha, qui ont rapidement acquis leurs lettres de noblesse. À noter, l'intéressante Un jour sur terre, dont l'élevage en terre cuite permet une oxygénation lente et continue, sans apport d'arôme supplémentaire, contrairement à la barrique.

À Floressas

Château de Chambert – *Philippe Lejeune - Les Hauts Coteaux - à 8,5 km au sud de Puy-l'Évêque - ✆ 05 65 31 95 75 - www.chambert.com - juin-août : 10h-19h ; sept. : 10h-18h ; oct.-nov. : 9h-18h - fermé sam. (en hiver), dim. et j. fériés.* Un troupeau de vaches Highland se promène entre les vignes (automne-hiver) et les prairies du domaine (printemps-été) où l'on travaille le vignoble (65 ha) en biodynamie. Outre ses vins, la maison commercialise le rogomme, boisson apéritive à base de raisin malbec chauffé en marmite et d'eau-de-vie de raisin. Visite des chais ; caveau de dégustation.

Activités

Gabare Copeyre – *R. du Héron - ✆ 05 65 20 03 25 - www.gabare-copeyre.com - mai-oct. : tlj sf lun. 9h-18h - 11/17 € (2-12 ans 8/13 €), 1-2h.* De la promenade de Héron appareille une gabare électrique pour une croisière parmi le vignoble de la vallée du Lot. Possibilité de louer des embarcations électriques.

Hébergement

Budget moyen

Côté Lot – *10 pl. de la Truffière - ✆ 05 65 36 06 60 - www.cotelot.fr - ♿ - 11 ch. 99/150 € - ☕ 9 € - ✕ menu 29/39 €.* L'hôtel est bâti sur un éperon dominant le Lot. Les chambres, spacieuses, contemporaines et personnalisées, ont toutes vue sur la rivière. Cuisine inventive qui s'appuie sur le terroir et vue étendue sur la vallée au restaurant.

Pour se faire plaisir

Maison Recès – *Floressas (à 8,5 km au sud de Puy-l'Évêque) - ✆ 06 89 44 67 91 ou 06 47 79 92 79 - www.maisonreces.com - 🏊 - 4 ch. 147/167 € ☕.* Vue sur les collines et les vignes, nez sur les pierres de cette bâtisse quercynoise restée dans son jus, on passe un délicieux et confortable moment entre la piscine et les chambres toutes fraîches. Sauna, vélos à louer.

Château de Bonaguil

★★

Aux confins du Périgord noir et du Quercy, cette stupéfiante forteresse se dresse, sur une éminence rocheuse, dans un environnement intact. Difficile de ne pas succomber à la puissance des lieux, admirablement préservés. La visite vous conduit des souterrains les plus sombres aux sommets des murailles de pierre d'où la vue se perd dans un océan de verdure. Ces changements de cadre et de points de vue confèrent à la visite un aspect cinématographique et ludique, tout en vous plongeant dans l'histoire du 15e au 18e s., de Bérenger le bâtisseur à Marguerite, tombée en amour des lieux. Comme on la comprend.

Se repérer

CARTE A1 (P. 112-113) - PLAN (P. 138).
Lot-et-Garonne (47).
À 8 km de Fumel.

Organiser son temps

Comptez 1h pour la visite du château, le double en visite guidée.

En famille

Le site enchantera les enfants qui, en été, apprécieront les animations médiévales et les découvertes nocturnes théâtralisées *(sur réserv.)*.

Découvrir

PLAN P. 138

05 53 41 90 71 - www.chateau-bonaguil.com - juil.-août : 10h-19h ; avr.-juin et sept. : 10h-18h ; mars et oct. : 14h-17h30 ; reste de l'année : vac. scol. 14h-17h - 9,50 € (6-12 ans 5 €).

Parkings en haut, à hauteur du château, et dans le village *(gratuit)*.

Garez-vous plutôt en bas du village et empruntez la montée entièrement pavée qui mène à la forteresse. Récemment restaurée et joliment éclairée la nuit, elle serpente au cœur du petit bourg qui s'échelonne paisiblement tout autour : vous ne trouverez nul magasin à gadgets touristiques, juste un salon de thé, La Table de Marlyse, une librairie et une brocante, Les Jurandes, qui n'est pas toujours ouverte. Au terme de cette charmante promenade s'impose la forteresse derrière de profonds fossés.

Bonaguil présente la particularité d'offrir, sous l'aspect du château fort traditionnel, une parfaite adaptation aux techniques nouvelles des armes à feu : canonnières et mousqueteries. Jamais attaqué, c'est l'un des plus parfaits spécimens de l'architecture militaire de la fin du 15e s. et du 16e s., remarquable dans l'intelligence de conception, incomparablement efficace dans la manière de piéger les assaillants. Ce fut aussi le chef-d'œuvre de milliers de compagnons. La visite est intelligemment conduite par des panneaux simples et efficaces.

On pénètre dans le château par la **barbacane**, énorme bastion qui disposait de sa propre garnison, ses magasins et son arsenal. La barbacane faisait partie de la première ligne de défense, longue de 350 m, dont les bastions permettaient le tir rasant grâce à des canonnières.

Par un pont-levis restauré, on passe dans la **basse-cour**, d'où l'on peut visiter le fournil et la **casemate** (*casa mata*, la maison qui tue) à la voûte spectaculaire.

Le château de Bonaguil.
ICP/age fotostock

On passe alors sous le château par la grotte, long tunnel qui conduit au pied de la **Grosse Tour**, l'une des plus importantes de plan circulaire jamais construites en France. Haute de 35 m, couronnée de corbeaux, elle servait à ses étages

Pour la beauté du geste

« Par Monseigneur Jésus et touts les Saincts de son glorieux paradis j'eslèveroi un castel que ni mes vilains subjects ne pourront prendre, ni les Anglais s'ils ont l'audace d'y revenir, voire les plus puissants soldats du Roy de France », proclame, en 1477, **Bérenger de Roquefeuil**. Fils de l'une des plus anciennes familles du Languedoc, l'orgueilleux baron ne lésine ni sur les exactions ni sur les violences. Mais devant les protestations de ses sujets, il fait transformer le château de Bonaguil, du 13e s., en une forteresse inexpugnable mais aussi en une demeure confortable (latrines, égouts, lessivière). Il fallut quarante ans à Roquefeuil pour édifier ce nid d'aigle, plutôt inattendu à une époque où la mode tend à la demeure de plaisance, et ce d'autant que la position géographique est nullement stratégique. Son entreprise, démesurée et anachronique, est comparable, toutes proportions gardées, à celle de Louis II en Bavière.

En 1761, **Marguerite de Fumel** (1716-1788) achète Bonaguil. Elle adapte sa résidence au goût du 18e s. en y aménageant terrasse, ponts fixes et un logis à la mode du temps. L'ardeur révolutionnaire à supprimer les symboles de l'Ancien Régime conduit à abattre les constructions jusqu'au corps de logis et à décapiter les tours. On enlève les huisseries et les bois, le château est livré au pillage puis laissé à l'abandon. Viollet-le-Duc s'y intéresse avant d'opter pour Pierrefonds, dans l'Oise.

En 1860, la **commune de Fumel** acquiert la forteresse moribonde et la fait classer au titre des Monuments historiques. Bonaguil, sauvée, impressionnera le futur Lawrence d'Arabie dans son périple de jeunesse en France consacré à l'étude des vestiges médiévaux. Dans une lettre à sa mère, envoyée en août 1908, il écrit : « C'est si parfait qu'il est presque ridicule d'appeler cela une ruine. »

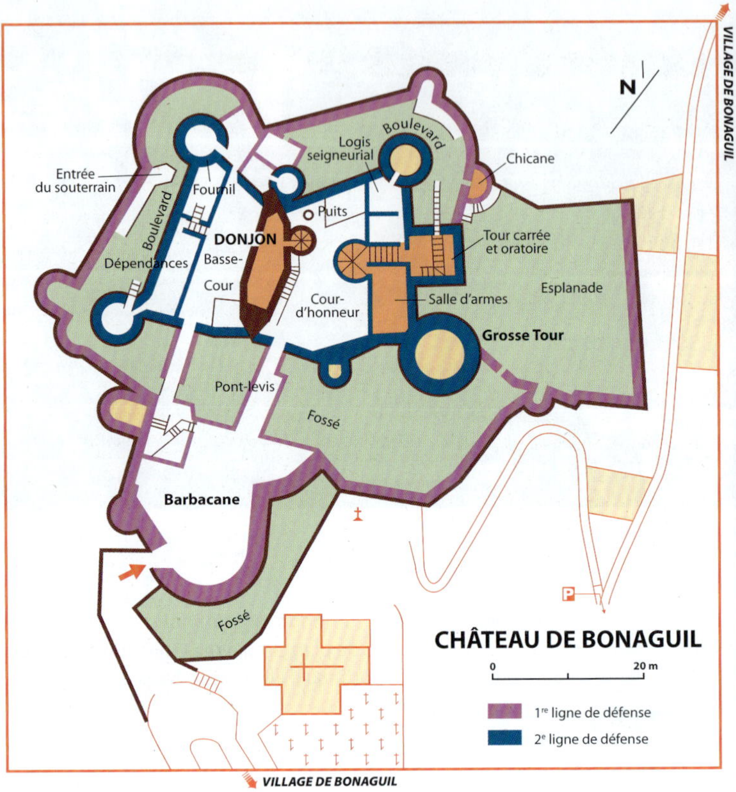

supérieurs de logis d'habitation, tandis que ses étages inférieurs étaient équipés de mousqueterie, couleuvrines, arquebuses, etc.

Un passage par la **terrasse** aménagée en jardin par Marguerite, on franchit sans encombres la **chicane** (piège à assaillant!) pour atteindre la **Tour carrée**, les **appartements de Marguerite** et le **logis seigneurial**. Entre le charme des ruines où l'on entend le battement d'ailes d'une tourterelle et les reconstitutions sans tapage, le souvenir des occupants n'est pas loin.

Un tour par la **cuisine** et le **puits**, et on atteint l'ultime bastion de la défense : le **donjon** à pans coupés formait le poste de guet et de commandement. Il a la forme d'un vaisseau, difficile à ébrécher par des projectiles, dont la proue est tournée vers le nord, secteur le plus vulnérable. À l'intérieur, une salle abrite des armes et des objets provenant de fouilles effectuées dans les fossés. Superbe **panorama** depuis la terrasse.

Depuis la petite route boisée qui conduit à St-Martin-le-Redon, dans un virage à gauche, superbe **vue★** sur le site du château (petit parking pour se garer dans le virage).

Décor de théâtre

Chaque été la première semaine d'août, le château devient le cadre d'un festival de théâtre renommé. Vérifiez la programmation ! *www.festivaldebonaguil-fumel.fr.*

Quercy blanc ★

Situé entre les vallées du Lot et du Tarn, le Quercy blanc doit son nom à la tribu gauloise des Cadourques, et sa couleur à celle de son sol crayeux, formé de calcaires lacustres. D'innombrables ruisseaux entaillent les bas plateaux, les maisons sont bâties en moellons de calcaire, les toitures presque plates sont couvertes de tuiles rose pâle : le Quercy blanc s'imagine aux bords de la Garonne. Au gré de la polyculture, moulins, églises romanes et maisons fortes s'élèvent, ponctuant ces terres fertiles de lignes verticales.

Se repérer

CARTE AB2 (P. 112-113).

Lot (46) et Tarn-et-Garonne (82). Le Quercy blanc englobe le sud du département du Lot et le nord du Tarn-et-Garonne. Castelnau-Montratier se situe à 30 km au sud-ouest de Cahors

À ne pas manquer

Les places à couverts de Castelnau-Montratier et de Lauzerte ; les innombrables églises et chapelles romanes.

Organiser son temps

Comptez une journée pour chacun des deux circuits.

Nos adresses p. 141

Églises et moulins du Quercy blanc

CARTE P. 112-113

Circuit de 60 km tracé en rouge sur la carte.

Au 19e s., le Quercy totalisait quelque 170 moulins à vent. Aujourd'hui, on n'en compte plus qu'une petite poignée.

Castelnau-Montratier B2

1 r. Blanié - 05 65 53 20 65 - www.cahorsvalleedulot.com.

À Castelnau-de-Vaux, établi en contrebas de la colline et totalement détruit par les troupes de Simon de Montfort en 1214, succède vers 1250 Castelnau-Montratier, **bastide** édifiée au sommet du promontoire par Ratier, seigneur de Castelnau, qui lui donne son nom. Elle connaît alors une période de prospérité : ses foires réputées attirent marchands de laine et d'étoffes. De nombreux visiteurs campent sous les couverts (arcades) de sa place triangulaire. Mais les conflits successifs ternissent définitivement cet éclat.

Ombragée de tilleuls et de marronniers, l'ancienne **place du Mercadial**, aujourd'hui place Gambetta, conserve encore couverts et vieilles maisons (remarquez la maison Périé, au bout de la rue Clemenceau). Dressée à l'extrémité du promontoire, l'**église St-Martin** a des airs de Sacré-Cœur.

Au nord s'élèvent trois **moulins** à vent, dont l'un est mentionné dans des écrits de 1400 (les autres sont postérieurs).

Quittez Castelnau par le sud (D 659) puis, après 3 km, tournez à gauche.

Église de Russac B2

Demandez la clé à l'office de tourisme.

3

Montcuq.
J.-M. Barrère/hemis.fr

Elle a conservé une abside romane en cul-de-four décorée de modillons sculptés, mais l'ancien portail sur le côté nord a été muré. L'abside recèle une **fresque** du 16e s. qui s'articule autour d'un panneau central représentant saint Georges terrassant le dragon.
Revenez sur la D 659 en direction de Castelnau, après 1 km tournez à droite sur la D 26. Après 6 km, tournez à gauche sur la D 214.

Flaugnac B2

L'ancien bourg fortifié occupe un charmant **site** qui surplombe la vallée de la Lupte. Au 13e s., un château s'élevait à l'extrémité du promontoire et sur les pentes de l'éminence s'étiraient les faubourgs, autrement appelés *barris*. Les guerres successives ont ruiné Flaugnac, et seules deux maisons anciennes demeurent (dont l'une remaniée).
Quittez Flaugnac par la crête. Après 2 km, empruntez à gauche la D 19, 6 km plus loin prenez à droite la D 64 en direction de Ste-Alauzie.

Moulin de Boisse B2

www.cahorsvalleedulot.com - ☏ 05 65 53 20 65.
Ce moulin à vent construit en 1699, en très bon état de conservation, est une référence en Quercy. Il fait l'objet d'une démonstration trois fois dans l'année.
Poursuivez sur la D 55.

Montcuq B2

3 r. du Fg-St-Privat - ☏ 05 65 22 94 04 - www.cahorsvalleedulot.com.
Le Festival de la Rue des enfants et ses spectacles de rue (cirque, théâtre…) animent le joli village de Montcuq *(www.laruedesenfants.org - un w.-end déb. sept.)*.
Montcuq (prononcez le « q » final!) provient de la racine prélatine *kuk* qui a donné en latin *mons acutus* : mont arrondi. Chef-lieu d'une **châtellenie** à laquelle Raymond VI, comte de Toulouse, octroie une charte de coutumes au 12e s., la ville fait l'objet de luttes sanglantes lors de la croisade des Albigeois, puis pendant la guerre de Cent Ans et encore durant des guerres de Religion.
De ses puissantes fortifications, il ne reste que le haut **donjon** (24 m de hauteur) du 12e s. campé au sommet d'une butte dominant le cours de la petite Barguelonne. À l'intérieur, un escalier en vis dessert quatre salles abritant des petites expositions *(juil.-août : 10h30-18h30)*.

Des fientes en or

Dans cette région agricole, il n'y a pas une ferme sans son **pigeonnier**, la colombine (fientes de pigeon) constituant un engrais très fertile. La construction d'un colombier relevait autrefois d'un droit seigneurial ; devenus un signe extérieur de richesse, au 19e s., les colombiers se multiplient, mais de nos jours, la plupart sont délaissés.

Entre la place des Consuls (près de la mairie) et celle de la Halle-aux-Grains, l'ancien quartier recèle encore de vieilles bâtisses à pans de bois et aux nombreuses ouvertures en arc brisé.
Quittez Montcuq par le nord-ouest sur la D 4, puis la D 55.

Château de Lastours A1

Ne se visite pas. Les deux tours de son enceinte dominent la vallée de la Séoune. Le logis a été reconstruit au 16e s.
Revenez sur vos pas. Après 1 km, tournez à droite sur la D 228.

Ste-Croix A2

Le bourg a conservé nombre de ses vieilles maisons, regroupées autour de son imposante **église**. Celle-ci avait un joli portail roman, aujourd'hui muré, qui s'ouvrait sur le cimetière.
Poursuivez sur la D 228, puis tournez à gauche sur la D 953 pour rejoindre Montcuq. Quittez Montcuq par le sud (D 28). Après 2 km, tournez à droite sur la D 45.

Église de Rouillac B2

Du 12e s., elle fut remaniée au 15e s. et complétée par des chapelles et un clocher au 19e s. L'abside à chevet plat renferme des vestiges de **fresques** romanes illustrant la Passion.
Poursuivez sur la D 45, puis tournez à gauche vers St-Laurent-de-Lolmie. Après 2 km, tournez à gauche sur la D 28 puis encore à gauche sur la D 57, poursuivez sur la D 104 et, enfin, tournez à droite sur la D 74 pour rejoindre Castelnau-Montratier.

Moulin de Brousse B2

✆ 05 65 21 84 39 ou 05 65 21 95 81.
Moulin à eau du 13e s. en activité toute l'année où l'on peut se procurer pain et farine.
Tournez à droite pour rejoindre Castelnau-Montratier.

3

Nos adresses

Restauration

Lauzerte, p. 425.

Premier prix

La Porte dans les bois – *Lieu-dit la Boissiere - Ste-Juliette (à 9 km au sud de Montcuq) - ✆ 06 85 36 47 33 - soir seult et sur réserv. - fermé dim.-lun. - plats env. 15 €.* Au beau milieu des bois et des vestiges d'une ferme fortifiée mise en lumière par un éclairage mystérieux, on déguste tapas et assiettes gourmandes.

Delia – *2 r. de la Promenade - Montcuq - ✆ 06 38 02 22 58 - midi et soir - plats env. 10 €.* Cette épicerie fine italienne fait aussi trattoria. Un restaurant de poche où savourer une cuisine transalpine familiale, mijotée comme jadis. Réservez !

Shopping

Marchés – À **Castelnau-Montratier** : le dim. matin. À **Montcuq** : le dim. matin.

Activités

Visites

Truffes noires de Montcuq – *Lebreil - Montcuq - ✆ 06 08 76 21 10 - tlj sf dim. 9h-12h, 13h-18h - 10 € (enf. 5 €).* Visite de truffières et démonstration passionnante de cavage (action de creuser le sol pour chercher des truffes avec un chien).

Promenade à cheval

Les Crins du col – *Combelcau - St-Paul-Flaugnac - ✆ 06 17 98 42 82 - promenade poney enf. 17 €/h, promenade âne bâté 36 € la 1/2 j.* Cours d'équitation à poney ou à cheval, mais aussi balades et randonnées de 1h à plusieurs jours, et balades avec un âne bâté.

Golf

Golf des Roucous – *Sauveterre - ✆ 05 63 95 83 70.* Golf de 9 trous.

Hébergement

Premier prix

Chambre d'hôte La Grange de Marcillac – *Marcillac - St-Cyprien - Lendou-en-Quercy - 7 km au sud-est de Montcuq - ✆ 05 65 22 90 73 - www.lagrangedemarcillac.com - fermé de fin oct. à fin mars - P - 3 ch. 66/76 € , 49 €/pers. en 1/2 P possible.* Idéale pour qui souhaite séjourner au calme, cette ancienne ferme isolée a été transformée en maison d'hôte. Recherchées par les randonneurs, les chambres au confort inégal associent néanmoins bonne tenue et prix légers. Séjours culinaires, vente de produits locaux.

Budget moyen

Maison St-Privat – *12 r. du Fg-St-Privat - Montcuq - ✆ 06 52 39 99 38 - www.maison-saint-privat-montcuq.fr - - 4 ch. 90/120 € .* Au cœur du village, cette maison ancienne a été rénovée avec goût. Les chambres sont spacieuses (une familiale et une avec terrasse). Madame est tapissière et décoratrice et son atelier-boutique occupe le rez-de-chaussée. Petits-déjeuners délicieux à prendre en terrasse dans le joli jardin. Accueil chaleureux.

Pour se faire plaisir

Les Cabanes de Brassac – *245 chemin de Cauge - Brassac - ✆ 05 63 05 13 91 - www.lescabanesdebrassac.fr - P - 165/206 € .* Envie de vous ressourcer? Optez pour un séjour glamping et écologique dans des cabanes qui embrassent les chênes. Calme et immersion dans la nature garantis. Spa.

Maison Forte – *La Combe du Moulin - Montcuq - ✆ 05 81 70 46 97 - www.maisonfortequercy.com - avr.-oct. - 1 ch. et 1 appart. 140/190 € .* Dans une grange restaurée un peu à l'écart du village, sur un point de vue dominant, un hébergement soigné au milieu des vieilles pierres. Le coucher de soleil sur les collines du Quercy blanc est d'une douceur exquise.

Une folie

Four Maison d'hôte – *4 r. Montmartre - Montcuq - ✆ 06 58 34 97 57 - www.4ruemontmartre.com - - 4 ch. 145/195 € - table d'hôte sur réserv. 49 € bc.* Les amoureux de vieilles pierres, à la vue de cette maison du 15ᵉ s., n'hésiteront pas longtemps! Cette demeure de caractère allie authenticité et style contemporain. Les chambres, calmes et confortables, ont un charme fou. Jolie vue sur le village médiéval.

Saint-Cirq-Lapopie

★★★

C'est l'un des sites majeurs de la vallée du Lot : perché sur un escarpement rocheux, St-Cirq (prononcez St-Cyr) occupe une position remarquable, surplombant de 80 m la rive gauche du Lot, face à un cirque de hautes falaises blanches. Ses maisons médiévales, sa tranquillité et l'exceptionnelle beauté du site lui ont valu la faveur de quelques artistes au 20e s. Un esprit créatif et enjoué que le petit village a su conserver en dépit des labels touristiques qui attirent les visiteurs en grand nombre.

Perché sur un escarpement rocheux, Saint-Cirq-Lapopie domine la rive gauche du Lot.
semmickphoto/Fotosearch LBRF/age fotostock

Se repérer

CARTE C1 (P. 112-113).
200 St-Cirquois – Lot (46).
36 km à l'est de Cahors. On y accède par deux ponts, l'un très étroit à Bouziès, l'autre à Tour-de-Faure. On peut aussi arriver à pied à St-Cirq par le chemin de halage (départ de Bouziès - *p. 152*).

Organiser son temps

Comptez une demi-journée. En été privilégiez la matinée ou la fin d'après-midi pour visiter le village. Hors saison, on peut être seul dans le bourg !

En famille

En été, la plage ou une sortie en canoë.

Carnet pratique p. 147

Nos adresses p. 147

Se promener

En arrivant des parkings du haut, on tombe assez vite place du Sombral, d'où part la Grand-Rue, en descente vers l'église et le bas du village.

Accroché à la falaise, le village égrène ses vieilles maisons qui s'animent, le soir venu, sous la lumière dorée. Il faut flâner au hasard des ruelles en pente, bordées de maisons à colombages aux toits de tuiles brunes. Les façades en encorbellement abritent des galeries d'art et des boutiques-ateliers mettant en valeur le travail d'artistes (peintres, graveurs, céramistes). Plusieurs maisons ont été restaurées par des peintres et des artisans séduits par St-Cirq et la vallée du Lot. Parmi les plus célèbres, citons le photographe Man Ray, le poète surréaliste André Breton, les peintres Henri Martin, Foujita et Pierre Daura.

Place du Sombral – Admirez les maisons à arcades et pans de bois (13e-14e s.) qui s'ouvrent sur la place où se tient le marché depuis le 13e s.

Grand Rue – Appelée aussi rue Droite, elle était la rue marchande du village. Sur sa gauche une succession de maisons à arcades et portes en arcs brisés (13e-14e s.), construites sur le même modèle avec des boutiques.

Maison de la Fourdonne – Donnant sur la Grand-Rue, à droite, elle abrite la mairie, la poste et un théâtre de plein air. Plus loin, les maisons des 16e-17e s. se distinguent par leur double encorbellement.

La Grand-Rue marque un long virage vers la droite. Elle est bordée à cet endroit sur la gauche par une maison forte du 16e s., dite « château de St-Cirq », qui dépendait du fort seigneurial *(ne se visite pas). Continuez à descendre.*

Maison Daura – *Sur la droite - visites juil.-août : mar.-dim. 10h-13h, 15h-18h.* Pierre Daura habita cette maison (13e-14e s.) dont les fenêtres à colonnette et remplage trilobé ouvrent à l'angle de la Grand-Rue et de la ruelle de la Fourdonne. Le peintre d'origine catalane avait son atelier ici et sculpta les poutres sous le pan de bois à croix de St-André. La maison accueille des résidences d'artistes et des expositions d'art contemporain.

La Grand-Rue se prolonge par la **rue de la Pélissaria** où se succèdent des constructions à pans de bois et bancs d'échoppes (15e, 16e et 17e s.). La **porte de la Pélissaria**, appelée aussi porte de Rocamadour, est la mieux conservée du village.

La Popie

À droite de l'office de tourisme, un sentier conduit aux vestiges du château et au point le plus élevé de la falaise. De ce rocher, où se dressait autrefois le donjon de la forteresse de La Popie (de l'occitan *popa*, promontoire en forme de mamelle), on embrasse une **vue★★** remarquable sur le village de St-Cirq et son église accrochée au flanc de la falaise. Derrière le bourg, un méandre du Lot souligné d'une rangée

Le dernier tourneur sur bois

Une puissante corporation de **tourneurs sur bois** s'établit ici au Moyen Âge. Encore nombreux au 19e s., ils animaient du roulis de leurs tours les ruelles du bourg. Les « roubinetaïres », comme on les appelait alors, fabriquaient des robinets de barriques ; les boisseleurs, des grains de rosaire, des chandeliers ou des barreaux de chaise. Les noms de rues (peaussiers de la rue Pélissaria, chaudronniers de la rue Peyrolerie – le peyrol étant un chaudron) et les façades des échoppes conservent, derrière leurs ouvertures en ogive ou à meneaux, le souvenir de ces métiers. Il ne reste plus qu'un tourneur sur bois à St-Cirq.

Places fortes

Il est vraisemblable que l'occupation de cet escarpement commandant la vallée a tenté les hommes dès l'époque gallo-romaine. Le nom actuel de la localité rappelle le martyre du jeune **saint Cyr**, tué avec sa mère en Asie Mineure sous le règne de Dioclétien et dont les reliques auraient été rapportées par saint Amadour. Le village fut partagé au Moyen Âge entre plusieurs clans féodaux dominants, dont les familles de La Popie, de Gourdon et de Cardaillac, qui édifièrent châteaux et maisons fortes. Les La Popie donnèrent leur nom au château établi au plus haut de la falaise et par extension au bourg. L'histoire de la forteresse est une longue suite de sièges et de batailles. Elle fut abattue en 1580, sur ordre d'Henri IV.

de peupliers enserre un damier de cultures et de prairies. Au-delà s'étendent les reliefs boisés de la bordure du causse de Gramat.

Église fortifiée

Bâti sur une terrasse rocheuse dominant le Lot, cet édifice du début du 16e s. a englobé la chapelle romane primitive. Précédé d'un clocher-tour trapu, flanqué d'une tourelle ronde, le vaisseau voûté d'ogives abrite des statues de l'époque baroque. Au pied du clocher demeure une mesure utilisée pour la vente des grains. De la terrasse à droite de l'église, belle vue sur la vallée.

Descendez par la Grand-Rue vers la place du Carol et bifurquez à gauche (écriteau).

Château de la Gardette - Maison Rignault

Il émane une ambiance pleine de charme de cette maison forte du 15e s., à deux corps de logis flanqués d'une belle échauguette. Elle fut restaurée par l'amateur d'art Joseph Rignault (1874-1962) qui en fit don au Conseil départemental du Lot. Implantée sur le rebord de la falaise (vue vertigineuse à travers les fenêtres), elle abrite quelques pièces médiévales léguées par le collectionneur, et des expositions temporaires. Du petit jardin, **vue★** sur la vallée.

Auberge des Mariniers - Maison Breton

Indiqué, en continuant après la maison Rignault vers la place du Carol.

« Saint-Cirq a disposé sur moi du seul enchantement : celui qui fixe à tout jamais. J'ai cessé de me désirer ailleurs. » Ce qui fut dit fut fait : André Breton habita ici à partir des années 1950. Flanquée de sa tour du 12e s., cette maison forte aux fenêtres gothiques est la plus ancienne de St-Cirq. Actuellement lieu d'exposition temporaire, elle est destinée à former un complexe culturel avec la maison Rignault.

3

À proximité

CARTE P. 112-113

Belvédère du Bancourel C1

▶ *Pour atteindre ce promontoire rocheux dominant le Lot, suivez pendant 300 m la D 40 en direction de Bouziès. À l'embranchement de la D 8 à gauche, au départ de la route touristique tracée en corniche dans la falaise, a été aménagée une esplanade (parc de stationnement).*

Du Bancourel, très beau **panorama★** sur la vallée du Lot et St-Cirq.

★ Château de Cénevières C1

▶ *7 km à l'est de St-Cirq-Lapopie par la D 8. ✆ 05 65 31 27 33 ou 06 07 01 76 69 - www.chateau-cenevieres.com - mar.-vend. 10h-12h, 14h-18h, dim.-lun. 14h-18h - fermé sam. 8 € (7-15 ans 4 €) ; visite nocturne juil.-sept. : 20h30, sur réserv., 13 €.*

On vous emmène canoter sur le Lot

Changez de perspective. Troquez la plongée majestueuse pour une contre-plongée silencieuse, du bas de la vallée. Pour cela, la joyeuse équipe de Kalapca *(« Nos adresses », p. 148)* vous attend à Conduché. Ni une ni deux, vous voilà équipé, remontant le Lot en camion par les petites routes creusées dans la roche, jusqu'à Larnagol. La descente en canoë ou en kayak *(17 km, 4-5h)* est spectaculaire tant pour le calme qui règne sur la rivière – encore faut-il parvenir à se coordonner avec son compagnon de rames – que pour la beauté du lieu. Le Lot est protégé par ses grandes parois rocheuses qui tombent à pic et ses rives demeurent sauvages. Vous vous sentez bien peu de choses dans votre petite embarcation ! Très vite, on aperçoit Cénevières, puis St-Cirq-Lapopie avec son clocher qui se détache sur le ciel, un des plus beaux panoramas sur le village majestueux, perché sur son rocher. Difficile de résister à l'envie de se laisser dériver, les orteils dans l'eau fraîche, au soleil, juste à contempler cet endroit magique. Vers la fin de la promenade, dans l'ensemble très tranquille et adaptée aux familles et aux novices, une rampe est aménagée à côté d'une petite chute pour les marins d'eau douce. Très vite après, attention à ne pas manquer l'embouchure du Célé qu'il vous faudra remonter un peu pour rentrer à la base. Le Célé est plus étroit que le Lot, plus vif aussi. Les descentes y sont possibles et s'il n'offre pas de vue spectaculaire sur St-Cirq, il procure une entrée plus intime dans la région et un joli passage par Cabrerets et ses maisons troglodytiques. Si vous pouvez, emportez un pique-nique à grignoter sur les petites plages qui ponctuent la rivière.

Surplombant la rivière, le château de Cénevières mêle douze siècles d'architecture. L'édifice de grande taille, composite, est riche de quelques éléments inattendus. Ce sont les ducs d'Aquitaine qui, dès le 8e s., ont construit un fortin à cet emplacement. Au 13e s., les seigneurs de Gourdon font élever le donjon. À la Renaissance, le château est remanié. Antoine de Gourdon embrasse la religion protestante et participe à la prise de Cahors avec Henri de Navarre, en 1580. Il se livre à quelques pillages dans la cathédrale, charge l'**autel du St-Suaire** et le maître-autel sur des barques à destination de Cénevières. Celle du maître-autel chavire à mi-parcours. Avant sa mort, Antoine de Gourdon fait construire le temple protestant qui se trouve dans la cour d'entrée.
On distingue aujourd'hui le donjon du 13e s. et les deux corps de bâtiments du 15e s. reliés par la **galerie Renaissance** du 16e s. soutenue par des colonnes toscanes et surmontée de lucarnes. Les fossés sur lesquels était jeté un pont-levis ont été comblés.
Le rez-de-chaussée comprend plusieurs salles voûtées : la « salette », la cuisine et la salle du donjon où une trappe permet d'apercevoir les trois étages souterrains du cellier. À côté, la **chapelle**, toujours consacrée, conserve l'autel du St-Suaire. Au premier étage du donjon, le **Grand Salon** présente un plafond peint de style Renaissance ; sur le haut des murs, les peintures représentent des vues d'Istanbul. Il abrite également des tapisseries des Flandres des 15e et 16e s. et le reliquaire de la Sainte Coiffe rapporté de la prise de Cahors. Enfin, la petite salle d'alchimie surprend par ses fresques naïves du 16e s. aux sujets puisés dans la mythologie grecque. Le four de l'alchimiste s'orne d'une représentation de la pierre philosophale.

Carnet pratique

S'informer

Office de tourisme – *Pl. du Sombral - St-Cirq-Lapopie - ✆ 05 65 31 31 31 - www.cahorsvalleedulot.com.*

Visites guidées – Visites guidées (1h30) thématiques et familiales.

Arriver/partir

Se garer – Le stationnement en bord de route est interdit. Se rendre dans l'un des parkings payants *(6 €/j - gratuit de 19h à 9h)*, au sommet et en contrebas du bourg. Le plus proche du centre est le P4.

Nos adresses

Restauration

Premier prix

Le Cantou – *R. de la Pelissaria - ✆ 05 65 35 59 03 - tlj midi et soir - plat 16/22 € - menu 21,50 €.* Sur une petite terrasse entre les toits du vieux bourg, sans vue mais avec charme, les plats arrivent vite et dans la bonne humeur, à des prix contenus. Cuisine simple et toujours impeccable.

Le Gourmet quercynois – *R. de la Peyrolerie - ✆ 05 65 31 21 20 - www.restaurant-legourmet quercynois.com - 12h-14h, 19h-20h30 (vend.-sam. 21h) - fermé déc.-janv. - formule déj. 16 € - menu 28,50 €.* Le restaurant, plaisant, travaille en collaboration avec le petit musée viticole aménagé dans la même maison de village. Salle à manger à la fois moderne et rustique ouverte sur une terrasse dressée sous une tonnelle. Belle carte des vins et cuisine locale.

À Concots

Pour se faire plaisir

Esprit du Causse - *11 km au sud de St-Cirq-Lapopie - ✆ 05 65 22 37 66 - www.lesprit-du-causse.com - fermé merc., sam. midi, dim. soir, lun. soir et mar. soir - menu déj. 14,50 € - menu 31 € - 2 ch. à partir de 90 €.* Une équipe jeune et sympathique anime cette auberge relais de poste qui a conservé son charme vernaculaire. À midi une cuisine simple et inventive, qui tourne le soir à la bistronomie. En été, tables sur la place du village.

À Bach

Budget moyen

Lou Bourdié – *Le Bourg (à 1 km des phosphatières) - ✆ 05 65 31 77 46 - 12h-14h30 - fermé merc. et sam. - 15/55 €.* Accueil joyeux et cuisine authentique et généreuse, réalisée « à la fortune du pot » : civet, poule farcie, confit… On retrouve les saveurs d'antan. Une adresse comme on n'en fait plus !

Petite pause

Le St-Cirq gourmand – *Grande Route (D 8) - St-Cirq-Lapopie - ✆ 05 65 35 30 30 - www.lou-pastis.fr - ♿ - 10h-17h - fermé déc.-mars.* Ce salon de thé n'est pas loin de la route mais, en dehors de quelques journées d'été, la circulation n'est pas gênante. Les terrasses, dont l'une est bien à l'abri sous les arbres à côté de la maison, procurent une des plus jolies vues sur le village. L'accueil est adorable, les tartes, sandwichs et desserts sont faits maison, les produits sont locaux. Vous pourrez même goûter au fameux pastis du Quercy.

Shopping

L'Antre des Flaveurs – *R. du Sombral - ✆ 05 65 22 18 37 - en été : tlj sf lun. 11h30-20h* *(mar., merc. et dim. 18h) ; reste de l'année : se rens.* Un concept boutique et espace bistronomique qui réunit quelques producteurs de la région : foies gras, cassoulet royal au confit de canard, vins de Cahors, sablés artisanaux... Planches de dégustation *(5/45 €)*.

Saveurs et Safran – *Derrière l'office de tourisme - 06 15 39 02 40 - www.saveursetsafranduquercy.com - 11h-18h.* Un petit musée consacré au safran, cultivé depuis le Moyen Âge, une boutique d'excellents produits du terroir tenue par les paysans fermiers et bio de la région et des sandwichs frais maison.

Activités

Musique et étoiles

Mas de Cantagrel. *p. 81.*

À pied

Randonnées – St-Cirq est traversé par le GR 36, lequel emprunte la vallée du Lot et croise le GR 65 entre Bach et Varaire - www.tourisme-lot.com.

Chemin de halage *(p. 153).*

Baignade dans le Lot

La Plage – *Camping de la Plage - 05 65 31 24 14.* Au pied de St-Cirq, à côté du camping, une grande plage de sable fin en pleine nature est accompagnée par les services d'usage : baignade surveillée *(en été)*, snack, restaurant, glaces, location de canoés et pédalos *(au camping)*.

En bateau

Les croisières de St-Cirq-Lapopie – *Port fluvial de Bouziès - 4,5 km au nord-ouest de St-Cirq-Lapopie - 05 65 31 72 25 - www.croisieres-saint-cirq-lapopie.com.* Formules pour naviguer sur le Lot, dont une croisière pirate pour les enfants.

Kalapca – *Bouziès - 05 65 24 21 01 - www.kalapca.com - avr.-oct. : 9h-18h ; reste de l'année : sur réserv - initiation 25 €/pers. - descente kayak 14/29 €.* Au confluent du Lot et du Célé, cette base est animée par une équipe formidable et professionnelle. Elle propose des descentes du Lot ou du Célé en canoë, mais aussi escalade, via ferrata, spéléologie, canyoning, tyrolienne...

Hébergement

Budget moyen

Auberge du Sombral – *Pl. du Sombral - 05 65 31 26 08 - www.aubergelesombral.wordpress.com - fermé nov.-avr. - 8 ch. 80/85 € - 10 € - midi seult, formule déj. 18/19 €, menu 21/32 €.* Quelques jolies chambres au pied du château des Lapopie. À table, on savoure une sympathique cuisine du terroir où les produits locaux ont la part belle.

Pour se faire plaisir

Maison Lapopie – *Chemin neuf - 06 65 30 68 83 ou 06 41 24 27 60 - www.maison-lapopie.com - 4 ch. 120 € - 1 gîte (2/4 pers.) 130 € - petit déj. sur demande.* Les fenêtres des chambres donnent sur le fouillis des toits de St-Cirq. Déco chic et pleine de bonnes idées dans le cadre d'une maison ancienne.

Mas de Laval – *Lieu-dit Laval (à 3 km à l'est de St-Cirq-Lapopie) - 06 60 45 06 92 - lemasdelaval.com - - 3 ch. 135 € .* Un bouquet de bâtiments traditionnels en pierre, restaurés selon les règles de l'art, abrite dans une maison à part 3 chambres douces et apaisantes. Les matières authentiques répondent à la beauté du site, entre causse et Lot, entre pierre et eau. Superbes balades en perspective, dont l'une vous conduira à St-Cirq.

À Tour-de-Faure

Premier prix

La Combe de Redoles – *Combe de Redoles - 2,5 km à l'est de*

St-Cirq-Lapopie - ✆ 07 84 56 25 63 - www.lacombederedoles.com - P - 5 ch. 75/85 € ☕ - 2 gîtes (2/6 pers.) 110/135 € - repas sur demande. Cette maison ancienne avec jardin, décorée façon brocante, offre une belle vue sur St-Cirq-Lapopie (un sentier y mène en 30mn). Chambres et gîtes très confortables avec terrasse.

À Cabrerets

Une folie

Chambre d'hôte & gîte Atypique – *Le Bout du Lieu - ✆ 05 65 21 48 97 - www.chambresdhoteatypique.com - P - 4 ch., 2 tipis, 1 bulle et 1 cabane 160/210 € ☕.* Une adresse hors norme : dominées par une maison d'architecte bâtie à flanc de colline, des chambres déroutantes épousant leur environnement (certaines sont creusées dans la roche !). Beaucoup de matières naturelles, des détails décoratifs, des lits ronds suspendus, une salle de bains entièrement vitrée, une chambre dans une bulle transparente... Vraiment étonnant !

À Tour-de-Faure

Pour se faire plaisir

Hôtel Spa Le St-Cirq – *2,5 km à l'est de St-Cirq-Lapopie - ✆ 05 65 30 30 30 - www.hotel-lesaintcirq.com - ♿ P - 25 ch. 120/200 € - ☕ 13 €.* Face au cirque de Lapopie, cet hôtel récent s'inspire d'un hameau quercynois : accueil dans un ancien séchoir à tabac, matériaux nobles et parc planté d'arbres fruitiers. Charme et quiétude donnent envie d'y rester...

Marcilhac-sur-Célé ★

Marcilhac est bâti autour de son abbaye, dont les ruines se réveillent sous l'action conjuguée d'initiatives locales et du dynamisme du curé, fédérateur de bonnes volontés. Les vestiges impressionnants, démultipliés par leur reflet dans le Célé, donnent une idée du prestige ancien de l'abbaye, étape importante sur les chemins de St-Jacques-de-Compostelle. Le joli village qui s'anime au son des festivals d'été offre un bon point de départ pour la découverte des causses, mais aussi des vallées du Lot et du Célé.

Se repérer

CARTE C1 (P. 112-113).

203 Marcilhacois – Lot (46).
35 km à l'ouest de Figeac et 52 km au sud de Rocamadour.

À ne pas manquer

Les sculptures romanes de la salle capitulaire et du tympan de la porte sud ; la vue depuis la D 17.

Organiser son temps

Comptez 1h pour l'abbaye, ou une demi-journée avec les activités nautiques en été et les nombreuses possibilités de randonnée.

En famille

La plage aménagée le long du Célé ; l'écomusée de Cuzals.

Nos adresses p. 154

Découvrir

Maison du Roy - ✆ 05 65 34 06 25 - www.tourisme-figeac.com.
Gagnez la promenade ombragée des platanes – une tour ronde indique l'emplacement du logis de l'abbé *(privé)* – et promenez-vous sur les quais. Au bord du Célé, à droite, une poterne perce les anciens remparts et donne accès au périmètre de l'abbaye.
Prenez à droite et longez le chevet de l'abbatiale jusqu'à la porte en bois de l'oratoire que vous traversez. La salle capitulaire se trouve à droite

★ Abbaye

✆ 07 69 46 07 79 - www.abbayedemarcilhac.com - ♿ - mi-juil.-fin août : 8h30-22h ; mi-juin-mi-juil. et sept. : 9h30-18h ; oct.-mi-juin : 10h-17h - gratuit.
Salle capitulaire – Elle date du 12e s. Ses baies sont décorées de chapiteaux romans d'une grande finesse, alternativement exécutés en calcaire gris-bleu et pierre de stalagmite rosée.
Revenez sur vos pas et continuez à longer l'abbatiale jusqu'à la porte nord.
L'église abbatiale se compose de deux parties bien distinctes.
Partie romane – Le porche, à l'ouest, et les trois premières travées de la nef sont à ciel ouvert et flanqués d'une haute tour carrée fortifiée au 14e s. Au sud, une porte en plein cintre est surmontée d'un **tympan** sculpté représentant le Jugement dernier : le Christ en majesté, entouré de deux emblèmes figurant le Soleil et la Lune, est placé au-dessus de deux anges trapus aux ailes déployées et de saint Pierre et saint Paul. Ces sculptures, d'un style archaïque, semblent remonter au 11e s. Remarquez dans la partie romane de l'abbatiale une haute tour carrée, vraisemblablement fortifiée au 14e s.
Franchissez cette porte et pénétrez à droite dans l'église.
Partie gothique – Fermée à l'ouest au-delà de la 4e travée, la partie de l'église relevée au 15e s. est de style gothique flamboyant. Reprenant des éléments de l'église primitive, le chœur, voûté en étoile, est entouré d'un déambulatoire. Une cathèdre Renaissance aux armes des Hébrard de St-Sulpice recèle une

Luttes d'influence

Au 11e s., l'abbaye de Marcilhac possède l'humble sanctuaire de Rocamadour, mais le laisse à l'abandon. Profitant de cette négligence, des moines de Tulle s'y installent. En 1166, la découverte du corps de **saint Amadour** *(p. 74)* en fait un riche et célèbre lieu de pèlerinage. Marcilhac se souvient alors de son droit et fait chasser les moines. Peu après, l'abbé de Tulle s'empare de nouveau de Rocamadour ; les procès succèdent aux procès. L'affaire est épineuse, l'évêque de Cahors, le légat, l'archevêque de Bourges, le pape lui-même, appelés à se prononcer, évitent de trancher ; enfin, après un siècle de chicanes, Marcilhac accepte une indemnité de 3 000 sols et abandonne Rocamadour. Jusqu'au 14e s., l'abbaye jouit d'une remarquable prospérité, mais, pendant la guerre de Cent Ans, les bandes anglaises et les « grandes compagnies » l'anéantissent. Après les troubles de la Réforme, Marcilhac passe aux mains des Hébrard de St-Sulpice, qui délaissent l'établissement. Faute d'entretien et de moyens, les religieux doivent renoncer à la vie conventuelle et loger chez... l'habitant.
Située au nord-ouest du village, la chapelle N.-D.-de-Pailhès, dite aussi du Bon-Rencontre, fait encore l'objet d'un pèlerinage le jeudi de l'Ascension.

Marcilhac-sur-Célé.
ChrisAt/Getty Images Plus

somptueuse **miséricorde** sculptée d'une tête d'ange. Une chapelle à gauche du chœur conserve des fresques du 16e s. : le Christ bénissant est entouré des douze apôtres ; sous chacun, on peut lire son nom et la dernière phrase du *Credo*. Le blason au centre de chaque triade est celui des Hébrard de St-Sulpice.
Sortez de l'abbatiale par la porte sud.

Maison du Roy

Abrite l'office de tourisme et un petit musée d'Art sacré.
Au cœur des ruelles classées, l'endroit où fut érigée cette maison à pans de bois en encorbellement (15e s.) aurait, selon la tradition, accueilli Pépin le Bref au retour d'un pèlerinage à Conques.

3

★★ À la confluence du Célé et du Lot

CARTE P. 112-113

Circuit de 60 km tracé en violet sur la carte. Quittez Marcilhac par le sud-ouest en empruntant la D 41, vers Cabrerets.

Sauliac-sur-Célé C1

Le vieux village s'accroche à une imposante falaise colorée. Dans la muraille, on aperçoit l'entrée des grottes fortifiées qui servaient, pendant les guerres, de refuge aux habitants de Sauliac. Les plus agiles grimpaient par des échelles, les invalides et les animaux étaient hissés à l'aide de cordes dans de vastes paniers. Le village s'est déplacé au fil des années pour occuper une partie du méandre du Célé.
Continuez sur la D 41 et prenez à droite vers l'écomusée de Cuzals (fléché).

★ Écomusée de Cuzals C1

Domaine de Cuzals - ✆ 05 65 31 36 43 - www.musees.lot.fr - juil.-août : 10h-18h ; mai-juin et sept. : tlj sf lun.-mar. 14h-18h - 5 € (12-25 ans 2,50 €).

Dans un amphithéâtre naturel de toute beauté, autour des hauts murs fantomatiques d'un château incendié en 1943, sont évoqués tous les aspects de la vie rurale en Quercy, de l'Ancien Régime à la Seconde Guerre mondiale. Le parc de 20 ha regroupe fermes, cazelles, chaumières, où se côtoient mobilier et objets d'époque (8000 pièces). Les présentations d'habitats, l'incroyable collection d'engins agricoles et les reconstitutions d'ateliers d'artisans, forgeron, tourneur sur bois, sabotier, boulangerie animent les lieux. L'été, tout ce matériel prend vie : la batteuse bat, le moulin moud, le pain cuit dans le four. Chaque dimanche, un thème différent est proposé, accompagné d'animations. Tout le monde apprend, tout le monde s'amuse.

Revenez et poursuivez (à droite) sur la D 41.

Musée de l'Insolite C1

3 km avant Cabrerets, en venant de Sauliac (11 km à l'ouest par la D 41) - Liauzu - ✆ 05 65 30 21 01 - www.museedelinsolite.com - juil.-août : 9h-20h ; avr.-juin et sept.-oct. : 9h-19h - 4 € (-13 ans 2 €).

Un endroit indéfinissable ; projet d'un créateur atypique qui recycle les vieux objets en leur donnant une seconde vie sur un mode complètement décalé. Cynique, provocateur mais définitivement drôle, Bertrand Chenu fait partager son univers à part qui mêle poésie et humour corrosif. Il faut autant prêter attention à tous les objets de ce cabinet de curiosités qu'aux légendes (souvent détonantes et déroutantes) qui les accompagnent. Un passage mène à l'intéressant atelier de lithographie de l'ami voisin. Un lieu à part à parcourir avec le sourire au coin des lèvres.

Fontaine de la Pescalerie C1

C'est l'un des sites les plus séduisants de la vallée du Célé. D'une paroi rocheuse, toute proche de la route, s'échappe une cascade, résurgence d'une rivière souterraine du causse de Gramat ; à côté, un moulin *(privé)* est blotti au milieu des saules et des peupliers qui protègent de la route ce havre de paix.

Poursuivez sur la D 41. Peu avant Cabrerets, la route D 41 en corniche passe au pied du hameau du Bout-du-Lieu pour s'accrocher au flanc de hautes falaises. Dans le bourg de Cabrerets, prenez la D 13 à droite pour accéder à Pech Merle.

★★★ Grotte du Pech Merle (p. 156) C1

Revenez dans le bourg en rejoignant la D 41 que vous prendrez à droite.

Cabrerets C1

Dans un cirque de rochers, Cabrerets occupe une situation privilégiée au confluent de la Sagne et du Célé. En franchissant le pont se révèle, de la rive gauche du Célé, une belle **vue★** d'ensemble sur le site du bourg. En face, les ruines du **château du Diable** ou des Anglais s'accrochent à la puissante falaise de Rochecourbe, en surplomb, et semblent écraser le vieux village. Ce nid d'aigle servit de repaire aux pillards pendant la guerre de Cent Ans.

En aval, en belles pierres blondes, le **château des Gontaut-Biron★**, des 14e et 15e s., domine la vallée. Une grosse tour d'angle flanque un corps de bâtiment entourant une cour intérieure.

À deux pas, surplombant ce paysage de vallée encaissée, le château Renaissance de **Conduché** veille sur la confluence du Célé et du Lot.

À Conduché, prenez à droite la D 662.

Bouziès C1

Sur la rive opposée au village, la route de Cahors, spectaculaire à cet endroit, se faufile entre le Lot et la falaise écrasante, passant parfois sous une arche de pierre,

On vous emmène marcher dans la vallée du Célé et dormir sous les étoiles

Une rivière qui fraie son chemin dans la paroi rocheuse, c'est toujours beau. Encore faut-il pouvoir l'approcher suffisamment pour s'y baigner et s'en éloigner assez pour pouvoir l'admirer. Plusieurs randonnées autour de Sauliac-sur-Célé exaucent ces vœux, en particulier au départ des Cadichons, à 2 km de la rivière, où vous pourrez vous adjoindre les services d'un ou de plusieurs ânes. Au petit matin, ils sont reposés… Il reste à les brosser, à poser les bâts sur leurs dos – tout le monde peut participer ! – et c'est parti ! On chemine d'abord sur une petite route, puis sur un sentier qui s'élève à l'ombre, entre les buis. Après 3h de marche, on s'arrête pique-niquer au frais. Pamplemousse promène ses naseaux en exploration entre les sandwichs et les tranches de melon. Une sieste tranquille et on repart en direction du Célé, que l'on franchit à Sauliac. Puis on grimpe dur vers le vieux Sauliac et ses maisons troglodytiques. La vue somptueuse vous encourage. Encore un effort, la traversée d'une parcelle du causse en surplomb sur les paysages, et c'est l'arrivée aux lodges du mas de Nadal. Apéritif au bord de la piscine, délicieux dîner au milieu de la nature et coucher sous les étoiles qui illuminent l'un des plus beaux ciels de France. Le lendemain, on redescend doucement vers le Célé. Revigorante baignade dans les eaux claires de la rivière et pique-nique. 15h, il faut déjà repartir pour rendre les ânes…Mais ces deux jours de marche auront été bien plus reposants que quinze jours aux antipodes !

Réserv. impérative aux Cadichons et au mas de Nadal (voir « Nos adresses » p. 155).

jusqu'au défilé des Anglais où se loge, dans les hauteurs de la roche blanche, un **château des Anglais**, le plus fameux des « creux fortifiés » bâtis au cours de la guerre de Cent Ans et dont l'accès n'était envisageable qu'avec des échelles de corde (*p. 50*). On l'aperçoit au-dessus de la route lorsqu'on s'engage à gauche sur le pont métallique pour traverser la rivière et rejoindre le village. 3

★ **Chemin de halage du Lot** – *6 km jusqu'à St-Cirq-Lapopie. Engagez-vous à droite du parking de la halte nautique.* Au bout de 500 m apparaît le spectaculaire « chemin de tire », taillé dans le roc en raison de l'encorbellement de la falaise au-dessus de la rivière. À certains endroits, comme dans cette portion de chemin, le halage des gabares remontant le Lot avec leur chargement de sel, poisson séché, épices ou plâtre ne pouvait plus être effectué par les habituels attelages de bœufs ou de chevaux ; il fallait faire appel à des tireurs de gré, hommes qui avaient, paraît-il, un tempérament querelleur et dont l'existence était à coup sûr fort âpre. Le bas-relief sculpté dans la falaise calcaire est l'œuvre de Daniel Monnier ; le sculpteur l'a terminé en 2019, plus de trente ans après l'avoir commencé (en 1985). Très belle promenade.

La D 40 monte vers St-Cirq. Taillée dans la falaise au milieu de boqueteaux de chênes, elle est aménagée en route touristique. Au parking 5, le petit **belvédère du Bancourel** procure une très belle **vue**★ sur le village médiéval et la vallée du Lot (*p. 203*).

★★★ St-Cirq-Lapopie (*p. 143*) C1

Traversez le Lot par la D8 pour rejoindre la D 662, rive droite.

Du pont de Tour-de-Faure apparaît dans une courbe le site remarquable de St-Cirq-Lapopie, accroché à sa falaise au-dessus du Lot.

À St-Martin-Labouval, traversez le Lot pour retrouver la D 8, rive gauche.

★ Château de Cénevières (☞ p. 145) C1

Calvignac C1

Le village s'accroche à un éperon de la rive gauche. Dès le Moyen Âge, Calvignac s'impose comme l'une des vicomtés du Quercy. Le bourg a conservé de cette importance politique d'alors les vestiges d'un château fort. **Point de vue★** sur la vallée depuis le rocher de la Baume.

Quittez Calvignac par l'ouest en empruntant la D 8.

Larnagol C1

En bordure du Lot, ce bourg autrefois prospère grâce à l'exploitation du phosphate de chaux au 19e s., a conservé ses jolies maisons qui dégringolent jusqu'à la rivière. **Château** – *✆ 05 65 23 39 79 - de juil. à mi-sept. : tlj sf sam. 11h-12h30, 14h30-19h ; de mi-avr. à mi-juin et de mi-sept. à nov. : tlj sf sam. 15h-18h - 8 € (-12 ans gratuit), possibilité de louer une ch. d'hôte. Dans l'église, table de communion de Raymond Subes (clé au café L'Annexe).* Non loin de la ravissante église, quiétude et charme entourent ce château aménagé au 18e s. sur les bases d'une place forte dont on devine le donjon. Les propriétaires accomplissent un remarquable travail de restauration pour rendre ses couleurs et ses meubles à la bâtisse qui a appartenu au ferronnier d'art Raymond Subes entre 1924 et 1970. En parallèle, des travaux de titan sont menés dans les jardins en terrasse auxquels on accède par une gracieuse rampe. En surplomb de la vallée, structurés par des éléments de maçonnerie des 17e-18e s. et agrémentés de bassins d'eau vive, ils seront sans doute l'élément le plus remarquable et le plus visible de Larnagol.

Quittez Larnagol par le sud en traversant le Lot. La D 143 ramène à Marcilhac-sur-Célé.

Nos adresses

Restauration

Premier prix

Ô pieds dans l'eau – *Pont de Marcilhac - rte de St-Chels - ✆ 06 20 78 27 67 - ♿ P - uniquement en juil.-août : 12h-14h, 19h-21h30 - menu 10/19 €.* Un cabanon-restaurant sur pilotis et dans les arbres, au bord du Célé, où l'on déguste grillades à la plancha, spécialités régionales ou salades, les pieds (presque) dans l'eau.

Shopping

Caravan Café – *Pl. des Platanes - ✆ 06 63 80 72 60 - www.caravancafe.net - juil.-août : 10h-19h, dim. 10h-14h (boutique à Figeac également).* Dans une jolie maison à deux pas de l'abbaye et du Célé, cette boutique-brocante vend des objets chinés ou rapportés de lointains voyages : mode, plaids, nappes, mobilier en bois. Dans cette charmante caverne d'Ali Baba, on déguste également des glaces artisanales l'été.

Bar à plantes – *La Métairie Haute (à 4 km de Marcilhac) - ✆ 06 84 17 43 28 ou 05 65 38 09 01 - www.lametairiehaute.fr - juil.-août 14h-19h ; reste de l'année : se rens.* Dans un cadre privilégié, on déguste des boissons sans alcool à base de plantes cueillies au rythme des saisons. Chambres d'hôte, balades en forêt et yoga.

Activités

☞ Voir aussi « Activités » à St-Cirq-Lapopie, p. 148.

Randonnée

Les vallées du Lot et du Célé offrent maintes possibilités de randonnées, notamment sur l'une des variantes de la **Via Podiensis** (chemin de St-Jacques), dite de la vallée du Célé, qui passe par Figeac, Espagnac Ste-Eulalie, Marcilhac et Sauliac (GR 651). *www.lot-tourisme.fr.*

Ferme équestre du Pech Merle – *1700 chemin de Mortayrol - Cabrerets - 06 11 93 25 23 - www.pechmerle.fr.* Randonnées à poney, à cheval ou en attelage, à la journée ou en séjour, notamment une boucle de 6 jours à cheval au cœur du Parc naturel régional des Causses du Quercy, via Rocamadour.

Les Cadichons – *Les Bouygues - Sauliac-sur-Célé - 05 65 30 91 56 - www.les-cadichons.com - mai-sept.* Idéalement située entre Lot et Célé, cette ferme, qui dispose également d'emplacements de camping, de tentes et de yourtes, loue des ânes pour accompagner vos randonnées de 1 à plusieurs jours (à partir de 50 €/âne/j). On vous donnera aussi des conseils de promenades aux alentours.

Sur l'eau

Passion Aventure – *Pont de Marcilhac - rte de St-Chels - 06 10 73 73 12.* Location de canoës (10/24 €) et de kayaks (12/26 €) pour une descente du Célé.

Espace naturel du Liauzu - *Lieu-dit Liauzu - Orniac (entre la D 41 et le Célé).* On accède à cette petite plage sauvage sur le Célé à pied par une passerelle de fer. Entre les falaises blanches, la nature paisible et la fraîcheur de la rivière, l'endroit est destiné à la balade, au sport en plein air et bientôt à l'interprétation.

Hébergement

À Sauliac-sur-Célé

Budget moyen

Aux lodges du mas de Nadal – *Le Mas-de-Nadal - 05 65 31 20 51 - www.masdenadal.com - - fermé sept.-mai (se rens.) - 18 empl. tente 29/79 € - 24 lodges 115/165 €* - . Il règne un petit air d'Afrique sur le causse. Pour s'en convaincre, il faut découvrir, disséminés sur les 33 ha de la propriété, les bungalows en toile spacieux et tout confort, prolongés par une terrasse en bois. Une immersion en pleine nature d'autant plus agréable que les propriétaires sont charmants et d'excellent conseil. Le **restaurant** mérite que l'on s'y attarde pour sa situation exceptionnelle (terrasse qui surplombe la vallée et grande tente lounge accueillante) et ses prix doux (pensez à réserver). Un moment d'exception, très loin du monde.

Grotte du Pech Merle

★★★

Dans un environnement boisé et sauvage, au bout d'une jolie route qui s'élève en lacets, le site paléolithique gît à une centaine de mètres au-dessus des rivières. Une fois franchis les aménagements plutôt discrets, la « Grotte-Temple » réserve un double attrait. À la beauté du monde souterrain s'ajoute l'intérêt des traces humaines dont les plus anciennes remontent à près de 30 000 ans. Le long des couloirs et des galeries se succèdent gravures et peintures, dont les troublantes « mains négatives », formant l'un des plus beaux ensembles d'art pariétal au monde.

Se repérer

CARTE C1 (P. 112-113) - PLAN DE LA GROTTE DU PECH MERLE (CI-DESSOUS).
Lot (46).
52 km à l'ouest de Figeac.

Organiser son temps

Prévoyez 2h, visite du musée comprise. En été, réservez votre billet 3 jours avant (jauge d'accès limitée)..

Découvrir

05 65 31 27 05 - www.pechmerle.com - visite guidée (1h) juil.-août : 9h-18h ; avr.-juin et de déb. sept. à mi-nov. : 9h30-18h ; reste de l'année : se rens. - 14 € (5-14 ans 8,50 €).

Après une présentation *(15mn)* sur écran, on franchit la porte d'accès à la grotte. Un escalier, un tunnel percé dans l'éboulis qui a obstrué la grotte il y a 12 000 ans, et le froid annoncent le monde immobile des formes sculptées par l'eau et le temps. Fréquentée ponctuellement, la cavité a été ornée au cours de la période du gravettien : de -29 000 ans à -22 000 ans. Le temps de quitter mentalement le monde coloré et vivant du dessus, vous voilà dans la **galerie du Combel**, où

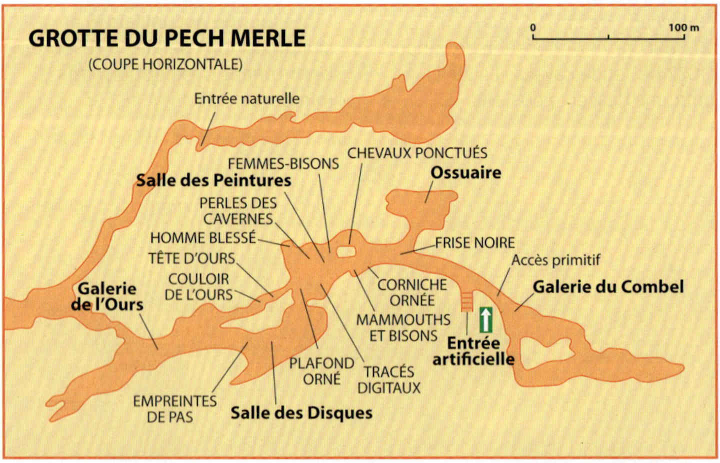

ont été découverts des ossements d'ours et de hyènes. Au centre de la salle, une immense racine d'un chêne *(visible quand vous serez remonté à la surface)* cherche l'humidité depuis des siècles. La galerie est ornée de peintures *(non visibles)* de la première phase artistique. On découvre ensuite la Frise noire, ornée de dessins de chevaux, bisons, mammouths et aurochs, exécutés au trait noir (oxyde de manganèse) à la fin du gravettien. Cette frise (7 m sur 3 m) était appelée « chapelle des Mammouths » par l'abbé Lemozi, qui voyait au Pech Merle un sanctuaire sacré, et des pratiques magiques dans l'art de la « Grotte-Temple ».

Des bisons et des mammouths sont représentés au trait sur une corniche, belle entrée en matière pour la **salle des Peintures**, où le merveilleux des formes géologiques se conjugue au mystère des décors. Plusieurs ensembles de figures sont visibles, à commencer par les émouvants tracés digitaux, laissés du bout des doigts sur le plafond de la grotte par nos lointains ancêtres juchés sur des blocs effondrés. Avant de voir l'autre partie des peintures, on passe par la **salle des Disques**, où les concrétions seraient dues au dépôt très lent de calcite sur les lèvres de fentes de la roche.

De touchantes empreintes de pas semblent mener à la salle suivante. Elles ont été imprimées par des adolescents il y a quelque 12 000 ans. La **galerie de l'Ours** est remarquable pour ses concrétions naturelles : colonnes aux dimensions impressionnantes. On revient, par un boyau où fut gravée une tête d'ours, dans la **salle des Peintures** pour admirer, entre autres, l'**Homme blessé** et le panneau des **Chevaux ponctués**. Les somptueuses silhouettes peintes sont entourées de points, de signes mystérieux et d'empreintes de mains, dites « mains négatives » obtenues en projetant des pigments avec la bouche selon le principe du pochoir. Au passage, des perles des cavernes retiennent l'attention par leurs couleurs allant du blanc étincelant de la calcite pure à l'ocre rouge. Ces perles se seraient formées d'une façon semblable à celle des huîtres, par recouvrement progressif d'un gravier. Au milieu de ces perles, se trouve une rarissime toupie, c'est-à-dire une perle qui a pris la forme d'un cône par accumulation de calcite.

La visite guidée manque parfois d'esprit et de mystère, d'autant que les infrastructures visibles et les filets altèrent le plaisir de la découverte lorsque la figure est trop proche du public. Nécessaire contrepartie à la visite de la « vraie » grotte, ils ne nous empêchent pas d'être touchés par la beauté unique de cet ensemble pariétal qui nous plonge dans la nuit des temps. L'organisation reste somme toute bon enfant et évite le barnum touristique. On ne peut que s'en féliciter.

Musée Amédée-Lemozi – Un tour dans ce musée rénové en 2022, dédié à l'art pariétal et à la Préhistoire en Quercy, complète la découverte du Pech Merle.

Histoire d'une découverte

Trois jeunes Cabreretsiens de 13, 15 et 16 ans, Marthe et André David et Henri Dutertre, ont été les héros de la découverte de la grotte du Pech Merle. Fascinés par les recherches menées par l'**abbé Lemozi**, préhistorien et spéléologue, ils explorèrent en 1922 une petite faille et découvrirent les merveilleuses peintures pariétales. En 1949, la mise au jour du réseau de Combel a permis de retrouver l'**accès primitif**, celui qu'utilisaient les hommes il y a presque 30 000 ans pour pénétrer dans cette caverne.

3

Belcastel.
aronaze/Getty Images Plus

4

Rodez, entre Rouergue et Aubrac

CARTE MICHELIN DÉPARTEMENTS 338 – AVEYRON (12)

Rodez★★ 162
Villefranche-de-Rouergue★ 174
Sauveterre-de-Rouergue★ 185
Najac★★ 189
Belcastel★ 192
Conques★★★ 194
Vallée du Lot★★ 203
Entraygues-sur-Truyère★ 213
Aubrac★ 221

RODEZ, ENTRE ROUERGUE ET AUBRAC
CONQUES ★★★ Vaut le voyage
Gorges du Lot ★★ Vaut le détour
Foissac ★ Vaut la visite
Decazeville Intéressant
0 8 km
Ville de départ du circuit
Vallée du Viaur
La vallée du Lot de Rodez à Decazeville
Gorges de la Truyère
Le Carladez
Le plateau de l'Aubrac
A
B
C
1
2
LIMOGES
CANTAL
LOT
LOZÈRE
Parc naturel régional des Volcans d'Auvergne
Aurillac
Cère
Truyère
Lot
Laussac
Sarrans
Belvédère de Jou
Mur-de-Barrez
Gorges de la Bromme
Gorges de la Truyère
Lacroix-Barrez
Rouens
Château de Valon
Réservoir de Montézic-St-Gervais
Maury
Lac de la Selves
Bez-Bedène
Puy de Montabès
772
Couesques
Lardit
Cambeyrac
Entraygues-sur-Truyère
Le Fel
Vallée du Lot
Gorges du Lot
Vieillevie
CONQUES
St-Parthem
La Vinzelle
Decazeville
Mine La Découverte de Lassalle
Combes
Aubin
Cransac-les-Thermes
Commanderie des Hospitaliers de Lugan
Bournazel
Peyrusse-le-Roc
Foissac
Pruines
Mouret
Mondalazac
Salles-la-Source
Golinhac
Estaing
Espalion
St-Pierre de Bessuéjouls
Château de Calmont-d'Olt
Trou de Bozouls
Bozouls
St-Côme-d'Olt
Roquelaure
Ste-Eulalie-d'Olt
St-Geniez-d'Olt
Prades-d'Aubrac
Aubrac
Brameloup
Nasbinals
Saint-Urcize
Laguiole
Le Bousquet
Grenier de Capou à Soulages-Bonneval
D 12
D 987
D 665
D 15
D 211
D 19
D 141
D 6
D 28
D 988
D 921
D 920
D 42
D 97
D 22
D 227
D 901
D 141
D 663
D 840
D 994
D 87
D 35
D 922
D 24
D 802
D 13
D 595
D 990
D 78
D 70
D 900
D 98
N 122
D 34

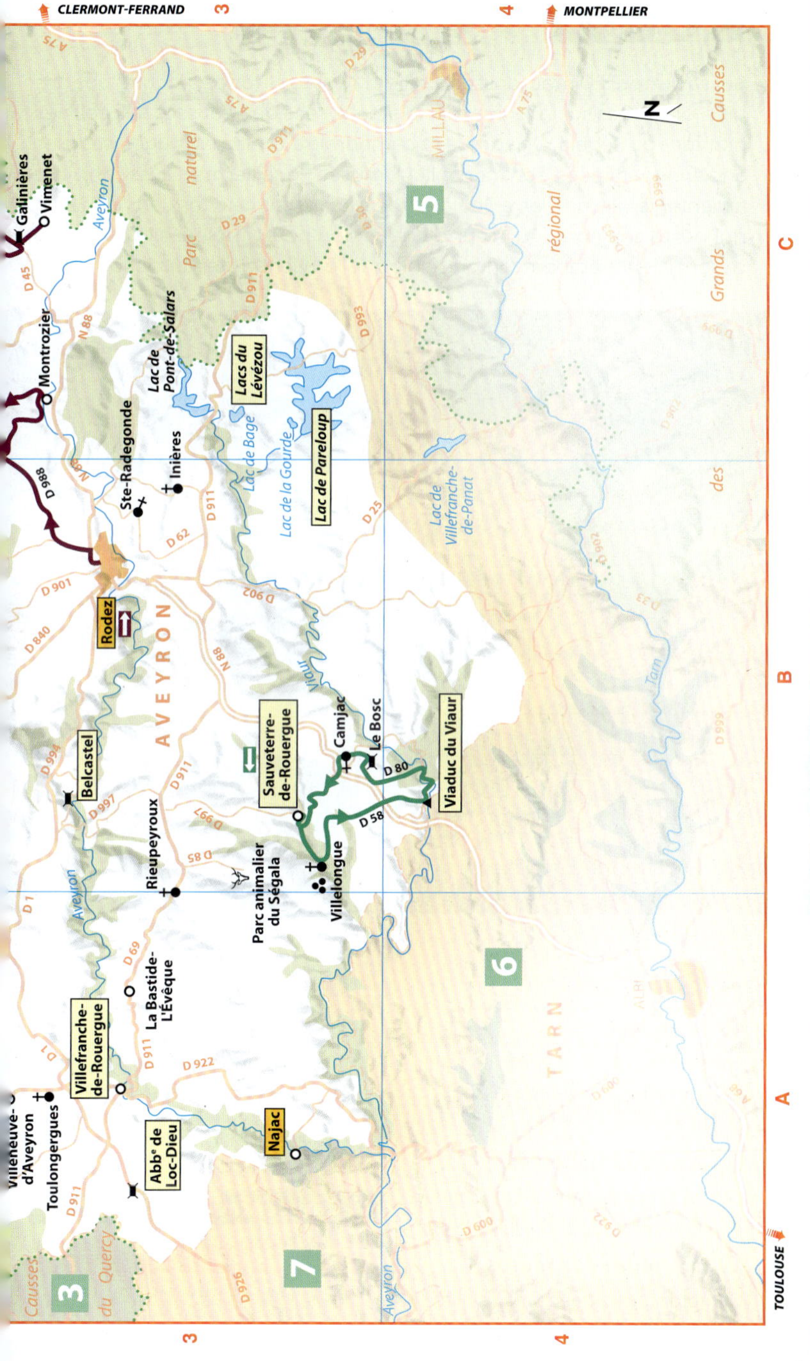
CLERMONT-FERRAND
MONTPELLIER
TOULOUSE
AVEYRON
TARN
Rodez
Belcastel
Rieupeyroux
Villefranche-de-Rouergue
La Bastide-L'Évêque
Najac
Abbe de Loc-Dieu
Villeneuve-d'Aveyron
Toulongergues
Sauveterre-de-Rouergue
Camjac
Le Bosc
Viaduc du Viaur
Villelongue
Parc animalier du Ségala
Ste-Radegonde
Inières
Montrozier
Galinières
Vimenet
Lac de Pont-de-Salars
Lacs du Lévézou
Lac de Bage
Lac de la Gourde
Lac de Pareloup
Lac de Villefranche-de-Panat
Parc naturel régional des Grands Causses
Causses du Quercy
MILLAU
ALBI
Aveyron
Viaur
Tarn
D 58
D 80
D 988
D 911
D 902
D 901
D 840
D 994
D 997
D 922
D 926
D 600
D 999
D 993
D 29
D 25
D 62
D 85
D 69
D 1
D 45
N 88
A 75
A 68
1
2
3
4
5
6
7
A
B
C
N

Rodez ★★

Sur sa butte à 120 m au-dessus du lit de l'Aveyron, Rodez procure l'une des plus jolies vues sur la région, des plateaux secs des Causses aux collines humides du Ségala. On admire sa cathédrale aux pierres rouges, ses rues anciennes animées, son merveilleux musée Fenaille, mais aussi, on vient arpenter la ville de Pierre Soulages et admirer ses œuvres dans le musée qui porte son nom. Au cœur d'une région peu peuplée, elle constitue désormais une étape incontournable que l'on vient visiter du monde entier.

Les « planètes » de la cathédrale Notre-Dame de Rodez datent des 13e et 16e s.
P. Jacques/hemis.fr

Se repérer

CARTE B3 (P. 160-161) - PLAN (CI-CONTRE).
24 475 Ruthénois – Aveyron (12).
111 km à l'est de Cahors.

À ne pas manquer

Le clocher de la cathédrale ; le musée Soulages ; le musée Fenaille.

Organiser son temps

Comptez une journée pour la ville et une autre pour les alentours.

En famille

Le musée des Arts et Métiers traditionnels à Salles-la-Source ; le château du Colombier à Mondalazac ; le lac de Pareloup et les lacs du Lévézou.

Carnet pratique p. 171

Nos adresses p. 171

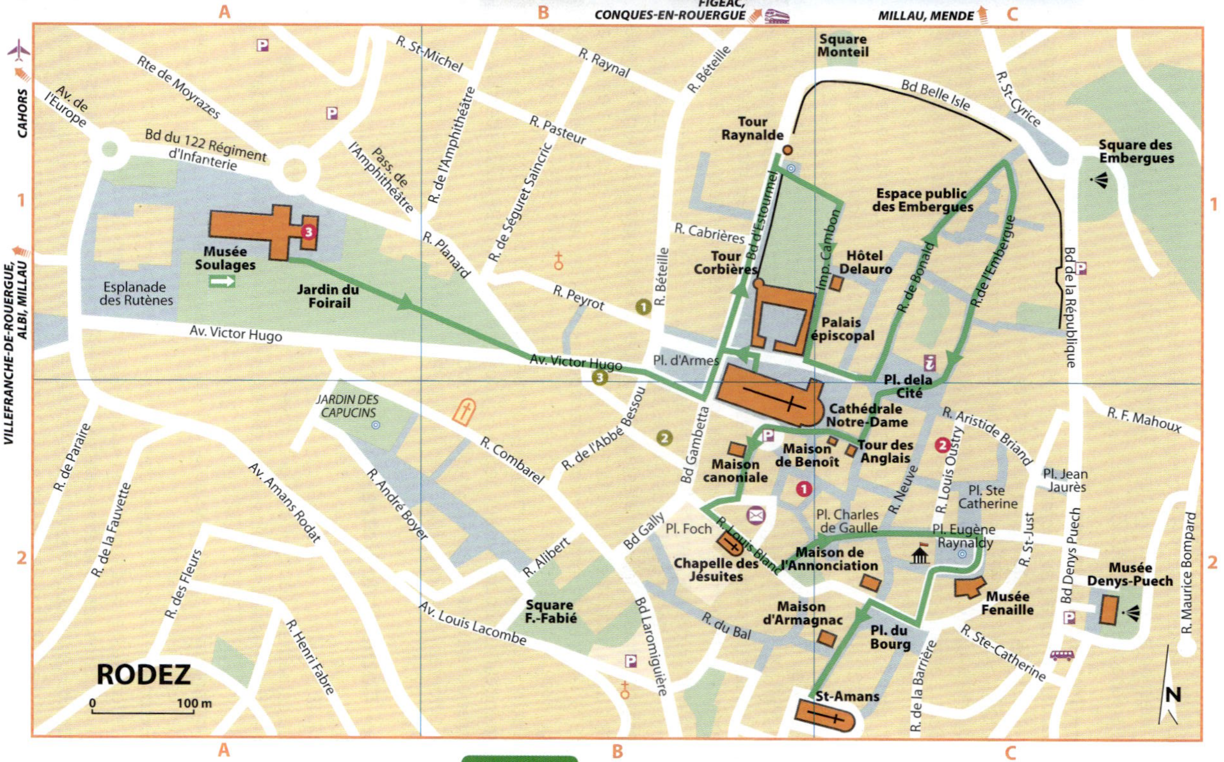

SE RESTAURER

Le Petit Moka 1
La Maison 2
Café Bras 3

SE LOGER

Hôtel du Midi 1
Hôtel Biney 2
Hôtel Mercure Cathédrale 3

4

Le centre historique

PLAN P. 163

Circuit tracé sur le plan p. 163.

Un circuit piétonnier à travers le vieux Rodez est disponible à l'office de tourisme.

Nous serions bien en peine de vous conseiller un musée s'il n'en fallait voir qu'un à Rodez, tellement le musée Fenaille recèle de charme et de trésors, à 10mn à pied du musée Soulages. Puisque le billet est groupé, et si vous ne voulez pas suivre l'intégralité du circuit, n'hésitez pas à visiter les deux !

Les grands cubes métalliques du musée Soulages sont posés sur le Foirail, à l'ouest de la vieille ville à laquelle il est relié par un axe routier et piéton *(en cours d'aménagement en 2022).*

★★ Musée Soulages A1

Jardin du Foirail, av. Victor-Hugo - 05 65 73 82 60 - www.musee-soulages-rodez.fr - ♿ - juil.-août : 10h-18h ; reste de l'année : tlj sf lun. 10h-13h, 14h-18h, w.-end 10h-18h - 11 € (-18 ans gratuit) - billet donnant accès au musée Fenaille.

Ouvert en 2014 dans la ville où est né l'artiste (1919-2022), le musée a nécessité quatre années pour que se dessine, dans le jardin du Foirail, cet extraordinaire agencement de cubes de verre et d'acier Corten, dont la palette chromatique s'adapte aux saisons. Œuvre des architectes catalans RCR, le musée se déploie sur 6 000 m², divisés entre espaces muséographiques et expositions temporaires. À l'origine du projet, deux donations de **Pierre et Colette Soulages** (en 2007 et 2012), au total plus de 500 œuvres témoignant de l'ensemble de la production de l'artiste et de l'évolution de ses techniques. Le parcours est organisé chronologiquement mais les salles sombres aux sols agités de reflets métalliques sont agencées de manière à pouvoir déambuler au gré des envies de chacun. Il est intéressant de voir les œuvres de jeunesse, le geste sûr des brous de noix, la matière des eaux-fortes et des lourds bronzes tirés de leurs matrices, avant d'aborder les grands formats. On admire les jeux de transparence des grands papiers, l'énergie des toiles horizontales et le fameux outrenoir que le peintre déploie à partir de 1979. Les œuvres sont accrochées dans de vastes salles percées de baies rectangulaires qui laissent filtrer dans la pénombre les lumières du Rouergue. Le parcours s'achève dans une salle imaginée comme une nef, où sont exposés les cartons grandeur nature des vitraux de Ste-Foy de Conques (1987-1994). Une découverte précieuse avant (ou après) la visite de l'abbatiale.

Remontez l'av. Victor-Hugo vers la pl. d'Armes, en haut de laquelle s'impose la cathédrale.

★★ Cathédrale Notre-Dame BC1-2

9h-17h45 (peut fermer plus tôt en hiver).

ABC d'architecture p. 459.

La cathédrale, construite en grès rose, fut mise en œuvre en 1277 à la suite de l'effondrement, un an plus tôt, du chœur et du clocher de l'édifice précédent. Un demi-siècle plus tard, l'abside et deux travées du chœur étaient achevées. Au 14e s., un transept et deux travées de la nef l'étaient à leur tour, puis, au 16e s., l'ensemble de l'édifice était terminé.

Extérieur – La façade ouest donnant sur la place d'Armes frappe par son allure de forteresse avec son mur nu jusqu'à mi-hauteur, sans porche, percé de rares meurtrières, ses contreforts massifs, ses tourelles aux ouvertures ébrasées et ses deux tours dépourvues d'ornements. Cette façade austère, édifiée en dehors du mur d'enceinte de la ville, jouait en quelque sorte le rôle de bastion avancé pour

Statue-menhir « La Dame de Saint-Sernin » au musée Fenaille.
C. Méravilles/photothèque Rodez agglomération

la défense de la cité. Seule la partie haute, achevée au 17e s., entre les deux tours présente une décoration Renaissance que surmonte un fronton classique.
Faites le tour de l'église par la gauche.
Le portail nord, dit portail de l'Évêché (fin 15e s.), s'ouvre sous trois rangées d'archivoltes et un gâble aigu. Sur le linteau, les sculptures représentent la Nativité, l'Adoration des bergers et des Mages, la présentation au Temple et, sur le tympan, le couronnement de la Vierge.
★★★ **Clocher** – *visite guidée : réserv. à l'office de tourisme - 8 € (6-17 ans 6 €).*
Remarquable par sa position détachée de la cathédrale, le magnifique clocher, édifié sur une tour massive du 14e s. et haut de 87 m, compte six étages. Il dépasse de 28 m le clocher de Villefranche-de-Rouergue (*p. 174*), pourtant conçu pour rivaliser en hauteur avec celui de Rodez. Mais l'argent vint à manquer et Villefranche dut interrompre son méritoire effort. Ici, le 3e étage, élevé au 16e s., offre de grandes ouvertures fortement moulurées. Au 4e étage, de plan octogonal, des statues des apôtres garnissent les niches qui cantonnent les baies, et au 5e, des tourelles, des arcatures flamboyantes et des pinacles enrichissent encore la décoration. La partie supérieure avec sa terrasse à balustrade, son dôme et son lanternon porte une statue de la Vierge. La partie supérieure, avec sa terrasse à balustrade, son dôme et son lanternon, porte une statue de la Vierge. L'ascension (400 marches) passe par les terrasses dallées, dites « planètes », qui couvrent les bas-côtés et les chapelles latérales. Une occasion de souffler, dans la forêt des arcs-boutants, avant le dernier escalier en vis et la vue fantastique du haut du clocher.
Le chevet mérite l'attention pour ses chapelles et son déambulatoire couverts en terrasses, sur

Aux origines

Segodunum, la « hauteur fortifiée », fut, dès le 1er s. av. J.-C., la capitale d'une peuplade gauloise, les Rutènes : d'où le nom de *Civitas Rutenensis* qui évolua au cours des siècles, d'une part en « Rodez », d'autre part en « Rouergue ».

lesquelles des arcs-boutants à double volée reçoivent, au niveau des retombées des voûtes, les poussées exercées par les parties hautes du chœur.
Sur le portail sud, œuvre de Jacques Maurel (fin 15e s.), observez le fenestrage élégant qui garnit le tympan.
Intérieur – L'élégance du gothique apparaît dans la verticalité du chœur aux fines lancettes, dans la légèreté des piliers de la nef à peine moulurés à l'emplacement des chapiteaux, dans l'élévation des grandes arcades surmontées d'un triforium dont l'ordonnance reprend celle des fenêtres hautes. La beauté de la grande nef et de ses vastes bas-côtés, flanqués de chapelles latérales très éclairées, apparaît au mieux lorsqu'on se place derrière l'autel paroissial, à l'extrémité ouest de la nef.
La 3e chapelle latérale du bas-côté droit est fermée par une **clôture de pierre★** du 16e s., dont les sculptures ont été malheureusement très mutilées. Sur les piliers figuraient douze statues de sibylles, prophétesses de l'Antiquité qui, selon la tradition chrétienne, prédirent la venue du Messie. Quatre seulement de ces statues subsistent, ainsi qu'un Ecce homo, sur la face intérieure de la clôture. Cette chapelle contient, en outre, un autel Renaissance (1523) surmonté d'un grand retable comprenant une Mise au Tombeau, trois petites scènes de la Résurrection et un Christ sortant du tombeau. Malheureusement, les figures ont été grossièrement repeintes à la fin du 19e s. Dans la chapelle suivante, on peut admirer un beau retable du 15e s., le Christ au jardin des Oliviers.
Dans le bras droit (sud) du transept a été transporté le grand **jubé★** qui rompait la perspective de la nef : c'est une œuvre très riche de 1470. Il était orné à l'origine de 38 statues dont l'a privé la Révolution. Dans le bras gauche, superbe **buffet d'orgue★** en bois sculpté du 17e s., haut de 20,5 m.
Le chœur est meublé de **stalles★** dues à André Sulpice (15e s.) sur le modèle du chœur de St-Aphrodise de Béziers. Des 62 stalles hautes sous dais gothiques en chêne, la plus remarquable, la stalle de l'évêque, est surmontée d'un pyramidion et d'un ange (refait au 19e s.) présentant les armoiries de Bertrand de Chalençon, évêque de Rodez. Observez la délicatesse et les scènes amusantes qui décorent les miséricordes des stalles. Sur le maître-autel, remarquez la belle statue de la Vierge à l'Enfant de la fin du 14e s. Le chœur est entouré d'un déambulatoire sur lequel s'ouvrent des chapelles rayonnantes. Deux beaux sarcophages en marbre furent disposés dans la première travée des collatéraux du chœur, ainsi qu'une Mise au Tombeau du 15e s. Dans les chapelles se trouvent les tombeaux de plusieurs évêques de Rodez : parmi ceux-ci, remarquez celui de l'évêque Gilbert de Cantobre (mort en 1349) dans la chapelle d'axe. Il est surmonté d'une table d'autel romane en marbre à pourtour de lobes. À voir aussi, la chapelle Renaissance à l'entrée de la sacristie.
Autour de la célèbre cathédrale ruthénoise s'étend le quartier ancien de la cité, autrefois domaine des évêques. Quelques maisons et hôtels particuliers subsistent.
Du portail nord de la cathédrale, traversez la rue Frayssinous et entrez dans la cour du palais épiscopal.

Palais épiscopal B1

Ne se visite pas. Il date de la fin du 17e s. et fut partiellement reconstruit au 19e s. De sa cour, on profite de la plus belle **vue** sur le clocher de Notre-Dame. Remarquez l'escalier à double volée qui n'est pas sans rappeler celui de Fontainebleau.

Tour Corbières et tour Raynalde B1

Toutes deux du 15e s., elles sont les témoins des murailles et des trente tours qui fortifiaient la ville.

Hôtel Delauro C1
Jadis résidence d'un chanoine, cet hôtel bâti aux 16e et 17e s. est aujourd'hui la Maison des Compagnons du Devoir. Ce sont eux qui ont restauré l'édifice.
Rejoignez la rue Frayssinous, puis gagnez la place de la Cité.

Place de la Cité C1-2
À l'extrémité est se dresse la statue de bronze d'un glorieux enfant du pays, Mgr Affre, archevêque de Paris, tué le 25 juin 1848 sur la barricade du faubourg St-Antoine, alors qu'il s'efforçait de faire cesser le combat.
Suivez les rues de Bonald puis de l'Embergue, bordées de maisons anciennes, de magasins d'antiquités et d'échoppes d'artisans. Entre ces deux rues a été aménagé, vers 1970, l'**espace public des Embergues**, sorte de place à l'italienne où, en été, cafés et restaurants installent leurs terrasses.
Traversez en diagonale la place de la Cité et prenez la rue du Touat, jusqu'à son croisement avec la rue Bosc.

Maison de Guitard dite « tour des Anglais » C2
Cette maison du 14e s. présente une massive tour fortifiée et de belles fenêtres géminées. Le blason des Guitard, riches banquiers du 14e s., apparaît sur la façade.

Maison de Benoît C1
Pl. d'Estaing. Une galerie gothique occupe deux côtés de la cour *(privée)* de cette maison du 15e s.

Maison canoniale B2
2 r. Penavayre. Cette ancienne maison canoniale, construite au 15e s., est précédée d'un mur de clôture surmonté d'une galerie et de deux loggias gothiques (15e s.).
Continuez la rue Penavayre et tournez à droite.

Chapelle des Jésuites B2
Ouv. en juil.-août seult. Cet édifice de style baroque (17e s.) est aujourd'hui un lieu de conférences et d'expositions. Elle appartenait à l'un des tout premiers collèges de jésuites de France (1562). Appelée par la suite « chapelle Foch » (le lycée attenant a eu pour élève le futur maréchal), elle possède un retable monumental et surtout de très belles **tribunes en bois★** décorées de fresques dont le naturalisme a de quoi étonner.
Remontez la rue Louis-Blanc, puis contournez les bâtiments de la préfecture et de l'hôtel du département pour admirer l'hôtel 18e s. où ceux-ci sont établis.

★★ Musée Fenaille C2
14 pl. Eugène-Raynaldy - ✆ 05 65 73 84 30 - www.musee-fenaille.rodezagglo.fr - ♿ - juil.-août : 10h-18h ; reste de l'année : tlj sf lun. 10h-13h, 14h-18h, w.-end 10h-18h. - 11 € (-18 ans gratuit) - billet donnant accès au musée Soulages.
Il est logé dans l'hôtel particulier de **Maurice Fenaille** (1855-1937), riche industriel et mécène (notamment de Rodin) qui s'est signalé dans la région, entre autres actions providentielles, pour avoir remonté le château de Montal (*p. 108*). Aux bâtiments anciens a été accolée une annexe contemporaine pour former le **musée d'Archéologie et d'Histoire du Rouergue**, un titre qui cache sous ses allures ronflantes une véritable réussite muséographique.
Commencez votre visite au 3e étage, dans l'aile contemporaine consacrée à la **Préhistoire**. Ces salles dessinent à la fois la borne chronologique inférieure des collections et l'un des clous du musée. Chargées du mystère de leurs origines, des **statues-menhirs★** reposent en silence sur des lits de sable roux, habilement

4

mises en valeur par la lumière. Nous connaissions les menhirs, voici leurs cousines sculptées. Inertes comme la pierre, elles sont en même temps loquaces, voire drôles dans leur dialogue muet, si l'on s'amuse à distinguer les attributs anthropomorphes gravés dans le grès (épées, baudriers, colliers, nattes, en particulier ceux, particulièrement éloquents, de la *Dame de St-Sernin*). Les pièces proviennent toutes du sud de l'Aveyron (3300-2200 av. J.-C.) et constituent l'un des plus beaux ensembles connu en la matière.
Le 2e étage est consacré à l'**époque gallo-romaine**. Attardez-vous devant la vitrine sur l'écriture cursive en gaulois (rares traces en France). On retrouve, comme au musée de Millau, une collection de poteries de la Graufesenque, provenant de l'actif centre de poteries de *Condatomagus*. Une maquette montre l'implantation gallo-romaine sur le piton de Rodez, une autre le forum de la ville.
Après les salles aux lignes sobres de l'aile contemporaine, on pénètre dans l'**hôtel particulier (hôtel de Jouéry★★)**, le plus ancien de Rodez, dont la façade du 14e s. a évolué jusqu'au 18e s. Il est organisé autour d'une cour intérieure où donnent des galeries et un escalier au charme intime particulier. Le **Moyen Âge** est évoqué à travers la vie quotidienne (tissus, céramiques...), la vie religieuse (pietà) et la cathédrale (christ roman en marbre blanc).
Le 1er étage, consacré à la **Renaissance**, regroupe de belles statues (Christ de Bonnecombe en bois polychrome, croix d'oratoire) et des éléments d'architecture (clôture du chœur de la cathédrale au 16e s.).

Place du Bourg C2

Centre de l'ancien quartier du Bourg, domaine des comtes et des marchands, cette place, qui a gardé sa vocation marchande, est entourée de rues piétonnes où abondent les magasins. Autour de la place s'élèvent quelques maisons anciennes.

Maison de l'Annonciation C2

Un bas-relief de l'Annonciation, situé sur l'élégante tourelle d'angle, a donné son nom à cette maison du 16e s.

Maison dite « d'Armagnac » C2

4 pl. de l'Olmet. La façade de ce bel édifice du 16e s. est ornée de charmants médaillons. De la place de l'Olmet, on aperçoit dans la rue d'Armagnac la maison Trouillet, jolie demeure bâtie au 15e s. et aujourd'hui occupée par un commerce.

Église St-Amans BC2

Bâtie au 12e s. et entièrement reconstruite au 18e s., elle conserve à l'intérieur de beaux chapiteaux romans. Dans le chœur et le déambulatoire ont été placées des tapisseries du 16e s. La chapelle des fonts baptismaux abrite une curieuse statue de la Trinité en pierre polychrome.
Remontez vers la place d'Armes et rejoignez le musée Soulages (7mn à pied).

Le tour de ville

Rodez est construite sur une butte. On peut en faire le tour en voiture (aux heures creuses) en suivant les boulevards établis sur l'emplacement des anciens remparts.
Partez de la place d'Armes et prenez le boulevard d'Estourmel.
À droite, vestiges des remparts (16e s.) et terrasses de l'évêché avec la tour Corbières (15e s.).

Square Monteil C1

Vue sur le causse Comtal, les monts d'Aubrac et du Cantal.

Square des Embergues C1
Vues vers le nord et l'est. *Table d'orientation.*

Musée Denys-Puech C2
Pl. Georges-Clemenceau - ✆ 05 65 77 89 60 - www.musees.grand-rodez.com - ♿ - juil.-août : tlj sf lun. 14h-18h ; reste de l'année : tlj sf lun.-mar. 14h-18h - gratuit.
Fondé en 1910 par le sculpteur aveyronnais Denys Puech (1854-1942), artiste officiel de la IIIe République, ce musée propose d'une part, au rez-de-chaussée, des collections des 19e et 20e s. (Denys Puech, Maurice Bompard, peintre orientaliste, et Eugène Viala, graveur influencé par le symbolisme, dont l'œuvre est imprégnée de « fantastique ») et d'autre part, au 1er étage, des expositions temporaires qui font la part belle à l'art contemporain. Le bâtiment présente sur le pignon des façades nord et sud deux *Intégrations* de François Morellet (1989), *Cercle* et *Carré*, véritables jeux avec le parement en pierre blanche.

Square François-Fabié B2
Vue sur le Ségala (*p. 437*). Monument à la mémoire du poète rouergat François Fabié (1846-1926).

À proximité
CARTE P. 160-161

Salles-la-Source B2
12 km au nord-ouest de Rodez par la D 901.
S'élevant au flanc du causse Comtal, Salles-la-Source se compose de trois lieux superposés aux belles maisons de pierre. La source à laquelle son nom fait allusion est la résurgence d'une rivière souterraine qui sort du causse sous forme de cascades. L'énergie hydraulique attira ici de nombreux moulins et quelques usines.
★ **Musée des Arts et Métiers traditionnels** – *Cours de la Filature - ✆ 05 65 67 28 96 - www.musees.aveyron.fr - juil.-août : tlj sf sam. 10h-13h, 14h-18h30, dim.-lun. 14h-18h30 ; sept.-nov. et avr.-juin : tlj sf mar. et sam. 14h-18h - 4 € (-26 ans gratuit).*
Il est installé dans une ancienne filature de laine des années 1830. La grande salle du rez-de-chaussée, dont le plafond est soutenu par de solides colonnes de pierre, abrite des machines anciennes évoquant la longue quête de l'homme cherchant à maîtriser l'énergie de l'eau et du vent : pressoirs, moulins, martinet, scierie... Le 1er étage illustre les rapports de l'homme avec le monde minéral, le 2e étage ses rapports avec le milieu végétal, le dernier ses rapports avec le monde animal.
Pour compléter votre découverte de la vie du Rouergue, visitez aussi : le musée du Rouergue à Espalion (*p. 207*) ; l'Espace archéologique départemental à Montrozier (*p. 203*) ; le musée de la Mine Lucien-Mazars à Aubin (*p. 200*).

Château du Colombier à Mondalazac B2
20 km au nord.
✆ 05 65 74 99 79 - chateauducolombier.fr - juil.-août : merc.-sam. 11h-19h, dim. ; 14h-19h ; reste de l'année : se rens. - 7 € (3-12 ans 5 €).
Un escape game est organisé sur place.
Le grand parc abrite un château des 13e-14e s. dont on visite plusieurs salles au mobilier rudimentaire : coffres en bois transformés en placards, chaises ou tabourets, table montée sur tréteaux... et un lit que le seigneur partageait souvent avec sa famille, parfois avec ses hôtes.
Au pied du château ont été reconstitués des jardins médiévaux gardant à l'abri de leurs palissades fleurs d'ici et d'ailleurs, plantes médicinales et fruitières : galégas,

4

Le vignoble de Marcillac, un terroir de caractère

L'une des plus petites AOC de France (200 ha) cultive sa différence. Dans le vallon de Marcillac, la star locale est le mansois (ou fer servadou sec), cépage historique et unique. Sur des coteaux, autrefois striés de murets de pierres, remplacés aujourd'hui par des terrasses, une cinquantaine de producteurs perpétuent une tradition qui date du 9e s., lorsque les moines de Conques développèrent la vigne dans cette partie du Rouergue. Et ce, malgré les vicissitudes de l'histoire et les caprices de la nature qui faillirent plus d'une fois anéantir le vignoble. Longtemps confiné au marché local et figé dans son statut de vin de soif destiné à soulager les mineurs de Decazeville, le vin de Marcillac a retrouvé depuis les années 1960 ses lettres de noblesse grâce à la volonté d'une poignée de vignerons. Travaillé sur des sols argilo-gréseux ou argilo-calcaires, le mansois donne un vin vif et viril, de moyenne garde, qui développe une robe grenat avec des reflets violets et exhale des arômes de fruits rouges (groseille, framboise) ou noirs (cassis, mûre), complétés par des notes épicées, voire torréfiées (cacao).

colchiques, cognassiers, absinthe, mélisse, etc. Longeant le château et le labyrinthe, une tonnelle de glycines mène à la roseraie plantée d'environ 150 variétés d'origines française, chinoise, écossaise ou anglaise. Plus loin, vers les terrasses de jeux (échiquier géant...), la pivoineraie abrite des espèces rares venues de Chine.

Ste-Radegonde B3

6 km au sud-est. Sortez de Rodez par la route de la Gare, puis allez vers Le Monastère. Au-delà de la banlieue de Rodez, suivez la D 12 vers Ste-Radegonde.
Ce village, aux maisons de pierres grises, est dominé par le puissant donjon-clocher et les tours de défense de l'**église** *(tours et donjon ne se visitent pas).* Construite au 13e s., elle fut fortifiée à la fin du 14e s. pour abriter la population du village lors des conflits. Les 60 pièces qui y étaient aménagées étaient « louées » aux villageois qui venaient s'y installer avec troupeaux, fourrages et provisions !

Inières B3

À partir de Ste-Radegonde, prenez au sud la D 12, puis la D 112 vers Inières.
Sous l'énorme donjon carré en pierre ocre, dominé par un chemin de ronde, une petite église fortifiée abrite une ravissante **Annonciation★** en pierre polychrome du 15e s. Au-dessus, comme à Ste-Radegonde, des chambres accueillaient la population.

★ Lacs du Lévézou C3

24 km au sud-est de Rodez par les N 88 et D 911 jusqu'à Pont-de-Salars.
Pl. de la Rivière - Pont-de-Salars - ✆ 05 65 46 89 90 - www.tourisme-aveyron.com/fr/decouvrir/les-territoires-aveyron/pareloup-levezou.
Région vallonnée, aux confins du Massif central, le Lévézou offre aux amoureux de nature et de grand air ses paysages verdoyants même au cœur de l'été. Avec ses grands espaces, ses multiples rivières et ses lacs, elle apporte le soir une agréable fraîcheur. Plusieurs lacs de retenue créés pour alimenter le réseau hydroélectrique d'EDF ont pris leur place dans la succession des vallons.
À 805 m d'altitude, le plus grand, le **lac de Pareloup★**, résulte du barrage du même nom construit en 1950 sur le Vioulou. Formé de multiples presqu'îles, il étend sur 1290 ha ses eaux calmes. Cette petite mer intérieure (plus de 130 km) est longée par des routes ou des sentiers, qui procurent mille façons d'aborder le lac *(par exemple à VTT, 27 km, 3h).* À proximité de campings, trois plages sont

aménagées (bars, terrains de volley, toilettes, jeux pour enfants, sports nautiques) et surveillées l'été. Au nord des deux plages des Vernhes à Salles-Curan, une petite anse aménagée est agréable au soleil couchant *(accès par le parking juste avant le pont de la D 993)* lorsque le calme revient et que le lac prend des nuances orangées. Par ailleurs, une randonnée part de la plage d'Arvieu et conduit au barrage. En chemin, vous pouvez aller jusqu'au lac de la Gourde, resté sauvage (observatoire pour les oiseaux), où des pontons de pêche ont été aménagés.
Deux autres lacs, moins étendus, proposent les mêmes loisirs : **Pont-de-Salars et Villefranche-de-Panat** (197 ha). Un circuit pédestre permet d'en faire le tour *(10 km, facile, vélos autorisés)*. Ses eaux sont ensuite dirigées vers le barrage de St-Amans, pour actionner l'usine du Pouget.

Carnet pratique

S'informer

Office de tourisme - *10-12 pl. de la Cité - 05 65 75 76 77 - www.rodez-tourisme.fr.*
L'office de tourisme propose des visites guidées variées et pour les familles.
Office de Tourisme de Pareloup Lévézou - *Pont-de-Salars - 05 65 46 89 90 - www.levezou-aveyron.com.*

Arriver/partir

Se garer - Laisser la voiture au parking des Remparts, boulevard de la République, ou tenter sa chance dans celui du boulevard Gally qui conduit à la place Foch. Le parking du Foirail est le plus proche du musée Soulages.

Agenda

Estivada - *www.ville-rodez.fr - 1 sem. en juil.* Festival interrégional des cultures occitanes.

Nos adresses

PLAN P. 163

Restauration

Premier prix

1 Le Petit Moka - B2 - *Pl. des Maçons - 05 65 75 63 34 - tlj sf dim.-lun. 9h30-17h45 - formule déj. 13,50 €.* Une sympathique adresse dans le vieux Rodez. Sur deux étages, elle propose salades, croques et tartines au déjeuner, crêpes, gaufres et pâtisseries maison l'après-midi. Grand choix de cafés, thés, glaces à déguster aux beaux jours sur l'agréable terrasse.

2 La Maison - C2 - *8 r. Louis-Oustry - 05 32 41 23 27 - fermé dim.-lun. - plats env. 15/20 €.*
Si vous voulez faire le plein de couleurs, de saveurs, et de bonne humeur à petits prix, c'est ici. Produits extra-frais préparés avec un ingrédient qui manque souvent : les bonnes idées ! Parfait.

Budget moyen

Les Jardins de l'Acropolis - HORS PLAN - *R. d'Athènes - quartier de Bourran - 05 65 68 40 07 - www.restaurant-acropolis.com - P ♿ - 12h-13h30, 19h45-21h - fermé lun. soir, mar. soir et dim. - formule déj. 22 € - menu 35/62 €.* Dans un quartier d'affaires animé, cette adresse doit son succès à

4

sa goûteuse cuisine actuelle et au cachet de ses élégantes salles contemporaines.

3 **Café Bras** – A1 - *Av. Victor-Hugo - Jardin du Foirail - ✆ 05 65 68 06 70 - www.cafebras.fr - rest. : merc.-dim. à midi et sam. soir ; menu 39 € - Côté comptoir : merc.-dim. 12h-18h ; formule 13 €.* Au musée Soulages, le Café de Michel Bras est une invitation au voyage. Les menus sont composés de classiques (œufs farcis, carré de porc au chou), mais revisités avec brio par Michel Bras, qui a laissé à son fils les rênes de son 3 étoiles à Laguiole. Un conseil : réservez ! Si l'on veut plus rapide, il faut aller Côté comptoir *(sans réserv.)* où l'on savoure des Niwan (sorte de gaufre garnie).

À Onet-le-Château

Budget moyen

Hostellerie de Fontanges – *Rte de Conques - 5,3 km à l'est de Rodez - ✆ 05 65 77 76 00 - www.chateaudefontanges.com - P - menu env. 30/40 € - 48 ch. 77/175 € - ☕ 15 €.* Cette ferme restaurée, sur le golf du Grand Rodez, occupe un lieu splendide. L'intérieur, tommettes et cheminée massive décorée d'armoiries, évoque les châteaux du 16e s. Chambres calmes et chaleureuses. Cuisine précise qui sait convaincre, comme ce quasi de veau os à moelle au vin de pays, crème de morilles entières.

Shopping

Marchés

Rodez – *Pl. du Bourg : merc. 8h-12h30 ; pl. du Sacré-Cœur : vend. 13h30-18h30 ; bd d'Estourmel, pl. Emma-Calvé, pl. du Bourg : sam. 7h-12h30.*

Marcillac – *Dim. mat.*

Domaines viticoles

Domaine Laurens – *7 av. de la Tour - Clairvaux d'Aveyron - 22,5 km au nord-ouest de Rodez - ✆ 05 65 72 69 37 - www.domaine-laurens.com - tlj sf dim. 10h-12h, 14h-18h.* Domaine familial qui produit des blancs secs, des rosés rafraîchissants et des rouges bien travaillés. Apéritifs (dont de bons ratafias, élaborés à partir de moût de raisin) et eaux-de-vie.

Domaine Matha – *R. de la Pantarelle - Bruéjouls - Clairvaux-d'Aveyron - 20 km au nord-ouest de Rodez - ✆ 05 65 72 63 29 - www.domainematha.fr - tlj sf dim. 10h-12h, 14h-19h.* La boutique, installée dans la cave voûtée, propose des vins de Marcillac et les apéritifs Lo Grabel (à base de vin sucré, alcool et fleurs de pissenlit), Lo Rascalou (noix verte) et Lo Ratafia (moult de raisin), produits sur le domaine, et quelques produits locaux.

Activités

Pop Corn Labyrinthe – *Intersection 911 La Pierre-Plantée - Pont-de-Salars - ✆ 05 65 46 89 90 - www.popcornlabyrinthe.fr - juil.-août 10h-17h30 - 6 ou 7 € selon l'horaire.* Parcours dans un labyrinthe de maïs, ponctué de jeux géants en bois. Jeux de piste.

Lac de Pareloup

Bateau-promenade Le Papillon-Jaune – *Plage des Vernhes - Salles-Curan - ✆ 06 76 26 36 96 - www.tourisme-aveyron.com - juil.-août : dép. à 16h ; avr.-juin et sept.-oct. : sur RV - 12 € (-12 ans 8 €).* Partez en croisière sur les eaux calmes du lac de Pareloup.

Aqua Splash – *Plage d'Arvieu - ✆ 06 74 26 95 11 ou 06 02 59 54 72 - été 14h-19h - 9 € (enf. 8 €).* Toboggans, trampolines, jeux d'escalade et d'équilibre, etc.

Lac de Pont-de-Salars

Aqua Park de l'Aveyron – *Plage des Rousselleries - ✆ 06 31 64 01 45 - 14h-19h - 9 €/h, 20 €/après-midi.* Baignade, toboggans, gonflables et parcours aquatique. Restauration, bar, snack sur place.

Randonnée

Aveyron à vélo – *07 60 10 84 99 - aveyronavelo.fr - juil.-août 9h-12h30, 14h-18h, reste de l'année : se rens.* Avec Mathilde, VTT, route, gravel, musculaire ou électrique, en location simple (25 à 55 €/j) ou en randonnée accompagnée (de 35 €/1h30 à 80 €/j).

Le site de l'office de tourisme fournit beaucoup d'idées d'itinéraires de randonnées à vélo ou à pied. Consultez en particulier le blog qui donne de nombreux détails.

Hébergement

Premier prix

1 **Hôtel du Midi** – B1 - *1 r. Béteille - 05 65 68 02 07 - www.hotel-du-midi.net - P 5 € - 34 ch. 60/70 €, 60 €/pers. en 1/2 P - 9 € - 1 appart. 90/130 € -* À deux pas de la cathédrale, des chambres simples et pratiques, calmes côté cour et pourvues de double vitrage côté rue. Plats traditionnels, salades, grillades et l'incontournable aligot.

Budget moyen

2 **Hôtel Biney** – B2 - *7 bd Gambetta/r. Victoire-Massol - 05 65 68 01 24 - www.hotel-biney.com - 28 ch. à partir de 75 € - 12/15 €.* Meubles en bois peint, tissus colorés, literie confortable... Les chambres, certes parfois un peu petites, sont personnalisées et plutôt coquettes. Sauna (5 €/45mn).

Pour se faire plaisir

3 **Hôtel Mercure Cathédrale** – B1 - *1 av. Victor-Hugo - 05 65 68 55 19 - www.all.accor.com - 36 ch. 143/194 €.* Hôtel 1930 qui a conservé ses mosaïques Art déco en façade et au sol ainsi que son escalier en bois massif et ses peintures de Maurice Bompard. Agréables chambres modernes.

À Marcillac-Vallon

Premier prix

Domaine des Costes Rouges – *Combret de Nauviale - 20 km au nord-ouest de Rodez - 05 65 72 83 85 ou 06 86 22 83 04 - www.domaine-des-costes-rouges.fr - P - 3 gîtes (4-12 pers.) 510/1600 €/sem. - 7 nuits mini en haute sais.* Ce domaine, qui produit de jolis vins bio, a aménagé des chambres dans trois maisons du village.

À Onet-Le-Château

Une folie

Château de Labro – *Labro - 5,3 km à l'est de Rodez - 05 65 67 90 62 - P - 22 ch. 209/319 € - 16 € - Spa.* Il y en a pour tous les goûts dans cette demeure du 16e s. meublée avec des objets chinés : de la petite chambre à la Deluxe château, et même une cabane perchée. La nature, le calme et la vue sur la campagne s'invitent jusqu'à la table du petit-déjeuner.

À Salles-Curan

Budget moyen

Mas Capel – *06 48 14 47 65 - 4 ch., 2 gîtes et 1 roulotte 380/470 €/sem. - 3 nuits mini en haute sais.* Près des lacs du Lévézou, dans la grande maison d'une ferme perdue au milieu des prés et des forêts, de vastes chambres claires sobrement décorées sont assorties de jolies salles de bains. Délicieux petit-déjeuner maison.

Villefranche-de-Rouergue ★

Une ville dont les toits roses se pressent au pied du puissant clocher de la collégiale, des ruelles qui se croisent avec la rigueur de l'équerre. Pas de doute, c'est une bastide! Sur les rives de l'Aveyron, au cœur d'une belle nature entre Causse et Ségala, la « perle du Rouergue » a conservé son charme bien vivant, en particulier lors du marché du jeudi, un des plus beaux d'Occitanie. De ce carrefour historique partent les routes du Ségala, « sauvage de caractère », qui nous emmènent vers d'autres bastides encore. À admirer et à arpenter entre une dégustation gourmande et une randonnée à pied ou à VTT.

Jour de marché à Villefranche-de-Rouergue.
L. Maisant/hemis.fr

Se repérer

CARTE A3 (P. 160-161) - PLAN (P. 176).
11602 Villefranchois – Aveyron (12).
40 km à l'ouest de Rodez.

À ne pas manquer

La place et la collégiale Notre-Dame; la chapelle des Pénitents-Noirs; la chartreuse St-Sauveur; le marché du jeudi matin.

En famille

La grotte préhistorique de Foissac.

Carnet pratique p. 183

Nos adresses p. 183

La vieille ville

PLAN P. 176

La bastide royale se déploie en bordure de l'Aveyron, qu'enjambe le **pont des Consuls** (14e s.). Elle conserve son vaste plan en damier dont les rues bordées de maisons en pierre et torchis convergent vers la place à couverts, qui procurent, entre les courbes des voûtes et le jeu des piliers, de jolis coups d'œil.

★★ Place Notre-Dame B1

Vaste, superbe et animée, la place centrale est encadrée de maisons à couverts de style gothique flamboyant ou Renaissance, dont certaines ont conservé leurs fenêtres à meneaux et leurs clochetons de pierre. On l'observe tout à loisir de la terrasse qui domine la place au nord, derrière un grand Christ en ferronnerie.
Au cœur du carrefour commercial qu'était devenue la ville franche au Moyen Âge, la place rassemblait les édifices publics : maison des Consuls, maison du poids public, halle, etc. Depuis 800 ans se tiennent ici les foires et les marchés les plus importants du pays, une tradition qui se prolonge dans le marché du jeudi matin, à ne manquer sous aucun prétexte.
Faites le tour des couverts afin d'observer les arcades ogivales et les portes sculptées. À l'angle de la rue Marcellin-Fabre, ancienne rue charretière toujours animée, une maison à colombages (15e s.), dont l'escalier du corps central, éclairé par des fenêtres à meneau, s'ouvre par une **porte en pierre**. Remarquez les rinceaux et feuillages sculptés sur la partie inférieure de l'auvent.
Rue du Sergent-Bories, au sud de la place, la **maison Combettes**, à droite, présente une **tour d'escalier** de la fin du 15e s., avec pilastres et tympan sculpté.

Maison du président Raynal B1

R. de la République. Belle façade du 15e s. dont les fenêtres contiguës, disposées sur trois étages, sont de tradition romane.

Maison Dardenne A1

Au bas de la place Notre-Dame, à l'angle de l'ancienne rue Droite et des arcades du Consulat.
Cette demeure du 16e s. fut édifiée par Jean Imbert Dardenne, bourgeois enrichi dans le négoce du cuivre et consul de la ville, qui fit également construire le château de Graves sur une des collines dominant la bastide. Dans la cour, des loggias et des balcons sont ornés de bustes évoquant Tarquin et Lucrèce. Large escalier à voûtes au décor encore gothique.

Un air d'Espagne

Lorsque Malraux dut cesser le tournage de l'adaptation de son roman *L'Espoir* à Barcelone, tombée aux mains de Franco en 1939, c'est à Villefranche la méridionale qu'il trouva une ressemblance espagnole pour filmer certaines scènes manquantes.

★ Collégiale Notre-Dame B1

En dehors des concerts, le carillon sonne à 12h et 18h et les 1/2h le matin du marché (autres horaires, www.carillon-villefranche.fr).
Avec ses puissants contreforts d'angle décorés de pinacles, le **clocher-porche**, sous lequel passe une rue, a une allure de forteresse. Au 2e étage, une galerie à balustrade règne sur ses quatre faces en retrait ou en encorbellement et se glisse au travers des contreforts. Haut de 59 m, ce clocher illustrerait la rivalité de Villefranche-de-Rouergue et de Rodez (*p. 162*), chacune des deux villes voulant exprimer sa supériorité par la hauteur de son édifice de culte. À en juger par la

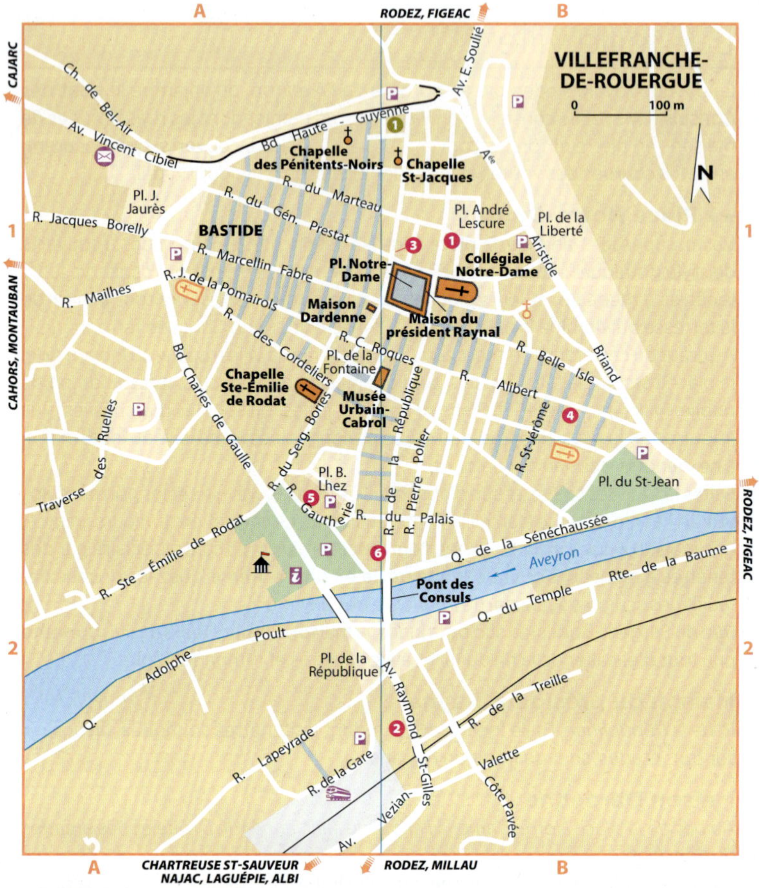

SE RESTAURER		SE LOGER
Gaya 1	Les Hauts Parleurs 4	Les Fleurines 1
L'Épicurien Grill 2	La Passiflore 5	
Dali's 3	Jacques a dit 6	

puissance des assises de la sienne, Villefranche nourrissait d'immenses ambitions : les guerres et la pénurie de subsides devaient l'empêcher de poursuivre ses efforts et le clocher fut, en 1585, recouvert par la toiture actuelle. Il abrite un **carillon** de quatre octaves, l'un des plus beaux du sud de la France.

La construction de l'église, commencée en 1260, a duré trois siècles. Elle avait pris le titre de collégiale en 1448 alors qu'elle était administrée par un chapitre de 26 chanoines. Un portail surmonté d'un gâble ajouré donne accès à l'ample **nef sans collatéraux** bordée de chapelles logées entre les contreforts intérieurs, suivant l'usage du gothique méridional. À gauche de l'entrée, les fonts baptismaux sont entourés par une **grille de ferronnerie** qui mérite l'attention. Dans le croisillon gauche, l'autel porte un médaillon de marbre, attribué à l'école de Pierre Puget, représentant la Visitation.

Le chœur, éclairé de fenêtres hautes et étroites (deux des vitraux furent offerts par Charles VII), abrite un remarquable ensemble de **62 stalles** de chêne sortant

Le sens des affaires

Fondée en 1099 par Raimond IV de St-Gilles, comte de Toulouse, sur la rive gauche de l'Aveyron, Villefranche connaît un nouvel essor lorsqu'en 1252 Alphonse de Poitiers, frère de Saint Louis, décide de créer une ville nouvelle sur la rive droite de la rivière. Bâtie selon le plan d'une bastide, elle est administrée dès 1256. Malgré le désaccord survenu entre le fondateur et l'évêque de Rodez, qui va jusqu'à excommunier les nouveaux arrivants, le peuplement est rapide. Sa situation au contact du Causse et du Ségala, à la croisée de voies de communication empruntées depuis l'Antiquité, fait de Villefranche, au Moyen Âge, un important centre commercial. C'est aussi une étape sur le chemin de St-Jacques-de-Compostelle.
Au 14e s., la ville obtient de Charles V le privilège de battre monnaie, et l'exploitation des mines d'argent et de cuivre ne fait qu'ajouter à la prospérité du siège de la sénéchaussée du Rouergue et capitale de la Haute-Guyenne.
La prospérité de Villefranche ne devait cependant pas durer : son adhésion à la Réforme pendant les guerres de Religion porta un coup d'arrêt à son expansion. Plus tard, en 1628, le fléau de la peste décima la population. Vingt ans après, la ville fut dévastée lors de la révolte des Croquants.
Aujourd'hui, Villefranche fait partie de la Mecanic Vallée, un espace économique (Aveyron, Lot et Corrèze) spécialisé dans l'aéronautique, l'équipement automobile et la machine-outil.

de l'atelier d'André Sulpice (1473-1487). Enfin, partie la plus ancienne de l'édifice, l'abside répond au style gothique rayonnant.
En remontant vers la chapelle des Pénitents-Noirs, on passe devant la façade de style gothique flamboyant de la **chapelle St-Jacques** (1455), destinée à accueillir les pèlerins en route sur la *via Podensis* vers Compostelle. Remarquez les vantaux en bois de la porte.

★ Chapelle des Pénitents-Noirs A1

Bd de Haute-Guyenne - ✆ 05 36 16 20 00 (office de tourisme) - www.penitents.bastides-gorges-aveyron.fr - juil.-août : 10h30-13h, 14h-18h30 ; juin et sept. : 10h30-12h, 14h-18h ; reste de l'année : se rens. - 4,50 € (12-18 ans 3,50 €).

Coiffé d'un double clocheton ajouré, cet oratoire dédié à la Sainte Croix fut construit en 1642 grâce au don d'un membre des Pénitents noirs (de la couleur de l'habit de toile dont ils se revêtaient les jours de procession). La fondation de cette confrérie laïque, en 1609, s'inscrit dans le renouveau de ferveur qui suivit les guerres de Religion. Elle compta jusqu'à 300 membres dont la mission consistait à fournir de l'aide aux pauvres et aux malades et à accompagner les morts. Très florissante jusqu'à la Révolution, elle ne cessa d'exister qu'en 1905.
La chapelle, en forme de croix grecque, est coiffée d'un remarquable **plafond peint★**. Son décor célèbre le culte de la Croix : elle apparaît à l'empereur Constantin Ier, représenté agenouillé ; plus loin, on reconnaît sa mère, sainte Hélène, et les apôtres. Le **retable★** en bois polychrome du 18e s., de facture baroque, probablement d'inspiration espagnole, est doré à la feuille et représente les scènes de la Passion. Les murs sont ornés de tableaux dus au peintre toulousain Charles Dujon (1766), posés à la place de fenêtres qui perçaient à l'origine les murs. Dans la **tribune des chantres**, stalles du 15e s.

Musée Urbain-Cabrol B1

Pl. de la Fontaine - ✆ 05 65 45 44 37 - www.villefranchederouergue.fr - ♿ - fermé en 2022 - se rens.

4

Dans un élégant hôtel Louis XV ont été rassemblées les collections d'Urbain Cabrol concernant l'archéologie, l'histoire et les traditions populaires de Villefranche et de sa région. Deux importantes collections occupent le niveau 3 : celle de la chapelle des Pénitents-Noirs et celle du Dr Alibert, fondateur de la dermatologie, né à Villefranche en 1768. Le musée présente des expositions d'art contemporain en lien avec les Abattoirs de Toulouse et le musée Soulages.
Sur la place, le **Griffoul** est une fontaine monolithe qui constitua le principal point d'eau de la ville à partir de 1340.

Chapelle Ste-Émilie de Rodat A1

30 r. du Sergent-Bories. Derrière son haut clocher-mur, cette église édifiée entre 1952 et 1958 est un intéressant exemple de l'art religieux français d'après-guerre (fresques, vitraux, sculptures).

★ Chartreuse St-Sauveur HORS PLAN

Accès par la D 922 en direction de Najac et Laguépie. Av. Vézian-Valette - ✆ 05 36 16 20 00 (office de tourisme) - www.chartreuse.bastides-gorges-aveyron.fr - juil.-août : 10h30-13h, 14h-18h30 ; reste de l'année : se rens. - 7 € (7-16 ans 4,50 €).
Moines-ermites, les pères chartreux observent la clôture perpétuelle et l'extrême rigueur (silence et solitude) des statuts de l'ordre contemplatif fondé par saint Bruno au 11e s. La chartreuse St-Sauveur fut sauvée de la démolition par la municipalité de Villefranche qui l'acheta en 1791 pour y installer un hôpital, toujours en activité. Elle compte parmi la poignée de chartreuses en France qui ont gardé leur patrimoine quasi intact. C'est une occasion rare de comprendre la vie que menaient les treize moines, tout en admirant les bâtiments, construits dans un style gothique flamboyant très pur.
On entre par la **cour des Obédiences** où vivaient et travaillaient les frères convers.
Chapelle conventuelle – Précédée d'un vaste porche et d'une porte dont les vantaux représentent deux chartreux portant les armes des fondateurs, la nef de trois travées est ornée de copies des *Sacrements* de Poussin, de la main d'un artiste local. Le chœur à abside polygonale, séparé par une clôture du 17e s., abrite des stalles en bois du maître menuisier André Sulpice (15e s.), un autel en bois doré d'époque Louis XV, ainsi qu'un enfeu de style flamboyant au pied duquel sont conservés les tombeaux du fondateur et de sa femme. Le monastère conserve une **tabula** du 17e s., un panneau de bois où était inscrit l'emploi du temps des moines.
★ **Petit cloître** – On ne peut qu'être silencieux en entrant dans cet espace voué à la spiritualité et à la prière. Voûté sur croisées d'ogives, ce chef-d'œuvre de style flamboyant arbore des clefs de voûte très ouvragées, des baies décorées de remplages d'une grande élégance et des culs-de-lampe ornés à la retombée des arcs. À l'entrée du réfectoire, une fontaine représentant le Lavement des pieds témoigne de l'influence de l'école bourguignonne.
Réfectoire – Suivant les statuts de l'ordre qui précisaient que les pères devaient vivre principalement dans la solitude de leur cellule, cette vaste salle de trois travées voûtées sur croisées d'ogives n'était utilisée par les chartreux que les dimanches et à l'occasion de certaines fêtes. Dans l'épaisseur du mur est aménagée la **chaire du lecteur★**, en pierre, avec sa balustrade à décoration flamboyante.
Salle capitulaire – Elle est éclairée par des verrières du 16e s. représentant, au centre, le *Gloria in Excelsis Deo* et, de chaque côté, les fondateurs.
Avant de pénétrer dans le grand cloître, une salle est consacrée à d'intéressantes explications sur l'ordre et le fonctionnement de la chartreuse.
★ **Grand cloître** – Le cloître, l'un des plus vastes de France (66 m x 44 m), frappe par l'harmonie de ses perspectives. Sur ses côtés s'ouvraient les 13 maisons des

chartreux et leur jardinet. Chacune d'entre elles comprenait la réserve de bois et l'atelier au rez-de-chaussée, et, à l'étage, l'oratoire, appelé « Ave Maria », et la chambre.

À proximité

CARTE P. 160-161

★ Abbaye de Loc-Dieu A3

10 km à l'ouest, à l'écart de la D 926, sur le bord de la D 115.
05 65 29 51 18 ou 06 12 71 13 43 - www.abbayedelocdieu.com - visite guidée (1h) 1er juil.-10 sept. : tlj sf mar. 10h-12h, 14h-18h - 7 € (-12 ans 5 €) - 2 € parc seul (tte l'année).

L'abbaye de Loc-Dieu fut construite au 12e s., par treize moines cisterciens, en grès de nuances diverses où dominent l'ocre et le jaune. Dans ce coin du Rouergue infesté de malfrats et de brigands, elle représentait un lieu de paix et de recueillement à l'origine de son nom, *Locus Dei*, le « lieu de Dieu ». Détruite en partie à la fin de la guerre de Cent Ans, elle fut reconstruite avec muraille et machicoulis, d'où son allure de forteresse. Modifiée à la fin du 19e s., l'entrée est un exemple atypique de création néogothique en raison de sa simplicité, de sa lumière et de sa pierre blanche.

★ **Église** – Bâti de 1159 à 1189, ce magnifique exemple de plan cistercien marie pureté, sobriété et harmonie des proportions. Haute de plus de 20 m, la nef est flanquée d'étroits collatéraux. Achevée avec l'aide de l'abbaye-mère, à Pontigny-en-Bourgogne, l'église est voûtée sur croisées quadripartites, mais son élévation demeure romane. Lors de la reprise de l'aile des moines, à la fin du 13e s., le transept est agrandi et le chevet plat cistercien est remplacé par une abside à cinq pans. Dans la première des quatre absidioles ouvrant sur le transept, remarquez, à droite, le **triptyque** du 15e s., en bois sculpté et peint, qui encadre une Vierge à l'Enfant.

Cloître et salle capitulaire – Détruit pendant la guerre de Cent Ans, le cloître, reconstruit au 15e s., ne conserve aujourd'hui que trois côtés. Il fut accolé à la salle capitulaire utilisée au 19e s. comme orangerie et demeurée intacte.

Les Allemands avançant sur Paris, certains conservateurs de musées parisiens mirent à l'abri, en 1940, les trésors de la capitale. C'est ainsi que quelque 3000 tableaux, dont la *Joconde*, trouvèrent asile à Loc-Dieu, le temps d'un été...

★ Grotte préhistorique de Foissac A2

22 km au nord-ouest par la D 922 en direction de Figeac, à l'écart au sud du village de Foissac. Cap de Tété - 05 65 64 60 52 - www.grotte-de-foissac.fr - visite guidée (1h30) juil.-août : 10h-18h ; juin et sept. : 10h-11h30, 14h-18h ; avr.-mai et oct. : tlj sf sam. 14h-17h - 11,50 € (3-12 ans 7,50 €).

Si le site de Foissac fut mis au jour en 1959, ce n'est qu'en 1965 que le club spéléologique de Capdenac réussit à accéder à la grande salle où sommeillaient les vestiges d'une occupation humaine. Entre autres merveilles minérales, la salle de l'Obélisque et la salle Michel-Roques recèlent des fistuleuses étincelantes de blancheur, ainsi que quelques tours d'ivoire. Dans la salle de l'Éboulement, vous verrez un curieux plafond à champignons. Ces derniers témoignent de l'existence de stalagmites antérieures aux séismes qui bouleversèrent la physionomie de la grotte. Enfin, d'originales stalactites bulbeuses ont été surnommées « les Oignons ». Ces grottes conservent aussi des signes de l'occupation humaine à l'âge du cuivre (2700-1900 av. J.-C.) ; elles auraient été utilisées comme carrières, caves et, cas plus rare, comme cimetière. On a découvert des foyers de charbon de bois, des ustensiles de cuivre, des poteries galbées et, surtout, des squelettes humains,

4

certains accompagnés d'offrandes attestant une inhumation. Trace émouvante : une empreinte de pied d'enfant fixée dans l'argile depuis 4000 ans.

★ Peyrusse-le-Roc A2 - PLAN CI-CONTRE

28 km au nord par la D 1 en direction de Decazeville, puis la D 634 en direction de Drulhe et la D 539.

4 pl. des Treize-Vents - 05 65 80 49 33 - www.plateau-de-montbazens.com.

Le nom latin *Petrucia* a donné en occitan *Peirosa* qui signifie « terre pierreuse ». Conquise en 767 par Pépin le Bref, Peyrusse fut rattachée en 781 par Charlemagne au duché d'Aquitaine. Chef-lieu de bailliage jusqu'au début du 18e s., elle dut sa richesse à des mines argentifères qui furent abandonnées au cours du 18e s., lorsque la concurrence du métal américain devint trop rude. Dès lors, la ville basse, fortifiée, fut désertée par ses habitants, et le village actuel, sur la hauteur, servit de refuge aux derniers Pétruciens.

Après avoir traversé la **place St-Georges**, qui possède une belle croix de pierre du 15e s. avec une Vierge à l'Enfant sous un dais (13e s.), on franchit la **porte du Château**, vestige de l'enceinte médiévale, pour accéder à la **place des Treize-Vents**, tracée à l'emplacement du château médiéval des seigneurs de Peyrusse. Il ne reste de celui-ci qu'une salle qui servait de prison et une tour (le clocher de l'église).

Édifiée au 18e s., l'**église** se signale par sa grande nef unique de cinq travées et ses voûtes à pénétration portées par des piliers carrés. À l'intérieur, on découvre une pietà polychrome du 15e s., ainsi que des sculptures et des fresques de l'artiste de Bozouls Henri Vernhes.

Sur la gauche de l'église, franchissez la porte Neuve et, prenez à gauche le sentier qui descend vers le site médiéval ; après le cimetière, tournez à droite (escalier).

Des escaliers métalliques *(passage délicat)* mènent au **roc de Thaluc**. C'est au sommet de ce roc, hérissé des deux tours carrées du château inférieur et dominant de 150 m la vallée de l'Audierne, que l'on comprend l'importance stratégique de Peyrusse durant les périodes troublées du Moyen Âge.

Suivez le sentier vers le fond de la vallée.

Abrité sous un édicule, le **tombeau du Roi** est un mausolée richement sculpté, datant probablement du 14e s. Sur la droite se dressent les ruines de l'ancienne église paroissiale **N.-D.-de-Laval** dont subsistent, à l'aplomb des deux tours du roc de Thaluc, les arcs en ogives de la nef effondrée, les vestiges des cinq chapelles latérales droites et du chœur à trois pans adossé au rocher et, à gauche, les restes d'un tombeau. On arrive à la **synagogue** où des juifs auraient trouvé refuge au 13e s. ; il pourrait s'agir de la base d'une tour du château inférieur.

En revenant sur ses pas, puis en prenant à droite, on remarque la belle cheminée extérieure ronde de l'**hôpital des Anglais** (13e s.) avant de gagner, au bord de la rivière, la chapelle **N.-D.-de-Pitié**, élevée en 1874 à l'emplacement d'un oratoire. Ancien clocher de N.-D.-de-Laval, la haute tour carrée du **beffroi** défendait la ville au nord-ouest avec la **porte de la Barbacane** (bel arc ogival de décharge). En regagnant le village, voyez à gauche le **marché couvert**, ensemble de caves voûtées.

Toulongergues

Visite de l'église juil.-août merc. 14h30 (réserv. à l'office de tourisme 05 36 16 20 00).

Ce petit hameau du causse de Villeneuve abrite un édifice remarquable. Construite avant l'an mil, son église présente une structure préromane dite « à angles arrondis et à chevet plat », ainsi qu'un cycle de peintures murales tout à fait exceptionnel.

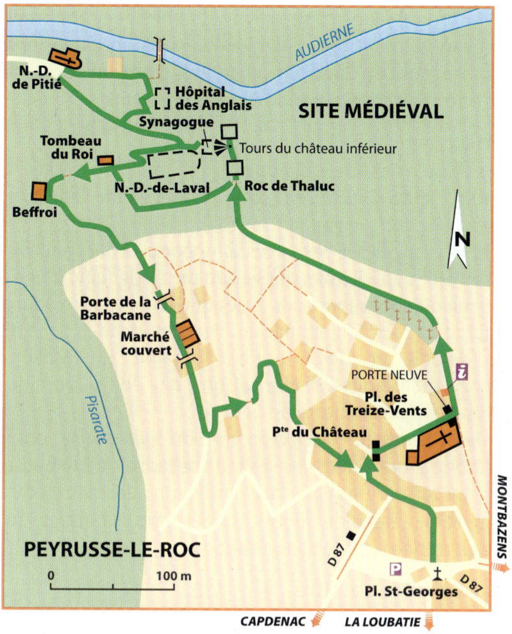

Les bastides du Rouergue

CARTE P. 160-161

Cités de caractère, ces six bastides, dont la plus vaste est Villefranche, ont toutes un fort tempérament. Jamais endormies, elles trouvent un surcroît d'animation en été et forment un itinéraire de choix pour sillonner les beaux paysages de l'ouest aveyronnais.

L'association Pays d'art et d'histoire des Bastides du Rouergue accompagne leur découverte de façon pédagogique et dynamique, en particulier par le biais de panneaux « Laissez-vous conter » et d'audioguides (www.bastidesdurouergue.fr).

4

La Bastide-l'Évêque A3

À 12 km à l'est de Villefranche par la D 911.

Le bourg - Le Bas-Ségala - 05 65 81 13 94 - www.tourisme-aveyron-segala.fr. C'est en passant sous une arche que l'on pénètre dans ce petit village bâti en granit rose et gris. On doit à l'évêque de Rodez Raymond de Calmont, désireux de concurrencer Villefranche-de-Rouergue, la fondation de cette bastide en 1280. Elle s'organise autour d'une place bordée par l'**église St-Jean-Baptiste** (14e-15e s.), que l'on repère à son clocher-porche et ses toits de lauzes. Celle-ci possède un chœur gothique de style flamboyant, une nef plafonnée et un buste-reliquaire de saint Dalmas *(ouv. la journée ; visite guidée en juil.-août : jeu. 15h).*

Martinet de la Ramonde – *05 65 29 93 01 - www.lesmartinetsdulezert.fr - visite guidée (1h30) juil.-août : merc.-jeu. et dim. 15h-18h ; mai-juin : dim. 15h-18h ; déb. sept. : jeu. et dim. 15h-18h - 3 € (12-16 ans 1,50 €).* Dans un site bucolique, ce marteau hydraulique, dont la roue est actionnée par le Lézert, a été remis en fonctionnement. Visite commentée et impressionnante démonstration de la frappe du cuivre.

2 km. Une promenade passe par un chemin boisé qui relie le moulin à La Bastide-L'Évêque. Vous pouvez aussi prévoir une randonnée en boucle depuis la bastide jusqu'au **pont du Cayla**, un joli pont de pierre en dos d'âne qui enjambe l'Aveyron, en passant par la Ramonde *(boucle de 16 km).*

Rieupeyroux AB3

À 11 km à l'est de La Bastide-L'Évêque.

28 r. de l'Hom - 05 65 65 60 00 - tourisme-aveyron-segala.fr.

Marché dim., en centre-ville.

Fondée peu après l'an mil sur des terres seigneuriales par l'abbaye St-Martial de Limoges, la sauveté bénédictine, qui se déploie sur le flanc d'une colline, aurait été construite en quelques jours par le géant Gargantua. Le bourg conserve un tracé orthogonal où se côtoient halle couverte et arcades de la **place du Gitat**, maison à pan de bois, arcs de boutique et fontaine... En parcourant les ruelles étroites, on parvient à l'**église St-Martial**, un vaste édifice gothique construit et fortifié au 14e s. pendant la guerre de Cent Ans.

Chapelle St-Jean-Baptiste – *À 2 km au nord du centre-ville - ouv. sur demande auprès de l'office de tourisme.* Sous ses toits de lauzes, cette petite chapelle aux origines romanes affronte les vents au sommet du puech de Modulance (804 m) d'où l'on domine le plateau du Segala. **Vue★★** ébouriffante jusqu'à l'Aubrac et les limites des Pyrénées (table d'orientation).

Sauveterre-de-Rouergue (p. 185)

À 20 km au sud de Rieupeyroux.

Najac (p. 189)

À 50 km à l'ouest de Sauveterre.

Villeneuve-d'Aveyron A3

À 35 km au nord de Najac.

Pl. des Conques - 05 36 16 20 00 - www.bastides-gorges-aveyron.fr.

Si Villeneuve ne présente pas la majesté de Villefranche, elle charme d'emblée par son caractère intime, son patrimoine intact, et sa vie tranquille et gourmande. Elle se tient aux confins du Quercy et du Rouergue, sur un causse que limitent les vallées du Lot et de l'Aveyron. Se déploient côte à côte une sauveté bénédictine, fondée au 11e s., et la bastide aménagée au 13e s. Celle-ci s'organise autour d'une belle **place** bordée de couverts que surmontent d'opulentes maisons des 13e, 14e et 15e s.

La rue Pavée conduit vers l'**église romane**, de plan centré et bâtie à l'imitation du St-Sépulcre de Jérusalem, prolongée au 13e s. par une vaste nef gothique, et dont l'une des absides romanes est ornée de peintures murales (14e s.) dédiées au culte de saint Jacques. De son enceinte urbaine médiévale, la bastide conserve la massive **porte Haute** (tour Soubirane) et la **tour Cardalhac**.

Maison de la Photo – *Pl. des Conques - 05 65 81 53 04 - www.maisonphoto villeneuve.com - juin-sept. : mar.-dim. 10h-12h30, 14h30-18h30 ; avr.-mai et oct. : mar.-dim. 10h-12h30, 14h30-17h30 ; reste de l'année : se rens. - 5 € (-12 ans gratuit).* Quart d'heure nostalgie ! Installé depuis de nombreuses années à Villeneuve, le photographe **Jean-Marie Périer** a créé un petit musée détonnant dans une demeure du 14e s. Sans crier gare, nous voici plongé dans les années 1960, grâce à ses clichés provenant du magazine phare de l'époque, *Salut les copains*. Les stars icônes du yéyé inondent les murs d'énergie et de couleurs : Johnny Hallyday, Françoise Hardy, Jacques Dutronc, les Rolling Stones ou encore Chuck Berry. Très amusant voyage dans le temps, qui dialogue avec les portraits d'Aveyronnais du coin.

Carnet pratique

S'informer

Office de tourisme – *Prom. du Guiraudet - Villefranche-de-Rouergue - ✆ 05 36 16 20 00 - www.bastides-gorges-aveyron.fr.* L'office de tourisme propose des visites guidées et audioguidées de la bastide.

Pass touristique

Pass Multisites – Une entrée pleine à la chartreuse, aux grottes de Foissac ou à Najac donne droit à des réductions dans ces 5 sites : abbaye de Loc-Dieu, maison de la Photo, maison du Gouverneur, chapelle des Pénitents-Noirs, tour Soubirane. Valable une semaine.

Agenda

Ballons et Bastide – *Fin juin-début juil. les années paires - vols sur réserv.* Une trentaine de montgolfières survolent la bastide médiévale, départs de Villefranche, Najac, Loc-Dieu et Villeneuve.

Festival en Bastides – *1 sem. début août - espaces-culturels.fr.* Chaque été, les arts de rue sont à l'honneur à Villefranche, Najac, Villeneuve, La Bastide-L'Evêque, Rieupeyroux et Sauveterre.

Nuits musicales du Rouergue – *www.nuitsmusicalesdurouergue.com - fin juil.-déb. août.* Concerts à Villefranche (cloître de la chartreuse) et Najac.

Nos adresses

PLAN P. 176

Restauration

Premier prix

5 **La Passiflore** – A2 - *5 r. Gautharie - ✆ 06 12 27 92 93 - 10h-18h - fermé lun.-mar. - formules à partir de 9,50 € à midi.* Tartes salées et pâtisseries maison sont parfois bien utiles pour une pause déjeuner.

4 **Les Hauts Parleurs** – B1 - *34 r. Alibert - ✆ 09 80 90 73 09 - www.leshautsparleurs.com - horaires variables - fermé lun.-merc.* Dans ce café culturel associatif, on vient déjeuner d'un repas frais et plutôt bio (tartines et soupes, crêpes, etc.), papoter, dessiner, bouquiner, jouer... Menu complet les jeudis midis *(env. 10 €)* proposé par les bénévoles.

1 **Gaya** – B1 - *Pl. André-Lescure - ✆ 05 65 45 25 95 - 12h-14h, 19h-21h30 - fermé mar.-merc. - menu midi 18 €.* À deux pas de la collégiale, des pierres au mur, du bois au plancher, une terrasse pour l'été, des sourires à l'accueil : ne changez rien, asseyez-vous et dégustez. Tout est simple (salade de mesclun, assiette de Serrano ou poulet et piperade), tout est frais.

6 **Jacques a dit** – B2 - *54 r. de la République - ✆ 05 65 45 37 26 - www.jacquesadit-restaurant.fr - déj. seult - fermé sam.-dim. - plat du jour 13 € - menu 21 €.* Dans cette cave voûtée, on aime vraiment la cuisine. Deux jeunes chefs talentueux vous proposent une cuisine légère à prix contenus.

2 **L'Épicurien Grill** – B2 - *8 bis av. Raymond-St-Gilles - ✆ 05 65 57 12 79 - horaires variables - menu déj. 13 € - plats 15/20 €.* Une atmosphère chaleureuse pour savourer viandes et poisson au grill. Terrasse.

Budget moyen

3 **Dali's** – B1 - *Arcades Reynies - ✆ 05 65 45 65 17 - midi et soir - fermé nov.-mars - menu 19/28 €.*

Fou de Dali et de peinture, Hassan a le verbe haut et la cuisine astucieuse : produits locaux, recettes simples, assiettes mesurées, menus dans l'air du temps (aveyronnais, végétarien ou gastronomique). Et, surtout, depuis la terrasse en surplomb, il profite du meilleur point de vue sur la place Notre-Dame.

Pour se faire plaisir

Côté Saveurs – HORS PLAN - *Pl. Louis-Fontanges - ✆ 05 65 65 83 64 - www.cote-saveurs.fr - 12h-13h30, 19h30-20h30 - fermé dim.-lun. - menu midi 23,50 € - menu 35/50 €.* Une caserne de pompiers a été revisitée à la mode contemporaine, et le résultat est à la hauteur! La cuisine met en valeur le terroir aveyronnais : pavé de veau de l'Aveyron, salsifis et moelleux de patate douce, tarte au citron à la crème citron vert...

Shopping

Marché – *Jeu. mat.* Sur la place Notre-Dame.

Pavillon du Causse – *Allée Aristide-Briand - ✆ 05 65 81 25 11 - www.fontalbat-mazars.com - tlj sf dim. 8h30-12h30, 14h30-19h30.* Produits locaux, dont les fameux jambons du Causse, qui pendent au-dessus de l'entrée. Très beaux rayons boucherie, charcuterie, crémerie, fromagerie et conserverie (cèpes, fritons de canard...) et vins de pays.

Activités

Ferme du Soulié-Bias – *Rte de Ste-Croix - Cénac - Villeneuve-d'Aveyron (8,5 km au nord-ouest de Villefranche) - ✆ 07 80 56 98 71 - camping-de-la-ferme-du-soulie.business.site - avr.-nov. : 9h-21h, dim. 14h-21h - sur réserv. - âne ou poney 8 €/h, attelage 20 €/h.* Chevaux, ânes de bât et d'attelage vous permettront de visiter la région d'une façon originale. Dans un cadre champêtre, vous pourrez séjourner à proximité de la ferme en camping, en roulotte ou dans une maisonnette.

Sports et Nature – *Chemin du Teulel - ✆ 06 07 99 52 65 - villefranche-sports-et-nature.fr - 11h30-18h.* Base de pleine nature sur l'Aveyron à Villefranche où pratiquer de multiples activités : canoë *(location 7 €/h/pers.)*, paddle, randonnée, etc. Buvette, glaces et aire de pique-nique.

Hébergement

Budget moyen

1 **Les Fleurines** – B1 - *17 bd de Haute-Guyenne - ✆ 05 65 45 86 90 - www.lesfleurines.com - ♿ - 24 ch. 61/151 € - ☕ 13 €.* Ce bâtiment en pierre est devenu un hôtel raffiné au style contemporain marqué par des lignes épurées, un confort réel et une ambiance cosy. Sa proximité avec la chapelle des Pénitents-Noirs en plein centre-ville en fait un lieu privilégié.

Pour se faire plaisir

Relais de Farrou – HORS PLAN - *34 rte de Farrou - ✆ 05 65 45 18 11 - www.relaisdefarrou.com - P 🏊 ♿ - 25 ch. 85/155 € - ☕ 14 € - 1/2 P possible - ✕ formule déj. 20 € - menu 47,50/67 €.* Situé à l'extérieur de Villefranche, l'hôtel propose des chambres très confortables, un spa, un sauna et, dans un cadre de verdure agréable, un court de tennis, un minigolf et une aire de jeux. Le restaurant vous fera découvrir les spécialités régionales cuisinées avec talent, à déguster en salle ou sur la terrasse ombragée.

À La Bastide-L'Évêque

Premier prix

Chambres du Presbytère – *Le bourg - ✆ 06 29 38 80 73 - www.chambresdupresbytere.fr - 4 ch. 75/89 € ☕.* Quelques chambres simples et agréables dans une maison à l'entrée du bourg, entourée d'un jardin soigné.

Sauveterre-de-Rouergue ★

Tandis que les « gitats » ou couverts de la place centrale donnent à la bastide un cachet de grande cité, les ruelles alentours ont gardé leur ambiance de petit village. Les deux qualités font bon ménage dans le calme et la sérénité de ce beau coin du Ségala. Sauveterre a redéployé son activité artisanale. Emplettes et visites d'ateliers en perspective, sans compter la présence d'un restaurant étoilé.

Sauveterre-de-Rouergue, le passage couvert et la place des Arcades.
H. Lenain/hemis.fr

Se repérer

CARTE B3 (P. 160-161).

711 Sauveterrats – Aveyron (12). Située en plein cœur du Ségala, à mi-chemin entre Rodez, Albi et Villefranche-de-Rouergue.

Organiser son temps

Visitez la ville le matin et la vallée du Viaur l'après-midi.

À ne pas manquer

La chapelle de Villelongue.

En famille

Le parc animalier du Ségala.

Carnet pratique p. 187

Nos adresses p. 188

Se promener

La bastide a été bâtie en 1281 par le sénéchal du Rouergue pour le roi Philippe III le Hardi. De plan rectangulaire régulier, Sauveterre s'organise autour d'une vaste **place centrale★** bordée de couverts, dont les 47 voûtes ogivales datent pour la plupart des 14e et 15e s. Sur cette place s'ouvre le bel escalier en pierre de la mairie. De la même époque datent la collégiale gothique **St-Christophe**, la **maison Unal** avec son encorbellement à pan de bois, ainsi que les vieilles maisons de la rue St-Vital.
Sur la promenade, qui a remplacé l'enceinte urbaine dont il subsiste deux portes et une tour, s'élève la **croix de la Merette**, un calvaire du 16e s.
L'activité coutelière, attestée au 14e s., s'est redéployée, donnant lieu à la création d'un atelier, le **Couteau de Sauveterre**, ouvert à la visite (*Nos adresses*).

L'Ancre

Bd Lapérouse - 06 98 61 74 64 - www.artetsavoirfaire.com - juil.-août lun. 15h-18h30, mar.-dim. 10h-12h30 et 15h-18h30; reste de l'année se rens. - gratuit.
Cet espace restauré et aménagé avec goût constitue la partie publique du **pôle des métiers d'art du pays Ségali.** Au cœur du village, cette association fédère une trentaine d'artistes et artisans d'art : céramiste, verrier, sculpteur sur parchemin ou encore photographe travaillent dans 8 ateliers ouverts au public. Leur production est exposée dans les salles et vendue dans la boutique.

À proximité

CARTE P. 160-161

Parc animalier du Ségala B3

12 km au sud-ouest de Sauveterre.
La Riale - 05 65 71 86 74 - www.parcanimalierdepradinas.com - - juil.-août : 10h-19h; reste de l'année : se rens. - 14/15 € (-11 ans 7,50 €).
Ce parc vallonné présente, dans un cadre naturel et familial, des loups, ours, lycaon coatis, lynx, rapaces au cours d'une promenade d'1h30. Dans un espace de 2 ha, le visiteur côtoie les singes magots en semi-liberté. La mini-ferme dévoile le monde des bébés animaux. Le parc abrite aussi un petit **musée des traditions agricoles**.

Vallée du Viaur

CARTE P. 160-161

Circuit de 60 km tracé en vert sur la carte. Quittez Sauveterre au sud par la D 997.

Chapelle de Villelongue

À 7 km au sud de Sauveterre. Cabanès - visite de la chapelle : sur RV en téléphonant au 06 86 69 64 50 (Compagnons de Villelongue et Amis du Maquis Antoine Tarn et Aveyron).
Dans la vallée du Lézert, le site de Villelongue regroupe en pleine nature un château médiéval en ruines et une petite chapelle romane qui loge un musée de la Résistance. Le site en soi est un but de randonnée (*1h30 depuis Sauveterre*) et un coin parfait pour pique-niquer. Depuis la route, un chemin monte dans les bois et traverse le Lézert aux eaux limpides. Le site fut choisi pour son isolement en 1944 par le **Maquis Antoine**, dont l'histoire est racontée dans la chapelle.

★ Viaduc du Viaur B4

Lieu-dit Malphettes - Tauriac-de-Naucelle. Nombreux départs de randonnée.
On rejoint le pont ferroviaire, dont l'arc métallique s'élance à 116 m de hauteur, par l'**aire Paul-Bodin**, du nom de l'ingénieur qui bâtit le viaduc en 1902 (*p. 381*). Superbe vue sur la vallée et le pont, depuis l'**hôtel Angles**, établissement fin de siècle désaffecté qui confère à l'endroit un charme suranné. Sur la terrasse de l'hôtel, des panneaux et des photos racontent l'histoire passionnante du pont et de son constructeur.
Un sentier descend jusqu'au Viaur.
Revenez sur la D 574 et rejoignez la route secondaire C 11 le long du Viaur. Le viaduc est visible d'un tout autre point de vue. Vous pouvez traverser à La Bastide puis repasser rive droite à St-Just-du-Viaur où vous rejoindrez la D 80.

Château du Bosc B3

05 65 69 20 83 - www.chateaudubosc.com - visite guidée (1h) de mi-juin à fin sept. : 10h-19h; de mi-mars à mi-juin et de déb. oct. à mi-nov. : tlj sf lun.-mar. 10h-18h; reste de l'année : sur demande - 8 € (enf. 5 €).
En été, spectacles dans la cour du château *(programmation sur le site Internet).*
Enfant, **Toulouse-Lautrec** séjourna à plusieurs reprises dans ce château, propriété de sa famille. On visite la salle des gardes, parée d'une cheminée Renaissance, les salons décorés de belles tapisseries d'Aubusson, la salle à manger qui a conservé le charme des grandes maisons de famille et la chambre du jeune Henri où sont exposés des jeux d'enfants. Un musée du souvenir familial rassemble de nombreux dessins.

Église de Camjac B3

L'église campagnarde de Camjac a de quoi étonner. Son architecture banale du 19e s. dissimule en effet des peintures murales exécutées dans les années 1960 par des artistes de l'école des beaux-arts de Clermont-Ferrand.
Retour à Sauveterre par Naucelles.

4

Carnet pratique

S'informer

Office de tourisme – *Pl. des Arcades - 05 65 72 02 52 - www.tourisme-aveyron-segala.fr.*
Maison des patrimoines – *R. de la Tour - 05 65 72 02 52 - www.sauveterre-de-rouergue.fr.* Expositions, maquette scénographiée contant la vie de la bastide au 16e s. *(25mn).*

Agenda

Fête de la châtaigne et du cidre doux – *Dernier w.-end d'oct.* Vente de produits gastronomiques et artisanaux, groupes musicaux et danses traditionnelles.
Root'sErgue Festival – *Dernier w.-end d'oct. - www.softr2rootsergue.com.* Concerts de reggae avec des musiciens d'envergure nationale et internationale.

Nos adresses

Restauration

Premier prix

La Terrasse du Sénéchal – *Tour-de-ville - ✆ 05 65 71 29 00 - www.hotel-senechal.fr - ♿ - fermé lun. et mar. midi et dim. soir (sf juil.-août) - menu 19,50 €.* C'est la même maison qu'en face, Le Sénéchal, où le chef étoilé Michel Truchon manie les saveurs comme personne depuis plus de trente ans. Avec sa femme, il a ouvert ce bistrot sous les platanes, où l'on peut boire un verre et se régaler d'une cuisine de terroir plus simple et à prix défiant toute concurrence.

Shopping

Léo Savy - *R. du Four - Naucelles (à 6 km de Sauveterre).* Dans une vieille maison de Naucelles, l'atelier de poterie de Léo Savy est à visiter, autant pour ses pièces aux formes et aux émaux harmonieux que pour la conversation de Léo.

Le Couteau de Sauveterre – *Bd Lapérouse - ✆ 05 65 72 04 83 - www.laguiole-en-aubrac.fr - boutique et visite de l'atelier 10h30-12h30, 14h30-18h30 - fermé dim.-lun.* L'atelier de coutellerie de Sauveterre réalise de superbes pièces reconnaissables à leur lame en forme de feuille de sauge et à la feuille sur le ressort du couteau. On peut admirer dans l'atelier le travail d'orfèvre des ouvriers.

L'Ancre – p. 186.

Atelier Max Capdebarthes – *19 rte de la Garcie - ✆ 05 65 47 06 64 - max-capdebarthes.fr - lun.-vend. 9h-12h30, 13h30-17h30.* Étuis à couteau, ceintures, porte-cartes, cartables de qualité sortent de cet atelier artisanal, fabriqués à partir de matériaux essentiellement français.

Activités

Espace de loisirs de La Gazonne – *✆ 06 16 87 14 37 - 13h30-19h.* Aire de loisirs au bord du Lezert ; piscine, parcours de disc-golf (location des disques à l'office de tourisme et à la piscine).

Entre bastide et sauveté – L'office de tourisme propose une découverte du Ségala à vélo (46 km). Vélo électrique conseillé !

Hébergement

Premier prix

Chambre d'hôtes Les Eaux Vives – *14 rte de La Garcie - ✆ 06 07 89 31 57 - www.eauxvives-aveyron.fr - 2 ch. 80 € ☕ et un gîte - 3 nuits mini en haute sais.* À 400 m de la place à couverts de Sauveterre, deux chambres d'hôtes toutes pimpantes donnent sur un grand jardin. Accueil adorable – cordon bleu et main verte – par deux randonneurs qui sauront guider vos pas sur les sentiers de l'Aveyron.

Le Couvent de Jouels – *Jouels - ✆ 05 65 72 13 40 ou 07 86 68 41 87 - 🚭 🅿 - mai-oct. - 4 ch. 70 € ☕ - table d'hôte 20 € bc.* Ce couvent a troqué l'austérité monacale contre l'atmosphère chaleureuse de ses quatre chambres, équipées tout confort et décorées avec caractère. Table d'hôte aux saveurs du terroir, révélant la passion et le savoir-faire de la propriétaire.

À St Just sur Viaur

Budget moyen

Chambre d'hôtes Le Couvent – *St-Just-sur-Viaur - ✆ 06 27 53 24 61 - 3 ch. 100 € ☕.* En surplomb du village, cette bâtisse profite d'une situation exceptionnelle. Ambiance vieilles pierres et objets chinés dans les chambres.

Najac ★★

Lorsqu'une falaise de schiste résiste aux assauts de l'Aveyron, la rivière la contourne. Au creux du méandre ainsi créé, que faire de mieux que de dresser une citadelle en plein ciel tout en haut du promontoire ? Ainsi est née Najac, autour d'une place forte d'où dégringolent un chapelet de maisons médiévales alignées sur la crête rocheuse. Tout autour, les collines sauvages du Rouergue. Ajoutez à cette histoire millénaire une vraie vie de village et, aux beaux jours, les joies de la baignade et du canoë.

Vue aérienne du village médiéval de Najac et son château.
H. Lenain/hemis.fr

Se repérer

CARTE A3 (P. 160-161).
699 Najacois – Aveyron (12)
À 60 km au sud de Figeac et 82 km à l'est de Cahors.

À ne pas manquer

La vue sur le village depuis la maison du Gouverneur ou depuis la plate-forme du donjon de la forteresse.

Organiser son temps

Comptez 2h pour l'ensemble du site. La Fête de la fouace se tient le 1er w.-end après le 15 août et attire foule.

Carnet pratique p. 191

Nos adresses p. 191

Bourg

Entrez dans le bourg par l'est et préparez-vous à une promenade à fort dénivelé ! Très haute au-dessus des méandres de l'Aveyron, l'admirable Najac s'étire sur son arête rocheuse autour d'une rue principale qui mène à la forteresse. Au 13e s., après les guerres cathares, Najac fut transformée en bastide par le comte de Toulouse, Alphonse de Poitiers, frère du roi Saint. Elle devint alors une ville de pouvoir, siège de la sénéchaussée du Rouergue. Au 14e s., elle se dote dans le faubourg, à son extrémité orientale, d'une place longue et étroite, la **place du Barry** ou **place du Faubourg**, où se tient toujours le marché. Tout autour, les maisons en pierre ou à pans de bois sont prolongées par des couverts. Le village médiéval s'étend ensuite en direction de la forteresse autour de la longue rue bordée de maisons construites pour la plupart entre le 13e et le 16e s.

À deux pas de la mairie *(r. du Bourguet)*, la **fontaine des Consuls**, ou **griffoul**, est ornée de sculptures sur sa cuve dodécagonale (1344).

Continuez à droite vers le château.

Maison du Gouverneur *– 1 r. du Château - ✆ 05 65 81 94 47 - maisondugouverneur-najac.fr - avr.-oct. : 10h-12h30, 14h-17h - 4 € (12-18 ans 2,50 €).* Bordant la rue principale à hauteur d'une porte fortifiée, elle présente l'architecture et le patrimoine des bastides du Rouergue à l'aide d'une remarquable muséographie, intelligente et amusante. Des balcons de la maison joliment restaurée, vue sur le village.

Plus loin, la **maison du Sénéchal** (13e-15e s.), située sur la gauche, témoigne aussi du rayonnement de l'ancienne capitale du Rouergue.

★ Forteresse

R. du Château - ✆ 05 65 29 71 65 - juil.-août : 10h30-19h ; juin : 10h30-13h, 15h-18h30 ; avr.-mai et de déb. sept. aux vac. de la Toussaint : 10h30-13h, 15h-17h30 - 6 € (7-16 ans 4,50 €).

La forteresse de Najac conserve la majesté des ruines, depuis sa transformation en carrière de pierre au 19e s. Renforcée au 13e s. par Alphonse de Poitiers, elle surveillait la vallée de l'Aveyron, forte d'une importante garnison, à une époque où le village comptait plus de 2 000 habitants. Après avoir franchi, par des poternes, les enceintes successives, on atteint le château proprement dit, bâti en partie en grès clair et défendu par d'épaisses murailles. La plus puissante des tours, au sud-est, constituait le **donjon**. On visite ses trois salles superposées, de facture gothique, et trouées par endroits d'archères gigantesques. Dans l'une d'elles, une maquette de la forteresse restitue son état d'origine.

De la plate-forme du donjon s'ouvre une **vue★** sur la forteresse, le village en enfilade, la pittoresque vallée de l'Aveyron et l'église.

Descendez du château vers la rue de l'Église.

La **porte de la Pique** (13e s.), munie d'un assommoir, reste le dernier vestige des dix portes qui autrefois entouraient et protégeaient le bourg.

Église St-Jean

Symbole de la reprise en mains catholique après l'hérésie cathare, l'édifice de style gothique méridional impose sa massive silhouette sur fond de verdure. La façade ouest est surmontée d'une rose polylobée et la nef sans collatéraux se termine par un chevet plat. Dans le chœur, l'autel primitif (14e s.), constitué par une vaste dalle de grès fin, côtoie un Christ de l'école espagnole du 15e s., deux statues (la Vierge et saint Jean) du 15e s., ainsi qu'une sculpture de saint Pierre assis, en bois polychrome (16e s.). La cage en fer forgé conservée dans la nef *(à gauche)* était destinée à recevoir la « chandelle Notre-Dame » ou cierge pascal.

Regagnez la place du Faubourg par la rue des Comtes-de-Toulouse.

Carnet pratique

S'informer

Office de tourisme – *25 pl. du Faubourg - Najac - ✆ 05 36 16 20 00 -www.bastides-gorges-aveyron.fr.*

Arriver/partir

Se garer – Le village est piéton en haute saison. Parkings à l'entrée du bourg, côté est.

Agenda

Salon du goût – *1er w.-end d'avr.* Toutes les saveurs de l'Aveyron se donnent rendez-vous à Najac.

Fête de la St-Barthélemy et de la fouace – *W.-end suivant le 15 août.* Des fouaces (sorte de brioches) de 80 kg sont portées dans les rues du village le dimanche après-midi.

Nos adresses

Restauration

Budget moyen

L'Oustal del Barry – *2 pl. Sol-del-Barry - ✆ 05 65 29 74 32 - www.oustaldelbarry.com - horaires, se rens. - fermé de fin déc. à mi-fév. - menu 30/45 € - 17 ch. 75/95 € - ☕ 10 €.* Faites une halte dans cet établissement bordant la place centrale. Le patron concocte une cuisine aux accents régionaux que vous pourrez savourer dans la salle à manger de style « rustique chic ». Belles terrasses d'été et chambres confortables pour prolonger l'étape.

Shopping

L'Épicerie du coin – *33 pl. du Faubourg - ✆ 06 10 84 94 06 - avr.-sept. : tlj sf merc. 9h-13h, 15h-19h, dim. 9h-13h30, 17h-19h.* Elle s'appelle épicerie et on y vend de tout, bio de préférence et produit localement : fruits, légumes, œufs, viande, fromage, pain.

À Monteils

Ferme Carles – *209 r. du Gabas - 9 km au nord de Najac - ✆ 05 65 29 62 39 - www.fermecarles.fr - sur RV.* Depuis quarante ans, cet ambassadeur du terroir aveyronnais élève et gave ses canards à l'ancienne, et les met en conserve selon les recettes traditionnelles. Visite du laboratoire et repas à la table paysanne *(25/30 €).*

Hébergement

Budget moyen

Hôtel Belle Rive – *4 r. Roc-du-Pont - ✆ 05 65 29 73 90 - www.le-belle-rive.fr - P - fermé nov.-mars - 17 ch. 91 € - ☕ 11 € - ✕ midi et soir, menu 26/30 €.* Au bord de l'Aveyron, dominé par le château, cet hôtel est idéal pour une halte paisible. Les chambres sont fonctionnelles et bien tenues. Salle à manger avec grande terrasse ombragée. Cuisine traditionnelle.

À La Fouillade

Budget moyen

La Maison d'Émile – *Louradou - 6 km à l'est de Najac - www.lamaisonemile.com - ✆ 05 65 65 77 67 ou 06 24 32 43 25 - 2 ch. 85/89 € ☕.* Entre Najac et Cordes, deux jolies chambres, à géométrie variable pour les familles, dans un corps de ferme du 18e s. au milieu d'un jardin. Petit-déjeuner maison sous les auspices des propriétaires aveyronnais et partageurs. Table d'hôtes sur demande.

Belcastel ★

Ce village paisible grimpe sur la rive droite de l'Aveyron, dans la verdure, et dominé par son château. Les touristes arpentent les rues couvertes de pavés ou de galets ainsi que les calades escarpées au pied de l'édifice.

Se repérer

Nos adresses ci-contre

CARTE B3 (P. 160-161).
195 Belcastelois – Aveyron (12)
À 25 km à l'ouest de Rodez.

Se promener

Maison des Associations - 05 65 64 46 11 - www.tourisme-pays-rignacois.com.
Village piétonnier : parking *(payant en saison)* à l'entrée du village.

Château

05 65 64 42 16 - de mi-juin à mi-sept. : 10h-19h ; reste de l'année : 10h-13h, 14h-18h - 10 € (4-17 ans 7 €). Construit vers 1040 sur un éperon rocheux, achevé par Alzias de Saunhac au 15e s., il fut restauré par Fernand Pouillon (1912-1986), qui le premier entreprit la réhabilitation du village. Le château se présente sous la forme d'une enceinte polygonale flanquée de cinq tours rondes au centre de laquelle se dresse un donjon carré. À voir aussi deux chapelles préromanes superposées et des expositions d'art.

Vieux pont

Fort étroit et en dos d'âne, ce petit pont du 15e s. enjambe la rivière de ses cinq arches en arc brisé.

Église

Elle renferme le gisant d'Alzias de Saunhac (vers 1373-1448) en armure, baron de Belcastel et chambellan du roi de Hongrie !

À proximité

CARTE P. 160-161

★★ Château de Bournazel B2

15 km au nord de Belcastel.
05 65 80 81 99 ou 06 65 54 12 42 - www.chateau-bournazel.fr - ♿ - visite guidée oblig. (1h) de mi-juil. à août : dép. à 10h30 et 11h, puis ttes les 30mn. à partir de 14h15, dernier dép. à 17h30 - fermé mar. ; reste de l'année : voir j. et horaires d'ouverture sur le site - 10 € (6-16 ans 6 €) ; jardin seul 5 €.
Quelle surprise de découvrir un château Renaissance au cœur du Rouergue ! Construit par Jean du Buisson à l'emplacement d'un édifice médiéval dont subsistent quelques tours, ce château présente deux ailes dignes des châteaux de la Loire, mais avec une superbe couleur de pierre ocre. L'aile nord, de 1545, est coiffée d'un beau toit d'ardoise ; remarquez la finesse des décorations de la frise qui sépare les deux étages. L'aile orientale endommagée sous la Révolution ne conservait plus qu'une **façade**★★ classique d'inspiration très italienne, ajourée de grandes baies ainsi que deux frises ornées de riches motifs. Sa restauration entreprise depuis

Belcastel.
StephenBridger/Getty Images Plus

une dizaine d'années est spectaculaire : boiseries, vitres en verre soufflé et sols en terre cuite refaits à l'identique, mises au jour de peinture d'époque sur les murs. Le déblaiement des gravats à l'extérieur a permis de redécouvrir des éléments d'architecture, en particulier une porte qui conduisait au jardin et son escalier qui comprenait à l'origine huit volées de marches. Il abrite dans ses salles restaurées une collection de meubles et tableaux Renaissance, en provenance de toute l'Europe. Un **jardin★** de la Première Renaissance a été reconstitué. Avec ses neuf parterres thématisés, son bassin, son labyrinthe, ses terrasses et ses vastes espaces arborés, il permet la découverte de quelque 120 espèces végétales anciennes.

L'incroyable restauration, pour ne pas dire résurrection, du château doit s'achever dans les années qui viennent par la restauration des tours médiévales.

Commanderie des Hospitaliers de Lugan B2

5 km au nord-ouest de Bournazel. Cette commanderie du 12e s. est constituée d'un corps de logis carré, initialement flanqué de quatre tours rondes dont une seule est encore entière. Les bâtiments abritent aujourd'hui une résidence pour personnes âgées et seule se visite l'église.

Nos adresses

Hébergement/restauration

Pour se faire plaisir

Hôtel restaurant Le Vieux Pont – *Le bourg - 05 65 64 52 29 – www.hotelbelcastel.com – midi et soir - fermé janv.-fév., 1re sem. de sept. et lun.-mar. en juil.-août (reste de l'année dim. soir-mar.) - menu 66/78 € - 7 ch. 126/134 € - 15 €.* Un vieux pont de pierre du 15e s. relie l'hôtel et son restaurant (étoilé), au cadre moderne et élégant. Les beaux produits de la région (agneau et veau de l'Aveyron et du Ségala, bœuf d'Aubrac, porc noir de Bigorre, oignon doux des Cévennes...) y sont préparés avec harmonie, fraîcheur et une insolente légèreté ! Une adresse rare où il fait également bon passer la nuit.

Conques ★★★

Dans ce site d'une beauté rare, où la nature sauvage a gardé toute sa pureté, une petite bourgade s'accroche aux pentes escarpées des gorges de l'Ouche. Les ruelles sinueuses et les maisons anciennes servent d'écrin à une magnifique église romane et à ses prodigieux trésors, vestige d'une abbaye qui hébergea longtemps l'interminable file des pèlerins se rendant à St-Jacques-de-Compostelle. La majesté du lieu, si paisible, et la sérénité qui s'en dégage laissent aux visiteurs un souvenir inoubliable.

Vitraux de Pierre Soulages dans l'église abbatiale de Sainte-Foy.
Ch. Boisvieux/hemis.fr/Adagp, Paris, 2023

Se repérer

CARTE B2 (P. 160-161).
1615 Conquois – Aveyron (12).
Conques est située environ 60 km au nord-est de Villefranche-de-Rouergue et 38 km au nord de Rodez.

Organiser son temps

Comptez une demi-journée.

À ne pas manquer

En dehors de Conques, le décor de l'église N.-D. des Mines à Combes.

Carnet pratique p. 201

Nos adresses p. 202

★★★ Abbatiale Ste-Foy

✆ 05 65 72 85 00 (office de tourisme) - mai-sept. : 8h-22h ; reste de l'année : 8h-20h.

Ce magnifique édifice roman fut commencé au milieu du 11e s., mais la majeure partie date du 12e s. Il est surmonté de deux tours de façade refaites au 19e s. et, sur la croisée du transept, d'un clocher-lanterne octogonal.

★★★ Tympan du portail occidental

Dans un état de conservation remarquable, ce tympan *(à voir, de préférence, au soleil couchant)* est un chef-d'œuvre de la sculpture romane du 12e s. Remarquez son originalité et ses dimensions : arrivé sur le parvis de l'église, tout pèlerin ne pouvait manquer d'être impressionné par cette représentation du Jugement dernier regroupant 124 personnages pour témoigner du drame qui scelle la paix ou le tourment des âmes, évoqué dans l'Évangile de saint Matthieu. Sculpté dans le calcaire jaune, cet ensemble ordonné autour de la figure du Christ était jadis rehaussé de couleurs vives dont il reste quelques traces.

Des bandeaux réservés aux inscriptions définissent trois registres superposés, divisés en compartiments. À la gauche du Christ, l'enfer à sa droite, le paradis ; une répartition clairement indiquée par sa main gauche abaissée vers les réprouvés, tandis que sa main droite est levée vers les élus. Le Christ trône dans une mandorle environnée de cinq rangées de nuées. Au registre supérieur, deux anges sculptés dans les écoinçons sonnent du cor pour annoncer le Jugement tandis que deux autres portent la croix de la Passion.

Au registre médian, le cortège des élus est en marche vers le Seigneur ; de droite à gauche, on reconnaît la Vierge suivie de saint Pierre et de personnages ayant marqué l'histoire de Conques, dont Charlemagne, bienfaiteur légendaire de l'abbaye. De l'autre côté, deux anges chevaliers contiennent à grand-peine la foule des damnés soucieuse d'échapper aux supplices infernaux ; on distingue, entre autres, des moines capturés dans un filet et un ivrogne pendu par les pieds.

Les parties centrale et supérieure du registre inférieur sont consacrées à la pesée des âmes : l'archange saint Michel a fort à faire avec un démon qui tente d'influencer la balance.

À gauche, des anges ouvrent des sarcophages dont les occupants ressuscitent, et, plus à gauche, de petites arcades évoquent l'église de Conques près de laquelle sainte Foy se prosterne pour la bénédiction. Sous elle s'étend le paradis où Abraham, encadré de vierges sages, de martyrs et de prophètes, accueille à bras ouverts les saints Innocents. L'entrée de cette Jérusalem céleste est indiquée par un ange qui tend ses mains aux élus alors que, dans l'antichambre de l'enfer, un démon pousse sans ménagement les damnés dans la gueule du monstrueux Léviathan. Enfin, Satan préside le chaos de l'enfer où sont châtiés sévèrement les principaux péchés : l'Orgueil désarçonné d'un cheval, l'Avarice pendue haut et court, ou encore la Médisance dont un démon arrache la langue.

4

Points de vue

Deux points de vue sur Conques : le **site du Bancarel★**, à 3 km (quittez Conques par la D 901 vers Rodez) ; et un autre le long de la D 232, en direction de Noailhac et de la chapelle St-Roch, que l'on rejoint depuis Conques après avoir traversé le pont des Pèlerins dit « romain ».

On imagine l'effet qu'une telle scène pouvait produire sur le pèlerin en route vers St-Jacques. Au calme du paradis (alors peint en bleu), renforcé par un alignement qui veut en traduire l'ordre et la sérénité, répondent la violence et la confusion d'un enfer (alors peint en rouge) traité très différemment. Les sculpteurs ont ici fait preuve d'une maîtrise exceptionnelle qui témoigne du génie roman.
Longez à droite la façade sud de l'église contre laquelle sont placés des enfeus (12e s.), dont l'un conserve l'épitaphe de l'abbé Bégon (1087-1107), et entrez dans l'église par la porte ménagée dans le bras droit du transept.

Intérieur

Très élevé (22,10 m sous la nef), sobre et austère, il produit un grand effet. Le chœur, de vastes proportions, est entouré, comme dans toutes les églises de pèlerinage, d'un déambulatoire qui permettait aux fidèles de défiler autour des reliques de sainte Foy. Sur les murs de la sacristie, des restes de peintures murales (fin 15e s.) retracent le martyre de sainte Foy. Les superbes grilles du 12e s. formant la clôture auraient été forgées avec les fers des prisonniers délivrés par la sainte. Au-dessous du passage qui met en communication les tribunes, dans la travée centrale du croisillon nord, un splendide ensemble sculpté représente l'Annonciation. Soyez attentif aux magnifiques **vitraux de Pierre Soulages** (1994, *p. 164 et 463*), si respectueux de la grande sobriété romane du site. Réalisés avec un verre translucide fabriqué à cet effet, ils diffusent la lumière avec de douces modulations.
Pour une description en image de la coupole, l'ABC d'architecture p. 458.

Cloître

Depuis 1975, son plan est restitué au sol par un chemin dallé. Il n'en reste plus qu'une série d'arcades et de baies géminées ouvrant sur le réfectoire, et surtout une cuve en serpentine, qui servait de bassin claustral à la fontaine du monastère (13e s.). Côté est, deux arcades subsistantes ouvraient sur la salle capitulaire.

★★★ Trésor de Conques

05 65 72 82 99 - - avr.-sept. : 9h30-12h30, 14h-18h15 ; reste de l'année : 10h-12h30, 14h-17h15 - 6,50 € (7-18 ans 2,50 €), billet donnant accès au musée Joseph-Fau.
Un interrupteur placé sous certaines des pièces permet de les faire pivoter.
Le trésor de Conques renferme d'extraordinaires pièces d'orfèvrerie présentées selon un ordre chronologique et thématique. Il s'agit de la plus complète expression de l'histoire de l'orfèvrerie religieuse en France, du 9e au 19e s. Le trésor comprend, en particulier, une série de reliquaires, œuvres d'un atelier monastique local du 11e s. Du 9e s., on remarque celui de Pépin II d'Aquitaine, en plaques d'or repoussé sur âme de bois. Considérée comme un don de Pépin, cette pièce est sertie de nombreuses pierres précieuses, dont une intaille antique représentant le dieu Apollon.

Les Nocturnes de Conques

Moments privilégiés pour apprécier la beauté et la richesse de cet ensemble roman du 12e s., les Nocturnes de Conques se déroulent en trois étapes.
À 21h, un frère de la communauté religieuse présente le tympan. À 21h30, des jeux d'orgues et de lumière animent l'abbatiale, avec la découverte de la galerie haute, les tribunes, plaçant le spectateur au plus près des vitraux et des chapiteaux. Enfin, de 22h15 à 22h45, le Jugement dernier sculpté sur le tympan de l'abbatiale retrouve sa polychromie le temps d'une mise en lumière. *Carnet pratique p. 201.*

Détail du portail occidental de l'abbatiale Sainte-Foy.
A. de Valroger / michelin

★★★ **Statue-reliquaire de sainte Foy** – Du 9e s., faite de plaques d'or et d'argent doré sur âme de bois, elle est la pièce maîtresse du trésor. Au cours des âges, cette statue a reçu de nombreux bijoux, mais aussi, au 14e s., la monstrance permettant d'apercevoir la relique (le sommet du crâne de la sainte). Seule « Majesté » carolingienne connue, cette pièce unique comporte également des camées et des intailles antiques ; quant aux petits tubes que la sainte tient entre les doigts, ils sont destinés à recevoir des fleurs lors de la procession annuelle.

Du 11e s., on admire le Livre des Miracles de Sainte-Foy, un des rares documents remontant à l'an mil ; un autel portatif en albâtre, dit « de sainte Foy », argent repoussé et émaux ; le reliquaire « du pape Pascal II », argent sur âme de bois ; ou encore le « A de Charlemagne », argent doré sur âme de bois. La tradition veut que l'empereur, désirant doter toutes les abbayes de la Gaule d'une lettre de l'alphabet, par ordre d'importance, ait attribué à Conques la lettre « A » en signe d'excellence. Un coffre-reliquaire en cuir, orné de 31 médaillons en émail renfermant les restes de sainte Foy, date du 12e s. Du même siècle, l'autel portatif de Bégon, composé d'une plaque de porphyre rouge et enchâssé dans une monture d'argent gravé et niellé ; le reliquaire dit « lanterne de Bégon III » ou « de saint Vincent », argent sur âme de bois ; les reliquaires à cinq et six pans, argent, vermeil et émaux montés au 12e s. avec d'anciens fragments.

Pour le 13e s., bras-reliquaire « de saint Georges », argent sur âme de bois avec la main bénissante, triptyque en argent repoussé et doré, et Vierge à l'Enfant, argent sur âme de bois, type de statue-reliquaire fort à la mode au temps de saint Louis. Enfin, le 16e s. est illustré par une reliure d'évangéliaire en vermeil et une croix de procession, lames d'argent repoussé sur âme de bois, où, sous le Christ, a été placée une relique de la Vraie Croix.

Musée Joseph-Fau

Pl. de l'Église - ✆ 05 65 72 92 28 - 9h30-12h30, 14h-18h30 ; oct.-mars : 10h-12h30, 14h-17h30 - 6,50 € (7-16 ans 2,50 €), billet donnant accès au trésor de Conques.

Cette maison ancienne, située face à la fontaine des Pèlerins, abrite du mobilier, des statues et des tapisseries de Felletin du 17e s. provenant de l'abbaye *(rez-de-chaussée et 1er étage)*. Dans le sous-sol, un musée lapidaire réunit des chapiteaux et des tailloirs romans, vestiges du cloître.

★ Le village et ses environs

Ses ruelles escarpées sont bordées de maisons anciennes dont les pierres rousses et les enduits rosés s'allient harmonieusement aux couvertures de lauzes. En contrebas de l'abbatiale, le village s'étire à flanc de coteau le long de la rue Charlemagne que gravissaient les pèlerins pour se rendre à l'abbaye. De là, un chemin rocailleux aboutit à une butte où s'élève la chapelle St-Roch. Une très belle vue s'offre alors sur le village de Conques, groupé autour de son église. Au-dessus de celle-ci, d'autres rues mènent aux vestiges de fortifications.

Au monument aux morts, montez par la ruelle pour atteindre la place du Château. On peut y admirer le château d'Humières (15e et 16e s.). Remarquez la fenêtre à meneaux curieusement située à l'angle du mur. Plus loin se dresse la porte de La Vinzelle, bâtie au 12e s. Les pèlerins l'empruntaient en quittant Conques pour rejoindre le village de La Vinzelle, dans la vallée du Lot.

Du cimetière, dont un angle est occupé par la chapelle funéraire des abbés de Conques, jolie vue sur la vallée de l'Ouche.

Saint-Cyprien-sur-Dourdou

À 8 km au sud de Conques.

Les Chambres de Lumière – *21 r. de l'Église - 05 65 46 51 09 - www.leschambres-delumiere.fr - juil.-août : mar.-dim. 10h-12h30, 14h-18h ; reste de l'année : se rens. - 5 € (-10 ans gratuit).* Au cœur du village, un couvent du 15e s. a été aménagé pour accueillir les lumigraphies (sculptures, mobiles et tableaux créés avec des led) de l'artiste Bastien Carré, un parcours scintillant et poétique dans le dédale des pièces.

Le bassin houiller

CARTE P. 160-161

Decazeville B2

20 km à l'ouest de Conques par la D 580.

Square Jean-Ségalat - 05 65 43 18 36 - www.tourisme-paysdecazevillois.fr.

L'office de tourisme propose des visites guidées du patrimoine minier en saison.

Halte possible sur la route de Rodez à Figeac, étape sur le chemin de St-Jacques-de-Compostelle, Decazeville était la capitale du Pays noir. L'exploitation du gisement de houille, en « découverte », c'est-à-dire à ciel ouvert, a cessé en 2001, laissant la cité orpheline d'une vocation minière de quelque deux cents ans.

Aujourd'hui, la ville cherche un nouveau souffle en prenant une série d'initiatives, dont celle d'inviter des street artistes à se produire sur ses murs, lors du festival **Mur Murs**. La première édition s'est déroulée en 2019 sous le parrainage de Jo di Bona, artiste de renommée internationale, et de sa compagne Amélie : 21 œuvres ornent désormais les rues de la cité minière *(plan disponible à l'office de tourisme et sur www.decazeville-communaute.fr)*.

Église Notre-Dame – Consacrée en 1861, elle recèle un trésor inestimable : le **Chemin de croix★**, par Gustave Moreau. L'artiste exigea de conserver l'anonymat et exécuta son œuvre en 20 jours. Elle fut accrochée en mars 1863, à 3 m du sol et non signée, et tomba rapidement dans l'oubli. Elle a été redécouverte en 1964. Il s'agit de l'unique œuvre symboliste consacrée au sujet. Les 14 tableaux se

Sur la route des pèlerinages

Naissance d'une abbaye

La fin justifie les moyens

Les routes de pèlerinage étaient au Moyen Âge des axes de commerce. Il était primordial de posséder des reliques, susceptibles de créer des miracles et d'attirer les foules. Leur vol, qui répond au doux nom de « translation furtive », n'était pas rare entre monastères concurrents. C'est ainsi qu'un moine de Conques avisa les reliques, jalousement gardées à Agen, de **sainte Foy**, jeune chrétienne qui, vers 303, avait été martyrisée à l'âge de 13 ans. Notre moine se rendit à Agen et s'introduisit dans la communauté de Ste-Foy. Sa piété et son dévouement inspirèrent tant de confiance qu'au bout de dix ans, les Agenais le chargèrent de la garde des précieuses reliques. Le moine disparut aussitôt, le précieux coffret sous le bras, et l'emporta à Conques. Pas rancunière, la sainte, inspirée par l'air du Rouergue ou simplement facétieuse, multiplia alors les miracles au point que l'on a parlé des « jeux et badinages de sainte Foy ». La renommée de l'abbaye était faite.

Une étape recommandée

Au 11e s., on commence à élever l'église actuelle, qui s'apparente par l'architecture à d'illustres sanctuaires contemporains : St-Jacques-de-Compostelle, St-Sernin de Toulouse, St-Martin de Tours ou St-Martial de Limoges (ces deux derniers ont été détruits). Entre Le Puy et Moissac, Conques est l'étape conseillée par le guide rédigé à l'usage des pèlerins de St-Jacques. Entre le 11e et le 13e s., les pèlerins affluent. C'est la grande époque de l'abbaye. Après les guerres de Religion et un incendie, l'abbatiale, oubliée et abandonnée, menace de s'effondrer dans l'indifférence générale.

Sauver un chef-d'œuvre

C'est alors que Prosper Mérimée, en tournée d'inspection pour les Monuments historiques, la découvrit et rédigea un rapport si émouvant qu'il fut décidé de la sauver. C'est en visitant l'abbatiale qu'un jeune Ruthénois, **Pierre Soulages**, éprouva un choc décisif. Les lignes dépouillées de la nef, la matière brute des pierres, les jeux de l'ombre et de la lumière allaient faire naître une vocation : l'art devint alors pour lui « la seule chose qui vaille la peine qu'on y consacre sa vie ». Il a créé les vitraux contemporains de l'abbatiale.

Tourisme médiéval

On a du mal aujourd'hui à imaginer la vogue des pèlerinages, pénibles et dangereux. À l'époque, on part à St-Jacques pour se laver, parfois à titre préventif, de quelque péché, ou par dévotion pure. Jongleurs et bateleurs hantent les routes suivies par les pèlerins. Le soir, dans l'hôtellerie d'un couvent, ils distraient les marcheurs harassés. De petits trafics naissent : c'est ainsi que, contre une rémunération raisonnable, certains monastères délivrent des attestations dispensant d'aller jusqu'au terme de la route ! Parvenu, non sans périls, au terme de son voyage, le pèlerin se charge de ces coquilles qu'on trouve en abondance sur les côtes de Galice et qui ont pris le nom de St-Jacques. Il revient absous et riche d'expériences de toutes sortes.

Une tradition culinaire étonnante

Par un de ces paradoxes dont la gastronomie a le secret, Decazeville, cité terrienne, est le haut lieu de l'**estofinado**, spécialité culinaire à base de morue séchée (stockfisch) et de pommes de terre. Au début du 19e s., les bateaux transportant le minerai de fer jusqu'à Decazeville transitaient par Bordeaux, où l'on faisait commerce de la morue : c'est du moins l'une des hypothèses qui pourraient expliquer ce mystère culinaire...

répartissent de part et d'autre de la nef. Autant de stations, de scènes baignées d'une lumière crépusculaire, aux teintes pourprées, feu orangé et bleuté qui ne sont pas sans rappeler l'influence coloriste de Delacroix ou du maniérisme vénitien sur Gustave Moreau.

Musée régional de Géologie Pierre-Vetter – *Av. Paul-Ramadier - fermeture pour une durée indéterminée ; rens. à l'office de tourisme.* Les collections montrent la richesse géologique de cette région en particulier les gisements de la période carbonifère (nombreuses variétés de houilles et de fossiles).

Mine « La Découverte » de Lassalle B2

24 km à l'ouest de Conques par la D 502.

Rte de Lacaze - ✆ 05 65 43 18 36 - www.tourisme-paysdecazevillois.fr - juil.-août : se rens. - gratuit.

Un belvédère offre une vue d'ensemble sur cette mine de charbon à ciel ouvert aux dimensions exceptionnelles (3,7 km de long, 2,5 km de large, 250 m de profondeur). L'exploitation consistait à araser les couches stériles, puis à les abattre en descendant de gradin en gradin pour dégager le gisement de charbon et en permettre l'extraction à l'air libre, comme on le fait pour les pierres d'une carrière. L'exploitation, commencée en 1892, s'est perpétuée jusqu'en 2001. Ce procédé était plus rentable et moins dangereux que l'exploitation par puits et galeries. À proximité, le chevalement de mine est le témoin de l'importante activité minière du bassin de Decazeville, qui possédait aussi des galeries de charbon souterraines.

Aubin AB2

26 km à l'ouest de Conques. Quittez Conques par la D 901.

Ce village est dominé par un **fort** bâti à la fin du 2e s. par le général romain Claudius Albinus. L'**église Notre-Dame**, de style gothique pour l'essentiel, laisse paraître quelques traces de l'édifice roman primitif. Elle abrite une cuve baptismale en plomb du 13e s. ainsi qu'un Christ en bois polychrome, intéressante sculpture romane du 12e s.

Musée de la Mine Lucien-Mazars – *Allée du Musée - ✆ 05 65 43 58 00 - www.museedelamine-lucienmazars.fr - ♿ (sf dans la galerie reconstituée) - juil.-août : tlj sf lun. 10h-12h, 14h-18h ; juin et sept. : tlj sf dim. 14h-18h ; avr.-mai et oct. : mar., jeu. et sam. 14h-17h30 - participation libre.* Ce musée est installé en plein cœur du bassin houiller d'Aubin-Decazeville, dont les dernières mines souterraines fermèrent en 1965. Dans une grande salle sont exposés des archives, des photographies, des maquettes, des vêtements, des outils évoquant le travail des mineurs (hommes, femmes – pour le tirage du charbon – et même enfants jusqu'en 1874). On y découvre également leurs fêtes, défilés (très riche collection de bannières et de drapeaux), rassemblements, bals, etc. Puis une visite guidée mène à une galerie à soutènements de bois, reconstituée par d'anciens mineurs. Pour frémir, allez assister à la simulation réaliste d'un coup de grisou ! La visite se termine dans la salle audiovisuelle, où des films au choix présentent l'histoire du « Pays noir » *(15mn).*

Cransac-les-Thermes B2

21,5 km au sud-ouest de Conques, que vous quittez par la D 232.

Av. Jean-Jaurès - 05 65 63 06 80 - www.tourisme-paysdecazevillois.fr.

Musée « La Mémoire de Cransac » – *Au 1er étage de l'office de tourisme - 05 65 63 06 80 - www.tourisme-comques.fr - - mai-oct. : 9h30-12h, 15h-18h, sam. 9h30-12h, 14h-17h ; reste de l'année : se rens. - 3,50 € (-12 ans gratuit).*

De nombreux documents (cartes postales, avis officiels, coupures de journaux) et objets ont été patiemment rassemblés par les mineurs de Cransac pour que la mine (fermée en 1962), qui fut l'activité principale de la ville pendant cent vingt ans, ne soit pas oubliée. Il n'en reste aujourd'hui plus aucune trace ; heureusement, trois maquettes reconstituent l'évolution de l'exploitation minière au cours des années (1850, 1900 et 1950).

Église N.-D.-des-Mines à Combes B2

21 km à l'ouest de Conques. Suivez la D 232 puis, à hauteur de Firmi, la D 513.

Depuis 1879, les mineurs de la région se recueillaient dans une chapelle provisoire installée dans un baraquement des houillères. Ce n'est qu'en 1949 que fut construite, à Combes, N.-D.-des-Mines. D'extérieur, elle présente une façade tout à fait banale. Mais l'intérieur est surprenant. Cette église renferme en effet des fresques qui s'inspirent à la fois de la Bible et du travail des mineurs. La nef abrite un chemin de croix en 15 tableaux et les chapelles latérales la Cène et la Sainte Famille. Le chœur présente une remarquable Crucifixion entourée de scènes de mineurs au travail. Le peintre, **Gabriel Genieis**, élève de J.-P. Laurens, a un style bien à lui : gamme colorée limitée au noir et blanc rehaussé de jaune (les vêtements de certains personnages), excepté pour les chapelles où les bleus et les rouges apportent une certaine lumière ; personnages aux corps longilignes stylisés ; perspective réduite... De ces fresques dédiées à la vie laborieuse des mineurs se dégage une émotion réelle ! Cette petite église mérite le détour.

Carnet pratique

S'informer

Office de tourisme – *Conques-en-Rouergue - 05 65 72 85 00 - www.tourisme-conques.fr.*

Visites guidées – L'office de tourisme propose des visites guidées de l'abbatiale et du trésor.

Arriver/partir

Se garer – Les voitures sont interdites dans le village : parkings (payants) au-dessus du village.

Agenda

Les Rencontres musicales de Conques – *De mi-juil. à mi-août - 05 65 71 24 00 - www.centre-europeen.com.* Festival de musiques traditionnelles, contemporaines et du monde dans l'abbatiale.

Les Festivités de la Ste-Foy – *6 oct. ou dim. qui suit.*

Les Nocturnes de Conques – *Mai-oct. - gratuit sf la visite des tribunes à 21h30 réservée au plus de 12 ans (6 €).* encadré p. 196.

Nos adresses

Restauration

Premier prix

Auberge St-Jacques – *R. Gonzague-Florent - ✆ 05 65 72 86 36 - www.aubergestjacques.fr - fermé janv., lun. et dim. soir en nov.-mars - menu 23 € - plats 16,50/25 € - 13 ch. 64/78 € - ☕ 9 €.* Restaurant au cadre champêtre proposant une cuisine d'inspiration régionale ou inventive. La terrasse ombragée offre une vue plongeante sur l'abbatiale.

À Cambelong

Une folie

Hervé Busset – *Domaine de Cambelong - 3 km au sud de Conques - ✆ 05 65 72 84 77 - www.moulindecambelong.com - P - 12h30-13h30, 19h30-20h30 - fermé dim. soir-mar. et de Toussaint aux Rameaux - menu déj. 40 € - menu 65/120 € - 9 ch. 150/270 € - ☕ 15 €.* Dans l'un des derniers moulins à eau du 18e s. en bordure du Dourdou, des chambres au charme singulier, avec tentures et mobilier de style. Décor contemporain pour découvrir la table créative mariant fleurs et produits du terroir.

Hébergement

Budget moyen

Chambre d'hôte Chez Alice et Charles – *R. du Chanoine- André-Bénazech - ✆ 05 65 72 82 10 - www.lecomptoirdegermain.com - 🚭 - fermé de nov. à mi-avr. - 4 ch. 80/88 € ☕.* Au cœur du village, cette petite maison au toit de lauzes offre, de ses quatre chambres indépendantes au confort agréable, une vue imprenable sur la magnifique église abbatiale Ste-Foy. Petits-déjeuners servis dans une jolie salle voûtée tout en pierre.

Pour se faire plaisir

Hôtel Ste-Foy – *R. Gonzague-Florens - ✆ 05 65 69 84 03 - www.hotelsaintefoy.fr - ♿ - fermé de fin oct. à mi-avr. - 17 ch. 118/164 € - ☕ 13,50 € - ✕ plats 16/22 € - menu 35 €.* Cette demeure du 17e s., typique du Rouergue, loue des chambres au cachet rustique et une salle à manger ouverte sur de bucoliques terrasses.

À Grand-Vabre

Budget moyen

Grand-Vabre Nature – *Les Passes - 1 km au sud-est de Conques - ✆ 05 65 72 85 67 - www.grand-vabre.com - 🏊 ♿ - fermé nov.-mars - 20 gites (4-6 pers.) 590/1 090 €/sem.* Dans un cadre verdoyant arboré se dressent des bungalows tout équipés (de 4 à 6 personnes). Sur place, une piscine, une aire de jeux et un bar-pizzeria. En saison, randonnées aquatiques en canoë ou kayak et courses d'orientation. Soirées à thèmes.

Vallée du Lot ★★

Au cœur d'une nature préservée, les eaux tumultueuses du Lot s'écoulent, bordées çà et là par des villages aux architectures typiques, particulièrement bien conservées. D'une beauté sauvage, les gorges sont magnifiques à parcourir, et pour une halte paisible et gourmande, Ste-Eulalie-d'Olt, Espalion ou Estaing ne vous décevront pas!

Se repérer

CARTE B2-3-C2-3 (P. 160-161).
Aveyron (12).
Espalion, étape centrale de la vallée, est à 30 km de Rodez.

À ne pas manquer

Le Trou de Bozouls, les ruelles de Ste-Eulalie-d'Olt, les gorges du Lot.

En famille

L'Espace archéologique de Montrozier; Terra Memoria à Bozouls; le musée du Rouergue à Espalion et le château de Calmont-d'Olt.

Carnet pratique p. 210

Nos adresses p. 210

★★ La vallée du Lot de Rodez à Decazeville

CARTE P. 160-161

Circuit de 95 km tracé en bordeaux sur la carte. Quittez Rodez par la N 88 en direction de l'autoroute A 75 puis prenez la D 988 direction Espalion. À 11 km environ, bifurquez à droite sur la D 27.

Montrozier C3

En bordure de l'Aveyron, qu'un vieux pont gothique couronné d'un calvaire enjambe, Montrozier est un vieux village qui a su préserver un cachet pittoresque. Très bien conservé, le château fut élevé aux 15e et 16e s. *(ne se visite pas)*. Remarquez ses bâtiments rectangulaires couronnés de beaux mâchicoulis et sa forte tour cylindrique à cinq étages.

4

Espace archéologique départemental – *05 65 70 75 00 - www.musees.aveyron.fr - ♿ - juil.-août : mar.-vend. 10h-12h30, 14h-18h, w.-end 14h-18h; avr.-mai et oct. : mar.-vend. 14h-18h; reste de l'année : se rens. - 3 € (-26 ans gratuit).* Des expositions temporaires et thématiques, souvent remarquables, présentent le patrimoine archéologique du département. Renouvelées tous les deux à trois ans, elles sont accompagnées de conférences, de documents audiovisuels et d'activités pour le jeune public.

Revenez sur la D 988 direction Bozouls.

★ Bozouls C2

2 bis pl. de la Mairie - 05 65 48 50 52 - www.terresdaveyron.fr.

En été, on peut survoler le canyon en tyrolienne! *p. 211.*

Le nom de Bozouls vient sûrement de l'occitan *bosola* qui signifie « monticule de terre » et, par extension, « borne » ou « limite ». C'est de la place de la Mairie que la vue sur l'ensemble du site est la plus saisissante. De la terrasse, tout près du monument aux morts, œuvre de Denys Puech, on a une vue imprenable sur le **Trou de Bozouls★**, ce canyon de 400 m de diamètre creusé par le Dourdou dans le causse Comtal.

Profond de plus de 100 m, le cirque naturel en forme de fer à cheval sur lequel s'est établi le bourg constitue un site grandiose offrant des vues à couper le souffle. Des grottes trouent la paroi verticale. Sur le promontoire encerclé par la rivière s'élèvent, au bord même du précipice, une église romane et les bâtiments du couvent Ste-Catherine.

L'ancienne **église Ste-Fauste**, située sur le promontoire *(accès par la rue de l'Hospitalet)*, est dépourvue de transept. Son intérieur surprend par l'étroitesse des bas-côtés. Sa nef du 12e s., élevée et voûtée en berceau plein cintre, était couverte, à l'origine, par des plaques de calcaire (lauzes), qu'alourdissait encore un épais lit de terre. Cette couverture fut, au début du 17e s., remplacée par une charpente en bois. L'église bâtie en grès rose possède quelques chapiteaux à la décoration étrange (ainsi, sur le chapiteau du clocher-porche, cette femme dont la poitrine est mordue par des crapauds et qui illustre probablement le péché de luxure). La partie haute du clocher date du 14e s.

De la terrasse ombragée, à gauche de l'église, jolie vue sur le canyon.

Terra Memoria – *12 allée Paul-Causse - ✆ 05 65 48 50 52 - www.terramemoria.fr - ♿ - visite conférence mar. et dim. 10h sur réserv. par tél. - 12 € billet incluant la visite de Bozouls en petit train.* La visite commence par un parcours pédagogique qui rend compte des évolutions géologiques depuis la formation de notre planète jusqu'à nos jours au moyen d'une vaste frise murale, de films, d'un jeu de maquettes et de manivelles, d'expositions de minéraux et de fossiles à observer à la loupe ou au microscope : la formation de la Terre, les forces telluriques, les grands types de roche, l'éruption des volcans, la formation des grottes et des continents... Puis on s'oriente progressivement vers le paysage de l'Aveyron actuel, avec ses vallées, ses lacs, ses habitations traditionnelles, et débouche spectaculairement sur un belvédère plongeant sur le canyon de Bozouls. À l'issue de la visite, le petit train vous emmène voir le canyon de plus près.

Sortez de Bozouls et suivez la D 988 direction St-Geniez-d'Olt.

De la route, vous apercevez le donjon carré du **château de Thôlet** *(ne se visite pas)*. Ravissant, il conserve une partie de son enceinte agrémentée de tours rondes. La route offre de jolies vues sur la campagne, jalonnée de belles demeures.

Une fois passé Cruejouls, prenez à droite la D 64 pour Galinières.

Château de Galinières C3

✆ 05 65 70 71 30 (office de tourisme) - visites guidées (dont certaines en nocturne à la bougie) en été.

En fait de château, il s'agit d'une imposante grange cistercienne, remaniée par la suite, dépendante de l'abbaye de Bonneval (en Aubrac) et dont la fondation remonte au début du 12e s. Les abbayes cisterciennes, qui possédaient des domaines agricoles très étendus, avaient créé des granges. Elles en confiaient la gestion et l'exploitation à une équipe de convers. Un maître de grange était nommé par l'abbé pour diriger les convers et les *mercenari* (ouvriers salariés).

Le donjon, de plan carré, s'il n'a jamais eu d'utilité agricole, joua un rôle défensif pendant la guerre de Cent Ans, symbolisant de tout temps le pouvoir. Au 15e s., Galinières devint une résidence abbatiale, d'où son élégant corps de logis. On visite le donjon, avec ses salles superposées, que les propriétaires des lieux restaurent avec passion année après année.

Poursuivez sur la D 64 vers Vimenet.

Vimenet C3

Garez-vous sur le parking au carrefour de la D 64 et de la D 95, et descendez à pied vers le village fortifié par la rue des Tisserands.

Estaing.
Stephan Zabel/Getty Images Plus

En passant sous la herse du porche du Valat, on aperçoit le clocher-peigne de l'église (14e s., retable en bois du 17e s.). Puis on déambule avec plaisir dans les ruelles de ce village fortifié du 13e s. qui a fait l'objet d'une restauration exemplaire pendant plus de vingt ans, grâce à l'action d'une association locale, L'Eau et la pierre. Un village vivant, au cœur du Laissagais et de ses paysages ruraux.
Revenez par la D 64 vers la D 45 et poursuivez en direction de St-Geniez-d'Olt.

St-Geniez-d'Olt C2

Le Cloître - 05 65 70 43 42 - www.st-geniez-dolt.com.
Situé dans la plaine alluviale du Lot, St-Geniez-d'Olt est, depuis le Moyen Âge, un point de passage entre les Causses et l'Aubrac. La ville est construite sur les deux rives du Lot. Celle de droite a gardé son caractère médiéval tandis que celle de gauche témoigne de la richesse de la ville aux 17e et 18e s., lorsque l'industrie drapière lui fit connaître son âge d'or et que la bourgeoisie commanda à un élève de Mansart des hôtels classiques dignes de sa nouvelle prospérité.
Rive droite – C'est sur le site du château rasé en 1620 que se dresse le **monument Talabot** : un riche mausolée, orné de bas-reliefs de Denys Puech (*p. 169*), est élevé à la mémoire de Marie Salvy, épouse Talabot, sur une terrasse d'où la vue sur St-Geniez et le Lot est pittoresque. Marie Salvy, native de St-Geniez, devint par son mariage avec un ingénieur des chemins de fer une dame de la haute bourgeoisie parisienne.

Les Marmots

C'est l'appellation officielle des habitants de St-Geniez-d'Olt. Selon la légende, deux enfants auraient suivi une marmotte pendant qu'un orage emportait leur maison et leurs parents. Sauvés des eaux ils furent surnommés les « Marmots », nom qui passa aux habitants de leur quartier puis de la ville tout entière. Une statue sur le pont Vieux rappelle cette légende.

Snobée par la bourgeoisie locale, elle jura de les « dominer après sa mort ». C'est pourquoi elle fit élever ce mausolée sur les hauteurs du village.
On accède à l'**église** par un escalier monumental à double révolution, du 18e s. Cet édifice du 12e s. a été complètement remanié au 17e s. Le chœur abrite un beau retable en bois doré du 17e s. à la gloire de saint Geniez. Dans une chapelle, à droite de l'entrée, le mausolée de Mgr Frayssinous fut élevé au 19e s. par Gayrard, sculpteur aveyronnais, et offert par le duc de Bordeaux, comte de Chambord, en témoignage de reconnaissance à celui qui fut son précepteur.
Rive gauche – La **chapelle des Pénitents**, du 14e s., est un vestige de l'ancien couvent des augustins. Elle est flanquée d'un cloître et de bâtiments abbatiaux (17e s.), qui abritent des services administratifs.
Une promenade a été aménagée sur les quais du Lot.

★ Ste-Eulalie-d'Olt C2

Eulalie d'Art - espace Louis-Marcilhac - 05 65 47 82 68 - www.sainteeulalie-dolt.fr.
Prenez le temps de flâner dans ce village médiéval fleuri et restauré avec goût, de la haute vallée du Lot. Il est classé parmi les « plus beaux villages de France ».
Après avoir laissé la voiture sur le parking à l'entrée, suivez au hasard les ruelles étroites et tortueuses où se dressent quelques belles demeures (15e-18e s.) aux murs de galets du Lot, avec ou sans colombages.
Remarquez notamment le **musée-galerie Marcel-Boudou**, où figurent les œuvres de cet artiste local et diverses expositions temporaires. Au milieu de la façade, entre les fenêtres, se dresse une tour élancée et pointue.
Autres bâtisses dotées d'une tour : l'**hôtel particulier Renaissance**, massif, dont la façade est percée de fenêtres à meneaux et chanfreinées, ainsi que le **château de Curières de Castelnau** (15e s.), traversé par un porche voûté.
Sur la place se dressent l'**église**, de style roman et gothique, et un peu plus loin l'ancien moulin avec sa roue. Jouxtant le parking, un édifice restauré, nommé **Eulalie d'art**, abrite l'office de tourisme ainsi que des ateliers d'artisans d'art ouverts à la visite et aux démonstrations. D'autres artistes se répartissent dans le village.
Suivez la D 988 direction Bozouls, puis à droite la D 6 pour St-Côme-d'Olt.
Au niveau de Lassouts, belle vue sur les monts alentour.

★ St-Côme-d'Olt C2

St-Côme est une petite ville fortifiée médiévale où l'on pénètre par l'une des trois portes de l'enceinte, aujourd'hui intégrée aux habitations. Les ruelles sont bordées de maisons des 15e et 16e s. Surmontée d'un curieux clocher en vrille de style flamboyant (16e s.), l'**église** possède aussi un intéressant portail aux vantaux sculptés Renaissance. À l'intérieur, un beau Christ en bois de noyer du 16e s.
De Côme, prenez une petite route en direction de Roquelaure.

Château de Roquelaure C2

Ne se visite pas. Longtemps en ruine, il a été presque entièrement reconstruit. De la terrasse, dans un paysage coloré, belle **vue★** sur la vallée du Lot au nord, tandis qu'au sud s'étend le causse de Gabriac avec, en lointaine toile de fond, les sommets du plateau du Lévézou. La chapelle romane, au pied du château, abrite une Mise au tombeau du 15e s.
En redescendant sur St-Côme-d'Olt, s'arrêter aux **clapas★**. Il s'agit d'une curieuse coulée de lave qui s'est transformée au fil du temps en éboulis. Le mont de Roquelaure est en effet un piton de basalte dominant la vallée.

★ Espalion C2

23 pl. du Plô - 05 65 44 10 63 - www.tourisme-espalion.fr.

Aux portes du plateau de l'Aubrac, Espalion occupe un site agréable dans un bassin fertile arrosé par le Lot et dominé par les ruines féodales de Calmont-d'Olt. Vu du foirail (ancien champ de foire aux bestiaux), le **pont Vieux** en grès rose du 11e s. forme un ensemble pittoresque avec le Vieux Palais et les anciennes tanneries à balcons de bois qui bordent la rivière.

Le pont Vieux, lieu de passage des troupeaux transhumant vers l'Aubrac (fin mai), possédait jadis trois tours, des boutiques et un pont-levis.

Construit au 16e s., le **Vieux Palais** avec ses fenêtres à meneaux et sa tour en poivrière fut la demeure des gouverneurs d'Espalion. C'est aujourd'hui un lieu d'accueil pour artistes comprenant appartements et salles d'exposition.

★ **Chapelle de Perse** – Pensez à vous arrêter devant cette merveille de l'art roman. Le bel édifice du 11e s. en grès rose évoque l'abbatiale de Conques dont il dépendait. Aujourd'hui simple chapelle de cimetière, elle était une des églises paroissiales d'Espalion, dédiée à saint Hilarian, le confesseur de Charlemagne. Selon une pieuse légende, le saint, s'étant retiré à Espalion, y fut décapité par les Sarrasins. Au sud s'ouvre un **portail★** dont le tympan représente la Pentecôte ; au linteau, l'Apocalypse et le Jugement dernier ; au-dessus à gauche, trois personnages naïfs représentent l'Adoration des Rois mages. À l'intérieur, les chapiteaux historiés, entre autres la chasse au lion et le Christ en majesté, de part et d'autre de l'abside. Restes de fresques sur les voûtes des bras du transept. Le chevet et son clocher-peigne, remarquables, sont à voir depuis le pont en contrebas.

Musée Joseph-Vaylet - musée du Scaphandre – *38 r. Droite - 05 65 44 09 18 - www.musees.aveyron.fr - juil.-août : tlj sf dim.-lun. 10h-12h30, 14h-18h ; reste de l'année, se rens. - 4 € (-26 ans gratuit), billet commun avec le musée du Rouergue.* Installé dans l'ancienne église St-Jean-Baptiste et les bâtiments annexes, il possède de nombreuses collections d'arts et traditions populaires : armes, meubles, verrerie, objets religieux, poteries, ainsi que 450 bénitiers. Le **musée du Scaphandre** (même édifice) se consacre à la plongée sous-marine et s'ordonne autour de Rouquayrol et Denayrouze, deux Espalionnais à qui l'on doit l'invention en 1864 du scaphandre autonome et du détendeur (régulateur à gaz).

Musée du Rouergue – *Pl. Frontin - 05 65 75 82 10 - www.musees.aveyron.fr - juin-sept. : mar.-vend. 14h-18h (horaires sous réserve de modification) - 4 € (-26 ans gratuit), billet commun avec le musée Joseph-Vaylet.* Des collections sur les mœurs et coutumes espalionnaises, dont un important ensemble de vêtements d'époque, sont présentées dans les cellules d'une maison d'arrêt construite en 1838.

Sortez d'Espalion au sud par la D 920 et suivez les panneaux jusqu'au parking.

Château de Calmont-d'Olt C2

Le Colombie - 05 65 44 15 89 - www.chateaucalmont.org - juil.-août : 10h30-19h30 ; mai-juin et sept. : tlj sf jeu. 12h-18h ; avr. et oct.-nov. : tlj sf jeu. 14h-18h - 5,50/9,50 € (5-14 ans 4,50/7,50 €).

En été (et le week-end en basse saison), le château organise des animations-spectacles incluant tir de trébuchet, de canon et autres tournois d'archerie.

Juchée sur un piton basaltique qui offre une belle **vue★** sur la vallée du Lot, cette forteresse médiévale est désaffectée depuis le 17e s. Elle se visite en suivant un circuit historique étayé par une animation audiovisuelle. On y apprend tout sur le château, son intérêt stratégique et les machines de siège en usage au 15e s.

★ St-Pierre de Bessuéjouls C2

Cette modeste église en grès rose qui surgit en pleine nature, dans un site verdoyant, recèle sous son clocher-porte une **chapelle romane★** exceptionnelle *(on y accède par un escalier aux marches usées qui s'ouvre dans le mur gauche de la nef)*. Datée du 11e s., cette minuscule chapelle de 6 m de côté est décorée de motifs archaïques (entrelacs, palmettes, croix de Malte) et de chapiteaux historiés inspirés de ceux de Conques. L'autel est orné sur le côté gauche d'un saint Michel combattant le démon, et sur le côté droit d'un saint Gabriel portant un phylactère.

Avant d'arriver à Estaing, faites le détour *(5mn)* par **Vinnac** pour visiter l'église **St-Blaise**. Située dans un site agréable, elle a conservé d'intéressants chapiteaux et modillons de son passé roman.

Boucle de 8 km - env. 2h - www.estaingdouze.fr. Une randonnée au départ d'Estaing, passe par l'église et par un superbe point de vue sur la vallée du Lot.

★ Estaing B2

24 r. François-d'Estaing - 05 65 44 03 22 - www.terredaveyron.fr.

★ **Château** – *Pl. François-Annat - 05 65 44 72 24 - juil.-août : 10h30-12h30, 14h-19h ; mai-juin et sept.-oct. : tlj sf w.-end 9h30-12h30, 14h-18h - 10 € (12-17 ans 6 €).*

Enchevêtrement de formes et de pierres bigarrées des plus charmants, le château d'Estaing (11e-19e s.) est restauré progressivement depuis son rachat par Valéry Giscard d'Estaing en 2005. La famille **Giscard**, d'origine auvergnate, obtint en 1922 l'autorisation de « relever » le nom de l'illustre famille locale : le père de l'ancien président de la République, Edmond Giscard, reprenait le nom porté par son arrière-grand-mère. Olivier Giscard d'Estaing, frère du président Valéry, fut d'ailleurs maire de la ville entre 1965 et 1977. Dominé par son donjon flanqué de tourelles (15e-16e s.), le château conserve une cheminée aux décors peints datant probablement du 16e s., qui figurent deux récits mythologiques de Dédale et Icare et de Céphale et Procris. Il conserve également un assommoir du 13e s., retrouvé lors des travaux de rénovation : cette trappe située au-dessus de l'ancienne entrée permettait de lancer des projectiles sur l'ennemi qui aurait franchi le palier. Enfin, une exposition sur Valéry Giscard d'Estaing complète la visite. De la terrasse ouest du château, belle vue sur la vieille ville et le Lot.

L'**église St-Fleuret** (15e s.) fait crânement face au château, juchée sur une haute volée d'escaliers. Elle abrite les reliques de saint Fleuret et des retables des 18e-19e s. Devant le portail, une **croix** calcaire quadrilobée (16e s.) à double face représente d'un côté le Christ en croix au-dessus d'une mise en tombeau, de l'autre une touchante piéta entourée de deux petits anges. Dans le jardin attenant, vestiges de rares sépultures rupestres (11e s.).

Le **pont gothique** porte une statue de François d'Estaing, évêque et comte de Rodez (1460-1529), qui fit construire le superbe clocher de la cathédrale de cette ville. Située dans la vieille ville, la **maison Cayron** conserve des fenêtres Renaissance. Elle abrite la mairie et l'office de tourisme.

Avant de quitter Estaing, découvrez la **chapelle de St-Jean de l'Ouradou** *(à 1 km sur la D 97 - demandez la clé à l'office de tourisme)*. Inscrit dans un corps de ferme, l'endroit vaut le coup d'œil, même si la porte est fermée. L'édifice date de 1524 et abrite un groupe sculpté représentant le baptême du Christ au Jourdain.

En quittant Estaing, la route offre une jolie vue sur le Lot, le vieux pont et le château.

★★ Gorges du Lot B2

Après s'être élargie sur quelques kilomètres, la vallée, d'abord noyée par la retenue du barrage de Golinhac, se resserre en gorges sauvages très pittoresques, dont la profondeur est d'environ 300 m et dont la largeur au sommet des versants ne dépasse guère 1500 m. Des crêtes ou des pointes rocheuses, aux silhouettes déchiquetées ou massives, se dressent au milieu des bois qui couvrent les pentes. Un peu avant Estaing apparaît le **barrage de Golinhac** qui alimente l'usine hydroélectrique, à l'architecture de métal et de verre, située un peu plus loin sur la rive gauche.

★ Entraygues-sur-Truyère B2

p. 213

Suivez la D 107.

La route offre une vue d'ensemble sur Entraygues et son château, au confluent de la Truyère et du Lot. La vallée du Lot perd dès lors son caractère âpre et sauvage. Elle est d'abord assez large et riante. Sur les coteaux bien exposés s'étagent des vignes en terrasses qui produisent un très bon vin (vins VDQS entraygues-le-fel). Des maisons de viticulteurs s'élèvent çà et là. Plus loin, les vignes deviennent plus rares, des buis s'intercalent entre les rochers plus rapprochés, des bois s'étendent sur les versants... Mais la vallée s'élargit plusieurs fois en de petits bassins cultivés où de pittoresques villages viennent se nicher parmi les arbres fruitiers.

Vieillevie B2

Château fort – *06 20 52 39 21 - www.chateau-vieillevie.com - juil.-août : mar.-jeu. - visite guidée (45mn, à 15h30, 16h30 et 17h30) 9 € (-17 ans 4 €) ; visite théâtralisée à la bougie en nocturne (à 21h30, 15 €, -17 ans 5 €).* Comme suspendu au-dessus du village, sur les bords du Lot, l'édifice domine de ses hautes tours la vallée du Lot. Les origines de cette forteresse défensive remontent à l'an mil : chemins de ronde, archères, hourde de défense. Au-dessus des salles basses creusées dans le roc, qui seraient les témoins d'un ancien prieuré du haut Moyen Âge, les vastes salles, éclairées à la Renaissance par des baies à meneaux finement sculptées, ont conservé des cheminées monumentales du 13e s., parmi les plus anciennes de France.

Continuez sur la D 42 en direction de Decazeville.

À droite, une petite route à forte montée mène à **La Vinzelle**, village aux toits de lauzes suspendu sur un éperon rocheux, offrant une vue particulièrement dégagée sur la vallée du Lot. Idéal comme point de départ pour de nombreuses randonnées.

Faites demi-tour pour rejoindre la D 42, toujours en direction de Decazeville.

St-Parthem B2

Terra Olt – *Le Bourg - 05 65 63 27 96 - www.terra-olt.com - juil.-août : tlj sf sam. et jeu. 14h-17h30, merc. 14h-18h30 ; juin et sept. : merc., vend. et sam. 14h-17h30 ; reste de l'année, se rens. - 7 € (5-12 ans 4 €).* Ce musée très didactique (spectacle audiovisuel, maquette, reconstitutions) raconte la vie du Lot qui, né en Lozère, parcourt plus de 480 km avant de se jeter dans la Garonne, et de ses habitants. Vous parcourrez ainsi virtuellement le fond de la rivière à bord d'un sous-marin et profiterez d'une promenade en gabarre.

Continuez sur la D 42, puis sur la D 963 jusqu'à Decazeville.

Decazeville B2

p. 198

Carnet pratique

Agenda

Procession de la St-Fleuret – *1er dim. de juil.* À Estaing, des personnages costumés accompagnent le buste-reliquaire du saint à travers les rues de la ville.

Son et lumière à Flagnac – *Fin juil. et déb. août à 22h15 - www.hierunvillage.com.* Le village de Flagnac, à 6 km au nord de Decazeville, présente une grande fresque vivante sur le pays rouergat. Réservation fortement conseillée.

Nos adresses

Restauration

À Estaing

Premier prix

Chez Lilou – *Quai du Lot - ✆ 05 65 44 35 56 - tlj sf dim. 8h-19h - menu env. 15 €.* Attablé à l'une des quelques tables à l'ombre, sur les bords du Lot, on déguste sans façon un plat simple et soigneusement préparé, avec vue sur la rivière. Ici, les ouvriers se donnent rendez-vous pour reprendre des forces.

Budget moyen

Brasserie du Château – *2 quai du Lot - ✆ 05 65 44 12 89 et 06 06 68 78 68 - 11h-23h, merc. 17h30-23h - fermé mar. et de mi-oct. à déb. avr. - menu 30 €.* Cette brasserie, située à l'entrée du vieux pont, concocte une cuisine de bistrot avec les bons produits du coin : truite et saumon de fontaine de la pisciculture du village, viande d'Aubrac... Vous pouvez aussi réserver une des rares tables sur une petite terrasse admirablement placée au-dessus de la rivière.

À Muret-le-Château

Pour se faire plaisir

L'Auberge du Château – *Le bourg (16 km au sud-ouest d'Estaing par la D 22 et via Fijaguet) - ✆ 05 65 47 71 57 - [piscine] - horaires, se rens. - menu 50/75 € - 7 ch. 116/136 € - [petit-déjeuner] 12 €.* Nichée au cœur d'un joli village, cette maison en pierre enjambe la rivière. Vous y dégusterez une cuisine de marché savoureuse présentée avec soin : foie gras mi-cuit, saumon fumé maison, joue de bœuf fondante. Les chambres confortables sont aménagées avec goût. Copieux petit-déjeuner avec gâteaux et confitures maison.

À Bozouls

Une folie

Le Belvédère – *11 rte du Maquis-Jean-Pierre - ✆ 05 65 44 92 66 - www.belvedere-bozouls.com - midi et soir - fermé dim. soir-mar. midi et merc. midi de sept. à juin - menu 48/118 € - 9 ch. 83/102 € - [petit-déjeuner] 21 €.* Surplombant le Trou de Bozouls, cet hôtel en pierre et en ardoise ajoute le confort à sa situation privilégiée. Côté cuisine, la fraîcheur est à l'honneur grâce aux produits du marché et des producteurs voisins. Jolie terrasse dans la cour intérieure.

Shopping

La Maison de la vigne, du vin et des paysages d'Estaing – *L'Escaillou - Coubisou - ✆ 05 65 44 04 42 - mai-sept. : tlj sf dim. 10h-12h30, 15h-19h; reste de l'année : se rens. - fermé 3 sem. en janv.* Cette coopérative gérée par sept vignerons producteurs des vins d'Estaing présente un film de 20mn ainsi qu'une exposition sur le vignoble et sa production, suivi d'une visite du chai de l'Escaillou et d'une dégustation-vente.

Marché aux bestiaux de Laissac – *de mi-juin à mi-sept. : mar. matin ; reste de l'année, se rens.* Ce marché à vocation européenne est le deuxième plus grand marché aux bestiaux de France (après Bourg-en-Bresse). Brebis, agneaux, taureaux, veaux et bien sûr, superbes vaches d'Aubrac.

Activités

Tyrolienne de Bozouls – *Mairie de Bozouls - ✆ 05 65 51 28 00 - www.tourisme-aveyron.com - en été 10h-12h, 14h-17h (jours variables, se rens.) - 5 €.* Découvrez le canyon de Bozouls en volant, ou presque !

Randonnée

Voie verte Bertholène-Espalion – *✆ 05 65 44 10 63 (office de tourisme)* - Circuit de 22 km AR sur l'ancienne voie ferrée Bertholène-Gabriac-Bozouls-Espalion, avec tunnels (dont un de 574 m) et viaducs. À pied, à cheval ou à vélo.

Croisière

Flagnac Bateau Olt – *Port de Lacombe - Flagnac - 6 km au nord de Decazeville - ✆ 05 65 63 27 96 - www.bateau-olt.com - P ♿ - 14 €, env. 30 € avec le repas (8-12 ans 8 €, 24 € avec repas).* Promenez-vous au fil de l'eau à l'occasion d'une croisière sur le Lot et admirez les beautés naturelles de la vallée. Le bateau, électrique, fait aussi restaurant à midi et le soir. De quoi satisfaire les plaisirs des yeux et des papilles !

Thermes

Chaîne thermale du soleil – *Les Combes - Cransac - à 8 km de Decazeville - ✆ 05 65 63 09 83 - www.chainethermale.fr - fermé de fin nov. à fin fév.* La « montagne qui brûle » exhale des gaz naturels chauds. Diverses techniques de soins sont proposées : étuve de gaz naturels chauds, sudation en cabine individuelle, application locale de douches de gaz, étuve locale mains ou pieds... Forfaits court séjour avec ou sans hébergement.

Hébergement

À Estaing

Premier prix

Hôtel Auberge St-Fleuret – *19 r. Francois-d'Estaing - ✆ 05 65 44 01 44 - www.auberge-st-fleuret.com - P 5 € - piscine - fermé de mi-nov. à fin mars, mar. midi, merc. midi et lun. - 14 ch. 54/58 € - ☕ 9 € - 1/2 P possible - ✕.* Ex-relais de poste (19e s.) doté de chambres simples et colorées s'ouvrant sur le jardin ou le village, dominé par le château. Terrasse ombragée à l'arrière, surplombant la piscine.

À Ste-Eulalie-d'Olt

Premier prix

Hôtel Au Moulin d'Alexandre – *R. de la Traverse - ✆ 05 65 47 45 85 - www.aumoulindalexandre.fr - fermé de mi-oct. à fin mars - 9 ch. 55/75 € - ☕ 8 € - 1/2 P possible - ✕ menu 28/36 €.* Le moulin d'Alexandre, du 16e s., est situé au cœur du village, servant à la fois de café, d'hôtel et de restaurant ; cuisine traditionnelle de qualité, chambres rénovées.

À St-Geniez-d'Olt

Premier prix

Chambre d'hôte Les Mazes – *Les Mazes - Aurelle-Verlac - ✆ 05 65 47 57 85 - www.hebergaubrac.com - P - fermé de la Toussaint au w.-end de Pâques (sf vac. de Noël) - 4 ch. 59 € ☕ - 4 nuits mini en haute sais.* Perchée à 1063 m d'altitude, cette charmante maison est posée au cœur d'un petit lieu-dit. Aménagées dans la grange attenante, les chambres originales semblent dédiées à la gloire du bois. Sauna à disposition. Joli patio fleuri. Randonnées balisées autour du col de Verlac.

Hôtel Lion d'Or – *Pl. de l'Hôtel-de-Ville - ✆ 05 65 47 43 32 ou 09 74 56 09 71 - www.leliondor-traiteur-stgeniezdolt.com - 7 ch. 65/80 € - ☕ 8,50 € - 1/2 P possible - ✕ fermé dim. soir et lun., formule déj. 13,50 €, menu 22/42 €.* Sur une vaste place paisible au cœur du bourg, cet établissement loue des chambres agréables qui s'ouvrent sur les montagnes environnantes. Jolie cheminée du 16e s. dans la salle de restaurant et vaste terrasse.

À Bozouls

Premier prix

Hôtel La Route d'Argent – *1 rte de Gabriac - ✆ 05 65 44 92 27 - www.laroutedargent.com - P - 16 ch. 62/85 € - ☕ 10 € - ✕ menu 36/52 €.* Bâtisse hôtelière (fin 20e s.) avec des chambres donnant sur la route ou sur la piscine. Repas traditionnel selon le marché, dans un cadre actuel : panneaux en verre sablé, lumière tamisée, toiles modernes.

À Sébrazac

Budget moyen

Le Clos Marty – *Lieu-dit Marty - ✆ 06 67 89 93 63 - www.chambres-d-hotes-le-clos-marty.fr - 4 ch. 79/89 €.* À 10mn d'Estaing, un corps de ferme restauré dans le respect des matériaux d'origine. Sa situation avantageuse sur les hauteurs réserve une jolie vue des chambres et de la terrasse où l'on peut s'attabler. Petit-déjeuner gourmand, fouace oblige, dans le calme des monts aveyronnais.

À Golinhac

Budget moyen

Auberge La Bastide d'Olt – *Le bourg - ✆ 05 65 51 63 68 - www.labastidedolt.com - P - 5 ch. 89 € - ☕ 7 € - ✕ formule déj. 14 €, plats 18/25 €.* La sympathique auberge La Bastide d'Olt est située sur la route de St-Jacques-de-Compostelle. Installée dans un ancien presbytère, elle abrite des chambres récentes, simples et de bon confort, agrandies d'une mezzanine; bien pratique pour les séjours en famille. Côté cuisine, l'accent est mis sur le terroir et l'on déguste les plats en terrasse aux beaux jours.

À Coubisou

Budget moyen

Chambre d'hôte Les Terrasses de Labade – *Labade - à 6 km d'Espalion - ✆ 06 01 74 83 31 - www.labade.fr - P - 2 ch. 100 € ☕ - 3 nuits mini en haute sais. - 1 gîte (2-4 pers.) 780 €/sem.* Une route champêtre conduit à cette maison en pierres. Une première chambre équipée d'une vieille cheminée s'ouvre sur un bois par une baie vitrée (terrasse privative). La seconde chambre, sous la charpente en chêne, s'ouvre sur la campagne. Jacuzzi, piscine et terrain de tennis.

À Bouillac

Premier prix

Chez Camille – *Nissols - 16 km à l'ouest de Decazeville - ✆ 06 95 36 36 91 - www.chambresdhoteschezcamille.com -; P - fermé nov.-fév. - 3 ch. 63 € ☕ - table d'hôte 22 € bc.* Vue exceptionnelle sur la vallée du Lot, depuis cette ferme (1834) entièrement restaurée. Les chambres, aménagées dans la grange, bénéficient d'une décoration personnalisée. La pièce à vivre, spacieuse, installée dans l'ancienne étable dégage un charme certain. Table d'hôte originale et inventive.

Entraygues-sur-Truyère ★

Une petite ville fondée au 13e s. par le comte de Rodez, située au confluent du Lot et de la Truyère. Autour, des coteaux couverts de prairies, des vergers odorants et des vignes qui produisent du bon vin. Une cité de caractère, appréciée, qui est aussi un centre d'activités sportives et de loisirs !

Entraygues-sur-Truyère, au confluent du Lot et de la Truyère.
M. Renaudeau/hemis.fr

Se repérer

CARTE B2 (P. 160-161) - CARTE DES GORGES DE LA TRUYÈRE (P. 215) ET CARTE DU CARLADEZ (P. 218).
985 Entrayols ou Entrigots – Aveyron (12).

À ne pas manquer

Les gorges de la Truyère.

Organiser son temps

Si la ville se découvre rapidement, l'exploration des gorges peut durer une journée, avec pique-nique.

En famille

Une visite contée au château de Valon ; les sentiers de l'imaginaire en Carladez.

Carnet pratique p. 219

Nos adresses p. 220

★ Pont gothique
Il date de la fin du 13e s. et permet de traverser la Truyère.

Château
Ne se visite pas. C'est en suivant le quai des Gabares, où vous remarquez la réplique d'un gabarrot en bois de chêne et de châtaignier, que vous aurez la plus belle vue sur le château d'Entraygues, qui garde les eaux du Lot et de la Truyère. Admirez les deux imposantes tours rectangulaires : elles remontent à sa fondation, à la fin 13e s., par le comte de Rodez Henri II. En face, vous jouirez d'une belle **vue** sur la confluence, où accostaient jusqu'au 19e s. les gabarres : le Lot était en effet navigable jusqu'à Entraygues quatre à cinq mois par an.

Entre deux eaux
Le latin *inter aquas* (la ville se situe au confluent du Lot et de la Truyère), a donné l'occitan Entre Aigas, bientôt contracté en Entraigas. Prononcez « Entrailles » !

Vieux quartier
Pour le visiter et voir ses **passages couverts** appelés *cantous*, ainsi que ses maisons pittoresques avec leurs étages en encorbellement et leurs fenêtres fleuries, partez de la petite place Albert-Castanié, dite « place de la Croix ». À l'angle de la vieille maison Sabathier, des marques indiquent le niveau atteint par les principales crues du Lot et de la Truyère. Prenez à pied la rue Droite. Remarquez à droite un beau portail du 16e s., dont le heurtoir est situé au-dessus de la porte (ainsi, les cavaliers n'avaient pas à mettre pied à terre), et poursuivez sur la gauche, par la rue du Collège qui débouche sur la place de l'Église. Terminez par la **rue Basse★** qui est la mieux conservée d'Entraygues.

À proximité
CARTE P. 160-161

★ Puy de Montabès B2
11 km à l'est par la D 34, puis à droite la D 652. 15mn à pied AR.
Très beau **panorama★** sur les monts du Cantal, l'Aubrac, le Rouergue (la cathédrale de Rodez est visible par temps clair !), la vallée du Lot, que la vue prend en enfilade en aval d'Entraygues, et le plateau de la Châtaigneraie. Une table d'orientation permet de se repérer.

Le Fel B2
12 km à l'ouest par la D 107, puis à droite la D 573.
Alignant ses charmantes maisons en pierre sur une crête surplombant la vallée du Lot, le village du Fel a donné son nom au vignoble Entraygues-le-Fel, distingué par une AOC depuis 2011, et qui s'étend sur 20 ha. À l'entrée du village, une **Vigne témoin** présente le travail des vignerons et les différents cépages de la région ; sur place, vous jouirez d'un vaste panorama sur la vallée, aux versants abrupts aménagés en terrasse, qui produisent de solides vins rouges.
Le Don du Fel – *05 65 54 15 15 - www.ledondufel.com - avr.-sept. : 10h-18h30, w.-end 10h-12h, 14h-18h30 ; reste de l'année : 10h-18h, w.-end 14h-18h - gratuit.* Nigel Atkins est à la fois amoureux, entrepreneur et esthète. Avec sa femme, Suzy, potière dont le talent s'exprime dans le grès au sel, ils ont créé un lieu hors norme sur un site d'une rare beauté, aux confins de l'Aveyron. Dans cinq gigantesques cylindres de tôle orange, entourés d'un panorama éblouissant, ils exposent le meilleur de la production céramique contemporaine. Quelque 50 000 personnes viennent chaque année visiter les expositions qui s'y tiennent à un

rythme soutenu, participer aux stages de poterie, acquérir une pièce rare, une série d'assiettes, un saladier (belle boutique) ou, tout simplement, profiter de la beauté des lieux.

★★ Vallée du Lot

CARTE P. 160-161

Circuit de 95 km au départ de Rodez tracé en bordeaux sur la carte. p. 203

★★ Gorges de la Truyère

CARTE CI-DESSOUS

Circuit de 80 km tracé sur la carte. Quittez Entraygues au nord par la D 34.
Mutine et obstinée, la Truyère a creusé, dans les plateaux granitiques de la haute Auvergne, des gorges étroites, profondes, sinueuses, souvent boisées et sauvages. Bien que peu connues, elles méritent d'être classées parmi les plus belles curiosités naturelles de la France centrale.
Les barrages créés pour l'industrie de la houille blanche ont transformé les gorges en lac, sur une grande longueur. Si cette intervention a modifié leur aspect, elle a aussi ajouté à ce paysage une touche nouvelle qui ne manque pas de charme... Sauf, peut-être, en période de basses eaux ! Aucune route ne permet de suivre longtemps la vallée, mais beaucoup la coupent et offrent, sur ses sites, de très beaux points de vue.

Barrage de Cambeyrac

Haut de 14,5 m, il constitue le dernier ouvrage de l'ensemble hydroélectrique de la vallée de la Truyère, avant sa jonction avec la vallée du Lot. Un peu en amont, après un coude de la rivière, on aperçoit sur l'autre rive l'usine hydroélectrique de Lardit.

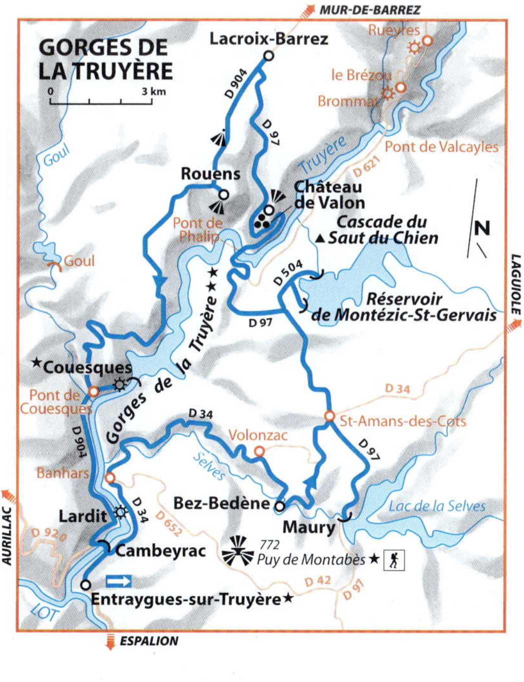

On vous emmène le long des cascades

Au pays où l'on sait exploiter la puissance de l'eau, autant prendre le temps de voir d'un peu plus près l'un de ces multiples ruisseaux dont les bonds facétieux entre les rochers alimentent rivières et barrages. Si la cascade des Baumes (*p. 241*) est l'une des plus jolies à approcher en bateau ou en nageant, celle du Saut du Chien sera le but d'une belle randonnée.
À deux minutes de Montézic, laissez votre voiture à Monnes et enfoncez-vous dans la fraîcheur de la châtaigneraie *(sentier botanique)*. Une piste forestière, un petit pont au-dessus du ruisseau et vous voici accoudé au premier belvédère. Il surplombe un canyon au fond duquel bondit la Plane qui se jette dans la Truyère, en passant par une succession de cascades qui gargouillent dans un impressionnant chaos granitique. Dans cette nature fougueuse se dessinent au loin le château de Valon sur son promontoire et la Truyère, au fond des gorges barrées par la retenue de Couesques.
À 10mn, un second belvédère offre un nouveau point de vue sur ces beautés. Vous comprenez d'où vient le nom de Saut du Chien en voyant, au pied d'une cascade, un rocher à la forme évocatrice. Vous reprenez le sentier, sous la frondaison des sapins qui succèdent à la lande (à vos chapeaux), et vous retournez au parking.
Cascade du Saut du Chien - Montézic. Randonnée au départ de Monnès - boucle 8 km - 2h - balisage jaune - dénivelé 100 m - facile (accès plus rapide par le hameau du Laux - 20mn - aire de pique-nique).

Dans le hameau de Banhars, continuez à gauche sur la D 34. Après le pont sur la Selves, suivez la route à droite.
La route serpente dans la vallée de la Selves et atteint le petit plateau de Volonzac.
À Volonzac, prenez à droite une petite route menant à Bez-Bedène.

Bez-Bedène

Dans un site sauvage et solitaire, ce village typiquement rouergat aligne ses quelques maisons sur une arête rocheuse que contourne un méandre de la Selves. On remarque une petite église du 12e s. au clocher à peigne et un pont du 14e s. à une seule arche.
Poursuivez la route jusqu'à sa jonction avec la D 34 que vous prenez à droite vers St-Amans-des-Cots. La D 97 mène au barrage de Maury.

Barrage de Maury

Il a été construit en 1947 au confluent de la Selves et du Selvet. Sa retenue de 166 ha s'inscrit dans un paysage très coloré.
Remontez vers St-Amans-des-Cots par la D 97.

Réservoir de Montézic-St-Gervais

Situé sur le plateau granitique de la Viadène, il est formé par deux barrages sur le ruisseau de la Plane. Cette retenue de 245 ha fait office de réservoir supérieur par rapport à la retenue de Couesques *(accès interdit)*. La zone du lac de St-Gervais est aménagée pour les loisirs.
Revenez sur la D 97 et franchissez la retenue de Couesques sur le pont suspendu de Phalip.

Château de Valon

Valon - 05 65 66 22 36 - www.chateau-valon.carladez.fr - de mi-juil. à fin août : mar.-dim. 10h30-18h30 ; des vac. de Pâques à mi-juil. et de fin août à mi-sept. :

Les gorges de la Truyère et la presqu'île de Laussac.
C. Guy/hemis.fr

tlj sf lun. 14h30-18h30 ; vac. de la Toussaint : tlj sf lun. 14h30-17h30 - 3 € (8-12 ans 1 €).
On visite la chapelle et le donjon de ce château perché sur un éperon rocheux. Le mobilier, comme au 12e s., est rudimentaire : table sur tréteaux, bancs et chaise dans la salle d'apparat, coffre et lit dans la chambre du seigneur. Dans les recoins sont aussi dispersées des figurines, héros de contes pour enfants. De la terrasse, superbe vue sur les gorges de la Truyère et les toits du village.
Le hameau de **Valon** a conservé ses maisons aux toits de lauzes, construites avec les pierres du château. On y accède exclusivement à pied, en garant sa voiture au parking à l'entrée. Un belvédère aménagé en contrebas du village offre de beaux points de vue sur la Truyère et le lac de Couesques.
Poursuivez sur la D 97.
Au centre du village de **Lacroix-Barrez**, un monument a été élevé à la mémoire du cardinal Verdier, illustre enfant du pays. Surnommé le « cardinal des chantiers », Jean Verdier, archevêque de Paris, fit construire autour de la capitale, de 1930 à 1940, plus de cent églises ou chapelles.
Prenez au sud la D 904.
On atteint le hameau de **Rouens**, à gauche de la route. En contrebas de l'église, vue *(belvédère)* sur le lac de Couesques, le pont de Phalip et le village de Valon.
La route plonge alors dans le fond de la vallée, offrant de belles vues sur les gorges très profondes de la Truyère, le barrage de Couesques et son lac.
Avant le pont de Couesques, sur le Goul, prenez à gauche une route qui conduit à l'usine et au barrage de Couesques.

★ Barrage de Couesques

Ce barrage du type voûte mince, en surplomb vers l'aval, est haut de 60 m. Sa retenue s'étend jusqu'au confluent de la Bromme et de la Truyère, où débouche le canal de fuite de l'usine souterraine de Brommat (*Gorges de la Bromme p. 218*).
En descendant vers le sud, la vallée se couvre peu à peu de prés, de vignes et d'arbres fruitiers.

Usine hydroélectrique de Lardit

Cet ouvrage utilise les eaux de la Selves et de son affluent, le Selvet, retenues par le barrage de Maury sur la Selves, au sud de St-Amans-des-Cots. Les eaux sont amenées à l'usine par un tunnel de 6 km auquel fait suite depuis 1985 une conduite forcée.

Le Carladez

CARTE CI-DESSUS

Circuit de 35 km au départ de Mur-de-Barrez tracé sur la carte. Mur-de-Barrez se trouve 30 km au nord d'Entraygues mais vous pouvez rejoindre ce circuit à partir de Lacroix-Barrez, à 4 km de Mur-de-Barrez.

Mur-de-Barrez

12 Grand-Rue - 05 65 66 10 16 - www.carladez.fr.

On pénètre dans la **vieille ville** par la porte de Monaco, pour flâner le long des ruelles, bordées (en particulier la Grand-Rue) de façades Renaissance parfois armoriées, comme la maison consulaire (l'actuelle mairie). Du **château**, démoli en 1620 sur ordre de Louis XIII, il ne reste que quelques ruines d'où l'on découvre une vue étendue sur toute la région : monts du Cantal, vallée de la Bromme, Planèze, monts d'Aubrac, Barrez, Carladez. À l'est, en contrebas, bâtiments du **couvent Ste-Claire** *(on peut y loger pour des retraites)*, entourés de maisons typiques du pays, dont les toits de lauzes en forte pente possèdent quatre pans.

Église – L'église romane d'origine (12e s.) fut remaniée au 15e s. (réfection des voûtes), puis au 17e s. (chœur). À l'intérieur, remarquez les clefs de voûte, dont l'une, au-dessus de la tribune, présente l'aspect d'un gisant, et un retable du 17e s. figurant l'assassinat de Thomas Becket. On peut se demander pourquoi les Barréziens vouent un culte aussi fervent à l'évêque de Canterbury, au point de lui avoir dédié leur église... C'est en fait un vestige de l'occupation anglaise de la place durant la guerre de Cent Ans. De 1643 à la Révolution, les Barréziens furent les sujets des princes de Monaco, qui laissèrent leur nom à la porte donnant accès à la cité.

Gorges de la Bromme

Cet affluent de la Truyère a creusé dans le basalte des gorges profondes et sauvages dont la route offre un bon aperçu.

Plus loin, on rejoint le cours de la Truyère dont les eaux sont, à cet endroit, dérivées par le **barrage de la Barthe** par une conduite souterraine forcée longue de 10,5 km.

Cet ouvrage fait partie de l'ensemble Sarrans-Brommat, une des réalisations hydroélectriques les plus importantes de France. Au barrage de la Barthe, trois conduites forcées établies dans des puits verticaux de 250 m de hauteur amènent les eaux de la Truyère à l'usine souterraine de Brommat, construite en plein granit. Après un passage dans le poste d'interconnexion de Rueyres, le courant est évacué en 220 000 et en 380 000 volts sur le réseau français de répartition.
Après plusieurs virages en lacet, prenez la D 537 à gauche vers le barrage de Sarrans, puis la D 98.
Un belvédère aménagé, à 1,5 km du barrage, permet d'avoir une vue d'ensemble des installations de Sarrans.

★ Barrage de Sarrans

Le barrage de Sarrans, l'un des principaux ouvrages hydroélectriques du Massif central, transforme en lac une partie des gorges de la Truyère. Long de 220 m, haut de 105 m et épais de 75 m à la base, il est de type « barrage-poids », c'est-à-dire qu'il résiste par sa masse à la poussée des eaux, tandis qu'une légère courbure à l'amont fait effet de voûte.
Après avoir passé la crête du barrage, la D 98 longe le lac de retenue jusqu'aux abords du village de Laussac que vous atteignez par la D 537.

Laussac

Le village est bâti sur un promontoire que l'immersion de la vallée a transformé en presqu'île. Vue particulière sur la Truyère s'enroulant autour du village.
Revenez sur la D 98 que vous empruntez à droite.
À 1,5 km de l'embranchement, belle vue sur le lac.
Poursuivez sur la D 98 jusqu'à un croisement où vous prenez la D 139 à droite.

Belvédère de Jou

Après le hameau de Jou, on découvre un panorama sur la presqu'île de Laussac, l'hospice de la Devèze et la retenue de Sarrans.
Revenez vers Laussac en suivant à gauche la D 98, puis la D 166 vers Albinhac.
La route offre des vues étendues sur le Barrez, les monts du Cantal et l'Aubrac. Remarquez les jolis toits à quatre pans, avec leurs lauzes en forme d'écailles.
Après Brommat, la D 900 mène à Mur-de-Barrez.

Carnet pratique

S'informer

Office de tourisme – *Pl. de la République - Entraygues-sur-Truyère - ✆ 05 65 44 56 10 - www.terresdaveyron.fr.*

Agenda

Festival de randonnée pleine nature – *www.festirando.fr - de mi-juil. à mi-août.* Randonnées commentées (à pied, à vélo...) aux thèmes multiples à travers tout le pays Haut-Rouergue en Aveyron.

Nos adresses

Restauration

Budget moyen

Ferme-auberge de Mejanassère – *Méjanassère - ✆ 05 65 44 54 76 - www.domaine-de-mejanassere.fr - 🚭 P - fermé oct.-mars, lun. en juil.-août - menu 38 € - 3 ch. 99 € ☕ - table d'hôte 22 €.* Sur un domaine viticole, cette ferme d'origine gallo-romaine fait office d'auberge de qualité : bonne cuisine du pays, pain cuit au feu de bois. De la terrasse qui surplombe les vignes face à la vallée, on apprécie le calme, la beauté et la nature respectée. Également trois chambres charmantes.

Activités

Les sentiers de l'imaginaire en Carladez – *www.carladez.fr -* Six sentiers à thème (l'eau, la géologie, l'histoire, le feu, la forêt et la prairie), d'accès facile, parcourent le Carladez depuis Brommat, Lacroix-Barrez, Mur-de-Barrez, Murols, Taussac et Thérondels. Jalonnés de sculptures en bois ou en fer forgé, d'enluminures, de passerelles, de cabanes, nés de l'imagination d'artistes locaux, ces itinéraires sont tout particulièrement destinés aux enfants. Topoguide disponible à l'office de tourisme *(gratuit).*

Hébergement

Budget moyen

Chambre d'hôte Le Petit Chou – *3-4 pl. de la République - ✆ 05 65 48 58 03 - www.lechourouge.fr - 4 ch. 98,50/122,50 € ☕ - ✕.* Belle adresse avec des chambres où se marient harmonieusement matières et mobiliers de choix. Sur place, le restaurant bistronomique Le Chou Rouge propose une belle cuisine du marché, volontiers locavore, le salon de thé So Chou pour les gourmands et la boutique Chouroom qui vend des créations maison.

À Mur-de-Barrez

Budget moyen

Auberge du Barrez – *Av. du Carladez - ✆ 05 65 66 00 76 - www.aubergedubarrez.com - P ♿ - fermé de déb. janv. à mi-fév. - 18 ch. 75/99 € - ☕ 11 € - 1/2 P possible - ✕ formule déj. 12,50 € - menu 25/42 €.* Dans un jardin fleuri, cette grande maison abrite des chambres diverses en taille, mais toutes contemporaines et fonctionnelles. Agréable salle à manger actuelle; certaines tables ont vue sur la campagne. Cuisine traditionnelle, copieuse et bien faite.

Au Fel

Budget moyen

Auberge du Fel – *✆ 05 65 44 52 30 - www.auberge-du-fel.com - ♿ - fermé de la Toussaint au dernier w.-end de mars - 10 ch. 81/89 € - ☕ 12 € - 1/2 P possible - ✕ menu 24 €.* Maison coiffée de lauzes et couverte de vigne dans un pittoresque village surplombant le Lot. Chambres personnalisées contemporaines, simples à la tenue irréprochable, certaines avec terrasse. Cuisine régionale. Location de vélos électriques *(15/20 €/1/2 j, 30 €/j).*

Aubrac ★

Des hameaux esseulés, des villages retirés, des paysages propices aux impressions de bout du monde… À 1300 m d'altitude, sur le vaste plateau basaltique qui porte son nom, Aubrac est une petite station estivale ensoleillée et aérée. Plantée au cœur d'une région de pâturages, elle est envahie, l'été, de troupeaux de bovins, surtout des vaches de la race aubrac à la belle robe fauve. En hiver, les skieurs de fond se régalent des pentes douces !

Se repérer

CARTE C2 (P. 160-161) - CARTE DU PLATEAU DE L'AUBRAC (P. 225).

Aubrac se trouve au carrefour de trois grandes voies menant à Nasbinals et Espalion ou à Laguiole. Bien que situé en Aveyron, le bourg est très proche de la Lozère et du Cantal.

En famille

Le Grenier de Capou à Soulages-Bonneval.

Carnet pratique p. 226

Nos adresses p. 226

Se promener

Aubrac, ou Albrac, tire son nom de la racine *alb* désignant une hauteur ou une montagne et l'a donné au plateau occupant la partie la plus méridionale des massifs volcaniques d'Auvergne. Une grosse tour carrée, une église romane et un bâtiment du 16e s. transformé en maison forestière, c'est tout ce qui reste de l'ancienne « **dômerie** » des frères hospitaliers d'Aubrac, ces moines-chevaliers qui, du 12e au 17e s., protégeaient les pèlerins qui se rendaient à Rocamadour ou à St-Jacques-de-Compostelle.
Sur la place du village, le personnage en bois sculpté de Lou Cantalès représente les anciens maîtres de buron, petite maison de pierre où ils fabriquaient le fromage.

4

Maison de l'Aubrac

Aubrac - ✆ 05 65 44 67 90 - www.maisondelaubrac.com - ♿ - juil.-août : 9h-19h ; mai-juin et sept. : 9h (10h en sept.)-18h30 ; 1er oct.-11 Nov. : tlj sf lun. 11h-17h30.
En plein cœur du village, cette structure disposant d'un bar gourmand et d'une épicerie fine, abrite également un **espace audiovisuel** en sous-sol : remarquez en particulier la reconstitution d'un buron, au centre de la salle ; prenez le temps d'écouter les bandes sonores thématiques parmi les huit postes avec écouteurs, dont le témoignage du chef Michel Bras.

Jardin botanique d'Aubrac

✆ 05 65 44 65 84 - www.aubrac-jardin.org - juil.-août : 9h-18h ; mai-juin et sept. : tlj sf lun. 9h-18h - 3 €.
Situé dans l'espace naturel sensible « Grande Prairie d'Aubrac », zone de tourbières où s'épanouissent la linaigrette, la grassette et la drosère, ce jardin botanique, au pied de la maison de l'Aubrac, abrite plus de 650 espèces représentatives de la flore locale. À côté des plantes carnivores fleurissent d'autres essences rares, aromatiques, toxiques, alimentaires ou symboliques : cistre, thé d'Aubrac, ail des ours, achillée, absinthe…

★ Le plateau de l'Aubrac

CARTE P. 225

Circuit de 106 km tracé sur la carte. Quittez Aubrac au sud par la D 533 qui descend dans la riante vallée de la Boralde de St-Chély.

St-Chély-d'Aubrac

R. de la Tour - 05 65 44 21 15 - www.aubrac-laguiole.com.

Dans les locaux de l'office de tourisme, plusieurs expositions présentent l'élevage traditionnel de la race aubrac et les pèlerinages à St-Jacques-de-Compostelle à travers les siècles. On y trouve également la reconstitution d'un buron miniature avec divers personnages sculptés dans le bois.

À l'entrée de St-Chély, prenez à gauche la D 19 vers **Bonnefon**, hameau que domine une tour carrée du 15e s., dite tour-grenier, construite par les moines d'Aubrac. *Passé Bonnefon, continuez sur la D 19 jusqu'à Prades-d'Aubrac.*

Prades-d'Aubrac

L'église du 16e s. est surmontée d'un puissant clocher octogonal. De l'extrémité du village, belle échappée sur la vallée du Lot.

Outre des vues très étendues sur les Causses et les ségalas du Rouergue, la descente vers le Lot offre l'attrait d'une transformation rapide du paysage. Aux immenses

Le Parc naturel régional de l'Aubrac

Immense plateau d'altitude ceinturé par les vallées du Lot et de la Truyère, l'Aubrac est protégé par un Parc naturel régional (PNR) de quelque 220 000 ha depuis 2018. Il rassemble 64 communes à cheval sur deux régions (Occitanie et Auvergne-Rhône-Alpes) et trois départements (Aveyron, Cantal et Lozère). Le PNR a pour vocation d'aider à la coordination des différents acteurs du territoire et à la préservation de ses richesses : paysages naturels fragiles (tourbières où croissent des espèces végétales rares) ; faune riche en grands mammifères dans les forêts et en oiseaux qui apprécient les vastes prairies ; architecture remarquable (burons, drailles, chemins de St-Jacques, églises et monastères) ; traditions agropastorales uniques sur cette terre de transhumance encore intacte et dans les montagnes d'estive où est élevée la vache Aubrac, véritable icône du territoire ; produits du terroir, de la gastronomie au couteau de Laguiole, sans parler de la cuisine...

www.parc-naturel-aubrac.fr.

Plateau de l'Aubrac.
Louis-Michel DESERT/Getty Images Plus

pâturages qui couvrent les plateaux, où ne croissent çà et là que des hêtres rabougris, succèdent d'abord des landes, puis quelques prairies et de maigres cultures. À droite, la vallée de la Boralde commence à se creuser. et les champs se font plus nombreux ; on traverse des bois de châtaigniers et des vergers.
Reprenez la D 19 en direction de St-Chély puis tournez à droite sur la D 211.
La route pénètre dans la forêt domaniale d'Aubrac, haute futaie de hêtres agrémentée de sapins.

Brameloup

✆ 09 77 48 52 25 - www.brameloup.com.
Cette petite station de sports d'hiver, à caractère familial, possède des pistes largement ouvertes dans la forêt. Ski de fond, ski alpin, luge et raquettes sont autant d'activités proposées.
Continuez sur la D 211 puis tournez à gauche à la jonction avec la D 219.
La route s'élève à plus de 1300 m d'altitude et offre de vastes panoramas sur les pâturages qui s'étendent sans fin. En chemin, vous longerez les eaux du lac des Moines, retenue artificielle de la Boralde qui traverse St-Chély.
Au col d'Aubrac (1340 m), tournez à droite sur la D 987.

Nasbinals

Nasbinals, dont la petite **église** romane (12e-14e s.) mérite une halte, est un lieu très fréquenté par les randonneurs et les pèlerins. Le commerce des bestiaux y est actif et des foires animées ont lieu plusieurs fois par an.
Prenez la route D 12 puis tournez à gauche sur la D 112.

St-Urcize

Blottie au pied d'un rocher coiffé de ruines féodales, cette bourgade de l'Aubrac possède encore des vieilles demeures intéressantes, notamment une maison Renaissance et la « maison du Prieur ».
Après avoir déambulé dans le village, n'oubliez pas de déguster une délicieuse **fouace** : les boulangers de St-Urcize se passent de père en fils, depuis des générations, les secrets de cette brioche onctueuse et légère au goût délicat de fleur d'oranger, qui n'a pas sa pareille.
★ **Église** – Très élégant avec son clocher-peigne, ce prieuré est le seul monument à déambulatoire de la haute Auvergne. Le joli chevet est roman (12e s.) ; la nef date quant à elle des 13e et 14e s.
À l'intérieur, une peinture représentant **saint Michel terrassant le démon** orne la chapelle du bas-côté gauche. Dans la petite chapelle, derrière l'autel, se trouve un remarquable **Christ au tombeau**, en pierre colorée (15e s.).

Sortez de St-Urcize par la D 65 puis tournez tout de suite à gauche sur la D 665 en direction de Laguiole ; à la jonction avec la D 15, tournez à droite.

Laguiole

Pl. de la Mairie - 05 65 44 35 94 - www.aubrac-laguiole.com.

Les toits d'ardoise de la petite cité recouvrent une colline de l'Aubrac, dans un paysage particulièrement verdoyant et reposant. C'est l'occitan *glèisa*, « église », qui a donné La Gleizolle (la petite église) puis, par altérations successives, La Glaiole, et enfin Laguiole... Important : pour montrer que l'on sait ce qu'est un laguiole, prononcer « layole ». C'est tout de suite mieux !

Musée du Couteau Laguiole, de l'Objet forgé et de l'Outil tranchant – *Rte d'Aubrac - ZA La Poujade - 05 65 51 23 47 - www.musee-laguiole.com - - de mi-juil. à fin août : 9h-12h, 14h-18h ; reste de l'année : tlj sf dim. 9h-12h, 14h-18h - 3,50 € (-12 ans gratuit).* Le musée est aménagé dans la coutellerie Honoré Durand d'où l'on peut visiter les ateliers de coutellerie et de forge *(gratuit)*. Créé en 1829 par l'artisan Pierre Calmels, le couteau de Laguiole était à l'origine un *capuchadou*, c'est-à-dire un outil à tout faire, qui fut progressivement doté d'un poinçon puis d'un tire-bouchon. Après une période de déclin, sa production a été relancée au début des années 1980 pour devenir aujourd'hui la première industrie du bourg. Ces dernières années ont vu se multiplier les couteliers locaux, dont les ateliers bordent aujourd'hui la presque totalité de la rue principale.

Le fromage – Bénéficiant d'une appellation d'origine protégée (AOP), le fromage de Laguiole, à pâte pressée non cuite et à base de lait de vache cru et entier, obéit à des procédés de fabrication très précis : la phase d'affinage, en particulier, doit durer au minimum quatre mois. Ce descendant de la fourme des burons et proche parent du cantal est aujourd'hui produit par la coopérative fromagère Jeune Montagne.

De Laguiole prenez la D 541.

Grenier de Capou à Soulages-Bonneval

5 km à l'ouest par la D 541 ; tournez à droite avant de sortir du village. 05 65 44 31 63 - visite guidée (1h) horaires, se rens. - 6 € (-12 ans 3,50 €).

Ce parcours insolite vous entraîne à la rencontre des objets qui ont fait le tissu rural de l'Aubrac et évoque la mémoire des anciens : roues, pressoirs, charrettes, jougs, batteuses, intérieur d'une maison ou d'un buron, travail du sol et du grain, nids d'oiseaux... Patinés par le temps et l'usage, ces objets en bois (entre 4 000 et 5 000) sont amoureusement conservés dans le grenier de la famille Capoulade. Certains, tel le chariot du Père Noël, sortent à la saison ou, pour les voitures, à l'occasion de mariages. D'autres, comme la presse à écraser la maîtresse, donnent lieu à une démonstration. Visite guidée en costume traditionnel d'Auvergnat, à la fois pédagogique et ludique, interactive, pétrie d'humour et d'anecdotes. Un régal pour petits et grands.

Un couteau sous haute surveillance

Le village de Laguiole revendique l'authenticité et le savoir-faire qui entourent la production du plus célèbre couteau de l'Hexagone, qui est également fabriqué à Thiers (Puy-de-Dôme). Depuis 2013, un syndicat travaille à l'obtention de l'Indication géographique protégée (IGP)... qui a été refusée par l'INPI en avril 2022. Le village de Laguiole a fait appel de cette décision. Affaire à suivre !

De Soulages-Bonneval, prenez la D 70 en direction d'Espalion puis tournez à droite au carrefour avec la D 42.

Château du Bousquet

✆ 05 65 48 41 13 - www.chateaudubousquet12.org - visite guidée (1h30) vac. scol. : 14h30 ; reste de l'année : se rens. - fermé mar. - 8 € (-14 ans gratuit).

Situé sur le chemin de St-Jacques reliant Le Puy-en-Velay à Conques, ce château du 14e s. a été édifié avec une pierre de basalte provenant d'une coulée de lave adjacente. Cette construction austère mais de fière allure, au plan très régulier (quadrilatère flanqué de six tours), a probablement été édifiée par un ordre hospitalier (peut-être les Templiers, qui étaient présents à Laguiole). L'intérieur abrite un mobilier intéressant. Remarquez la chambre du parquet, la grande salle et la cuisine gothique (classée).

Continuez sur la route D 42 jusqu'à Laguiole puis prenez sur la D 15 qui mène au village d'Aubrac.

À l'est de Laguiole, la route traverse de vastes pâturages et quelques bois de hêtres et tutoie 1400 m d'altitude non loin d'Aubrac.

Au bout de la route D 15, tournez à droite sur la D 987 afin de rejoindre Aubrac.

Carnet pratique

Agenda

Fête de la transhumance et de la vache Aubrac – *www. transhumanceaubrac.fr - w.-end autour du 25 mai.* Montée des troupeaux dans les pâturages depuis Aubrac. Les vaches sont décorées de fleurs et de cloches. Déjeuner montagnard *(25 €; -10 ans 12 €).*

Nos adresses

Restauration

À St-Chély-d'Aubrac

Premier prix

Les Coudercous – *Le bourg - ✆ 05 65 44 27 40 - www. lescoudercous.fr - ♿ - 12h-13h30, 19h-20h30 - fermé de mi-oct. à mi-avr. - formule déj. 14 € - menu 22 € - 24 ch. 79/99 €* ☕. Cuisine régionale où l'aligot et la race Aubrac sont en bonne place. Terrasse et jolie salle de dîner.

À Laguiole

Une folie

Le Suquet – *Rte de l'Aubrac - ✆ 05 65 51 18 20 - www.bras. fr - ♿ - fermé déc.-mars. - menus 190/260 €.* « Ma famille, l'amitié, l'Aubrac et la cuisine » : voici, énoncés par lui-même, les quatre éléments essentiels dans la vie de Sébastien Bras. Fidèle à l'héritage de son père Michel, mais armé d'une sensibilité qui lui est propre, le chef puise dans la nature environnante et dans ses jardins les produits qu'il révèle ensuite dans l'assiette. Les saveurs se bousculent, l'émotion affleure, et l'on croirait presque entendre la terre chanter au détour de certains plats. Belles chambres.

Shopping

La Maison de l'Aubrac – *p. 221.* Vente de produits de qualité de la région et grand choix d'ouvrages.

À Laguiole

Coopérative fromagère Jeune Montagne – *La Borie-Neuve - ✆ 05 65 44 35 54 - www.jeune-montagne-aubrac.fr - juil.-août : 8h-19h, dim. 9h-13h, 14h-18h ; reste de l'année : 8h-12h, 14h-18h, dim. 9h-12h - en été visite guidée (vidéo) de 30mn.* Dans cette coopérative fromagère, on produit le fromage de Laguiole AOP, l'aligot et la tome fraîche de l'Aubrac. Dégustation et vente sur place.

Forge de Laguiole – *Rte de l'Aubrac - ✆ 05 65 48 43 34 - www. forge-de-laguiole.com - tlj sf dim. 8h45-12h, 13h30-18h.* Cette société, créée en 1987 et récompensée par de nombreux prix, associe tradition et modernité dans la fabrication des fameux couteaux. Visites commentées gratuites de l'atelier dessiné par Philippe Starck.

À Cantoin

La Ferme au doux Mohair d'Aubrac – *Le bourg - 41 km au nord d'Aubrac - ✆ 06 95 02 98 17.* Élevage de chèvres angora et production de laine mohair. Vente de vêtements en mohair et soie, plaids, objets tout doux. Animations à la ferme.

Activités

Domaine Trail – *domainetrail caussesaubrac.fr.* 17 circuits de trail (course hors route, sur piste ou sentier), soit près de 300 km et 10 000 m de dénivelé positif de chemins, classés de débutant à expert, sont balisés dans les causses de l'Aubrac.

Pêche

Henry Mouret, guide de pêche – *Le Quié - La Terrisse - 33 km au nord-ouest d'Aubrac - ✆ 05 65 48 40 43 ou 06 89 58 61 38.* Stages et cours (diverses techniques).

Sports d'hiver

Espace nordique/ski de fond – *Laguiole - ✆ 05 65 44 39 62 - informations (tarifs, forfaits ski alpin ou ski de fond) : service des pistes 9h-17h en saison hivernale.* Créé en 1985 et orienté vers la pratique du ski de fond, l'Espace nordique des monts Aubrac compte 7 stations (100 km de pistes) : Aubrac, Brameloup, Lacalm, Laguiole (Aveyron, à plus de 1000 m d'altitude), Nasbinals, Bonnecombe (Lozère) et St-Urcize (Cantal).

Station de ski de Laguiole – *Laguiole - ✆ 05 65 44 39 62 - se rens. auprès de l'office de tourisme.* Au pied du puy du Roussillon (1407 m), la station propose, outre l'espace nordique, 15 pistes de ski alpin (10 téléskis). Circuits de randonnée en été.

Hébergement

Budget moyen

Hôtel La Dômerie – *Croisement D 987 et D 533 - ✆ 05 65 44 28 42 - www.la-domerie.com - P ♿ - fermé de mi-nov. à mi-déc. - 22 ch. 75/180 € ☕ - ✕.* Belle demeure ancienne en basalte et granit située au centre du village. Deux générations de chambres confortables : rustiques ou plus cosy. Accueillante salle à manger campagnarde où vous goûterez une cuisine familiale mettant en valeur la viande d'Aubrac.

Pour se faire plaisir

Chambre d'hôte L'Annexe d'Aubrac – *Pl. des Fêtes - ✆ 05 65 48 78 84 ou 06 75 88 41 19 - www.lannexedaubrac.com - 5 ch. 105/200 € : - ✕ plats env. 15/25 €.* Cette bâtisse robuste de la fin du 19e s. a été métamorphosée en une incroyable chambre d'hôte où se mêlent antiquités, objets récupérés sur place, bougies et chandeliers... Au rez-de-chaussée, bar et restaurant où tout est à vendre ou presque. Vaste jardin arboré.

À Soulages-Bonneval

Premier prix

Auberge du Moulin – *2 r. du Moulin - ✆ 05 65 44 32 36 - www. aubergedumoulin-laguiole. fr - 10 ch. 50 € - ☕ 7 € - ✕ menu 15/32 €.* Champêtre et modeste, l'adresse occupe un vieux moulin haut perché. Petites chambres sobres; certaines donnent sur une cascade. Baignade aménagée à proximité. Une simplicité de bon aloi anime le restaurant.

À St-Chély-d'Aubrac

Premier prix

Hôtel des Voyageurs – *Le bourg - ✆ 05 65 44 27 05 - fermé de mi-oct. à mi-avr. - 7 ch. 60/65 € - ☕ 8,50 € - ✕ menu env. 20/25 €.* Les villages perdus dans la campagne réservent de belles surprises ! Il en est ainsi de ce petit hôtel familial et de ses chambres impeccables, simples et coquettes. À table, cuisine familiale à l'accent aveyronnais (tripoux, aligot...).

4

À Laguiole

Premier prix

Hôtel-restaurant L'Aubrac – *17 allée de l'Amicale - Laguiole - ✆ 05 65 44 32 13 - www. hotel-aubrac.fr - P ♿ - 31 ch. 60/80 € - ☕ 9 € - ✕.* Maison familiale dotée de chambres confortables et bien équipées. Terrasse couverte et parc ombragé. Au restaurant, on célèbre les produits du cru : pièce de bœuf « fleur d'aubrac » issue de la ferme familiale, aligot, etc.

Les gorges du Tarn dans les environs de La Malène.
B. Gardel/hemis.fr

5

Les Grands Causses et les gorges du Tarn

CARTE MICHELIN RÉGION 526 – AVEYRON (12) ET LOZÈRE (48)

Millau★	232
Gorges du Tarn★★★	247
Sainte-Énimie★	258
Cité de Pierres de Montpellier-le-Vieux★★★	261
Causse Méjean★	264
Meyrueis	271
Causse de Sauveterre	277
Sévérac-le-Château★	280
Causse du Larzac★	282
Roquefort-sur-Soulzon★	289
La Couvertoirade★★	293
Nant, les Gorges de la Dourbie★★	295
Abbaye de Sylvanès★	298
Saint-Sernin-sur-Rance	302

LES GRANDS CAUSSES ET LES GORGES DU TARN
0
10 km
AVEN ARMAND ★★★ Vaut le voyage
Les Détroits ★★ Vaut le detour
Castelbouc ★ Vaut la visite
Meyrueis Intéressant
N
FIGEAC
ALBI
RODEZ
Lac de Pont de Salars
Lac de Pareloup
Lac de Villefranche-de-Panat
Parc naturel régional
Sévérac-le-Château
Micropolis
St-Léons
Peyrelade
Peyreleau
St-Beauzély
Comberoumal
CITÉ DE PIERRES DE MONTPELLIER-LE-VIEUX
Castelnau-Pégayrols
Maison de la cerise
Aire du Viaduc
Millau
Montjaux
Peyre
Comprégnac
Graufesenque
la Jasse-Maison du Larzac
AVEYRON
Le Pouget
St-Victor-et-Melvieu
Le Truel
St-Rome-de-Tarn
VIADUC DE MILLAU
Causse des Grands Causses
Mélac
Brousse-le-Château
St-Izaire
Coupiac
Rer de Caylus
Lauras
Roquefort-s-Soulzon
Ste-Eulalie-de-Cernon
St-Affrique
Rer St-Pierre
Viala-du-Pas-de-Jaux
St-Jean-d'Alcas
St-Paul-des-Fonts
St-Sernin-s-Rance
Montaigut
N.-D.-d'Orient
Pousthomy
Combret
Rougier de Camarès
Sylvanès
Église russe
St-Crépin
Belmont-s-Rance
Laval-Roquecezière
St-Sever-du-Moustier
Aveyron
Viaur
Muse
Tarn
Alrance
Cernon
Dourdou
Sorgues
D 45
D 988
D 202
N 88
D 911
A 75
D 29
D 44
D 515
D 809
D 41
D 96
D 31
D 992
D 999
D 562
D 277
D 902
D 25
D 23
D 93
D 516
D 33
D 101
D 12
D 105
D 540
D 7
D 91
D 117
D 74
D 645
4
6
A
B
1
2
3

ISSOIRE
MENDE
NÎMES
BÉZIERS
C
D
1
2
3
LOZÈRE
GARD
HÉRAULT
Causse de Sauveterre
Causse Méjean
Causse Noir
Larzac
Parc national des Cévennes
Le Villard
Chanac
Banassac
La Canourgue
Champerboux
Sabot de Malepeyre
Ste-Énimie
Rocheblave
Quézac
Ispagnac
Prades
Cirque de Pougnadoires
POINT SUBLIME
La Caze
Castelbouc
Charbonnières
Florac
GORGES DU TARN
Cirque des Baumes
La Malène
Cirque de St-Chély-du-Tarn
Les Détroits
Roc du Serre
Roc des Hourtous
Blanquefort
Roc St-Gervais
Chaos de Nîmes-le-Vieux
L'Hom
Le Veygalier
Rer de Cinglegros
Arcs de St-Pierre
Hyelzas
AVEN ARMAND
Gorges de la Jonte
Terrasses du Truel
Le Rozier
Maison des vautours
Dargilan
Col de Perjuret
1028
Meyrueis
Corniche du Causse Noir
CORNICHES DU CAUSSE MÉJEAN
St-Jean-de-Balmes
Roquesaltes
Le Rajol
La Roque-Ste-Marguerite
Gges du Trévezel
L'Espérou
Canyon de la Dourbie
Cantobre
St-Martin-du-Larzac
Gorges de la Dourbie
Nant
St-Jean-du-Bruel
La Cavalerie
St-Michel-de-Rouviac
Musée des traditions du Sud Aveyron
La Couvertoirade
Templiers et Hospitaliers
Le Caylar
Pas de l'Escalette
616
Lot
Tarn
Garène
Trèvezel
Dourbie
Hérault
A 75
D 809
N 88
D 44
D 43
N 106
D 16
D 907
D 63
D 996
D 584
D 18
D 991
D 47
D 986
D 151
D 999
D 7
D 185
D 55
D 902
Ville de départ du circuit
La vallée de la Muse
Les raspes et le St-Affricain
Du château de Peyrelade à Ste-Énimie
De Ste-Énimie à Florac
Le causse Méjean
Les gorges de la Jonte
Le causse Noir
Le causse de Sauveterre
Templiers et Hospitaliers
Les gorges du Trévezel et de la Dourbie
Le canyon de la Dourbie
La vallée du Rance
Châteaux du Moyen Âge

Millau ★

Millau a acquis une réputation internationale grâce à son élégant viaduc qui détient le record mondial de la plus haute pile ! Formidable atout pour la circulation et la communication, ce magnifique ouvrage d'art ne doit pas cacher la ville qui s'est développée au cours des siècles autour de la poterie, puis de la mégisserie et de la ganterie. Carrefour stratégique au croisement des routes d'Albi, de Clermont-Ferrand et de Montpellier, Millau mérite une halte approfondie, car elle combine avec bonheur patrimoine culturel et activités de plein air. Amateurs de randonnée, de sports d'eau vive ou de vol libre, la proximité des gorges du Tarn et des causses vous susurre des promesses de moments inoubliables.

Se repérer

CARTE B2 (P. 230-231) - PLAN (P. 234) - CARTE DU PARC NATUREL RÉGIONAL DES GRANDS CAUSSES (P. 239).
21979 Millavois – Aveyron (12).
116 km au nord de Montpellier.

À ne pas manquer

Le viaduc et ses points de vue.

Organiser son temps

Prévoyez une demi-journée pour visiter Millau et consacrez votre après-midi à la découverte des alentours.

En famille

La découverte du viaduc ; Micropolis à St-Léons ; maison de la mémoire à St-Affrique.

Carnet pratique p. 242

Nos adresses p. 243

★★★ Viaduc

Le viaduc est situé entre les sorties 45 et 46 de l'A 75. 05 65 61 61 61 - péage voiture : 9,73 € (11,70 € de mi-juin à mi-sept.).

Des visites sont organisées par le groupe Eiffage, l'office de tourisme ou des prestataires : bateau, canoë, ULM, parapente, quad (*« Nos adresses » p. 244*).

Spectaculaire, le viaduc multihaubané conçu par l'ingénieur français **Michel Virlogeux** et dessiné par l'architecte anglais **sir Norman Foster** prend son envol au-dessus du Tarn. Supportés par sept piles de béton, le fin tablier métallique et les pylônes d'acier donnent à l'ensemble une réelle élégance.

D'une longueur totale de 2460 m, culminant à 343 m au-dessus du Tarn, le viaduc détient le record mondial de hauteur. Avec ses 245 m de hauteur, la pile P2 est la plus haute du monde. Mis en service en 2004, le viaduc a obtenu en 2007

Le viaduc en chiffres

7 piles en béton.
245 m pour la plus haute pile (P2).
342 m entre les piles.
343 m de hauteur.
2460 m de long.
3 ans de travaux.
3000 hommes et femmes ont travaillé à la construction du viaduc.
36000 t d'acier.
205000 t de béton.
400 millions d'euros est le coût de l'ouvrage.

Viaduc de Millau, par les architectes Michel Virlogeux et Norman Foster, entre le causse du Larzac et le causse de Sauveterre, au-dessus du Tarn.
Allard1/Getty ImagesPlus/©CEVM Eiffage/Foster + Partners

le Prix international d'architecture de l'« Outstanding Structure Award ». Mais au-delà des prouesses techniques, c'est la finesse de ce grand vaisseau blanc qui frappe le visiteur. De nombreux belvédères ont été aménagés autour de la ville.

Aire du viaduc de Millau

Accès (péage) depuis l'A 75 entre les sorties 45 et 46; accès (gratuit) depuis Millau par la D 991, direction aire du viaduc de Millau.
Aire du Viaduc-de-Millau - ✆ 05 65 75 40 12 - www.tourisme-aveyron.com - ♿ - juil.-août : 9h-19h; reste de l'année : se rens. - gratuit.
L'ancienne ferme caussenarde de Brocuéjouls s'ouvre sur trois espaces : le **Viaduc Expo**, un espace muséographique de 220 m² pour découvrir en images les étapes et les chiffres clés de la construction de cet ouvrage hors du commun; l'Espace **Découverte** présentant le terroir, l'artisanat, la faune et la flore de l'Aveyron; l'**Espace Gourmand** *(avr.-nov.)* où l'on sert les célèbres « capucins » (*p. 243*). Depuis le **belvédère** aménagé à proximité, vous jouirez d'un point de vue saisissant sur cet ouvrage d'art exceptionnel!
Sentiers des Explorateurs – *✆ 05 65 61 61 54 - visite guidée (40mn) juil.-août : 9h-19h; reste de l'année, se rens. - 6 € (enf. 4 €).* Sur un circuit de 400 m, un guide vous fait revivre la construction du viaduc et comprendre son exploitation. Coupe de tablier, section de palée provisoire, ancrage de haubans... Ces éléments de chantier ont été conservés depuis la fin des travaux. Clou de la visite : le belvédère situé sous le tablier offre un point de vue unique au plus près du viaduc.

Aire de vision du cap de Coste

À 5 km de Millau. De Millau, suivez la D 992 en direction d'Albi/Toulouse et, à la sortie du village de Creissels, prenez à gauche en dir. de Brunas. Une petite route sinueuse monte (départ de parapente) et domine le viaduc.
Sur les hauteurs du village de Peyre, en direction de Comprégnac, on a une **belle vue** sur le viaduc.

SE RESTAURER		SE LOGER
Estanco 1	Capion 3	Hôtel La Capelle 1
Au Jeu de Paume 2	La Mangeoire 4	

Centre historique

PLAN CI-DESSUS

Circuit tracé sur le plan ci-dessus. Départ de l'office de tourisme, rue du Beffroi.
L'**hôtel de Galy** abrite aujourd'hui l'office de tourisme. Le portail roman rappelle sa construction médiévale. L'escalier en pierre à balustre montre qu'il a été remanié au 18e s.

Tour des rois d'Aragon - Beffroi A1-2

16 r. Droite - 05 65 67 04 63 - ♿ - mai-oct. : merc.-dim. 10h-12h, 14h30-17h30 (18h en été) - 4,60 € (-18 ans gratuit).

Dans la rue Droite, une des plus commerçantes de la ville, s'élève une tour romane, d'allure sévère, surmontée d'un beffroi. La tour carrée (12e s.) fut probablement érigée pour le roi Alfonse II d'Aragon, tandis que la tour octogonale a été édifiée par les consuls de la ville au 17e s. afin de marquer l'heure et de surveiller les environs. La visite permet d'accéder aux étages. Notez au passage quelques cellules, bien étroites, tristes témoignages de l'époque où la tour servit de prison (de 1622 à 1825). Vos efforts seront récompensés, au sommet, par un superbe **panorama** sur la ville sertie de causses et le viaduc.

Prenez à gauche boulevard de l'Ayrolle.

Hôtel de Sambucy A2

Propriété privée - visites organisées par l'office de tourisme (8 €) - se rens.
Jacques Duchesne, alors maître des Eaux et Forêts en Rouergue, fit construire ce pavillon de chasse entre 1672 et 1679. Après qu'il fut transmis à la famille Sambucy de Sorgues (toujours propriétaire des lieux), il fut agrandi, décoré et agrémenté d'un jardin à la française. Du boulevard, on aperçoit la maison côté cour. Le havre de paix du jardin derrière est insoupçonnable. Lors des visites, trois salons décorés sont visibles.

Continuez sur le boulevard de l'Ayrolle.

Hommage monumental au roi Louis XV, le **lavoir de l'Ayrolle** (18e s.) se présente en hémicycle autour des bassins, derrière une façade composée de trois portiques. Le boulevard débouche sur la place Frédéric-Bompaire. Par le quai de la Tannerie *(sur votre droite)*, vous pouvez rejoindre le **pont Lerouge,** d'où s'ouvre une belle vue sur la ville, et son **vieux moulin**, bâti au 15e s. sur l'ancien pont (12e s.), dont subsistent deux arches.

Revenez place Bompaire et prenez à droite, rue du Jumel.

La rue du Voultre passe sous le **passage du Voultre**, une porte fortifiée du 13e s.

Place du Voultre, prenez la rue des Jacobins.

Place du Maréchal-Foch A2

La « place vieille » est le cœur historique de la cité. C'est la partie la plus pittoresque du vieux Millau, avec ses « couverts » à arcades (12e-16e s.) soutenues par des colonnes cylindriques. On y voit encore une pierre rectangulaire, reste de l'ancien pilori *(entre la 2e et la 3e colonne en venant du nord)*. La 3e colonne porte l'inscription (assez peu distincte) : *Gara qué faras,* « Attention à ce que tu vas faire »...

★ Musée de Millau et des Grands Causses B2

Hôtel de Pégayrolles - Pl. du Mar.-Foch - ☎ 05 65 59 01 08 - www.museedemillau.fr - juil.-août : mar.-dim. 10h-12h30, 14h-18h ; des vac. de printemps à juin et sept. : merc.-dim. 10h-12h30, 14h-18h ; reste de l'année : mar.-sam. 10h-12h30, 14h-18h - gratuit.
Il est installé dans l'hôtel de Pégayrolles (18e s.), au sud-est de la place. Au rez-de-chaussée, la **section de paléontologie** abrite, outre des fossiles de faune et de flore du secondaire, le squelette, presque complet, d'un elasmosaure de Tournemire, reptile marin de 4 m de long datant de 180 millions d'années...

Les caves voûtées du musée regroupent une remarquable collection de **poteries★** gallo-romaines, trouvées sur le site de la Graufesenque : nombreux vases ornés et lisses de toutes les périodes de construction, moules, poinçons et comptes de potiers, atelier et four reconstitués. Notez les « ratés », étonnantes piles de vases collés à la cuisson et complètement déformés.

Le musée présente, au 1er étage, ses **collections★** liées à la peau et au gant. Les deux industries traditionnelles de Millau : la mégisserie, qui permet de transformer une peau périssable et brute en un produit imputrescible de haute qualité, et la ganterie. Nombreux outils, échantillonnage de peaux, présentation des différentes étapes de fabrication d'un gant de la coupe à la finition (reconstitution d'un atelier du 19e s.). L'histoire du gant, avec ses raffinements (magnifiques paires de gants de soirée) et ses différentes utilisations, est très bien présentée.

Église N.-D.-de-l'Espinasse B1

Sur la place, l'église était un lieu de pèlerinage important au Moyen Âge, car elle détenait une relique vénérée au 13e s., une « épine de la Sainte Couronne », d'où son nom. L'édifice actuel date du 17e s. Les fresques du chœur (1939) sont dues à Jean Bernard et les vitraux de la nef (1984) à Claude Baillon (artisan local).

Quittez la place du Maréchal-Foch par la rue de la Capelle.

La cité du gant

Le travail de la peau se développa dans cette région des causses où les brebis abondent. Dès le 12e s., Millau devint le centre du gant d'agneau. Sa fabrication comporte trois phases : la mégisserie ou préparation de la peau, la teinturerie, la ganterie ou confection du gant. Avant d'être achevé, un gant doit passer par... 70 mains différentes ! Gant « glacé » et « suède », gants de sport « tannés lavables » et « fourrés », gants de protection, Millau fabriquait 200 000 paires de gants par an exportées dans le monde entier. Mais les modes passent et le déclin du gant a entraîné, à partir des années 1950, une diversification des débouchés : aujourd'hui, les mégisseries millavoises destinent leur production aux vêtements (dans la haute couture notamment), aux chaussures, à la maroquinerie et à l'ameublement. *www.millau-viaduc-tourisme.fr.*

Espace Métiers d'art B1

10 r. de la Capelle - 05 65 62 39 73 - www.espacemetiersdartmillau.com - - juil.-août et déc. : tlj sf dim. 10h30-12h30, 14h30-19h ; reste de l'année : tlj sf dim.-lun. 10h30-12h30, 14h30-18h30.

Cette jolie galerie voûtée regroupe une vingtaine d'artisans d'art locaux et présente une dizaine de métiers différents, allant du tourneur sur bois au sculpteur, en passant par le potier (terre mêlée), le souffleur de verre ou le relieur sur cuir... La plupart des exposants ouvrent leurs ateliers au public pour une visite ou une démonstration de leur savoir-faire. Certains proposent des stages-découvertes (demandez le dépliant à l'entrée). Tous les deux mois, l'espace accueille un artisan pendant deux semaines et organise un événement à cette occasion.

Remontez la rue de la Capelle jusqu'à la vaste place du même nom, et prenez l'av. Gambetta.

Ganterie Fabre B1

20 av. Gambetta - 05 65 60 58 24 - www.maisonfabre.com - tlj sf dim. 9h-12h, 14h-19h, sam. 10h-12h, 14h-19h - gratuit.

Cette maison familiale (1924) entretient elle aussi son savoir-faire depuis quatre générations. On visite la boutique et l'atelier installés dans un bel immeuble rénové.

Ganterie Causse B1

5 bd des Gantières - 05 65 60 03 05 - www.caussegantier.com - - tlj sf dim. 9h30-12h, 14h-18h30 - gratuit.

Fondée en 1892, la maison Causse est la plus ancienne manufacture en activité de la ville. Installée dans le quartier historique des gantiers, elle bénéficie de superbes locaux, mêlant bois et cuivre, conçus par **Jean-Michel Wilmotte**. La visite permet de découvrir les ateliers et le magasin d'usine, où sont présentés tous les modèles de la maison.

Revenez dans le centre historique par le boulevard des Gantières qui débouche sur la place de la Capelle.

Les **halles**, de style Baltard, accueillent le marché couvert (*« Nos adresses »*).

À proximité

CARTE P. 230-231

Site archéologique de la Graufesenque B2

1 km au sud de Millau. Sortez en direction de Montpellier et Albi, puis tournez à gauche au rond-point suivant immédiatement le pont sur le Tarn.

Av. Louis-Balsan - ✆ 05 65 60 11 37 - www.graufesenque.com - juil.-août : mar.-dim. 10h-12h30, 14h-18h ; des vac. de printemps à juin et sept. : merc.-dim. 10h-12h30, 14h-18h ; vac. scol. Toussaint : mar.-sam. 10h-12h30, 14h-18h - 3,50 € (-18 ans gratuit).
Après une vidéo projetée dans la maison d'accueil, vous découvrirez les fouilles qui ont permis de dégager les fondations d'un village gallo-romain de potiers, avec sa rue centrale, son canal, les ateliers, les maisons d'habitation et l'un des énormes fours où l'on pouvait cuire jusqu'à 40 000 vases dans la même fournée. Il est vrai que celle-ci durait presque un mois !

Maison de la cerise B2

À Paulhe, 7 km au nord de Millau. De l'av. Gambetta, passez le pont de Cureplat et suivez à gauche la direction « Millau Plage » et « Paulhe ».
Pl. de l'Escaras - ✆ 05 65 59 00 98 - www.maisondelacerise.com - ♿ - avr.-mai et sept. : tlj sf lun. mat. 10h-12h30, 14h30-18h30 ; juin-août : 10h-12h30, 14h30-18h30 - gratuit.
Randonnée accompagnée dans les cerisiers juin-août : jeu. 16h suivie d'une dégustation *(sur réserv., 5 €, enf. gratuit).*
La culture de la cerise est une tradition qui perdure dans la vallée depuis près de deux cents ans. Aménagé dans de belles salles voûtées, un petit musée est dédié au célèbre fruit rouge, tandis qu'un circuit d'interprétation et un verger conservatoire de variétés anciennes vous font découvrir les cultures. Tout se termine bien évidemment dans la boutique par une petite dégustation...

Ferme troglodytique des Baumes C2

À St-Martin-du-Larzac, 14 km à l'est de Millau.
Si cet auvent rocheux date de la fin du 15e s., il fallut attendre la fin du 17e s. pour voir achever le 3e et dernier niveau. Tour à tour résidence, ensemble fortifié pendant les guerres de Religion et lieu de stockage, il a été restauré et l'on peut voir ses deux petites tours rondes qui font saillie. À ses pieds s'est développé un petit hameau où vivait, à la fin du 19e s., une quinzaine de personnes. Aujourd'hui y sont notamment installés un tourneur sur bois et une ferme (élevage de brebis).

La vallée de la Muse

CARTE P. 230-231 B2

Circuit de 40 km tracé en vert sur la carte. Quittez Millau au sud-ouest par la D 41, direction Comprégnac. La route, qui longe le Tarn, passe sous le viaduc.

★ Peyre B2

Accroché aux falaises où nichent chauves-souris et corbeaux, le village est des plus pittoresques. Dans les ruelles étroites, les façades de tuf des maisons sont ornées de belles ferronneries.
L'**église semi-troglodytique** (11e s.) présente sur sa façade quelques éléments défensifs : bretèches, bouches à feu et assommoirs. C'est à l'heure des incursions huguenotes (17e s.) qu'elle fut fortifiée.
Continuez sur la D 41. Parvenu à Comprégnac, prenez à gauche dans le village et laissez la voiture sur un petit parking aménagé à l'ombre de châtaigniers.

Comprégnac B2

Maison de la truffe – *Ruelle du Château - ✆ 05 65 62 31 00 - www.syndicattrufficult.wixsite.com/aveyron-truffe - de juin à mi-sept. 15h-19h - gratuit.* Dans ce petit musée dédié à la truffe noire du Périgord, *tuber melanosporum*, panneaux, film

Nos ancêtres les potiers

Au 1er s. de notre ère, Condatomagus (« le marché du confluent »), ancêtre de Millau, occupe une quinzaine d'hectares à l'emplacement du confluent du Tarn et de la Dourbie. C'est en ces lieux et à cette époque que l'atelier de la Graufesenque, l'un des plus grands ateliers gallo-romains, fort de 600 potiers, produit une vaisselle de luxe dite sigillée parce qu'en terre cuite rouge et décorée de sceaux et de poinçons. Certaines de ces poteries étaient faites au tour et restaient lisses tandis que d'autres, moulées, s'ornaient de décors floraux, géométriques ou historiés d'influence hellénistique. En cent cinquante ans environ, ce sont près de 600 millions de pièces, cuites dans une quarantaine de fours, qui ont été exportées à travers toute l'Europe, le Moyen-Orient et jusqu'en Inde.

présentant le travail du trufficulteur aveyronnais, borne interactive et maquette du patrimoine vernaculaire caussenard permettent aux curieux de percer les secrets du diamant noir. Bien sûr, une boutique propose des produits truffés, des produits locaux... et des glaces à la truffe.
Poursuivez sur la D 41 jusqu'à Montjaux

Montjaux B2

Accroché au plateau, ce village possède quelques belles maisons anciennes le long des rues qui descendent vers l'église romane (12e s.), ornée de chapiteaux historiés.
Prenez la D 993 en direction de St-Beauzély.
À la première intersection sur la droite (rte de Marzials, calvaire), un sentier monte vers le site de l'ancien château *(attention, ruines non sécurisées)* qui offre un magnifique **panorama** sur les monts environnants et jusqu'au viaduc de Millau.
Rejoignez Castelnau-Pégayrols par la D 515. Garez-vous à l'entrée, car le village est interdit aux voitures.

Castelnau-Pégayrols B2

05 65 62 05 05 - www.castelnau-pegayrols.fr.
Isolé sur le rude versant méridional du plateau du **Lévézou**, ce si petit village de grès rose s'enorgueillit d'un château *(ne se visite pas)* et d'une belle église romane. C'est qu'il y a quelques siècles, Castelnau, qui s'appelait alors « du Lévézou », n'était rien moins que la capitale de ce territoire ! La première partie du nom vient de son « château neuf » *(castellum novum)*. Quant à « Pégayrols », il a plus tardivement été ajouté par le conseil municipal et viendrait de la famille de Pégayrolles, qui possédait le château. Aujourd'hui, la patine des pierres ajoute au charme des étroites ruelles.
Église St-Michel – Cette ancienne église (fin du 11e s.) a des allures de forteresse avec ses contreforts massifs et son clocher-tour carré. Seuls quelques motifs ornent les piliers de la nef. Dans la première travée, une tribune, ajoutée au 15e s., s'ouvre en deux étages sur la nef. Sous le chœur se trouve une crypte, fait rare en Rouergue.
Église Notre-Dame – Situé dans le cimetière, cet édifice a été habilement disposé sur un terrain accidenté. Au chœur, voûté en cul-de-four (11e s.), une fausse croisée d'ogives témoigne de la volonté d'appliquer les règles gothiques.
Prenez vers Estalane, puis tournez à droite dans la D 30.

★ Prieuré de Comberoumal B2

Laissez la voiture à l'entrée du chemin d'accès au prieuré.
05 65 62 08 75 - www.comberoumal.fr - accès libre.

PARC NATUREL RÉGIONAL DES GRANDS CAUSSES

Parc naturel régional des Grands Causses

Le parc s'étend sur 327 070 hectares. Il englobe 93 communes rassemblant une population d'environ 70 000 habitants. Il a pour but la valorisation du patrimoine naturel et architectural, le soutien d'une agriculture gestionnaire de l'espace et des activités économiques (conservation des races ovines menacées : raïole, caussenarde des garrigues et rouge du Roussillon, développement de l'hébergement rural), la promotion des produits agroalimentaires et artisanaux. Concernant le patrimoine rural disséminé sur les Grands Causses, une action de sauvegarde de témoins du passé – fours à pain, cazelles, lavognes, pigeonniers, lavoirs ou fontaines – est engagée.

Le prieuré dépendait de l'ordre des **Grandmontains**, fondé par Étienne de Muret en 1076. Du 12e au 14e s., cet ordre rayonna sur tout le royaume avant de s'éteindre au 18e s. Les principes de pauvreté et de recueillement firent naître un art sobre et beau. D'époque romane, il se compose de quatre bâtiments disposés en carré autour d'un petit cloître malheureusement détruit. Au nord s'élève l'église. Une seule fenêtre, au fond, éclaire la nef, tandis que le chœur, plus large et percé de trois baies largement ébrasées, concentre la lumière. L'aile ouest, modifiée, était réservée aux hôtes (cheminée romane à conduit circulaire). L'aile sud, transformée lors de la construction de l'étage, conserve au rez-de-chaussée le réfectoire et la cuisine (un passe-plat ouvre encore sur le cloître). À l'est se succèdent depuis l'église un passage couvert vers le cimetière, la salle capitulaire et une salle commune (ou cellier).
Faites demi-tour et continuez sur la D 30.

St-Beauzély B2

Musée des Métiers et de la Pierre – *Château de St-Beauzély - r. de la Madeleine - ☏ 05 65 62 03 90 - www.saint-beauzely.fr - juil.-août : 10h30-12h30, 14h30-18h30 ; avr.-juin et sept. : tlj sf jeu.-vend. 14h30-18h30 ; reste de l'année, sur RV - 5 € (12-18 ans 3,50 €).* Au centre du village, le château féodal (réaménagé au 15e s.) abrite un musée qui rassemble une collection de plus de 3000 objets illustrant les activités traditionnelles (notamment le travail de la pierre), l'artisanat et la vie quotidienne des habitants de la vallée.
Quittez St-Beauzély au nord. Après la sortie, dans un virage, prenez à gauche une petite route longeant la Muse.

St-Léons B2

★ **Micropolis, la cité des insectes** – *Le bourg - ☏ 05 65 58 50 50 - www.micropolis-aveyron.com - ♿ - juil.-août : 10h-19h ; reste de l'année : se rens. - 14,90 € (4-15 ans 10 €) - animations quotidiennes (20mn.).* Bienvenue dans le monde des insectes, auquel cet espace est consacré. Salle après salle, vous découvrirez ce qu'est un insecte, comment il se comporte, où il vit, ce qu'il mange, ce qu'il apporte à l'homme et à l'environnement. Tout cela en le vivant, le touchant, l'entendant grâce à diverses animations et autres bornes interactives... Vous pouvez observer l'organisation d'une fourmilière ou d'une ruche géante, rencontrer les phasmes, scorpions et même les impressionnantes mygales qui vous attendent sagement dans leurs vivariums.
Après la serre tropicale et la projection du film 3D *Jour de miel*, des hublots dévoilent les salles d'élevages des charmants petits pensionnaires du lieu. Profitez du beau cadre naturel pour faire un tour à l'extérieur, où de gigantesques sculptures de métal jouent le **Carnaval des insectes**. Les proportions s'inversent, donnant aux visiteurs l'impression d'être minuscules aux côtés des fourmis, mantes, papillons, cigales, abeilles et criquets devenus géants !
Enfin, en juillet-août, il est possible de visiter dans le village la **maison natale de Jean-Henri Fabre** *(☏ 05 65 58 50 50 - visite comprise dans le billet de Micropolis)*, qui présente la vie et l'œuvre du célèbre entomologiste.

Les raspes et le St-Affricain CARTE P. 230-231 AB2-3

Circuit de 120 km tracé en orange sur la carte. Quittez Millau au sud-ouest par la D 41. La route, qui longe le Tarn, passe sous le viaduc (point de vue).
Passé les villages de Peyre et Comprégnac (*circuit précédent*), continuez sur la D 41, puis prenez à gauche la D 96 qui conduit à **St-Rome-de-Tarn**, étagé

Micropolis, la cité des insectes.
Photothèque Micropolis, cité des Insectes

au-dessus de la rivière que l'on traverse pour rejoindre la D 31. La vallée s'immisce dans un passage appelé les « raspes » du Tarn, de l'occitan *raspar*, défilé encaissé, râpé par l'érosion. Dans cette portion de la rivière, les rochers de schiste noir déchiquetés se mêlent aux genêts et aux châtaigniers.

Le Lévéjac se jette du haut d'une falaise de 18 m dans les eaux vertes du Tarn, à la **cascade des Baumes**. Voilà l'un des merveilleux endroits de baignade sauvage de l'Aveyron, accessible en canoë (*« Nos adresses » p. 244).* En voiture, on l'aperçoit sur la D 73 dans le sens St-Rome-de-Tarn - Viala-du-Tarn, à 500 m après le pont, sur la gauche.

St-Victor-et-Melvieu A2

Ce village caussenard, dominé par sa tour de guet (16e s.), abrite un surprenant joyau : surnommée « la chapelle Sixtine rouergate », sa petite **église** romane comporte de magnifiques **fresques★** de **Nicolaï Greschny** (1912-1985). Né en Estonie, ce peintre d'icônes, héritier d'une tradition familiale, connut l'exil dès la révolution russe. Ses voyages à travers l'Europe l'emmenèrent jusque dans le Tarn où il s'installa définitivement en 1948. Il réalisa près de 10 000 m² de fresques dans de nombreuses églises du Sud-Est. À St-Victor, l'ensemble se compose de 25 scènes bibliques dans lesquelles se glissent Nicolaï Greschny (en culottes courtes !), mais aussi quelques figures locales.

Centre d'art mural – *Pl. de l'Église - 05 65 62 51 05 (mairie) - www.raspes-du-tarn.fr - visite guidée sur RV en juil.-août ; reste de l'année : se rens.* Dans le château des Montcalm de Gozon, bornes interactives et projections vidéo racontent l'art de la peinture murale au fil des siècles, de la Haute Antiquité à nos jours.

Après St-Victor, prenez à droite la D 510, puis à gauche la D 200.

Gagnez **Le Pouget** ; ce site très verdoyant est le siège d'une des plus importantes **centrales hydroélectriques** du Sud-Ouest.

Prenez vers l'ouest. À hauteur du village du Truel, traversez le Tarn pour rejoindre la D 527 vers Les Costes-Gozon. Dépassez ce village et prenez à droite la D 50.

À un croisement planté d'une croix, tournez à droite, puis à droite vers Crassous.
Beau **dolmen** sur le côté gauche de la route, après Crassous.
Faites demi-tour jusqu'au croisement à la croix. Prenez à droite vers Tiergues.
Un autre **dolmen** se trouve dans un champ, à 200 m de la route.
Rejoignez la D 993 après Tiergues et prenez en direction de St-Affrique.

St-Affrique B3

Pl. de l'Hôtel-de-Ville - 05 65 58 56 00 - www.roquefort-tourisme.fr.
Ici, pas de savane ni de girafes : c'est l'évêque saint Affrique (ou saint Africanus ou encore saint Fric) qui, chassé du Comminges par les Wisigoths, trouva refuge dans le Rouergue et y mourut. La petite ville qui naquit autour de son tombeau prit tout naturellement son nom. On découvre en flânant dans les rues la fontaine des Béliers *(pl. de l'Hôtel-de-Ville)*, deux tours, vestiges des remparts, et cinq ponts enjambant la Sorgues.
Maison de la mémoire – *6 pl. Paul-Painlevé - 05 65 49 07 31 - www.ville-saintaffrique.fr - 9h-12h, 13h30-17h30 - fermé w.-end - gratuit.* Dans la maison natale du savant mathématicien Émile Borel (1871-1956), la salle de classe reconstituée du début du 20e s. côtoie une belle collection d'outils et de machines qui met à l'honneur le chapelier, le cordonnier ou encore l'imprimeur.
Rocher de Caylus – *1,5 km au nord de St-Affrique par l'av. de Caylus.* L'énorme bloc déchiqueté aurait porté le château des comtes de Caylus, connus pour la résistance qu'ils opposèrent en vain au comte de Toulouse, Raimond VII lorsque celui-ci cherchait à reconquérir ses États (1222-1224). Du rocher, on a une belle **vue** sur la ville et ses environs. *Revenez à Millau par les D 999 et D 992.*

Carnet pratique

S'informer

Office de tourisme – *1 pl. du Beffroi - Millau - 05 65 60 02 42 - www.millau-viaduc-tourisme.fr.* L'office de tourisme propose des visites guidées, notamment du viaduc.
Parc naturel régional des Grands Causses – *71 bd de l'Ayrolle - Millau - 05 65 61 35 50 - www.parc-grands-causses.fr.* Le parc donne des adresses pour trouver un hébergement, pratiquer des activités originales ou découvrir le patrimoine local.

Arriver/partir

Se garer – Le parking couvert place Emma-Calvé se situe en plein centre.

Agenda

Festival Outdoor Natural Games – *www.naturalgames.fr - fin juin.* Compétitions internationales et shows de sports de plein air, assortis de concerts de musique.
Millau Jazz Festival – *millaujazz.fr - mi-juil.* Les rues résonnent de concerts et d'animations musicales.
Marathon et 100 km de Millau – *www.100kmdemillau.com - fin sept.* Cette course légendaire regroupe plus de 3000 participants.
Fête de la truffe et marché de Noël – *www.compregnac12.fr - dim. avant Noël.* À Comprégnac, vente au détail.

Nos adresses

PLAN P. 234.

Restauration

Premier prix

1 **Estanco** – A2 - *20 bd Richard - ✆ 05 65 60 01 64 - www.estanco.fr - 12h-15h, 19h30-23h - fermé dim.-mar. - plats 22/28 €.* Une pizzeria au rez-de-chaussée et, à l'étage, un restaurant. Ce dernier se démarque par sa spécialité : le poisson. Un large choix de vins sous les très bons conseils des patrons.

3 **Capion** – A1 - *3 r. Jean-François-Alméras - ✆ 05 65 60 00 91 - www.restaurant-capion.fr - 12h-13h45, 19h30-21h - fermé mar.-merc. - plats 19/25 €.* Cet établissement affiche souvent complet ; réservez. Vous y dégusterez une copieuse cuisine traditionnelle valorisant le terroir.

Budget moyen

2 **Au Jeu de Paume** – A2 - *4 r. St-Antoine - ✆ 05 65 60 25 12 - www.aujeudepaume-millau.com - 19h-21h30 - fermé dim.-lun. - menu 32 €.* Dans la salle voûtée se trouve une grande cheminée où le chef fait griller poissons et viandes. Bar et tables installés dans une agréable cour (ancien jeu de paume). Concerts mardi soir d'oct. à juin.

4 **La Mangeoire** – B1 - *8-10 bd de la Capelle - ✆ 05 65 60 13 16 - www.restaurantmillau.com - 12h-14h, 19h-22h - fermé lun.-mar. - formule déj. 18 € - menu 32 € - plats 18/39 €.* Charmante salle voûtée et agréable terrasse sur rue. Vous pouvez goûter le jambon de porcelet grillé au feu de bois et son aligot, puis terminer par la flaune (dessert local à base de petit-lait de brebis et fleur d'oranger).

À Brocuéjouls

Premier prix

Espace Gourmand – *Aire du Viaduc de Millau - ✆ 05 65 61 65 28 - juil.-août : 9h-19h, w.-end 8h30-19h30 ; reste de l'année : 9h-18h, w.-end 9h-18h30 - fermé nov.-mars - moins de 20 €.* On savoure ici le célèbre « capucin » inventé par le grand chef Michel Bras : une galette en forme de cône, élaborée avec de la farine de sarrasin et de seigle, à la fois croustillante et moelleuse, garnie de produits locaux. L'ensemble des produits mis en vente sont d'origine 100 % aveyronnaise !

À Creissels

Budget moyen

Le Diapason – *18 r. du Portalou - Creissels - 3 km au sud de Millau - ✆ 05 65 62 19 66 - www.restaurantdiapason.com - 12h-14h, 19h-21h30 - fermé lun., jeu. soir et dim. soir - plats 17,50/31 €.* Aménagé dans une ancienne étable, ce restaurant séduit de prime abord par sa décoration originale, mais les papilles ne sont pas en reste, avec une cuisine régionale de qualité propre à satisfaire les plus gros appétits. Accueil sympathique et rapport qualité-prix excellent.

Petite pause

Cak'T – *1 r. de la Capelle - ✆ 05 65 60 13 82 - www.cak-t.com - tlj sf dim. 10h30-19h.* Un salon de thé joliment décoré (petites lampes, gravures, nappes à carreaux). Sucré ou salé, tout est fait maison. Les Millavois en raffolent ! Réservez pour le déj.

Boire un verre

Brasserie L'Estaminet – *Pl. des Halles - ✆ 06 07 88 87 07 - merc.-dim. 8h-15h.* Les Millavois s'y retrouvent au comptoir, dans une ambiance très agréable, pour prendre un verre ou déguster une collation.

Shopping

Marchés – *Merc. et vend. mat. pl. du Mar.-Foch et dans les rues du* *centre ancien. En juil.-août, marché nocturne 1 lun. sur 2.*

Halles – *Juil.-août : tlj sf lun.-mar. 7h-14h ; reste de l'année : tlj sf dim.-mar. 7h-13h.*

Larzac Boul'vard - Le couteau du Larzac – *8 pl. du Mandarou - ✆ 05 65 60 66 50 - www.couteau-du-larzac.com - juil.-août : tlj sf dim. 9h30-19h15, sam. 9h30-12h15, 14h-19h15 ; reste de l'année : tlj sf dim.-lun. 9h30-12h15, 14h-19h.* Atelier de fabrication et magasin où vous trouverez de très beaux couteaux façonnés dans des bois précieux ou dans la corne. La boutique est aussi le distributeur exclusif du **Sac du Berger** (sacs en cuir artisanaux).

L'Atelier du Gantier – *21 r. Droite - ✆ 05 65 60 81 50 - www.atelierdugantier.fr - tlj sf w.-end 9h-12h, 14h-19h.* Un petit atelier-boutique où se perpétue la fabrication artisanale des gants de Millau. Du très classique au plus original. Du bel ouvrage.

Espace Métiers d'art – *p. 236.*

Charcuterie Pangaud-Ramondenc – *23 r. Droite - ✆ 05 65 60 07 03 - lun.-sam. 8h30-12h30, 14h30-19h30.* Une charcuterie dans la plus pure tradition aveyronnaise, qui passe pour être la meilleure de la ville. Tout (ou presque) y est produit artisanalement : saucisses sèches, fricandeaux, trénels millavois, etc. La porte franchie, une bonne odeur met tout de suite en appétit.

À Compeyre

Comptoir paysan – *Mas Compeyre - 10 km au nord de Millau - ✆ 05 65 59 84 11 - tlj sf dim.-lun. 9h30-12h30, 15h30-18h30.* Ce lieu vend les produits de quelques producteurs locaux (vignerons, fruitiers, fromagers, apiculteurs) et propose la dégustation de vin. En projet, un nouveau nom : Le Caveau du mas.

En soirée

Théâtre de la Maison du Peuple – *R. Pasteur - ✆ 05 65 59 47 61 - www.maisondupeuplemillau.fr.* La Maison du Peuple abritait, au début du 20e s., bals, spectacles et conférences, mais était surtout un lieu de rassemblement populaire. En 1935, elle fut le siège de la grande grève des gantiers. Aujourd'hui, c'est à la fois une scène conventionnée d'intérêt national et un espace culturel (expositions, projections, ateliers, concerts, spectacles, etc.).

Activités

Activités sportives

Centre permanent d'initiatives pour l'environnement (CPIE) du Rouergue – *25 av. Charles-de-Gaulle - ✆ 05 65 61 06 57 - www.cpie-rouergue.com.* Randonnées à la découverte de la nature et du patrimoine.

Évasion Millau – *155 av. de l'Aigoual - giratoire du Confluent - ✆ 06 09 14 46 94 - www.millau-evasion.com.* Cette école française de parapente propose des baptêmes ou des stages, mais aussi un accompagnement en montagne (randonnée, raquettes).

Horizon Millau – *6 pl. Lucien-Grégoire - ✆ 05 65 59 78 60 - www.horizon-millau.com.* Parapente, canyoning, via ferrata, escalade et spéléologie au cœur du Parc régional. Parcours aventure. Boutique de matériel spécialisé.

Roc et Canyon – *55 av. Jean-Jaurès - base d'été : 155 av.de l'Aigoual - ✆ 05 65 61 17 77 - www.roc-et-canyon.com - juil.-août : 9h-19h ; reste de l'année : 9h30-12h, 14h-17h.* Randonnée, escalade, via ferrata, spéléo, VTT, canyoning, canoë, aventure aquatique, hot-dog, rafting, parcours aventure, saut à l'élastique, location de vélos électriques. Activités animées par des moniteurs diplômés d'État. Location de matériel.

Plage St-Rome – *St-Rome-de-Tarn - ✆ 06 29 47 36 43 - juil.-août : 9h-19h ; reste de l'année, se rens.* Plage, guinguette et location de canoë, kayak, pédalo, paddle...pour évoluer sur le Tarn, au cœur des gorges des Raspes, non loin de la cascade des Baumes.

Esprit Nature – *Rte des Gorges-du-Tarn - Aguessac - 7 km au nord de Millau - ✆ 05 65 59 72 03 - www.escapade-espritnature.com.* Canoë, kayak, canyoning, escalade, spéléologie, via ferrata.

Les Bateliers du Viaduc – *Pl. du 19-Mars - Creissels - 3 km au sud de Millau - ✆ 05 65 59 12 41 - www.bateliersduviaduc.com - ♿ - avr.-sept. : 9h-17h30 - 25 € (-18 ans 17,50 €).* Promenade commentée en barque *(1h - 9 km)* sur le Tarn pour passer sous le viaduc. Snack avec terrasse sur la rivière.

Le Héron-des-Raspes – *Le Mas de la Nauc - Viala-du-Tarn - 30 km à l'ouest de Millau - ✆ 05 65 62 52 49 ou 06 68 67 21 63 - www.herondesraspes.fr - juil.-août : à 15h30 (10h30 et 16h45 sur RV) ; avr.-juin et sept.-oct. : sur RV à 10h30, 15h30 et 16h45 ; reste de l'année : se rens. - 12 € (-12 ans 8 €).* Croisière commentée *(1h15)* à la découverte des gorges cristallines du Tarn. Également apéro-balade vers la cascade des Baumes avec dégustation de produits locaux (1h20, 14,50 €, -12 ans 10,50 €). Location de bateau électrique, paddle...

Visites

L'Arc en miel – *St-Affrique - à 2 km de la ville - ✆ 06 29 78 03 00 - www.larcenmiel.fr - visite (1h30) de mi-avr. à fin sept. : horaires sur le site Internet ; reste de l'année : boutique et dégustation sur RV - 7,50 €, 4-13 ans 5 €.* Pour pénétrer dans le monde de l'apiculture biologique, rendez-vous à L'Arc en miel où vous attend une visite immersive autour de la découverte de la ruche et de la fabrication du miel. Vous assistez notamment à l'ouverture des ruches en direct ! Les gourmands se régaleront lors de la dégustation qui se veut aussi pédagogique. Boutique.

Hébergement

Budget moyen

1 **Hôtel La Capelle** – B1 - *7 pl. de la Capelle - ✆ 05 65 60 14 72 - www.hotel-millau-capelle.com - 40 ch. 99/137 € ☕.* Cet hôtel, qui bénéficie d'une situation centrale, a profité d'une cure de jouvence orchestrée en 2019 par ses nouveaux propriétaires. Style moderne.

Cévenol Hôtel – HORS PLAN - *115 r. du Rajol - ✆ 05 65 60 74 44 - www.cevenol-hotel.fr - ♿ 🏊 🅿 - 42 ch. 88/97 € - ☕ 10,50 € - ✕ menu 26/46 €.* Situé à 300 m du centre-ville, cet hôtel confortable offre une très belle vue sur les Causses. Vous pourrez vous rafraîchir au bar ou dans la piscine découverte ! Cuisine régionale au restaurant Le Pot d'Étain.

Domaine St-Estève – HORS PLAN - *Rte de Millau-Plage - ✆ 05 65 69 12 12 - www.sejour-seminaire-aveyron.com - 🏊 🅿 - fermé nov.-mars - 37 ch. 105/127 € - ☕ 11 € - 36 chalets à partir de 570 €/sem. - ✕ fermé lun. et à midi.* Ce complexe hôtelier aménagé sur les hauteurs de la ville propose des chambres modernes et confortables, installées dans de petits chalets individuels avec terrasse (très jolie vue). Pour plus d'indépendance, optez pour ceux qui disposent d'une kitchenette. Piscine à débordement, avec vue sur le viaduc.

Une folie

Couvent de La Salette – HORS PLAN - *387 av. de l'Aigoual - ✆ 06 82 73 38 87 -*

5

www.la-salette.fr - 🏊 P - 6 ch. et suites à partir de 200 €. Un couvent du 19e s. hérité de ses parents. Qu'en faire ? Enfant du pays, Stéphanie Perris, après des années de journalisme culturel à Paris, a parié sur des chambres d'hôte de luxe. Ou plutôt un boutique-hôtel où se marient design contemporain et vieilles pierres, derrière une sage façade aux fenêtres en plein cintre et persiennes vert d'eau. Chambres claires et monacales, vue sur la montagne et le viaduc de Norman Foster. Piscine, hammam et sauna.

À Creissels

Pour se faire plaisir

Château de Creissels – *Pl. du Prieur - 2 km au sud - ✆ 05 65 60 16 59 - www.chateau-de-creissels.com - ♿ 🏊 P - fermé janv.-fév. - 26 ch. 99/163 € - ☕ 16 € - ✕ mar.-dim., menu 30/55 €.* Les chambres, aménagées dans le château du 12e s. et dans son extension bâtie en 1971, offrent tantôt le charme de l'ancien, tantôt plus de sobriété. Salon stylé et billard. Cuisine régionale soignée servie sous de belles voûtes de pierre ou sur la terrasse panoramique aménagée sur l'ancien chemin de ronde.

Gorges du Tarn ★★★

Une succession ininterrompue de sites grandioses et de vues vertigineuses, voilà ce que vous réserve le site exceptionnel des gorges du Tarn. Les impressionnantes murailles de pierre enserrent le fleuve aux paillettes d'or, chanté par les troubadours du haut Moyen Âge, et dessinent un fascinant serpent au puissant corps émeraude. Que ce soit à pied, en voiture ou en canoë, vous ne vous lasserez pas des splendides paysages offerts par cette nature sauvage.

Se repérer

CARTE CD1-2 (P. 230-231) - CARTE DES GORGES DU TARN FLORAC LE ROZIER (P. 250-251).

Aveyron (12) et Lozère (48).
La D 907^{B}, très empruntée l'été, suit les méandres du Tarn entre Ispagnac au nord et Peyreleau, au sud (env. 50 km).

À ne pas manquer

Les vues sur le canyon depuis le Point Sublime et le Roc du Serre ; la pittoresque Ste-Énimie ; Castelbouc.

Organiser son temps

En voiture, à pied ou en canoë, prévoyez la journée pour profiter pleinement du site. Évitez autant que possible l'affluence estivale.

En famille

La descente du Tarn en barque ou en canoë pour ceux qui savent nager.

Carnet pratique p. 256

Nos adresses p. 256

Du château de Peyrelade à Ste-Énimie

CARTE P. 250-251

Circuit de 68 km tracé en rose sur la carte. Départ du château de Peyrelade, 14 km à l'est de Millau par les D 809 puis D 907 (en arrivant à Rivière-sur-Tarn, suivez les panneaux).

Constamment tracée au fond des gorges, sur la rive droite du Tarn, la D 907^{B} est pittoresque et sans monotonie grâce aux mille aspects de la gorge, dont les teintes varient suivant les heures du jour. Préférez la fin de l'après-midi, quand les rayons obliques du soleil dorent les falaises, révélant le canyon dans toute sa splendeur.

5

En voiture, en canoë ou à pied

Pour découvrir les gorges du Tarn, trois solutions qui peuvent se combiner : parcourir en voiture la route des gorges, descendre les gorges en barque ou en canoë et randonner sur les sentiers des hautes corniches du causse Méjean ou le long du Tarn. En voiture, vous verrez surtout défiler châteaux, belvédères, villages pittoresques, offrant un paysage admirable. La barque et le canoë permettent d'approcher les falaises et offrent sur le versant droit des gorges des vues qui restent insoupçonnées de la route. Mais les paysages les plus étonnants, les contacts les plus intimes avec les parois rocheuses sont réservés aux marcheurs, au cours d'une incomparable randonnée qui leur laissera l'impression d'avoir été complices de cette grandeur naturelle.

Château de Peyrelade

Accès par Boyne - Rivière-sur-Tarn - ✆ 05 65 62 21 34 - www.seigneurs-du-rouergue.fr/chateaux/chateau-de-peyrelade - juil.-août : 10h-18h30 ; de mi-avr. à fin juin et sept. : tlj sf lun. 14h-18h ; vac. de la Toussaint zone C : merc. et w.-end 14h-18h - 5 € (-12 ans 2,50 €).

Visible depuis la route en contrebas, ce château du 12e s. était l'une des plus importantes forteresses du Rouergue au Moyen Âge. Peyrelade, qui signifie « pierre large », est accroché à un impressionnant piton rocheux (50 m de haut et 10 m de large). Malgré le démantèlement du château en 1633 (ordonné par Richelieu), vous remarquerez entre autres, au sein des trois remparts, portes, habitations, chapelle, basse-cour et la tour ronde qui menait au donjon-rocher.

Depuis les **hourds** reconstitués, le **panorama★** est magnifique ; on domine les causses et la vallée du Tarn.

Du parking du château, rejoignez la D 907 en direction du Rozier.

Pour rejoindre le centre du Rozier, on franchit le pont où s'élève un monument à la mémoire d'Édouard Alfred Martel.

Le Rozier

ⓘ Rte de Meyrueis ✆ 05 65 60 02 42 - www.millau-viaduc-tourisme.fr.

Village bâti au confluent du Tarn et de la Jonte, au pied des escarpements des grands causses de Sauveterre, Noir et Méjean, c'est un bon point de départ pour des excursions à pied ou en voiture.

En automne survit ici une tradition gourmande : sanglier, bécasse et autres gibiers parfumés aux truffes garnissent les tables.

Franchissez à nouveau le pont sur le Tarn et tournez à droite en direction des Vignes. Au niveau des Vignes, prenez à gauche la D 995, route en corniche aux lacets serrés. À 5 km, prenez à droite la D 46 qui court sur le causse de Sauveterre et, à St-Georges-de-Lévéjac, encore à droite.

★★★ Point Sublime

Du Point Sublime, on découvre un non moins sublime panorama sur le canyon du Tarn, des Détroits jusqu'au Pas de Soucy et à la Roche Aiguille. Au pied du plateau, qui domine le Tarn de plus de 400 m, se creuse le magnifique cirque des Baumes, aux gigantesques parois calcaires.

Faites demi-tour et regagnez les Vignes.

On aperçoit bientôt au flanc du causse Méjean, sur un gros rocher, les maigres ruines du **château de Blanquefort**. Plus loin apparaît en avant l'énorme rocher

Gorges du Tarn.
McPHOTO/Blickwinkel/age fotostock

de Cinglegros, détaché du causse Méjean (p. 264). Sur la rive droite, les escarpements du causse de Sauveterre s'écartent du Tarn en formant le cirque de St-Marcellin. Puis, sur la gauche, se dessine le rocher de Capluc, reconnaissable à la croix qui le surmonte : telle une étrave à l'extrémité du causse Méjean, il domine le confluent du Tarn et de la Jonte.
De retour aux Vignes, tournez à gauche en direction de La Malène.

Pas de Soucy

Ici, le Tarn disparaît sous d'énormes blocs qui forment un véritable chaos provoqué par deux effondrements (en occitan : *soussitch*), dont le plus récent serait dû au tremblement de terre de 580.
Belvédère du Pas de Soucy – *04 66 48 81 40 - www.pasdesoucy-gorgesdutarn.fr - du dim. de Pâques au 1er nov. : 8h-19h - 0,50 €.* Pour avoir une vue d'ensemble du Pas de Soucy, montez au belvédère qui a été aménagé sur **Roque Sourde** : l'accès est aménagé avec des marches (comptez 10mn). Ne tentez pas la redescente vers le Tarn par les rochers, l'accès est dangereux et la pente abrupte.
Continuez sur la route D 907 bis.
Avant La Malène, la route passe au pied du **cirque des Baumes★★** et parcourt ensuite les **Détroits★★**. Un **belvédère** aménagé, à droite, offre un beau coup d'œil sur cette partie la plus resserrée des gorges.

La Malène

Au point de jonction des routes qui traversent les causses de Sauveterre et Méjean, La Malène fut de tout temps un lieu de passage. Dans toute cette région des gorges du Tarn, la Révolution mit le pays à feu et à sang. En 1793, un détachement de troupes révolutionnaires fusilla 21 habitants et mit le feu à La Malène. Cet incendie laissa, sur la falaise de la Barre qui domine le village, un dépôt noir, dû, paraît-il, à la fumée huileuse d'une maison remplie de noix.

Un chaos contre le diable

Une légende explique pourquoi le Tarn est enseveli sous un amas de roches au Pas de Soucy : poursuivi par sainte Énimie, le diable fuyait de roc en roc le long de la falaise dominant le Tarn. Voyant qu'elle ne pouvait l'attraper, la sainte appela les roches à la rescousse. Un éboulement gigantesque répondit à cette prière. Un rocher, **Roque Sourde**, de tout son énorme poids, se précipita sur Satan. Mais le Malin se glissa dans une fente du lit du Tarn et, meurtri mais indemne, regagna l'enfer.

Ne manquez pas l'**église** romane (12ᵉ s.), la ruelle bordée de vieilles maisons que surplombe le roc de la Barre, et le château du 16ᵉ s. aménagé en hôtel.
Quittez La Malène par le pont sur le Tarn et la D 43.
À droite de la route s'élèvent la **chapelle de la grotte** et la statue de la Vierge, d'où l'on découvre une perspective sur le village. La montée au-dessus de la rive gauche du Tarn est impressionnante : s'y enchaînent dix lacets serrés qui offrent de très belles **vues** sur l'« entonnoir » de La Malène.
À La Croix-Blanche, prenez à droite la D 16 ; 5 km plus loin, tournez à nouveau à droite. Passé le village de Rieisse, gagnez un embranchement signalisé « Roc des Hourtous-Roc du Serre », situé à proximité d'un relais.

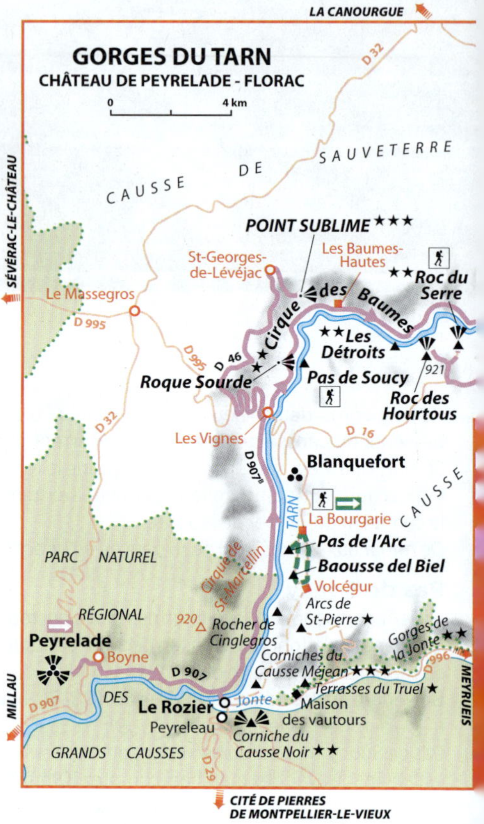

Roc des Hourtous

Parking gratuit et accès par le bar-restaurant - ✆ 04 66 48 57 48 - d'avr. au 1er nov. : 10h-21h.
Le roc surplombe la grotte de la Momie, en aval de laquelle commence le défilé des Détroits, l'endroit le plus resserré du canyon. De là, **vue★★** superbe sur le canyon du Tarn, du hameau de l'Angle au cirque des Baumes et au Point Sublime.
Revenez à l'embranchement ; laissez la voiture à proximité, puis prenez à pied le sentier de droite vers le roc du Serre.

★★ Roc du Serre

30mn à pied AR.
Vue★★ unique sur le canyon resserré entre les causses de Sauveterre et Méjean, le mont Lozère, le massif de l'Aigoual, le village de La Malène et les lacets de la D 16 montant sur le causse.
La D 16 parcourt ensuite le causse et descend sur Les Vignes par un tracé de corniche impressionnant qui passe près des ruines du château de Blanquefort (p. 248). Mais pour continuer le circuit, reprenez à gauche la D 16 et revenez à La Malène, où vous tournerez à droite en direction de Ste-Énimie.
En route, vous apercevez, sur la rive opposée, les ruines du **château de Hauterives**. Elles dominent un hameau dont les belles maisons traditionnelles en pierres grises et dorées ont été très bien restaurées.

★ Château de La Caze

Ce château du 15e s. *(hôtel-restaurant)* occupe un site romantique, sur les bords mêmes du Tarn. Il fut construit, sous le règne de Charles VIII, par François Alamand, ancien prieur de Ste-Énimie. Il en fit don à sa nièce, Soubeyrane Alamand, lorsqu'elle épousa le baron de Montclar. Ce décor d'ombrages, de vieilles pierres et de rochers surplombants semble sortir d'un conte. Le château garde encore le souvenir de ses huit filles surnommées les « Nymphes du Tarn », d'une égale et légendaire beauté, qui firent battre les cœurs de tous les hobereaux des alentours.

★ Cirque de Pougnadoires

Le village semi-troglodytique de Pougnadoires encastre ses maisons dans les anfractuosités de la roche. Il s'adosse à ces gigantesques rochers dont les hautes murailles, percées de cavernes, aux teintes rougeâtres révélant l'apparition de la dolomie, forment le cirque de Pougnadoires.

★ Cirque de St-Chély-du-Tarn

Le joli village de St-Chély s'élève sur la rive gauche du Tarn à l'entrée d'un gigantesque « bout du monde » formé, au pied du causse Méjean, par les superbes falaises du cirque de St-Chély. En franchissant le Tarn, on ira voir l'église romane au joli clocher carré, le four à pain de la place, les vieilles maisons (portes et cheminées Renaissance) qui ont gardé tout leur caractère et les beaux vergers.

Deux résurgences tombent en cascade dans le Tarn. L'une s'échappe de la grotte de Cénaret, à l'entrée de laquelle a été bâtie une chapelle (12e s.).

★ Ste-Énimie

p. 258

5

De Ste-Énimie à Florac

CARTE CI-DESSUS

Circuit de 30 km tracé en bordeaux sur la carte. Quittez Ste-Énimie au sud par la D 986, traversez le Tarn et poursuivez sur 6 km.

Panorama de St-Chély-du-Tarn

Ce belvédère offre de superbes **points de vue★★** sur le canyon du Tarn : le cirque de St-Chély et celui de Pougnadoires.

Faites demi-tour et revenez à Ste-Énimie, où vous tournerez à droite sur la D 907 bis en direction d'Ispagnac.

Château de Prades

Dressé sur un éperon rocheux surplombant le Tarn, ce château, construit au début du 13e s., avait pour mission de protéger l'abbaye de Ste-Énimie et de défendre l'accès des gorges. Il fut, dès l'origine, propriété des évêques de Mende puis, de 1280 jusqu'à la Révolution, celle des seigneurs-prieurs de l'abbaye de Ste-Énimie.

★ Castelbouc

Sur la rive gauche du Tarn.

D'après la légende, son nom remonterait aux croisades : un seigneur, resté seul parmi ses sujettes, périt d'épuisement suite à son excès de complaisance envers les pauvrettes esseulées. Lorsque son âme s'envola, on vit planer un énorme bouc sur le château qui, depuis, s'est appelé Castelbouc.

Le site très curieux de Castelbouc apparaît de la route même. Les ruines du château se dressent sur un rocher escarpé, haut de 60 m, qui surplombe, creusé dans le roc, un petit village dont les maisons ont utilisé la falaise comme mur de fond. Une résurgence extrêmement puissante jaillit par trois ouvertures, deux dans une grotte, une dans le village.

Entre Blajoux et Molines, deux châteaux apparaissent. Sur la rive gauche, celui de **Charbonnières** (16e s.) est situé en aval du village de Montbrun. Plus loin, sur la rive droite, celui de **Rocheblave** (16e s.), reconnaissable à ses mâchicoulis, est dominé par les ruines d'un manoir du 12e s. et par une curieuse aiguille calcaire.

À l'entrée d'Ispagnac, prenez à droite en direction de Quézac.

Quézac

Un **pont** gothique franchit le Tarn. Le pape **Urbain V** (1310-1370), originaire de Grizac, en Lozère, eut l'idée de le construire pour permettre aux pèlerins de gagner le sanctuaire qu'il avait élevé à Quézac. Détruit pendant les guerres de Religion,

Le Tarn au creux de son lit

Le Tarn, qui prend sa **source** au mont Lozère, à 1 575 m d'altitude, descend les pentes des Cévennes d'un cours rapide et torrentueux, recevant de multiples affluents, notamment le Tarnon, près de Florac. Il pénètre alors dans la région des causses. Désormais, son cours est guidé par une série de failles qu'il a utilisées puis approfondies en **canyon**. Il est alimenté uniquement par quarante résurgences venant du causse Méjean ou du causse de Sauveterre et dont trois seulement forment une petite rivière sur un trajet de quelques centaines de mètres. La plupart tombent directement dans le Tarn en cascades.

Dans cette gorge, brûlante l'été, les agglomérations, que menacent parfois des crues subites, sont rares et peu importantes. Elles s'échelonnent au débouché de ravins secs ou dans un élargissement de la vallée. Les pentes qui les entourent se couvrent de vergers et de vignes. La forte concentration des habitations, en certains points des gorges, contraste avec l'absence de peuplement des causses. Elle surprend le voyageur qui découvre subitement les villages, après avoir parcouru sur les plateaux des dizaines de kilomètres, sans rencontrer le moindre hameau. Souvent, au bord même du Tarn ou haut perchés sur les versants, se dressent des châteaux ruinés qui furent pour la plupart, au Moyen Âge, des repaires de pillards.

Saint-Chély-du-Tarn, entre falaises et rivière.
tilo/Getty Images Plus

le pont fut réédifié sur le plan primitif, au début du 17e s., par l'évêque de Mende. Une rue étroite bordée de maisons anciennes mène à l'**église**, construite sur le lieu même où l'on découvrit en 1050 la statue de la Vierge, devant laquelle de nombreux pèlerins viennent prier.
Elle s'ouvre par un porche datant du 16e s. À l'intérieur, ses clefs de voûte et quelques-uns de ses chapiteaux sont ornés des armes du pape Urbain V. Un grand pèlerinage a lieu en septembre.
Eau de Quézac – *Accueil près du pont médiéval - ✆ 04 66 45 47 15 - www.eaude-quezac.com - de mi-juin à mi-sept. : horaires, se rens. - 4 € (-10 ans gratuit) - pas de visite en cas de mauvais temps.* L'exploitation de la **source** par Nestlé depuis 1995 participe grandement à la notoriété du village, publicité aidant. Près du pont, vous pourrez visiter le bâtiment de captage et observer quelques-unes des nombreuses résurgences. Des panneaux explicatifs retracent l'histoire de cette eau naturellement pétillante, connue depuis la Préhistoire et déjà renommée à l'époque gallo-romaine.
Revenez sur la D 907bis.

Ispagnac

Pl. de l'Église - ✆ 04 66 45 01 14 - www.cevennes-gorges-du-tarn.com.
À l'entrée du canyon du Tarn, le bassin d'Ispagnac, planté d'arbres fruitiers et de vignes, où se développe la culture des fraises, jouit d'un climat très doux. Ce « jardin de la Lozère », qui attirait autrefois les gentilshommes lozériens, prolonge cette vocation puisqu'il est devenu un centre de villégiature estivale.
L'**église**, des 11e et 12e s., s'ouvre par un portail roman surmonté d'une belle rosace. À la croisée du transept, une coupole porte un clocher octogonal. Un bouton-poussoir, à droite en entrant, déclenche une visite guidée sur fond musical *(15mn)*. L'édifice est accolé aux restes d'un prieuré qui garde des vestiges de fortifications. On peut voir encore le portail de l'ancien château et quelques maisons gothiques du 14e s., aux belles croisées.

On vous emmène pagayer sur le Tarn

Sauf à choisir un jour d'été où l'affluence « dépoétise » un peu l'aventure, descendre le Tarn en canoë vous entraîne dans des contrées qui semblent inexplorées, tant les paysages sont intacts et les eaux cristallines. Songez à emporter ou à acquérir des méduses – locales bien sûr –, car le galet sommeillant au fond du lit peut être fourbe sous ses abords scintillants.
Sur l'eau, il y en a pour tous les goûts : des tronçons plutôt faciles à suivre en famille à condition que les enfants sachent nager (de Ste-Énimie au Pas de Soucy) et des tronçons plus sportifs (des Vignes au Rozier). Pour une promenade agréable d'une dizaine de kilomètres, partez de La Malène où une auberge familiale concocte des sandwichs à croquer sur une des plages sauvages. Partez le matin en vue de profiter des belles lumières à l'arrivée dans le canyon et prévoyez la journée. Passez sous l'arche gauche du pont de La Malène pour ramer dans les « ratchs », qui accélèrent le cours – sinon très paisible en été – de la rivière. Au début, une végétation dense projette son ombre sur l'eau.
Par les chaudes journées d'été, ces coins de fraîcheur sont paradisiaques. On se sent de plus en plus petit tant les parois rocheuses s'élèvent. Des grottes inscrivent leurs yeux noirs au-dessus des embarcations (grotte de la Momie). Et c'est le passage des Détroits★★ : encore un ou deux ratchs, le cours s'amincit et se faufile au fond d'un gouffre imposant, portant le bleu du ciel plus loin que jamais. La falaise étage ses gradins jusqu'à plus de 400 m au-dessus du Tarn. Par endroits l'eau se fait plus bleue, des cavités au fond du lit vous invitent à vous laisser glisser dans la fraîcheur de l'onde. On file alors dans le magnifique cirque des Baumes★★ (« baume » signifie grotte) et la navigation se termine avant le chaos rocheux du Pas de Soucy.
Il peut faire très chaud : ne négligez ni l'eau, ni le couvre-chef, ni la crème solaire. Biodégradable bien sûr, car il se peut qu'elle soit emportée dans les eaux câlines du Tarn lorsque vous vous y serez plongé avec délices.

La route suit la vallée du Tarn bordée à l'est par les Cévennes et à l'ouest par les escarpements du causse Méjean qui dominent de 500 m le lit de la rivière.
Au bout de la route D 907 bis, tournez à droite sur la N 106 en direction de Florac.

Florac

Située à l'entrée des gorges du Tarn, cette jolie petite ville est un carrefour pour les amateurs de nature. Cette capitale d'une des huit baronnies du Gévaudan a été en toute logique choisie pour accueillir le siège du **Parc national des Cévennes**. Florac est aujourd'hui une bourgade sympathique, renommée pour sa table, son animation estivale et son site naturel.

Randonnées

CARTE P. 250-251

Sentier de Baousso del Biel

Circuit au départ de La Bourgarie, tracé en vert foncé sur la carte p. 250. Des Vignes, prenez la D 16 vers Florac. La route s'élève en lacet au-dessus des gorges. Tournez vers La Bourgarie et laissez-y la voiture.
3h30 - balisage jaune. Au bout du hameau, suivez le sentier balisé. Il passe devant la fontaine du Bout du Monde. Juste après, à un embranchement, le chemin de droite descend au **Pas de l'Arc**, une ouverture ogivale naturelle que l'érosion a creusée dans le roc.

Canoë dans les gorges du Tarn.
clodio/Fotosearch LBRF/age fotostock

Revenez sur vos pas et, à l'embranchement, poursuivez vers **Baousso del Biel**. Avec ses 40 m d'ouverture sous la voûte, c'est la plus grande arche naturelle de la région. Le sentier atteint le point où l'arche se rattache au plateau.
Avancez de quelques centaines de mètres après ce pont et continuez en remontant vers la gauche jusqu'à la ferme abandonnée de Volcégur. De là, un chemin forestier (le GR 6[A]) ramène à La Bourgarie.

Sentier des gorges du Tarn

Circuit de La Malène à St-Chély-du-Tarn, tracé en vert clair sur la carte p. 251.
3h aller. À La Malène, traversez le pont et suivez vers la gauche un sentier balisé en jaune et vert menant à un chemin longeant la berge, vers Hauterives. Randonnée très facile, à éviter l'été car le sentier, comme la rivière, ressemble au boulevard périphérique parisien aux heures de pointe !
Ce sentier pédestre suit le cours du Tarn et permet de découvrir à son rythme les gorges et les falaises, accompagné par le doux bruit de l'eau, parfois agitée par le passage de kayakistes. Le sentier traverse tout d'abord une épaisse forêt de saules plongeant leurs branches dans l'eau. On aperçoit de l'autre côté de la rivière les falaises du causse de Sauveterre, dont le calcaire est tout grignoté par l'eau.
Le sentier emprunte ensuite des escaliers taillés dans la roche et découvre un paysage totalement différent du précédent : de la foisonnante végétation de bord de rivière, on passe à la garrigue méditerranéenne avec ses chênes rabougris et ses herbes éparses. On traverse un pierrier *(attention aux dégringolades !)* pour atteindre le joli hameau de **Hauterives**.
Après avoir foulé l'herbe d'anciennes terrasses, on pénètre dans une forêt de pins et de chênes. On passe ensuite en face du **château de la Caze** et du **cirque de Pougnadoires★** avant d'arriver à **St-Chély-du-Tarn★**.

Rapaces

Les **vautours** qui planent, portés par les vents, au-dessus des gorges, ont été réintroduits et protégés pour pallier leur disparition signalée dans les années 1940.

5

Carnet pratique

S'informer

Maison du tourisme et du Parc national des Cévennes – *33 av. Jean-Monestier - Florac - ☎ 04 66 45 01 14 - www.cevennes-gorges-du-tarn.com.*

Office du tourisme de Ste-Énimie – *Rte de Mende - Ste-Énimie - ☎ 04 66 45 01 14 - www.cevennes-gorges-du-tarn.com.*

Nos adresses

Restauration

Premier prix

Restaurant La Tendelle – *Front du Tarn - Ste-Énimie - ☎ 04 66 47 94 77 - midi et soir, se rens. - formule déj. 17 € - plats 14/20 €.* Installé sur le front de rivière, dans un village aussi touristique que Ste-Énimie, ce restaurant aurait pu se laisser aller à la facilité, mais s'inscrit au contraire dans une démarche de qualité en proposant une cuisine simple mais honnête, privilégiant les produits de la région.

Budget moyen

La Calquière – *Mostuéjouls - ☎ 05 65 62 64 17 - www.lacalquiere.fr - P - midi et soir en sais. - fermé de Toussaint à Pâques et mar. hors sais. - menu 26/32 € - 2 ch. 68 € ☕.* Sur la route fréquentée des gorges, cette auberge ménage une jolie vue depuis sa terrasse : elle surplombe une église du 11e s. au bord du Tarn. Cuisine simple et familiale préparée avec des produits de la ferme, servie dans une salle voûtée et fraîche. Deux agréables petites chambres.

Pour se faire plaisir

Château de la Caze – *Rte des Gorges-du-Tarn - La Malène - ☎ 04 66 48 51 01 - www.chateaudelacaze.com - 🏊 P - fermé de fin oct. à mi-avr. et lun.-mar. midi (sf juil.-août) - menu 42/55 € - 16 ch. 246/285 € - ☕ 16 €.* Ce divin château réserve, dans l'ancienne chapelle, une place de choix aux nourritures terrestres ! On y apprécie une cuisine gastronomique pleine de finesse, valorisant les beaux produits frais et rehaussée de très bons vins de la région. Par ailleurs, on peut profiter de chambres qui ne manquent pas de caractère et qui ouvrent sur le Tarn ou sur le parc. Dans la Maison de Martine, située en face de la piscine, sont aménagées des suites dans un style plus méridional, la plupart avec terrasse et vue sur le château.

Activités

Canoë-kayak

Au Moulin de La Malène – *La Malène - ☎ 04 66 48 51 14 - www.canoeblanc.com - de mi-avr. à oct.* Location de canoë et kayak ; parcours adaptés à tous les niveaux et de longueurs variables (6 circuits de 8 à 24 km, à partir de 20 €/pers.). Également des activités paddle, canyoning et via ferrata.

Promenade en barque

« Nos adresses » à Ste-Énimie.

Les Bateliers des gorges du Tarn – *La Malène - ☎ 04 66 48 51 10 - www.gorgesdutarn.com - visite guidée et commentée au cœur des gorges du Tarn (1h) par un batelier professionnel - dép. au village de La Malène - d'avr. aux vac. de la*

Toussaint - 24 €/pers. Les bateliers des gorges du Tarn organisent des descentes en barque entre La Malène et le cirque des Baumes (8 km, 1h). À faire de préférence le matin, au moment où cette partie du canyon se présente sous son éclairage le plus favorable et où la fréquentation est moindre. Il n'est pas nécessaire de savoir nager.

Hébergement

Premier prix

Chambre d'hôte Domaine de la Cardabelle – *5 ch. du Roc-de-Peyrelade - Rivière-sur-Tarn - ✆ 05 65 59 85 78 - www.domaine-lacardabelle.eu - fermé vac. de Noël - 5 ch. 55 € - table d'hôte (sf dim.) 18 €.* Tenue par des vignerons d'une rare gentillesse, cette maison honore la fleur du chardon, devenue l'emblème de la région. Elle se trouve dans le village, à quelques minutes des gorges du Tarn. Les chambres sont simples, mais fort bien tenues, et le jardin offre une échappée sur le château de Peyrelade et sur le piédestal de Fontaneilles. Dégustation du vin de la propriété. Également deux gîtes ruraux dans le village.

Budget moyen

Hôtel Doussière et Restaurant L'Alicanta – *Rte de Meyrueis - Le Rozier - ✆ 05 65 62 60 25 - www.hotel-doussiere.com - P - fermé nov.-mars - 16 ch. 63/115 € - 8,50 € - 1/2 P possible - menu 34/44 €.* Dans le village, cet hôtel-restaurant occupe deux bâtiments situés de part et d'autre de la Jonte. Six chambres du bâtiment principal ont été entièrement rénovées en 2020 (douche à l'italienne, lit *king size*...). La salle du restaurant que prolonge une agréable terrasse offre une vue des plus plaisantes sur la rivière et le village de Peyreleau. On y savoure une cuisine traditionnelle revisitée et vraiment goûteuse. Service tout en gentillesse. Agréable jardin au bord de l'eau. Jacuzzi et sauna.

Chambre d'hôte Les Gargouilles – *Rte du Massegros - Boyne - Rivière-sur-Tarn - ✆ 05 65 62 65 73 - www.lesgargouillesdesgorgesdutarn.fr - P - fermé de fin nov. à mi-mars - 5 ch. 90/128 € - table d'hôte lun. et sam. sur demande (sf haute saison) 22 € bc.* Cette grande demeure en pierres apparentes, au centre du village, abrite cinq chambres à la décoration thématique (vintage, africaine, nature) et au confort actuel. Piscine à débordement. Accueil sympathique.

Chambre d'hôte Les Falaises – *Liaucous - Mostuéjouls (2 km à l'ouest du Rozier) - ✆ 06 16 70 36 20 - www.lesfalaises.fr - P - fermé nov.-mars - 3 ch. 97/115 €.* Une halte de charme dans un village médiéval à deux pas des gorges. Une jolie bâtisse du 17e s. abrite trois belles chambres bénéficiant de vues panoramiques sur la vallée et les falaises alentour... tout comme le Spa, la véranda et la terrasse qui ouvrent aussi sur un vaste jardin de 2500 m². Pas de table d'hôte, mais une cuisine à disposition.

Sainte-Énimie ★

Le bourg s'étage sur les pentes abruptes de l'un des passages les plus resserrés des profondes gorges du Tarn. On discerne, sur un tapis de verdure, des murs de soutènement et des terrasses qui montent en larges escaliers, témoins de l'immense travail accompli par l'homme pour pactiser avec la nature. Avec ses rues pavées en galets et son allure médiévale, Ste-Énimie figure à juste titre au rang des « plus beaux villages de France ».

Vue sur Sainte-Énimie.
clodio/Getty Images Plus

Se repérer

CARTE C1 (P. 230-231).
1157 Santrimiols – Lozère (48).
27 km à l'ouest de Florac.

À ne pas manquer

La descente en canoë des gorges du Tarn.

Organiser son temps

Ste-Énimie constitue une base de départ pour la découverte des gorges du Tarn (p. 247). Vous pouvez décider, par exemple, d'arriver dans l'après-midi afin de partir le lendemain matin pour une balade au fil de l'eau.

En famille

Utopix.

Carnet pratique p. 260

Nos adresses p. 260

Se promener

Dans le village, 16 panneaux expliquent l'histoire du lieu.
Une flânerie au hasard des ruelles pittoresques du village vous permettra d'en apprécier tout le charme. De style roman tardif, l'**église N.-D.-du-Gourg** aurait été édifiée à la fin du 13e s. Voyez la belle voûte en cul-de-four de l'abside et la statue de sainte Anne en pierre (14e s.). Des panneaux de céramique moderne, d'Henri Constans, illustrent la légende de sainte Énimie. Près du bénitier, une marque indique le niveau d'eau atteint lors de la crue du Tarn du 29 septembre 1900; l'autel baignait alors dans l'eau. Les dernières crues exceptionnelles remontent à 1965 et 1982.
Au cœur du village ancien, **la place au Beurre** présente une jolie maison, tandis que **la halle au Blé** a conservé une mesure à froment.
En haut du village, la place du Plot est dominée par les ruines des fortifications du **monastère**, dont on peut encore admirer le réfectoire *(lou réfectou)*, baptisé « salle capitulaire » *(suivez les flèches; traversez une salle voûtée, montez un escalier qui passe devant la crypte, et longez un terrain de sport).*

Source de Burle

C'est une résurgence dont on ne connaît pas la source exacte. Ce sont les eaux de la source de Burle qui, selon la légende, guérirent de la lèpre sainte Énimie.

Grotte-ermitage

45mn à pied AR au départ de Ste-Énimie (prendre la petite route en face du pont, traverser et remonter la D 986 vers Mende. Le sentier part sur la gauche); ou 2,5 km par la D 986 en direction de Mende, puis 30mn à pied AR.
À l'entrée, deux pierres creusées en forme de fauteuil servaient, dit-on, de siège à sainte Énimie. On a de là une belle **vue** sur le Tarn et la ville.
À 5 km sur la route de Mende (D 986), autre **vue** sur Ste-Énimie et son site.

Sainte Énimie

Énimie était une princesse mérovingienne, sœur du roi Dagobert. Désirant se consacrer à Dieu, elle repoussait les demandes en mariage les plus flatteuses; mais le roi la fiança contre son gré à l'un de ses barons. Aussitôt, la lèpre atteignit la jeune fille, écartant le prétendant. Les remèdes furent sans effet jusqu'au jour où un ange ordonna à la jeune fille de partir pour le Gévaudan : là-bas, affirme-t-il, elle trouvera une source qui lui rendra sa beauté passée. Elle parvint, au terme d'un pénible voyage, dans une vallée profonde et sauvage, où coule une source – celle de Burle. La princesse se plongea dans l'eau miraculeuse, qui fit aussitôt disparaître les traces de son mal. Lorsqu'elle voulut prendre le chemin du retour, elle fut à nouveau atteinte de la lèpre. Elle revint à la source qui accomplit le même miracle. Le message est clair : il lui faut s'établir à Burle. Elle se retira alors dans une grotte, répandit les bienfaits autour d'elle, fit bâtir un monastère de femmes. Elle termina sa vie dans la sainteté, aux environs de l'an 628 et fut enterrée dans la grotte-ermitage, dans une belle châsse d'argent. Le lieu, hanté désormais par les pèlerins, voit se multiplier les miracles.

Carnet pratique

S'informer

Office de tourisme – *Ste-Énimie - ✆ 04 66 45 01 14 - www.cevennes-gorges-du-tarn.com.*

Agenda

« Bulles de Burle » Festival Énimie BD – *www.enimie-bd.fr - en juin ou juil.* Marché, animations et dédicaces.

Nos adresses

Hébergement/restauration

Budget moyen

Auberge du Moulin – *R. de la Combe - ✆ 04 66 48 53 08 - www.aubergedumoulin48.com - P - fermé nov.-mars - 10 ch. 95/120 € - 10 € - fermé merc., dim. soir (sf juil.-août) - menu 20/35 €.* Cette belle demeure en pierre au cœur du vieux village s'inscrit dans un site extraordinaire. Chambres simples, mais confortables, pour moitié tournées vers le Tarn. À l'immense salle du restaurant dotée d'une cheminée, préférez aux beaux jours la paisible terrasse qui domine la rivière. Cuisine régionale.

À proximité

Premier prix

Camping Couderc – *Rte de Millau (2 km au sud-ouest de Ste-Énimie par D 907bis, sur les bords du Tarn) - ✆ 04 66 48 50 53 - www.campingcouderc.fr - - avr.-sept. - 130 empl. 29 €; locatifs (4-5 pers.) 290/700 €/sem. - réserv. conseillée.* Ce camping propose des emplacements en terrasses sur un terrain arboré. Les blocs sanitaires et leurs équipements sont d'un niveau très correct. Aire de jeux pour enfants et piscine avec de beaux bassins. Nombreuses activités sportives et touristiques dans les environs. Accès direct à la rivière.

Petite pause

Abracada Bar – *R. du Front-du-Tarn - ✆ 04 66 47 79 15 - www.labracadabar.business.site - avr.-oct. : tlj sf mar. 11h-1h.* Dans une ambiance décontractée, excellente sélection de bières artisanales et de vins naturels accompagnés de tapas, à déguster en regardant couler le Tarn.

Activités

Canoë La Cazelle – *R. des Tendes - ✆ 04 66 48 46 05 - sport-nature-gorgesdutarn.com - fermé oct.-mars.* Canoës et kayaks pour naviguer sur le Tarn et parcours-raids (de 9 à 23 km) à la demi-journée ou à la journée. Également des séjours canoë de 2 à 5 jours. Via corda, VTT, escalade, via ferrata, spéléo, canyoning, vélo électrique.

Utopix – *La Sirvente - ✆ 04 66 48 59 07 - www.utopix-lozere.fr - avr.-oct. : 10h-19h - 8 € (3-15 ans 6 €).* Il semblerait que des extraterrestres se soient installés sur le causse de Sauveterre. Sur un site exceptionnel, ce parc offre l'occasion de se balader au milieu des sculptures, constructions en pierre et autres curiosités. Jeux pour petits et grands. Inhabituel et amusant !

Cité de Pierres de Montpellier-le-Vieux

★★★

Montpellier-le-Vieux est un extraordinaire ensemble rocheux, dû à la corrosion et au ruissellement des eaux de pluie s'exerçant sur la roche dolomitique du causse Noir, dont il recouvre environ 120 ha. « Tout cet enchevêtrement de rues, de voûtes, de cheminements, de saillies sur corniches, tantôt se croisant à angle droit comme une ville tirée au cordeau, tantôt formant un vrai labyrinthe où l'on erre quelquefois avec un grand embarras, tout cet ensemble comme ces détails ne peuvent se décrire », dit M. de Malafosse, un de ses « inventeurs » en 1883.

La porte de Mycènes.
R. Mattes/hemis.fr

Se repérer

CARTE B2 (P. 230-231).
Aveyron (12).
18 km au nord-est de Millau.

Organiser son temps

Comptez 3h pour bien en profiter.

En famille

Le petit train permet de découvrir le site sans fatigue.

Nos adresses p. 263

Une cité hantée

Ce sont les bergers des troupeaux transhumants du Languedoc qui auraient donné ce nom à ce gigantesque amas de roches qui, vu de loin, évoque une grande ville ruinée. Jusqu'en 1870, ce **chaos**, masqué par une forêt impénétrable, était considéré par les habitants d'alentour comme une « cité maudite », hantée par le diable. Les brebis et les chèvres qui s'aventuraient un peu trop près disparaissaient à la nuit, happées par les loups qui y avaient élu domicile. Les coupes qui ont été effectuées par la suite, dégageant la « ville », ont fait disparaître ces hôtes indésirables. En 1931, la Société de l'aven Armand acheta les terrains et aménagea une route d'accès. L'ère touristique débutait : aujourd'hui, le parc dispose de sentiers balisés et d'un petit train.

Se promener

05 65 60 66 30 - www.lacitedepierres.com - juil.-août : 9h30-18h30 ; reste de l'année : se rens. - 8,80 € (5-18 ans 6 €) - 22 € billet combiné avec l'Aven-Armand.

Sur un itinéraire à l'écart des sentiers piétonniers, un petit train *(4,70 €)* permet de s'approcher du cœur du site et de ses plus beaux rochers sans fatigue.

Montpellier-le-Vieux est si curieux et attachant, la végétation y est si belle que nombre d'entre vous aimeront sans doute s'attarder plus longtemps que ne l'exigerait une simple découverte de cet ensemble ruiniforme, qui semble né du rêve d'un architecte frappé de folie. Une journée passée à flâner parmi ces rochers ombragés de pins sylvestres et de chênes, ces colonnes et ces murailles, laissera à tous les amis de la nature un souvenir impérissable. Les rochers de Montpellier-le-Vieux ont presque tous reçu, d'après leur forme et leur silhouette, des noms évocateurs : on trouve ainsi la Quille, le Crocodile, la porte de Mycènes, le Sphinx, la Tête d'Ours, et bien d'autres encore.

Les étapes décrites ci-après sont celles du **circuit principal**, balisé en rouge puis en vert (6 circuits, de 1h à 3h, sont proposés sur le site) qui offre une découverte intéressante des lieux.

Douminal

Véritable donjon naturel commandant quatre cirques irréguliers (le Lac, les Amats, les Rouquettes, la Millière) séparés par de hautes crêtes rocheuses et entourés par les falaises du causse Noir, cette plate-forme offre un panorama étendu. De là, le regard embrasse au nord le rocher de la Croix et, sur la droite, le cirque du Lac couvert de pins ; au sud, la vallée de la Dourbie et la corniche du causse du Larzac ; à l'ouest, le cirque des Rouquettes ; à l'est, le chaos de Roquesaltes.

Une fois franchi le rocher de la Poterne, le sentier offre presque aussitôt, du **Rempart** (alt. 830 m), une vue d'ensemble particulièrement impressionnante sur la Cité de Pierres. La descente vers le cirque des Amats conduit à la porte de Mycènes.

Porte de Mycènes

Elle évoquait, pour Édouard Alfred Martel, la célèbre porte des Lions du site antique. Par ses dimensions et par la hauteur de son arche naturelle (12 m), elle se classe parmi les sites les plus originaux de Montpellier-le-Vieux.

Le sentier rejoint le giratoire du petit train, franchit un ponceau et conduit à la grotte de **Baume Obscure** (qui porte bien son nom), où Martel mit au jour des ossements d'ours des cavernes. Des abords de la grotte, un regard à gauche découvre le **Nez de Cyrano**. Puis on monte vers le belvédère.

Belvédère

Vue sur le cirque des Rouquettes que l'on vient de contourner, au sud, la vallée encaissée de la Dourbie et, au nord, le cirque de la Millière.

Le sentier revient ensuite vers le point de départ en longeant, à mi-hauteur, le cirque de la Millière. Sur la droite, à quelque 200 m du belvédère, s'ouvre l'**Aven**, d'une profondeur de 53 m.

De là, le sentier ramène directement au parking.

Nos adresses

« Nos adresses » à Millau (p. 243) et dans les gorges du Tarn (p. 256).

Restauration

Premier prix

Auberge du Maubert – *Le Maubert (à 1 km de la Cité de Pierres) - 05 65 61 25 28 - www.auberge-du-maubert.skyrock.com - midi et soir (sur réserv. le soir) - fermé du 1er nov. au w.-end de Pâques - menu 10/20 €.* Voilà une vraie maison familiale, proposant une cuisine d'inspiration locale (daube de bœuf, tripes, fondants de volaille). Cadre rustique avec mobilier en bois, lambris et cheminée. Vue sur les causses du Larzac de la terrasse. En-cas à toute heure.

Activités

Via ferrata

La Cité de Pierres – *Le Maubert - 05 65 60 66 30 - www.lacitedepierres.com - de déb. avr. à déb. nov. - durée 2h30 - 44 € - à partir de 12 ans.* Les plus sportifs peuvent découvrir la Cité de Pierres de Montpellier-le-Vieux, encadrés par des moniteurs, en empruntant le parcours de la via ferrata, souterraine puis aérienne, agrémentée de cinq tyroliennes.

Jeu d'aventure

L'Arche des Mystères – *05 65 60 66 30 - www.lacitedepierres.com - 2 à 5 joueurs par tablette - durée 2h - 20 €/tablette.* Partez à la recherche de la civilisation Amathis avant sa pétrification ! Jeu d'exploration et d'aventure Explor'Game à l'aide d'une tablette numérique, le long d'un parcours scénarisé en extérieur.

Causse Méjean ★

Le « causse du milieu », le plus élevé, est connu pour la rudesse de son climat : les hivers y sont rigoureux, les étés torrides, et le thermomètre s'affole continuellement entre le jour et la nuit. Le calcaire et la dolomie affleurent successivement sur le plateau. Dans les sotchs, une terre rouge donne une belle alternance de prairies et de labours, arrêtés ici ou là par d'impromptus mégalithes. Très peu peuplé, le causse Méjean s'étend à l'est en un immense désert, tandis qu'à l'ouest des ravins profonds viennent l'échancrer. Ici, la brebis est reine et il n'est pas rare qu'on se trouve nez à nez avec quelque troupeau. Avec les chevaux de Przewalski, les sculptures ruiniformes et les vautours fauves qui planent, on se croirait volontiers dans un inquiétant western. Mais c'est bien sûr l'exceptionnel aven Armand qui attire la plupart des visiteurs.

Se repérer

CARTE C1-2 (P. 230-231) - CARTE DU CAUSSE MÉJEAN (P. 268).
Lozère (48).
30 km au nord-est de Millau.

À ne pas manquer

La « Forêt Vierge » de l'aven Armand ; le chaos de Nîmes-le-Vieux et la randonnée sur les corniches du causse.

Organiser son temps

Prévoyez au moins deux jours si vous souhaitez randonner.

En famille

La ferme caussenarde à Hyelzas.

Nos adresses p. 270

Circuit conseillé

CARTE P. 230-231

Circuit de 87 km au départ de Florac, tracé en marron sur la carte. Quittez Florac (p. 254) par la D 16, puis tournez à gauche sur la D 63.

Pensez à faire le plein de carburant avant de monter sur le causse.

Au croisement entre ces deux routes, alors que tout autour ne se déploient que des étendues désertiques, on est surpris de trouver un aérodrome, servant aussi de base de vol à voile. Plus loin sur la D 63, on traverse le hameau du **Villaret** où a été implanté un élevage de **chevaux de Przewalski** ; on peut voir ces petits chevaux sauvages originaires de Mongolie galoper dans les prairies alentour. Avec un peu d'imagination, on se croirait en pleine steppe orientale...

★★★ Aven Armand C2

04 66 45 61 31 - www.aven-armand.com - ouv. d'avr. à déb. nov. : horaires variables, consulter le site Internet - 15,80 € (5-18 ans 10,70 €) ; visite exploration 48 € (descente dans le gouffre en rappel, comme les premiers explorateurs).

Niché dans les profondeurs du causse Méjean, l'aven Armand, classé Patrimoine mondial de l'Unesco en 2011, est une des merveilles du monde souterrain. Découvert par hasard, comme c'est souvent le cas pour les grottes, il fait aujourd'hui l'unanimité chez les visiteurs qui se pressent chaque année pour le voir. Une descente en funiculaire à plus de 100 m sous terre et vous voilà au cœur d'une forêt de stalagmites. Un spectacle inoubliable !

Paysage du causse Méjean.
J.-P. Azam/hemis.fr

Belvédère – Un tunnel, long de 208 m, creusé pour faciliter l'accès de la grotte, débouche presque au pied du puits de 75 m par lequel sont descendus les premiers explorateurs des lieux. Du balcon (accessible à tous) où aboutit le tunnel, on découvre un spectacle merveilleux. Le regard plonge dans une immense salle de 60 m sur 100 m et d'une hauteur de 45 m.

La « Forêt Vierge » – Sur les matériaux éboulés de la voûte, d'éblouissantes concrétions forment une gigantesque forêt pétrifiée : ces arbres de pierre, plus ou moins denses, aux formes fantastiques, peuvent atteindre à la base jusqu'à 3 m de diamètre et mesurer de 15 à 25 m de hauteur. De leurs fûts, évoquant palmiers et cyprès, partent des feuilles irrégulièrement découpées, larges parfois de plusieurs décimètres. En parcourant la salle, on apprécie la variété des concrétions : des cierges graciles de plusieurs mètres de hauteur, d'étranges figures à têtes de monstres et massues, choux frisés et fruits ciselés, et surtout la superbe colonne en encorbellement supportée par une mince console, que domine la grande stalagmite, de 30 m de hauteur.

Hyelzas C2

Ferme caussenarde d'autrefois – *Hyelzas - Hures-la-Parade - ☏ 04 66 45 65 25 - www.ferme-caussenarde.com - juil.-août : 11h-19h ; mai-juin et sept. : 11h30-18h30 ;*

5

Une incroyable découverte

Louis Armand, forgeron au Rozier et contremaître du père de la spéléologie **Édouard Alfred Martel** (1859-1938), est le premier à pénétrer dans l'aven le 19 septembre 1897. Lourdement équipé – échelles, cordes, téléphone, luminaires, outils... –, il entame la descente dans la cheminée verticale de 75 m de haut. Parvenu en bas, il laisse éclater sa joie au téléphone : « Superbe ! Magnifique ! Une vraie forêt de pierres ! » Le lendemain, Martel descend à son tour et dresse une cartographie des lieux. Il décide de donner à cet aven le nom de son dévoué auxiliaire, qui en devient le propriétaire. L'aven est ouvert au public en 1927.

avr. et oct. : 12h30-18h - 6,80 € (-17 ans 3,50 €) - 18 € billet combiné avec la visite de la fromagerie Le Fédou et d'une ferme - jeu de piste enf.

Cette ferme restaurée est un excellent exemple de l'architecture des causses : des voûtes en pierres sèches supportent une lourde couverture en lauzes calcaires. On visite les pièces d'habitation, au dallage de pierre, où le mobilier et les ustensiles ont retrouvé leur place de jadis. Dans les bâtiments d'exploitation sont regroupés des outils et machines agricoles marquant les grandes évolutions dans l'agriculture. On y apprend l'importance de l'eau dans ce pays où elle est si rare et l'extraordinaire faculté d'adaptation des hommes dans ces terres caillouteuses. Photos d'époque, reconstitutions miniatures de monuments (tour de l'Horloge de Meyrueis, pont et vieux moulin de Millau) et d'habitats traditionnels (fermes caussenardes, maisons de Lozère), le film *Lou Mèjio*, et des animaux agrémentent cette balade dans ce passé pas si lointain.

Faites demi-tour jusqu'au croisement avec la D 986 où vous tournez à droite.

Meyrueis C2

p. 271

Prenez la D 996 en direction de Florac.

Le contraste est saisissant entre les étendues arides du causse Méjean *(à gauche)* et le massif très boisé de l'Aigoual *(à droite)*.

Au col de Perjuret, tournez à gauche. Après le col, dirigez-vous soit vers Le Veygalier, soit vers L'Hom ou Gally, où vous laissez la voiture.

★ Chaos de Nîmes-le-Vieux D2

Promenade déconseillée par temps de pluie, de brouillard et de vent en hiver (températures pouvant alors descendre à -15 °C).

Au départ du Veygalier – *1h.* Dans Le Veygalier, beau village caussenard, une maison a été aménagée pour présenter une **exposition** sur la géologie du causse. Là commence le circuit qui mène à travers des « rues » de pierre surmontées de rochers de 10 à 50 m de haut aux formes étranges. En montant sur la colline au-dessus du Veygalier, vues sur le cirque hérissé des rocs dolomitiques, où les maisons de pierre se confondent avec leur curieux décor.

Au départ de L'Hom ou de Gally – *4,5 km - 1h30.* Un intéressant sentier de découverte, entre L'Hom et Gally, a été mis en place par le Parc national des Cévennes. Les différentes tables d'interprétation permettent de saisir toute l'originalité de ce milieu naturel si typique des causses. De loin surgit une cité ruiniforme sur l'étendue dénudée du causse Méjean. On raconte que, durant les guerres de Religion, les troupes royales à la recherche des protestants avaient enfin cru atteindre leur but, Nîmes.

Redescendez vers Florac par la D 907.

Randonnées

CARTE P. 268

N'oubliez pas les indispensables bouteilles d'eau, chapeau et pull pour la nuit.

★★★ Corniches du causse Méjean

Circuit au départ du Rozier, tracé sur la carte p. 268 - sentier sans grande difficulté, mais comportant certains passages en corniche impressionnants.

Prévoyez des provisions et de l'eau pour la journée. Chaussures de marche indispensables. Déconseillé par temps pluvieux ou neigeux : terrain glissant. En juillet et août, sentier très fréquenté, ce qui nuit quelque peu au charme de la balade.

La corniche Méjean.
Ch. Guy/hemis.fr

Derrière l'église du Rozier, prenez le sentier à la jonction des deux routes (GR 6A balisé en rouge et blanc). Après 30mn de montée, on atteint le pittoresque hameau de **Capluc**, aujourd'hui déserté.

Rocher de Capluc

Déconseillé aux personnes sujettes au vertige.

Prenez à gauche, en direction du rocher de Capluc ; repérable grâce à la croix métallique qui le surmonte, il forme l'extrême pointe d'un promontoire qui termine, au sud-ouest, le causse Méjean. Après avoir gravi un escalier de pierre, vous laissez sur la droite une maison appuyée à la paroi rocheuse. Puis une rampe métallique et de nouveau un escalier de pierre conduisent à la plate-forme en terrasse autour du rocher.

La montée au sommet au moyen d'échelles métalliques est vertigineuse ; d'en haut, la vue plonge sur Peyreleau, et le confluent de la Jonte et du Tarn. Très belle vue en face, sur les villages perchés de Liaucous et Mostuéjouls.

Regagnez Capluc.

Montée au col de Francbouteille

200 m après le hameau de Capluc, deux options s'offrent à vous pour accéder au col de Francbouteille.

Le **sentier dit du « ravin des Échos »** *(accessible à tous - section du GR 6A)* s'élève doucement en plusieurs lacets en découvrant de belles vues sur le causse.

Le **sentier Jacques-Brunet** *(escarpé, quelques passages à réserver aux marcheurs expérimentés - balisage : ronds orange et rouge)*, qui s'amorce par un escalier, s'élève parmi les genévriers, les buis et les pins. Il se faufile à travers de petites cheminées, atteint le sommet d'une crête d'où la vue est merveilleuse sur les deux canyons du Tarn et de la Jonte. Parmi de fantastiques murailles se détache l'« Enclume », que l'on contourne. Après un passage rafraîchissant en sous-bois où les échappées sur la vallée du Tarn sont nombreuses, le sentier atteint le col.

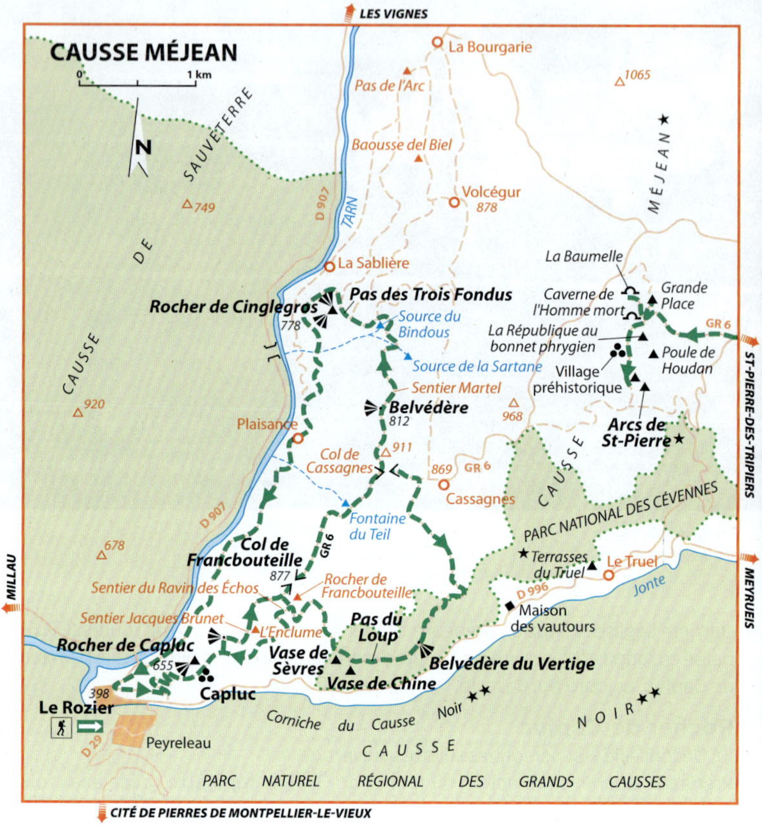

Col de Francbouteille

Appelé aussi col des Deux Canyons, il est marqué d'une stèle du Club alpin. À droite, telle une gigantesque proue, s'élève le rocher de Francbouteille.

Suivez les flèches conduisant au GR 6^{A}.

Bientôt, à gauche, sourd la **fontaine du Teil**. Les sources sont rares sur le plateau du causse Méjean, et celle-ci est particulièrement appréciée des marcheurs.

Au col de Cassagnes, laissez à gauche le sentier Martel menant au rocher de Cinglegros (ci-contre) et obliquez à droite vers le village isolé de Cassagnes.

La traversée du causse commence, monotone; seul le cri du vautour fauve, réintroduit sur le Méjean, rompt le silence. Laissez sur la droite une plantation de pins, puis vous prenez à droite le sentier des corniches de la Jonte.

Belvédère du Vertige

Après 1h de marche environ s'offre une vision grandiose. D'un belvédère, protégé par une rambarde, la vue plonge dans le canyon de la Jonte; la rivière coule à plus de 400 m en contrebas. Légèrement en amont, on distingue les belvédères des Terrasses, minuscules au bord de la route de la vallée. Au premier plan, tout un énorme roc est détaché de la paroi.

On passe ensuite devant une grotte, autrefois aménagée en bergerie, puis entre deux ponts naturels. La descente raide, barrée en son milieu par une grille destinée

à protéger les brebis d'un saut dans le ravin, porte le nom de **Pas du Loup**. Aussitôt celui-ci franchi, le **Vase de Chine**, situé à la sortie même du défilé, puis le **Vase de Sèvres** apparaissent, récompense inestimable à l'effort fourni. Au loin : Peyreleau et Le Rozier, le rocher de Capluc, les escarpements du causse Noir au-dessus de la rive gauche de la Jonte.
Reprenez le sentier qui descend dans un ensemble de blocs dolomitiques extraordinairement déchiquetés. Laissez à droite le sentier qui rejoint le col de Francbouteille puis, par le ravin des Échos et la Brèche Magnifique, regagnez Capluc et Le Rozier.

Rocher de Cinglegros

1 journée. Circuit au départ du Rozier, tracé sur la carte ci-contre. Suivez le circuit des corniches du causse Méjean (p. 266) jusqu'au col de Cassagnes et prenez à gauche en direction du rocher de Cinglegros.
Déconseillé aux personnes peu alertes ou sujettes au vertige.
Le sentier, bien tracé, offre d'abord d'excellentes vues sur les falaises qui surplombent la rive droite du Tarn. Après 20mn environ de marche, un **belvédère** naturel de rochers révèle une vue plongeante dans un ravin impressionnant. Puis vous arrivez à la source de la Sartane (quelquefois à sec) et, aussitôt après, le sentier s'élargit. De nouveau, à gauche du sentier, une petite mare : c'est la source du Bindous.
À l'embranchement suivant, laissez à droite le sentier vers Volcégur et prenez à gauche dans un sous-bois, en direction du Pas des Trois Fondus. On atteint bientôt, après un passage en descente, une terrasse d'où la vue sur la brèche de Cinglegros est très belle.
Prenez le sentier en descente abrupte, sur la gauche.
Le **Pas des Trois Fondus** descend au fond du ravin qui isole le rocher de Cinglegros. On franchit deux échelles métalliques puis deux passages faits de crampons fixés dans le roc, et des escaliers taillés dans la pierre.
Un sentier en sous-bois conduit au pied du rocher. Les installations qui permettent de monter au sommet sont très bien entretenues, mais le trajet reste impressionnant. Il s'effectue grâce à neuf échelles métalliques et six mains courantes, entre lesquelles s'intercalent des escaliers taillés dans le roc ou des crampons de fer fixés au rocher. Une fois parvenu là-haut, on peut à loisir se promener sur la plate-forme qui occupe le sommet du rocher, d'où la vue sur le canyon du Tarn est incomparable.
Revenez par un sentier descendant vers le hameau de Plaisance et rejoignez Le Rozier par le chemin de la Sablière.

5

★ Arcs de St-Pierre

1h30 AR. Circuit tracé sur la carte ci-contre - balisage jaune. Deux accès sont possibles : soit par la D 63 qui s'embranche sur la D 986 à Hures-la-Parade (à 3 km, prenez à droite vers St-Pierre-des-Tripiers, puis 1 km après ce village de nouveau à droite, dans le chemin non revêtu face à l'embranchement vers La Viale) ; soit par la route étroite, sinueuse et en montée qui s'embranche sur la D 996, au Truel en direction de St-Pierre-des-Tripiers, dans la vallée de la Jonte (à hauteur de l'embranchement vers La Viale, prenez à gauche le chemin non revêtu).
Engagez-vous dans le sentier en descente *(balisé en rouge)* qui gagne d'abord la **Grande Place**. Au centre de ce cirque rocheux se dresse une colonne monolithe haute de 10 m. Le sentier s'élève sur la gauche et atteint la grotte de la **Baumelle**. On peut encore y voir des murs de pierres sèches, longtemps entretenus par les bergers qui abritaient là leurs brebis.

Revenir à la Grande Place d'où le sentier balisé conduit à la **caverne de l'Homme mort**; cinquante squelettes s'apparentant à celui de l'homme de Cro-Magnon y furent découverts; la plupart d'entre eux avaient été trépanés au moyen de silex. On découvre ensuite sur la gauche d'énormes rochers aux formes évocatrices : l'un d'eux a été surnommé la **Poule de Houdan**; un autre la **République au bonnet phrygien**. Le sentier décrit un coude à gauche et, 300 m plus loin environ, vous arrivez sur les lieux d'un **village préhistorique** dont il reste quelques pans de murs ruinés ou à demi enfouis dans le sol. Les cavités que l'on peut distinguer dans les parois ont été identifiées comme des encoches destinées à fixer les poutrelles du toit.
On atteint enfin les trois arches naturelles des **Arcs de St-Pierre** : la première, munie d'un éperon en avancée, compte parmi les plus belles des causses. Le vent et les intempéries les ont quelquefois courbées ou brisées. C'est que les terres sur le causse Méjean ne sont jamais bien épaisses.

Nos adresses

Hébergement/restauration

« Nos adresses » dans les gorges du Tarn (p. 256).

À Hures-la-Parade

Premier prix

Auberge du Chanet – *Hameau de Nivoliers - 04 66 45 65 12 - www.aubergeduchanet.com - fermé nov.-mars - 33 lits 47 €/pers. en 1/2 P et 4 ch. 80 €, 130 € en 1/2 P - menu 24,50/29,50 €.* Cette auberge occupe une ancienne ferme restaurée, située en plein causse. Vous dégusterez une cuisine traditionnelle auprès de la cheminée dans une jolie salle voûtée, ou sur la terrasse aux beaux jours. Chambres d'hôte confortables et gîte d'étape.

À Mas-St-Chély

Premier prix

Hôtel-restaurant du Mont Servy – *16 km au nord de Hyelzas - 04 66 48 52 14 - fermé de nov. à Pâques - 7 ch. 68 € - 10 € - pour les clients de l'hôtel seult.* Au cœur du causse, cet établissement compte un restaurant, qui propose un menu terroir alléchant, et l'hôtel, aménagé dans le bâtiment le plus récent. Les chambres sont bien équipées et offrent un bon confort.

Meyrueis

Ombragée de platanes centenaires, la place Sully donne à ce petit bourg, baigné par les ruisseaux, une ambiance déjà méridionale. À l'horizon se profile l'entrée profonde du canyon de la Jonte, aux confins du causse Méjean et du causse Noir. L'air pur que l'on y respire, la robe verte qui lui sied à ravir, les activités qui y sont proposées... tout semble ici avoir été organisé par une main bien intentionnée, soucieuse du bon déroulement des séjours.

Les rochers de Roquesaltes.
B. Jaubert/age fotostock

Se repérer

CARTE C2 (P. 230-231).
807 Meyrueisiens – Lozère (48).
43 km à l'est de Millau.

À ne pas manquer

Les gorges de la Jonte.

Organiser son temps

Séjournez plusieurs jours à Meyrueis pour explorer les grands sites de la proche région : l'aven Armand *(p. 264)*, la grotte de Dargilan *(p. 274)* et la Cité de Pierres de Montpellier-le-Vieux *(p. 261)*, avant de partir à l'assaut du mont Aigoual.

En famille

La Maison des vautours.

Carnet pratique p. 276

Nos adresses p. 276

Se promener

En flânant sur le quai Sully, planté de vieux platanes, et dans les ruelles, on pourra voir la **maison Belon**, qui a conservé de très élégantes fenêtres Renaissance, la **tour de l'Horloge**, vestige des anciennes fortifications, et un rarissime **temple** octogonal.

★★ Les gorges de la Jonte

CARTE P. 230-231 C2

Circuit de 21 km, de Meyrueis au Rozier, tracé en bleu clair sur la carte. Quittez Meyrueis au nord-est par la D 996.

En aval de Meyrueis et en direction du Rozier, la route descend les gorges de la Jonte, un canyon qui devient de plus en plus impressionnant à mesure qu'on s'approche du confluent avec le Tarn. Les versants des gorges sont surmontés de hautes murailles calcaires bizarrement façonnées par l'érosion.

À 5 km environ de Meyrueis, on aperçoit successivement, sur la droite, l'entrée de deux grottes dans la falaise du causse Méjean : la **grotte de la Vigne** et la **grotte de la Chèvre**. Le canyon devient ensuite plus étroit et la Jonte disparaît en été dans les crevasses de son lit.

Aux approches du hameau des Douzes, la rivière, après un long trajet souterrain, réapparaît dans un canyon, si profond que l'on aperçoit à peine les grands peupliers qui l'habitent. Un immense roc isolé, le **roc St-Gervais**, domine le hameau des Douzes; il porte la charmante chapelle romane de St-Gervais.

Du Truel, vous pouvez accéder au causse Méjean pour entreprendre la randonnée menant aux Arcs de St-Pierre (p. 269). Sinon, continuez sur la D 996.

Maison des vautours C2

1 km en aval du Truel - 05 65 62 69 69 - www.maisondesvautours.fr - ♿ - tlj sf lun. 10h-18h - 7,50 € (-12 ans 3,30 €).

Retransmission sur grand écran et sur la plate-forme d'observation.

Les vautours, des sales bêtes? Si tel est votre avis, il changera en allant visiter cette exposition. On y apprend à connaître le mode de vie, de nutrition ou encore de reproduction de ces oiseaux, réintroduits ici dans les années 1970. Près des colonies d'oiseaux ont été postées des caméras. Les images, projetées sur écran géant, appuient les commentaires. Sur le belvédère, un poste d'observation doté de longues-vues a été aménagé pour l'observation des vautours; il offre également une vue imprenable sur les gorges de la Jonte dont les versants présentent deux étages de murailles calcaires, séparés par des pentes marneuses, les **terrasses du Truel★**.

Sur le bord de la corniche du causse Méjean se détache un bloc très curieux, en forme de vase : le Vase de Sèvres. Le rocher de Capluc, à droite, puis le village de Peyreleau, à gauche, et celui du Rozier apparaissent enfin.

Poursuivez sur la D 996.

Le Rozier C2

p. 248

Peyreleau B2

Sa position à l'entrée des gorges des deux rivières (la Jonte et le Tarn) en fait un lieu de séjour aussi agréable que stratégique. Étagé sur les pentes escarpées d'une butte, il est dominé par son église moderne et une vieille tour carrée et crénelée, dernier vestige d'un château fort.

★★ Le causse Noir

CARTE P. 230-231 C2

Circuit de 75 km au départ de Peyreleau, tracé en noir sur la carte. Rejoignez le causse Noir par la D 29 au sud de Peyreleau.

On a peine à le croire aujourd'hui, mais d'épaisses forêts de pins couvraient jadis le causse de leur ombre. D'où son nom. Même si c'est le moins étendu des Grands Causses, il sait se distinguer par la puissance des paysages qui l'entourent – les gorges de la Jonte et la vallée de la Dourbie – et la beauté inégalée du chaos de rochers ruiniformes qu'il abrite (Roquesaltes).

De la route montant sur le causse Noir, on aperçoit le **château de Triadou** qui appartint à la famille d'Albignac jusqu'à la Révolution *(voir encadré ci-dessous)*.

Après 7 km, tournez à droite sur la D 110.

★★★ Cité de Pierres de Montpellier-le-Vieux C2

p. 261

Revenez sur la D 110 pour prendre à droite la D 29.

St-Jean-de-Balmes C2

Sur votre gauche, un terre-plein annonce l'arrivée sur le site.

Au cœur du causse s'élève le clocher carré de cet ancien prieuré roman de l'ordre de St-Benoît. Il fut construit au 11e s., à l'emplacement d'un site gallo-romain. Les vestiges de la chapelle (14e s.) laissent apparaître quelques cintres et de belles ouvertures.

Après La Roujarie, prenez à droite la D 124 menant à St-André-de-Vézines où vous empruntez la route de Roquesaltes. Au croisement avec un chemin non revêtu, laissez la voiture et suivez le fléchage à droite.

★ Chaos de Roquesaltes et du Rajol C2

2h - difficulté moyenne.

Le chemin de terre descend à travers les pins sylvestres et les genévriers.

À la ferme de Roquesaltes, suivez le GR 62 à gauche en direction de Montméjean.

Des remparts que forme le chaos de **Roquesaltes**, la vue porte sur Montpellier-le-Vieux. Ces « roches hautes », véritable donjon naturel, haut d'une cinquantaine de mètres, dominent le hameau du même nom.

En poursuivant à pied vers le sud *(par le GR 62 en suivant les traces rouge et blanc)*, on atteint le **chaos du Rajol**. Un dromadaire, le menton délicatement appuyé sur un rocher, accueille le visiteur. Parmi les rochers fantastiques, il y a aussi la Colonne égyptienne, la Statue sans bras… D'un belvédère naturel, la vue plonge dans l'extraordinaire vallée de la Dourbie.

5

Le trésor de Triadou

Au 17e s., **Simon d'Albignac**, chevalier catholique, pilla le trésor des troupes protestantes du duc de Rohan afin de financer la construction d'une nouvelle aile pour son château. Il cacha une partie de son butin sous une marche du grand escalier. À la Révolution, les paysans du lieu firent une descente au château, sondèrent l'escalier marche par marche et découvrirent deux caisses de plomb contenant des pièces d'or et d'argent. Pendant ce temps, émigré à Londres, le marquis d'Albignac se remettait très bien de la perte de son château et du trésor. Il gagnait en effet largement sa vie, grâce à l'invention d'une sauce pour assaisonner la salade, la vinaigrette. Il courait de dîner en dîner et, les manches retroussées, brassait à pleines mains, dans une sauce de sa composition, la scarole ou la laitue.

Au pylône de télécommunication, prenez à gauche un chemin de terre, qui aboutit à la route goudronnée qu'on avait empruntée au départ de St-André ; prenez alors à gauche pour rejoindre la voiture.
Revenez à St-André-de-Vézines et prenez à droite jusqu'à Veyreau. Après 7,5 km, tournez à gauche sur la D 139.

★★ Grotte de Dargilan C2

Meyrueis - ✆ 04 66 45 60 20 - www.grotte-dargilan-48.com - visite guidée (1h15) des vac. de printemps aux vac. de la Toussaint : horaires sur le site Internet - 15,40 € (-18 ans 9,70 €). Aire de pique-nique, snack-bar et boutique.
En 1880, le berger Sahuquet voit entrer un renard dans une fissure : il agrandit l'ouverture, s'y avance et se retrouve dans une immense salle obscure. Ne serait-ce pas là le vestibule de l'enfer ? Terrorisé, il détale : la grotte de Dargilan venait d'accueillir son premier visiteur. Baptisée du nom du hameau voisin, la grotte reçoit sa première visite « sérieuse » huit ans plus tard, quand **Édouard Alfred Martel** et ses compagnons l'explorent de fond en comble. La Société des gorges du Tarn, sous la direction de **Louis Armand**, aménage ensuite des escaliers de fer, des rampes et des passerelles, puis, en 1910, des éclairages électriques qui permettent de circuler sans danger dans ce ventre de la terre. Aujourd'hui, la plus grande grotte des Causses et Cévennes, classée au patrimoine mondial de l'Unesco bénéficie d'un éclairage led dynamique qui met en valeur ses richesses sans les altérer.
On pénètre dans la grotte par son entrée naturelle et on accède directement dans la **grande salle du Chaos**, un immense volume (140 m x 50 m x 25 m) qui, comme son nom l'indique, se présente comme un chaos souterrain sur lequel se trouvent des concrétions en cours d'édification.
Au fond de la grande salle : la **salle de la Mosquée**, de dimensions plus réduites, est très riche en belles stalagmites. La « Mosquée », représentée par une masse de stalagmites aux reflets nacrés, est flanquée du « Minaret », belle colonne de 20 m de hauteur.
La **salle Rose** contiguë à la Mosquée doit son nom à la couleur de ses concrétions. Revenu dans la grande salle, on entreprend alors la descente, par des escaliers, dans les profondeurs de la grotte.
Un puits naturel de descente conduit au couloir des Cascades pétrifiées où une **magnifique draperie★★** de calcite (2 000 m^2), d'un brun rouge taché d'ocre jaune et de blanc, se déploie sur 100 m de longueur et 40 m de hauteur.
La **salle du Lac** tire son nom d'une nappe d'eau peu profonde. Elle est ornée de draperies translucides minces et repliées. Par le Labyrinthe et la salle des Gours, autrefois parcourus par un courant d'eau qui a laissé des traces sous forme de gours, on accède à la **salle du Clocher**, au centre de laquelle jaillit une pyramide élancée, haute de 20 m : le Clocher.
À la sortie, superbe **panorama** sur les gorges de la Jonte.

★★ Randonnée sur la corniche du causse Noir

6h - balisage jaune. Laissez la voiture au hameau des Rouquets, à l'est de Peyreleau (1re route à gauche en venant du Rozier), et prenez à pied une route partant à gauche en direction de la Jonte. Faites très attention sur les passages en corniche.
Le large chemin longe la Jonte, puis grimpe vers la droite à travers les hêtres et les pins pour atteindre l'ermitage St-Michel *(les trois échelles métalliques sont à gravir avec la plus extrême prudence).*

Point Sublime.
davidevison/Getty Images Plus

Reprenez le sentier balisé pour atteindre le **Point Sublime**, promontoire rocheux s'avançant sur le canyon de la Jonte et offrant une **vue★★** imprenable. Le sentier monte ensuite à travers les bois. Des plates-formes permettent de s'avancer au bord de la falaise, procurant des vues sur le sévère canyon de la Jonte et le paisible village du Rozier.

Puis le sentier, balisé cette fois en jaune et rouge (GR de pays), passe devant le rocher appelé Champignon préhistorique. Continuez sur le GR de pays pour arriver au relais de télévision, d'où l'on a une belle **vue★** sur Peyreleau, au confluent de la Jonte et du Tarn.

Continuez sur le sentier jusqu'à une clairière en replat. Là, prenez à droite. Le sentier descend, puis longe le ravin de Costalade, en corniche. La descente continue à travers une forêt de pins sylvestres et débouche sur un chemin longeant une vigne aux abords du hameau des Rouquets.

Carnet pratique

S'informer

Office de tourisme – *Tour de l'Horloge - Meyrueis - ✆ 04 66 45 01 14 - www.cevennes-gorges-du-tarn.com.*

Arriver/partir

Se garer – Pour se garer, mieux vaut rester aux abords des D 996 et 986.

Nos adresses

Hébergement/restauration

Situé entre Cévennes et Causses, Meyrueis est un lieu de séjour très prisé. L'offre hôtelière y est donc assez importante, mais il est prudent de réserver en été.

Premier prix

Hôtel Family & Spa – *4 quai de la Barrière - ✆ 04 66 45 60 02 - www.hotel-family-meyrueis.com - fermé nov.-mars - 44 ch. 82 € - 9 € - formule déj. 11/12,50 € - menu 19,50/35 €.* Esprit familial et ambiance conviviale dans cet hôtel bordant le Bétuzon, un affluent de la Jonte. Chambres modernes et vaste restaurant avec terrasse où l'on propose une copieuse cuisine lozérienne. Piscine et jardin sur la rive opposée. Espace bien-être.

Budget moyen

Hôtel du Mont Aigoual – *34 quai de la Barrière - ✆ 04 66 45 65 61 - www.hotel-mont-aigoual.fr - fermé nov.-mars - 28 ch. 71/100 € - 11 € - fermé mar. et jeu. midi, formule déj. 18 €, menu 34/42 €.* Cet hôtel familial offre un agréable décor, une cuisine gourmande aux saveurs cévenoles et un joli jardin.

Pour se faire plaisir

Château d'Ayres – *Rte d'Ayres - Meyrueis (1,5 km à l'est) - ✆ 04 66 45 60 10 - www.hotel-restaurant-meyrueis.com - fermé de déb. janv. à mi-fév. - 29 ch. 129/191 € - 16 € - 1/2 P possible - menu env. 25/60 €.* Un authentique château médiéval au centre d'un vaste parc... et un confort nettement plus contemporain. Belle salle à manger voûtée et spécialités régionales. Piscines intérieure et extérieure, Spa, salle de billard, tennis.

À Peyreleau

Pour se faire plaisir

Chambres d'hôte Ermitage – *21 r. de l'Église - ✆ 05 65 62 61 91 ou 06 08 51 23 65 - www.ermitagedepeyreleau.com - fermé d'oct. à mi-mars - 4 ch. 110/128 € - 2 nuits mini.* Repos garanti dans cet ancien couvent décoré des sculptures du propriétaire. Les chambres donnent sur les gorges de la Jonte ou les ruelles du village. Produits bio et gâteaux maison au petit-déjeuner.

Shopping

Marché – *Merc. et vend. mat.*

Causse de Sauveterre

Ici, les Caussenards ont admirablement tiré parti du moindre sotch; pas une parcelle de terre arable qui n'ait été soigneusement mise en culture, formant çà et là de belles ombres rougeoyantes ou verdoyantes suivant les saisons. Entre Lot et Tarn, le causse de Sauveterre présente aussi de grands espaces boisés, assez accidentés, ce qui en fait le moins aride des quatre Grands Causses.

Se repérer

CARTE C1 (P. 230-231).
Lozère (48).
Délimité à l'ouest par Sévérac-le-Château et au sud par les gorges du Tarn.

Organiser son temps

Prévoyez une bonne demi-journée.

Nos adresses p. 279

Circuit conseillé

CARTE P. 230-231

Circuit de 66 km au départ de La Canourgue, tracé en vert clair sur la carte.

La Canourgue C1

Laissez votre voiture sur le parking situé de l'autre côté de la D 998.
La vieille cité dominée par sa tour de l'Horloge s'étage au-dessus de l'Urugne, dont l'eau, conduite par de minces canaux, court à travers un labyrinthe de ruelles pavées s'engageant sous des ponts, se perdant derrière de hautes demeures. Près de l'ancienne collégiale (12e-14e s.), au style composite provençal avec chœur roman entouré de chapelles rayonnantes, des maisons anciennes aux étages en encorbellement sont construites au-dessus de canaux.
Quittez La Canourgue par la D 998 vers Ste-Énimie. À 2 km, prenez la D 46 sur la droite et, 1,8 km plus loin, garez-vous à hauteur du Sabot de Malepeyre (à gauche).

★ Sabot de Malepeyre C1

Cet énorme rocher de 30 m de haut a été creusé et façonné par les eaux qui circulaient autrefois à la surface du causse. Il est percé d'une large baie surmontée d'un arc en anse de panier. On peut passer sous l'arche haute de 3 m et large de 10 m. De la plate-forme sur laquelle repose le talon du Sabot s'offre une belle vue sur la vallée de l'Urugne et, au loin, sur les monts de l'Aubrac.
Après le Sabot, prenez à gauche la D 43, puis la D 32 à gauche. Suivez ensuite la D 998 à droite. Après 6 km, tournez à gauche vers Roussac et Sauveterre.

Champerboux C1

Ce beau hameau compte de superbes maisons caussenardes.
Prenez la D 44 à gauche.
La route de Chanac est bordée d'abris de bergers construits en pierres sèches.

Chanac C1

Quartier de la Vignogue - 04 66 48 29 28.
La place du Plô a gardé sa tour de l'Horloge. Tout en haut du vieux bourg trône le **donjon** *(suivez le panneau « La Tour »)*, unique vestige du château féodal, ancienne résidence d'été des évêques de Mende. Ne manquez pas l'**église**

5

Sabot de Malepeyre.
margouillatphotos/Getty Images Plus

St-Jean-Baptiste pour admirer son retable en bois doré et sculpté (17e s.) surmonté d'un baldaquin.
Traversez le Lot et prenez à gauche la N 88.

Le Villard C1

Dominant la vallée du Lot, Le Villard est un charmant village que flanque une ancienne forteresse épiscopale restaurée. Au 14e s. fut érigée une enceinte ménageant une place forte qui permit aux populations alentour d'échapper aux ravages des Grandes Compagnies. S'ouvrant par une porte monumentale en pierre de taille, la forteresse n'a conservé que le **bâtiment des Gardes**, au nord, et le logis Renaissance à tourelles situé face à l'église. De l'esplanade, belle vue sur la vallée.
Poursuivez sur la N 88, puis prenez à gauche la D 809.
La route suit le cours du Lot, que l'on franchit pour rejoindre Banassac.

Banassac C1

Musée archéologique – *Pl. de l'Église-St-Médard (dans la mairie) - ✆ 04 66 32 82 10 - ♿ - horaires, se rens. - gratuit.* Il présente des poteries sigillées recherchées aux 1er et 3e s. en Gaule et dans le reste de l'Empire romain ; la production était aussi importante et réputée que celle de la Graufesenque, près de Millau. Les guirlandes ornant les bordures des poteries constituent une marque de fabrique. Les poteries portent des inscriptions, tel le bol rouge trouvé à Pompéi : *« Bibe amice de meo »* (« Bois, ami, de ce que je contiens »).
Du 5e au 9e s., quatre ateliers, alimentés par les mines d'argent exploitées dans la région, ont frappé le dixième des pièces (or et argent) du royaume.

Origines

Le causse de **Sauveterre** tire son nom d'un petit village, situé à l'est du causse et au nord de Ste-Énimie, à l'habitat typiquement caussenard.
Il s'agit d'une « sauveté », ancêtre des bastides, où les défricheurs des terres étaient placés sous la protection de l'Église.

Nos adresses

Hébergement/restauration

Premier prix

Ferme-Auberge Pradeilles – *Le Gazy - Chanac (6 km au sud-ouest de Chanac) - ✆ 04 66 48 21 91 ou 04 33 47 25 76 - www.legazytourisme.e-monsite.com - fermé de fin déc. à mi-mars - 5 ch. 47/53 € - ✕ sur réserv., menu 17/21 €.* Cette ferme-auberge propose un hébergement très convenable, trois chambres occupant la maison des propriétaires, deux autres, plus rustiques, étant aménagées au-dessus de l'auberge. Côté restauration, on prend ses repas dans la salle à manger au décor campagnard. Cuisine régionale à base de produits de la ferme. Réserv. conseillée.

Budget moyen

Hôtel Le Calice du Gévaudan – *2 montée de Pissa-Lèbre - Banassac - ✆ 04 66 32 94 18 - www.hotelcalicegevaudan.com - P - horaires, se rens. - 28 ch. 90/120 € - 12 € - ✕ menu 26 €.* Cet hôtel fonctionnel propose des chambres modernes et insonorisées. Le restaurant dispose d'une paisible terrasse donnant sur un jardin avec jeux d'enfants. L'établissement dispose aussi d'un « hôtel éco » qui propose des chambres plus simples mais à des prix plus attractifs (65/95 €), et qui dispose d'un distributeur automatique de chambres pour un accès 24h/24.

Auberge Chez Louis – *Le Mazelet - La Canourgue (8 km au sud-est de La Canourgue) - ✆ 04 66 32 83 16 - www.gite-lozere-tarn.com - P - 5 ch. 96 € ; 1 gîte (6/8 pers.) - ✕ menu 20 €.* Cette ferme-auberge familiale réserve quelques bonnes surprises dans la qualité de ses prestations : parmi celles-ci, sauna, Spa, salle de sports et espace détente *(de mai à mi-nov.)*. La plupart des chambres sont équipées de mobilier moderne. Spécialités locales en cuisine.

Chambre d'hôte Domaine de la Vialette – *La Vialette - La Canourgue (9 km au sud-est de La Canourgue) - ✆ 04 66 32 83 00 ou 06 08 86 57 38 - www.gite-sauveterre.com - P - 5 ch. 97 € - 3 gîtes 595 € (2 pers.)/700 € (4 pers.)/sem. - ✕ 22 €.* Dans une ferme caussenarde du 14e s. magnifiquement restaurées, les cinq chambres à la décoration personnalisée disposent d'un confort actuel. Piscine intérieure chauffée, sauna, Spa et bain nordique.

Sévérac-le-Château ★

À l'horizon, un rocher abrupt porte les vestiges d'un château imposant... Voici Sévérac-le-Château ! Ce bourg autrefois fortifié s'élève sur les flancs d'une colline isolée au milieu de la dépression qu'arrosent les sources de l'Aveyron et leurs affluents. Autrefois, l'activité tournait autour de la gare de triage construite dans les années 1880 sur la ligne Rodez-Millau. Aujourd'hui, ce sont la cité médiévale et le château qui font vivre cette paisible cité aveyronnaise.

Se repérer

CARTE B1 (P. 230-231).
4 030 Sévéragais – Aveyron (12).
33 km au nord de Millau. La ville possède deux quartiers distincts : le quartier médiéval du château, sur la colline, et le quartier de la gare, à ses pieds.

À ne pas manquer

Les vues depuis la terrasse et la tour de guet du château.

Organiser son temps

Comptez 2h pour visiter le village et le château. Fin juillet-début août, le son et lumière sublime le site.

En famille

Les animations médiévales *(juil.-août)*.

Se promener

5 r. des Douves - 05 65 47 67 31 - www.tourisme-aveyron.com.
Le spectacle son et lumière « Des pierres et des hommes » est donné dans la cour d'honneur du château, fin juil. et déb. août *(www.spectacle-son-lumiere-aveyron.fr - 15 € - durée 1h40)*.
Marché traditionnel – *Jeu. mat.* Sur la place de la Gare.

Cité médiévale

Accès par un passage en face de l'office de tourisme.
Dans les ruelles et passages voûtés (les « crottes » enjambées par des « traversières ») conduisant au château s'élèvent des maisons anciennes (15e-16e s.) avec fenêtres à meneaux, tourelles en encorbellement et façades à pans de bois. Vous découvrirez également une belle fontaine d'époque romane.
La **maison de Jeanne** daterait du 11e s. et serait la plus ancienne du Rouergue.
Maison des Consuls – *11 bis r. Amaury-de-Sévérac - 05 65 47 67 31 (office de tourisme) - www.tourisme-aveyron.com - juil.-août : 15h-19h - gratuit.* Elle renferme une maquette du château tel qu'il se présentait au 17e s. Notez aussi le plafond peint et la cheminée Renaissance qui ornent la salle des Consuls.

Point de vue

C'est de l'aire de l'Aveyron, sur l'autoroute A 75, que vous découvrirez la plus belle vue panoramique sur la cité perchée, son château et ses toits argentés.

Château

05 65 47 67 31 - www.tourisme-aveyron.com - accès libre à la cour d'honneur tte l'année - château

Deux guerriers, un musicien

Amaury de Sévérac – La baronnie de Sévérac, l'une des plus anciennes et des plus puissantes de France, compte dans ses rangs Amaury de Sévérac (1365-1427), devenu seigneur de Sévérac-le-Château en 1416. Nommé chambellan du dauphin (futur Charles VII), il prit part à d'innombrables faits d'armes avant de devenir maréchal de France. Dépourvu de descendance, il fut assassiné au château de Gages, au nord-est de Rodez, en 1427. Avec lui s'éteignit la branche aînée des barons de Sévérac. Une lignée collatérale s'est maintenue à Entraygues, puis à St-Félix-Lauragais (Haute-Garonne) où est né **Déodat de Séverac** (1873-1921), qui composa des mélodies d'une délicatesse exquise, imprégnées du folklore languedocien.
Un mari peu complaisant – Louis d'Arpajon, héritier de la seigneurie de Sévérac-le-Château, fut lui aussi un guerrier fameux : sa bravoure et ses talents lui valurent, en 1637, le titre de général d'armée et, plus tard, le comté de Rodez. En 1663, à l'apogée de sa gloire, Arpajon se retira dans son château, avec son épouse, Gloriande de Thémines. Très fière de son « vaillant seigneur », Gloriande fit du château une brillante demeure où les fêtes se succédaient, au grand émoi de sa belle-mère, austère calviniste convertie au catholicisme, qui parvint à faire croire à Louis que son fils n'était pas de son sang. Fou de jalousie, le bouillant militaire tua son rival supposé et séquestra sa femme jusqu'à l'époque du pèlerinage à N.-D.-de-Ceignac, que Gloriande décida de suivre. Des hommes armés, cachés dans les fourrés, s'emparèrent alors de la litière, maintenant Gloriande pendant qu'un chirurgien barbier lui ouvrait les artères des poignets et des chevilles. Quand la mort eut fait son œuvre, on banda les plaies et le corps fut ramené au château. Personne ne s'avisa de discuter la version officielle d'une crise cardiaque foudroyante.

juil.-août : 10h-18h - 7 € (enf. 4 €), billet donnant accès au Musée archéologique et aux animations médiévales.
L'entrée du 17e s. donne accès à la cour d'honneur. Au nord s'élèvent des constructions plus anciennes (13e et 14e s.) : vestiges de courtines, trois tours de guet et une chapelle ; au sud, la façade Renaissance et les restes d'un escalier monumental à double volée. De la terrasse, située à l'est de la cour d'honneur, la vue s'ouvre sur le bourg et la haute vallée de l'Aveyron, les causses de Sévérac et de Sauveterre, les contreforts des Cévennes et, plus à droite, le Lévézou. Depuis la tour de guet du rempart ouest, admirez la vue qui s'étend sur la vallée de l'Aveyron ; vous distinguerez, au loin, le château de Loupiac, flanqué de ses quatre tours rondes.

Musée archéologique

5 r. des Douves, sous l'office de tourisme - ✆ 05 65 47 67 31 - juil.-août : horaires, se rens. - le billet d'entrée au château donne accès au musée.
Il expose des objets de la vie quotidienne, du 16e s. à 300 000 ans avant notre ère, mis au jour dans la haute vallée de l'Aveyron.

Causse du Larzac ★

Terre de résistance paysanne, le causse du Larzac s'élève en une véritable forteresse de calcaire, où sont disséminés villages et commanderies templières. Avec 1000 km^2 de plaines arides peuplées de rochers ruiniformes, ce territoire est le plus étendu des grands causses aveyronnais.

Paysage du causse du Larzac.
E. Teissedre/Photononstop

Se repérer

CARTE B2-C3 (P. 230-231).
Aveyron (12).
43 km au sud de Millau.

À ne pas manquer

La visite des caves de Roquefort; la commanderie templière de Ste-Eulalie-de-Cernon; La Couvertoirade; la vue depuis le Pas de l'Escalette.

Organiser son temps

Prévoyez une journée pour parcourir le causse.

En famille

Les sites des Templiers et Hospitaliers; le reptilarium de Ste-Eulalie-de-Cernon.

Carnet pratique p. 287

Nos adresses p. 287

★ Templiers et hospitaliers

CARTE P. 230-231 B2-C3

Circuit de 66 km au départ de Millau, tracé en rouge sur la carte. Quittez Millau par la D 809 en direction de Béziers.
La route franchit le Tarn et s'élève sur le flanc nord du causse du Larzac, offrant de superbes panoramas sur Millau, le causse Noir, le canyon de la Dourbie. Après un virage au-dessus de la falaise, on découvre l'immense surface dénudée du causse.

La Jasse - Maison du Larzac B2

07 60 79 88 46 - ♿ - avr.-oct. : tlj sf lun. 10h-19h - gratuit.
Sur la droite de la D 809 s'élève une vaste bergerie couverte de lauzes appelée **la Jasse** (de l'occitan *jaç* signifiant bergerie). Haut lieu de la vie militante et associative du Larzac depuis les années 1970, elle demeure un espace de rencontres incontournable où s'organise la vie sociale et culturelle du plateau. Une exposition bien documentée retrace la lutte du Larzac de 1971 à aujourd'hui, tandis qu'une petite boutique propose les produits des fermiers et artisans locaux.
Poursuivez sur la D 809 jusqu'à La Cavalerie. La route longe le camp du Larzac.

La Cavalerie B2-3

R. de la Ville - 05 65 62 78 73 - www.lacavalerie.fr.
Créé par les Templiers puis fortifié par les Hospitaliers, ce gros bourg rappelle le souvenir de la chevalerie et conserve d'imposants **remparts** superbement restaurés, ainsi que des maisons caussenardes typiques et des hôtels particuliers des 15e et 17e s. La visite des remparts permet de gravir les tours et d'accéder aux 220 m de chemin de ronde (superbe vue sur le plateau du Larzac), ainsi qu'à deux salles d'exposition.
À l'extérieur de l'enceinte, l'ancien **relais de poste** (18e et 19e s.) et une ancienne jasse (toit de lauze et voûte) ont été rénovés.
Le village est animé par les résidents du camp militaire du Larzac, dont on peut voir les installations en prenant la route vers Nant.
De la D 809, prenez à droite la D 999 vers St-Affrique, puis tout de suite à gauche la D 277.

★ Ste-Eulalie-de-Cernon B3

À l'entrée du village, suivez les panneaux conduisant au parking visiteurs (gratuit).
Dans la commanderie templière et hospitalière, voir ci-dessous.
Ste-Eulalie fut le siège de la commanderie des Templiers (1152-1307), puis des Hospitaliers (jusqu'en 1792), dont dépendaient La Cavalerie et La Couvertoirade. De son passé de place médiévale fortifiée, Ste-Eulalie a conservé la plupart de ses remparts, ses tours et ses portes (celle qui s'ouvre à l'est est remarquable). L'**église**, dont la porte d'entrée est surmontée d'une Vierge en marbre du 17e s., donne sur une charmante place ornée d'une fontaine. Au 18e s., le tribun révolutionnaire Mirabeau se rendit souvent à Ste-Eulalie, en visite chez son oncle l'amiral de Riqueti-Mirabeau, le dernier des commandeurs.
Commanderie templière et hospitalière – *Pl. de la Fontaine - 05 65 62 79 98 - www.sainte-eulalie.info - juil.-août : 10h-19h ; avr.-juin et sept.-oct. : 10h-12h, 14h-18h - 7 € (enf. 4 €).* La commanderie (12e-18e s.), qui est l'une des mieux conservées du Sud de la France, se visite. On accède ainsi à la grande salle d'honneur, aux appartements du commandeur, puis à la salle des fresques (17e s.), avant de parvenir, au 2e étage, à la chambre des capucins, à l'échauguette couverte de graffitis des 17e et 18e s., et au dortoir des moines. Un spectacle immersif 3D (30mn) fait revivre la commanderie au temps des Templiers.

Le Larzac

Le grand causse

« Énormes rochers pensifs, aux épaules lourdes, aux têtes de lion ou de philosophes, votre échine s'est accoutumée au mauvais temps. » C'est ainsi que l'écrivain occitan Max Rouquette voit la rude terre de ses aïeux. S'étendant sur près de 1 000 km^2, c'est le plus grand des causses et son altitude varie de 560 à 920 m. C'est une succession de plateaux calcaires arides et de vallées verdoyantes. Sur les plateaux, des sotchs argileux tapissés de terres rouges ont permis l'installation de domaines agricoles. Les eaux qui tombent sur le Larzac réapparaissent au fond des vallées qui l'entament, en près de soixante résurgences.
De même que les autres causses, le Larzac est troué d'avens ; celui de **Mas Raynal**, à l'ouest du Caylar, exploré en 1889 par une équipe réunissant E. Martel, L. Armand, G. Gaupillat et E. Foulquier, s'avéra être un « regard » sur le trajet d'une rivière souterraine qui alimente la Sorgues.

Brebis et moutons

Le Larzac est le royaume du **roquefort**, fabriqué avec du lait de brebis. Ces dernières sont partout présentes sur le causse, rassemblées en troupeaux de 300 à 1 000 têtes. Ce qui revient à dire qu'elles sont plus nombreuses que les humains (du moins lorsque ceux-ci ne sont pas en train d'effectuer leur transhumance annuelle vers les plages sur l'autoroute qui traverse le plateau) sur ce bout de terre voué à l'élevage.

Templiers et hospitaliers

Au 12e s., l'ordre des Templiers avait reçu en donation une partie du Larzac et installé une commanderie à Ste-Eulalie-de-Cernon avec des dépendances à La Cavalerie et à La Couvertoirade. En 1312, à la suite de la dissolution de l'ordre, les Hospitaliers de St-Jean-de-Jérusalem prirent possession de leurs biens. Au 15e s., période d'instabilité et de troubles, les Hospitaliers élevèrent des fortifications, dont les enceintes, les tours et les portes hérissent encore les paysages du Larzac.

« Gardarèm lo Larzac ! »

Tel fut le mot d'ordre qui mobilisa toute la région (et même au-delà) pendant plus de dix ans, depuis ce jour de 1970, lorsque les habitants du Larzac apprennent que la surface occupée par le camp de manœuvres militaires de **La Cavalerie** (créé en 1903) doit passer de 3 000 ha à 17 000 ha, ce qui signifie l'expropriation d'une centaine d'exploitations agricoles, de 500 paysans et quelque 15 000 brebis. Les paysans se rebellent, montent à pied et en tracteur à Paris pour manifester, construisent la bergerie de la Blaquière sur le territoire revendiqué par l'armée, occupent les fermes déjà achetées, brûlent les dossiers d'enquête... De grands rassemblements les soutiennent. Pendant dix ans, le Larzac fait la une des médias. Puis, en 1980, la Cour de cassation annule une grande partie des expropriations ; en 1985, une convention est signée, qui permet à la Société civile des terres du Larzac d'exploiter 6 400 ha de terrains dont l'État reste propriétaire.
En 2003, le Larzac est revenu sous les feux de l'actualité en accueillant un grand rassemblement altermondialiste.

Reptilarium – *Sur le parking des visiteurs - 12 chemin de Millau - ✆ 05 65 61 32 08 - www.reptilarium-larzac.com - ♿ - juil.-août : 10h30-19h ; avr.-juin : tlj sf lun.-mar. 10h30-12h, 14h-18h ; reste de l'année : se rens. - 10 € (-11 ans 7,50 €) - 9 € (-12 ans 7 €) hors sais.* Derrière les vitrines, boas, pythons, lézards, iguanes, alligators et caïmans offrent leurs couleurs éclatantes. Sous le regard médusé des tortues africaines, reines des lieux, les bébés reptiles s'agitent du côté de la nurserie en attendant leur pitance. L'équipe d'éleveurs, qui nourrit les animaux la journée, répond à toutes vos questions.

Prenez la D 561 au sud, puis à droite la D 23 jusqu'à Viala-du-Pas-de-Jaux.

Viala-du-Pas-de-Jaux B3

R. de la Tour - ✆ 05 65 58 91 89.

Cet autre village créé par les Templiers est dominé par une tour de cinq étages, désormais restaurée.

Tour et logis des Hospitaliers – *4 pl. du Logis - ✆ 05 65 58 91 89 - juil.-août : 10h-19h ; juin et sept. : 10h-12h30, 13h30-18h ; avr.-mai et oct. : 10h-12h, 14h-17h ; reste de l'année : se rens. - à partir de 5 € (-12 ans gratuit).* Cette tour fortifiée de 27 m est la plus haute du Larzac. Elle fut construite au 15e s., contre le logis des chevaliers, afin de protéger les habitants (et leurs moutons !) au cours de la guerre de Cent Ans. Exposition sur l'agropastoralime du Larzac et expositions temporaires d'art. Du haut de sa terrasse, superbe **panorama** sur les paysages du Larzac.

Dans la campagne environnante, vous apercevrez un grand nombre de lavognes, de jasses et de drailles (chemins de transhumance).

Poursuivez sur la D 23 pour rejoindre Roquefort-sur-Soulzon.

★ Roquefort-sur-Soulzon B3

p. 289

Quittez Roquefort au sud par la D 93 vers Fondamente, puis tournez à droite au panneau « St-Jean-d'Alcas ».

St-Jean-d'Alcas B3

✆ 05 65 97 61 07 - www.tourisme-stjeanstpaul.com.

Construit au 15e s., ce beau village fortifié possède une église romane, enclose dans les remparts. Certaines maisons, aux porches arrondis et aux fenêtres à meneaux, ont été bien restaurées ; on peut apercevoir de belles voûtes à l'intérieur. On accède à une partie du chemin de ronde, d'où l'on voit les monts Lévézou et les cirques de Tournemire et de St-Paul-des-Fonts. Aujourd'hui rénovés, le logis de l'abbesse et la salle haute située au-dessus de l'église (ancien refuge) se visitent.

Prenez la D 93, puis la D 500.

5

St-Paul-des-Fonts B3

Espace botanique Hippolyte Coste – *Rez-de-chaussée du presbytère - ✆ 05 65 97 61 07 - www.lesjourneescoste.com - ♿ - juil.-août : 8h-19h ; reste de l'année, se rens. - gratuit.* Ce petit musée et son jardin nous dévoilent la vie et l'œuvre du chanoine Hippolyte Coste, un passionné de botanique aussi appelé le « curé des fleurs ».

Reprenez la D 93. À Fondamente, tournez à gauche dans la D 7, passez au-dessus de l'autoroute A 75 et continuez tout droit par la D 185 vers La Couvertoirade.

★★ La Couvertoirade C3

p. 293

Suivez la D 55 au sud et poursuivez vers Le Caylar.

La route, en légère montée, offre un joli coup d'œil sur le site extrêmement curieux du Caylar et sur le massif de l'Aigoual au loin à gauche.

Village fortifié de Saint-Jean-d'Alcas.
B.Jaubert/imageBROKER/age fotostock

Le Caylar C3

De loin, on pourrait croire à une ville aux remparts et aux donjons impressionnants mais en approchant, on s'aperçoit que ce « château », situé dans l'Hérault, est fait de rochers sculptés par les eaux, au milieu desquels se blottit la petite chapelle romane **N.-D.-de-Roc-Castel**.

Au pied des rochers, la vieille ville a gardé sa **tour de l'Horloge**, dernier vestige des remparts. Quelques portes et fenêtres datant des 14e et 15e s. ornent les maisons anciennes. Enfin, dans l'**église**, on peut voir un Christ mutilé, en bois (17e s.) et, dans la chapelle de la Vierge, un beau retable en pierre sculptée du 14e s. dont les panneaux relatent l'enfance du Christ.

Quittez Le Caylar au sud, prenez la voie parallèle à l'A 75, puis la D 155e jusqu'à St-Félix-de-l'Héras. De là, empruntez la D 155. À la bifurcation de la D 9, laissez la voiture et continuez à pied jusqu'au Pas de l'Escalette.

★ Pas de l'Escalette C3

Alt. 616 m. Ce passage, brèche rocheuse dominée par de hautes falaises, était appelé ainsi car il permettait de descendre du Larzac par des marches taillées dans le rocher. Du Pas, **vue** sur les cascades de la Lergue.

Retournez à l'échangeur du Caylar-nord pour prendre l'A 75 qui ramène à Millau.

Carnet pratique

S'informer

Offices de tourisme de Millau (p. 242) et de Nant (p. 295).

Agenda

Route du sel – *www.laroutedusel-rando-decouverte.com - en juil.* Randonnée de 7 j. à pied, à cheval ou à VTT, suivant l'itinéraire emprunté au Moyen Âge par les caravanes de sel venues de Méditerranée pour vendre leur précieuse marchandise dans le Massif central. Un trajet haut en couleur au cœur d'une nature des plus sauvages.

Journées médiévales – *05 65 62 23 64 - www.visit-larzac.com - juil.-août.* Plusieurs villages du plateau (La Couvertoirade, Ste-Eulalie-de-Cernon, La Cavalerie et St-Jean-d'Alcas) organisent des journées médiévales durant la saison estivale.

Nos adresses

Restauration

À Ste-Eulalie-de-Cernon

Premier prix

La Cardabelle – *Rte de La Cavalerie - 05 65 62 74 64 - www.auberge-la-cardabelle.com - 12h-14h - fermé sam. (sf juil.-août) et vac. de Noël - menu env. 20 €.* Ce restaurant propose des produits régionaux : salades composées, saucisses aligot mais aussi tête de veau, ris d'agneau... Une bonne cuisine familiale ! Pour une limonade, installez-vous à la terrasse de Lou Sarnou, c'est la même maison.

À St-Rome-de-Cernon

Budget moyen

Restaurant de la Gare – *10 av. de la Gare - 16 km à l'ouest de Ste-Eulalie-de-Cernon - 05 65 62 39 78 - tlj sf sam., midi seult - menu 24/35 €.* Quand un restaurant fait rimer qualité et simplicité, il ne tarde pas à bénéficier d'une solide réputation. C'est le cas de celui-ci : un accueil convivial, un service impeccable et une cuisine à briser tous les régimes, sans se ruiner. Réserv. conseillée.

À La Cavalerie

Budget moyen

Le Bonheur est dans le Sud – *1 r. de Millau - 05 65 60 94 63 - www.lebonheurestdanslesud.com - fermé le soir du lun. au jeu. en été, du dim. au vend. en hiver - plat du jour 14 € - menu 27 €.* Installé dans une ancienne cave coopérative joliment rénovée dans un style industriel, ce restaurant propose de bonnes et copieuses assiettes du terroir à des prix raisonnables. Idéal pour une pause déjeuner.

À Jassenove-du-Larzac

Budget moyen

Ferme-Auberge de Jassenove-du-Larzac – *17 km au nord-est de La Cavalerie - 05 65 60 71 80 - www.domaine-de-jassenove.fr - - P - fermé le soir - menu 25/32 € - 1 gîte 550/950 €/sem. (2-8 pers.) et ch. 85 €.* Dans un coin boisé du causse du Larzac, cette belle ferme-auberge a conservé son authenticité et tout son charme. On s'y attable dans une ambiance chaleureuse pour savourer gratin de légumes du jardin, viande de la ferme bien cuisinée et... le fameux soufflé au roquefort dont la réputation n'est plus à faire dans la région. Réserv. indispensable.

Activités

Vélorail du Larzac – *La gare - Ste-Eulalie-de-Cernon - ✆ 05 65 58 72 10 ou 06 88 60 23 25 - www.surlesrailsdularzac.com - avr.-oct. : 9h-19h - 16/25 € (5-18 ans 7/10 €) - réserv. obligatoire.* Cinq circuits de vélorail et train touristique, ponctués de tunnels et viaducs, parcourent la vallée du Cernon : Les Orchidées (8 km vélorail et train, 2h), Les Papillons (8 km AR vélorail, 1h), Le Grand Voyage (24 km, vélorail et train, 3h), Larzac Express (16 km AR en train, 1h), Les Explorateurs (24 km, vélorail, train et exploration à la frontale, 4h, âge mini 10 ans).

Hébergement

À Ste-Eulalie-de-Cernon

Premier prix

Chambre d'hôte Domaine de la Barraque – *La Barraque - ✆ 05 65 62 77 33 - www.domaine-barraque.com -; P - fermé de mi-oct. à Pâques - 6 ch. 55/100 € - ☕ 7 €.* Dans cette grande ferme en pleine nature, on vous accueille sans chichis dans des chambres simples et claires meublées à l'ancienne. Les cavaliers sont les bienvenus.

Auberge La Cardabelle – *Rte de La Cavalerie - ✆ 05 65 62 74 64 - www.auberge-la-cardabelle.com - 4 ch. à partir de 60 € - ☕ en sus - ✕ voir « Restauration ».* Dans ce village magnifique, vous serez accueilli chaleureusement par toute l'équipe de l'auberge, qui sera toujours à votre écoute et source de bons conseils pour visiter la région. Très bonne cuisine et chambres spacieuses et propres avec une jolie vue.

Au Caylar

Premier prix

Hôtel du Rocher – *Au village - Le Caylar - ✆ 04 67 44 99 10 - www.millau-larzac.com - P ♿ - 30 ch. 58/72 € - ☕ en sus - ✕ pour les clients de l'hôtel.* Sur la route des vacances, une halte commode et confortable à deux pas de l'autoroute et juste avant d'entreprendre la descente vers les plages par le pas de l'Escalette.

Budget moyen

Chambre d'hôte Le Barry du Grand Chemin – *88 fg St-Martin - ✆ 06 31 22 66 14 - www.le-barry.fr - P - 5 ch. 70/85 € ☕ - gîte (3 pers.) 535 €/sem.* L'aile de cette maison en pierre de 1850 abrite des chambres de plain-pied fort bien tenues.

À Lapanouse-de-Cernon

Budget moyen

Chambre d'hôte Lou Jassou – *Pl. de l'Église - 3,5 km au nord-ouest de Ste-Eulalie-de-Cernon - ✆ 05 65 62 72 07 ou 06 72 32 27 45 - www.jacquespelissier7.wixsite.com/lou-jassou-2 - ⊭ - 4 ch. 60/90 € ☕.* La pelouse parfaite, presque un gazon anglais, donne une idée du bon entretien de cette bâtisse de village. Ornées d'un mobilier réalisé par des ébénistes locaux, les chambres offrent un bon confort. Conseils utiles pour les randonneurs.

À St-Jean-et-St-Paul

Pour se faire plaisir

Chambre d'hôte Le Moulin de Gauty – *St-Jean-d'Alcas - 13 km au sud-ouest de Viala-du-Pas-de-Jaux - ✆ 05 65 97 51 90 -; P 🏊 - 3 ch. 97/120 € ☕.* Un moulin propice au repos et à la détente. Chambres de style contemporain épuré et beau jardin traversé par une rivière. Aire de pique-nique avec barbecue.

Roquefort-sur-Soulzon ★

Au ras du village, un gigantesque éboulis provient de la corniche du Combalou. Mais pas de panique ! Cette catastrophe a eu lieu il y a bien longtemps et c'est à elle que l'on doit le fameux roquefort : c'est en effet grâce aux fissures de la roche souterraine, les fleurines, que le lait caillé se transforme en ce « roi des fromages » que vantait déjà Diderot.

Se repérer

CARTE B3 (P. 230-231).
564 Roquefortais – Aveyron (12).
25 km au sud de Millau.

À ne pas manquer

La visite des caves et une dégustation !

Organiser son temps

Comptez 1h pour Roquefort.

Nos adresses p. 291

★ Les caves de Roquefort

Av. de Lauras - 05 65 58 56 00 - www.roquefort-tourisme.fr.
Prévoyez des vêtements chauds, car la température intérieure est de 10-12 °C.
L'effondrement de la partie nord du Combalou a laissé dans la roche des anfractuosités, qu'on appelle « fleurines », d'une température et d'une humidité constantes. Elles sont à l'origine de la transformation des fromages en roquefort. Après leur fabrication dans les fermes-fromageries, les pains sont disposés en longues files sur des étagères de chêne dans les caves naturelles aménagées, où s'affairent les « cabanières » chargées d'envelopper les pains dans des feuilles d'étain (pour le 2e affinage). La lente maturation s'opère sous le contrôle des maîtres affineurs. Grâce à l'air froid et humide soufflé par les fleurines, le *Penicillium roqueforti* se développe en donnant les marbrures vert-bleu bien connues. Pour obtenir un bon roquefort, il faut au minimum trois mois.

Roquefort Société

2 av. François-Galtier - 05 65 58 54 38 - www.roquefort-societe.com - visite guidée (1h) - horaires, se rens. - 7,50 € (-17 ans 4,50 €).
Ouvertes au public depuis 1957, les caves Société proposent une découverte de l'univers du roquefort : fleurines, *Penicillium*, cabanières et affinage vous révéleront leurs mystères au cours d'une passionnante promenade exploratoire (maquette animée, son et lumière, film, espace muséographique, etc.).

Roquefort Papillon

8 bis av. de Lauras - 05 65 67 23 50 - www.roquefort-papillon.com - visite guidée (45mn) 10h-18h (dernier dép. 16h30), sur réserv. au 05 65 67 23 50 - gratuit.
Les caves de cette fromagerie centenaire fondée par Paul Alric se visitent : on y découvre les différents stades d'affinage du roquefort Papillon, un parcours agrémenté par la projection d'un film et une dégustation gratuite.

Le roquefort

« Roquefort », en l'honneur du château fort qui existait sur le rocher de Combalou au 11e s. (« roque » pour le rocher et « fort » pour le château), a donné son nom au célèbre fromage. Si célèbre que la ville a également donné son nom au champignon grâce auquel le caillé devient fromage, le *Penicillium roqueforti*. Reine du pays de Roquefort, la brebis qui doit son nom à une commune du Tarn est le résultat d'une sélection des meilleures races locales. Réputée pour ses qualités laitières, elle se reconnaît à sa silhouette allongée et à sa toison blanche laissant à découvert une longue tête fine et un « délicat décolleté ».

On raconte que le roquefort serait né des amours d'un berger et d'une bergère, s'étant donné rendez-vous dans une des innombrables grottes du Combalou. Le jeune berger oublia son sac contenant un morceau de pain de seigle et du caillé de brebis. Quelques jours plus tard, lors d'un autre rendez-vous, le berger, aussi amoureux qu'affamé, retrouva son sac : il en sortit un morceau de pain et un fromage couverts de moisissures vert-bleu. Le fromage avait changé de goût et d'odeur, mais les deux amoureux le mangèrent avec délice. Et *roquefortum fiat* !

Le territoire de production de lait de brebis et la zone dans laquelle sont aménagées les caves d'affinage font l'objet de délimitations rigoureuses. L'appellation d'origine du roquefort est probablement la plus ancienne des appellations puisque le roquefort, qui pourrait dater de plus de 5 000 ans av. J.-C., était déjà apprécié à Rome au temps de Pline et à Aix-la-Chapelle à la table de Charlemagne. L'**AOC** actuelle a été décrétée en 1925. La région de production du lait de brebis s'est étendue vers le nord jusqu'à la vallée du Lot, vers l'ouest jusqu'à la Montagne Noire et, débordant des Grands Causses vers le sud et le sud-est, dans les régions montagneuses de l'Hérault et les contreforts des Cévennes. Le fromage est fabriqué exclusivement avec du lait de brebis cru, pur et entier, sans homogénéisation ni pasteurisation, dans des laiteries situées sur les lieux mêmes de la collecte.

Balades autour de Roquefort

Rocher St-Pierre

Accès par les escaliers situés sur le parking des caves Société.

Adossé à la falaise du Combalou, ce belvédère (alt. 650 m) offre une **vue★** (table d'orientation) jusqu'aux monts du Lévézou, à droite sur la vallée du Soulzon et le cirque de Tournemire, à gauche sur la vallée du Cernon, en face sur les falaises tabulaires du causse du Larzac, et au pied sur le village de Roquefort.

Les randonnées

Il existe trois sentiers de randonnée balisés agrémentés de panneaux d'interprétation autour de Roquefort *(dépliant gratuit à l'office de tourisme).*

Sentier du Menhir – *3,6 km - 1h30 - balisage jaune - dép. de l'office de tourisme.* Un sentier agréable qui mène au bord du Soulzon.

Sentier de Trompette – *4 km - 1h30 - balisage jaune - dép. de la gare de Tournemire.* Ce sentier offre de belles vues sur le cirque de Tournemire, le plateau du Larzac et le village de Roquefort. On peut le combiner avec le sentier des Échelles pour rejoindre Roquefort à pied.

Sentier des Échelles – *7,8 km - 3h - balisage rouge - dép. de l'office de tourisme.* Au départ du village (630 m), il permet d'accéder au plateau du Combalou (791 m), en passant près de l'Éboulis. Sur le plateau, vue panoramique.

Sentier du cirque de Tournemire – *8 km - 3h - balisage rouge, blanc et jaune.* Il permet d'accéder au plateau du Larzac et descendre dans le cirque.

À proximité

CARTE P. 230-231

Château de Mélac B2

12,5 km au nord de Roquefort-sur-Soulzon par la D 23 et la D 99.
05 65 62 31 38 - www.chateau-de-melac.com - juil.-août : tlj sf vend. 14h-20h - 7 € (-12 ans gratuit).
Construit entre le 14e et le 16e s., le château de Mélac est constitué de quatre corps de logis reliés entre eux par des tours d'angle, formant une cour intérieure originale grâce à ses arcades et galeries. La visite guidée, en compagnie du propriétaire, permet notamment de découvrir la salle des gardes du 14e s. avec voûtes à croisées d'ogives en tuf, la tour de guet du 15e s., la tour ronde Renaissance et ses étages en coupole.

Nos adresses

Hébergement/restauration

« Nos adresses » à Millau (p. 243) et sur le causse du Larzac (p. 287).

Premier prix

La Cave des saveurs – *R. de la Créance - 05 65 58 58 11 - www.roquefort-societe.com - tlj sf merc. (sf juil.-août) 10h-16h - menu 24 €.* Installé dans la maison Société, dans une cave tout en pierre, ce restaurant sert des plats qui mettent en valeur... le roquefort maison bien sûr. Vous voilà au cœur du sujet...

Shopping

Roquefort Carles – *6 av. de Lauras - 05 65 59 90 28 - www.roquefort-carles.fr - tlj sf w.-end 8h15-12h, 13h15-16h30.* Tradition oblige, ce roquefort réputé se prépare encore avec du *Penicillium roqueforti* cultivé sur pain. La famille Carles est en effet l'une des rares maisons (fondée en 1927) à perpétuer ce savoir-faire ancestral. Si vous êtes amateur, poussez la porte de la fromagerie située sur la rue principale du village : vous ne le regretterez pas !

Roquefort Gabriel Coulet – *5-7 av. de Lauras - 05 65 59 24 27 - www.visite-roquefort-gabriel-coulet.fr - juil.-août : 9h-19h ; avr.-juin et sept.-mars : 9h30-12h30, 13h30-17h30.* Cave reconstituée avec sa salle voûtée, ses fleurines et ses travées de chêne. Visite, vidéo de présentation et dégustation gratuites.

Roquefort Papillon – *8 bis av. de Lauras - 05 65 58 50 00 - www.roquefort-papillon.com. p. 289.*

Roquefort Société – *2 av. François-Galtier - 05 65 58 54 38 - www.roquefort-societe.com. p. 289.*

Roquefort Le Vieux Berger – *7 av. du Combalou - 05 65 59 91 48 - www.le-vieux-berger.com - tlj sf w.-end 9h-12h, 13h30-17h30 (vend. 16h30).* Depuis trois générations, la famille Combes fabrique le roquefort de façon artisanale. Le « tunnel de visite » permet de découvrir, derrière de grandes vitres, les trois dernières étapes de la réalisation des fromages (la détente, le revirage et le conditionnement), le tout

5

fait manuellement. Des panneaux permettent de découvrir toutes les phases d'élaboration. La visite se termine par un film *(20mn)*.

À proximité

Les Fromageries occitanes – *Lauras (à 3 km du village, sur la D 999) - ☏ 05 65 59 90 34 - tlj sf w.-end 9h30-12h, 14h30-16h.* Des producteurs laitiers, réunis en coopérative, sont propriétaires de leur cave d'affinage, où ils fabriquent un délicieux roquefort, crémeux à souhait, La Pastourelle. Six d'entre eux proposent également une visite de leurs fermes *(sur réserv. au ☏ 06 80 91 69 70)*.

Activités

Vélo

Brebis'cyclette – *www.roquefort-tourisme.fr - dép. de l'office de tourisme de Ste-Affrique.* Entre la pierre et le fromage, téléchargez l'itinéraire et partez pour un circuit cyclotouristique de 61 km à la découverte du roquefort, des fermes jusqu'aux mythiques caves d'affinage nichées au creux des failles du Combalou. On passe par le cirque sauvage de Tournemire et le fort de St-Jean d'Alcas. Possible en vélo électrique !

Visite de fermes

À l'origine du roquefort, avant son affinage en caves, il y a le lait de brebis et un métier, celui d'éleveur. Plusieurs d'entre eux proposent la visite de leur ferme, de mi-juin à mi-septembre *(sur réserv. - tarif, se rens.)*. L'occasion pour les enfants d'approcher les agneaux et pour tous d'apprécier une succulente dégustation.

Alice Ricard - *Hermilix - Versols-et-Lapeyre - St-Affrique - ☏ 05 65 99 06 46 - www.visitedeferme.com.*

Affinage de roquefort.
ventdusud/Getty Images Plus

La Couvertoirade ★★

Au milieu du plateau du Larzac, il est un vestige de l'histoire templière et hospitalière : La Couvertoirade, ancienne dépendance de la commanderie de Ste-Eulalie-de-Cernon. L'enceinte presque intacte qui la protège fut élevée en 1439 par les chevaliers de St-Jean-de-Jérusalem. De belles demeures aux encadrements de portes remarquables ajoutent au charme des lieux. Une flânerie intemporelle dans un minuscule bourg fortifié.

Se repérer

CARTE C3 (P. 230-231).
189 Couvertoiradiens – Aveyron (12)
42 km au sud de Millau.

Organiser son temps

Avant 10h du matin, le lieu est désert (mais les boutiques sont fermées)… Comptez 1h pour en faire un tour audioguidé (commentaire de qualité).

Nos adresses p. 294

Se promener

Parking obligatoirez *(4 €/j)*. Intéressante visite audioguidée de l'ensemble.
Franchissez la porte nord et entrez dans la maison de La Scipione.

Maison de La Scipione

05 65 58 55 59 - www.lacouvertoirade.com - juil.-août : 10h-19h ; avr.-juin et sept. : 10h-12h, 14h-18h ; oct.-nov. : 10h-12h, 14h-17h - 3 €.
Cette maison Renaissance (15e-17e s.) est l'une des plus belles du village. On accède aux étages par un escalier à vis : au 1er étage, où trône une grande cheminée, est projeté un film sur l'histoire de La Couvertoirade *(20mn)* ; au 2e étage, exposition sur le patrimoine. Du **chemin de ronde**, la vue plonge sur le bourg.

Rue Droite

Cette rue, dont le pavage a été refait, est investie par les artisans (émaux, poterie, verrerie, savonnerie, sculpture). Ses maisons sont typiquement caussenardes, avec un escalier extérieur *(lou balet)* desservant le balcon d'accès aux pièces d'habitation, et une voûte abritant la bergerie du rez-de-chaussée. Repérez aussi plusieurs citernes (en occitan, *cubertoirada* signifie « eau couverte » ou « citerne »).
Au bout de la rue, prenez à gauche jusqu'à une vaste place.

5

Grande Place

Elle a été aménagée sur l'ancienne **lavogne** (mare dallée, conçue pour recueillir les eaux de pluie et abreuver le bétail), asséchée et transférée à l'extérieur des remparts pour des raisons sanitaires. Pour voir un bel exemple de lavogne rénovée, franchissez la porte sud (porte d'Aval) qui donne sur la place.
Contournez par la droite un ensemble de maisons et gagnez la montée du château.

Château

05 65 58 74 02 - www.lechateaudelacouvertoirade.com - juin-sept. : 11h30-12h30, 14h-17h ; reste de l'année : se rens. - 5/10 €, accès à l'espace Templier.
Construit par les Templiers aux 12e et 13e s., le donjon a perdu ses deux étages supérieurs. La visite guidée permet d'accéder aux parties privées du château, comme la citerne des Templiers et la salle haute du donjon.

Église fortifiée

05 65 58 55 59 - juil.-août : 10h-19h ; avr.-juin et sept. : 10h-18h ; oct. : 10h-17h - visite guidée dans le cadre de la visite commentée du village.

Légèrement en hauteur, à l'extrémité de la place d'armes, elle offre un joli **point de vue★** sur le village. Édifiée au 14e s. par les Hospitaliers, elle participait à la défense de la cité (une archère canonnière est visible dans la tour de l'extérieur du village). Dans le **cimetière** attenant, on peut admirer des moulages de stèles discoïdales. Passez la brèche dans l'enceinte à la hauteur du cimetière pour repérer, à droite, les vastes ruines de l'ancienne grange et des écuries du château : elles donnent une idée de l'importance du site, qui comptait au 14e s. plus d'habitants que Ste-Eulalie et La Cavalerie. De là, un sentier assez escarpé permet de monter jusqu'au moulin.

Le four banal

Après une importante réhabilitation, le four banal s'ouvre au visiteur (tlj en haute saison) et propose, ponctuellement, des pains, brioches et fougasses.

Moulin de Redounel

Perché sur une petite butte, il surplombe fièrement le village depuis qu'il a retrouvé ses ailes ! Construit au début du 17e s. pour le commandeur, il était utilisé par tous les habitants du village. Il offre une jolie vue sur les alentours.

Longez extérieurement les remparts sur la droite pour regagner le parking.

À proximité

CARTE P. 230-231

Musée des Traditions du Sud Aveyron

À Sauclières, 12 km au nord-est de La Couvertoirade.

05 65 62 26 85 ou 06 03 81 21 18 - avr.-oct. : 10h-12h, 14h-17h - 5,50 € (-10 ans gratuit).

Vous plongez ici au cœur d'un village aveyronnais des années 1900. Vous y cheminez dans les différents lieux de vie animés par des mannequins plus vrais que nature retraçant les métiers d'antan : de l'école au salon de coiffure, de la chapelière au maréchal ferrant...

Nos adresses

« Nos adresses » sur le causse du Larzac (p. 287).

Restauration

Premier prix

La Crêperie Montes – *R. Droite - 05 65 58 10 71 ou 06 13 22 36 19 - - tlj sf merc. 12h-19h (se rens.) - fermé le soir hors saison et de mi-nov. à fin mars - formule déj. 10 €.* Au programme, de délicieuses crêpes, bien sûr, mais avec huile d'olive et herbes de Provence ! Une petite dégustation sera la bienvenue pour agrémenter la visite du bourg historique. Vous serez bien accueilli dans sa belle salle voûtée, décorée de gravures, dessins et vieux outils.

Nant et les gorges de la Dourbie ★★

Bien moins connues et donc fréquentées que les gorges du Tarn, mais recelant des sites tout aussi spectaculaires, les gorges et le canyon de la Dourbie se longent par des routes sinueuses, parfois vertigineuses. Le plus souvent étroite et encaissée, la rivière garde toute la fraîcheur sauvage de ses eaux à truites tandis que, écrasés de soleil, les villages de pierres sèches se perchent à mi-hauteur, à flanc de coteau.

Se repérer

CARTE C2 (P. 230-231) - CARTE DE LA VALLÉE DE LA DOURBIE (P. 297).
Aveyron (12) et Gard (30).
34 km au sud-est de Millau.

À ne pas manquer

La route en elle-même, pour ses vues époustouflantes.

Nos adresses p. 297

Se promener

Pl. du Claux - 05 65 62 23 64 - www.tourisme-larzac.com.

Église abbatiale St-Pierre

Construite au 12e s., elle offre le caractère sévère d'une forteresse dominée par son donjon. Celui-ci, après la démolition en 1794 du clocher qui s'élevait à la croisée du transept, fut surmonté d'une flèche refaite en 1960. Le narthex s'ouvrait par trois grandes arcades. Dans celle du centre a été inséré un portail gothique. Une arcature trilobée plaquée sur la façade le surmonte. Remarquez les **chapiteaux★** historiés ou à motifs géométriques et floraux, le chœur et sa série d'arcatures, deux tribunes, l'une au-dessus du narthex, l'autre sur pendentifs au carré du transept.

Vieille halle

Située sur la place du Claux, agrémentée d'un ensemble de bassins, cette halle de style caussenard faisait partie de la cour de l'ancien monastère. Ses cinq arcades trapues datent du 14e s. Elle abrita un marché qui fut longtemps prospère.

Pont de la Prade

Ce pont du 14e s. qui enjambe la Dourbie à l'est du village présente deux très belles arches; on en aura une bonne vue depuis la chapelle du Claux (mémorial érigé en souvenir des Nantais victimes des guerres de Religion).

★★ Les gorges du Trévezel et de la Dourbie

CARTE P. 297

Circuit de 35 km, de Nant à L'Espérou, tracé en vert sur la carte. Quittez Nant au sud-est par la D 999. De nombreux virages brusques et des croisements souvent difficiles obligent à une prudence soutenue, en particulier entre le village de Dourbies et le hameau de Laupies.

5

Entre Nant et St-Jean-du-Bruel, la vallée de la Dourbie est large et riante. À gauche apparaissent les quatre tours du château de Castelnau, transformé en ferme.
Laissez la voiture au panneau « St-Michel », à droite de la route, et montez à pied le petit chemin qui mène à la chapelle.

St-Michel-de-Rouviac

Formant un ensemble harmonieux avec le cimetière et le presbytère, la chapelle romane apparaît sur un fond de verdure. Il s'agit d'un ancien prieuré dépendant de l'abbaye de Nant au 12e s. On y voit les mêmes types de décorations : chapiteaux avec entrelacs et palmettes. La vallée est dominée au sud par les ruines du **château d'Algues**, au nord par les escarpements du **causse Bégon**, qui lance au-dessus de Nant un éperon rocheux appelé le roc Nantais.
Continuez sur la D 999.

St-Jean-du-Bruel

À l'entrée des gorges de la Dourbie, ce village est le point de départ de nombreuses randonnées. Un vieux pont du 15e s., en dos d'âne, franchit la rivière. Du Pont neuf, vue pittoresque sur les rives de la Dourbie ; à côté, belle halle du 18e s.
Prenez la D 341. Au col de la Pierre Plantée (838 m), la vue se dégage sur la vallée de la basse Dourbie et, au-delà, sur la montagne du Lingas et le causse du Larzac. Au carrefour, prenez à gauche la D 47.

★ Gorges du Trévezel

Entre le massif de l'Aigoual et la vallée de la Dourbie, le Trévezel coule dans un lit chaotique. La vallée se rétrécit peu à peu pour devenir un défilé entre des versants escarpés que surmontent de hautes falaises de 400 m aux colorations changeantes. Dans sa partie la plus étroite, le « Pas de l'Ase » (le Pas de l'Âne), le canyon ne dépasse pas une trentaine de mètres de largeur.
Revenez au col de la Pierre Plantée et empruntez à droite la D 151.
Jusqu'à **Dourbies**, la route, parfois étroite et sinueuse, domine d'une très grande hauteur les **gorges de la Dourbie★★** (d'environ 300 m au rocher du Cade, situé à 5 km de Dourbies). C'est un parcours en corniche, souvent impressionnant et offrant des vues plongeantes de toute beauté sur le gouffre boisé, hérissé de roches granitiques et schisteuses, au fond duquel coule la rivière.

L'Espérou

L'Espérou est un agréable centre de séjour d'altitude (1230 m) environné de bois et d'herbages, exposé au midi, à l'abri des vents du nord. Il est fréquenté l'été pour son site et sa délicieuse fraîcheur.

★★ Le canyon de la Dourbie

CARTE P. 297

Circuit de 32 km, de Nant à Millau, tracé en gris sur la carte.
En aval de Nant, la vallée s'encaisse entre les calcaires des Grands Causses.

★ Cantobre

Ce pittoresque village, situé au confluent du Trévezel et de la Dourbie, se dresse sur un promontoire du causse Bégon.

★★ Canyon de la Dourbie

Ses versants s'élèvent et se hérissent de roches calcaires, curieusement sculptées par l'érosion.
À hauteur de **St-Véran**, perché dans un site pittoresque, la route offre une belle **vue★** sur le village aux maisons restaurées et sur la tour de l'ancien château du

marquis de Montcalm (1712-1759), qui mourut à Québec en défendant la ville assiégée par les Anglais ; en contrebas se dresse l'église de Treilles. On passe devant le **moulin de Corps**, alimenté par une résurgence, dans un site enchanteur.

La Roque-Ste-Marguerite

Ce village s'étage à l'entrée du ravin du Riou Sec, au pied de la tour à mâchicoulis d'un château (17e s.) dont la chapelle romane sert aujourd'hui d'église (accès par des ruelles tortueuses).

Le village est dominé par les rochers ruiniformes du Rajol (*p. 273*) et la Cité de Pierres de Montpellier-le-Vieux (*p. 261*).

Par la D 991, on gagne alors Millau (p. 232).

Nos adresses

Hébergement

Premier prix

Hôtel des Gorges – *Pl. de la Bories - St-Jean-du-Bruel - ✆ 05 65 62 07 99 - ✆ 06 43 88 32 09 - www.hotel-des-gorges.com - P ♿ - fermé de mi-nov. au w.-end de Pâques - 8 ch. 45/55 € - ☕ 8 €.* Au cœur du bourg, près de la poste, ce petit hôtel propose des chambres fonctionnelles, équipées d'agréables balcons. En été, vous prendrez le petit-déjeuner dans le jardin verdoyant et ombragé.

Hôtel du Midi-Papillon – *Pl. du Manège - St-Jean-du-Bruel - ✆ 05 65 62 26 04 - www.hoteldumidipapillon.fr - 🏊 P - fermé de mi-nov. à fin mars - 18 ch. 62/88 € - ☕ 9 € - 🍴 formule déj. 13,50/17 € - menu 29,50/43 €.* Cet hôtel est tenu par la même famille depuis le 19e s. Une longévité qui rime avec bon accueil et professionnalisme. Ses chambres, confortables, sont soignées et personnalisées. Légumes du potager, lapins et poulets du jardin : le chef travaille de beaux produits et concocte une cuisine du terroir généreuse, comme il sied dans la région.

Abbaye de Sylvanès ★

Ici, la musique est sacrée et l'acoustique des lieux le confirme ! Cette abbaye cistercienne, édifiée au 12e s., est le joyau d'une région boisée semée de collines. Sa première mélodie fut celle d'un affluent du Dourdou dont les eaux réputées virent naître un centre thermal au 19e s. Mais ce temps est révolu et c'est grâce à un vaste programme de restauration, mené par un religieux mélomane, que l'abbaye forme aujourd'hui un accueillant centre de rencontres culturelles ouvert aux arts et à la spiritualité.

Se repérer

CARTE B3 (P. 230-231).
Aveyron (12).
55 km au sud de Millau.

À ne pas manquer

Les concerts du festival en juillet et août ; l'église russe.

Organiser son temps

Choisissez vos dates en fonction de celles du festival. Comptez 1h pour la visite de l'ancienne abbaye.

Nos adresses p. 301

Découvrir

05 65 98 20 20 - www.sylvanes.com - juil.-août : 9h30-13h, 14h-19h ; de mi-mars à fin juin et sept.-oct. : 9h30-12h30, 14h-18h ; reste de l'année : tlj sf w.-end 9h30-12h30, 14h-17h - fermé de mi-déc. à déb. janv., j. de concert et offices - 3 € (-13 ans gratuit).

Visite interactive de l'abbaye avec l'application GuidiGo « Au temps des moines de Sylvanès » : contenu (audio, vidéo et jeux) adapté à toute la famille, dès 8 ans.

Abbatiale

Après s'être converti, le brigand repenti Pons de L'Héras fonda l'abbaye en 1136. L'église de grès fut construite moins de vingt ans après. Remarquez son chevet plat, très cistercien, dont les fenêtres sont ornées de remarquables **grilles** de fer forgé (fin 12e s.). L'abbatiale possède la sobriété intérieure et les caractéristiques propres au style cistercien méridional. Composée d'une vaste nef voûtée

Musique sacrée

Au début des années 1970, cette ancienne abbaye cistercienne qui menaçait de tomber en ruine fut redécouverte et restaurée par le père **André Gouzes**, dominicain mais surtout musicien et compositeur. Accompagné de Michel Wolkowitsky, un artiste toulousain, il s'attacha à restaurer les lieux et en fit un espace d'art et de rencontres. La première édition du Festival international de musique sacrée en 1978 célébra l'exceptionnelle acoustique de l'abbatiale et marqua le début d'une grande aventure. Devenue centre international de recherche, de formation, de création et d'édition au service de la liturgie et de la musique sacrée, l'abbaye a acquis une renommée qui dépasse largement nos frontières. Rencontres spirituelles et musicales, stages de chant, découverte du patrimoine… La richesse du programme des activités en dit long sur le dynamisme de ce pôle culturel et spirituel.

Abbaye de Sylvanès.
A. Spani/hemis.fr

en berceau brisé, l'une des plus larges nefs romanes de France, elle est munie de contreforts intérieurs qui forment autant de chapelles latérales. Les épaisses nervures qui soutiennent le berceau de la croisée du transept donnent l'illusion d'une voûte d'ogives; il s'agit en réalité d'un artifice sans portée architecturale. Intéressante réflexion entre lumière et son, les **vitraux** incolores et partiellement opalescents (2018) sont dus à l'artiste Jean-François Ferraton et au maître verrier Philippe Brissy. Les superbes grandes **orgues** contemporaines ont quant à elles été inaugurées en 1997. Cette remarquable concertation entre pierre, son, artisans et artistes invite à rester au moins le temps d'un concert pendant le festival dans ce lieu décidément très attachant.

Bâtiments abbatiaux

L'église se prolonge au sud par les bâtiments abbatiaux. Une galerie du **cloître** comprenant trois travées ouvre sur la **salle capitulaire** et l'ancienne **sacristie**. La grande salle des moines ou **scriptorium**, voûtée sur croisée d'ogives, est divisée en deux nefs par une rangée de colonnes très dépouillées.

À proximité

CARTE P. 230-231

Église russe de Sylvanès B3

À 5 km. Quittez Sylvanès et prenez la D 92 en direction de Fayet. Tournez à gauche vers Les Bertrands avant le lieu-dit de la Baume.

Pessales - Sylvanès - rens. chapellerusse.sylvanes@gmail.com - juil.-août : 10h-12h, 14h-18h ; de Pâques à juin et sept.-nov. : 14h-18 - 3 € (- 13 ans gratuit).

Il s'agit de la reconstitution d'une église construite en 1994 dans la forêt de Khirov, 700 km à l'est de Moscou. Entièrement en bois, cette église orthodoxe dresse ses clochers à bulbe au milieu d'une forêt de sapins. Le plan intérieur de l'église est surprenant. Après le porche couvert, on pénètre dans le vestibule, puis dans la salle à manger (où se retrouvent les fidèles après l'office religieux) avant de gagner la nef.

Rejoignez la D 10 que vous prendrez à gauche vers Camarès.

On vous emmène en Russie !

Préparez votre panier pique-nique, votre chapeau, vos chaussures de marche et rendez-vous à l'abbaye. Après le pont de Rigal, le sentier monte dans le bois. La pente des premiers moments est assez raide mais rassurez-vous, on en arrive vite à bout. Le gargouillis d'un petit ruisseau et l'ombre bienvenue des arbres vous accompagnent. Au sommet, un petit plateau de trèfles et de hautes herbes est l'endroit idéal pour une pause abricots secs. Maintenant, la piste descend doucement en larges boucles entre les arbres. Observez la canopée, quelque chose pourrait vous surprendre... Soudain, un bulbe, un clocheton apparaissent entre les arbres, intrigants. C'est une petite église orthodoxe, toute de bois construite. Perdue dans la forêt, elle nous transporte au cœur de la taïga russe (*p. 299*). La vue surplombante est belle : le moment est parfait pour déguster ce que vous avez mis dans votre panier. Le sentier qui ramène à Sylvanès rejoint le ruisseau du Cabot, tacheté de soleil. On passe, juste avant, devant les bains de Sylvanès abandonnés et leur allée de platanes nostalgiques. L'abbaye cistercienne se dessine. Entrez dans la grande nef, voyez le côté du cloître rescapé et les belles salles voûtées. Ah ? Une voix s'élève, très pure dans la vallée. On répète pour le festival de musique. Peut-être aurez-vous réservé pour un concert le soir ?

Randonnée 3h - 11 km - 315 m de dénivelé - balisage jaune - www.tourisme-aveyron.com.

Camarès B3

Laissez votre voiture place du Foirail ou au pied de l'église.

La petite cité à cheval sur le Dourdou conserve des trésors de son passé ancien. Les arches d'un pont du 11e s. relient les rives où grimpent des ruelles et des calades jusqu'au château en ruine (roseraie) et à N.-D. de Camarès. Un peu à l'écart dans la ville basse, une noria a été remise en état dans un moulin sur le Dourdou, d'où le point de vue sur la ville haute est charmant.

Reprenez la D 10, dir. Sylvanès, et suivez, à gauche la dir. Montlaur sur la D 101.

Rougier de Camarès B3

La petite route serpente au cœur du rougier, une formation géologique antédiluvienne marquée par la couleur de ses sols. Le spectaculaire rouge profond est issu de l'oxydation du fer contenu dans la roche et la terre. Entre les parcelles cultivées surgissent des plissements de roche érodée, à la végétation éparse et colorée, qui vous transportent ailleurs, quelque part entre le Colorado, la Patagonie et une Lune rouge. Le surgissement du château de Montaigut sur son piton, comme sous l'effet d'un sortilège, vous ramène soudain au Moyen Âge.

Cet environnement unique se parcourt aussi à VTT. Avis aux sportifs et de préférence, venez avec votre matériel car pour l'heure, il faut aller à St-Affrique pour louer un vélo !

Château de Montaigut B3

p. 305

À 10 km de Sylvanès. Rejoignez la D 105 que vous prenez à droite, puis tournez à droite en suivant la signalisation vers Montaigut.

Nos adresses

Restauration

Premier prix

Le Sylvanès – *✆ 05 65 49 56 56 - www.bar-restaurant-le-sylvanes.com - 10h-23h - plat 5/20 €.* En face de l'abbaye, ce bar-restaurant a le mérite d'être ouvert 7j/7 et de proposer des pizzas, des viandes grillées ou des spécialités locales de bonne qualité.

Activités

Centre international de rencontres culturelles et musicales – *Abbaye de Sylvanès - ✆ 05 65 98 20 20 - www.sylvanes.com - programme sur le site.* L'ancienne abbaye de Sylvanès est aujourd'hui un haut lieu de culture, d'art et de spiritualité. Jouissant d'une renommée internationale, elle offre neuf mois par an des formations dans le domaine de l'art vocal, mais organise aussi des rencontres culturelles et spirituelles. Son abbatiale, joyau de l'art cistercien à l'acoustique exceptionnelle, accueille chaque été un festival international de musiques sacrées et de musiques du monde (*p. 478*).

Base de loisirs – Un plan d'eau est aménagé à la sortie de Camarès, alimenté par les eaux du Dourdou *(baignade surveillée juil.-août)*. Pour un bain délicieux, plus rafraîchissant et solitaire, descendez le long de la rivière *(baignade non surveillée)*.

Hébergement

Premier prix

Chambre d'hôte de La Grine – *La Grine - ✆ 05 65 99 52 82 -; P ♿ - fermé de mi-nov. à mi-mars - 5 ch. 58/68 € ☕ - table d'hôte (sf mar. et dim.) sur RV 20 €.* À côté de la ferme d'élevage de brebis laitières, proche de l'abbaye de Sylvanès. Priorité à la simplicité et au fonctionnel, mais l'authenticité des lieux demeure fort agréable. Chambres correctes, bon accueil et table d'hôte où le roquefort est roi, région oblige.

Saint-Sernin-sur-Rance

Village phare de la vallée du Rance, St-Sernin a conservé sa collégiale gothique, renfermant de belles boiseries, et d'étroites ruelles dévalant vers la rivière. En automne, les maisons à toit de lauzes laissent échapper de leur cheminée une odorante fumée de feu de bois. Appréciez le calme de ce village, cerné par une nature généreuse en cèpes énormes, gibier savoureux, truites et écrevisses. Ici, nombreux sont ceux qui s'arrêtent, le temps d'une causette, d'une course ou d'un bon repas !

Se repérer

CARTE A3 (P. 230-231).
611 Saint-Serninois – Aveyron (12).
64 km au sud-ouest de Millau.

Organiser son temps

Prévoyez la journée pour St-Sernin et ses alentours.

En famille

Le circuit des statues-menhirs, qui peut s'apparenter à une chasse au trésor pour toute la famille, et les splendides châteaux médiévaux de Coupiac, Brousse, St-Izaire et Montaigut, qui prévoient tous des visites pour enfants.

Nos adresses p. 305

La vallée du Rance

CARTE P. 230-231 A3

Circuit de 70 km au départ de St-Sernin, tracé en bleu sur la carte.
La vallée du Rance, comme celle du Dourdou, fut parsemée de **statues-menhirs**, pierres érigées à la fin du néolithique et gravées à l'effigie de personnages. Les copies de ces statues ont retrouvé leur emplacement dans la vallée, tandis que les originaux sont visibles au musée Fenaille de Rodez et au musée de St-Crépin.

St-Sernin-sur-Rance A3

Av. d'Albi - 05 65 99 29 13 - www.tourisme-rougier-aveyron.com.
Commencez votre quête en suivant le sentier au départ de la Croix du Coq (*10mn*). Voici la copie, dans son site d'origine, de la **Dame de St-Sernin★**; l'originale est actuellement exposée au musée Fenaille de Rodez.
Quittez St-Sernin au sud par la D 33.

Pousthomy A3

Situé au milieu des vergers, ce village abrite une église du 16e s. et une **fontaine gothique**. Il offre la seconde étape de cette « chasse aux statues ».
Un agréable **circuit balisé**, au départ du cimetière (*4 km - 1h*), permet de découvrir deux statues. La première, statue masculine aux jambes serrées, se cache derrière le cimetière, la seconde à deux pas du moulin. Les statues masculines tiennent entre leurs mains un objet souvent maintenu par un baudrier, les féminines sont parfois ornées de pendeloque, parure de forme rectangulaire.
Suivez la D 33 qui débouche sur la D 607; tournez à gauche vers Lacaune et, peu après, prenez à gauche un chemin menant à Laval-Roquecezière.

Laval-Roquecezière A3

Le rocher de Roquecezière est dominé par une statue de la Vierge. Une table d'orientation offre un vaste panorama : au nord sur la vallée du Rance où se niche N.-D.-d'Orient ; à l'est sur Belmont-sur-Rance, reconnaissable à son clocher, tandis qu'au loin le regard se perd sur le plateau du Larzac ; au sud-est sur les monts de Lacaune, d'où émerge le roc de Montalet (1259 m) ; au sud-ouest sur la Montagne Noire.
Revenez sur la D 607 que vous prenez à droite. Au croisement avec la D 33, empruntez la D 554 à droite vers St-Crépin.

St-Crépin A3

Musée Damien-Bec – *St-Crépin - ✆ 06 78 70 13 95 - ♿ - juin-sept. : 14h-18h - gratuit.* C'est dans ce petit musée que sont rassemblées, entre autres, une partie des curieuses statues-menhirs provenant essentiellement du sud de l'Aveyron. Petites ou grandes (de 80 cm à 1 m), en grès rouge ou en grès blanc, elles sont gravées ou sculptées de figures humaines représentées en partie ou en totalité, datant d'environ 2500 av. J.-C.
Prenez à droite la D 645 jusqu'à Linas, puis à gauche la D 74 jusqu'à Belmont.

Belmont-sur-Rance A3

Pl. Georges-Mouls - ✆ 05 65 99 93 66 - www.tourisme-rougier-aveyron.com.
Le village, étagé sur une petite colline en bordure du Rance, se dissimule au milieu d'un paysage largement vallonné. Les maisons semblent se blottir autour de l'imposante collégiale dont le clocher-porche, massif à la base, dresse fièrement sa flèche gothique dans le ciel.
Collégiale – *R. de l'Église - visite guidée sur réserv. (45mn) auprès de l'office de tourisme - gratuit.* L'entrée est protégée par un porche monumental surélevé, qui présente une voûte à liernes et tiercerons ; sous un arc en accolade se loge le tympan orné d'une Assomption de la Vierge entourée d'anges musiciens. À l'intérieur, la nef unique à croisée d'ogives est clôturée par une abside polygonale à trois pans. Une rosace surmonte le chevet : la croix centrale, ornée d'un Couronnement de la Vierge, date du 16e s. Pour admirer la collégiale, montez au sommet du village *(rue au-dessus du jardin de la collégiale).*
Sortez du village par la D 32 en direction de St-Affrique pour apercevoir la reproduction de la **statue-menhir** de St-Julien trouvée en ces lieux.
Prenez ensuite sur votre gauche la D 117 puis la D 91.

Combret A3

Laissez la voiture sur la terrasse en bas du vieux village, que vous abordez par une porte médiévale.
Les ruelles bordées de maisons de pierre rouge, très agréables à parcourir, mènent au sommet du village où se situent l'église romane et les restes d'une tour, dernier vestige d'un des trois châteaux qui existaient au Moyen Âge.
Continuez sur la D 91 vers St-Sernin. Une petite route à droite mène au monastère.

Chapelle du monastère bénédictin de N.-D.-d'Orient A3

Lieu de pèlerinage marial depuis le haut Moyen-Âge, l'église actuelle date du 17e s. Son intérieur est plutôt surprenant : on imagine assez mal dans cette région austère une telle profusion de décorations, d'autant plus que l'extérieur est plutôt sobre : rinceaux peints, plafond à chevrons en bois et retable baroque monumental avec maître-autel en marqueterie de bois. Vierge, saints et anges illustrent parfaitement le style de la Contre-Réforme. Une fois dehors, remarquez le cadran solaire portant la devise : « Le soleil fait du jour des heures quand il luit mais dans son occident il nous donne la nuit. »

Châteaux du Moyen Âge

CARTE P. 230-231 AB3

Circuit de 113 km tracé en violet sur la carte. Quittez St-Sernin au nord par la D 999, puis suivez la direction de Plaisance par la D 33. 3 km après Plaisance, prenez à droite la D 60.

Château de Coupiac A3

6 pl. du Manège - 05 65 99 79 45 - www.chateaudecoupiac.com - de juil. à mi-sept. : 10h-12h30, 14h-18h30 ; vac. scol. (hors juil.-août) : 14h-18h ; reste de l'année, se rens. - 6 € (-11 ans 2 €).

Réaménagé au 18e s., ce gros château occupe le centre du village depuis le 15e s. Il est flanqué de trois tours rondes, dont l'une, portant une horloge, côtoie le portail d'entrée. On visite le donjon et le corps de logis du 16e s., composé d'une quinzaine de salles décorées et meublées, la cuisine avec son potager et son four à pain, la salle des festins et sa table des banquets dressée, les appartements seigneuriaux avec lits à baldaquin et cabinet de toilette. Dans la salle des gardes est exposée une canonnière à rotule : un boulet amovible permet de boucher la canonnière dès le coup de feu parti. À l'intérieur de la chapelle, fresques de **Nicolaï Greschny**, peintre néobyzantin d'origine russe (*p. 241*).

Revenez sur la D 33 en empruntant la D 159 au nord du village, puis suivez la direction de Brousse-le-Château.

★ Brousse-le-Château A3

Au confluent de l'Alrance et du Tarn, Brousse se distingue par son site perché, dominé par son église (15e s.) au clocher fortifié et son château. Ses maisons des 17e et 18e s. se dressent le long de l'Alrance qu'enjambe un pont gothique.

Château – *05 65 99 45 40 - www.brousselechateau.com - juil.-août : 10h-19h ; mai, juin et sept. : 14h-18h ; reste de l'année : se rens. - 6 € (8-12 ans 2 €).* Ce château médiéval, dont l'implantation sur le site daterait du 9e s., se présente telle une forteresse : donjon, tours, remparts percés de meurtrières et couronnés de mâchicoulis. À l'intérieur, le logis seigneurial, de forme carrée, fut modifié aux 17e et 18e s. Un jardin est planté de simples et de rosiers anciens.

Revenez sur la D 902 que vous prenez à gauche. À Faveyrolles, prenez la D 60 à gauche vers St-Izaire.

St-Izaire A3

Ville natale de l'**abbé Hermet** (1856-1939), inventeur, entre autres, de la statue-menhir dite de St-Sernin, St-Izaire concentre ses maisons de grès rouge sur la rive gauche du Dourdou. La ville est dominée par son château du 14e s.

Château – *05 65 99 42 27 - juil.-août : 10h-18h ; w.-end de Pâques, mai-juin et sept. : 14h-16h30, w.-end 14h-18h ; reste de l'année : se rens. - 5 € (13-18 ans 2 €).*

Cette imposante bâtisse de grès rouge s'ouvre par une porte fortifiée (herse) sur une cour intérieure. Au rez-de-chaussée, une salle archéologique présente quelques originaux des **statues-menhirs** trouvées en pays rouergat. Les étages

L'enfant sauvage

Sur la place du Fort de St-Sernin, on trouve la statue de Victor de St-Sernin, alias **Victor de l'Aveyron ou « l'enfant sauvage »**, venu se réfugier dans une maison du village en 1798. Probablement sourd et muet (il ne prononça jamais un mot), il fut transféré, à la demande des scientifiques, de St-Sernin à St-Affrique, puis à Rodez et, enfin, à Paris où il mourut en 1828. *p. 463.*

supérieurs accueillent quant à eux un **écomusée de la Vie rurale** et un **musée de l'Archerie**. Ne manquez pas la chambre des Évêques avec son plafond peint du 17e s., ainsi que la chapelle, qui porte des fresques à carreaux très colorés.
Traversez le Dourdou et prenez à droite la D 25 vers St-Affrique. Tournez à droite vers Vabres et suivez la D 999 jusqu'à Querbes. Là, tournez à gauche dans la D 101. Dépassez Montlaur, puis suivez à gauche la route fléchée « Château de Montaigut ».

Château de Montaigut B3

05 65 99 81 50 - www.chateau-de-montaigut.com - juil.-août : 10h-19h ; du dim. de Pâques à fin juin et de sept. aux vac. de la Toussaint : 10h-12h, 14h30-18h30 ; reste de l'année : tlj sf w.-end 10h-12h, 14h30-18h30 - 6 € (-12 ans 3 €).
Construite sur une butte, cette forteresse médiévale du 11e s., aménagée au 15e s., domine le pays du Rougier qui doit son nom à la terre colorée par l'oxyde de fer. Les salles du rez-de-chaussée ont été bâties sur la roche creusée de sépultures du haut Moyen Âge (7e-8e s.). On y trouve les pièces habituelles des châteaux forts aménagés en résidences quelques siècles plus tard : cuisine au-dessus du cellier, grande salle à vivre avec cheminée, chambres.
À l'extérieur, un sentier d'interprétation permet d'accéder au **jardin médiéval**. Plus loin, une maison de 1914 abrite un petit **musée du Plâtre** et un **musée des Arts et Traditions populaires** *(mêmes conditions de visite que le château)*. On peut aussi ponctuellement visiter l'école de 1930 et la forge *(se rens.)*.
Retournez à Montlaur puis à Querbes et tournez à gauche dans la D 999.

Nos adresses

Hébergement/restauration

À Montclar

Budget moyen

La Table de Joséphine – *Pl. des Arcades - 25 km au nord de St-Sernin - 05 65 49 12 82 - horaires, se rens. - juil.-août : fermé lun. soir ; reste de l'année : fermé lun.-jeu. le soir, sam. midi et dim. soir et de Noël au 1er janv. - plats env. 15 € - menu 28 €.* À 10mn de Coupiac, Joséphine est tout sourire dans une maison aveyronnaise surmontée d'une terrasse avec une vue merveilleuse. Outre l'accueil sympathique, l'intérêt du lieu réside dans les assiettes où les produits locaux sont accommodés de façon raffinée. L'été, au coucher du soleil, on dîne au calme et sans façons.

À Combret

Budget moyen

Auberge de la Tour – *Pl. du Château - 05 65 97 77 73 - sites.google.com/site/aubergecombret - horaires, se rens. - menu 28 € - 3 ch. 80 €.* Dans cette charmante auberge, construite sur les restes d'un château fort du 14e s., Brigitte vous accueillera le sourire aux lèvres avec ses plats maison. Tous, du pain au dessert, sont faits avec des produits frais, et il y a chaque jour une proposition végétarienne. Un vrai régal dans un cadre splendide et familial. Réserv. obligatoire.

Intérieur de la cathédrale Sainte-Cécile, Albi.
Jon Arnold Images/hemis.fr

6

L'Albigeois et la Montagne Noire

CARTE MICHELIN DÉPARTEMENTS 338 – TARN (81)

Albi★★★ 310

Lautrec 326

Castres★ 328

Sidobre★ 339

Lacaune-les-Bains 342

Mazamet 345

Montagne Noire★ 349

Lavaur 357

Gaillac★ 360

Cordes-sur-Ciel★★★ 369

Le Carmausin 379

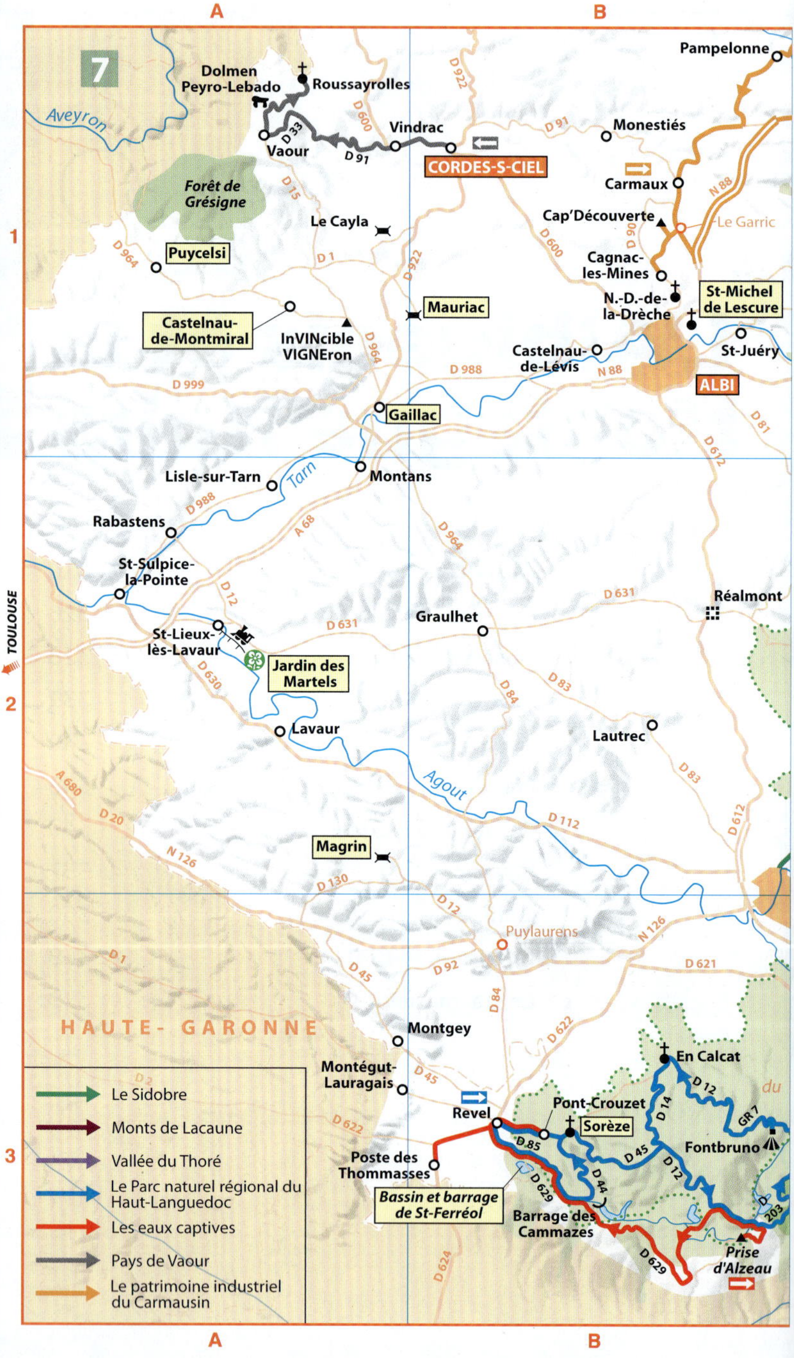
A
B
7
Dolmen Peyro-Lebado
Roussayrolles
Aveyron
Vaour
D 33
D 600
Vindrac
D 91
D 922
CORDES-S-CIEL
Pampelonne
D 91
Monestiés
Carmaux
N 88
Forêt de Grésigne
D 15
Le Cayla
Cap'Découverte
Le Garric
D 90
D 600
1
D 964
Puycelsi
D 1
D 922
Cagnac-les-Mines
N.-D.-de-la-Drèche
St-Michel de Lescure
Mauriac
Castelnau-de-Montmiral
InVINcible VIGNEron
D 964
St-Juéry
Castelnau-de-Lévis
D 988
N 88
ALBI
D 999
Gaillac
D 81
D 612
Montans
Lisle-sur-Tarn
Tarn
D 988
Rabastens
A 68
D 964
St-Sulpice-la-Pointe
D 12
D 631
Réalmont
TOULOUSE
St-Lieux-lès-Lavaur
D 631
Graulhet
Jardin des Martels
D 630
D 84
D 83
2
Lavaur
Lautrec
A 680
Agout
D 83
D 20
D 112
D 612
N 126
Magrin
D 130
D 12
Puylaurens
N 126
D 1
D 45
D 92
D 621
D 84
HAUTE-GARONNE
Montgey
D 622
En Calcat
D 2
Montégut-Lauragais
D 45
D 12
du
Revel
Pont-Crouzet
D 14
GR 7
D 622
Sorèze
3
D 85
D 45
Fontbruno
Poste des Thommasses
D 629
D 44
D 12
Bassin et barrage de St-Ferréol
Barrage des Cammazes
203
Prise d'Alzeau
D 629
D 624
Le Sidobre
Monts de Lacaune
Vallée du Thoré
Le Parc naturel régional du Haut-Languedoc
Les eaux captives
Pays de Vaour
Le patrimoine industriel du Carmausin
A
B

RODEZ
C
D
L'ALBIGEOIS ET
LA MONTAGNE NOIRE
0
6 km
4
5
1
2
3
Viaduc du Viaur
N 88
D 10
D 903
D 100
Tarn
Ambialet
D 172
D 999
D 25
D 999
AVEYRON
TARN
Parc naturel
régional
des Grands Causses
D 86
D 81
D 607
D 63
D 157
D 81
Montredon-
Labessonnié
D 89
Parc
La Pierre plantée
Lacaune-
les-Bains
D 622
1267
D 62
MONTS DE LACAUNE
1259
Roc de
Montalet
Rieu-Montagné
Lac de Laouzas
D 162c
Rocs de Crémaussel
Le Sidobre
Saut de la Truite
D 30
D 53
Ferrières
D 622
D 58
D 622
Brassac
St-Dominique
Agout
Castres
Le Militarial de
Boissezon
D 93
D 53
Lac de la
Raviege
naturel
régional
HÉRAULT
D 612
D 612
Le Vintrou
Lac des
Saints-Peyres
D 68
D 54
Gorges du
Banquet
N 112
Mazamet
D 612
Vallée
du Thoré
D 53
D 907
D 908
Labastide-
Rouairoux
D 612
D 612
Lac des
Montagnès
Hautpoul
St-Amans-
Soult
D 101
Haut
Languedoc
D 118
1211
Forêt de
la Loubatière
Montagne Noire
AUDE
N
ALBI
★★★ Vaut le voyage
Castres
★ Vaut la visite
Revel
Intéressant
Ville de départ du circuit

Albi ★★★

Tout de briques vêtue, Albi s'impose sur les rives du Tarn à la façon d'une ville italienne. Les ombrelles des pins se découpent en ombres chinoises sur le bleu du ciel, les terrasses des jardins dégringolent vers les eaux du Tarn. Et sur son promontoire aux airs méridionaux flamboie la puissante cité épiscopale. Lorsque Jaurès, alors professeur de philosophie, comparait en 1888 Albi à une ville italienne, « faite surtout pour le culte de l'art et d'une sereine philosophie », il ne savait pas encore que la ville ajouterait une autre corde à son arc lorsque le peintre Toulouse-Lautrec viendrait animer de ses facéties les murs du palais des évêques.

Se repérer

CARTE B1 (P. 308-309) - PLAN (P. 318).
48902 Albigeois – Tarn (81).
Albi se situe 77 km à l'est de Montauban par la D 999 et 74 km au sud-ouest de Rodez par la N 88.

À ne pas manquer

La vue « carte postale » depuis la rive droite du Tarn ; le décor intérieur de la cathédrale Ste-Cécile ; le musée Toulouse-Lautrec.

Organiser son temps

On peut démarrer la journée au salon de thé La Berbie, place Ste-Cécile, face à la cathédrale. Après le musée Toulouse-Lautrec, goûtez les friandises locales (*« Nos adresses »*). Dans l'après-midi, promenade en gabarre sur le Tarn.

Carnet pratique p. 322

Nos adresses p. 323

★★★ Cathédrale Ste-Cécile

PLAN P. 318 A2

05 63 38 47 40 - www.cathédrale-albi.com - ♿ - 10h-18h30, dim. 12h-17h30.
Plan de la cathédrale p. 312.
Il faut admirer la cathédrale de loin avant de l'approcher. On peut la voir du pont du 22-Août ou la découvrir depuis l'une des rues du vieil Alby (ainsi la rue Puech-Bérenguier), en débouchant sur la place. Puis on s'approche et, lorsqu'on se tient au pied de ce géant de briques, l'expérience relève du voyage dans l'espace-temps. Sa nef unique se dresse sans arcs-boutants dans l'austérité de ses murs

Albi, ses maisons en brique et sa cathédrale.
dvoevnore/Getty Images Plus

nus, justes rythmés par les immenses cylindres de ses contreforts. Le jeu des lignes est si épuré, si simple dans sa géométrie, qu'on pourrait se demander si elle n'a pas été construite au début du 20e s. Les gargouilles et les portails ouvragés vous détrompent et vous ramènent au temps de l'évêque Bernard de Castanet, qui lança le chantier en 1282. Il s'agissait, au sortir de la guerre contre les hérétiques cathares, de rétablir l'autorité de l'Église catholique. La cathédrale fut donc conçue comme une forteresse, dans la sobriété de la brique, qui exprimerait une conversion à la pauvreté en réponse aux critiques des ennemis du luxe des lieux de culte. Le simple toit de tuiles, qui couvrait l'édifice au ras des fenêtres et reposait directement sur les voûtes, a été rehaussé au 19e s. par l'architecte César Daly afin de protéger la voûte des infiltrations de l'eau de pluie.
La cathédrale d'Albi est dédiée à sainte Cécile, martyre romaine du 5e s., patronne des musiciens. Ses reliques reposent dans une chapelle de la nef, au-dessus d'une copie de la sculpture de Stefano Maderno qui représenterait la sainte dans la position qu'avait sa dépouille lorsqu'elle a été retrouvée.

★★ Porche et ★ baldaquin
Passé la porte érigée par l'évêque Dominique-de-Florence à la fin du 14e s., il faut gravir le majestueux escalier qui conduit au porche en forme de baldaquin (1520-1535). Sa décoration, de style flamboyant, est d'une extrême délicatesse. Elle contraste avec le sobre appareil de brique de la façade.

Clocher
De 1355 à 1365, on édifie la base du clocher qui prend l'allure d'un donjon. Entre 1485 et 1492, Louis Ier d'Amboise fait construire les trois étages supérieurs du clocher, qui culmine ainsi à 78 m au-dessus du sol.

Nef
Pour se représenter l'intérieur de la cathédrale, tel qu'il était à l'origine, il faut se placer à droite du grand orgue et imaginer l'édifice sans le jubé ni la galerie qui, ajoutée au 15e s., est venue interrompre l'élan des chapelles. On se retrouve alors en présence d'un vaste vaisseau voûté d'ogives, sans transept, épaulé de contreforts intérieurs qui séparent les chapelles latérales.

★★★ Chœur et jubé
Le **chœur**, réalisé entre 1474 et 1484, est dû au mécénat de l'évêque Louis Ier d'Amboise. L'art flamboyant finissant déploie ici toute sa technique : ce ne sont que motifs enlacés, pinacles et arcs savamment mêlés, voûtes aux clefs richement décorées.

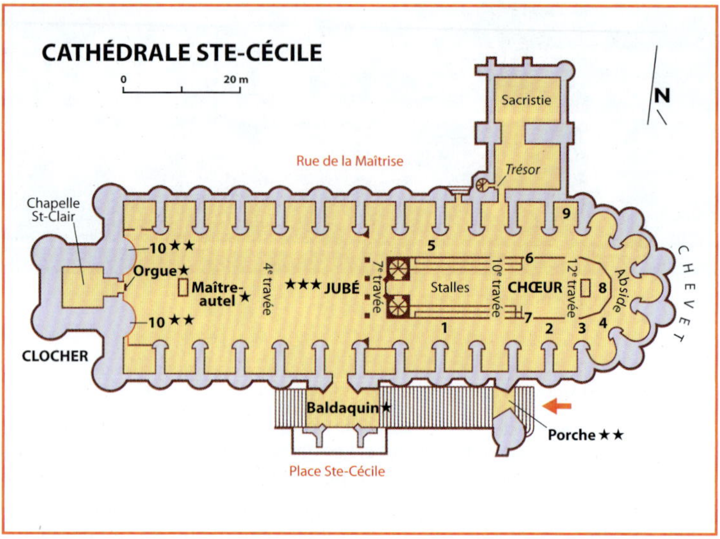

Le **jubé**, qui sépare le chœur liturgique de la nef, comportait à l'origine 87 statues. Il reste Adam et Ève, dont les mains ont été mutilées à la Révolution. Les voûtes en éventail à clefs pendantes, sur lesquelles repose la tribune du jubé, témoignent de la virtuosité des tailleurs de pierre.

La **clôture de chœur** comporte un ensemble statuaire exceptionnel. Sur le pourtour, les personnages de l'Ancien Testament se déploient (prophètes, prêtres, rois, annonciateurs du Christ et de Marie).

À remarquer particulièrement : Judith (1), les prophètes Sophonie (2), Isaïe (3) et Jérémie (4) et, côté nord, Esther (5).

Pour une description en image, reportez-vous à l'ABC d'architecture p. 460.

L'intérieur du chœur

10h-18h30, dim. 12h-17h30 - 6 €, billet combiné avec le Trésor.

Restaurés en 2015, le grand chœur et les stalles de chanoines ont retrouvé leur lustre original. Les statues de Charlemagne (**6**) et de Constantin (**7**) trônent au-dessus des deux portes latérales. Il faut se placer face au maître-autel pour voir resplendir les peintures des chapelles à travers les ajours des arcades. Autour de l'autel, règnent la Vierge à l'Enfant (**8**) et les douze apôtres. Les deux rangées de stalles sont surmontées de 72 anges finement taillés qui complètent le programme sculpté de la clôture. Les vitraux des cinq fenêtres hautes de l'abside datent du début du 14e s. et furent restaurés au 19e s. Parmi les chapelles latérales, la plus intéressante est celle de la Ste-Croix (**9**). Remarquez également, au-dessus de la porte centrale, au revers de la haute croix, sainte Cécile, assise, tenant un orgue et la palme des martyrs.

Trésor

10h-18h30, dim. 12h-17h30 - 6 €, billet combiné avec le chœur.

Il est aménagé dans une belle chapelle voûtée qui, dès le 13e s., était destinée à abriter les archives et les objets précieux de la cathédrale. Une 1re salle rassemble les objets d'art sacré, parmi lesquels la châsse de sainte Ursule en bois polychrome du 14e s., une crosse limousine du 13e s., un anneau épiscopal (14e s.) et un polyptyque siennois du 14e s. On peut voir, dans une seconde salle, des objets provenant des autres églises d'Albi et du diocèse.

★ Orgue

L'**orgue** monumental, construit entre 1734 et 1736 par C. Moucherel, est le plus grand orgue classique de France. Il se compose en fait de deux parties superposées, soutenues par des atlantes. Il compte 3549 tuyaux dont seulement un dixième est visible. Le buffet d'orgue, très raffiné, est décoré de chérubins jouant de différents instruments de musique. On aperçoit, au-dessus, les statues de sainte Cécile et de saint Valérien.

★ Maître-autel

Au pied de l'orgue se dresse le maître-autel en marbre noir de Jean-Paul Froidevaux (consacré en 1980). Il est orné d'émaux de couleurs vives figurant une vigne sur trois côtés et sainte Cécile sur la face postérieure. Tout autour de l'autel court un verset de l'Évangile de Matthieu qui évoque le mystère de l'eucharistie.

★★ Le Jugement dernier (10)

L'immense peinture qui orne la paroi occidentale (sous le grand orgue) est l'une des plus amples représentations au monde du Jugement dernier. Exécutée entre 1474 et 1484, elle fut malheureusement mutilée en 1693 par le percement du mur pour donner accès à la chapelle St-Clair, ce qui entraîna la disparition de toute la partie centrale. La technique employée est celle de la détrempe : les couleurs, broyées, ont été fixées au jaune d'œuf et à la colle.

Cette peinture, qui supplée peut-être à l'absence de sculpture sur la façade ouest (traditionnellement réservée à ce thème dans les cathédrales), se compose de trois registres. On peut voir au sommet une assemblée d'anges, qui figure le ciel. À gauche se tiennent les élus : les apôtres, vêtus de blanc et nimbés d'or, dominent une rangée d'élus formant cortège, par ordre de préséance. On peut y reconnaître des personnages de haut rang.

Sur le registre médian, les ressuscités nouvellement élus, encore tournés vers le juge suprême, tiennent le livre de leur vie ouvert sur la poitrine. Leur faisant pendant à droite, les maudits sont précipités dans les ténèbres de l'enfer. L'espace vide qui les domine matérialise la rupture irrémédiable avec Dieu engendrée par leurs péchés.

Patrimoine mondial

Depuis 2010, la Cité épiscopale d'Albi est inscrite au Patrimoine mondial de l'Unesco. Cet ensemble urbain de brique est unique par sa couleur, sa puissance et son harmonie. Il témoigne de la symbiose d'une cité avec un groupe épiscopal, qui traduit bien le pouvoir à la fois spirituel et temporel de l'évêque à l'époque médiévale. La Cité représente, de fait, une partie du centre historique de la ville ; elle recouvre quatre quartiers structurés autour d'un ensemble monumental massif et austère, constitué par la cathédrale et le palais-forteresse de la Berbie. Le site classé compte également toutes les maisons et monuments situés alentour, dont la collégiale St-Salvi et le pont Vieux.

La Cité épiscopale d'Albi se définit donc par un paysage urbain historique parfaitement homogène et bien conservé qui s'est développé au fil des siècles en référence à la cathédrale Ste-Cécile et au palais de la Berbie. C'est bien ici un ensemble urbain qui est classé et non un édifice isolé.

Le registre inférieur représente les enfers où sont dépeints de façon frappante les châtiments correspondant aux sept péchés capitaux. La nature des tourments est directement inspirée des vices de ces damnés. De gauche à droite : les orgueilleux, les envieux, les coléreux, les avaricieux, les gourmands et les luxurieux... Seuls manquent les paresseux, jadis situés sur la partie centrale aujourd'hui disparue.

★★ Peintures de la voûte

Louis II d'Amboise fit appel à des Italiens pour décorer les parois et la voûte (1509-1512). Les artistes originaires de la région de Bologne (Carpi) qui ont paré de fresques éblouissantes la voûte de la nef de la cathédrale se sont souvenus des splendeurs du Quattrocento (15e s.), le grand siècle de la Renaissance italienne. Sur un fond d'azur, les blancs et les gris des rinceaux, rehaussés de feuilles d'or, produisent le plus bel effet. Ces peintures, qui constituent le plus grand ensemble de peintures italiennes réalisé en France, sont contemporaines de celles de la chapelle Sixtine.
La grande voûte est décorée de multiples portraits de saints et de personnages de l'Ancien et du Nouveau Testament. Parmi les douze travées, remarquez la 4e en partant du clocher : dans le voûtain ouest, le Christ montre ses plaies à Thomas ; à l'est, la Transfiguration. À la 7e travée, dans le compartiment ouest, sainte Cécile et saint Valérien, son époux ; à l'est, l'Annonciation. La 10e travée est la plus richement décorée : à l'ouest, parabole des Vierges sages et des Vierges folles ; à l'opposé, le Christ, dans une auréole de lumière, couronne la Vierge. Enfin, à la naissance de l'abside *(12e travée)*, le Christ de la Parousie, auréolé d'anges, est entouré des quatre symboles évangéliques et des candélabres évoqués dans l'Apocalypse.

★★ Palais de la Berbie

PLAN P. 318 A2

La « Berbie » (du mot *Berbia* signifiant « évêché ») est, à la fois, un musée pétillant de l'esprit de Lautrec et un palais sur le Tarn aux proportions harmonieuses, qui a conservé le souvenir de quelques **décors anciens** (pavements médiévaux, plafond peint de la galerie d'Amboise, décors peints).

Le palais

C'est à Durand de Beaucaire que revient l'initiative d'avoir commencé vers 1254 ou 1265 la construction d'une résidence épiscopale, près de la première cathédrale aujourd'hui disparue. Bernard de Castanet en fit une forteresse, avec donjon massif et enceinte fortifiée dont on apprécie l'importance depuis la terrasse au bord du Tarn. Cette construction forte a reçu au cours des siècles quelques agréments. Ainsi, la place d'armes fut aménagée en **jardin classique**, d'où le regard porte sur le Tarn, et le chemin de ronde devint une agréable promenade ombragée, bordée de statues de marbre représentant Bacchus et les Quatre Saisons (18e s.).
Le corps de logis oriental, couvert d'ardoises, date de la fin du 15e s. Louis Ier d'Amboise fit surmonter les tourelles de toits en poivrière ajourés d'élégantes lucarnes en pierre. Par la suite, les prélats s'attachèrent surtout à aménager l'intérieur du palais. L'édifice abrite depuis 1922 le musée Toulouse-Lautrec, créé grâce à un important legs fait par les parents de l'artiste, sur les conseils de Gabriel Tapié de Céleyran, son cousin, et de Maurice Joyant, fidèle ami du peintre.

★★ Musée Toulouse-Lautrec

Pl. Ste-Cécile - palais de la Berbie - ☎ 05 63 49 48 70 - www.musee-toulouse-lautrec.com - ♿ - visite guidée sur demande (1h) - 10h-18h ; oct.-mai : tlj sf lun. 10h-12h30, 14h-18h - 10 € (-13 ans gratuit).

Une importante collection d'œuvres de Toulouse-Lautrec due à une généreuse donation de la mère du peintre, la comtesse Adèle, est conservée dans ce musée rénové en 2012. Tableaux, dessins, lithographies et affiches réalisés par le peintre prennent place dans le superbe décor du palais.
Rez-de-chaussée – La visite commence par quelques **portraits** consacrés à l'artiste, dont ceux réalisés par Édouard Vuillard (1898) et par Javal, qui traduit bien la noblesse dont Toulouse-Lautrec ne s'est jamais départi. Dans la même salle, les **œuvres de jeunesse** de l'artiste traduisent le regard amusé et touchant qu'il porte sur son univers : remarquez les croquis et les caricatures qu'il réalisa durant son adolescence. Parmi ses premières peintures se distinguent un autoportrait et *L'Artilleur sellant son cheval*, tous deux peints par Lautrec à 16 ans ; le portrait de 1882 de sa mère, la comtesse de Toulouse-Lautrec, traduit une émouvante pudeur et rappelle ses nombreux séjours au domaine maternel de Céleyran, tandis que celui de *Carmen la Rousse* de 1885 illustre déjà son génie du mouvement.
La deuxième salle consacrée aux **portraits** peints par Lautrec met en scène famille et amis : remarquez notamment celui du *Docteur Tapié de Céleyran*, le cousin de Lautrec, qui semble absorbé par ses pensées, ou encore celui de son ami amateur de chasse et de pêche, *Maurice Joyant*, au regard aiguisé vers sa proie.
La troisième salle est consacrée aux **maisons closes**. Loin de porter un jugement moral sur les femmes de petite vertu, Lautrec lance un regard franc sur le monde de la nuit. Il est capable de tendresse (*Deux Amies*), autant que de sensualité (*Femme qui tire son bas*) ou d'insolite avec ce visage à peine esquissé d'une femme noyée dans ses draps au petit matin (*Au lit*). Le très célèbre *Au salon de la rue des Moulins* (1894) résume en une scène l'attente interminable et les corps disponibles dans une maison close que fréquentait Lautrec à Paris, rue des Moulins.
1er étage – Un escalier en colimaçon mène à la salle palatiale où s'exerçait le pouvoir de l'évêque et dont le beau pavement géométrique en terre cuite vernissée a perdu ses couleurs d'origine. Les deux salles suivantes sont consacrées à la **fête parisienne** et, en particulier, aux plus célèbres affiches de l'artiste : celle du *Moulin rouge, la Goulue*, dont les esquisses retracent l'évolution du travail jusqu'à la composition finale, et celle consacrée au chansonnier et écrivain **Artistide Bruant** au café-concert des Ambassadeurs. Faites un tour au salon de Bernis pour apprécier la cheminée en bois et les stucs délicats, et jouir de la belle **vue★** sur les jardins surplombant les eaux du Tarn. Parmi les affiches connues de Lautrec, ne manquez pas *Jane Avril au jardin de Paris* (1893), le *Divan japonais* (1892) ou *La Gitane* (1900) : leurs cadrages décalés donnent toute leur dynamique aux dessins.
Les trois salles qui suivent présentent la **nuit parisienne** et ses vedettes, telle *Loïe Fuller aux Folies-Bergère* (1893) dont le corps plein de grâce semble s'élever dans les airs, ou *Yvette Guilbert* (1894) qui révèle la fascination de l'artiste pour les femmes rousses et pour les mimiques expressives de la diseuse.
Parmi les **œuvres tardives de Lautrec**, *L'Anglaise du « Star »* est un souvenir du Havre : avant de s'embarquer pour Bordeaux, l'artiste a voulu fixer le sourire de la blonde miss Dolly, rencontrée dans un café-concert du port. *La Modiste* frappe par son atmosphère de clair-obscur.
La chambre de l'Archevêque conserve une série d'huiles sur panneaux de chêne (16e s.). La pièce suivante présente en alternance quelques-unes des deux cents **académies** de Lautrec conservées au musée. Il les a réalisées pendant ses études à Paris dans l'atelier de Bonnat, portraitiste et peintre d'histoire.
Dans la somptueuse **galerie d'Amboise**, ornée d'un **plafond★★** (fin 15e s.) en forme de carène de bateau renversée et peint de figures animales et végétales, est accrochée une intéressante série de photographies de Toulouse-Lautrec, posant en

Japonais loucheur ou encore travesti en Jane Avril (1892) ; remarquez également celle où il pose avec son mentor Jules Chéret, le père de l'affiche artistique. Après la salle au plafond circulaire en bois, une pièce abrite une série de **réclames** de Lautrec : *Reine de joie* (1892) annonce le roman de Victor Loze, et *Au pied de l'échafaud* (1893) est une commande du journal *Le Matin*, figurant le visage terrifié d'un condamné. Les dernières salles de l'étage, aux plafonds à poutres peintes, abritent des œuvres d'art ancien, dont la *Lamentation de Saint Salvi d'Albi* (16e s.) et décrivent l'histoire du palais et de la cité épiscopale.

2e étage – Consacré aux contemporains de Lautrec, il présente des œuvres de Degas (*L'Homme au gibus*), Vuillard, Bourdelle, Matisse (*Intérieur à Ciboure*), Vlaminck, Maillol, etc. Prenez le temps de regarder la série d'huiles sur bois de Dufy (1933-1952). Vous redescendrez par le **grand escalier** au plafond à voûtes d'ogive orné de peintures illustrant les Vertus cardinales.

★★ Vieil Alby

PLAN P. 318

Circuit tracé sur le plan.

Il faut prendre le temps de flâner dans la vieille ville, qui a connu une réelle prospérité à partir du 15e s. grâce au commerce du safran, et surtout du pastel. Pendant cette période faste, Albi s'est dotée de nombreux **hôtels particuliers** souvent caractéristiques de la Renaissance avec leurs loggias, leurs fenêtres à meneaux, leurs tours rondes ou carrées, que vous trouverez tout au long de la promenade.

De l'office de tourisme, prenez la rue de Fargues. Tournez à gauche et engagez-vous dans la rue de la Souque.

★ Musée de la Mode A2

17 r. de la Souque - ✆ 05 63 43 15 90 - www.musee-mode.com - mar.-dim. 10h30-12h, 14h30-18h - 6 € (-14 ans 4 €).

Signalé par un magnolia centenaire, le couvent des Annonciades abrite le musée privé de Dominique Miraille, un Albigeois passionné par les vêtements, les matières, et leurs interactions sociales. Puisant parmi son fonds constitué de milliers de pièces (de la fin du 17e s. au 21e s.), il présente tous les deux ans une exposition thématique à la muséographie particulièrement soignée. Elle se tient sur deux niveaux, dont une cave datant du 12e s. Petite boutique vintage composée d'un choix de pièces uniques (vêtements, bijoux, tissus...).

Revenez sur vos pas et longez le marché couvert par la rue St-Julien.

Marché couvert A2

Construite de 1903 à 1905, cette halle triangulaire de type Baltard est remarquable pour sa structure métallique et accueille de nombreux commerces de bouche.

Continuez de longer la rue St-Julien et prenez à gauche la rue Mariès.

Au n° 6, **maison du 15e s.** (B2) en brique et bois.

Au bout de la rue Mariès, tournez, à droite de la préfecture, dans la rue Timbal.

★ Pharmacie des Pénitents (ou maison Enjalbert) B2

Construction du 16e s. typique du style albigeois avec ses briques entrecroisées et son colombage. La décoration de la façade (frontons, masques et perles) est caractéristique de la Renaissance.

★ Hôtel Reynès B2

R. Timbal - horaires variables, se rens. - cour intérieure en accès libre.

Cette demeure Renaissance en brique et pierre appartenait à une famille de riches marchands de pastel. La cour est décorée de deux galeries superposées accolées à

Toulouse-Lautrec à Albi

« Le comte Bufèc »

En 1864, en l'hôtel du Bosc à Albi, naît Henri de Toulouse-Lautrec, l'un de nos plus grands peintres de mœurs. Descendant des comtes de Toulouse, il est le fils d'Alphonse de Toulouse-Lautrec-Monfa et d'Adèle Tapié de Céleyran, sa cousine germaine. Atteint d'une maladie osseuse, Henri est instruit à domicile par son cousin, le Dr Gabriel Tapié de Céleyran (celui-ci est nommé docteur officiel des filles de maisons closes). Son enfance est marquée par deux accidents, en 1878 et en 1879, qui le privent de l'usage normal de ses jambes et rendent sa silhouette difforme. En 1882, il s'installe à Montmartre et se mêle au monde de la misère et de la débauche. Les personnages qu'il y rencontre le fascinent et deviennent ses modèles. Il les croque dans leurs lieux familiers qu'il fréquente aussi : maisons closes, champs de courses, cirques, cabarets… À partir de 1891, ses talents de lithographe et les débuts de la « réclame » lui apportent la célébrité, et ses affiches couvrent les murs de Paris. Prématurément usé par l'alcool et la vie de bohème, il est interné dans une maison de santé de Neuilly en 1899, se rétablit et reprend son existence dissolue, malgré la vigilance de son ami Paul Viaud. En 1901, il quitte la capitale pour s'éteindre au mois de septembre au château de Malromé, acquis par sa mère près de Langon (Gironde). Il meurt à l'âge de 37 ans, laissant derrière lui une œuvre riche de vingt-deux années de travail.

Ça, c'est Paris !

Dessinateur incomparable, l'artiste observe et reproduit impitoyablement. Il laisse toujours apparaître le trait sous la peinture. Puis défilent les personnages de music-hall et de théâtre dont il allait chaque soir faire de nombreux portraits : Valentin le Désossé qui venait au Moulin-Rouge pour danser avec la Goulue ; le chansonnier Aristide Bruant qui chantait en argot dans son cabaret Le Mirliton ; Caudieux, l'artiste de café-concert ; Jane Avril, surnommée « la Mélinite » pour ses danses frénétiques, dont Lautrec a maintes fois évoqué les expressions délicates et les attitudes distinguées ; la chanteuse Yvette Guilbert, poursuivie avec acharnement par le peintre à qui elle interdisait de divulguer ses portraits qu'elle trouvait désobligeants… et à qui elle doit d'être passée à la postérité !
Au cours de sa carrière, Toulouse-Lautrec a multiplié les signatures : Monfa, H L. ou H T L., mais aussi Tréclau (issu du « verlan » appris avec Aristide Bruant) inscrite dans un éléphant, une souris ou un chat…

Une riche collection exposée à Albi

C'est dans le palais de la Berbie, imposante forteresse du 13e s. nichée au pied de la cathédrale, que s'est installé le musée Toulouse-Lautrec en 1922. Sa mère et sa famille ont légué au musée une vaste collection de peintures, dessins, affiches (qu'il imprimait lui-même) et lithographies retraçant la vie de cet artiste fasciné par Montmartre, les cafés-concerts, les théâtres et les beuglants, les music-halls, les maisons closes et les danseuses. Cet homme profondément indépendant, qui fit preuve d'une grande virtuosité et d'un regard caustique, se prêta aussi de bonne grâce au jeu du modèle, comme l'attestent des portraits de lui peints par Javal ou Anquetin. Plus de 1 000 œuvres sont exposées au palais de la Berbie.

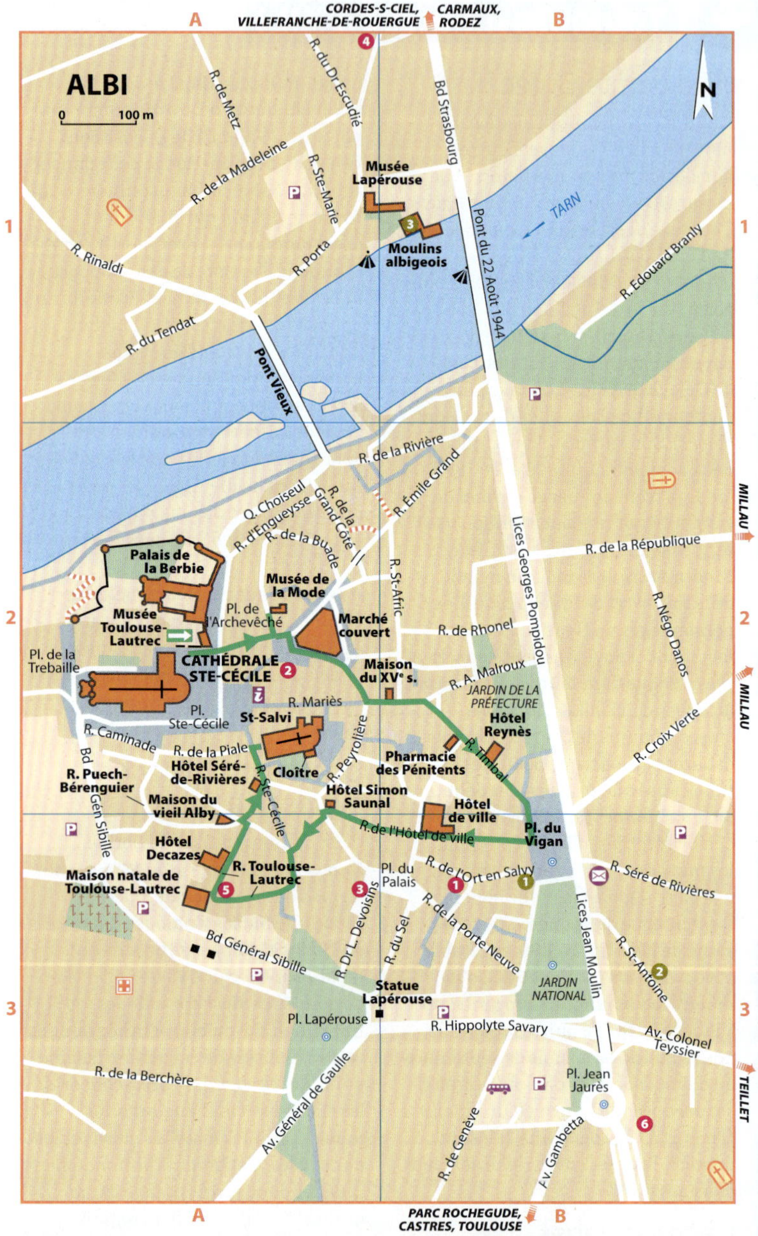

SE RESTAURER

- Le Tournesol 1
- Au Hibou 2
- Alchimy 3
- La Table du Sommelier 4
- Le Lautrec 5
- L'Épicurien 6

SE LOGER

- Hôtel du Vigan 1
- Hostellerie Saint-Antoine 2
- Hôtel Mercure 3

une tour d'angle du 14e s. Les meneaux des fenêtres représentent des formes féminines, mais les éléments les plus remarquables sont les deux bustes de François Ier et d'Éléonore d'Autriche, sa seconde épouse.
Au bout de la rue Timbal, on débouche sur la **place du Vigan**, entièrement restaurée, avec ses 81 jets d'eau et le Jardin national.
Prenez à droite la rue de l'Hôtel-de-Ville.
L'**hôtel de ville**, belle construction du 17e s., occupe l'angle des rues des Pénitents et de l'Hôtel-de-Ville. Plus loin, au n° 58, l'**hôtel de Simon Saunal** et sa tour, édifiés au 16e s. par un riche marchand de pastel, abritent une collection de 65 tableaux de peintres majeurs reproduits par R. Cordoba, allant du 16e au 20e s.
Au bout de la rue de l'Hôtel-de-Ville, prenez à gauche la rue de Saunal, une nouvelle fois à gauche, rue Verdusse, puis tout de suite à droite, rue Toulouse-Lautrec.

Rue Toulouse-Lautrec A3

Sur le côté gauche se succèdent l'**hôtel du Bosc** (maison natale de Toulouse-Lautrec), situé à l'emplacement des fortifications du 14e s. (il en subsiste deux tours et une partie du chemin de ronde), puis la **maison Lapérouse**. Au n° 8, la cour de l'**hôtel Decazes** abrite un escalier à balustres et galeries sous arcades surbaissées, architecture de transition entre Renaissance et classicisme.
Au bout de la rue Toulouse-Lautrec, continuez dans le prolongement, rue St-Clair.

Maison du vieil Alby A3

1 r. de la Croix-Blanche - ✆ 05 63 54 96 38 - tlj sf dim. 14h-17h30 (17h en oct.-mars) - 2 € (-18 ans gratuit).
Restaurée selon les plans d'une maison médiévale, cette demeure en brique et bois, avec un étage en encorbellement, occupe la fourche entre les rues très pittoresques de la Croix-Blanche et **Puech-Bérenguier (3)**, au bout de laquelle on a une jolie vue sur le clocher de Ste-Cécile. La Maison du vieil Alby, dont le nom évoque l'un des plus vieux quartiers de la ville, a conservé son solheilou, une galerie couverte qui servait de promenoir et de séchoir. La bâtisse sert de cadre à une exposition sur la jeunesse de Toulouse Lautrec (1er étage) et projette des films sur le patrimoine albigeois. Expositions artistiques au 2e étage.

Hôtel Séré-de-Rivières A2

Ce fut la demeure (15e-18e s.) d'une famille de marchands de pastel anoblie au 18e s. Son plus illustre représentant fut le général Raymond Séré de Rivières (1815-1895) qui conçut le dispositif de places fortes défendant les nouvelles frontières de la France après 1870.
Prenez la rue Ste-Cécile en direction de la cathédrale, puis la rue Mariès.

★ Collégiale St-Salvi A2

Saint Salvi, d'abord avocat, puis moine et évêque d'Albi au 6e s., est enterré à l'emplacement actuel de l'église, dont les plans et les fondations sont carolingiens. Au 11e s., on édifia une église et un cloître romans, puis les travaux, interrompus par la croisade contre les Albigeois, reprirent au 13e s. dans le nouveau style gothique.
La variété de styles peut s'apprécier en observant, depuis la place du cloître St-Salvi, le clocher massif qui s'élève sur le côté nord de l'édifice. La tour romane en pierre à bandes lombardes, surmontée d'un étage gothique (12e s.), est terminée par une construction en brique du 15e s. La tourelle crénelée qui la flanque porte les blasons de la ville d'Albi et du chapitre. Comme elle servait de tour de guet, elle est appelée la « Gacholle », c'est-à-dire l'endroit d'où on *agache*, on regarde, on surveille en occitan.

Pénétrez dans l'église par le flanc nord. Du portail roman, amendé par une adjonction de style classique, il ne reste que l'archivolte, les voussures et deux chapiteaux. Les quatre premières travées sont romanes et ont conservé leurs chapiteaux du 12e s. D'une première campagne de construction subsistent deux absidioles du chœur, non alignées dans l'axe des bas-côtés. Le chœur, de même que les autres travées, est de style gothique flamboyant.
Sous le grand orgue de Moucherel (18e s.), un groupe sculpté en bois polychrome du 16e s. représente un **Ecce homo** entouré des prêtres, scribes et anciens du Sanhédrin (grand conseil), devant lequel Jésus a comparu après son arrestation au jardin des Oliviers. Au cours de cet épisode de la Passion, il est ensuite conduit devant le procurateur romain Ponce Pilate, lequel aurait prononcé ces deux mots, *ecce homo* (« voici l'homme »), en montrant le Christ – couronné d'épines par dérision et les mains entravées – à la foule.
Dans la première chapelle latérale droite, remarquez une Mise au tombeau, tableau primitif hollandais sur bois.
★ **Cloître** – *Accès par une porte percée dans le flanc sud, ou bien rue Ste-Cécile ou rue Peyrolière.* Entrez dans le cloître afin de profiter de sa beauté et de son calme. Il a été reconstruit au 13e s. par Vidal de Malvesi, qui repose dans un enfeu ménagé dans le mur sud de l'église. Il ne subsiste du cloître que la galerie orientale, qui présente des chapiteaux romans historiés et des chapiteaux gothiques à feuillages. En son centre, les légumes, condiments et aromates du potager sont mis à disposition des passants. Ils sont plantés comme pouvait l'être le jardin des simples où les moines cultivaient les herbes médicinales.

★★ Berges du Tarn

4 km. Suivez le sentier de l'Échappée verte qui constitue une belle promenade en milieu naturel préservé, le long du Tarn et du Caussels (sur le GR 36).
Les berges du Tarn, aménagées, nous font découvrir de superbes **vues★★** sur la ville et les anciennes fortifications. La promenade est un moment de tranquillité, à l'écart de la ville.

★ Pont Vieux A1-2

Emblématique de la ville, ce pont construit en 1035 est l'un des plus anciens de France. Il est resté un axe majeur de communication.

Musée Lapérouse AB1

41 r. Porta - ✆ 05 63 49 15 55 - www.mairie-albi.fr - juil.-août : 9h-12h30, 14h-16h30 ; mars-juin et sept.-oct. : tlj sf lun. 9h-12h, 14h-18h ; reste de l'année : tlj sf lun. 10h-12h, 14h-17h - 4 € (-12 ans gratuit).
Aménagé dans de belles salles voûtées, il évoque les expéditions de l'amiral Jean-François de Galaup de Lapérouse, né en 1741 dans les environs d'Albi. Marin talentueux, apprécié de Louis XVI, Lapérouse entreprit une expédition scientifique en 1785 à bord des frégates *La Boussole* et *L'Astrolabe*. C'est au cours du naufrage de cette dernière, au nord des Nouvelles-Hébrides, qu'il périt. Sa dernière escale fut Botany Bay, en Australie, au début de 1788.
Des instruments de navigation, des cartes et des modèles réduits de bateaux nous en apprennent beaucoup sur la navigation au 18e s. Un film retrace quatre siècles d'aventures à travers le Pacifique ; de nouvelles découvertes au large de Vanikoro en 1999 puis en 2003 sont venues enrichir le musée.

À voir aussi

Pour les admirateurs, une **statue** du navigateur se dresse place Lapérouse (B3). Au sud de la ville *(accès par l'avenue Gambetta)*, le **parc Rochegude** offre une belle occasion de promenade ; on y voit la fontaine du Griffoul, vaste cuve en plomb (13e s.) ornée de bas-reliefs et d'un motif central en bronze (16e s.).

À proximité

CARTE P. 308-309

★ Église St-Michel de Lescure B1

5 km au nord-est direction Carmaux-Rodez, puis tournez à droite au panneau Lescure - Rte de St-Michel - demander la clé à la mairie.

Située dans le cimetière de Lescure, cette ancienne église prieurale fut édifiée au 11e s. par les moines bénédictins de l'abbaye de Gaillac. Son portail roman, du début du 12e s., est digne d'intérêt. Quatre de ses chapiteaux sont historiés et représentent, à gauche, la tentation d'Adam et Ève et le sacrifice d'Abraham ; à droite, la damnation de l'usurier, le mauvais riche châtié, et Lazare, le pauvre, récompensé. Par ses chapiteaux, St-Michel s'apparente à la basilique St-Sernin de Toulouse et à l'église St-Pierre de Moissac.

N.-D.-de-la-Drèche B1

5 km au nord direction Carmaux-Rodez, puis à gauche vers Cagnac-les-Mines.

Juché sur un plateau dans la campagne tarnaise, le sanctuaire en briques roses frappe par ses dimensions imposantes. Bâti au 19e s. à l'emplacement d'une église du 13e s., l'édifice est dédié à la Vierge d'Or de Clermont, qui inspira de nombreuses répliques. Son vocable veut dire « Notre-Dame du coteau ensoleillé » (le mot *adrech*, dans la région, désigne une pente exposée au soleil).

À l'intérieur, la rotonde octogonale est décorée dans sa partie supérieure par des peintures murales créées par Bernard Bénézet relatant l'histoire de la Vierge, exécutées par le père Léon Valette. Dans la **sacristie**, la pièce la plus remarquable est un devant d'autel en brocart d'or réalisé par les clarisses de Mazamet sur le thème des peintures murales de l'église.

Castelnau-de-Lévis B1

7 km à l'ouest par la route de Cordes, puis, dans un virage, prenez à gauche la D 1 vers Castelnau-de-Lévis.

De la forteresse du 13e s., intacte jusqu'à la Révolution, il ne reste que la salle de garde et la tour de guet de 50 m de haut. La vue s'étend sur Albi et sa cathédrale et sur la vallée du Tarn.

St-Juéry B1

6 km à l'est direction Millau, puis à St-Juéry suivez les petits panneaux marron « Site du Saut du Tarn ».

Musée du Saut du Tarn – *2 imp. des Aciéries - ☎ 05 63 45 91 01 - www.musee-saut-du-tarn.com - d'avr. à mi-nov. : tlj sf sam. 14h-18h (19h en juil.-août) - 6 € (-18 ans 2,50 €).* Ce musée est installé dans la première centrale hydroélectrique de l'ancien site industriel du Saut du Tarn. L'édifice fait à la fois revivre les débuts de l'électricité avec ses dynamos, alternateur et turbine toujours visibles, et l'épopée d'une usine spécialisée dans la production d'acier et la fabrication d'outils. Des maquettes animées, des films, des témoignages et un son et lumière sur une maquette géante rythment le parcours.

6

Ambialet C1

20 km à l'est par la D 100 jusqu'à St-Juéry où vous emprunterez en bordure du Tarn la très jolie D 172 qui suit le cours capricieux de la rivière.

Ambialet est l'un des rares villages méridionaux à avoir conservé une trace du passage des Celtes dans son nom. Celui-ci vient en effet du mot *ambe* qui, en gaulois, signifie « rivière »... C'est ici que le Tarn décrit le méandre le plus étroit de son cours, créant une presqu'île où s'est installé le village. On peut apprécier le **site★** depuis les ruines du château fort. La rivière décrit une boucle de 4 km, enserrant un promontoire coiffé d'un prieuré, tandis que le village s'agrippe sur l'arête rocheuse qui s'étire sur toute la longueur de l'isthme. Le cours paresseux des eaux n'est coupé que par un barrage qui alimenta naguère un moulin avant de desservir une usine hydroélectrique. On peut se rendre au **prieuré**, occupé par des frères de la congrégation St-Jean, en empruntant la route qui longe le Tarn. On passe devant la chapelle **N.-D.-de-l'Auder** (du nom occitan du philaire, arbuste dont un croisé aurait rapporté la tige de Terre sainte). Cette chapelle romane, fondée au 11e s. par les moines de St-Victor de Marseille, possède un portail aux chapiteaux finement sculptés. L'intérieur, austère et faiblement éclairé par quelques fenêtres « meurtrières », abrite la statue en bois polychrome de Notre-Dame de l'Auder (17e s.).

Réalmont B2

18 km au sud par la D 612.

Dérivée de *regius mons* (« la montagne du roi »), cette bastide fut fondée en 1272 sur l'ordre du roi Philippe le Hardi au pied du Puech de Caylou. Dotée d'une place à arcades, de rues bordées de maisons à encorbellement, d'un puits central (19e s.), elle conserve ses charmes d'antan. Remarquez, sur l'un des murs de l'église N.-D.-du-Taur, un superbe cadran solaire avec l'inscription « La vie passe comme cette ombre ». À l'intérieur, remarquable retable baroque.

Carnet pratique

S'informer

Office de tourisme - *42 r. Mariès - Albi - ✆ 05 63 36 36 00 - www.albi-tourisme.fr.* Trois circuits piétons parcourent Albi. Un document, disponible à l'office de tourisme, et des panneaux d'information aident à se repérer. L'office de tourisme organise des visites guidées.

Pass touristique

Albi City Pass - *14 € - en vente à l'office de tourisme.* Ce passeport, valable un an, comprend une entrée au musée Toulouse-Lautrec ainsi que la visite de la cathédrale avec audioguide gratuit : nombreuses réductions sur les musées (dont le musée de la Mode), les principaux sites et monuments, les commerces, les loisirs d'Albi et du Pays albigeois.

Se garer

Vaste parking en contrebas de la cathédrale.

Agenda

Carnaval et fête foraine - *Fin fév.*
Nuit Pastel - *1er sam. de juin - www.mairie-albi.fr.* Son, lumière, performances pour redécouvrir Albi en nocturne.
Grand Prix Auto - *Un w.-end en juin - www.circuit-albi.fr.*

Concerts d'orgue – *Dim. et merc. apr.-midi de juin à août - www.albi-tourisme.fr et www.moucherel.fr.* Concerts gratuits dans la cathédrale.

Festival « Pause Guitare » – *En juil. - www.pauseguitare.net -* Festival francophone.

Festival « Place aux artistes » – *De mi-juil. à mi-août - ✆ 05 63 49 11 78 - www.albi-tourisme.fr.* Concerts et arts de rue et spectacles pour enfants dans le centre.

Nos adresses

PLAN P. 318.

Restauration

Premier prix

1 Le Tournesol – B3 - *11 r. de l'Ort-en-Salvy - ✆ 05 63 38 38 14 - mar.-sam. à midi et vend. soir - plats env. 15 €.* Ici, tout est fait maison et tout est végétarien : grandes assiettes composées, burgers, salades… ça a du goût et c'est gourmand. Une bonne adresse pour manger sain et sur le pouce.

2 Au Hibou – A2 - *21 r. St-Julien - ✆ 05 63 76 38 99 - ✆ 06 12 10 14 47 - tlj sf merc. 7h30-18h - menu midi 18 €.* Une petite adresse de charme, fréquentée par les Albigeois et tenue par un couple attachant. Cuisine de marché régionale et créative. Salle à haut plafond et terrasse sur la place du marché.

Budget moyen

3 Alchimy – B3 - *10-12 pl. du Palais - ✆ 05 63 76 18 18 - www.alchimyalbi.fr - P ♿ - 12h-14h, 19h-22h - formule déj. 18 € - plats 19/35 € - 10 ch. 250/290 € - ☕ 15 €.* Au cœur de la vieille ville, cette bâtisse Art déco abrite une brasserie sous une jolie verrière, qui bénéficie d'une belle terrasse au calme. Dans l'assiette, des plats inventifs réalisés avec des produits locaux. En plus de sa cuisine gourmande et moderne, l'établissement bénéficie de chambres plus qu'agréables, rénovées dans un style coloré et contemporain. Une très bonne adresse familiale.

Le Jardin des Quatre Saisons – HORS PLAN - *5 r. de la Pompe - ✆ 05 63 60 77 76 - www.le-jardin-des-quatre-saisons.com - horaires, se rens. - menu 35 €.* Deux attrayantes salles à manger colorées : l'une avec cheminée et l'autre agrémentée de tableaux et plantes vertes. Généreuse cuisine traditionnelle, belle carte des vins.

4 La Table du Sommelier – A1 - *20 r. Porta - ✆ 05 63 46 20 10 - www.latabledusommelier.com - 12h-13h30, 19h-21h - fermé dim.-lun. - formule déj. 16 € - menu 32/42 €.* L'enseigne et les caisses de bois empilées dans l'entrée annoncent la couleur. Petits plats bistrotiers revisités, accompagnés, comme il se doit, d'une belle sélection de vins.

5 Le Lautrec – A3 - *13-15 r. Henri-de-Toulouse-Lautrec - ✆ 05 63 54 86 55 - www.restaurant-le-lautrec.com - mar.-sam. 12h-14h30, 19h30-22h - formule déj. 18 € - menu 26/48 €.* Un cassoulet à la morue et au safran tarnais : oui, les marins qui travaillaient la terre en hiver rapportaient de leurs cales du sel et des morues séchées. Ainsi naquit cet excellent plat. Pour le reste, cuisine de pays impeccable, accueil irrésistible et agréable terrasse à deux pas de la maison d'enfance de Toulouse Lautrec.

Pour se faire plaisir

6 L'Épicurien – B3 - *42 pl. Jean-Jaurès - ✆ 05 63 53 10 70 - www.restaurantlepicurien.com -*

♿ - *tlj sf dim.-lun. 12h-14h, 19h30-22h - formule déj. 19,50 € - menu 35/58 €.* C'est l'adresse branchée d'Albi. Cadre épuré mais chaleureux avec ses banquettes, ses baies vitrées et sa vue directe sur les cuisines. Carte dans l'air du temps, et menu végétarien le mercredi.

Le Goulu – HORS PLAN - *1 pl. Stalingrad - ✆ 05 63 54 16 56 - www.hotel-orleans-albi.com - midi et soir - fermé lun. midi, sam. midi et dim. soir - menu déj. 21,50 € - menu 35 €.* En face de la gare, on profite ici de la cuisine moderne et bien maîtrisée d'un chef d'expérience. Rencontre de ris d'agneau de l'Aveyron et du poulpe de Galice; crépinette de pied de cochon, cromesquis foie gras... Les plats sont bien conçus et les cartes et menus sont renouvelés tous les mois. N'hésitez pas à y aller et à y revenir!

Petite pause

Au Moulin à café – *1 r. de l'Oulmet - ✆ 05 63 43 15 51 - mar.-sam. 10h-19h, lun. 14h-19h.* Ce salon de thé propose d'excellentes pâtisseries, des glaces artisanales et une vaste sélection de thés et de cafés, des limonades maison, à déguster en terrasse ou dans la jolie salle carrelée de ciment.

Shopping

Dans les rues du vieil Alby, on trouve antiquaires et boutiques chics (rues Mariès, Ste-Cécile et Verdrusse). Outre les foies gras et les confits, il faut goûter les **pâtisseries** : les jeannots, délicieux biscuits à l'anis, les gimblettes au cédrat, les navettes, les croustades aux pommes, les briques albigeoises au pralin, le chocolat pastel, etc.

Marchés

Marché bio – *Pl. Fernand-Pelloutier - mar. 16h-20h.*

Marché couvert – *R. Émile-Grand - www.marchecouvert-albi.com - mar.-dim. 7h-14h.* Un pavillon de style Baltard abrite le grand marché, auquel s'ajoute le samedi un marché en plein air.

Artisanat

Les Poteries d'Albi – *112 r. Albert-Thomas - ✆ 05 63 60 71 00 - www.lespoteriesdalbi.fr - lun.-vend. 8h30-12h, 14h-19h, sam. 10h-12h, 14h-19h - fermé dim.* Cette briqueterie familiale reconvertie dans les années 1960 est l'une des dernières fabriques à perpétuer la poterie d'Albi. Livraison par Internet.

L'Artisan Pastellier – *5 r. Puech-Bérenguier - ✆ 05 63 38 59 18 - artisanpastellier.com - tlj sf dim.-lun. 14h-18h (horaires variables, se rens.).* Venez voir la vie en bleu dans cette jolie boutique située à deux pas de la Maison du vieil Alby. Objets artisanaux et textiles (vêtements, linge de maison) colorés avec ce bleu inimitable extrait des feuilles de pastel, mais aussi gammes d'encres, aquarelles et pastels préparés avec des pigments naturels, produits de beauté.

Activités

Promenade en gabarre

Albi Croisières – *Berges du Tarn - ✆ 05 63 43 59 63 - www.albi-croisieres.com - mai-sept., oct. selon la météo - 3 formules au choix : pique-nique croisière Plaisir (1h30) dép. à 12h30, 15 € (-12 ans 10 €); croisière Culture (30mn) dép. de 11h à 17h15 (18h30 juil.-août), 8,50 € (-12 ans 5,50 €); croisière Nature (1h45) dép. d'Aiguelèze à 10h ou d'Albi à 17h15, 18 € AS (-12 ans 12 €), 25 € AR (-12 ans 15 €).* La gabarre est un bateau à fond plat utilisé pour le transport des marchandises jusqu'au 19e s., que l'on destine maintenant à la promenade. Après avoir quitté l'ancien port situé au pied des remparts du palais de la Berbie, vous découvrirez au fil du Tarn les moulins albigeois, l'écluse des moulins de Gardès et de la Mothe.

Visite de ferme

Ferme de Peyrouse – *Lieu-dit Peyrouse - Padiès - 18 km au nord d'Ambialet - 07 68 30 09 60 - www.fermedepeyrouse.fr - visite à la ferme (se rens. pour les horaires) - gratuit.* Installez-vous dans le tracteur-remorque et partez visiter cette exploitation bio, au plus près des animaux. Les enfants profitent d'une chasse aux trésors et vont dénicher les indices jusque dans le poulailler. La visite se termine à la boutique de produits locaux. Des repas à la ferme sont également proposés *(sur réserv., voir le site Internet).*

Hébergement

Les tarifs des hôtels et des restaurants albigeois sont en général supérieurs à ceux pratiqués dans la région.

Premier prix

Hôtel The Originals Rive droite – HORS PLAN - *9 r. Cantepau - 05 63 60 75 80 - www.theoriginals-hotel-rivedroite-albi.com - P - 35 ch. 85/102 €.* Cet hôtel familial, installé dans une rue tranquille, cache des chambres modernes et confortables. Accueil aimable et salle de sports.

Budget moyen

1 **Hôtel du Vigan** – B3 - *16 pl. du Vigan - 05 63 43 31 31 - www.hotelvigan.com - P - 37 ch. 70/90 € - 10 €.* Idéalement situé sur la plus belle place d'Albi, cet établissement propose des chambres simples et colorées à prix raisonnables.

Grand Hôtel d'Orléans – HORS PLAN - *1 pl. Stalingrad - 05 63 54 16 56 - www.hotel-orleans-albi.com - P - 56 ch. à partir de 92 € - 12,50 €.* Depuis 1902, de père en fils, on installe le voyageur dans des chambres fonctionnelles peu à peu revues dans un esprit contemporain, pour un séjour tranquille au pays de Lautrec. Confortable salle à manger, terrasse autour de la piscine et recettes traditionnelles.

Pour se faire plaisir

Chambre d'hôte L'Autre Rives – HORS PLAN - *60 r. Cantepau - 06 75 47 01 51 - www.lautrerives.com - P - 5 ch. 152/172 € - 3 nuits mini en haute sais.* À 10 minutes à pied du centre historique, cette magnifique demeure n'inspire que calme, luxe et volupté. Les chambres, grandes et claires, sont décorées avec goût et le jardin, immense, incite à la flânerie. Une très belle adresse.

2 **Hostellerie Saint-Antoine** – B3 - *17 r. St-Antoine - 05 63 54 04 04 - www.hotel-saint-antoine-albi.com - P - fermé de déb. nov. au w.-end de Pâques - 44 ch. 116/168 € - 14,50 €.* À l'arrière de la place du Vigan, cette vénérable hostellerie du 18e s. s'ordonne autour d'un charmant jardin. Chambres spacieuses et silencieuses. Parking gardé.

3 **Hôtel Mercure** – B1 - *41 r. Porta - 05 63 47 66 66 - P - 56 ch. 137/187 € - 16 €.* Ce moulin à farine du 18e s. dominant le Tarn abrite, derrière sa typique façade en briques roses, un hôtel au cadre sobre et au confort moderne. Le restaurant et la terrasse offrent une vue imprenable sur la cathédrale ; cuisine dans l'air du temps.

Une folie

Alchimy p. 323.

6

Lautrec

Ce village médiéval perché sur une colline, qui fut autrefois une place forte, est de nos jours réputé pour sa production d'ail rose... Cette bastide, qui sut s'enrichir à la grande époque de la production du pastel, est également le berceau de la famille du peintre Henri de Toulouse-Lautrec.

Se repérer

CARTE B2 (P. 308-309).
1731 Lautrecois – Tarn (81).
Lautrec est situé 28 km au sud d'Albi.

À ne pas manquer

La vue sur le village depuis le calvaire de la Salette.

Carnet pratique ci-contre

Nos adresses ci-contre

Se promener

Lautrec étage ses maisons à colombages et à encorbellement sur un éperon rocheux qui émerge, verdoyant, au cœur du village, avec la petite colline de la Salette. Les fortifications (13e s.) qui protégeaient en totalité la bastide conservent de beaux vestiges, dont la **porte de la Caussade**. On accède à l'intérieur des remparts par la rue du Mercadial. Immédiatement à gauche, un ancien couvent de bénédictines abrite l'**office de tourisme**.

Jardin de l'ancien couvent – Reconstitution d'un jardin à la française, tel qu'il était au 17e s. Depuis la terrasse on jouit d'une belle vue alentour.

Au-delà de la jolie place des Halles (15e-17e s.), la **collégiale St-Rémy** est ornée d'un retable en marbre au maître-autel.

Atelier du sabotier – *R. du St-Esprit - ✆ 05 63 97 94 41 - www.lautrectourisme.com - ♿ - avr.-oct. : merc. et sam. 14h-18h30, vend.et dim. 10h-12h, 14h-18h30 - gratuit.* Situé derrière le chevet de l'église, il vous fait découvrir cet ancien métier et son outillage alors en usage.

Une rue à gradins monte jusqu'au **moulin à vent de la Salette**, qui fonctionne toujours (présentation et démonstrations). *✆ 05 63 75 31 40 - www.lautrectourisme.com - juil.-août : 10h-12h, 14h-17h30 ; de mi-avr. à fin juin et de déb. sept. à mi-oct. : tlj sf lun.-mar. 10h-12h, 14h-17h - 2 € (-6 ans gratuit).*

De là, un **sentier botanique** mène au **calvaire de la Salette** qui, sur le site du château aujourd'hui disparu, domine le village et offre une vue étendue à l'est sur les monts de Lacaune, au sud sur la Montagne Noire et à l'ouest sur la plaine que traverse l'Agout. Dans les champs alentour est cultivé l'**ail rose**, remarquable tant pour son goût que pour ses qualités de conservation. Les Lautrecois ont reçu le « Label rouge » de qualité pour leur production annuelle d'environ 700 tonnes !

Carnet pratique

S'informer

Office de tourisme – *R. du Mercadial - Lautrec - ✆ 05 63 97 94 41 - www.lautrectourisme.com.*

Agenda

Fête de l'ail – *1er s. vend et sam. d'août.* Marché à l'ail et aux produits du terroir, concours de sculpture sur ail, dégustation de soupe à l'ail et repas aux saveurs… aillées…

Fête du pain et du goût – *15 août.* Démonstration au moulin, pétrissage de la pâte, cuisson et dégustation. Vente de pains spéciaux et de pâtisseries locales. Animations et danses folkloriques.

Nos adresses

Restauration

Premier prix

Café Plûm – *14 r. de Lengouzy - ✆ 05 63 70 83 30 - www.cafeplum.org - merc., jeu. et dim. 12h-14h, vend.-sam. 12h-14h, 19h-21h - formule déj. 13 € - menu 16 €.* Un concept original qui marche : un café doté d'une belle cour et d'une librairie; des concerts tous les jours en été à 19h dans la cour, sur une scène dans la salle les vend. et sam. et parfois le jeu. et le dim. le reste de l'année. Super ambiance, décor et accueil sympa.

La Ferme dans l'assiette – *4 r. Mercadial - ✆ 05 63 74 23 29 - www.lafermeauvillage.fr - avr.-mai : vend.-dim., à midi; juin : tlj sf merc.-vend., à midi; juil.-sept. : tlj à midi. - fermé nov.-avr. - plats env. 15 €.* Restaurant - salon de thé où l'on peut déguster, en salle ou dans le joli patio, des plats du terroir cuisinés dans les règles de l'art et agrémentés de condiments maison. Ne manquez pas la soupe à l'ail rose de Lautrec! Grand choix de thés, cafés, boissons locales, gâteaux de ménage et fameux pumpet du Tarn. Également des glaces artisanales. Les produits sont vendus dans la boutique adjacente La Ferme au village.

Shopping

Ail rose de Lautrec - Serge Carayol – *Lieu-dit Entel - ✆ 06 98 74 57 04.* Cette exploitation familiale cultive, depuis 1930, 2 ha d'ail rose, qu'elle vend au détail ou sous forme de « manouilles » (hampes d'ail tressées entre elles) directement dans leur ferme. Accueil très sympathique.

Activités

Sentiers de randonnée – L'office de tourisme propose 12 fiches de randonnées pouvant être pratiquées à pied, à vélo ou VTT.

Base de loisirs Aquaval – *Rte de Vielmur - ✆ 05 63 70 52 32 - www.cclpa.fr - de fin juin à août : 10h-20h - 6 €/j (3-14 ans 5 €).* Parc aquatique avec des plages, un grand toboggan, une cascade, un bassin de natation… Mais aussi espace de jeux avec boulodrome, minigolf, beach-volley, parcours de santé, tyrolienne, pont de singe, pêche, jeux d'enfants et restauration rapide. Short de bain interdit.

Castres ★

Sur les chemins de St-Jacques, Castres a étendu sa mosaïque de tuiles rouges le long des rives de l'Agout, un affluent du Tarn. De l'eau dans les caves, de l'air sous les combles, les maisons des tanneurs aux teintes pastel forment un tableau changeant, dont le charme prélude aux beautés du vieux centre, de ses hôtels particuliers et du musée Goya. Parfait équilibre entre architecture, gourmandise et festivités, la vie castraise a de quoi retenir le voyageur entre deux excursions dans la nature sauvage du Sidobre, des monts de Lacaune et de la Montagne Noire.

Maisons au bord de l'Agout, à Castres.
clodio/Getty Images Plus

Se repérer

CARTE C2 (P. 308-309) - PLAN (P. 333).
42 079 Castrais – Tarn (81).
40 km au sud d'Albi.

À ne pas manquer

Le musée Goya ; les illuminations de la cathédrale et des maisons sur l'Agout à la tombée de la nuit.

Organiser son temps

Comptez une journée.

En famille

Le coche d'eau « Miredames », et le planétarium de Montredon-Labessonnié.

Carnet pratique p. 336

Nos adresses p. 336

Le vieux Castres

PLAN P. 333

Circuit tracé sur le plan.

Théâtre A2

Restauré récemment, cet édifice de style rococo italien date de 1904. Il possède l'unique coupole peinte par Jean-Paul Laurens (1838-1921), représentant des scènes de la tragédie classique. Il peut accueillir plus de 500 personnes pour une programmation variée de création.

Palais de l'évêché B2

Castres fut le siège d'un évêché de 1317 à 1790. À la demande de l'évêque Michel de Tubœuf, un palais fut construit autour de 1670 d'après les plans de Jules Hardouin-Mansart. Il abrite l'hôtel de ville au rez-de-chaussée et le musée Goya au 1er étage. À droite, dans la cour, la **tour St-Benoît**, massive construction romane à l'élégant portail, est le plus ancien monument de la ville et l'unique vestige de l'abbaye St-Benoît, dont une partie des bâtiments se situaient à l'emplacement du palais.

★ **Musée Goya - Musée d'art hispanique** – *✆ 05 63 71 59 27 - www.ville-castres.fr - en travaux en 2020-2022 - réouverture prévue en 2023, se rens.*

Axé sur la peinture espagnole, le musée est surtout célèbre pour sa collection exceptionnelle d'**œuvres de Goya★★**, léguées en 1893 par le fils du peintre castrais Marcel Briguiboul. Autour des chefs-d'œuvre de Goya, dont on voit notamment l'imposante *Junte des Philippines* (1815) et le *Portrait de Francisco del Mazo* (v. 1815-1820), s'articule une superbe collection de peintures espagnoles, du 14e s. à nos jours : œuvres de Sebastián Muñoz (*Martyre de saint Sébastien*, v. 1687), Velázquez (*Portrait de Philippe IV*, v. 1634), Cano, Murillo, Sorolla, Bueno, Picasso, etc. Elle constitue la deuxième en France après celle du Louvre.

Le musée conserve en outre les quatre séries gravées de Goya (*encadré p. 331*).

★ **Jardins de l'Évêché** – *Ouv. tte l'année - entrée libre.* Les évêques sont des hommes de goût. Afin de prolonger l'hôtel tout juste achevé par un des meilleurs architectes de son temps, monseigneur Michel de Tubœuf demanda au non moins célèbre André Le Nôtre de dessiner, en surplomb de l'Agout, un jardin dont on admire toujours les broderies (1100 m^2) et les parterres. On se laisse attraper par les effets d'optique qui créent une « perspective ralentie » en recentrant dans l'œil le bassin qui ne se trouve pas au vrai centre du jardin.

Cathédrale St-Benoît B2

Bâtie à l'emplacement de l'abbatiale dont le clocher, seul vestige, est enserré dans le palais épiscopal *(voir plus haut)*, la cathédrale de style baroque (1718) s'impose par ses vastes proportions. Sa construction fut confiée en 1677 à l'architecte Caillau qui réalisa le chœur, puis à Eustache Lagon. Le maître-autel à baldaquin, soutenu par des colonnes en marbre de Caunes, est orné d'un tableau de Gabriel Briard (1725-1777), *La Résurrection du Christ*. Le chœur est entouré de quatre statues de marbre de la fin du 17e s. Les chapelles latérales renferment un riche ensemble de tableaux provenant de la chartreuse de Saïx de même que les stalles en bois sculpté.

6

Les « peyrats »

Cette tradition que Castres partage avec Labastide et Mazamet est née au 14e s. Il s'agit de tisserands qui, également paysans, utilisaient la laine de leurs moutons et la teintaient à l'aide de la garance et du pastel cultivés dans les plaines voisines.

Une cité dynamique

Des capitouls bien avisés

Castres se développa d'abord sur la rive droite de l'Agout, autour d'un monastère bénédictin fondé vers 810. À la fin du 9e s., la vénération des reliques de saint Vincent, l'un des évangélisateurs de l'Espagne, fit de Castres une étape sur le chemin de St-Jacques-de-Compostelle (par la voie d'Arles). Après être passée sous la domination des vicomtes d'Albi et de Lautrec, la ville reçut dès le 11e s. le privilège d'assurer son propre gouvernement, selon la formule toulousaine, par l'intermédiaire d'une assemblée de « consuls » ou « capitouls ». Sous leur sage administration, elle eut la bonne idée de se maintenir à l'écart de la croisade albigeoise, en se soumettant sans discuter à Simon de Montfort !

Une cité réformée

Cependant, dès 1563, la Réforme y rallia de nombreux adeptes. Lorsque les consuls eurent abjuré le catholicisme, Castres devint une des places fortes du calvinisme dans le Languedoc. Elle connut alors les guerres de Religion auxquelles, l'arrivée sur le trône d'Henri IV, la promulgation de l'édit de Nantes et la paix d'Alès apportèrent quelque répit. Au 17e s., la cité reçut l'une des quatre chambres créées par l'édit de Nantes pour régler les différends entre protestants et catholiques. Durant cette période faste, magistrats et marchands érigèrent de riches hôtels particuliers, tandis que l'évêque faisait construire un magnifique palais épiscopal… Les affrontements entre protestants et catholiques reprirent après la révocation de l'édit de Nantes et ne cessèrent qu'à la Révolution, contraignant de nombreux huguenots à l'exil.

Le tribun de Castres

Personnalité brillante, **Jean Jaurès** naît à Castres le 3 septembre 1859 et passe une partie de son enfance à Saïx, petit village du bord de l'Agout, au sud-ouest de la ville. Élève au lycée qui porte aujourd'hui son nom, puis normalien à Paris, il devient professeur de philosophie au lycée d'Albi et enseigne à l'université de Toulouse. Attiré par la politique, il est élu député républicain du Tarn en 1885, puis député socialiste de Carmaux, après s'être engagé au côté des mineurs en lutte en 1893. Sa prise de position en faveur de Dreyfus lui coûtera son siège. Il prend cependant la tête du parti socialiste unifié SFIO, peu après sa création en 1905. À l'approche de la guerre, Jaurès mit sa voix puissante au service de la paix et œuvra à la fraternisation des peuples par-delà les frontières. Mais il fut assassiné au café du Croissant à Paris, le 31 juillet 1914. Deux jours plus tard, l'Allemagne déclarait la guerre à la France…

Castres aujourd'hui

L'agglomération Castres-Mazamet s'est développée industriellement grâce aux savoir-faire traditionnels du textile, du granit et du bois et plus récemment avec la mécanique et la pharmacie (Groupe pharmaceutique Pierre Fabre, implanté depuis 1961). Un pôle d'enseignement supérieur est en pleine croissance et s'ouvre aux filières post-Bac (IUT chimie, école d'ingénieurs Isis…). L'hôpital Castres-Mazamet a été inauguré en 2011. Sans oublier le Castres-Olympique (CO) qui s'illustre au rugby dans le Top 14.

Goya graveur

Francisco de Goya y Lucientes (1746-1828) est nommé peintre du roi en 1786 : il est alors chargé de l'exécution des portraits de personnages de haut rang, qu'il réalise sans le moindre sens de la flatterie. C'est au travers de quatre séries gravées conservées par le musée que l'on mesure le mieux sa personnalité violente, sombre et libre à la fois. Fresque désespérée dans laquelle il pourfend la cruauté des hommes, la série **Les Désastres de la guerre** lui a été inspirée par la guerre d'indépendance (1808-1814) et les exactions de l'armée napoléonienne. Dans **Les Caprices**, Goya s'attaque à la fugacité de la jeunesse et de la beauté, à la vanité de la coquetterie féminine, à l'injustice de la société, à l'aliénation des hommes alors encore traqués par une Inquisition hors d'âge et enchaînés à toutes sortes de superstitions, dans des images peuplées de sorcières et de monstres. Autant d'audace ne pouvait qu'attirer des ennuis au peintre du roi ; aussi fit-il don des cuivres des *Caprices* à Charles IV et en arrêta-t-il la vente. Le musée conserve également deux autres séries, les estampes à l'eau-forte de **La Tauromachie**, et les gravures visionnaires et mystérieuses des **Disparates** (appelée aussi *Les Proverbes*). Goya finit par fuir l'Espagne quatre ans avant de s'éteindre, en 1828, à Bordeaux.
Séries visibles sur www.ville-castres.fr et www.musees-occitanie.fr.

La plupart sont de Jean-Pierre Rivalz le jeune (1718-1785), peintre toulousain du 18e s. surnommé « le Chevalier ». Son père Antoine Rivalz (1667-1735), fut peintre officiel du Capitole à Toulouse, de 1703 à sa mort. Les peintures des murs et des voûtes (début 19e s.) sont de Gaétan Ceroni, artiste toulousain également.

★ Maisons sur l'Agout B1

Ici, tous les chemins mènent à la jolie vue sur les demeures médiévales des tisserands, teinturiers et autres tanneurs, qui œuvraient sur les rives de l'Agout et assurèrent la prospérité de Castres. Construites sur de vastes caves de pierre où les artisans utilisaient l'eau, elles abritaient un magasin au rez-de-chaussée, un logement au-dessus, et des combles aérés pour faire sécher les peaux. Dans la ville des drapiers, la couleur est reine : au fil des siècles, entretenues ou reconstruites, les façades ont conservé leurs teintes qui assurent aujourd'hui le charme de la promenade, à pied ou en bateau (*« Nos adresses » p. 338*).

Place Jean-Jaurès AB1

Restituée aux piétons, elle offre un espace agréable au cœur de la ville et accueille le marché les mardis, jeudis, vendredis et samedis matin. Ses façades classiques taillées dans le grès forment un bel ensemble. Elle rend hommage au Castrais le plus célèbre, **Jean Jaurès** (*p. 380*), dont la statue signée Gaston Pech (1925) domine la place. La fontaine qui lui fait face est une reproduction à échelle réduite d'une de celles qui se trouvent place de la Concorde à Paris.

Traversez la place Jean-Jaurès, prenez à droite la rue Henri-IV, puis à gauche la rue du Consulat qui débouche sur le musée Jean-Jaurès.

Centre national et musée Jean-Jaurès A1

2 pl. Pélisson - 05 63 62 41 83 - www.ville-castres.fr - ♿ - juil.-août : 10h-12h, 14h-18h ; avr.-juin et sept. : tlj sf dim.-lun. 10h-12h, 14h-18h ; reste de l'année : tlj sf dim.-lun. 10h-12h, 14h-17h - 3 € (-18 ans gratuit).

Il est consacré à la vie et à l'œuvre du fondateur de *L'Humanité* ainsi qu'aux thèmes qui agitaient la société de la fin du 19e s. et du début du 20e s. Il dispose d'un centre

6

de documentation sur l'histoire du socialisme. Des colloques, soirées thématiques et expositions temporaires y sont organisés.

★ Hôtel de Nayrac A1

12 r. Frédéric-Thomas - ne se visite pas.

Cet hôtel (1620) en brique et pierre est représentatif du style d'architecture civile toulousaine du 16e s. Trois façades avec des fenêtres à meneaux, encadrant une cour, sont réunies par deux tours d'angle sur trompes.

Suivez les rues Émile-Zola et Victor-Hugo.

Église N.-D.-de-la-Platé A2

En partie détruit lors des guerres de Religion, l'édifice fut rebâti en 1607, puis remanié dans le style baroque jésuite de 1743 à 1755. Le sanctuaire a retrouvé la fraîcheur de sa façade, inspirée du Gesù à Rome, et les couleurs de son décor intérieur (19e s.) depuis sa restauration spectaculaire en 2021. Ont aussi renoué avec leur élan d'origine l'autel de marbre et le baldaquin en bois doré, œuvres des sculpteurs sur marbre Isidore et Antoine Baratta et sur bois Mamert Baptendier. Depuis 1847, le carillon fait retentir ses cloches – aujourd'hui au nombre de 34. Le dimanche matin (11h-12h), si vous l'entendez, foncez au clocher et grimpez les 120 marches : vous trouverez la porte ouverte et le carillonneur prêt à vous accueillir.

Revenez sur vos pas et prenez à gauche la rue de l'Hôtel-de-Ville.

Au n° 31, on admire une porte en plein cintre à colonnes cannelées surmontées d'un fronton sculpté représentant des armes (pistolet, sabre, canon, etc.).

Prenez à gauche la rue de la Platé qui aboutit rue Chambre-de-l'Édit.

Hôtel de Viviès A2

35 r. Chambre-de-l'Édit - ne se visite pas. Un portail monumental donne accès à une cour qu'encadre un édifice du 16e s. comportant une tour d'angle carrée.

Hôtel Jean-Leroy A2

Au n° 31. Cet hôtel du 16e s., assez délabré, présente des fenêtres à meneaux et une tour d'angle sur la rue.

Hôtel de Poncet A2

R. Gabriel-Guy. Élégant hôtel du 17e s. avec une façade pourvue de curieuses cariatides soutenant une terrasse à balustres. À l'intérieur se déploie un escalier monumental.

La rue Chambre-de-l'Édit ramène au théâtre.

L'affaire Sirven

Né à Castres en 1709, Pierre-Paul Sirven était un homme de loi connu pour sa foi protestante. Une de ses filles entra au couvent des Dames-Noires avec l'intention de se convertir au catholicisme. Souffrante, elle dut revenir dans sa famille. Quelques mois plus tard, on trouva son cadavre au fond d'un puits. Le mobile était tout trouvé, et le tribunal de Mazamet accusa les Sirven d'avoir tué leur fille pour empêcher sa conversion. Menacés, ils s'enfuirent en Suisse et furent condamnés à mort par contumace. Voltaire, qui avait déjà obtenu la réhabilitation de Calas en 1765, employa tout son talent à démontrer l'erreur judiciaire. L'innocence des époux Sirven fut finalement reconnue en 1771 par le parlement de Toulouse.

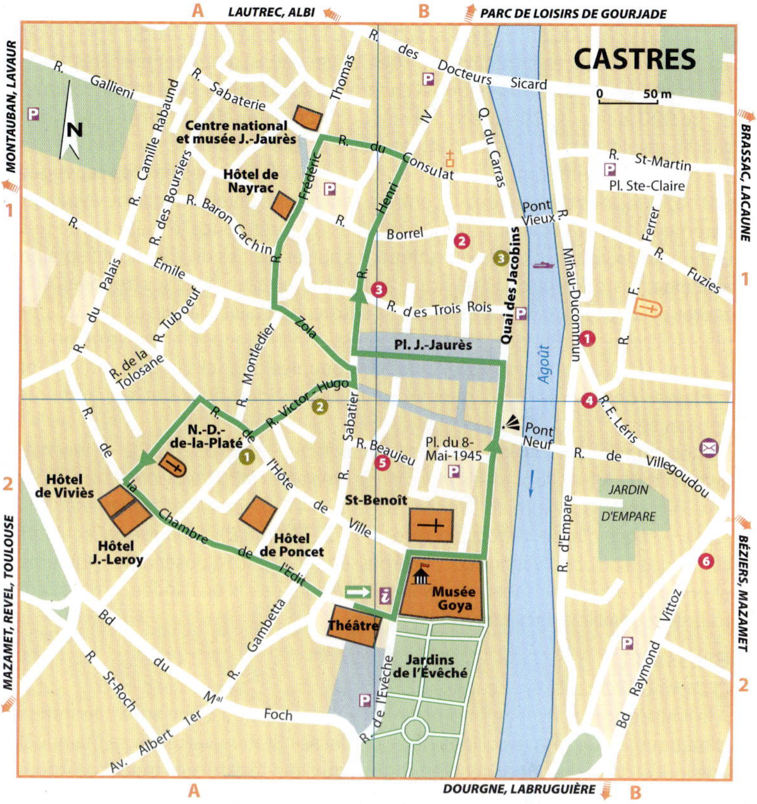

SE RESTAURER		SE LOGER
Aux couleurs gourmandes .. 1	Maison Fripon 4	Hôtel La Renaissance 1
La Mandragore 2	Champs Sud 5	Europe Hôtel 2
Le Pescadou 3	La Part des Anges 6	Hôtel Rivière 3

À proximité

CARTE P. 308-309

Le Militarial de Boissezon C3

15 km au sud-est par la D 612, puis la D 93.

La Bastide du Fort - 05 63 50 86 30 - www.lemilitarial.com - de mi-juin à mi-sept. : tlj sf mar. 10h-12h, 14h-18h ; reste de l'année (sf de mi-déc. à mi-fév.) : dim. et j. fériés 14h-18h, en sem. sur RV - 5 € (-12 ans gratuit).

À travers une vaste collection d'objets – armes (pistolets, revolvers, fusils, bazookas, mitrailleuses...), uniformes, photos, livres, carnets, essentiellement des deux guerres mondiales, transparaissent la vie des soldats ainsi que l'évolution des techniques et de l'équipement.

Montredon-Labessonnié C2

21 km au nord-est de Castres par la D 89 ; 5 km après Roquecourbe, tournez à gauche.

★ Zoo-parc des félins Les 3 Vallées – *05 63 75 11 11 - www.zoodes3vallees.fr - horaires sur le site Internet - 16,50 € (12-18 ans 15 €).*

6

Par forte chaleur, privilégiez la matinée ou la fin de la journée pour apercevoir les animaux. Séances de nourrissage des fauves, loups, girafes et primates.
Ouvert en 2013 par un pédopsychiatre, ce zoo original s'étend sur 58 ha et abrite 600 animaux (70 espèces) vivant dans de vastes enclos, au plus près des conditions de vie sauvage. Bien intégré dans un site vallonné et préservé, le zoo est organisé en différents espaces, dont le vaste **plateau des hardes sauvages** (20 ha) que vous découvrirez en entrant (en voiture uniquement), où évoluent librement chameaux, daims, zébus et lamas (de préférence le matin). Une fois stationné, on visite à pied, à son rythme, les autres parties du zoo, dont la **plaine africaine**, vaste prairie de 10 ha située au fond de la vallée, avec ses troupeaux de zèbres et de gnous, ses girafes et autres autruches. L'allée Darwin abrite des primates (lémuriens, gibbons, etc.) et d'impressionnants loups blancs. Ne manquez pas non plus la charmante vallée tibétaine, peuplée de yacks et de mouflons, et le **plateau des fauves** : lions, guépards, mais aussi tigres blancs et les panthères nébuleuses.
Planétarium-observatoire – *Av. des Drs-Lavergne - 05 63 75 63 12 - www.planetarn.com - - visite guidée sur demande préalable (1h30) juil.-août et vac. scol. : horaires, se rens..; reste de l'année : se rens. - 14 € spectacle et atelier enf., 10 € atelier - soirée d'observation (sur réserv., 13 €, -12 ans 8 €).* Outre les activités classiques d'un observatoire, ce centre possède un espace d'observation nocturne et propose différents spectacles qui, s'ils changent au fil de l'année, promettent tous de merveilleuses découvertes.

Brassac C2

24 km à l'est de Castres par la D 622.
À la limite du Sidobre et des monts de Lacaune, Brassac est une agréable station climatique, entourée de collines boisées, classée Station verte, où se maintient une industrie textile. Son vieux **pont gothique**, qui résiste aux crues de l'Agout depuis le 12e s., présente d'énormes crochets de fer auxquels les teinturiers suspendaient les perches de bois servant à faire sécher les toiles. Vu du pont Neuf, il compose un ensemble harmonieux avec les tours du **château** plongeant dans l'Agout.

Ferrières C2

31 km à l'est par la D 622 jusqu'à Brassac, puis la D 53 vers Vabre.
À la limite nord-est du Sidobre, ce village de la commune de Fontrieu appartient au Parc naturel régional du Haut-Languedoc. Son histoire est liée à celle de la Réforme parce que le seigneur local, Guillaume de Guilhot, qui fit reconstruire le château au 16e s., fut le chef du parti réformé. Château imposant.
Musée du Protestantisme – *La Ramade - 05 63 74 05 49 - www.mprl.fr - - de mi-mars à mi-déc. : mar.-dim. 14h-17h - 5 € (-10 ans gratuit).* Autrefois installé dans la Maison du luthier (16e s.), ce musée très intéressant occupe désormais un édifice moderne conçu spécialement pour lui. Le visiteur gravit une rampe pour remonter le temps et suivre l'évolution du protestantisme en France du 16e s. à nos jours. La muséographie, contemporaine et didactique, met en valeur l'importante collection de documents liés à l'histoire du protestantisme et aux événements qui ensanglantèrent la région. Les écrits importants tels que l'édit de Nantes, sa révocation, l'édit de Tolérance de Versailles... sont reproduits sur des panneaux. Les documents illustrent la traduction de la Bible, les personnages clés du protestantisme, la période dite du Désert, les persécutions, la vie des protestants dans le Midi, les lieux de culte.

Musée du Pastel au château de Magrin.
J.-P. Azam/hemis.fr

Montgey A3

34 km au sud-ouest de Castres par la N 126 puis les D 92 et D 45.

Forteresse médiévale – *05 63 75 75 81 - J. du patrimoine apr.-midi et sur RV.*
Elle fut le cadre d'un des épisodes sanglants de la croisade des Albigeois. Le comte de Foix y fit périr près de 6 000 croisés venus prêter main-forte à Simon de Montfort en 1211. En représailles, ce dernier fit raser la forteresse. Mais le château fut reconstruit et remanié aux 15e et 17e s. De la terrasse, vue sur les coteaux du Lauragais et les Pyrénées.
À l'ouest du château, beau parc planté de cyprès.

★ Château de Magrin - Musée du Pastel A2

35 km à l'ouest de Castres par la N 126 puis la D 12.

D 12 - 05 63 70 63 82 - www.pastel-chateau-musee.com - visite guidée août : 10h30-12h, 15h-17h30 ; juil. et sept. : 15h-17h30 ; reste de l'année : dim. et j. fériés 15h-17h30 - 8 € (enfant 7 €).

Du château au sommet d'une butte, (12e-16e s.) splendide **panorama★** sur la Montagne Noire et les Pyrénées. Le musée présente la culture du pastel et les divers stades de fabrication du bleu. Provenant d'une vieille ferme du village d'Algans, le **moulin pastellier** (16e s.), se compose d'une énorme meule de granit (1,40 m sur 0,40 m) d'un poids de 2 t, d'une poutre transversale en chêne massif reposant sur des axes de fer et de deux timons d'entraînement en bois. Installée dans la salle des gardes du 12e s., une exposition photographique est consacrée à l'empire des Wisigoths de Toulouse du 5e s.
Le 1er étage est réservé aux « princes du pastel », avec les comtes de Toulouse et les marchands enrichis par le commerce du pastel qui leur offrit les moyens financiers de bâtir leurs palais. Sous verre sont disposées plante et cocagne. Au 2e étage, le **séchoir à cocagnes** (18e s.) : il ne subsiste que quatre des huit grilles originelles sur lesquelles on empilait les coques de pastel (près de 100 000 cocagnes d'un poids total de deux tonnes) séparées par des clayonnages. Une vingtaine de photographies retrace la restauration du château.

Carnet pratique

S'informer

Office de tourisme – *2 pl. de la République - Castres - 05 63 62 63 62 - www.tourisme-castres.fr.*

Se garer

Pour rejoindre le centre-ville, se garer au parking des Cèdres *(gratuit)* et cheminer le long de l'Agout *(5mn).*

Agenda

Ciné Filou Festival – *troisjourstropcourts.fr - en avr.* Le festival Trois jours trop courts a changé de nom mais continue à soutenir le court-métrage d'animation.

Les rues cambolesques – *www.ville-castres.fr. – 1 sem. déb. juil.* Arts de rue : théâtre, musique, danse, magie, cirque, humour.

Les Extravadanses – *1 sem. déb. juil. - gratuit.* Des compagnies de danse se produisent dans les rues de Castres.

Festival À Portée de rues – *Mi-juil. - gratuit.* Festival de musique, du baroque aux post-romantiques jusqu'aux modernes.

Couleurs du Monde – *1re quinz. d'août - gratuit.* Festival de danses traditionnelles du monde.

Marché de Noël – *pl. Jean Jaurès - en déc.* Carillonneur (*1er dim. de déc.* carillon N.-D.-de-la-Platé), vin chaud, patinoire et sapins.

Nos adresses

PLAN P. 333.

Les guinguettes de l'Agout ouvrent de juin à septembre le long du jardin pour des dîners concerts (dim. en journée).

Restauration

Premier prix

5 Champs du Sud – B2 - *3 r. Beaujeu - 05 63 71 18 93 - champsdusud.go.yj.fr - 8h-12h30 - fermé dim. - 15 €.* Toutes les petites faims sont comblées dans ce salon de thé & tarterie où foisonnent les couleurs. Ateliers et expositions.

La Table des Ateliers – HORS PLAN - *22 r. Mérigonde - 05 32 62 93 65 - les-ateliers.co - fermé sam.-dim.* Un peu à l'écart du centre, un café-restau bio à petits prix et une recyclerie en même temps (vélo, textiles, mode). Jeudi et vendredi, soirée burger et concerts.

4 Maison Fripon – B1 - *Pl. Fagerie - 07 86 99 55 00 - déj. seult - fermé dim.-lun. - menu 16 € - plat 14,50 €.* La maison Fripon a plus d'un tour dans son sac ! Des petits prix, des recettes originales, des produits frais, des fleurs et des rayures sur ses murs, une terrasse aux parasols de toutes les couleurs, des sourires. Décontracté et délicieux.

Budget moyen

1 Aux couleurs gourmandes – B1 - *23 r. Milhau-Ducommun - 09 82 51 23 81 - www.auxcouleursgourmandes.fr - fermé dim.-lun. et mar.-merc. soir - menu 29,50 €, menu déj. 13,50 €.* Un petit restaurant comme on les aime : simple, de bon goût et lié aux producteurs du coin. N'oubliez pas de réserver, les Castrais connaissent l'adresse !

3 Le Pescadou – B1 - *18-20 r. des Trois-Rois - 05 63 59 25 05 - www.lepescadoucastres.com - 10h30-14h, 18h-22h - fermé dim.-lun. midi - formule déj. 21 € - plats 17/26 €.* La poissonnerie d'origine s'est dotée d'un restaurant et vous invite à découvrir sa carte de produits de la mer :

poissons, coquillages, crustacés, bouillabaisse, suggestions du jour (selon les arrivages)... Également bar à huîtres.

Pour se faire plaisir

6 **La Part des Anges** – B1 - *5 bd Raymond-Vittoz - 05 63 51 65 25- www.lapartdesangescastres.fr - fermé dim.-lun. - 21-43 €.* Une cuisine du marché et de saison, généreuse et créative, voilà ce que mitonne le chef. Les petits producteurs des environs sont mis à l'honneur et les saveurs ne manquent pas. Assiettes soigneusement dressées et service attentionné.

2 **La Mandragore** – B1 - *1 r. Malpas - ✆ 05 63 59 51 27 - 12h-14h, 19h-21h - fermé dim.-lun. - menu déj. 19 € - menu 40 €.* Cette maison du vieux Castres est décorée dans un style contemporain, où dominent bois blond et verre dépoli. On y déguste des préparations traditionnelles.

À Labruguière

Budget moyen

Lou Lengadocian – *4 bd de la République - 9 km au sud de Castres - ✆ 06 60 92 53 15 - 12h-13h45, 19h-21h - fermé dim. soir et lun. - formule déj. 16 € - menu 30 €.* Cet établissement propose une cuisine de marché savoureuse et des pâtisseries maison, agréablement présentées et servies avec le sourire en salle ou sur la terrasse.

À Brassac

Budget moyen

Café de Paris – *8 pl. de l'Hôtel-de-Ville - ✆ 05 63 74 00 31 - www.lecafedeparis81.wixsite.com/le-cafe-de-paris - 12h-14h, 19h30-21h - fermé le soir (sf vend.-sam.) et lun. - formule déj. 15,50 € - menu 32 € - ch. 73 € - ☕ 7 €.* Une petite halte sympathique et sans prétention que cet ancien relais de poste situé à proximité du pont du 12e s. Cuisine simple, à la fois traditionnelle et régionale.

Petite pause

Signovert – *5 r. Émile-Zola - ✆ 05 63 59 21 77 - 8h30-12h30, 14h15-19h15 - fermé lun. et dim. apr.-midi.* La famille Signovert perpétue depuis quatre générations l'élaboration de délices maison : la nougatine castraise, nougat aux amandes enrobé de glace royale, la frangipane hollandaise, avec glace royale et amandes grillées, etc. Le choix de pâtisseries, à déguster dans le salon de thé, est impressionnant.

Shopping

Marché couvert – *Pl. de l'Albinque - Les Halles - mar.-dim. 7h-13h.* À signaler la présence, dans le hall des marchés, de « Noctambio », le rendez-vous des producteurs biologiques, chaque jeudi de 16h à 20h, et du marché au gras du 2e samedi de novembre au 2e samedi d'avril, de 7h à 13h.

Marché – *Pl. Jean-Jaurès - mar., jeu., vend. et sam. mat.* Pendant le marché de Noël et le festival Les Extravadanses, le marché est déplacé place Pierre-Fabre.

Maison du safran – *14 r. Frédéric-Thomas - ✆ 09 65 29 44 35 - www.safranduterroirtarnais.fr - d'avr. à fin sept. et déc. : mar.-sam. 10h-19h.* Cette boutique propose safran et produits dérivés : sirops, miel au safran, gelée, sel. Vous pourrez aussi déguster des boissons 100 % naturelles, des sandwichs et des desserts au Crocus Bar de la boutique.

Activités

Parc de loisirs

Parc de Gourjade – *Rte de Roquecourbe - ✆ 05 63 71 58 58.* Au nord de la ville, parc de loisirs, avec golf, promenades, parcours d'orientation, jeux et piscine-patinoire.

Promenade en bateau

Le coche d'eau « Miredames » – *R. Milhau-Ducommun - ✆ 05 63 62 41 75 - www.ville-castres.fr - mai-juin et sept.-déc. : dép. centre-ville 12h, 14h, 15h, 16h, dép Gourjade 12h30, 14h30, 15h30, 16h30 ; juil.-août : dép. centre-ville 10h, 11h, 12h, 14h, 15h, 16h, 17h, dép. Gourjade 10h30, 11h30, 12h30, 14h30, 15h30, 16h30, 17h30 - 6,50 € AR (4-17 ans 3 €).* Pour une promenade sur l'Agout, embarquez sur le *Miredames*, un superbe bateau en bois dont la construction s'est inspirée des anciennes diligences fluviales halées par les chevaux. L'occasion de découvrir une autre facette de Castres et du parc de Gourjade.

Hébergement

Premier prix

3 **Hôtel Rivière** – B1 *-10 quai Tourcaudière - ✆ 05 63 59 04 53 - hotelriviere.wixsite.com - 13 ch. - 60 €* . Ce petit hôtel très simple donne sur les jolies maisons de l'Agout.

Budget moyen

1 **Hôtel La Renaissance** – A2 - *17 r. Victor-Hugo - ✆ 05 63 59 30 42 - www.hotel-renaissance.fr - P - 20 ch. 90/120 € - 10 €.* Belle façade à colombages du 17e s. abritant des chambres personnalisées (styles Empire, Napoléon III, africain, Harry Potter, etc.) où foisonnent tableaux et bibelots. Salons très « cosy ».

2 **Europe Hôtel** – A2 - *5 r. Victor-Hugo - ✆ 05 63 59 00 33 - P - 36 ch. 76/172 € - 12 €.* En plein centre, cet hôtel aux chambres modernes et confortables a comme un petit air d'Italie. Décoration originale mêlant pierre et bois, enduits colorés, sculptures. Petits-déjeuners buffet copieux. Accueil sympathique.

On vous propose un pass pour le parking couvert le plus proche.

À Viviers-les-Montagnes

Premier prix

Chambre d'hôte Le Pasteillé – *Lieu-dit Le Pasteillé - 12 km au sud-ouest de Castres - ✆ 05 63 72 15 64 ou 06 08 85 34 89 - P - 4 ch. 65 € - table d'hôte sur réserv.* Cette ancienne ferme nichée au cœur d'une propriété de 5 ha annonce un séjour empreint de tranquillité. La pièce à vivre vous incitera à prolonger les moments de détente au coin de la cheminée. Jolies chambres aux couleurs pastel. Accueil charmant.

À Puylaurens

Pour se faire plaisir

Hôtel Le Cap de Castel – *36 r. du Cap-de-Castel - 21 km à l'ouest de Castres - ✆ 05 63 70 21 76 - www.capdecastel.com - - 10 ch. 155/209 € - menu 45 € - 1/2 P possible.* Situé au cœur de Puylaurens, cet hôtel de charme dispose de chambres de caractère aménagées dans trois bâtisses des 13e-17e s., soigneusement restaurées. Son restaurant (produits locaux et bio) propose une cuisine excellente, innovante et raffinée, qui se déguste en salle ou sur la terrasse, d'où la vue panoramique elle ouvre sur le Lauragais, la Montagne Noire et les Pyrénées.

Au Bez

Premier prix

Camping Le Plô – *23 r. du Plô - 23 km à l'est de Castres - ✆ 05 63 74 00 82 - www.camping-leplo.com - fermé oct.-avr. - 62 empl. 105/205 €/sem. - locatifs 405/1 463,50 €/sem.* Isolé dans la Montagne Noire, en lisière d'une forêt, ce terrain se distingue par son emplacement. Tout est impeccable. Possibilité de louer des tentes bien équipées.

Sidobre ★

Compris dans le Parc naturel régional du Haut-Languedoc, le massif du Sidobre présente un double intérêt. D'une part, les carrières gigantesques qui l'entaillent témoignent de l'importance économique du granit. D'autre part, il offre aux touristes ses curieux paysages de roches granitiques sculptées en boules par l'érosion. D'énormes masses arrondies, en équilibre les unes sur les autres, des rivières de rochers, véritables chaos formés de blocs isolés par le ruissellement de la rivière qu'ils recouvrent, en font un site touristique réputé.

Se repérer

CARTE C2 (P. 308-309) -
CARTE DU SIDOBRE (P. 340).
Tarn (81).
Le massif du Sidobre s'étend à l'est de Castres. Il est délimité par les rivières de la Durenque et de l'Agout.

En famille

Le chaos de la Rouquette, le rocher de Sept-Faux, le roc de l'Oie et le sentier de la Peyro Clabado.

Carnet pratique p. 341

Circuit conseillé

CARTES P. 308-309 ET P. 340

Circuit de 53 km au départ de Castres tracé sur la carte p. 340. Quittez Castres à l'est par la D 622, direction Brassac. Au hameau de la Fontasse, tournez à droite.
Les sites de ce circuit sont, pour la plupart, accessibles en voiture et peuvent être assez fréquentés en été ou pendant les week-ends ensoleillés. Pour plus de solitude, préférez la découverte du Sidobre à pied.

Chaos de la Rouquette

Dans un agréable site boisé, cette rivière de rochers recouvre le Lézert sur une longueur d'environ 4 km.

Grotte de St-Dominique

1/4h à pied AR. Bonnes chaussures recommandées. À éviter par temps de pluie ou avec de jeunes enfants (rochers très glissants).
Descendez sur la rive droite de la rivière, traversez la route et continuez à descendre. Après un peu d'escalade, on atteint la grotte qui aurait abrité, sinon saint Dominique en personne, du moins un de ses lointains disciples traqué sous la Révolution.

Les chiffres du granit

300 millions d'années : âge du massif granitique.
110 kilotonnes de granit brut extraites chaque année : le Sidobre est la plus grande carrière de granit en bloc d'Europe.
70 % du granit est utilisé pour les monuments funéraires, le reste pour la voirie et le bâtiment.
65 % de la production française vient du Sidobre.
130 entreprises tarnaises sont liées au secteur.
800 emplois générés sur place par la filière.

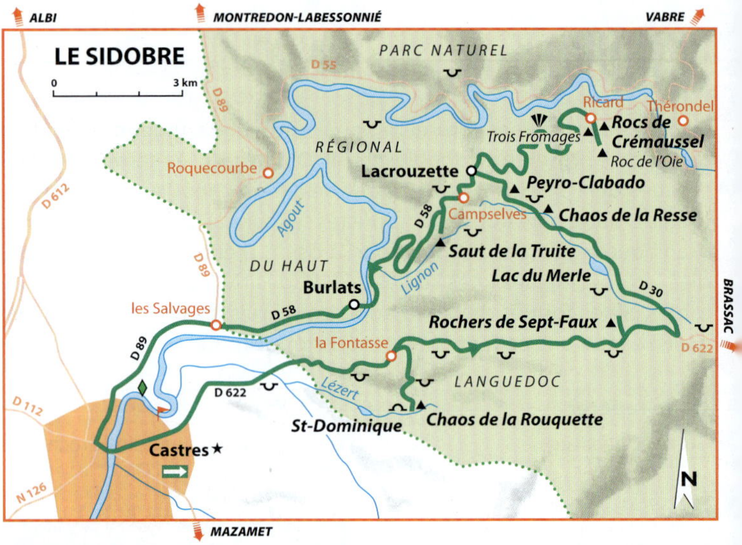

Revenez sur la D 622 et reprenez la direction de Brassac. Après 5 km, tournez à gauche en direction du Rocher Tremblant, puis, dans le hameau de Sept-Faux, arrêtez-vous au café du Rocher sur la gauche.

Rocher de Sept-Faux

Le hameau des Sept-Faux est connu pour son « rocher tremblant ». Deux blocs juchés l'un sur l'autre, d'une masse de 900 t, peuvent être ébranlés par simple pression sur un levier de bois. Pour le voir trembler, il faut passer par le petit café, juste à côté pendant ses heures d'ouverture *(site privé - 14h30-18h en été).*
Reprenez la route de Brassac. Au niveau de Vialavert, tournez à gauche sur la D 30 en direction de Lacrouzette.

Lac du Merle

6 km - 1h45 Un sentier relie la maison du Sidobre au lac de Merle.
Alimenté par les eaux du Lignon, ce lac, d'où émergent de gros blocs arrondis, est entouré de forêts. Une aire de pique-nique permet de déjeuner sur la rive.

Chaos de la Resse (ou rivière de rochers)

En s'approchant, on entend les grondements du Lignon qui disparaît totalement sous ce chaos de rochers.

Peyro Clabado

La Peyro Clabado est la curiosité la plus célèbre du Sidobre. Un bloc de granit, dont le poids est estimé à 780 t, se maintient en équilibre sur un tout petit socle (1 m^2). Un coin, naturellement disposé entre le piédestal et le rocher, assure la stabilité de l'ensemble.

Lacrouzette

Une grande partie de sa population vit de l'exploitation et du travail du granit.
De Lacrouzette, prenez la D 58 vers Thérondel.
Cette très belle route offre des vues plongeantes sur la vallée de l'Agout.
Arrêtez-vous au hameau de Ricard, traversez-le pour prendre le sentier vers les Rocs de Crémaussel.

Rocs de Crémaussel

Entre les hameaux de la Fusarié et de Crémaussel se trouve une étonnante concentration de rochers de granit aux formes variées, auxquels on a donné des noms évocateurs. Les **Trois Fromages** sont un unique bloc divisé par diaclase (fissure) en trois parties arrondies par l'érosion. Plus loin, le **roc de l'Oie**, vu du sentier en provenance de Crémaussel, présente une ressemblance frappante avec l'animal familier des amateurs de foie gras. On raconte qu'un tyran n'autorisait son oie à ne couver que la nuit, l'obligeant à rentrer à l'aube. Un matin, l'animal s'attarda et ne revint que bien après le lever du soleil. Furieux, le maître la pétrifia sur place avec son œuf... D'où ce curieux rocher sur le plateau !

Le sentier des merveilles – *Dép. parking lieu-dit Crémaussel - 2,75 km - 1h30 (facile).* Ce sentier passe devant les rochers les plus connus. On s'amuse à retrouver d'autres géants pétrifiés dans la multitude des formes de pierre.

Dép. parking aire de Beyriès - 8,5 km - 2h50 (facile). La randonnée, principalement en forêt, emprunte une partie du sentier des Merveilles et rejoint le GR 36.

Reprenez la D 58 en direction de Lacrouzette et Burlats. Environ 2 km après Lacrouzette, au niveau d'un virage très prononcé, suivez la signalisation « Saut de la Truite » sur la gauche.

Saut de la Truite

Arrêtez-vous près du Lignon, puis prenez un chemin à droite de la rivière.

20mn de marche AR jusqu'au pied de la cascade (fort dénivelé).

18,5 km - 5h15 (difficile). Une randonnée en boucle passe par le château de Massuguiès, le charmant hameau de Saint-Michel-de-Léon et la cascade du saut de la Truite. Points de vue dominants en perspective.

Le paysage, généralement verdoyant, présente, à hauteur de cette cascade aux eaux tumultueuses, un aspect plus aride.

Burlats

Au débouché de l'Agout se dresse un ensemble (aujourd'hui occupé par la mairie) comprenant les vestiges d'une abbaye bénédictine fondée au 10e s., ornée de portails romans, de chapiteaux et moulures, de fenêtres à croisillons. Derrière, remarquez le **pavillon d'Adélaïde**, belle maison romane aux ravissantes fenêtres, qui abrita au 12e s. Adélaïde de Toulouse, fille de Raimond V, et sa cour d'amour où les troubadours Ramon de Miraval et Arnaud de Mareuil chantaient la beauté de la jeune femme.

Revenez à Castres par les Salvages et la D 89.

Carnet pratique

S'informer

Maison du Sidobre – *56 rte du Lignon - Vialavert - Le Bez - 05 63 74 63 38 - www.sidobre-vallees-tourisme.com.* Fiches rando à télécharger ou à disposition sur place. La maison du Sidobre propose aussi des visites guidées (2h) de carrière et d'atelier de transformation de granit.

Tour du Tarn à cheval – Une randonnée de plus de 500 km est ouverte aux cavaliers. Elle traverse le Sidobre.

Le **GR 36** passe, entre autres, par le lac du Merle.

Voir aussi p. 336.

Lacaune-les-Bains

Les amateurs de « tourisme vert » apprécieront les paysages bucoliques de Lacaune et des monts du même nom. De cette station climatique, dotée de sources thermales, qui accueille principalement des enfants, on peut partir pour d'agréables randonnées à travers les monts environnants ou dans la fraîche vallée du Gijou.

Se repérer **Nos adresses p. 344**

CARTE D2 (P. 308-309).
2 464 Lacaunais – Tarn (81).
45 km au nord-est de Castres.

Se promener

Pl. du Gén.-de-Gaulle - 05 32 11 09 45 - www.tourisme-montsetlacsenhaut languedoc.com.
La cauna, en deux mots (c'est du reste ainsi que s'écrivait traditionnellement le nom de la ville), signifie en occitan « la grotte ». Et elles sont nombreuses dans les monts de Lacaune !

Font dels Pissaïres (fontaine des Pisseurs)

Au centre de la ville, sur la place du Griffoul, se dresse une fontaine affirmant haut et fort les vertus diurétiques des eaux de Lacaune. Un groupe de quatre jeunes gens en acier noirci surmonte deux belles vasques de pierre du 14e s.

Musée-filature Ramond

17 r. Rhin-et-Danube - 05 32 11 09 45 - www.tourisme-montsetlacsenhautlanguedoc.com - visite guidée (1h) de mi-juin à mi-sept. : lun., merc., vend. 14h30 - 5 € (-12 ans gratuit).
Dans cet établissement construit en 1841 dans le quartier de Peyruc, vous pourrez vous initier aux techniques traditionnelles du cardage et du filage de la laine grâce.

Monts de Lacaune

CARTE P. 308-309

Circuit de 46 km tracé en bordeaux sur la carte. Quittez Lacaune à l'est par la route des Vidals et suivez le panneau « Route touristique des Vidals à Nages ».

Roc de Montalet D2

Laissez votre voiture sur un terre-plein au pied du roc et empruntez le chemin qui monte jusqu'au sommet.
1/2h AR. Après le Montgrand à l'ouest (1267 m), le roc du Montalet (1259 m) est le sommet le plus élevé des monts de Lacaune. On sera récompensé de l'ascension en découvrant depuis la butte, qui porte une statue de la Vierge, une **vue** intéressante au sud sur les formes adoucies des monts de Lacaune, moins accidentés que les monts de l'Espinouse au sud-est *(table d'orientation)*. Au premier plan, le barrage de Laouzas.
La route redescend jusqu'à Nages où on prend, à droite, la D 62 qui conduit au lac.

Troupeau de moutons près des monts de Lacaune.
C. Goupi/age fotostock

Lac de Laouzas D2

Une route construite en retrait des berges permet de faire le tour de ce lac, d'une superficie de 320 ha, et de découvrir de très agréables paysages où se succèdent bois, prés et collines se reflétant dans l'eau. À l'automne, les tapis de fougères les colorent d'une belle teinte rousse.

À **Rieu-Montagné**, une base de plein air a été aménagée par le Parc naturel régional du Haut-Languedoc. De l'autre côté du lac, le barrage-voûte sur la Vèbre, haut de 50 m, retient l'eau destinée à alimenter l'usine souterraine de Montahut, après un parcours souterrain de plus de 15 km.

Le retour vers Lacaune pourra s'effectuer par Nages où vous poursuivrez sur la D 62 jusqu'à La Trivalle. Prenez alors à gauche la D 622 vers Lacaune.

La Pierre plantée D2

Il s'agit d'une des nombreuses statues-menhirs qui parsèment la région de Lacaune. Haute de 4,50 m, elle indique le lieu où le prédicant Corbière de La Sicarié fut tué, en 1689, quatre jours après le massacre de St-Jean-del-Frech. Tous les ans, le quatrième dimanche du mois d'août, des protestants se réunissent ici afin de commémorer cet événement survenu quatre ans après la révocation de l'édit de Nantes.

Les brebis de Lacaune

Les Lacaunais exploitent les ardoisières, fabriquent des salaisons et ont donné le nom de Lacaune à une race de brebis. Celle-ci compte parmi les meilleures races laitières de France et comprend plus de 650 000 individus répartis entre le Tarn, l'Aveyron, l'Aude et la Lozère. La production laitière locale est acheminée vers Roquefort. Quant aux agneaux, une fois engraissés, ils font d'excellentes côtelettes et de savoureux gigots.

Nos adresses

Restauration

À Nages

Budget moyen

Lou Castel – *Av. du Château - 12 km à l'est de Lacaune - ✆ 05 63 37 06 12 - à midi et sam. soir (tlj midi et soir en juil.-août) - fermé vac. de Noël et merc. hors sais. - formule déj. 15 € - menu 26/31 € - 5 ch.* Une valeur sûre au cœur des monts de Lacaune. Cuisine de terroir à déguster dans l'une des trois salles en pierre apparente : galette de boudin noir aux pommes, parmentier de canard, tiramisu à la bière.

Shopping

Charcuterie

Salaisons Oberti – *Chemin de Granisse - ✆ 05 63 37 00 21 - www.oberti.fr - boutique : lun.-sam. 9h30-12h, 14h30-18h - visite avec audioguide tlj sf dim. 9h30-11h, 14h30-17h30 - 4 € - également une visite guidée en juil.-août à 10h30 : 6 € (-10 ans gratuit).* Melsat (saucisse épicée aux œufs), bougnette (boule de hachis de porc), jambon de Lacaune, etc. Visite guidée de la fabrique, du séchoir et du musée d'objets anciens.

Charcuterie Millas – *4-6 av. de Naurois - ✆ 05 63 37 14 72 - www.charcuterie-millas.fr - tlj sf dim. soir et lun. - 9h-12h30, 15h-19h.* Créatrice de la filière des porcs traditionnels élevés sur la paille « Apalhat », la famille Zérouali travaille à l'ancienne et produit des charcuteries et des salaisons de très bonne qualité. Présent aussi au marché couvert d'Albi et à la boutique de Murat-sur-Vèbre *(16 km à l'ouest de Lacaune).*

Activités

Espace des Sources chaudes – *R. de la Balmette - ✆ 05 63 37 69 90 ou 04 67 97 59 09 - www.espacedessourceschaudes-lacaune.com - ♿ - bassins : de fin juin à août : lun. 11h30-13h15, 14h-19h, mar., merc. et jeu. 12h-19h, vend. 11h-19h30 ; reste de l'année : se rens. - 5 € (4-15 ans 4 €) - balnéo : juil.-août : 14h-19h ; sept.-juin : lun. et merc.-sam. 14h-19h, dim. 10h-12h, 14h-17h30 - 12,50 €/h - à partir de 16 ans.* Bassins intérieurs et extérieurs avec toboggans et jets alimentés par une eau naturelle de source chaude. Espace balnéo avec Jacuzzi, spa, espace nordique et hammam. Centre de bien-être.

Hébergement

Budget moyen

Le Maloya – *Rte de Castres - ✆ 06 49 46 71 69 - www.lemaloya.jimdofree.com - 🅿 - 1 suite et 4 chalets (dont 1 avec Spa) 50/120 € ☕ - ✕ menu 14/20 €.* À la lisière de la forêt, ces chalets et suite romantique offrent un cadre tranquille. De nombreuses activités y sont proposées : espace Spa et bar aux prix très abordables, en passant par un espace karaoké.

Le Relais de Fusiès – *2 r. de la République - ✆ 05 63 37 02 03 - www.hotelfusies.fr - - 30 ch. 65/102 € - ☕ 11 € - ✕ fermé lun. midi, sam. midi et dim. soir, formule déj. 17 € - plats 16/26 €.* Cet ancien relais de diligences a conservé un superbe escalier en châtaignier et en noyer ainsi qu'une grande cheminée d'origine. L'établissement dispose de chambres dans les étages et propose une cuisine appréciée des gourmets : tradition oblige, on vous sert, en guise de bienvenue, la soupe de mémé Albanie !

Mazamet

Mazamet, située au pied de la Montagne Noire, s'appelait jadis Hautpoul. Après le siège de Simon de Montfort en 1212, le village descendit dans la vallée et prit le nom de la rivière, le Mas Arnette, avant de devenir Mazamet. La ville était surtout connue pour ses installations de délainage et ses mégisseries.

Se repérer

CARTE C3 (P. 308-309).
9 996 Mazamétains – Tarn (81).

Organiser son temps

Tout passage à Mazamet suppose forcément de s'aventurer dans la Montagne Noire voisine (*p. 349*).

En famille

La passerelle de Mazamet ; la Maison du bois et du jouet à Hautpoul ; base de loisirs du lac des Montagnès.

Carnet pratique p. 348

Nos adresses p. 348

Se promener

Musée du catharisme de Mazamet

R. des Casernes - 05 63 61 56 56 - www.museeducatharisme.fr - - juil.-août : lun.-vend. 10h-12h30, 14h-18h, dim. (de mi-juil. à mi-août) 14h-17h ; fév.-mars : mar.-vend. 14h-17h ; avr.-juin et sept.-oct. : tlj sf w.-end. 10h-12h, 14h-17h - 5 € (-12 ans gratuit).

Ce musée est installé dans l'hôtel Fuzier, maison bourgeoise du 19e s. On y part à la découverte de cette religion qui trouva refuge sur le versant tarnais de la Montagne Noire, dans les bourgs et les châteaux du pays occitan (ainsi de Hautpoul). Reconstitutions historiques, ambiances sonores et vidéos retracent la vie des Cathares pendant trois siècles : leur organisation, leurs croyances, la répression, l'Inquisition et les croisades.

Église du Sacré-Cœur de Bonnecousse

À Aussillon-Plaine. Accès par l'avenue Jean-Mermoz, direction Toulouse.

Conçue notamment par Joseph Belmont, l'église du Sacré-Cœur fut édifiée en 1959 dans un style résolument moderne. À l'intérieur, Vierge à l'Enfant en plomb habillée d'un tissu dû à Simone Prouvé. Dans le baptistère, vitrail de dom Ephrem, moine de l'abbaye d'En Calcat.

À proximité

CARTE P. 308-309

Hautpoul C3

4 km au sud par la D 54 et la première route à droite.

Passerelle de Mazamet - *Partez du parking, au 93, rue de la Resse (gratuit), et suivez soit le sentier des jardins Cormouls Houlès (30mn), soit le chemin de la Jamarié (15mn mais plus raide).* Amateurs de sensations fortes, nous vous conseillons vivement de vous rendre à pied de Mazamet à Hautpoul, en empruntant ce long pont de singe sur la vallée de l'Arnette. Il offre une vue exceptionnelle, à 70 m du sol. Sujets au vertige, abstenez-vous.

Bâti sur un éperon rocheux, le château médiéval est aujourd'hui en ruine. Il fut brûlé en 1212 par Simon de Montfort durant sa croisade contre les Albigeois. Les quelques survivants s'installèrent sur les rives de l'Arnette pour fonder Mazamet. En à-pic sur les **gorges de l'Arnette**, une belle **vue** se dégage sur Mazamet. Pour le retour à pied, revenez sur vos pas ou empruntez le chemin des passes si vous voulez rejoindre la Maison du bois et du jouet.

Maison du bois et du jouet – *RD 54 - Moulin-de-l'Oule - ✆ 05 63 61 42 70 - www.maisonboisjouet.fr - juil.-août : 14h-19h (mat. sur RV) ; avr.-juin et sept.-oct. : tlj sf lun. 14h-18h (mat. sur RV) ; reste de l'année, se rens. - 6 € (-14 ans 4 €).* Cet espace de visite fait découvrir la Montagne Noire au fil des saisons et plus de 2 000 jouets en bois classés par origines ou par thématiques. En fin de parcours, une salle abrite plus de 40 jeux, à expérimenter sans modération. À l'extérieur, un arboretum, un bois des contes et un bois des fables. Boutique de jouets d'artisans hexagonaux.

Lac des Montagnès C3

6 km au sud par la D 118.

Situé dans un écrin de collines et de bois, ce beau lac artificiel, réservoir d'eau pour Mazamet, est fréquenté par les pêcheurs, les baigneurs et les promeneurs (base de loisirs).

Labastide-Rouairoux D3

23 km à l'est par la D 612.

Musée départemental du Textile – *R. de la Rive - ✆ 05 63 98 08 60 - www.musee-textile.tarn.fr - ♿ - visite guidée (1h30) - juil.-août : 10h-12h, 14h-18h ; sept.-nov. et mars-juin : tlj sf lun. 14h-18h - 6 € (-18 ans gratuit).* Dans une manufacture du 19e s., machines et bobines de fils se côtoient pour faire revivre l'ambiance des ateliers de tissage de la région. De la matière première au produit fini, les étapes de la fabrication des tissus nous sont révélées lors de visites guidées enrichies par des démonstrations de machines. La carde prépare la matière première au filage, puis le continu à filer et la retordeuse créent le fil, simple ou fantaisie. Les métiers à tisser

De nid d'aigle en bas de laine

Au contact des plaines où l'on cultivait pastel, garance ou safran et de la Montagne Noire où broutaient les moutons, Mazamet jouit d'une situation rêvée pour une capitale lainière. La pureté des eaux de l'Arnette, idéale pour le lavage de la laine, et leur force motrice poussèrent les Hautpoulois à abandonner leur nid d'aigle. En 1851, l'industrie du délainage naquit lorsque la maison Houlès Père et Fils et Cormouls importa des peaux de Buenos Aires qu'elle fit délainer. Séparée de la peau et lavée, la laine était cardée, peignée, filée et tissée. Quant à la peau (le « cuirot »), elle était dirigée vers les mégisseries. Les peaux étaient importées d'Australie, d'Afrique du Sud et d'Argentine avant d'être traitées à Mazamet, qui exportait ensuite la laine, surtout vers l'Italie. Les « cuirots » étaient expédiés vers l'Espagne, la Belgique, l'Italie et les États-Unis. Aujourd'hui, la Chine a remporté les meilleurs marchés ; les mégisseries et les usines de filature et de tissage, installées dans le sillon de l'Arnette et le long du Thoré jusqu'à Labastide-Rouairoux, se sont transformées en friche industrielle. De nouvelles industries font vivre la région dans le secteur automobile (Valeo) ou alimentaire (Menguy's).

La filature Ramond à Lacaune (*p. 342*) et les maisons de tisserands à Castres (*p. 331*) se visitent.

Salle de tissage du musée départemental du Textile.
M. Planes/Musée départemental du Textile/Département du Tarn

mécaniques, dont un « à navette », fabriquent des étoffes typiques du secteur. Pour les finitions, plusieurs machines dont une ancienne chardonneuse-jitteuse ennoblissent les tissus en leur conférant douceur et élégance. Sans oublier un métier à tresser des cordons du 19e s., ni le laboratoire de teinture. Une expérience unique pour s'immerger dans ce monde textile !

Vallée du Thoré

CARTE P. 308-309

Circuit de 41 km tracé en violet sur la carte. Quittez Mazamet à l'est par la D 612 en direction de St-Pons.

St-Amans-Soult C3

St-Amans-la-Bastide a pris le nom du plus illustre de ses enfants, le **maréchal Soult** (1769-1851). Son tombeau se trouve dans le flanc droit de l'église.
Prenez à gauche la D 53 qui franchit un pont puis s'élève, après St-Amans-Valtoret, parmi les prairies. 1,8 km au-delà du lieu-dit le Banquet, laissez votre voiture au panneau « Gorges du Banquet, belvédère à 150 m ».

Gorges du Banquet C3

15mn à pied AR.
Du belvédère aménagé sur des rochers en surplomb, vue impressionnante sur ces gorges très encaissées et profondes d'une centaine de mètres, où l'Arn se fraie un chemin à travers les chaos des rochers.
Poursuivez la route jusqu'au Vintrou, puis tournez à droite dans la D 161 vers le barrage des Sts-Peyres.

Lac des Sts-Peyres C3

Ce lac, d'une superficie de 211 ha, est retenu par un barrage. Entouré de forêts, il a beaucoup de charme et attire les amateurs de planche à voile.
Revenez au Vintrou et prenez la D 54 qui ramène à Mazamet en traversant Pont-de-Larn.

Carnet pratique

S'informer

Office de tourisme – *7 pl. Georges-Tournier - Mazamet - ✆ 05 63 61 27 07 - www.tourisme-castresmazamet.com.*

Visites guidées – *« Hautpoul aux flambeaux » (mar. 21h, 1h30, 6 €).*

Agenda

Fête du fil à Labastide-Rouairoux – *✆ 05 63 61 27 07 (office de tourisme) - 15 août.* Spectacles, animations, ateliers d'initiation.

Nos adresses

Restauration

Premier prix

La Scala – *Quai Charles-Cazenave - ✆ 05 63 98 12 52 - 12h-14h, 19h-22h - fermé dim.-lun. - formule déj. 13 € - pizzas 10/12,50 €.* Dans une ambiance agréable, le maître des lieux vous propose un bon choix de pizzas, salades, pâtes et grillades.

Shopping

À Labastide-Rouairoux

Les Toiles de la Montagne Noire – *8 r. Gambetta - ✆ 05 63 50 30 13 - www.lestoilesdelamontagnenoire.com - tlj sf dim.-lun. 10h-19h.* Dans un ancien magasin du 19e s. sont exposées des toiles tissées dans la plus pure tradition et sans produits chimiques, sur des métiers anciens. Linge de table et de maison, tabliers en coton et lin, tissu au mètre, tout est fabriqué sur place et d'excellente qualité. Boutiques également à Mazamet et Albi.

Hébergement

Premier prix

Hôtel Mets et Plaisirs – *7 av. Albert-Rouvière - ✆ 05 63 61 56 93 - www.metsetplaisirs.com - P - fermé dim. soir et lun. - 12 ch. 60/70 € - 9 € - 1/2 P possible - menu 24/70 €.* Maison de maître du début du 20e s. située en plein centre-ville, face à la poste. Les chambres sont simples et bien équipées. Belle salle de restaurant et cuisine au goût du jour.

Pour se faire plaisir

La Villa de Mazamet – *4 r. Pasteur - ✆ 05 63 97 90 33 - www.villademazamet.com - fermé nov.-mars - 5 ch. 120/160 €.* Les chambres de cette très belle maison de maître (1935), avec escalier en pierre, moulures et cheminées en marbre, sont spacieuses, lumineuses et raffinées. Accueil charmant. Une superbe adresse.

Montagne Noire ★

Fascinante montagne à deux visages... Sur le versant nord, couvert de sombres forêts de hêtres, de chênes, de sapins et d'épicéas, règnent fraîcheur et odeurs d'humus. L'adret quant à lui étonne par son paysage méditerranéen, sec et dénudé, où se côtoient genêts, garrigues, vignes et oliviers. Des paysages contrastés à découvrir!

Se repérer

CARTE C3 (P. 308-309) - CARTE DE LA MONTAGNE NOIRE (P. 351).
Tarn (81).
La Montagne Noire constitue l'extrême sud-ouest du Massif central.

À ne pas manquer

Le musée et les jardins du Canal du Midi à Revel; l'abbaye-école de Sorèze; le barrage de St-Ferréol;.

Organiser son temps

Le temps d'un week-end, consacrez la première journée à la découverte du Parc naturel régional du Haut-Languedoc en faisant halte dans les villages. Le lendemain, poussez à travers la plaine du Lauragais pour rejoindre le canal du Midi.

En famille

Le musée du Bois et de la Marqueterie à Revel; la plage du bassin de St-Ferréol; Explorarôme à Montégut-Lauragais.

Carnet pratique p. 355

Nos adresses p. 355

Parc naturel régional du Haut-Languedoc

CARTE P. 351

Circuit de 83 km tracé en bleu sur la carte.

Revel

Pl. Philippe-VI-de-Valois - ✆ 05 34 66 67 68 - www.auxsourcesducanaldumidi.com.
Son passé de bastide (fondée en 1342) lui vaut un réseau de rues disposées ou alogéométriquement autour de la place centrale à couverts. La **halle** du 14e s., impressionnante par sa taille et son style, a conservé sa charpente de bois et son beffroi (remanié au 19e s.); tout autour, les galeries (17e-18e s.) du Nord, du Levant, du Midi et du Couchant complètent le charme de la place.
Des fabriques de meubles, des ateliers d'ébénisterie et de marqueterie, le travail du bronze, de la dorure et de la laque ainsi que des distilleries sont les principales activités de Revel qui a vu naître en 1884 **Vincent Auriol**, premier président de la IVe République (1947-1954).
Musée du Bois et de la Marqueterie – *13 r. Jean-Moulin - ✆ 05 61 81 72 10 - www.museedubois.com - ♿ - mar.-vend. 14h-18h, sam. 10h-13h, 14h-18h - 5 € (12-26 ans 3 €).* Ce musée offre un panorama très complet de la filière bois, de l'exploitation de la forêt et de l'arbre aux nombreux métiers du bois reconstitués sous forme de scènes. Certains ont disparu (charron, sabotier), d'autres sont toujours vivants (charpentier, menuisier, tonnelier, luthier). Le travail de marqueterie est évoqué à travers quelques mobiliers et des panneaux explicatifs sur les techniques.

Expositions temporaires au 2e étage.

Un espace avec jeux et livres est aménagé pour les enfants. Visite libre avec questionnaire ou guidée, atelier, se rens.

Quittez Revel par la D 629 au sud-est, puis, aux Cammazes, prenez sur la gauche la D 44 qui parcourt les pittoresques gorges du Sor.

Durfort

Au seuil de la vallée encaissée du Sor, Durfort s'est depuis toujours consacré à l'industrie du cuivre. La tradition perdure aujourd'hui grâce à l'artisanat d'art ! Des chaudronniers travaillent sur le dernier « martinet » encore en activité (15e s.) pour façonner divers objets en cuivre.

Musée du Cuivre – *2 r. Plo - ✆ 05 63 74 22 77 - www.durfort-village.com - visite guidée de mi-juin à mi-sept. : vend.-dim. 15h-19h - 5 € (8-12 ans 3 €).* Il est installé dans une ancienne maison de chaudronnier. Objets et vidéos dévoilent le travail au martinet et à la feuille qui ont fait la renommée de Durfort.

Poursuivez la route jusqu'à Pont-Crouzet et prenez à droite la D 45.

★ Sorèze

Tour-Ronde, 3 r. Pierre-Fabre - ✆ 05 63 74 16 28 - www.auxsourcesducanaldumidi.com.

Ce village s'est développé au 8e s. autour d'une abbaye bénédictine (fondée par Pépin le Bref) dont il partagea la destinée, alternant périodes d'extension, de destruction et de reconstruction. En 1573, durant les guerres de Religion, Sorèze voit son abbaye pillée et incendiée et son village ruiné ; l'église paroissiale St-Martin, témoin de la prospérité du 14e s., est détruite : seul subsiste le **clocher-chœur** encore visible aujourd'hui à proximité de l'abbaye.

★ **Abbaye-école** – *1 r. St-Martin - ✆ 05 63 50 86 38 - www.cite-de-soreze.com - ♿ - avr.-juin et sept.-oct. : 10h-12h30, 14h-18h ; juil.-août : 9h30-18h15 - reste de l'année : se rens. - 9 € (-12 ans gratuit).* Après un siècle de reconstruction, en 1682, l'abbaye ouvre ses portes aux enfants des familles peu fortunées. Sa renommée grandit rapidement au point que l'extension des bâtiments est nécessaire. Les familles aisées y placent dès lors leur progéniture. Sous Louis XVI, l'établissement devient l'une des 12 écoles royales militaires de France. Sa renommée s'envole avec l'arrivée d'un dominicain, le père **Lacordaire** (statue dans la cour d'entrée), qui en assure la direction de 1854 à sa mort en 1861. « Religion, sciences, arts et armes » est la devise de l'école. L'éducation est large d'esprit, des matières nouvelles y sont enseignées telles que l'anglais, l'allemand ou la natation. Les élèves affluent même de l'étranger.

De sombres forêts

La Montagne Noire se caractérise par un fort contraste entre son versant nord, qui s'élève brusquement au-dessus du Thoré, et son versant sud, doucement incliné vers les plaines du Lauragais et du Minervois, en vue des Pyrénées. Le pic de Nore (1 210 m) culmine sur l'abrupt versant nord. Ce sont les sombres forêts du versant nord, plus arrosé, qui ont valu ce nom au massif. Il étonnera ceux qui limitent leur visite au versant sud, âpre et dénudé, à la végétation méditerranéenne.

Sur ce relief diversifié, les vents se transforment : ceux de l'ouest, chargés de pluie, se font violents et secs quand ils atteignent la plaine du bas Languedoc ; le « marin », venu de l'est et humide, devient le sec vent d'autan du haut Languedoc. Résultat, la Montagne Noire reçoit plus de 1 m d'eau par an !

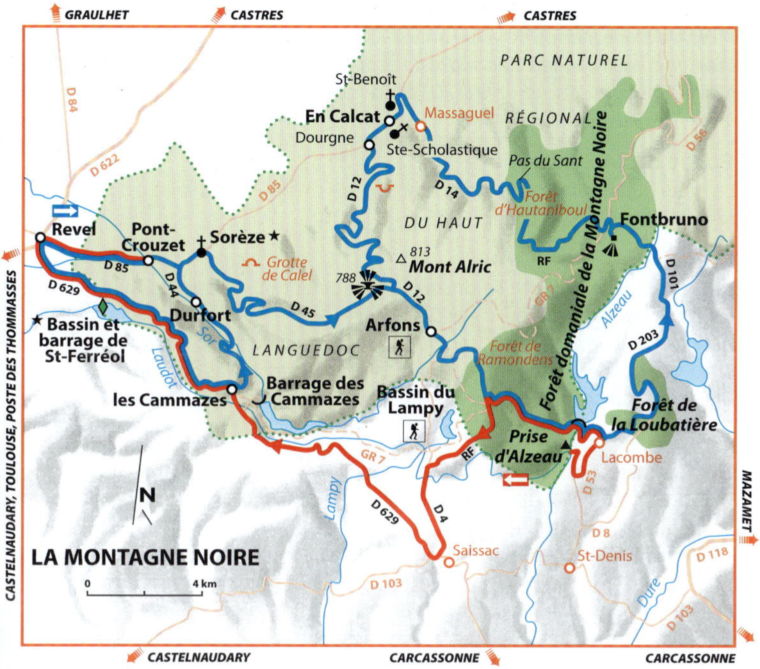

Nombreux sont les militaires, politiques, écrivains, philosophes... qui ont passé leur enfance à Sorèze. Le port de l'uniforme permettait de ne pas faire de différence entre les boursiers et les autres. Selon leur âge, les élèves portaient un collet vert, bleu, jaune ou rouge, un système de classification qui était également appliqué à l'enseignement et aux bâtiments. L'enseignement des dominicains perdura jusqu'en 1974. En 1976, la mixité dans les classes est instaurée. La fermeture définitive arrive en 1991. L'immense **parc** de 6 ha et les bâtiments permettent de comprendre comment s'organisaient la scolarité et la vie en internat. On admirera tout particulièrement la grande façade classique, rue St-Martin. L'abbaye-école est aujourd'hui classée monument historique et se trouve parmi les sites majeurs en Occitanie.

Musée Dom Robert et de la Tapisserie du 20e s. – *✆ 05 63 50 86 38 - www.cite-de-soreze.com - juil.-août : 10h-12h30, 14h-18h ; avr.-juin et sept. : tlj sf mar. 10h-12h30, 14h-18h ; reste de l'année : tlj sf mar. 14h-17h30 - 9 € (-12 ans gratuit).* Dans l'une des ailes de l'abbaye, ce musée expose les cartons de Dom Robert et ses tapisseries tout en expliquant le travail des lissiers d'Aubusson.

Musée du Verre – *42 allées de la Libération - ✆ 05 63 37 52 66 - www.musee-du-verre.fr - juil.-sept. : lun., merc.-vend. 14h30-18h30, w.-end 10h-12h, 14h30-18h30 ; oct.-juin : vend. 14h-18h, w.-end 10h-12h, 14h-18h - 4 € (12-18 ans 1,50 €).* Plus de 1800 pièces de verre de l'Antiquité à nos jours, en particulier des verres à boire et de la verrerie bleu vert du Languedoc.

À la sortie de Sorèze, prenez à droite l'agréable D 45, puis à droite la D 12.

Arfons

Autrefois propriété des Hospitaliers de St-Jean-de-Jérusalem (l'ordre de Malte), Arfons est aujourd'hui un paisible village de montagne aux toits d'ardoise. Entouré de forêts, c'est le point de départ de belles promenades à pied (*sentier GR 7*).

À l'angle d'une maison de la rue principale, belle Vierge de pierre du 14e s.
D'Arfons, vous gagnerez au sud-est Lacombe, à travers la forêt de la Montagne Noire. Puis vous rejoindrez la D 203 qui remonte vers le nord (Laprade) à travers la forêt de la Loubatière.

Forêt de la Loubatière

La route qui traverse cette forêt de hêtres, de chênes et de sapins est particulièrement agréable à parcourir.

Fontbruno

Au-dessus d'une crypte se dresse le monument aux morts du maquis de la Montagne Noire. De là, belle vue sur la plaine.
Aussitôt après le monument, tournez à gauche dans la forêt d'Hautaniboul.
La route forestière atteint, à la croisée de trois routes, le **Pas du Sant**.
Prenez à gauche la D 14 et, après Massaguel, de nouveau à gauche la D 85 vers St-Ferréol.

En Calcat

Deux abbayes bénédictines y sont installées, fondées par le père Romain Banquet sur sa propriété personnelle.
Le **monastère St-Benoît**, réservé aux hommes, reçut la bénédiction abbatiale en 1896. C'est une communauté active qui, entre autres travaux artistiques (poterie, ateliers de vitraux, lutherie), a acquis quelque célébrité pour son atelier de cartons de tapisserie de Dom Robert. Les tapisseries sont ensuite fabriquées à Aubusson.
Plus loin, sur la gauche, se dresse l'**abbaye Ste-Scholastique** (1890) occupée par des moniales actives (ateliers de tissage et de reliure).
Poursuivre jusqu'à **Dourgne**, village qui exploite des ardoisières et des carrières de pierre. Nombreuses randonnées autour des chapelles de St-Ferreol et St-Stapin.
Prenez sur la gauche la D 12 qui ramène à Sorèze par le mont Alric.

Table d'orientation du mont Alric

Alt. 788 m. La vue s'étend à l'ouest sur la plaine de Revel, au sud jusqu'aux Pyrénées. Au premier plan, à l'est, le mont Alric (813 m).
Reprenez sur la droite la D 45 jusqu'à Sorèze, puis, à gauche, la D 85 vers Revel.

★ Les eaux captives

CARTE P. 351

Circuit de 75 km, de la prise d'Alzeau au poste des Thomasses, tracé en rouge sur la carte.
Ce circuit suit le système d'alimentation du canal du Midi imaginé au 17e s. par **Pierre-Paul Riquet**, puis amélioré au cours des siècles suivants. La Montagne Noire représentant un formidable château d'eau, Riquet eut l'idée de rassembler les eaux de ses ruisseaux (principalement l'Alzeau, la Bernassonne, le Lampy et le Sor) et de les conduire par un petit canal (la rigole de la Plaine) jusqu'au bief de partage, à Naurouze.

Dom Robert

Ce moine bénédictin (1900-1997) est un grand nom de la tapisserie du 20e s. Il vivait à Dourgne dans l'abbaye d'En Calcat (Tarn) et dessina près d'une centaine de tapisseries qui furent réalisées à Aubusson. Ses décors foisonnants s'inspirent de la faune et de la flore de la Montagne Noire.

Jets d'eau près de Saint-Ferréol.
Simon Biggar/Getty Images Plus

Rejoignez la prise d'Alzeau par la D 353 au départ de St-Denis et en direction de Lacombe, puis par une route forestière à droite.

Prise d'Alzeau

Un monument élevé à la mémoire de Pierre-Paul Riquet retrace les étapes de la construction du canal du Midi. Il marque l'origine de la rigole de la Montagne (dont le départ se trouve derrière la maison de garde) qui capte les eaux de l'Alzeau, puis, au cours de son cheminement, celles de la Coudière, de Cantemerle, de las Nobiès, de la Bernassonne, de la Falquette, du Lampy et du Rieutord, et les conduit au bassin régulateur du Lampy.
Faites demi-tour et continuez jusqu'à Lacombe. Tournez à gauche et suivez, par les routes forestières, la direction du Lampy.

Forêt domaniale de la Montagne Noire

Forêt de 3650 ha, essentiellement peuplée de hêtres et de sapins. C'est début novembre qu'il faut admirer ses couleurs flamboyantes.

Bassin du Lampy

Cette retenue de 1672000 m^3 d'eau sur le Lampy se déverse dans la rigole de la Montagne Noire qui, de la prise d'Alzeau, se poursuit jusqu'au bassin de St-Ferréol. Riquet avait installé un bassin régulateur de 6 ha environ (le Lampy-Vieux) qui s'avéra très vite insuffisant. À la fin du 18e s., l'ouverture de l'embranchement de la Robine imposa l'aménagement d'un bassin de plus grande capacité (le Lampy-Neuf). Le barrage actuel fut construit de 1776 à 1780 par l'ingénieur Garipuy. De magnifiques hêtraies et des sentiers ombragés font de ce bassin un but de promenade apprécié.
Prenez la D 4 en direction de Saissac, puis tournez à droite dans la D 629. Avant Les Cammazes, prenez à droite la route conduisant au barrage.

Barrage des Cammazes

Constituée par un barrage-voûte de 70 m de hauteur, la retenue alimente le canal du Midi, fournit de l'eau potable à 116 communes et irrigue toute la plaine du Lauragais à l'est de Toulouse.

Des sentiers permettent de descendre au bord du Sor, dans un beau site boisé.
Reprenez la D 629 à droite.
Dans un site verdoyant, la route se poursuit en longeant la rigole de la Montagne.

Les Cammazes

À l'entrée du village des Cammazes se trouve la **voûte de Vauban**, sous laquelle passe la rigole de la Montagne avant de se déverser dans le bassin de St-Ferréol. Cette galerie souterraine de 122 m de long permet à la rigole de changer de bassin-versant.

★ Bassin et barrage de St-Ferréol

www.auxsourcesducanaldumidi.com.
Le bassin et son barrage constituent le principal réservoir du canal du Midi, sur le versant océanique. Encadré de collines boisées, le **bassin** s'étend sur 67 ha. Il est alimenté par le Laudot supérieur et par la rigole de la Montagne, venue du bassin du Lampy.
Avant d'entrer dans le bassin, les eaux sont divisées en deux par une vanne-épanchoir : une partie entre dans le bassin, l'autre est dirigée dans la « rigole de ceinture » qui contourne le bassin et rejoint le Laudot moyen en aval du barrage. La vanne-épanchoir sert à évacuer les eaux du Laudot supérieur lors de la vidange du bassin, environ tous les dix ans.
Un sentier permet aux promeneurs de faire le tour du bassin et une plage a été aménagée sur la rive nord (en été, pratique de la voile et baignade).
Le **barrage** fut construit par Riquet de 1667 à 1672 ; un millier d'ouvriers, femmes et enfants compris, y travaillèrent. Il se compose de trois murs parallèles : le mur amont, immergé sous l'eau du bassin, le « grand mur » (35 m de haut) et le mur aval. Entre le mur amont et le « grand mur » passent la « voûte d'enfer » et, au-dessus d'elle, la « voûte du tambour » ; entre les murs amont et aval sont situées la voûte de vidange et, juste au-dessus, la voûte des robinets. L'espace entre les trois murs a été comblé par un remblai de 120 m d'épaisseur.
Le Réservoir - espace découverte du canal du Midi – *Bd Pierre-Paul-Riquet - 05 61 80 57 57 - www.lereservoir-canaldumidi.fr - - juil.-août : 10h30-18h30 ; reste de l'année (sf janv.-fév.) : tlj sf lun. 14h-17h (ou 18h) - 5 € (-12 ans gratuit).*
Un son et lumière *(4/5 €)* anime la galerie des robinets, au cœur du barrage.
Ce musée dédié au canal et à **Pierre-Paul Riquet**, son créateur, se situe au pied de la digue du bassin de St-Ferréol. Répartis dans six salles, de nombreux documents – maquettes, plans, dessins, photographies et vidéos – expliquent les principales étapes de la construction, de l'histoire et du fonctionnement du canal du Midi. Le **parc** boisé du 19e s. permet de mieux comprendre les principes hydrauliques qui régissent l'alimentation en eau du canal : vous pourrez voir la gerbe d'eau, la cascade, la rigole de vidange et la voûte des robinets qui conduit au cœur du barrage et assure le système de régulation installé en 1829.

Revel

p. 349
Prenez la D 85 à l'est en direction de Pont-Crouzet.

Pont-Crouzet

C'est le point de départ de la rigole de la Plaine, canal qui conduit les eaux du Sor vers le poste des Thommasses où elles rejoignent le Laudot moyen, lui-même venu du bassin de St-Ferréol.
Revenez à Revel et prenez la D 622 au sud, puis la D 624 vers Castelnaudary.

Poste des Thommasses

Il sert à capter les eaux du Laudot moyen arrivant de St-Ferréol ainsi que celles du Sor, elles-mêmes captées à Pont-Crouzet et acheminées par la rigole de la Plaine. Les eaux ainsi réunies sont ensuite dirigées vers le seuil de Naurouze.

À proximité

CARTE P. 308-309

Explorarôme à Montégut-Lauragais A3

7 km à l'ouest de Revel par la D 1. R. des Senteurs - 05 62 18 53 00 - visite guidée sur demande (2h) vac. de Pâques et juil.-août : dim., mar. et jeu. 15h - 9 € (-17 ans 5,50 €).

Un plongeon initiatique dans l'univers des parfums et des arômes, aussi bien destiné aux enfants qu'aux parents. La visite se partage entre le laboratoire, lieu de travail et d'expériences, rempli d'essences que vous apprendrez à sentir, à reconnaître et à capturer, le jardin où s'épanouissent des centaines de végétaux et la salle d'exposition odorante.

Carnet pratique

S'informer

Reportez-vous aux offices de tourisme présents dans les circuits conseillés de la Montagne Noire.

Agenda

Festival Musiques des Lumières à Sorèze – *05 63 50 86 38 - www.festivalmusiquesoreze.com - 2e quinz. de juil.* Concerts de musique baroque.

Fête du romarin de Dourgne – *En fév.* Fête médiévale qui existe depuis plus de 700 ans.

Nos adresses

Restauration

Premier prix

Le Salon de Vauban – *1 ch. d'en-Bosc - Les Cammazes - 05 63 74 26 34 - www.lesalondevauban.fr - jeu.-lun. 11h-18h30 - tartines 10/21 €.* À la fois espace culturel et de petite restauration (sucrée et salée, jus de fruits frais, cafés et thés), le Salon de Vauban occupe une ancienne ferme entièrement rénovée de chaux de bois et de chanvre. Produits locaux et bio à l'honneur (magret séché, pâté de cerf, caille en gelée au foie gras). Un endroit sympathique idéal pour une pause gourmande. Espace épicerie fine. Réserv. vivement conseillée !

Shopping

Ferme de las Cases – *Blan - 05 63 75 48 25 - ferme-de-las-cases.delicenet.com - 8h-19h30 - fermé dim.-lun.* Las Cases, compagnon de Napoléon Ier, a vu le jour dans cette ferme du 17e s. dédiée à l'élevage et à la transformation des porcs. Tout dans la boutique invite à la gourmandise : du melsat, la spécialité maison, au saucisson à l'ail rose de Lautrec en passant par la salade de museau, le cassoulet...

Activités

Randonnée

Cartes IGN 2344 Ouest, 2244 Est et 2244 Ouest. Le GR 7 longe la rigole de la Montagne, du bassin du Lampy au barrage des Cammazes (11 km), à travers la forêt. Entre l'épanchoir vanne du Conquet et le barrage des Cammazes, la rigole est dallée de briques; du Conquet au Plo de la Jasse, 14 petites chutes ont été aménagées sur la rigole afin de régulariser le courant. Une variante du GR 653 (via Tolosana) part du bassin de St-Ferréol et rejoint la rigole de la Plaine à Revel, longe celle-ci jusqu'au poste des Thomasses (9 km), puis jusqu'au seuil de Naurouze (24 km suppl.).

Vélo

Parcours cyclable de la Rigole de la Plaine – *✆ 05 61 99 44 00* - Il relie, sur 17 km, le lac de St-Ferréol au lac de l'Enclas. Dépliant du parcours à disposition.

Hébergement

Premier prix

Camping Le Martinet-Rouge – *2 ch. du Lac-des-Rochers - Brousses-et-Villaret - par la D 103, à 200 m de la Dure - ✆ 04 68 26 51 98 - www.camping-martinet.fr - 🏊 - fermé nov.-avr. - 50 empl. 24/28 € - locatifs (2-6 pers.) à partir de 155 €/sem. - réserv. conseillée.* Niché dans la Montagne Noire, dans un paysage chaotique de roches et de chênes-lièges, ce camping bénéficie d'un site exceptionnel. Ses emplacements bien ombragés font vite oublier un confort sanitaire parfois ancien. Mobile homes, chalets, maisonnettes et lodges à la location.

À Revel

Premier prix

Hôtel-restaurant du Midi – *34 bd Gambetta - ✆ 05 61 83 50 50 - www.hotelrestaurantdumidi.com - 16 ch. 70/85 € - ☕ 8/9 € - ✕ fermé w.-end et vend. soir (sf juil.-août), menu 24/30 €.* Situé sur un boulevard fréquenté de Revel, cet ancien relais de poste du 19ᵉ s. propose des chambres confortables, diversement meublées, plus calmes sur l'arrière. Cuisine du terroir, servie dans une vaste salle lumineuse.

À Lacabarède

Budget moyen

Hôtel Demeure de Flore – *106 Grand'Rue - ✆ 05 63 98 32 32 - www.demeuredeflore.com - 🅿 🏊 ♿ - 11 ch. 100/110 € - ☕ 10 € - 1/2 P possible - ✕.* Cette maison de maître du 19ᵉ s. se dresse sur un bel écrin de verdure face à la Montagne Noire. Intérieur coquet, mobilier ancien, accueil attentif. Cuisine du marché aux accents provençaux ou italiens servie dans un cadre contemporain raffiné.

Lavaur

Lavaur conserve, dans ses quartiers anciens, le charme des petites villes languedociennes écrasées de soleil. Défendue par le château de Plo, dont quelques pans de murs subsistent, elle protégea les cathares qui ne purent cependant échapper à Simon de Monfort...

Se repérer

CARTE A2 (P. 308-309).
10 879 Vauréens – Tarn (81).
40 km à l'ouest de Castres.

Organiser son temps

Prévoyez une demi-journée de balade.

En famille

Le chemin de fer touristique à St-Lieux-lès-Lavaur ; le jardin des Martels à Giroussens.

Carnet pratique p. 359

Nos adresses p. 359

★ Cathédrale St-Alain

Elle succède à un premier édifice roman qui, détruit en 1211, fut reconstruit en brique en 1254. Sur la façade sud, au sommet d'une tour romane au soubassement de pierre, un **jacquemart** en bois peint frappe les heures et les demi-heures. Le mécanisme et la cloche datent de 1523. Une terrasse permet de faire le tour de l'édifice et d'admirer le chevet qui domine l'Agout.
L'intérieur, avec son imposante nef unique (13e et 14e s.) et son abside (15e s.-16e s.) à sept pans, plus basse et plus étroite que la nef, est de style gothique méridional. La porte romane par laquelle on accède à la première chapelle de droite est un vestige de l'édifice primitif : remarquez les chapiteaux des colonnettes, décorés de scènes de l'enfance du Christ. Dans la troisième chapelle, un enfeu flamboyant abrite une pietà en bois du 18e s. et un lutrin de la même époque. Dans le chœur, la table d'autel en marbre blanc du 11e s. (école de Moissac) provient de Ste-Foy, la plus ancienne église de Lavaur. L'orgue du 16e s. a été restauré au 19e s. par Cavaillé-Coll. Par le côté ouest de la nef, pénétrez sous le porche situé sous le clocher octogonal : un portail flamboyant, endommagé lors des guerres de Religion, puis pendant la Révolution, porte au trumeau la statue de saint Alain et, au linteau, l'Adoration des Mages.

Jardin de l'Évêché

Dessiné à l'emplacement de l'ancien évêché sur une terrasse dominant l'Agout, ce jardin ombragé de cèdres séculaires est un lieu de promenade très apprécié des Vauréens comme des visiteurs. Au 19e s., on y érigea une statue d'**Emmanuel de Las Cases** (1766-1842). Né à Blan près de Lavaur, il fut l'un des compagnons de Napoléon Ier à Ste-Hélène. C'est lui qui recueillit sous la dictée de l'empereur déchu le *Mémorial de Sainte-Hélène*, qui fut l'un des « best-sellers » du 19e s. Jolie vue sur l'Agout et, à gauche, sur le pont St-Roch (1786).

Église St-François

Située dans la rue principale, cette église, édifiée en 1328, et qui ne manque pas d'élégance, était, avant la Révolution, la chapelle du couvent des cordeliers, installés à Lavaur en 1220 par Sicard VI de Lautrec, baron d'Ambres. À droite de l'entrée, remarquez une belle maison de brique et bois.

Le courage de Dame Guiraude

En mars 1211, la cité qui protégeait les cathares fut assiégée par les troupes de Simon de Montfort. Une habitante, **Dame Guiraude**, aidée de 80 chevaliers, organisa la résistance de la cité qui ne se rendit qu'après deux mois de siège, le 3 mai 1211. Ce fut alors le massacre : les chevaliers furent pendus, et 400 hérétiques brûlés. Quant à Dame Guiraude, elle fut précipitée dans un puits que l'on combla de pierres.

À proximité

CARTE P. 308-309

St-Lieux-lès-Lavaur A2

10 km au nord-ouest par la D 87 et la D 631 à gauche.

Chemin de fer touristique du Tarn – *Gare - 05 61 47 44 52 - www.cftt.org - visite guidée (1h) dép. gare de St-Lieux-lès-Lavaur juil.-août : tlj sf sam. 14h15, 15h15, 16h15 et 17h15 ; reste de l'année : se rens. - 5 € (4-10 ans 4 €).* Le train à vapeur suit l'ancienne ligne départementale pour une promenade de 1h jusqu'à Giroussens.

★ Jardins des Martels à Giroussens A2

9 km au nord-ouest par les D 87 et D 631.

Les Martels - 05 63 41 61 42 - www.jardinsdesmartels.com - mai-août : 10h-18h ; avr. et sept. : 13h30-18h ; oct. : merc. et w.-end 13h30-18h - 9/10 € (11-17 ans 6/7 €). Ce joli jardin à l'anglaise mêle pièces d'eau couvertes de nymphéas, massifs fleuris, jardin méditerranéen, roseraie… Une miniferme ravira les enfants.

St-Sulpice-la-Pointe A2

11 km au nord-ouest par la D 630.

R. du 3-Mars-1930 - 05 63 41 89 50 - www.tourisme-tarnagout.com.

Souterrain du Castela – *R. du 3-Mars-1930 - 05 63 41 89 50 (office de tourisme) - www.tourisme-tarnagout.com - uniquement en visite guidée (1h) sur réserv. - 7,50 € (-15 ans 5 €).* Cette bastide est dominée par les ruines du **château du Castela**. Sous ces vestiges, on peut visiter les 142 m de galeries et ses quatre salles où est retracée l'histoire de ceux – faux-monnayeurs ou fileurs de laine – qui l'utilisèrent au cours des siècles.

À proximité, allez jeter un coup d'œil à l'**église** du 14e s. en brique que fit bâtir Gaston Fébus, comte de Foix-Béarn : elle possède le plus haut clocher-mur (40 m) du Tarn et un gracieux pont suspendu qui enjambe le Tarn depuis 1931.

Graulhet B2

21 km au nord-est par la D 87 et la D 631.

R. St-Jean - 0 805 40 08 28 - www.la-toscane-occitane.com.

Depuis le Moyen Âge, Graulhet (on prononce *Grauillet*) est une cité « tannante », dont le nom *grolha* en langue d'oc signifie « savate ».

Maison des métiers du cuir – *R. St-Jean - 05 63 42 16 04 - www.ville-graulhet.fr - juil.-août : 10h-12h, 14h-18h, lun. 14h-18h ; mai-juin et sept. : tlj sf dim.-lun. 9h-12h, 14h-18h - 5 € (enf. 2,50 €).* Graulhet fut la capitale française de la mégisserie au 19e s. Elle possède toujours un savoir-faire unique en France auquel font appel les grands noms de la maroquinerie. Installée dans une ancienne usine, la Maison des métiers du cuir est l'endroit idéal pour découvrir les phases de transformation de la peau en cuir, ainsi que les métiers de la mégisserie (traitement des peaux de moutons, de chèvres et de porcs), de la tannerie (qui traite les peaux de bovins et d'équidés) et de la maroquinerie. Reconstitutions, atelier d'initiation et expositions temporaires donnent vie à cette activité ancestrale.

Carnet pratique

S'informer

Office de tourisme – *Quai la Tour-des-Rondes - Lavaur - ✆ 05 63 58 02 00 - www.tourisme-tarnagout.com.*

Agenda

Marché des potiers de Giroussens – *✆ 05 63 41 61 90 (mairie) - 1er w.-end de juin.*

Nos adresses

Restauration

Premier prix

L'Assiette au comptoir – *19 bis r. Carlesse - ✆ 05 63 42 60 30 - 12h-13h30 (vend. 19h45-21h30 aussi) - fermé w.-end - formule déj. 14/16 € - menu 24 €.* Ce joli restaurant occupe un espace qui allie la pierre, la brique et le bois. Peu de tables, réservation conseillée car le lieu est apprécié. Formule à l'ardoise pour une cuisine maison goûteuse qui utilise des produits frais. Accueil sympathique.

Activités

Lacs

Lac de Miquelou – *3 km au sud de Lavaur.* Ce lac est apprécié des pêcheurs. Aire de pique-nique et parcours de santé. Point de vue sur le bassin de Graulhet.

Lac de Nabeillou – *2 km au sud-ouest de Graulhet.* Le lac de Nabeillou est un havre de verdure, où il est possible de pêcher et de pique-niquer. Mur d'escalade, piste de VTT, terrain de tir à l'arc. De là, vous pourrez emprunter le chemin de randonnée des 3 Lacs (8 km) qui permet de découvrir N.-D.-des-Vignes, une petite église romane.

Jardins des Martels, à Giroussens.
Jardins des Martels/Jardins des Martels

Gaillac ★

Gaillac est une petite cité au bord du Tarn, pourvue de charmantes places ornées de fontaines, dont la prospérité fut longtemps liée aux activités batelières. Profitez du dédale de ses ruelles étroites bordées de maisons anciennes, où la brique et le bois se mêlent avec harmonie.

Se repérer

CARTE A1 (P. 308-309) - PLAN (CI-CONTRE).
15 265 Gaillacois – Tarn (81).
25 km à l'ouest d'Albi.

À ne pas manquer

Une dégustation de vin ; l'herbier du château de Mauriac.

Organiser son temps

Prévoyez une journée pour visiter la ville et ses alentours.

En famille

L'archéosite de Montans ; le jardin du Muséum d'Histoire naturelle Philadelphe-Thomas.

Carnet pratique p. 366

Nos adresses p. 366

Se promener

PLAN CI-CONTRE

Abbaye St-Michel AB2

L'abbaye dresse son haut parapet de brique sur les rives du Tarn, à proximité d'un pont aux immenses arches qui procure une vue privilégiée sur le monastère. Elle fut fondée au 9e s. par des moines bénédictins et rebâtie après les destructions des guerres de Religion au 16e s.

Les travaux d'édification de l'**abbatiale** débutèrent au 10e s., s'échelonnèrent jusqu'au 14e s. et furent repris aux 17e et 18e s. afin de relever l'édifice de ses ruines. Derrière sa tour carrée (13e s.), l'église est un exemple du gothique méridional (nef unique) greffé sur un déambulatoire roman, qui a conservé ses chapiteaux ornés. Remarquez la statue en bois polychrome de la Vierge à l'Enfant (14e s.), qui se rattache à l'école auvergnate.

Les bâtiments abbatiaux abritent la **Maison des vins de Gaillac** (*« Nos adresses »*) ainsi que le **Musée de l'Abbaye St-Michel** - *05 63 57 14 65 - www.ville-gaillac.fr - horaires, consulter le site Internet - se rens.* Dans de magnifiques salles de brique voûtées, collections archéologiques, outils et chefs-d'œuvre illustrant le travail des compagnons, objets folkloriques et présentation des activités liées à la vigne.

Tour Pierre-de-Brens B1

Cette charmante construction de brique, remontant aux 14e et 15e s. et remaniée à la Renaissance, conserve encore quelques gargouilles, des fenêtres à meneaux et une ravissante échauguette.

Le vieux Gaillac B1

Au cœur du lacis de rues piétonnes, l'**église St-Pierre**, habillée de briques et de pierres, s'impose aux visiteurs. De style gothique, elle dresse un clocher en pignon triangulaire à l'ouest, la nef se prolongeant à l'est par le chœur dont l'autel est orné d'un retable du 18e s. en bois polychrome. Côté nord, on découvre une petite

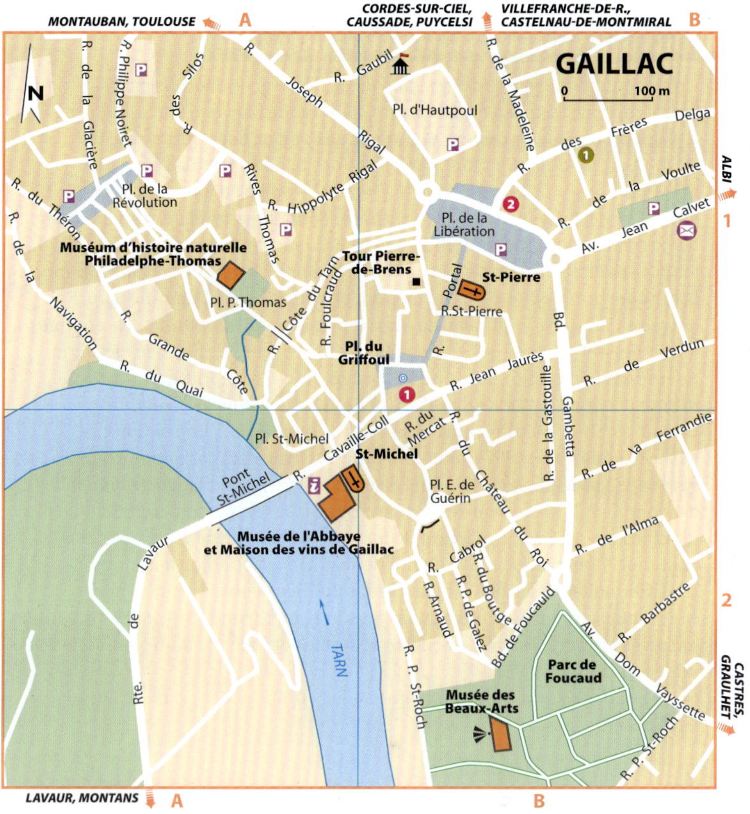

SE RESTAURER		SE LOGER
La Table du Sommelier...... 1	Vigne en foule.............. 2	Hôtel Delga 1

chapelle et la sacristie. Superbe portail du 14ᵉ s. orné de niches, colonnettes et chapiteaux. Descendez ensuite vers la **place du Griffoul**, agréable avec ses arcades et sa fontaine du 16ᵉ s.

Parc de Foucaud B2

Ses agréables jardins en terrasses au-dessus du Tarn, à la française et à l'italienne, datent du 17ᵉ s.

Musée des Beaux-Arts – *Av. Dom-Vayssette - ☎ 05 63 57 18 25 - www.ville-gaillac.fr - mai-oct. : 10h-12h, 14h-18h ; reste de l'année, se rens. - 4 € (enf. 2 €).* Installé dans le château, il présente des œuvres de peintres et sculpteurs régionaux.

6

Muséum d'histoire naturelle Philadelphe-Thomas A1

Pl. Philadelphe-Thomas - ☎ 05 63 57 36 31 - www.ville-gaillac.fr - avr.-oct. : tlj sf mar. 10h-12h, 14h-18h ; reste de l'année : vend.-dim. 10h-12h, 14h-18h - 4 € (enf. 2 €). On découvrira notamment d'importantes collections de minéralogie et de paléontologie, mais aussi des collections d'oiseaux, d'insectes, de reptiles… L'ensemble est présenté dans une remarquable muséographie du 19ᵉ s.

On vous emmène boire du vin de Gaillac

En sillonnant les routes de la région de Gaillac, on ne cherche pas longtemps : les vignes s'étendent sur 2 500 ha, de part et d'autre du Tarn. Il s'agit d'un des plus anciens vignobles de France, déjà cultivé au 6e s. av. J.-C. et tiré de l'anonymat par les moines bénédictins de l'abbaye St-Michel à partir de la fin du 10e s. Depuis le temps qu'on en parle, ce n'est donc pas un paysage à traverser à la hâte. Tout invite à découvrir lentement les parcelles de vignes vallonnées, les camaïeux de verts, la trouée du Tarn, les petites cités médiévales, et ce, de préférence à la tombée du jour, quand la lumière dorée effleure les formes douces du paysage. Pour une bonne entrée en matière, le château de Mayragues accueille les amateurs comme les novices et propose de découvrir ses vins (rouges, blancs, eau-de-vie et même un vin de voile), produits en biodynamie. Cette pratique naturelle promeut avant tout la vie du sol afin d'assurer la vigueur des plantes. Le cadre calme, reculé et enraciné dans la vigne de l'impressionnante bâtisse médiévale suffit à vous convaincre. On ne demande ensuite qu'à se lancer à la découverte des vins du coin et il y a de quoi faire : le vignoble est composé de six terroirs et de nombreux cépages, parfois très anciens (dont le loin-de-l'œil, l'ondenc et le mauzac) à l'origine de vins rosés, rouges et blancs. Constitué en AOC du fait de sa vinification selon des méthodes traditionnelles, le gaillac fait partie des meilleurs vins du Sud-Ouest. Mayragues propose en outre deux chambres aux grands lits pour se réveiller entre les grappes. De toute façon, après trois dégustations, où comptiez-vous aller comme ça ?

« Nos adresses » p. 367, « Saveurs locales » p. 433 et 434, et www.vins-gaillac.com.

À proximité

CARTE P. 308-309

InVINcible VIGNEron A1

8 km au nord par la D 964.

Tres Cantous - Broze - 05 81 02 44 89 - www.invinciblevigneron.wixsite.com/museedesvignerons - - visite guidée sur RV - 8,75 € (-12 ans 5,50 €).

Un musée conservatoire sur la vigne et le vin qui présente une collection de plus de... 10 000 objets ! Créé par un ancien vigneron passionné, le lieu présente des outils viti-vinicoles du 18e s. jusqu'au milieu du 20e s. Une belle initiative.

Juste à côté, le musée **Au passé retrouvé** *(aupasseretrouve.wixsite.com/81600, mêmes horaires et tarifs que inVINcible VIGNEron)* aborde la vie et les métiers en France autour de 1900.

★ Castelnau-de-Montmiral A1

13 km au nord-ouest par la D 964.

Pl. des Arcades - 0 805 40 08 28 - www.la-toscane-occitane.com.

Pittoresque village juché sur un éperon rocheux dominant la vallée de la Vère et la forêt de Grésigne, Castelnau-de-Montmiral est une bastide, fondée au 13e s. par Raimond VII, comte de Toulouse, pour remplacer la place forte ruinée lors de la croisade contre les Albigeois. Le nom Montmirail signifie « le lieu d'où l'on voit » (*mirer* veut dire « voir » en occitan). De son riche passé, la bastide conserve quelques demeures anciennes, bien mises en valeur par une restauration réussie.

Abbaye Saint-Michel à Gaillac.
gemadrun/Getty Images Plus

Sur la **place des Arcades**, ornée de couverts portant des étages en encorbellement et à pans de bois, remarquez à l'ouest et au sud deux maisons du 17e s.
Dans l'**église** paroissiale du 15e s. *(fermée pour restauration)*, admirez un Christ aux liens, statue en pierre polychrome du 15e s., une pietà de la même époque, le retable baroque et surtout, à gauche du chœur, la **croix-reliquaire gemmée★** des comtes d'Armagnac, dite « croix de Montmiral », bel exemple d'orfèvrerie religieuse du 13e s., ornée de 450 pierres précieuses.

★ Puycelsi A1

24 km au nord-ouest par la D 964.
Du haut d'un plateau rocheux surplombant la vallée de la Vère, la forteresse de Puycelsi veille sur la forêt de Grésigne. Derrière plus de 800 m de remparts, les rues de ce charmant village, classé parmi les plus beaux de France, présentent des demeures datant du 15e s., une église aux bleus peints par les artistes de la cathédrale d'Albi *(8h-18h)*, de petits jardins mi-clos et de jolis passages étroits. Le chemin de ronde offre de superbes vues sur les vignobles, forêts et vertes collines.

Forêt de Grésigne A1

Au nord de Puycelsi.
Sur la rive gauche de l'Aveyron, la forêt de Grésigne s'étend dans un site vallonné de 4 000 ha. Elle est bordée côtés sud et est par la vallée de la Vère. Aux 17e et 18e s., elle était propriété des rois de France, qui puisèrent dans ses hautes futaies le bois nécessaire à la construction et à l'équipement des navires : d'où les routes que Colbert ordonna d'ouvrir dans cette forêt protégée. Elle était aussi une source d'approvisionnement pour les maîtres verriers protestants qui y trouvaient le bois, l'eau, les minéraux et les végétaux dont ils avaient besoin pour façonner et colorer le verre. Leurs activités cessèrent après la révocation de l'édit de Nantes, en 1685.

★ Château fort de Mauriac B1

11 km au nord par la D 922, tournez à droite peu avant Cahuzac.

05 63 41 71 18 - www.chateaudemauriac.com - uniquement visite guidée (1h) de Pâques à la Toussaint : 15h-18h ; reste de l'année : dim. 15h-18h - 9 € (-12 ans 5 €) - chambres d'hôte.

Acheté en 1962 par Bernard Bistes (1941-2020), ce château est l'œuvre de toute une vie. Le jeune peintre s'éprend de la forteresse délabrée qui, sur ses fondations des 13e-14e s., présente d'élégantes lignes du 16e s. au milieu des collines du Gaillacois. Deux grosses tours d'angle protègent un corps de logis dont le portail d'entrée, au centre, est lui-même encadré par deux tours plus petites. Soixante ans plus tard, le jardin est soigneusement entretenu et la maison semble n'avoir jamais été abandonnée.

On entre par une lourde porte en bois dans la cour arborée sur laquelle donne une loggia Renaissance. Les pièces sont toutes meublées et peintes par Bistes lui-même, ce qui confère à la demeure une forte personnalité, une harmonie particulière et une fantaisie à nulle autre pareille. Car la vente de ses œuvres a procuré au peintre et professeur d'histoire de l'art les moyens de restaurer sa maison « à sa façon ». C'est ainsi que cohabitent des centaines de meubles chinés, des trompe-l'œil, des décors peints à l'ancienne, les toiles et dessins classiques de Bistes, tandis que défilent un grand salon Régence, une chambre à lit à la polonaise, sous un plafond dont les 360 caissons reproduisent un **herbier★** d'une grande fraîcheur, une chambre chinoise, etc. La visite s'achève par le chemin de ronde qui, après quinze ans de travaux, a retrouvé son **point de vue** à 360° d'où l'on apercevait l'ennemi deux jours avant son arrivée, au temps où le château surveillait la forêt de Grésigne. « J'ai réparé ce que Richelieu avait détruit », a déclaré Bernard Bistes, l'œil pétillant de malice.

Montans A2

4 km au sud par la D 87.

En raison de ses atouts défensifs, le site de Montans – une colline protégée par plusieurs cours d'eau – est habité depuis très longtemps. L'implantation humaine y est avérée depuis le premier âge du fer au moins. Au temps de la Gaule romaine, Montans devient un important centre de poterie. Durant les deux premiers siècles de notre ère, la céramique rouge vernissée (également appelée « sigillée ») produite dans ce village est exportée dans tout l'Empire romain. Des fouilles ont eu lieu sur le site au 19e s. Elles ont repris depuis les années 1970. En 1992, un trésor datant du 1er s. apr. J.-C. a été mis au jour : il s'agit d'un encrier contenant 40 pièces de monnaie *(aurei)*.

Archéosite de Montans – *05 63 57 59 16 - avr.-oct. : merc.-vend. 10h-12h, 14h-18h, w.-end 14h-18h ; de nov. à Noël et mars : merc.-vend. 10h-12h, 14h-17h - 4 € (-25 ans 2,80 €).* De nombreuses pièces en terre sigillée (originaux ou reproductions) côtoient des panneaux explicatifs sur l'histoire du site. Sont également exposés les moulages des pièces et l'encrier du trésor, avec l'agrandissement photographique de quatre monnaies à l'effigie des empereurs Auguste, Tibère, Caligula et Claude. Le visiteur pénètre ensuite dans une rue gallo-romaine reconstituée qui permet de visualiser ce que pouvaient être, au 1er siècle de notre ère, une taverne, une boulangerie, un atelier de potier ou encore une échoppe de forgeron. Au fond de la rue, on entre dans une *domus* romaine.

Lisle-sur-Tarn A2

9 km au sud-ouest par la D 988, sur la rive droite du Tarn.

Pl. Paul-Saissac - 0 805 40 08 28 - www.la-toscane-occitane.com.

Posée sur le Tarn, la bastide, édifiée en 1229 par Raimond VII, devint une véritable île lorsqu'un fossé fut creusé pour assurer sa défense. D'où son nom. Cette grosse bourgade de l'Albigeois a conservé de son passé une vaste **place à couverts** ornée d'une fontaine. Une flânerie dans le centre historique permet de découvrir quelques vieilles maisons en brique et bois des 16e, 17e et 18e s. Certaines sont reliées à leurs dépendances par des *pountets* (petits ponts couverts) enjambant les ruelles au niveau de l'étage.

L'**église N.-D.-de-la-Jonquière** possède un portail roman et un clocher de type toulousain. Du pont, vue agréable sur la ville et ses jardins étagés.

Musée Raymond-Lafage – *10 r. Victor-Mazies - ✆ 05 63 40 45 45 - museeraymond lafage.wifeo.com - mars-oct. : tlj sf mar. 10h-12h, 14h-18h - 4 € (-12 ans 2 €).* Du nom d'un dessinateur né à Lisle au 17e s. On verra, outre des gravures et dessins de ce dernier, des collections d'archéologie gallo-romaine et médiévale, des objets d'art sacré, ainsi que des œuvres du portraitiste Victor Maziès (1836-1895).

Musée Art du Chocolat – *13 pl. Paul-Saissac - ✆ 05 63 33 69 79 - www.chocolat-tarn.fr - de juil. à mi-sept. : 10h-12h30, 14h-19h ; reste de l'année : tlj sf lun. 10h-12h30, 14h-18h - 5 € (-10 ans 4 €).* Sont exposées des pièces imaginées et conçues par Michel Thomaso-Défos, maître chocolatier, et Casimir Ferrer, peintre et sculpteur. Les sujets sont variés : cathédrale d'Albi, obélisque de la Concorde... Un film présente les étapes de la transformation du cacao en produit fini. Dégustation de grands crus de chocolats en fin de visite et boutique-chocolathèque.

Rabastens A2

17 km au sud-ouest par la D 988.

2 r. Amédée-Clausade - ✆ 0 805 40 08 28 - www.la-toscane-occitane.com.

Sur la rive droite du Tarn, couverte de céréales, de vignes, de primeurs et d'arbres fruitiers, la ville active de Rabastens domine le fleuve de ses puissants remparts. Bien que fortement acquise aux hérétiques, Rabastens n'opposa aucune résistance aux troupes catholiques lors de la croisade des Albigeois, mais elle fut contrainte de détruire ses fortifications.

De l'ancien château ne demeure que la place du Plô des chevaliers. De nouvelles industries (mécanique de précision pour l'aviation, fabrication de cellules et charpentes métalliques) s'ajoutent à celle des compteurs électriques et à celle du meuble, qui perpétue la tradition des ateliers d'ébénisterie et de sculpture sur bois du 17e s.

Du pont, jolies vues sur les maisons anciennes qui dominent la rivière.

Église N.-D.-du-Bourg – Fondée au 12e s. par les bénédictins de Moissac dans la ville basse (le bourg), classée au Patrimoine mondial de l'humanité par l'Unesco, l'église se présente comme une forteresse dont la puissante façade est percée d'un portail aux beaux **chapiteaux★** romans.

Richement décorés de rinceaux, de feuilles d'acanthe et de personnages, ils représentent des scènes de la vie du Christ et de la Vierge. À l'intérieur, les peintures de la nef, découvertes et restaurées au 19e s., sont du 13e s., comme celles du chœur, remarquable pour son élégant triforium.

Musée du Pays rabastinois – *2 r. Amédée-Clausade - ✆ 05 63 40 65 65 - juil.-août : tlj sf lun. 10h-12h30, 14h30-18h ; avr.-juin : mar.-dim. 14h-17h ; reste de l'année : se rens. - 2,50 € (-15 ans gratuit).* Situé dans l'hôtel de La Fite (fin 17e s.), il rassemble diverses œuvres d'art de la région : superbe mosaïque de la fin du 4e s. provenant d'une villa gallo-romaine, terres vernissées de Giroussens, broderies haute couture du brodeur Rébé...

Carnet pratique

S'informer

Office de tourisme – *Abbaye St-Michel - Gaillac - ✆ 0 805 40 08 28 - www.la-toscane-occitane.com.*

Agenda

Fête des vins de Gaillac – *✆ 05 63 57 15 40 - www.vins-gaillac.com. 1er w.-end d'août.* Chaque année, plus de 15 000 visiteurs viennent partager dégustations et animations.

Nos adresses

PLAN P. 361.

Restauration

Premier prix

Chez Germaine – HORS PLAN *-91 r. de la Madeleine - ✆ 05 63 34 61 99 ou 06 30 47 61 82 - 15/30 €.* On vient ici avaler des tastous (les tapas locales), accompagnés d'un bon verre de vin, ou une cuisine honnête dans une ambiance heureuse.

2 Vigne en foule – B1 - *80 pl. de la Libération - ✆ 05 63 41 79 08 - www.vigneenfoule.com - midi et soir - fermé dim.-lun. - plats 18/25 €.* Un sympathique bar-restaurant où la vigne règne en maître : près de 200 références s'offrent à votre choix. Menu du jour imposé au déjeuner, choix plus étoffé le soir. Agréable terrasse.

Budget moyen

1 La Table du Sommelier – B2 - *34 pl. du Griffoul - ✆ 05 63 81 20 10 - www.latabledusommelier.com - 12h-14h, 19h-21h30 - fermé dim.-lun. - formules déj. 25 € - menu 25/60 €.* Ce « bistrot-boutique » vous réserve une belle carte des vins, au verre ou en bouteille, et cuisine du marché.

À Puycelsi

Budget moyen

Au Cabanon – *Pl. de l'Ancien-Château - ✆ 05 63 33 11 33 - aucabanon.fr - mai-oct. : tlj sf mar. et merc. midi - menu 27,50 €.* Produits choisis (locaux) et carte thématique qui met en vedette les destinations de voyage des maîtres des lieux. Assiettes gourmandes et généreuses, et végétariens bienvenus. Carte de vins de Gaillac issus de l'agriculture biologique. Réserv. conseillée !

À Ceystarols

Budget moyen

Lou Cantoun *–4 rte d'Albi - 13 km au nord-est de Gaillac - ✆ 05 63 53 28 39 - www.restaurant.loucantoun.fr - midi et soir - fermé lun. - formule déj. 16 € - menu 31/41 €.* Cette maison de village très plaisante, rustique aux touches actuelles, s'assortit d'une terrasse. Œufs pochés, lentilles vertes et poitrine croustillante ; magret de canard aux fruits rouges et légumes de saison... Une cuisine traditionnelle actualisée, goûteuse et colorée !

Shopping

Domaine du Moulin – *Chemin des Crêtes (ancien chemin de Bastié) - ✆ 05 63 57 20 52 - www.ledomainedumoulin.com - 9h-12h, 14h-19h - fermé dim. (janv.-mars).* La famille Hirissou exploite ce domaine viticole depuis six générations. Découvrez sa cuvée Vieilles Vignes Rouge dans son beau caveau de dégustation situé à flanc de coteau, en plein cœur du vignoble gaillacois. Promenades dans les vignes. Accueil chaleureux d'un passionné.

Maison des vins de Gaillac - Caveau St-Michel – *Abbaye St-Michel - ✆ 05 63 57 15 40 - www.vins-gaillac.com/maison-des-vins - juil.-août : 10h-13h, 14h-18h ; reste de l'année : se rens.* Cette maison des vins bordée par le Tarn présente la production de 95 domaines viticoles et de 3 caves coopératives. Dégustations et vente directe, présentation du vignoble et stages d'initiation à la dégustation.

À Cahuzac-sur-Vère

Domaine Plageoles – *Rte des Tres-Cantous - Durantou - 11 km au nord de Gaillac - ✆ 05 63 33 90 40 - www.vins-plageoles.com - tlj sf dim. 9h-12h, 15h-18h ; de mi-sept. à mi-oct. et janv.-fév. : sur RV.* Ce domaine élabore une grande variété de blancs dont le « vin de voile », un vin sec, et le mauzac nature (méthode ancestrale). Les rouges, moins nombreux, sont issus des cépages duras, syrah et prunelart. Érudits et passionnés, Florent et Romain Plageoles nous content leur métier avec beaucoup de poésie.

À Marssac-sur-Tarn

Cave de Labastide de Lévis – *Lieu-dit La Barthe - 12 km à l'est de Gaillac - ✆ 05 63 53 73 73 - www.cave-labastide.com - juil.-août : 9h-13h, 14h-19h ; reste de l'année : 9h-12h, 14h-18h - fermé dim.* Plus de 90 vignerons, 900 ha de vignes sur 4 terroirs, 3 millions de bouteilles produites par an, 6 cépages, dont le très ancien Len de L'El (loin de l'œil), création du blanc perlé (légèrement pétillant) en 1957 et du rosé perlé en 2004. Visite interactive et scénographiée sur réserv. Dégustation.

À Castelnau-de-Montmiral

Château de Mayragues – *✆ 05 63 33 94 08 - www.chateau-de-mayragues.com - domaine : 9h-12h30, 14h30-18h30 (se rens. av.) - 2 ch. (de Pâques à 11 nov.) 147 € - 3 nuits mini en haute sais.* Moult raisons incitent à visiter ce domaine : l'architecture fortifiée des 13e et 17e s. du château, son environnement vallonné, ses vignobles (culture biodynamique) et sa production de gaillac : rouge, blanc sec, blanc doux, mousseux et méthode ancestrale. *(☛ p. 362).*

À Castanet

Domaine de Labarthe – *Labarthe, 17 km au nord-est de Gaillac - ✆ 05 63 56 80 14 - www.domaine-labarthe.com - tlj sf dim. 9h-12h, 14h-19h.* L'un des pionniers en bio dans la région ne déçoit pas. Ses nombreuses cuvées de vins de caractère, gourmands et généreux.

À Ste-Croix

Domaine d'Escausses – *32 rte de La Salamandrie - 20 km au nord-est de Gaillac - ✆ 05 63 56 80 52 - www.famillebalaran.com - 9h-13h, 14h-19h, dim. 10h-13h sur RV.* Sur 50 ha de vignes, Aurélie et Jean-Marc Balaran travaillent avec talent de nombreux cépages dont les plus emblématiques du gaillac, le braucol et le prunelart notamment.

Activités

Balade à vélo électrique – Vous pouvez organiser une randonnée de 50 km entre Gaillac, Castelnau-de-Montmiral *(2h)* et Puycelsi *(1h supp.)*. Vélos à louer chez **Station Bee's** *(11 r. Aristide Briand - ✆ 06 70 62 88 36 - 36/46 €/j)*.

À Rivières

Port d'Aiguelèze – *R. du Grand-Pavois - 7 km à l'est de Gaillac - ✆ 05 63 43 59 63 - www.albi-croisieres.com - fermé oct.-avr.* Petit port de plaisance où l'on peut louer un pédalo ou un kayak. Sur le plan d'eau, vous pourrez également profiter des canoës et pédalos. Location de petits *vintage boats* et *cosy boats (12 pl.)*.

Hébergement

Budget moyen

Hôtel-restaurant La Verrerie – HORS PLAN - *1 r. de l'Égalité - ✆ 05 63 57 32 77 - www.laverrerie81.com - ♿ - 14 ch. 90/120 € - ☕ 14 €.* Dans une ancienne verrerie du 19e s. entouré d'un parc, cet hôtel de charme est une étape idéale pour visiter la région. Au restaurant, tendance bistronomique et végétariens bienvenus.

(1) **Hôtel Delga - chambre d'hôte** – B1 - *28 r. des Frères-Delga - ✆ 06 77 24 65 66 - www.hoteldelga.free.fr - 4 ch. 110/130 € ☕.* La discrète enseigne cache une superbe maison de maître du 18e s. Vastes chambres lumineuses et décorées avec goût. Au milieu de la cour, la piscine est un havre de fraîcheur. Accueil charmant et excellents petits-déjeuners. Panier repas avec produits bio et locaux.

À Cahuzac-sur-Vère

Pour se faire plaisir

Château de Mauriac – *p. 363 - 5 ch., 1 suite, 1 appart. 120/250 €.* Vous ne trouverez pas le confort dernier cri mais un charme et un silence rares.

Une folie

Château Larroze – *470 ch. de Larroze - 11 km au nord de Gaillac - ✆ 05 63 33 99 70 - ✆ 06 14 83 24 20 - www.chateau-larroze.com - 2 ch. 165 € ☕ - 2 nuits mini en haute sais.* Située idéalement entre le vignoble et les bastides, cette magnifique demeure de charme tenue par des hôtes d'une grande amabilité a tout de l'écrin rêvé. Vue superbe depuis le jardin, chambres spacieuses décorées avec goût, terrasse d'été jouxtant la piscine chauffée et petits-déjeuners gourmands.

Château de Salettes – *Lieu-dit Salettes - ✆ 05 63 33 60 60 - www.chateaudesalettes.com - P ♿ - fermé et janv. - 18 ch. 157/208 € - ☕ 19 € - ✕ menu midi 34 € - menu 49/65 €.* Cet hôtel est installé dans un château des 13e et 15e s., en plein cœur d'un domaine viticole... Un emplacement de choix ! La cuisine, dans l'air du temps, principalement composée de produits bio, est servie aux beaux jours sur une terrasse qui ne manque pas de charme. Dégustation des vins de la propriété.

À Puycelsi

Budget moyen

L'Ancienne Auberge – *Pl. de l'Église - ✆ 05 63 33 65 90 - www.ancienne-auberge.fr - P - fermé fév. - 8 ch. à partir de 95 € - ☕ 10 € - table d'hôte env. 25 € sur réserv.* Un séjour hors du temps dans une demeure de charme, au cœur du village médiéval. Chambres sobres mais agréables et quiétude absolue. Très bons petits-déjeuners.

À Castanet

Premier prix

Chambre d'hôte À la Ferme « Naussens » – *Castanet - 17 km au nord-est de Gaillac - ✆ 05 63 55 22 56 - P - fermé de déb. nov. à mi-avr. - 5 ch. 53 € ☕ - table d'hôte 17 €.* Exploitation agricole située au milieu des vignes. Ensemble très simple, dans l'esprit des chambres d'hôte traditionnelles. Une cuisine à base de produits de la ferme.

Cordes-sur-Ciel ★★★

Perché au sommet du puech de Mordagne, le bourg médiéval domine la vallée du Cérou. Il lui arrive, lorsque la brume gagne la plaine, de flotter dans le ciel, coupé de la Terre. La beauté de la « ville aux mille ogives » est telle qu'elle peut, selon Camus, enlever le voyageur à toute solitude. Ainsi réconcilié avec le monde, on se perd avec bonheur dans les ruelles anciennes. Et en revenant vers la rue principale, l'autre attrait de Cordes vous attend, car vous pourrez rapporter un sac en cuir, une écuelle de potier, une écharpe en coton bio, un bâton de pastel, une paire de sandales ou un bijou, tous fabriqués localement dans les ateliers d'artisans talentueux qui vous racontent tout sur leur fabrication.

Vue sur la ville haute de Cordes-sur-Ciel.
AlbertoLoyo/Getty Images Plus

6

Se repérer

CARTE B1 (P. 308-309) - PLAN (P. 371).

822 Cordais – Tarn (81).
27 km au nord d'Albi.

Organiser son temps

Impensable de visiter Cordes au pas de course. Prévoyez d'y passer au moins une journée, partagée entre promenade et visites. Si vous le pouvez, passez une nuit sur place.

En famille

Le musée des Arts du sucre et du Chocolat Yves-Thuriès.

Carnet pratique p. 375

Nos adresses p. 375

Se promener

PLAN CI-CONTRE

Circuit tracé sur le plan.

Des circuits thématiques parcourent le cœur de la ville : à suivre avec un livret explicatif *(en vente à l'office de tourisme)*.

Visiter Cordes ? C'est surtout flâner au hasard des ruelles empierrées de cette vieille cité, parmi un exceptionnel ensemble de **maisons gothiques★★** (13e-14e s.), en admirant le décor sculpté de leurs façades et en léchant les vitrines des artisans dont certains font preuve de beaucoup d'originalité ! Il faut essayer de capter l'essence de cette ville où l'on se rapproche de ce que fut la civilisation occitane à l'époque des comtes Raimond. Si c'est une question de sensibilité, avant tout, c'est aussi une question d'ouverture à mille détails impalpables, à une ambiance inimitable, à l'âme de la ville... Et c'est là que le charme opère !

Les maisons, surtout... Les plus importantes et les mieux conservées bordent la grand-rue Raymond-VII (dite « rue Droite »). Leurs façades en grès de Salles, aux tons roses à reflets gris, s'ouvrent sur la rue par de grandes arcades surmontées de deux étages de fenêtres en arc brisé, parfois malheureusement transformées en simples ouvertures rectangulaires.

En levant les yeux, on remarque souvent, au niveau du 2e étage, des barres de fer terminées par un anneau et scellées dans le mur. Certains pensent qu'une tige de bois ou de fer, passée horizontalement dans chacun des anneaux, permettait de tendre un *velum*, selon l'usage médiéval répandu en Italie ou en Provence, pour protéger les habitants des ardeurs du soleil... D'autres affirment qu'elles servaient à suspendre des bannières les jours de fête...

Porte de la Jane A1

Pointe occidentale de la ville haute.

En 1222, la cité, construite sur plan en losange, fut entourée de deux enceintes fortifiées, renforcées à l'est et à l'ouest. La porte de la Jane, vestige de la seconde enceinte, doublait la porte des Ormeaux.

Musée Charles-Portal, l'histoire d'une cité A1

1 r. St-Michel - ✆ 09 72 87 07 95 - museecharlesportal.fr - juil.-août : tlj sf mar. 14h30-18h30 ; reste de l'année : vend., w.-end et j. fériés 14h30-18h - fermé de la Toussaint à fin mars - 3 € (-13 ans gratuit).

Dédié à Charles Portal, archiviste du Tarn et grand historien de Cordes, ce musée est installé dans un bâtiment militaire du 13e s. et de belles maisons à ogives du 14e s. Les collections évoquent l'histoire de Cordes depuis la Préhistoire. On peut y voir le produit des fouilles de la nécropole de Vindrac, des mesures à grain médiévales et des éléments d'architecture comme les faucons de la maison du Grand Fauconnier.

Porte des Ormeaux A1

Persuadés, après avoir franchi la porte de la Jane, d'avoir pénétré dans la ville, les assaillants avaient alors la désagréable surprise de se heurter à ses grosses tours ! Elle donne accès à la cité haute.

Chemin de ronde AB2

Les remparts du sud ou Planol procurent de jolis points de vue sur les environs.

Porte du Planol (ou porte du Vainqueur) B2

Constituant le pendant oriental de la porte de la Jane, elle s'ouvre parallèlement au mur de la seconde enceinte.

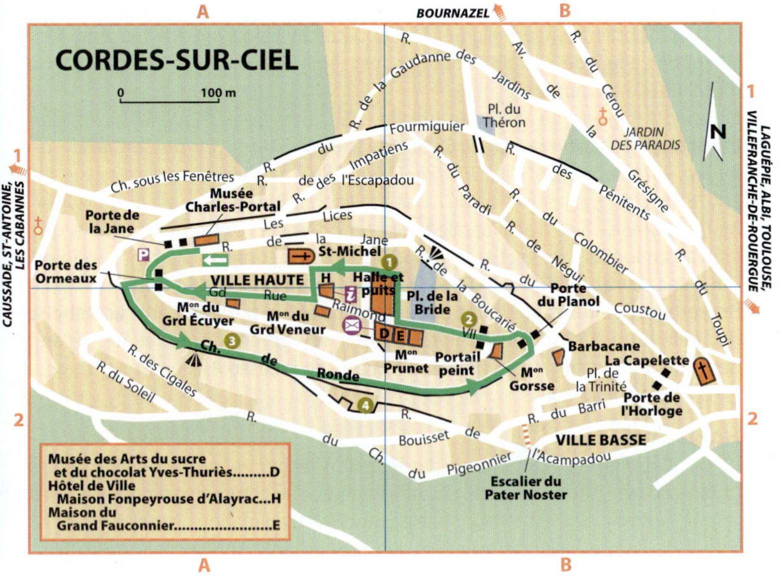

SE LOGER
- Hostellerie du Vieux Cordes 1
- Logis sur Ciel 2
- Le Secret du chat 3
- Maison Bakea 4

Barbacane B2

À la fin du 13e s., la cité s'étant développée hors de ses remparts, on décida de construire une troisième enceinte dont subsiste la barbacane (tour percée de meurtrières), en contrebas de la porte du Planol.

Maison Gorsse B2

De belles fenêtres à meneaux Renaissance ornent sa façade.

Portail peint (ou portail de Rous) B2

C'est, à l'est, le pendant de la porte des Ormeaux. Son nom lui vient probablement de la Vierge peinte qui l'ornait.

La Grand-Rue, très escarpée, conduit au cœur de la ville fortifiée.

Musée des Arts du sucre et du Chocolat Yves-Thuriès B2

33 Grand-Rue-Raimond-VII - ✆ 05 63 56 02 40 - www.yvesthuries.com - de mi-juil. à fin août : 9h30-19h30 ; de mai à mi-juil. et sept. : 10h-19h ; reste de l'année : merc.-dim. 10h-12h30, 13h30-18h30 - 5,50 € (-12 ans 4,50 €).

Ce musée est installé dans la **maison Prunet** à côté de la maison du Grand Fauconnier. Conservés pour la plupart dans des vitrines, les chefs-d'œuvre présentés sont réalisés à 100 % avec du sucre. Ils sont dus à l'équipe de pâtissiers du musée et traitent de thèmes variés (Moyen Âge, contes et légendes, fleurs...). Dans la deuxième salle, la tonnelle « aux cent roses », haute de 2,60 m, accueille le visiteur. Divers tableaux, reproductions de voitures, trains ou avions, évocations variées (album de timbres, marché de Provence, instruments de musique...) jalonnent la visite.

★ Maison du Grand Fauconnier AB2 E

Témoignage de l'harmonie médiévale d'une cité échappée de son temps, cette belle maison ancienne est actuellement occupée par le musée d'Art moderne et contemporain. L'encorbellement du toit était autrefois orné de faucons, d'où son nom. La façade, restaurée au 19e s., est remarquable par son élégance et la régularité de son appareil.

Musée d'Art moderne et contemporain – *39 Grand-Rue-Raymond-VII (maison du Grand-Fauconnier) - ✆ 05 63 56 14 79 - www.mamc.cordessurciel.fr - de mi-juin à mi-sept. : tlj sf mar. 11h-12h30, 14h-18h ; reste de l'année, se rens. - 4 € (14-18 ans 2 €).* L'organisation du musée fait cohabiter œuvres et courants, permettant une lecture transversale de l'art moderne et contemporain ainsi que la mise en lumière des artistes exposés, des plus connus aux moins visibles. Vous découvrez ici plus de 150 œuvres : des estampes et lithographies d'Yves Brayer aux peintures oniriques d'Aline Gagnaire, en passant par les créations du poète André Verdet. Ce dernier, qui aimait séjourner à Cordes et qui fut l'ami des plus grands, fit don au musée d'œuvres de Picasso, Léger, Prévert, Klee, Miró, Arman, Magnelli…

Halle et puits B1

Vingt-quatre piliers octogonaux (plusieurs fois restaurés) soutiennent la toiture (refaite au 19e s.) de la halle qui, autrefois affectée au commerce des étoffes ou à la foire aux bestiaux, est aujourd'hui le grand lieu d'animation de la cité.
Adossée à l'un des piliers de la halle et derrière une belle croix en fer forgé du 16e s., une plaque de marbre mentionne le massacre de trois inquisiteurs. Légende ou réalité ? À proximité, on découvre un puits de 113,47 m de profondeur.

Place de la Bride B1-2

Ce lieu de repos très apprécié offre une vue apaisante et étendue sur la vallée du Cérou au nord-est, et sur la silhouette élancée du clocher de Bournazel au nord.

Église St-Michel A1

Maintes fois remaniée, elle a conservé le chœur et le transept du 13e s. et une très belle rosace enchâssée dans la muraille (14e s.). Les contreforts intérieurs séparant les chapelles latérales rappellent ceux de Ste-Cécile d'Albi, qui a par ailleurs servi de modèle aux peintures (19e s.) de la voûte. L'orgue (1830) provient de N.-D. de Paris. Du sommet de la tour de guet accolée au clocher, vaste panorama.

Maison Fonpeyrouse d'Alayrac A2H

Elle abrite la mairie. Il faut aller voir la cour intérieure de cette maison du 13e s., dont les étages sont desservis par deux galeries en bois.

★ Maison du Grand Veneur A2

La haute façade (trois étages) de cette maison du 14e s. est ornée, au niveau du 2e étage, d'une frise de sculptures en haut-relief représentant des scènes de chasse. On peut distinguer un piqueur près de transpercer un sanglier poussé hors de la forêt par un chien ; puis un lièvre qui, poursuivi par un chien, va être frappé par la flèche du chasseur *(entre les fenêtres de gauche)* ; un autre chasseur sonne de la trompe *(entre les fenêtres de droite)* tandis que deux animaux s'enfuient vers la forêt. Remarquez les anneaux de fer, particulièrement bien conservés.

Maison du Grand Écuyer A2

Sa façade élégante se distingue par la qualité de son appareil en grès fin de Salles et par la fantaisie décorative des sculptures en ronde-bosse, alliée à un style exceptionnel.
Revenez à la porte des Ormeaux.

La ville basse

Au 14e s., une quatrième puis une cinquième enceinte furent bâties afin d'enserrer les faubourgs qui proliféraient. À l'est de la ville, la porte de l'Horloge, probablement reconstruite au 16e s., est un vestige pittoresque de la quatrième muraille. Pour accéder à la **porte de l'Horloge (B2)**, il faut emprunter un escalier sur la place de Lacampadou. On l'appelle l'**escalier du Pater Noster**, ainsi nommé parce qu'il est composé d'autant de marches que la prière compte de mots!

La Capelette B2

Dans la Grand-Rue.
Cette ancienne chapelle, construite en 1511, a été décorée par Yves Brayer.

À proximité

CARTE P. 308-309

★ Monestiés B1

p. 382

Le Cayla A1

11 km au sud-ouest par la D 922 direction de Gaillac. À 8 km, suivez la signalisation. 05 63 33 01 68 - visite guidée (1h) juil.-août : 10h-12h, 14h-18h30 ; mai-juin et sept.-oct. : tlj sf vend. 14h-18h ; reste de l'année : tlj sf vend.-sam. 14h-17h - fermé de mi-déc. à mi-fév. - 6 € - visite libre du sentier Poétique.
Cette gentilhommière languedocienne fut la demeure familiale d'**Eugénie de Guérin** (1805-1848) et de son frère **Maurice** (1810-1839), écrivains et poètes romantiques auxquels le **musée Maurice-et-Eugénie-de-Guérin** est consacré. L'œuvre de Maurice survit surtout par son poème en prose *Le Centaure*, que George Sand fit publier en 1840, et par son *Cahier vert* édité par Trébutien. Le *Journal* et les *Lettres* d'Eugénie de Guérin sont édités en 1855 sous le titre *Reliquiæ* et évoquent le souvenir des paysages du Cayla, dans ce château qui vit naître et mourir Maurice et Eugénie. Cette dernière est l'âme des lieux, car son frère, poète dandy, passa la majeure partie de sa courte vie à Paris. Le site paisible et les pièces d'habitation fidèlement reconstituées évoquent de façon émouvante leur mémoire, belle revanche sur l'ingratitude de la postérité.

Pays de Vaour

CARTE P. 308-309

Circuit de 18 km tracé en gris sur la carte. Quittez Cordes par la D 600 en direction des Cabannes. À 5 km, prenez sur la gauche la D 91, direction Vindrac.
Vous traversez **Vindrac**, avec ses maisons de briques rouges à colombages et sa petite église ornée d'un cadran solaire, surmontée d'un clocher octogonal.
Très sinueuse, la route traverse la forêt. Après 9 km, tournez à gauche sur la D 33, vers Vaour (2,5 km).

6

Vaour A1

Commanderie des templiers de Vaour – Vaour fut le siège de l'une des premières commanderies des templiers, au mitan du 12e s. Située à l'entrée du hameau, à 500 m sur la gauche, au bout d'une petite route très sinueuse, la commanderie n'est plus représentée que par les vestiges d'un porche, d'une tour carrée et d'un bâtiment composé de trois salles aux plafonds voûtés, avec un four à pain et une cheminée. À proximité, une métairie a été aménagée en salle de spectacles.
Du village de Vaour, prenez la direction de St-Antonin-Noble-Val (D 15).

Cordoas la belle

Née de la guerre

En 1222, en pleine croisade contre les **Albigeois**, Raimond VII de Toulouse décide la création de la bastide de Cordes pour répondre à la destruction de la place forte de St-Marcel par les troupes de Simon de Montfort. Une charte de coutumes et privilèges prévoyant, parmi d'autres avantages, l'exemption d'impôts et de péage attire les habitants, d'autant que la situation de cette véritable cité-forteresse en fait un asile de choix pour les adeptes du catharisme. Aussi l'Inquisition y mènera-t-elle activement sa besogne.

Une cité prospère

Cordes, à la fin du 12e s., compte plus de 5 500 habitants. La fin des troubles cathares entraîne une première période de prospérité. Au 14e s., le commerce des cuirs et des draps y est florissant, les artisans tissent le lin et le chanvre cultivés dans la plaine, tandis que les teinturiers, établis sur les rives du Cérou, utilisent le pastel et le safran, abondants dans la région. Les belles demeures gothiques qui ont été construites à cette époque témoignent de la richesse des habitants.

Le réveil de la belle endormie

Les querelles des évêques d'Albi, qui rejaillissent sur toute la contrée, la résistance cordaise aux huguenots durant les guerres de Religion, ainsi que deux épidémies de peste mettent fin à ce bel âge d'or dès le 15e s. La construction du canal du Midi, au 17e s., contribue à éloigner un peu plus Cordes des grands axes commerciaux. Après un ultime sursaut à la fin du 19e s., dû à l'introduction de métiers à broder mécaniques, la cité isolée entre en sommeil. Par bonheur, les menaces pesant sur ses maisons gothiques suscitent l'émotion, et certaines mesures de classement, au titre des Monuments historiques, sont prises à partir de 1923. Mais le charme de Cordes opère surtout sur les artistes et artisans d'art qui participent activement à sa sauvegarde et contribuent au réveil de la cité. Aujourd'hui, dans les ruelles pavées, tortueuses et escarpées, ferronniers, émailleurs, imagiers, tisserands, potiers, graveurs, sculpteurs et peintres ont installé leurs ateliers dans les maisons anciennes auxquelles ils ont su restituer leur noble allure.
Le peintre **Yves Brayer**, démobilisé en 1940 à Montauban, vécut à Cordes de 1940 à 1942, entraînant avec lui une colonie d'artistes. On lui doit la décoration de la chapelle de l'ancien hôpital St-Jacques...

Changement de nom

La cité fut baptisée Cordoas en hommage à la cité d'Al-Andalus, Cordoue, sans doute parce qu'elle s'adonnait aux industries des étoffes et du cuir, comme sa prestigieuse aînée... Hors saison, elle semble parfois posée sur les nuages ; ainsi devint-elle « Cordes-sur-Ciel » en 1993, après consultation de sa population et malgré un avis défavorable du Conseil d'État...

Dolmen Peyro-Lebado A1

Daté de 2000 ans av. J.-C., long de 4 m et large de 2,90 m, le dolmen est orienté dans le sens du lever au coucher du soleil. Il est le plus grand dolmen du Tarn. *Au niveau du dolmen qui marque une intersection, tournez à droite, direction Cordes, puis aussitôt à gauche vers Roussayrolles.*

Église de Roussayrolles A1

Visite sur RV, se rens. à l'office du tourisme de Penne au ✆ 05 63 56 36 68. Bâtie au 13e s., l'église gothique possède une chapelle seigneuriale à clef de voûte armoirée, une crédence de style flamboyant du 16e s. et des fresques (1952) réalisées par **Nicolaï Greschny**, maître de l'icône, influencé par la tradition orientale pour l'art sacré *(p. 241)*.

Carnet pratique

S'informer

Office de tourisme – *38-42 Grand-Rue Raimond-VII - Maison Gaugiran - Cordes-sur-Ciel - ✆ 05 63 56 00 52 - www.cordessurciel.fr.*

Se garer

Garez-vous soit à l'est de la ville – place de la Bouteillerie ou dans l'un des 2 parkings *(4 €/j)* –, soit à l'ouest *(parking payant)* près de la porte de la Jane. Attention, les parkings à l'est sont au pied de la butte *(20mn de marche en forte montée)*; celui à l'ouest est en haut, à 5mn de marche de la vieille ville. Le **petit train** fait office de navette *(« Activités » ci-après)*.

Agenda

Fête médiévale du Grand Fauconnier – *✆ 05 63 56 34 63 - medievale-cordes.fr - autour du 14 juil., en journée et soirée - 9 € (6-14 ans 3 €).* Voyagez dans le temps, lors de cette fête : défilés en costumes médiévaux, spectacles (fauconniers, troubadours, bateleurs), jeux, animations artisanales et banquet *(sur réserv.)*.

Festival Cordes-sur-Ciel – *www.festivalcordessurciel.com. - ✆ 05 63 56 00 75 - 2e quinz. de juil.* Ce festival met la musique classique à l'honneur. Rencontres de jeunes solistes, mais aussi de luthiers et archetiers. Compositeur en résidence.

Nos adresses

PLAN P. 371.

Restauration

À Capendut

Budget moyen

L'A Guinguette du domaine Gayrard – *Capendut – Milhavet - ✆ 06 79 59 31 49 - www.laguinguette-gayrard.fr - fermé dim.-lun. et mar. soir - menu 18/42 €.* À 5mn de Cordes, ce domaine viticole en biodynamie a installé un petit restaurant qui dresse ses tables dans la nature. Excellentes propositions culinaires, du grignotage au plat raffiné, à prix contenus à l'heure du déjeuner. Le domaine organise aussi des visites dans les vignes et des dégustations.

Aux Cabannes

Pour se faire plaisir

Au Jardin des saveurs – *1 prom. de l'Autan - juste à la sortie ouest de Cordes - ✆ 06 08 14 81 80 - www.aujardindessaveurs81.fr - 12h-13h30, 19h30-21h - fermé lun.-merc., jeu. midi et dim. soir - menu 39/63 €.* On vient de loin pour passer un bon moment dans le restaurant de la famille Michel, avec monsieur en cuisine, madame et leur fille en salle. Si la base des recettes est traditionnelle, le chef s'emploie avec ingéniosité à les personnaliser. Goûtez aux sushis de foie gras ou à la poire à la double texture, vous ne le regretterez pas. La maison de caractère et les belles nappes en tissu peuvent impressionner, mais rassurez-vous, elles ne riment pas avec service guindé, c'est tant mieux ! Terrasse sous les mûriers platanes.

Petite pause

Maison Moulin – *1 av. du 8-Mai-1945 - ✆ 05 63 56 00 41 - tlj sf merc. 7h30-19h - fermé fév.* Entremets, tartes aux fruits, spécialités locales (croquant et pavé de Cordes), glaces maison (parfums traditionnels ou plus originaux) et autres gourmandises vous attendent dans cette pâtisserie qui fait également salon de thé et propose une petite restauration à l'heure du déjeuner (tartes salées, tourtes, pizzas, etc.).

Shopping

Couleur Ciel Galerie – *22 Grand-Rue de l'Horloge - ✆ 07 67 35 04 28 - 10h-13h, 14h-19h - fermé merc.* Excellent choix de pièces produites par les potiers du Sud-Ouest.

Kontrevent Atelier Cuir – *12 Grand-Rue Raimond-VII - ✆ 06 46 27 54 71 - 10h-18h.* Sacs et objets de maroquinerie à la finition soignée.

Art'Cord – *✆ 05 63 56 14 79 - www.cordessurciel.fr - de mi-juin à mi-sept. : tlj sf mar. 11h-12h30, 14h-18h ; reste de l'année : tlj sf mar. 14h-17h - fermé de fin sept. à mi-mars.* Installée dans la maison du Grand Fauconnier, l'association Art'Cord regroupe quelques artistes et artisans de la région (peinture, céramique et sculpture).

Cordae La Talvera – *23 Grand-Rue-de-l'Horloge - ✆ 05 63 56 19 17 - www.talvera.org - tlj sf dim. 9h-13h, 14h-18h (horaires variables, se rens.).* Le Centre occitan de recherche, de documentation et d'animation ethnographique propose des enregistrements de contes, musiques et chants occitans, des revues, des livres, des photos anciennes, ainsi que différents produits (disques, ouvrages, etc.) en vente dans la partie boutique... De quoi parfaire sa connaissance de l'Occitanie.

À Villeneuve-sur-Vère

Distillerie Castan – *Lieu-dit la Souparié - 12 km au nord-ouest de Cordes-sur-Ciel - ✆ 05 63 53 04 61 - www.distillerie-castan.com - 9h30-12h30, 14h-18h30 (dim. à partir de 10h) - visite sur RV.* Depuis trois générations, cette distillerie produit eaux-de-vie, liqueurs, fruits à la liqueur et whiskies Vilanova.

Activités

Visites

Petit train – *✆ 06 52 23 45 84 - visite commentée : juil.-août : ttes les h de 10h à 17h (sf 13h) - reste de l'année : se rens. - 7 € (5-12 ans 5 €).* Navette entre la place de la Bouteillerie et la porte de la Jane (entrée de la ville haute) : *juil.-août : 10h40, 11h40, 14h40, 15h40, 16h40, 17h40, 18h ; reste de l'année, se rens. - 3 € (5-12 ans 2 €). Horaires spéciaux le sam., jour de marché.*

Accrobranche

Accro Tyro – *Domaine du Garissou - Les Cabannes (à 3 km* *à l'ouest de Cordes-sur-Ciel) - 06 10 39 73 55 - accro-tyro.fr - 9h30-18h30 - 9/22 €.* Dix parcours d'accrobranche, de l'initiation (dès 3 ans) au sportif et ses tyroliennes.

Hébergement

Pour se faire plaisir

1 **Hostellerie du Vieux Cordes** – B1 - *21 r. St-Michel - ✆ 05 63 53 79 20 - www.hotelcordes.fr - P - 16 ch. 90/135 € ☕ - ✕.* Ce monastère du 13e s. s'ordonne autour d'un charmant patio, ombragé par une glycine plusieurs fois centenaire. Un bel escalier à vis mène aux chambres personnalisées et parfaitement tenues, certaines avec vue sur la campagne alentour. Cuisine traditionnelle autour du saumon et du foie gras, servie dans une salle à manger-terrasse dominant la vallée, ou dans le patio.

2 **Logis sur Ciel** – B2 - *18 Grand-Rue Raymond-VII - ✆ 05 63 56 25 87 - www.logissurciel.com - P - fermé de mi-oct. au 1er Mai - 1 ch. 115 € - ☕ 6 € - gîte 850 €/sem.* Dans cette maison historique, bâtie en même temps que la ville, vous vous trouverez dans un cadre enchanteur, à l'image même de Cordes-sur-Ciel. Vue magnifique depuis les hauteurs de la ville.

3 **Le Secret du chat** – A2 - *16 Le Planol - ✆ 06 95 48 18 10 - www.chambres-cordes-tarn-charme-lesecretduchat.com - fermé nov.-mars - 1 ch. 169 € ☕ et 1 gîte 749/903 € la sem. - 38/45 €.* Le Secret du chat offre un cadre magnifique à sa chambre raffinée et rustique. Les hôtes vous accueilleront chaleureusement avec leurs attentions et conseils judicieux. Repas et petit-déjeuner succulents.

4 **Maison Bakea** – A2 - *26 Le Planol - ✆ 05 63 56 22 24 ou 06 60 31 80 01 - www.maisonbakea.fr - 3 ch., 2 suites et 1 gîte 196/201 € ☕ - table d'hôte sur demande.* Cette maison du 13e s. nichée dans la pittoresque cité médiévale abrite une ravissante cour intérieure et de jolies chambres confortables. Sa terrasse panoramique et son atmosphère haute-époque Renaissance ajoutent au charme de l'adresse.

À proximité

Premier prix

Camping Moulin de Julien – *1,5 km au sud-est de Cordes-sur-Ciel par la D 922 rte de Gaillac, au bord d'un ruisseau - ✆ 05 63 56 11 10 - www.campingmoulindejulien.com - ♿ - fermé oct.-avr. - réserv. conseillée - 84 empl. 16,50/23 €.* Venez planter votre tente au pied de la cité médiévale. Ce camping est dans le style du pays avec son toboggan aquatique sortant d'un ancien pigeonnier pour plonger dans la piscine. Aire de jeux pour les petits. Chalets à louer.

À Livers-Cazelles

Pour se faire plaisir

Chambre d'hôte Le Cayrols – *Lieu-dit le Cayrols - 5 km à l'est de Cordes-sur-Ciel - ✆ 05 63 56 22 46 - www.lecayrols.com -; P - 4 gîtes 60/180 € - ✕ sur réserv.* Dans cette vieille ferme restaurée, les chambres ont été redécorées et la salle à manger occupe la grange. Jardin-musée d'art contemporain dans la propriété.

Le Carmausin

À la limite des plaines d'Aquitaine et du Massif central, qui s'imaginerait trouver un bassin houiller, témoin de luttes sociales dignes d'un roman de Zola ? Tel est pourtant le cas de Carmaux, cette petite ville du Tarn qui tente aujourd'hui de mettre en valeur son patrimoine, certes différent, mais aussi représentatif de l'histoire de la région que celui de ses prestigieuses voisines. La ville doit en effet sa notoriété à son gisement houiller, qui s'étend au sud-ouest de la localité sur environ 10 km de longueur et 1 à 3 km de largeur. L'épaisseur des couches de charbon varie de 30 cm à 28 m... À Carmaux, c'est l'histoire de l'exploitation des mines à travers les siècles qui nous est contée !

Se repérer

CARTE B1 (P. 308-309).
9 782 Carmausins – Tarn (81).
Carmaux est situé 16 km au nord d'Albi et 23 km à l'est de Cordes.

À ne pas manquer

La remarquable *Mise au tombeau* de Monestiés.

Organiser son temps

Prévoyez une journée avec Cap'Découverte.

En famille

Cap'Découverte.

Carnet pratique p. 383

Nos adresses p. 383

Le patrimoine industriel du Carmausin

CARTE P. 308-309

Circuit en boucle de 75 km, au départ de Carmaux, tracé en orange sur la carte. Quittez Carmaux à l'ouest par la D 90, dir. St-Benoît-de-Carmaux.

Musée/Centre d'art du Verre à Carmaux B1

Domaine de la Verrerie - ✆ 05 63 80 52 90 - www.museeverre-tarn.com - fermé pour travaux, se rens. sur la date de réouv.

Le château de la Verrerie, détruit lors d'un incendie en 1895, fut édifié par la famille de Solages qui conserva la concession des mines de Carmaux de 1752 à 1946, année de leur nationalisation. Pendant les travaux, le musée propose une programmation culturelle « hors les murs » *(rens. sur le site Internet).*

Prenez la direction Albi et suivez l'itinéraire Cap'Découverte vers Le Garric.

Cap'Découverte B1

D 73 - ✆ 05 63 80 29 01 - www.capdecouverte.com - espace de loisirs en accès libre - juil.-août : 12h-18h30 ; mars-juin et sept.-oct. : se rens. - accès libre aux sentiers, à la plage et aux terrains de jeu (pétanque, volley, etc.) - activités payantes : luge, bouée tractée, aqualud, ski nautique, wake-board, tubing... - spectacles et animations culturelles, voir l'agenda sur le site - espace pique-nique, snack et restaurant.

Dans un site naturel préservé de 680 ha, dont le paysage étonnant a été façonné par l'activité de l'ancienne mine à ciel ouvert fermée en 1997, Cap'Découverte est

Extérieur du musée Mine départementale de Cagnac-les-Mines.
F. Lamontagne/age fotostock

un immense espace de loisirs consacré à l'environnement, aux sports, au patrimoine, aux spectacles et à la science. Chantier pharaonique, ce projet a exigé le recours à des excavatrices de belle taille. Ce site se prête aux activités de « glisse » (téléski nautique, piste de luge, aquagliss, etc.), mais aussi aux sports dits de « roule » (vélo, roller, skatepark...). Le pôle spectacle, en plus de salles de concert, dispose d'un espace « grands festivals ». Des sentiers thématiques sur le patrimoine industriel – « Du charbon au soleil » –, la transition énergétique, la faune et la flore font en outre découvrir cet environnement atypique.

Parc des Titans – *Appartient au pôle mémoire de Cap'Découverte.* De gigantesques machines (roue-pelle, sauterelle, pelleteuse géante...) sont replacées dans leur environnement, dans une ambiance de mine à ciel ouvert.

Prenez la direction de Cagnac-les-Mines par la D 90.

La route passe par la **cité des Homps**. Cette cité ouvrière, composée de petites maisons bien alignées, a été créée par la Société des mines d'Albi pour accueillir les mineurs, venant en majorité de Pologne.

Musée Mine départementale à Cagnac-les-Mines B1

Appartient au pôle mémoire de Cap'Découverte - ✆ 05 63 53 91 70 - musees.tarn.fr - visite guidée (1h) juil.-août : 10h-12h30, 13h30-19h ; juin-sept. : 10h-12h, 14h-18h ; reste de l'année : tlj sf lun. 10h-12h, 14h-17h - fermé du 25 déc. au 15 fév. - 7 € (-18 ans 4 €) - Le musée était fermé en 2022, se rens. sur sa réouverture.

C'est la partie la plus intéressante du circuit et qui fait le mieux comprendre le difficile et périlleux travail du mineur de fond. Sur le site de Camp-Grand, le chevalement du puits n° 2 et ses bâtiments annexes, datant de 1891, ont été sauvés de justesse de la destruction. Ces vestiges uniques de l'exploitation minière par le fond forment un carreau de mine quasi complet. Une salle retrace la vie des mineurs hors de la mine, avec notamment la question de l'immigration, grâce à des automates et des hologrammes. Un spectacle de 10mn permet de comprendre la place d'un village de mineurs en 1914, tandis qu'une dernière salle est consacrée à Jean Jaurès et à la grève. Des galeries souterraines reconstituées sur 348 m de longueur plongent au cœur de l'activité quotidienne minière et des différentes méthodes d'extraction du charbon du 19e s. à nos jours. Une reconstitution sonorisée des bruits de marteaux-piqueurs et de ventilateurs ne fait qu'ajouter au réalisme de cette évocation de la vie des « gueules noires ».

Pour parfaire votre connaissance du monde industriel, ne ratez pas la visite du site du Saut du Tarn à St-Juéry (p. 321).

De Cagnac-les-Mines, revenez sur la N 88 dir. Rodez. Après 18 km de route, tournez à droite en dir. de Tanus. Suivez les panneaux qui mènent à travers champs jusqu'au viaduc.

Jean Jaurès

C'est à Carmaux que le fameux tribun socialiste **Jean Jaurès** (1859-1914), né à Castres (p. 328), fut triomphalement élu en 1892 comme député. L'orateur philosophe mit sa fougue et son talent au service des mineurs et des verriers du Carmausin. Sur la place qui porte son nom se dresse une statue du député de Carmaux, entouré de personnages représentant différents métiers de la région (paysan, verrier, métallurgiste et mineur).

La fin des mines...

Tel est le cas depuis la fermeture en 1997 du site de la « découverte » de Ste-Marie, dernier gisement exploité à Carmaux. Cette fermeture a mis un terme à une longue histoire, puisque l'extraction de la houille a commencé ici au milieu du 13e s. Au 16e s., certains puits atteignaient déjà une profondeur de 100 m. L'exploitation industrielle du bassin ne débuta vraiment qu'au milieu du 18e s. lorsque Gabriel de Solages, propriétaire des terres, reçut du roi une concession pour y extraire le charbon et aménager une verrerie destinée à réemployer la « charbonille » (mauvais charbon). Le gisement houiller de Cagnac, plus au sud, fut découvert en 1881 et exploité par la Société des mines d'Albi. La fin du 19e s. fut marquée par des conflits entre la famille de Solages et les mineurs, auxquels Jean Jaurès apporta un soutien énergique. C'est entre 1912 et 1950 que les gisements connurent leur période de plus forte productivité. Mais, ici comme ailleurs, la roue tourne ; l'arrêt de l'exploitation par le fond a eu lieu en 1987 au puits de la Tronquié, et dix ans plus tard, c'était au tour de la mine à ciel ouvert d'être abandonnée...

★ Viaduc du Viaur C1

Cette masse de 3734 t, œuvre de l'ingénieur Paul Bodin, émule de Gustave Eiffel, enjambe le Viaur depuis 1902 sur une longueur de 460 m. Inscrivant son arc central de 200 m d'envergure dans un site verdoyant, cet ouvrage métallique, classé Monument historique, ne manque pas d'élégance et permet à la voie ferrée Carmaux-Rodez de franchir la rivière. La percée du chemin de fer dans la région, au début du 20e s., a beaucoup contribué à désenclaver le Ségala.

Prenant sa source dans l'Aveyron, le Viaur est une jolie rivière que les habitants ont su préserver. Une partie de sa vallée vient d'être déclarée espace naturel sensible afin de protéger sa faune, sa flore et son aspect paysager. Un sentier botanique en dévoile les arbres et les arbustes. Une quinzaine de circuits sillonnent la vallée et les plateaux du Ségala. Ils passent par la petite église romane de **Las Planques** *(2h30)* ou les ruines du **château de Thuries** *(3h45)* (circuits disponibles auprès de la mairie de Pampelonne). **Lagarde-Viaur** est un joli village aux maisons en pierre, bâti le long d'une ancienne voie romaine, entouré jadis de puissants remparts. Le village conserve encore un clocher fortifié de 25 m de haut ainsi qu'une église des 13e-17e s. comprenant une nef voûtée en croisée d'ogives dédiée à St-Thomas de Cantorbéry, une croix processionnelle en argent du 16e s. et un retable doré du 17e s.

Du viaduc du Viaur, prenez la D 888 qui vous permet de rejoindre la N 88. Empruntez-la vers le sud puis prenez la D 53 à droite pour atteindre Pampelonne (16 km de route).

Pampelonne B1

Comme de nombreuses bastides tarnaises (à l'instar de Cadix, Valence ou Cordes-sur-Ciel pour Cordoue), Pampelonne doit son nom à la cité du nord de la Navarre espagnole, célèbre pour ses courses de taureaux. Cette bastide fut fondée en 1280 par Eustache de Beaumarchais, sénéchal de Toulouse, sous le règne de Philippe le Hardi.

Non loin, le **château de Thuriès** était réputé imprenable... jusqu'en 1380, date de sa prise (par surprise) par les Anglais, au cœur de la guerre de Cent ans. De l'orgueilleuse place forte démantelée sous Richelieu ne subsistent aujourd'hui qu'une tour et une vue à couper le souffle sur la vallée du Viaur.

Espace Jean-Jaurès Pampelonne – *1 av. de Thuriès (rez-de-chaussée de la Mairie) - ☏ 05 63 76 32 09 - www.pampelonne-tarn.com - lun.-mar. 8h-12h, 13h30-17h30, merc. 8h-12h, 14h-18h, jeu. 8h-12h, vend. 8h-12h, 13h30-16h30, sam. 10h-12h (passage par la médiathèque) - gratuit.* C'est devant la façade de l'hôtel Malfettes que Jean Jaurès pose sur la seule photographie où il se trouve aux côtés de militants socialistes agricoles, lors d'un banquet organisé par Auguste Cannac, conseiller général de Pampelonne. Cette image va inspirer la création de l'espace Jean-Jaurès Pampelonne, qui s'ouvre par le fameux cliché et abrite notamment le discours du député du Tarn paru le 2 octobre 1910 dans *Le Cri des Travailleurs*, ainsi qu'un buste de Jaurès sculpté par Gabriel Pech en 1914.

Le sentier des Oustalous – Partez de la place du Foirail à Pampelonne pour 5,5 km de randonnée champêtre *(niveau débutant)* à travers champs, à la découverte des Oustalous, ces cabanes des champs aux toits de tuiles ou de lauze (pierre plate de schiste).

De Pampelonne, prenez la D 78 et la N 2088 (14,5 km) pour revenir à Carmaux.

À proximité

CARTE P. 308-309

★ Monestiés B1

8 km au nord-ouest. Quittez Carmaux par la D 91 en direction de Cordes-sur-Ciel.

Pl. de la Mairie - ☏ 05 63 76 19 17 - www.monesties.fr.

Dans un site agréable, sur la rive droite du Cérou, le ravissant bourg de Monestiés mérite une visite pour les magnifiques statues de la chapelle St-Jacques.

★★ **Chapelle St-Jacques (dite aussi « de l'Hôpital »)** – *☏ 05 63 76 19 17 (office de tourisme) - www.monesties.fr - ♿ - de mi-juin à mi-sept. : 10h-12h30, 14h-18h ; reste de l'année : 10h-12h, 14h-17h30 - fermé de nov. à mi-avr. - 4 € (-14 ans gratuit) billet combiné avec le musée Bajén-Veg.* Dans cette chapelle, une *Mise au tombeau*, une pietà du 15e s., un Christ en Croix (15e s.) et un Christ à la colonne, ont été transportés en 1774 du château épiscopal de Combefa (au sud de Monestiés, aujourd'hui en ruine). La **Mise au tombeau**★★ (1490) constitue un ensemble d'une remarquable élégance représentant, sur trois niveaux, les derniers épisodes de la Passion. Les personnages ont été sculptés dans du calcaire de la région par un artiste qui demeure inconnu à ce jour. Le centre de la scène est occupé par le Christ dans son linceul, soutenu par Louis Ier d'Amboise, évêque d'Albi.

Admirez l'expression des visages et les détails des costumes des personnages disposés en cortège et non plus statiques comme ils l'étaient avant la fin du 15e s.

En vous promenant dans le village vous pourrez voir quelques jolies maisons en pierre et colombages ainsi que l'**église St-Pierre** dont le chœur gothique abrite un beau **retable**★ de 1666 orné de colonnes de granit rose : au centre un tableau montre la Vierge évanouie devant Jésus crucifié ; de part et d'autre, les statues des apôtres Pierre et Paul.

Musée Bajén-Vega – *Pl. de la Mairie - ☏ 05 63 76 19 17 (office de tourisme) - www.monesties.fr - de mi-juin à mi-sept. : 10h-12h30, 14h-18h ; reste de l'année : 10h-12h, 14h-17h30 - fermé de nov. à mi-avr. - 4 € (-14 ans gratuit) billet combiné avec la chapelle St-Jacques.* Ce musée rassemble plus d'une centaine de toiles des peintres albigeois Martine Vega et Francisco Bajén, couple de réfugiés politiques espagnols. Les œuvres de Bajén sont exposées au 1er étage, celles de Vega au 2e étage.

Carnet pratique

S'informer

Office de tourisme – *Pl. Gambetta - Carmaux - ☏ 05 63 76 76 67 - www.tourisme-tarn-carmaux.fr.*

Agenda

National de pétanque – *Fin juil.-déb. août.* Le « National » de Carmaux, organisé au parc du Candou, compte parmi les tournois de pétanque les plus importants en France.

Grandes Fêtes de St-Privat – *www.tourisme-tarn-carmaux.fr - fin août.* Gala de variétés, corso fleuri, concours de pétanque, feu d'artifice, fête foraine...

Nos adresses

Hébergement/restauration

Premier prix

Camping de Thuriès – *Pont de Thuriès - Pampelonne - ☏ 05 63 76 44 01 - - fermé de mi-sept. à mi-avr. - 27 empl. env. 15 € - 4 chalets (5 pers.) - 2 bivouacs - carte et soirées à thèmes.* Petit camping situé au bord de la rivière, dans le creux des gorges du Viaur et sous le regard du château fort de Thuriès. L'endroit idéal pour s'immerger dans la nature. Au programme, balades, canoë, pêche à la ligne ou découverte de la région.

Chambre d'hôte Les Planquettes – *Trévien - ☏ 05 63 76 44 32 - www.lesplanquettes.com - P - 3 ch. 70/80 € - table d'hôte 25 € bc, sur réserv.* Cette magnifique maison de pierre vous accueille au milieu des prés et des plantations de tournesol. Chambres joliment décorées et salon avec cheminée. Les repas sont faits de produits locaux.

6

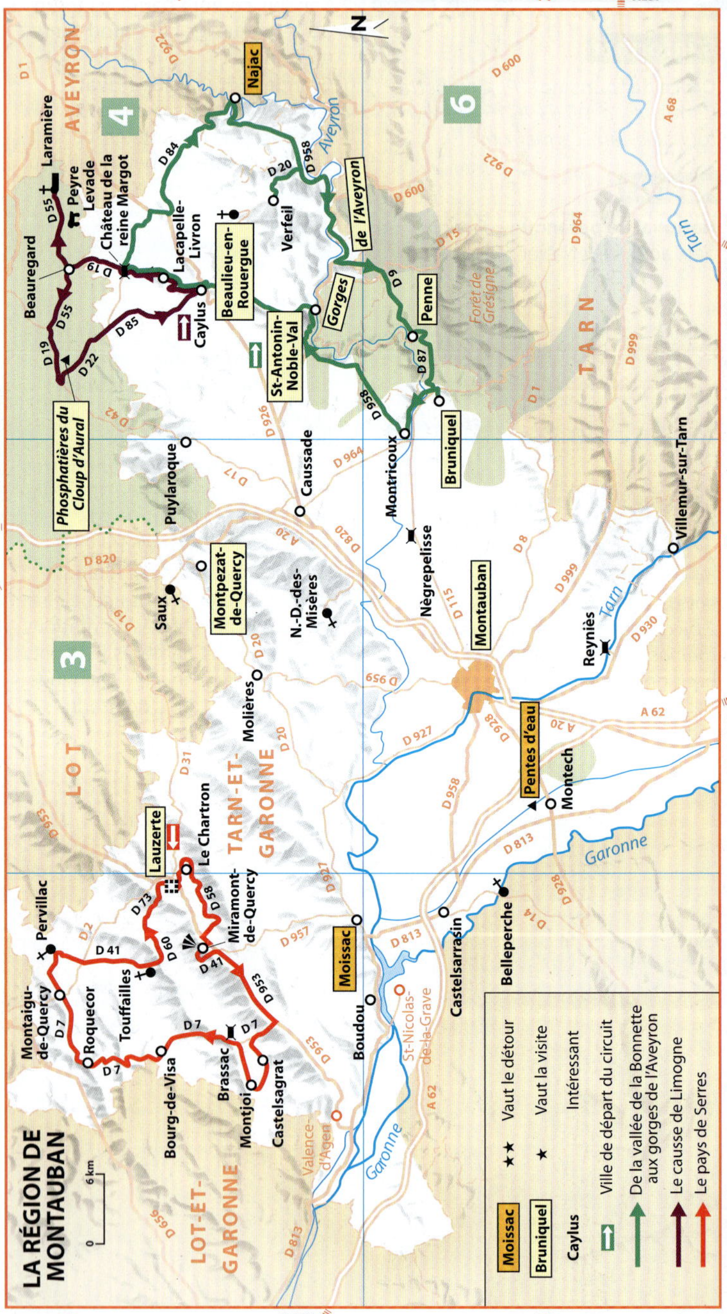
LA RÉGION DE MONTAUBAN
0 6 km
Moissac Vaut le détour
Bruniquel Vaut la visite
Caylus Intéressant
Ville de départ du circuit
De la vallée de la Bonnette aux gorges de l'Aveyron
Le causse de Limogne
Le pays de Serres
AVEYRON
LOT
TARN-ET-GARONNE
LOT-ET-GARONNE
TARN
Najac
Laramière
Peyre Levade
Château de la reine Margot
Beauregard
Lacapelle-Livron
Caylus
Beaulieu-en-Rouergue
Verfeil
Gorges de l'Aveyron
St-Antonin-Noble-Val
Penne
Bruniquel
Montricoux
Phosphatières du Cloup d'Aural
Puylaroque
Caussade
Montpezat-de-Quercy
Saux
N.-D.-des-Misères
Nègrepelisse
Montauban
Villemur-sur-Tarn
Reyniès
Forêt de Grésigne
Molières
Lauzerte
Le Chartron
Miramont-de-Quercy
Pervillac
Touffailles
Montaigu-de-Quercy
Roquecor
Bourg-de-Visa
Brassac
Montjoi
Castelsagrat
Moissac
Boudou
St-Nicolas-de-la-Grave
Castelsarrasin
Belleperche
Montech
Pentes d'eau
Valence-d'Agen
Garonne
Tarn
Aveyron
AGEN
CAHORS
BRIVE-LA-GAILLARDE
ALBI
TOULOUSE
A
B
C
1
2
3
4
6
N

7

La région de Montauban

CARTE MICHELIN DÉPARTEMENTS 337 – TARN-ET-GARONNE (82)

Montauban★ 386

Moissac★★ 397

Bruniquel★ 404

Saint-Antonin-Noble-Val★ 406

Caussade 416

Montpezat-de-Quercy★ 419

Lauzerte★ 422

Montauban ★

À la limite des collines du bas Quercy et des riches plaines alluviales de la Garonne et du Tarn, Montauban est une ville animée toute l'année. La cité qui fait peau neuve avec un dynamisme et une rare intelligence mérite une halte, ne serait-ce que pour visiter son exceptionnel musée, son pont Vieux du 14e s., ses admirables palais et hôtels particuliers et ses vieux quartiers de brique rouge. Pour ne rien gâcher, Montauban se trouve à quelques kilomètres du vignoble frontonnais.

Montauban, le pont Vieux sur le Tarn et le musée Ingres Bourdelle.
P. Escudero/hemis.fr

Se repérer

CARTE B2 (P. 384) - PLAN (P. 389).
61372 Montalbanais – Tarn-et-Garonne (82).

À ne pas manquer

Le musée Ingres Bourdelle ; la place Nationale dans le vieux Montauban.

Organiser son temps

Partagez votre journée entre promenade dans le vieux Montauban et visite des musées. Une journée supplémentaire vous permettra de visiter les alentours.

En famille

La ferme du Ramier ; le muséum d'Histoire naturelle ; la pente d'eau de Montech.

Carnet pratique p. 394

Nos adresses p. 394

Se promener

PLAN P. 389

Circuit tracé sur le plan p. 389. Garez-vous sur un des parkings (gratuits) des berges du Tarn, en contrebas du musée.

★★ Musée Ingres Bourdelle A2

19 r. de l'Hôtel-de-Ville - ✆ 05 63 22 12 91 - www.museeingresbourdelle.com - tlj sf lun. 10h-19h, jeu. 10h-21h (horaires variables, se rens.) - 12 € (enf. 7 €).

Tout beau tout neuf après sa rénovation accomplie entre 2017 et 2020, le **MIB** – ou « musée Ingres » pour les nostalgiques – est le pôle d'attraction de la cité montalbanaise. Il est logé dans l'imposant palais épiscopal depuis que Jean-Auguste-Dominique Ingres a légué à sa mort, en 1867, outre son violon, une trentaine de tableaux, plus de 4500 dessins autographes qui constituent la richesse essentielle du musée, des gravures, des photographies anciennes, calques, copies d'élèves et études diverses.

Le haut édifice de brique rose flanqué de deux pavillons domine le Tarn et le pont Vieux de ses six niveaux. Il a été construit à partir de 1664 sur l'emplacement de deux châteaux. Le palais fut racheté à la Révolution par la municipalité, qui y logea l'hôtel de ville et un musée dès 1820. Au cours du 20e s., c'est au tour des œuvres d'un autre Montalbanais, le sculpteur Antoine Bourdelle (1861-1929), de venir enrichir le fonds du prestigieux musée.

Le **1er étage** est consacré à **Ingres** et son temps. Au cœur du parcours, les tableaux du maître ont été accrochés sur des cimaises contemporaines d'un rouge pompéien. On y retrouve les deux grands formats – le *Songe d'Ossian*, vaste toile exécutée en 1813 pour la chambre à coucher de Napoléon à Rome, et *Jésus parmi les docteurs* achevé par Ingres à 82 ans –, les merveilleux portraits de Gilibert (1805) et de Madame Gonse (1852), entre autres portraits, des études, dont une première pensée pour le *Vœu de Louis XIII* qui orne la cathédrale. On peut également consulter les dessins exposés par roulement dans des tiroirs verticaux, un système qui permet d'en voir beaucoup. Au même étage, les salles ont souvent conservé des éléments anciens, plafonds peints et planchers en marqueterie. Elles forment un écrin de choix pour les romantiques (deux études d'après le modèle Joseph de Chassériau et Géricault), les élèves, dont l'ami Armand Cambon, très touchant, les œuvres de la collection d'Ingres (chambre de l'évêque), et bien sûr, le violon dans une salle appelée Ingres intime.

On a rassemblé au **2e étage** d'excellents **primitifs** et des **peintures du 14e au 18e s.** Remarquez des œuvres italiennes du 15e s., de belles toiles des écoles flamande (Jordaens, Van Dyck), hollandaise et espagnole (José de Ribera) du 17e s. Mais la contemplation des tableaux ne doit pas dispenser de regarder par les fenêtres d'où l'on a une vue plongeante sur le Tarn et le pont Vieux.

Le **premier sous-sol** est dédié à l'œuvre de Bourdelle. Sous les arches des salles voûtées, la richesse du fonds (70 sculptures) et l'intelligence de l'accrochage éclairent l'ensemble de la carrière du sculpteur, sa formation, les années Rodin, jusqu'à la consécration des années 1910, autour du célébrissime **Héraclès archer** dont le musée conserve le plâtre original, et les dernières années, lorsque le succès devient international. La visite se poursuit dans les profondeurs des différents palais jusqu'à la salle du Prince Noir qui présente des vestiges archéologiques.

Les salles du **rez-de-chaussée** sont réservées aux expositions temporaires.

Avant de quitter le musée, savourez une pâtisserie au salon de thé, devant l'une des plus jolies vues de Montauban.

Du protestantisme au catholicisme

Dans l'actuel faubourg du Moustier, les habitants de Montauriol cohabitaient difficilement avec l'abbé du couvent local de bénédictins. Lassés de ses abus, ils demandèrent aide et protection au comte de Toulouse, Alphonse Jourdain qui, en 1144, fonda une ville sur un plateau dominant la rive droite du Tarn et la dota de nombreux avantages. Dès lors, les habitants de Montauriol accoururent, contribuant à l'essor de la nouvelle localité, Montauban, qui adhéra très tôt à la foi protestante. La réaction catholique ne parvient pas à endiguer ce mouvement et, lors de la paix de St-Germain en 1570, la ville est reconnue comme place de sûreté protestante. Henri de Navarre renforce ses fortifications, et, à trois reprises, s'y tiennent les assises de toutes les Églises réformées du royaume. Avec Louis XIII, l'heure de la « reconquête catholique » a sonné : en 1621, la ville est assiégée par une armée de 20 000 hommes, commandée par le roi et son favori, le duc de Luynes. Mais Montauban repousse les assauts, et, après trois mois de siège, le roi se résout à abandonner la place. Ce succès est cependant éphémère, et, dès la prise de La Rochelle en 1628, Montauban, dernier bastion du protestantisme, affronte à nouveau l'armée de Louis XIII. En 1629, la ville se rend sans combattre, acclame le roi et Richelieu. Les fortifications sont détruites. Les huguenots bénéficient de la clémence royale.

Palais de la cour des Aides A1

Au 17e s., la cour des Aides, cour souveraine chargée de juger en appel les affaires financières et fiscales, est transférée de Cahors à Montauban. Cette présence, ainsi que celle de l'Intendance, provoque l'arrivée d'une noblesse de robe bâtisseuse d'hôtels particuliers. La cour des Aides s'installa dans les appartements épiscopaux qui furent repensés pour l'occasion dans le dernier quart du 17e s. Derrière la façade, remaniée au 19e s., est logé le Muséum d'histoire naturelle.

Muséum d'histoire naturelle – *2 pl. Antoine-Bourdelle - ☏ 05 63 22 13 85 - www.museum.montauban.com - ♿ - mar.-sam. 10h-12h, 14h-18h, dim. 14h-18h - 4 €.*
On s'amuse beaucoup dans ce muséum qui a gardé ses jolies vitrines en bois d'un autre temps. Plus de 2 000 oiseaux du monde entier (les petites mésanges qui aiment le lait, l'autruche et son autruchon), des mammifères (une famille renard, un tigre effrayant, loulou le blaireau caché derrière un mur, et même un éléphant), des insectes (papillons de toutes les couleurs, scarabées scintillants), reptiles, squelettes, coquillages, fossiles des phosphorites du Quercy, dioramas des milieux locaux et la très rare météorite d'Orgueil. On s'amuse… et on apprend énormément à partir de cette riche collection qui remonte à 1852.
Traversez le square Piquard, en face de l'entrée du musée.

Église St-Jacques A1

En longeant le square Piquard, on aperçoit le **clocher** de style toulousain (15e s.) de cette église fortifiée, commencée au 13e s. Elle subit les ravages des guerres de Religion en 1561, connut cette même année le massacre de catholiques enfermés entre ses murs, et porte encore sur la façade fortifiée la trace des boulets du siège de 1621 (*encadré ci-dessus*). Après la reconquête catholique, en 1629, le cardinal de Richelieu y fut reçu solennellement, et l'église, élevée au rang de cathédrale dès cette visite, le resta jusqu'en 1739, année de consécration de la nouvelle cathédrale. Fermée pendant la Révolution, elle fit l'objet de restaurations au siècle suivant (portail néoroman de l'architecte montalbanais Léopold Gardelle et décor intérieur 19e).

Poursuivez par la rue de la République à droite en sortant de l'église et remontez-la jusqu'à l'étroite rue des Rondelles, sur la gauche.
Au bout de la rue, sur le mur droit, hommage à la Baigneuse Valpinçon d'Ingres par une des pionnières du *street art*, **Miss Tic** (série *Muses et Hommes*). *Le mur fait partie d'un parcours street art organisé par la ville (www.montauban-tourisme.com).*
Revenez sur vos pas et passez devant le portail de l'église, vers la rue Princesse. Tournez à gauche dans la rue Armand-Cambon.

Hôtel Lefranc de Pompignan A1

12 r. Armand-Cambon - ne se visite pas.
Cet hôtel particulier du 17e s. est précédé d'un **portail★** à colonnes surmonté d'un fronton majestueux. Propriété de Jacques Lefranc de Pompignan, premier président de la cour des Aides de Montauban au 18e s., il fut habité par le peintre Armand Cambon au siècle suivant (monogramme de son frère, Gustave Cambon, dans l'imposte de la grille). Il abrite, dans l'aile gauche, un escalier droit du 17e s. orné d'arcs rampants et balustres en bois.
Empruntez la rue Princesse.

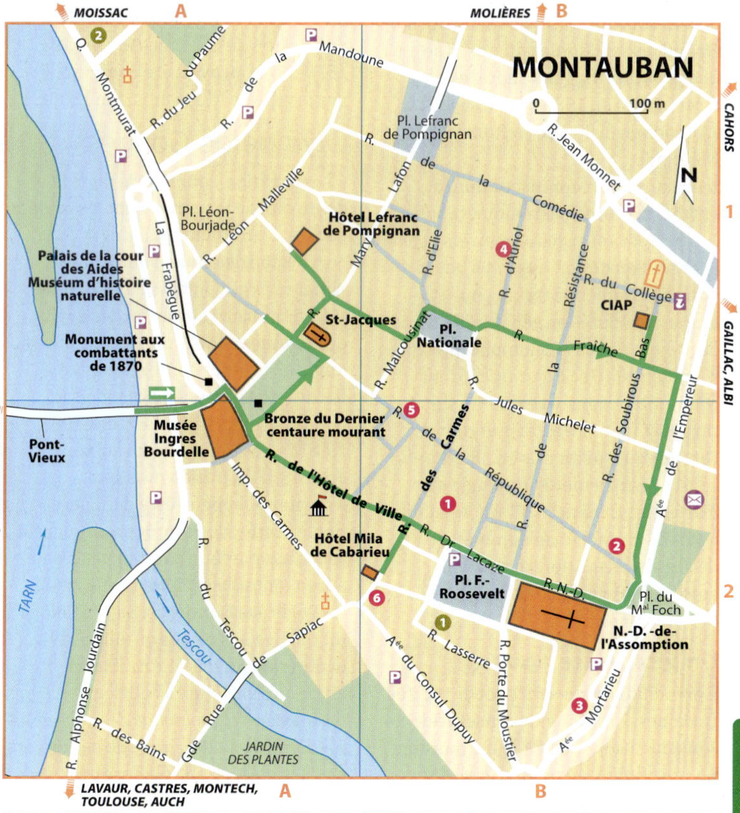

SE RESTAURER
Les Délices Gascon 1
Les Terrasses de l'Empereur . 2
Du bruit en cuisine 3
Antoine 4
Lulu la Nantaise 5
Le Sampa 6

SE LOGER
L'Hôtel du Commerce....... 1
Abbaye des Capucins....... 2

Célébrités de Montauban

Jean-Auguste-Dominique Ingres

Un extraordinaire dessinateur

Né à Montauban en 1780, d'un père artisan décorateur qui lui donne de solides bases en musique et en peinture, **Jean-Auguste-Dominique Ingres** étudie à l'académie de Toulouse, puis devient à Paris l'élève de David. Il voyage beaucoup en Italie, où il pose les bases stylistiques de son œuvre : réalisme dans l'observation et le rendu du détail, et recomposition du dessin sous un trait lisse et uniforme. Grand prix de Rome à 21 ans, il se fixe près de vingt ans en Italie, où il reviendra en 1835 pour diriger l'Académie de France à Rome (Villa Médicis).

Il est surtout reconnu comme un extraordinaire dessinateur, touchant à la perfection grâce à la pureté et à la précision de son trait, et a laissé d'innombrables portraits, nus et études, exécutés en général à la mine de plomb. Après le triomphe que reçoit en 1840 sa *Stratonice* (dont Montauban conserve une version tardive), il rentre à Paris et rouvre l'atelier qu'il avait mis en place en 1824 et qui formera une génération d'artistes. Il meurt à 87 ans, léguant à sa ville natale un ensemble de plusieurs milliers d'œuvres, aujourd'hui déposées au musée qui porte son nom.

Un violoniste aguerri

Épris d'harmonies rares et de teintes franches, Ingres avait conservé de son éducation musicale une passion pour le violon, au point d'être, dans sa jeunesse, membre de l'Orchestre du Capitole de Toulouse. Cette passion ne se démentit jamais, même si son activité principale l'obligea à ne s'y adonner qu'à ses moments perdus. D'où l'expression « **violon d'Ingres** » pour désigner un hobby.

Antoine Bourdelle

Né lui aussi à Montauban, **Antoine Bourdelle** (1861-1929) doit beaucoup à son maître, Rodin. Il a su, dans ses compositions (bustes ou groupes sculptés), allier la virilité des attitudes, la simplicité des lignes et la noblesse des sentiments. Son *Héraclès archer*, au musée Bourdelle de Paris, constitue l'un des sommets de son art. Ce musée expose aussi de nombreuses études et des fragments du *Monument aux combattants et défenseurs du Tarn-et-Garonne de 1870-1871* qui avait été commandé par la ville de Montauban en 1895.

Olympe de Gouges

« L'ignorance, l'oubli ou le mépris des droits de la femme sont les seules causes de malheurs publics et de la corruption des gouvernements. » Ainsi écrivait Olympe de Gouges en 1791 dans sa Déclaration des droits des femmes et de la citoyenne, pierre angulaire de ses combats contre les inégalités sociales, lesquels la conduisirent à l'échafaud en 1793. Née Marie Gouze à Montauban en 1748, d'un milieu modeste, « occitan », et peut-être d'un père noble, Astier de Pompignan, qui ne la reconnut pas, elle parvint peu à peu à fréquenter la société intellectuelle du Paris des Lumières. Sa passion du théâtre, les pièces qu'elle écrivit et dans lesquelles elle militait, entre autres, pour l'abolition de l'esclavage (*L'Esclavage des nègres*), la menèrent vers l'écriture de pamphlets et d'articles, où elle élabora un programme de réformes sociales et politiques. « Les femmes ont le droit de monter à l'échafaud. Elles doivent avoir également celui de monter à la tribune. » Dont acte.

★★ Place Nationale B1

L'arrivée sur la « place des Couvertes » – son ancien nom – est toujours merveilleuse. Au détour de la petite rue Princesse, on l'aperçoit sous une arcade, toute de briques vêtue. Sur les tables tirées au milieu, les conversations vont bon train, en général sous un beau soleil, et on se met à envier les Montalbanais. Au centre, un miroir d'eau, inauguré en juillet 2022 ,apporte de la fraîcheur.
Les maisons bordant le centre névralgique de la cité reposaient autrefois sur des couverts en bois. Les marchands tenaient boutique à l'abri, sur le carreau se tenaient le marché hebdomadaire et des foires d'importance régionale, les consuls venaient délibérer dans la maison commune, et les criminels venaient purger leur peine attachés au pilori. Après deux incendies successifs, les arcades furent, au cours du 17e s., reconstruites en briques, par les architectes toulousains Pierre Levesville, qui s'inspira sans doute de la place des Vosges à Paris pour en dessiner les plans, et Bernard Campmartin. Voûtées d'ogives, elles abritent une double galerie : une simple voie de circulation à l'intérieur, tandis que la voie extérieure était réservée aux marchands. La place frappe par son homogénéité que vient bousculer la forme trapézoïdale du plan au sol, lui-même héritier de la forme des remparts. Les maisons qui l'entourent se raccordent à chacun des angles par un portique en pan coupé. Les maîtres drapiers ont fait graver sur le 1er pilier, à l'angle de la rue Malcousinat, leur mètre étalon qui, pour n'être pas de platine, n'en fit pas moins longtemps autorité. Un marché couvert renoue chaque matin avec les fonctions ancestrales de la place : Montauban a toujours le cœur chaud.
Quittez la place à l'est par la bien nommée rue Fraîche et rejoignez l'allée de l'Empereur.

Centre d'interprétation de l'architecture et du patrimoine (CIAP) B1

2 r. du Collège - ✆ 05 63 63 03 50 - www.centredupatrimoine.montauban.com - ♿ - tlj sf dim.-lun. 10h-12h, 13h-18h - entrée libre.
Logé dans le **collège des Jésuites**, installé en 1676 dans un hôtel particulier acquis par l'ordre, le CIAP présente de nombreux objets d'art et de tradition populaire, qui dévoilent Montauban, son architecture, son patrimoine et son histoire. Le centre propose également des visites sur site, des visites aux musées, et des visites en ville.

Les Allées B1-2

Gageons qu'il sera de bon ton dans les années à venir de se promener sur « les allées », appelées à devenir les *ramblas* montalbanaises. Encore jeunes (2018-2019) sous une végétation qui ne demande qu'à s'étoffer, ponctuées de sculptures et d'un kiosque, les allées de l'Empereur et Mortarieu ont retrouvé une jeunesse. Elles suivent le tracé des fortifications, entre l'esplanade des Fontaines et le jardin des Plantes, en passant par la cathédrale. Elles accueillent tous les samedis matin un marché de producteurs locaux.

Cathédrale N.-D.-de-l'Assomption B2

Abords en cours d'aménagement en 2022.
Toute blanche, la cathédrale trône sur le point culminant de la ville. Louis XIV avait voulu, au lendemain de la révocation de l'édit de Nantes (1685), symboliser la toute-puissance du culte catholique et la fin du protestantisme à Montauban. L'édifice classique de vastes proportions fut consacré en 1739. La façade s'ouvre par un imposant péristyle qui supporte les statues colossales des quatre évangélistes, copies de celles qui se trouvent à l'intérieur. Dans le bras gauche du transept se trouve

Le Vœu de Louis XIII, un tableau d'Ingres qui remporta un succès presque unanime au Salon de 1824 où il fut exposé avant de rejoindre la ville natale du peintre. Le roi, après les divisions sanglantes des guerres de Religion, met sous la protection de la Sainte Vierge son royaume en lui présentant le sceptre et la couronne.
Prenez la rue Notre-Dame, le long de la cathédrale.

Place Franklin-Roosevelt B2

En cours d'aménagement en 2022.
À côté de l'immeuble à cariatides (*ABC d'architecture p. 462*), le passage partiellement voûté du Vieux-Palais relie deux cours d'hôtels de style Renaissance et permet de ressortir au nº 25 de la **rue de la République**.

Rue des Carmes B2

Au nº 24, l'**hôtel Mila de Cabarieu** offre une intéressante composition architecturale avec son portique en brique rose à arcades surbaissé

Rue de l'Hôtel-de-Ville B2

Elle est bordée, entre autres, par l'hôtel Sermet-Deymie (18e s.), aussi connu sous le nom de « Duval de Monmilan », caractéristique avec les quatre colonnes ioniques de son portail d'entrée.
Rejoignez les berges du Tarn.

Pont Vieux A2

Édifié en brique au début du 14e s. par les architectes Étienne de Ferrières et Mathieu de Verdun, il mesure 205 m de longueur et franchit le Tarn en sept arches qui reposent sur des piles protégées par des becs. Au-dessus des piles, les hautes arcades permettent aux eaux du Tarn en crue de s'écouler facilement. Contemporain du pont Valentré à Cahors, le pont Vieux était lui aussi fortifié.

À proximité

CARTE P. 384

★★ Pente d'eau de Montech B2

14 km au sud-ouest par la D 928.
Maison du site - *R. de l'Usine - 05 63 64 16 32 - www.pentedeaudemontech.fr - ♿ - de mi-juin à mi-sept. 10h30-13h, 14h-18h30 (dim. 14h-18h30, juil.-août tlj 10h-19h) - reste de l'année horaires sur le site Internet - entrée libre.*
Une péniche peut surfer ! C'est ce que nous apprenons au cours d'un parcours-promenade de 3 km au bord de l'eau, qui nous conduit avec une rare pédagogie du site industriel où est logé l'accueil jusqu'au ventre de la machine. Montech se trouve sur le **canal latéral à la Garonne** qui forme, avec le canal du Midi, le canal des Deux-Mers entre Méditerranée et Atlantique. Devant la concurrence des transports routiers et ferroviaires, il était important que les péniches avancent vite. Le système de la pente d'eau proposé par Jean Aubert en 1971 devait doubler les écluses de Montech sur une dérivation du canal. L'ingénieur français résolvait en même temps l'augmentation du tonnage des péniches et la rapidité du passage (20mn au lieu de 45). Aubert imagina de pousser l'eau (et la péniche) dans une sorte de long couloir en pente (la pente d'eau) grâce à un pare-choc étanche, appelé « bouclier », épousant la forme exacte du couloir. Les péniches ont surfé dans la pente pendant trente-six ans, entre 1973 et 2009. Aujourd'hui, le canal sert principalement au tourisme et le fret voyage autrement.
Comme il fallait des motrices diesel d'une puissance colossale pour actionner le bouclier (on en voyait la fumée jusqu'à Montauban), il n'était pas question de

remettre le système en route lorsqu'il a été envisagé de restaurer cet ensemble industriel unique au monde, avec celui de Fonserannes (à l'abandon). Une **péniche** a donc été acheminée sur le site, à l'intérieur de laquelle toutes les explications sont fournies sur le système. On peut même piloter soi-même la motrice ou entrer dans une salle qui simule la mise en marche. La péniche se visite l'esprit bien préparé puisqu'elle arrive après un cheminement, le long du canal, ponctué de panneaux didactiques et colorés. L'histoire est passionnante et fort bien contée.
Outre quelques maisons à colombages, on verra à Montech l'**église N.-D.-de-la-Visitation**. Édifiée au 15e s., elle est surtout remarquable par son clocher toulousain d'une hauteur de 46 m.

Abbaye de Belleperche à Cordes-Tolosannes A2

De Montech, traversez la Garonne, puis prenez la D 26 à droite.
Bâtie au 12e s. sur les bords de la Garonne, elle comptait, un siècle plus tard, parmi les trois plus puissantes abbayes cisterciennes du sud de la France. Si l'église a été rasée, subsistent encore le grenier à grains, la salle à manger, le réfectoire des moines, les galeries et le grand cloître. L'enceinte accueille des expositions temporaires dont certaines, tournées vers l'alimentaire, témoignent du passé hôtelier des lieux. Belleperche (littéralement « beau domaine ») abrite une exposition sur les arts du goût et de la table, notamment une collection d'objets chinois anciens consacrée au thé du 7e au 20e s.

Château de Reyniès B2

Quittez Montauban au sud par la D 21 en direction de Villemur-sur-Tarn. Visite extérieure uniquement. 05 63 64 04 02 - extérieurs uniquement juil.-sept. : 10h-12h, 14h-16h ; reste de l'année : se rens. - réserv. conseillée - gratuit.
Il s'agit d'un bâtiment en brique flanqué de trois tours rondes d'angle, ce qui lui donne une forme triangulaire. Un château fort, érigé en 1289, fut détruit au cours du siège de 1622, la famille Latour de Reyniès s'étant convertie au protestantisme. Le château actuel fut construit en 1650 et rehaussé d'un étage en 1786. La façade nord-est est la plus curieuse : les deux tours rondes encadrent deux corps de bâtiment à angles saillants, flanquant eux-mêmes l'entrée (fronton triangulaire au-dessus de la porte). La façade sud, qui surplombe le Tarn, offre une belle ordonnance. Une salle ouverte dans la tour est abrite des expositions ponctuelles de peinture. Enfin, sur la façade ouest, un beau porche en anse de panier ouvre sur les caves voûtées datant du 13e s.

Villemur-sur-Tarn B2

23 km au sud-est. Après Villebrumier, ancienne bastide, la D 87 s'élève à flanc de coteau avant d'atteindre Villemur.
2 pl. Charles-Ourgaut - 05 34 27 97 40 - www.tourisme-valaigo.fr.
Le bourg, situé au cœur du vignoble de Fronton, est une ancienne place forte dominée par la tour sarrasine du Vieux-Moulin, seul vestige des fortifications. Le village historique bâti en brique conserve des églises des 14e et 19e s. ainsi que les Greniers du Roy du 17e s. Les sentiers de randonnée dans le canton de Villemur sont jalonnés de pigeonniers et de lavoirs en brique.
Une **voie verte** de 20 km au départ de Villemur a été aménagée sur le tronçon d'une ancienne voie ferrée, entre Bessières et Nohic.

Carnet pratique

S'informer

Office de tourisme – *4 r. du Collège - espl. des Fontaines - Montauban - ✆ 05 63 63 60 60 - www.montauban-tourisme.com.*

Agenda

Montauban en scène – *Fin juin-mi-juil. - www.montauban-en-scenes.fr.* Festival pluridisciplinaire mêlant musique, spectacles, danse, humour, arts de la rue et ateliers.

Les 400 Coups – *Fin août-déb. sept. - www.montauban-festivites.com - ✆ 05 63 63 60 60.* Défilé de chars, fête foraine.

Festival Lettres d'automne – *15 j. en nov. - www.confluences.org.* Rencontres littéraires autour d'invités d'honneur, expositions, lectures, etc.

Nos adresses

PLAN P. 389.

Restauration

Premier prix

1 **Les Délices Gascon** – B2 - *7 r. des Carmes - ✆ 05 63 20 35 07 - 9h30-14h30 - fermé dim.-lun. - plats env. 15 €.* À la fois épicerie fine et bistro de charme, cette ancienne boulangerie ravit chaque jour les Montalbanais qui reviennent fidèlement. Salades gourmandes et excellent confit de canard préparé le matin même. Deux belles salles dont une avec cheminée allumée en hiver et terrasse sur la rue piétonne.

5 **Lulu la Nantaise** – B2 - *46 r. de la République - 05 63 63 00 99 - 8h-16h (jeu. 23h) - fermé dim. - plat env. 15 €.* Dallage noir et blanc, comptoir en zinc et lampes industrielles, terrasse sur la rue qui s'élargit sur la place du Coq, c'est dans ce décor que vous prendrez un burger frites (moelleuses) ou un plat fait maison, à petits prix.

6 **Le Sampa** – B2 - *21 r. des Carmes - ✆ 0563203646 - www.lesampa.com - 15/25 €.* Du vin, des potes et un bon petit plat, ainsi se présente le Sampa, valeur sûre à Montauban. L'été, des tables sont installées à l'ombre des platanes de l'allée du Consul-Dupuy.

2 **Les Terrasses de l'Empereur** – B2 - *2 r. de la République - ✆ 05 63 20 41 59 - www.les-terrasses-de-lempereur.business.site - 12h-13h45, 19h30-21h30 - fermé dim.-lun. - plats 23/26 € - formule déj. 20 €.* Hervé Daumy propose une cuisine classique, précise et maîtrisée, basée sur d'excellents produits. Accueil et service sans faille et agréable terrasse pour les beaux jours.

Au Fil de l'Eau – HORS PLAN - *14 quai du Dr-Lafforgue - ✆ 05 63 66 11 85 - www.aufildeleau82.com - midi et soir - fermé dim.-lun. - formule déj. 20 € - plats 18/27 €.* Cette maison ancienne située dans une rue tranquille abrite une spacieuse salle à manger, contemporaine et chaleureuse. Préparations traditionnelles, bon choix de vins régionaux.

Budget moyen

4 **Antoine** – B1 - *10 r. d'Auriol - ✆ 0563030391 - antoine-omnivore.fr - fermé dim.-lun. - menu 19/46 €.* Dans une rue du vieux Montauban, où sont installées quelques tables aux beaux jours, les assiettes défilent comme pendant la fashion week. Toutes plus belles les unes que les autres. Cuisine raffinée et viande cuite au feu de bois dans ce restaurant qui pousse le bon goût

jusqu'à proposer une formule à moins de 20 € le midi.

Nous – HORS PLAN - *7 r. Bessières - ✆ 05 63 91 97 03 - www.restaurant-nous.fr - 12h-13h45 - fermé w.-end - menu 26/32 €.* Ils ne sont que deux, mais ils sont partout : au marché, à la cuisine, en salle ou sous la terrasse. Ils ont le goût des produits de saison et du pain fait maison, l'art des inventions colorées, la maîtrise des prix et le sens de l'accueil. Un sans-faute.

Pour se faire plaisir

3 **Du bruit en cuisine** – B2 - *12 allée Mortarieu - ✆ 05 63 91 19 25 - www.dubruitencuisine.fr - midi et soir - fermé dim.-lun. - formule déj. 24 € - menu 65 €.* Une adresse qui rajeunit incontestablement le paysage gastronomique de la ville. Une équipe dynamique déploie une cuisine joyeuse et colorée qui bouscule les traditions et s'aventure sur des chemins non balisés. Résultat, de belles réussites, des imperfections mais une audace à saluer. Belle terrasse.

À Montech

Pour se faire plaisir

Bistrot Constant – *25 r. de L'Usine - ✆ 05 63 24 63 02 - www.bistrotconstant.com - 12h-14h, 19h-22h - fermé dim. soir-mar. - menu 42/60 €.* À deux pas de la pente d'eau, la pimpante maison éclusière, installée au bord du canal latéral à la Garonne, abrite aujourd'hui un bistrot de chef de très bonne tenue. Au menu : du grand classique réalisé dans les règles de l'art, comme on l'aime !

Petite pause

Crumble Tea – *25 r. de la République - passage du Vieux-Palais - ✆ 05 63 20 39 43 - www.crumbletea-montauban.fr - mar.-sam. 12h-18h (sam. 18h30) - fermé 28 déc.-3 janv.* Ce plaisant salon de thé se cache dans un passage discret. Murs en brique, baies vitrées, donnant sur une petite cour entourée de maisons rosées et jolis cadres ici et là. Tartes salées et sucrées maison.

Shopping

La ferme du Ramier – *2250 rte de St-Étienne - ✆ 05 63 03 14 49 - www.lafermeduramier.fr - tlj sf dim. 9h-12h30, 15h-18h30 - visite de la ferme : merc. et sam. 16h.* Cette ferme familiale se visite toute l'année : découverte du troupeau de vaches laitières, démonstration du robot de traite, visite de la fromagerie et de la cave d'affinage où mûrissent 4000 tomes et raclettes. Dégustation/vente.

Alexandres – *2 r. Dr-Lacaze - ✆ 05 63 20 60 77 - www.patisserie-alexandres.fr - mar.-vend. 9h30-12h30, 15h-19h30, sam. 8h30-13h, 15h-19h30.* Une pâtisserie réputée pour son absolu (biscuit amande, croustillant pralin, chocolat et crème brûlée à la vanille) et son baccarat (macaron pistache craquant aux framboises fraîches), sans oublier son paris-brest et son mille-feuille. Salon de thé faubourg Lacapelle *(n° 117 - ✆ 05 63 91 25 53).*

Couderc Droguerie – *43 r. de la Résistance - ✆ 05 63 63 00 38 - fermé dim.-lun.* C'est la caverne d'Ali Baba. Vous trouverez absolument tout dans cette droguerie comme on n'en voit plus, du balai de Grisolles au savon de Marseille, en passant par les cocottes en fonte, les petits souvenirs produits localement, les tabliers, les paniers de toutes les formes.

L'Escale Céramique – *14 r. des Carmes - ✆ 09 80 59 49 72 - potiers-terres-neuves.com - fermé dim.-lun.* Dans la boutique de l'association des Céramistes Terres Neuves du Sud-Ouest, douze potiers présentent en permanence leurs créations.

À St-Sardos

Cave de St-Sardos - *2 ch. de Naudin - 28 km au sud-ouest de Montauban - ✆ 05 63 02 52 44 - www.cave-saint-sardos.com - 9h-12h, 14h-18h - fermé lun. mat., sam. apr.-midi hors sais. et dim.* Cette petite appellation de 110 ha (75 % en agriculture et 25 ha en bio) mérite que l'on s'y attarde. Le vignoble de St-Sardos est le seul de France à associer la syrah et le tannat (pouvant être complété par du merlot et du cabernet). Nos préférées : les cuvées Cadis et Terra, d'une belle densité et longueur aromatique.

Activités

Du Port Canal de Montauban, on peut rejoindre à vélo la pente d'eau, en suivant le **canal de Montech** sur 10 km de voie verte. On rejoint la voie verte du canal des Deux-Mers (*p. 401*). La Vallée de l'Aveyron se découvre en empruntant la **véloroute** qui va jusqu'à Laguépie (85 km). *www.montauban-tourisme.com*

City Game Granhòta - *Rv pl. Pénélope - ✆ 09 81 00 25 05 - www.granhota-games.fr - 15/20 €/pers.* Il s'agit de retrouver le violon d'Ingres après son vol. À partir de 16 ans.

Hébergement

Premier prix

(1) **L'Hôtel du Commerce** - B2 - *9 pl. F.-Roosevelt - ✆ 05 63 66 31 32 - ♿ - 26 ch. 73/87 € - ☕ 9 €.* Sur la place de la cathédrale qui achève sa mue en 2022, cet hôtel tenu en famille perpétue la tradition et l'art du bien recevoir. L'établissement a été entièrement rénové en 2018, sans rien perdre de son atmosphère sympathique et conviviale.

Pour se faire plaisir

(2) **Abbaye des Capucins** - A1 - *6-8 quai de Verdun - ✆ 05 63 22 00 00 - www.abbayedescapucins.fr - P 🏊 ♿ ▤ - 116 ch. 109/217 € - ☕ 20 € - ✕ 29/35 €.* Avec son cloître vitré et planté de cyprès géants, cette abbaye du 17e s. offre un cadre reposant à l'orée de la vieille ville. Chambres modernes où domine le bois. Restaurant de qualité, Le Bistro des Capucins, le soir uniquement. Piscine extérieure et Spa.

Moissac ★★

Il faut avoir vu, une fois dans sa vie, le visage doux de Jérémie, ployer doucement sur son épaule de pierre. Sa statue soutient le tympan du portail de la merveilleuse abbaye de Moissac depuis le 12e s. La petite ville s'élève tout autour, sur la rive droite du Tarn et de part et d'autre du canal latéral à la Garonne, au milieu de coteaux couverts de vergers et de vignobles. L'été, les soirées musicales et le Festival des Voix retiennent les promeneurs en faisant résonner les murs anciens.

Abbatiale Saint-Pierre de Moissac.
A. Spani/hemis.fr

Se repérer

CARTE A1 (P. 384).
13 378 Moissagais – Tarn-et-Garonne (82).
30 km à l'ouest de Montauban.

À ne pas manquer

L'abbaye ; une dégustation de produits issus du chasselas de Moissac (*« Nos adresses »*).

Organiser son temps

Comptez 1h30 pour la visite de l'abbaye, la journée pour savourer le patrimoine bâti et les jolies vues depuis les coteaux.

En famille

L'Espace Firmin-Bouisset à Castelsarrasin.

Carnet pratique p. 402

Nos adresses p. 402

Sauvée de justesse !

Si le moine bénédictin venu de St-Wandrille qui fonda probablement l'abbaye au 7e s. est resté anonyme, celui qui permit à l'abbaye et à la ville de connaître leur âge d'or, en revanche, est bien connu. Il s'agit de saint Odilon, le prestigieux abbé de Cluny : de passage en 1047, il unit à l'abbaye de Cluny celle de Moissac qui vivotait difficilement après les pillages successifs des Arabes, des Normands et des Hongrois. Grâce à ce prestigieux parrainage, une ère de prospérité commence alors : l'abbaye de Moissac établit partout des prieurés et étend son influence jusqu'en Catalogne. Déjà victime de la guerre de Cent Ans et des guerres de Religion, gravement endommagée pendant la Révolution lorsque ses archives furent dispersées, ses trésors pillés et ses statues mutilées, l'abbaye de Moissac faillit recevoir le coup de grâce au milieu du 19e s. En effet, les savants calculs des ingénieurs chargés de tracer la ligne de chemin de fer de Bordeaux à Sète aboutirent à un résultat d'une imparable logique : le cloître, qui se trouvait au beau milieu du tracé, devait être abattu pour que les convois puissent circuler ! Insensibles à ces arguments, les Monuments historiques entamèrent alors un farouche combat et réussirent à obtenir de ces adeptes de la ligne droite un tracé curviligne du plus bel effet, qui permit de sauver l'édifice.

★★ Abbaye

PLAN CI-DESSOUS

Toute l'année, le service Patrimoine de Moissac organise visites et activités pour petits et grands.

Le monastère de Moissac accueillit au Moyen Âge une des plus grandes communautés du monde occidental chrétien. Il fut un foyer intellectuel majeur par l'intense activité de son scriptorium, en particulier lors de son apogée au 12e s.

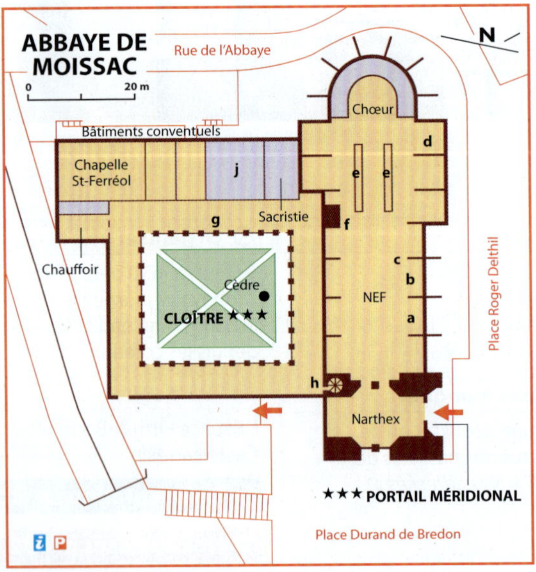

On en connaît la richesse grâce à Colbert, qui fit déménager la bibliothèque bénédictine, laquelle se trouve aujourd'hui à la Bibliothèque nationale de France. Moissac cache également un des cloîtres romans les plus complets à être parvenus jusqu'à nous : ses chapiteaux ainsi que le portail du 12e s. sont classés au Patrimoine mondial par l'Unesco au titre des chemins de St-Jacques de Compostelle, l'abbaye se situant sur la via Podiensis.

★ Abbatiale St-Pierre

Il ne subsiste de l'abbatiale d'origine que le clocher-porche qui fut fortifié vers 1180. La fortification comporte un chemin de ronde, un parapet crénelé, des archères et une galerie à mâchicoulis *(ne se visite pas)*. À l'extérieur apparaissent nettement les deux périodes de construction de la nef, l'une romane (en pierre), l'autre gothique (en brique). On retrouve la partie romane dans le soubassement des murs de la nef et dans les fenêtres en plein cintre des parties basses. Le reste fut exécuté au 15e s. dans le style gothique méridional.

★★★ **Portail méridional** – Exécuté vers 1130, au moment du développement des grands pèlerinages, ce portail monumental, voué à magnifier l'entrée du sanctuaire, ouvre sur la grande place de la ville médiévale. Il faut vous imaginer, au débouché de la courte rue, en pèlerin qui subirait le choc du **tympan**. Il surgit, à l'ombre de l'arcade monumentale, comme si une « porte s'était ouverte sur le ciel ». Le Christ revient sur Terre à la fin des temps d'après la vision prophétique de l'Apocalypse selon saint Jean (Apocalypse, 4, 1-8) : « Je vis un trône placé dans le ciel et Quelqu'un assis sur le trône ». Dans une mandorle semée d'étoiles, sa main gauche posée sur le Livre de Vie, le Christ lève la droite dans un geste de bénédiction. Il est entouré des symboles des évangélistes (le tétramorphe) : un homme ailé à la silhouette ployée (saint Matthieu), un lion (saint Marc), un taureau (saint Luc) et un aigle (saint Jean). Le groupe central est encadré par deux chérubins aux fluides drapés. Autour du trône, les vingt-quatre vieillards de l'Apocalypse contemplent, subjugués, l'apparition. Assis avec aisance sur des tabourets princiers, vivants dans la variété de leurs attitudes, ils tiennent « des violes et des coupes pleines de parfums qui sont les prières des saints ». Un ruban perlé replié en méandres, comme agité du souffle de l'inspiration, encadre la scène. L'ensemble est supporté par un linteau décoré de huit rosaces entourées d'un câble sortant de la gueule de deux monstres placés à chaque extrémité.

Le trumeau, vigoureux, est sculpté dans un bloc monolithe orné de trois couples de lions dressés, dont les corps, croisés en X, se superposent. Deux figures longilignes se tiennent sur les faces latérales du trumeau : **saint Paul**, à gauche, et **Jérémie**, à droite. Ce dernier prophète, figuré avec un visage doux aux paupières lasses, annonça, entre autres catastrophes, la ruine de Jérusalem. Sur les piédroits apparaissent saint Pierre, patron de l'abbaye, et le prophète Isaïe. De chaque côté des piédroits, sont sculptées des scènes historiées dans des éléments de sarcophages en marbre des Pyrénées.

Pour une description en image, reportez-vous à l'ABC d'architecture p. 458.

Intérieur – On pénètre dans le narthex dont la voûte repose sur huit puissantes colonnes engagées à grands chapiteaux très stylisés (11e et 12e s.) soutenant la retombée de quatre nervures en croisée d'ogives. La nef a conservé une partie de son mobilier. Remarquez une Vierge de Pitié de 1472 **(a)**, une charmante Fuite en Égypte de la fin du 15e s. **(b)** ainsi qu'un admirable **Christ★** roman du 12e s. **(c)** et enfin une Mise au tombeau **(d)** de la fin du 15e s.

Le chœur est entouré d'une clôture en pierre sculptée, du 16e s., derrière laquelle on a dégagé une abside carolingienne. Stalles du 17e s. **(e)**. Dans une niche placée sous l'orgue, sarcophage mérovingien **(f)** en marbre blanc des Pyrénées.

★★★ Cloître

Entrée par l'aile St-Julien (boutique), derrière l'abbatiale - ✆ 05 63 04 01 85 - www.abbayemoissac.com - juil.-sept. : 10h-19h ; avr.-juin et oct. : 10h-12h, 14h-18h ; reste de l'année : 13h30-17h - 6,50 € (12-18 ans 4,50 €).

Remarquable par la légèreté de ses arcades et de ses colonnes, alternativement simples ou doubles, l'harmonie des tons de ses marbres – blanc, rosé, vert, gris – et la richesse de sa décoration sculptée, ce cloître daté de 1100, qu'ombrage un grand cèdre, dégage un charme incomparable. On détaillera à loisir les quatre galeries voûtées en appentis avec charpente apparente qui reposent sur 76 arcades renforcées de piliers aux angles et au milieu des côtés. Ces piliers, revêtus de blocs de marbre provenant d'anciens sarcophages, sont décorés de bas-reliefs : on y trouve neuf effigies d'apôtres et, sur le pilier placé au milieu de la galerie située du côté opposé à l'entrée, l'effigie de l'abbé Durand de Bredon **(g)**, évêque de Toulouse, mort en 1071 : un véritable portrait exécuté avec réalisme.

Les chapiteaux présentent une grande variété : animaux, feuillages, motifs géométriques, scènes historiées sont traités avec art, empruntant leurs sujets à l'Ancien et au Nouveau Testament : épisodes de la vie du Christ, scènes de l'Apocalypse et de la vie des saints honorés dans l'abbaye. À l'angle sud-ouest, un escalier **(h)** conduit à la salle haute, d'où on observe un remarquable orgue portatif du 11e s. et profite d'une vue panoramique sur l'abbatiale.

Parmi les bâtiments conventuels, on remarque par exemple le **chauffoir** (les scribes et les enlumineurs l'appréciaient beaucoup l'hiver !), la **chapelle St-Feréol** ainsi que la salle capitulaire **(j)** où se réunissait le chapitre abbatial. Ces espaces accueillent désormais diverses expositions, présentant notamment les techniques de l'enluminure et du pavement au Moyen Âge, ou encore l'évolution de la sculpture romane.

Hôtellerie Ste-Foi

R. de l'Abbaye - ✆ 05 63 05 08 05 - www.abbayemoissac.com - juil.-sept. : horaires, se rens.

Imposante construction flanquée d'une tour crénelée, le logis des abbés abrite à l'étage des expositions temporaires en été.

Le pape Urbain II y séjourna en 1063, lors de la dédicace de l'autel St-Sauveur dans l'église abbatiale. Les fresques de la fin du 12e s., situées dans la tour-chapelle, ont été restaurées en 2008.

Centre d'art roman Marcel-Durliat

Bd Léon-Cladel - ✆ 05 63 05 08 05 - ♿ - tlj sf dim.-lun. 10h-12h, 13h30-18h, sam. 9h-12h30, 13h30-17h - sur RV.

Autrefois lieu d'exposition, il est aujourd'hui un centre de documentation sur l'art médiéval. On peut consulter ses archives sur rendez-vous.

Pont tournant de St-Jacques

Flanqué de sa maisonnette jaune, ce pont tournant (1847), électrifié en 1993, est le dernier exemple des quatre ouvrages édifiés à l'origine pour le canal latéral à la Garonne.

Pont-canal du Cacor

À 30mn env. à pied du centre de Moissac, en dir. de la piscine ou de l'uvarium.

Le pont qui permet au canal de Garonne d'enjamber le Tarn constitue un très joli but de promenade. Construit au milieu du 19e s., ce pont-canal, l'un des plus longs

On vous emmène à bicyclette !

À bicyclette, on n'envie pas le voyageur pressé ! Dans cette région propice à la balade, toutes les occasions sont bonnes pour mettre pied à terre : ici une bonne boulangerie, là une vieille église (N.-D.-de-la-Visitation, à Montech, par exemple). Et quand vient le moment de remonter sur sa machine, quoi de mieux que le canal des Deux-Mers qui, de Bordeaux à Sète, est aménagé pour les cyclistes ? Une piste verte plantée d'arbres vous invite à découvrir la région en parallèle des grands axes. De Montauban, vous pouvez pédaler jusqu'à Moissac... prévoyez 3h20 pour avaler les 38 km qui vous en séparent. En chemin, rejoignez Montech par le canal du même nom puis tournez plein ouest, direction Bordeaux. Très vite un engin étrange apparaît sur le canal : unique au monde avec son homologue de Fonseranes, la pente d'eau de Montech n'est plus en fonction mais le site est tellement bien mis en valeur qu'on pourrait croire que la péniche remise en place avance dans la pente (*p. 392*). Poursuivez le long du canal, à l'ombre des arbres, parfois parmi les villages en briques roses, par l'ancien chemin de halage. La balade, très facile et adaptée aux enfants, est ponctuée d'écluses historiques. Pousser jusqu'à Moissac vaut le coup, ne serait-ce que pour le passage au-dessus du Tarn par le très beau pont-canal du Cacor, dernière étape avant l'abbaye St-Pierre.

Depuis peu, le canal des Deux-Mers se lance un objectif zéro-déchet, un beau défi à garder en tête afin que les générations futures puissent, elles aussi, s'extasier devant la pente d'eau de Montech.

www.canaldes2mersavelo.com.

de France (356 m), comporte quinze arches, qui allient majestueusement la pierre du Quercy et la brique toulousaine.

Moissac, Art déco

Circuit à travers la ville de 2 km du quartier St-Blanche jusqu'à l'uvarium. Suite à une inondation massive en 1930, Moissac a été en partie reconstruite dans le style de l'époque. En déambulant librement dans ces quartiers *(dépliant à l'office de tourisme)* ou en visite guidée *(5 € - 05 63 05 08 05)*, vous découvrirez des décors issus de l'Art déco, dont les motifs géométriques se retrouvent tant sur la composition des façades que dans la finesse des décors et des frises.

Point de vue de la Vierge

Non loin de l'ancien carmel, une statue de la Vierge amputée domine la ville, et des panneaux sur sa plateforme vous décriront l'histoire et l'évolution de Moissac et son abbaye. Vue à 180° sur les Pyrénées par temps clairs !

À proximité

CARTE P. 384

Boudou A2

7 km à l'ouest. Quittez Moissac par la D 813 en direction d'Agen, puis prenez à droite, après le pont suspendu de St-Nicolas, une petite route menant au village. Du promontoire, au sud de l'église *(table d'orientation)*, **panorama★** étendu sur la vallée de la Garonne, dont la rive droite passe au pied de collines en partie couvertes de vignes, tandis que la rive gauche, très plate, est tapissée de cultures coupées de peupleraies. À gauche apparaissent le confluent de la Garonne et du Tarn et le lac de barrage de St-Nicolas-de-la-Grave.

Castelsarrasin A2

7 km au sud par la D 813.

La sous-préfecture du Tarn-et-Garonne est située au cœur du vignoble de Lavilledieu. Jadis dotée d'un château et de fortifications, elle était au Moyen Âge une des principales villes fortes du comté toulousain. L'**église St-Sauveur** (13e s.), de style gothique méridional, abrite un intéressant mobilier baroque des 17e et 18e s. (les boiseries proviennent de l'abbaye cistercienne voisine de Belleperche). La ville, traversée par le canal des Deux-Mers et la voie verte à vélo, est pourvue d'un **port de plaisance**, idéalement situé à deux pas du centre-ville. Quant aux rives ombragées du canal, elles invitent, les belles journées d'été, à la promenade et à la détente. Elles ont vu les premiers pas de l'auteur-compositeur **Pierre Perret**, né en 1934 à « Castel », où son père tenait une auberge de mariniers.

Espace Firmin-Bouisset – *11 r. du Collège - www.espacefirminbouisset.fr - juil.-août : merc.-dim. 10h-12h30, 14h-18h, reste de l'année : se rens. - 5 €.* Dans la maison d'Espagne (17e s.), flanquée d'une élégante tourelle d'angle carrée, ce petit musée présente, selon une attachante muséographie, l'histoire de l'affichiste et publicitaire Firmin Bouisset (1859-1927). Né à Moissac, il est l'inventeur de personnages restés dans nos mémoires, comme le petit écolier de LU.

Carnet pratique

S'informer

Office de tourisme – *1 bd de Brienne - Moissac - 05 32 09 69 36 - www.tourisme-moissac-terresdesconfluences.fr.*

Agenda

Festival des Voix, des Lieux... des Mondes – *05 63 05 00 52 - festivaldesvoix-moissac.com - juin.* Chants du monde à Lafrançaise et St-Nicolas-de-la-Grave.

Fêtons Moissac – *3e w.-end en sept.* Le chasselas est mis à l'honneur, avec les fruits du verger et les produits du terroir.

Nos adresses

Restauration

Premier prix

Le Fromage rît – *4 bis pl. Roger-Delthil - 09 67 47 28 42 ou 06 80 50 48 00 - 12h-13h30, 19h-22h30 - fermé dim. soir-merc. midi - menu déj. 21 €.* Les fromagers de la place ont ouvert un restaurant qui propose une excellente formule unique, comprenant une entrée, un plat, un dessert et, bien sûr, une assiette de fromage. Cuisine de marché agréablement relevée d'épices et d'herbes. Petite terrasse sur la place, en face de l'abbaye.

Budget moyen

Le Pont Napoléon - *2 allée Montebello - 05 63 04 01 55 - www.le-pont-napoleon.com - ♿ - 12h-13h30, 19h30-21h15 - fermé merc. soir, vend. soir, sam. midi et dim. - plats 21/27 € - 15 ch. 84 € - ☕ 9,50 €.* Restaurant face au pont Napoléon, en bordure du Tarn. La décoration tendance met en valeur tableaux, objets et meubles anciens. Plats dans l'air du temps. Espace détente avec sauna, hammam et Jacuzzi. Le bar de l'hôtel propose à midi une restauration rapide. Réserv. conseillée.

Shopping

Pâtisserie Moretto « Le Grain doré » – *6 r. du Marché - ☎ 05 63 04 03 05 - mar.-sam. 8h-12h30, 15h-19h, dim. 8h-13h.* Les gâteaux et autres douceurs de cet artisan pâtissier-chocolatier-glacier jouissent d'une très bonne réputation locale. La spécialité « maison » est le Grain doré de Moissac, succulent chocolat contenant un grain de chasselas et une liqueur à l'armagnac. Également des macarons et des tartes aux noix.

Hébergement

Premier prix

L'Auberge des chemins – *17 r. du Pont - ☎ 06 24 34 80 87 - www.aubergedeschemins.com - avr.-vac. scol. de la Toussaint - 4 ch. 60 € ☕.* Cette nouvelle adresse est un havre de paix pour pèlerins et vélotouristes. Agnès a parcouru le chemin de St-Jacques de Compostelle et a décidé d'ouvrir un hébergement convivial, simple et familial, gîte d'étape et chambre d'hôte pensé pour les hôtes, un refuge pour ceux qui parcourent la France en itinérance, Moissac étant à la croisée des chemins.

Maison Lydia – *2 bis quai Magenta - ☎ 07 49 78 22 02 - www.lamaisonlydia.fr - 4 ch. dt 1 ch. familiale 65/80 €.* Pour loger au cœur de Moissac, la maison Lydia vous ouvre ses portes. Les chambres, très lumineuses, sont empreintes de douceur de vivre. Un moment de sérénité en perspective, au bord du canal des Deux-Mers.

Pour se faire plaisir

Hôtel Le Moulin de Moissac – *1 prom. Sancert - ☎ 05 63 32 88 88 - www.lemoulindemoissac.com - ♿ - 36 ch. 120/139 € - ☕ 16 €.* Souvent remanié, ce moulin fondé au 15e s. dispose désormais d'un bel aménagement intérieur, de jolies chambres à thèmes (mer, campagne et montagne) et d'un spa complet.

À Castelsarrasin

Premier prix

Chambre d'hôte Les Dantous – *1126 chemin des Dantous - ☎ 06 62 61 19 91 - www.gitelesdantous.com - 🚭 🅿 - 5 ch. 43/70 € ☕.* Cette ancienne ferme et son séchoir à tabac constituent un joli point de chute pour une visite des environs. Les chambres, toutes à l'étage, offrent un agréable confort. Grande salle de jeux et aire de loisirs de plein air. Également un gîte pour 4 personnes.

À Valence d'Agen

Premier prix

Le Tout va bien – *30 Pl. Sylvain Dumon - ☎ 05 63 39 09 26 - hotel-letoutvabien.fr - ♿ - 15 ch. 70 € ☕ - ✕.* Tout va en effet très bien dans ce petit hôtel bâti sur les pentes de Valence d'Agen, à l'ombre des grands platanes qui couvent le lavoir Del-Théron (18e s.), et à 5mn de la voie verte du canal des Deux-Mers. Chambres minimalistes et accueil charmant.

À St-Nicolas-de-la-Grave

Budget moyen

Chambre d'hôte Au cœur des éléments – *9 bd du Barry - ☎ 06 17 45 23 35 - www.aucoeurdeselements.com - ♿ 🏊 - 5 ch. 115 € ☕.* Des chambres claires, certaines avec un balcon donnant sur le jardin, se partagent cette bâtisse 1820 où l'on vous reçoit en prince.

7

Bruniquel ★

Le village couronné d'un château perché sur une falaise apparaît dans un site magique, au débouché des gorges de l'Aveyron. Ses ruelles pentues et paisibles sont bordées de vieilles demeures coiffées de tuiles rondes. Aux environs, de jolies balades en perspective.

Se repérer

CARTE C2 (P. 384).
600 Bruniquelais – Tarn-et-Garonne (82).
28 km à l'est de Montauban.

Carnet pratique ci-contre

Nos adresses ci-contre

★ Vieux bourg

Dédale de ruelles en pente, anciennes demeures de marchand, vestiges de fortifications, tout ici invite à la flânerie et à la rêverie. Pour prolonger l'illusion, il faut parcourir les rues Mazel, Droite-du-Trauc (« celle qui conduit directement au trou »!) et Droite-de-la Peyre.

Château

05 63 67 27 67 - www.bruniquel.fr - juil.-août : 10h-19h ; avr.-juin et sept.-oct. : 10h-18h, w.-end 10h-19h ; reste de l'année : se rens. - 5 € (-16 ans 3 €).

Le site comprend en réalité deux châteaux. Bâti en belle pierre calcaire sur des assises qui pourraient remonter au 6e s., le vieux château comporte diverses parties allant du 12e au 18e s. Sur l'esplanade précédant les principaux corps de bâtiment s'élève la barbacane qui défendait les approches de l'édifice côté village. La grosse tour carrée du 12e s. porte le nom de la reine Brunehaut. À l'intérieur, une salle dédiée à la Préhistoire locale présente quelques objets intéressants. La salle des Chevaliers, des 12e et 13e s., est décorée de fenêtres géminées, de colonnettes et de chapiteaux. Au 1er étage, salle des gardes ornée d'une belle cheminée au décor baroque. Le second château, dit seigneurial, possède une belle galerie Renaissance qui surplombe la falaise creusée d'abris-sous-roche et offre une **vue**★ étendue sur un méandre de l'Aveyron. Dans une chambre, des photos évoquent le tournage du film *Le Vieux Fusil* avec Philippe Noiret et Romy Schneider.

Reines rivales

Selon Grégoire de Tours, la construction du château, au 6e s., est due à la reine mérovingienne **Brunehaut** qui donna son nom au village, dont la forme occitane est Borniquel. Fille du roi des Wisigoths, épouse du roi d'Austrasie Sigebert, sa rivalité avec la cruelle Frédégonde ensanglanta l'Austrasie et la Neustrie, c'est-à-dire les trois quarts de la France d'aujourd'hui ! Frédégonde, était, dit la chronique, d'une grande beauté... et d'une grande cruauté. Servante à la cour du roi des Francs Chilpéric Ier, elle fit successivement assassiner deux reines avant de pouvoir épouser le roi. Puis elle se débarrassa de son époux afin de gouverner au nom de son fils, Clotaire II. La rivalité qui opposait les deux reines ne pouvait que mal finir : vaincue en 613, Brunehaut fut attachée par les cheveux, un bras et une jambe à la queue d'un cheval indompté qui la mit en pièces.

Au départ du château, vous pouvez emprunter le **circuit des Rennes** *(sentiers balisés sur 5,4 km, 3h)* qui permet de faire le tour du château et du village en profitant de splendides points de vue et de sites archéologiques remarquables. Sur le chemin, vous découvrirez ainsi les Abris sous roche, qui ont été habités il y a plus de 15000 ans, et même les dolmens du Pech, bâtis en 2500 avant notre ère.

Carnet pratique

S'informer

Office de tourisme – *2 r. de la Fraternité - Bruniquel - 05 63 67 29 84 - www.tourisme-tarnetgaronne.fr*

Agenda

Festival des châteaux de Bruniquel – *1re sem. d'août - www.bruniqueloff.com.* Chaque année depuis 1997, Offenbach est mis à l'honneur par la compagnie de la Tour Brunehaut.

Nos adresses

Restauration

Budget moyen

Le Délice des Papilles – *442 rte des Gorges-de-l'Aveyron - 05 63 20 30 26 - www.ledelicedespapilles.fr - midi et soir - fermé merc. soir, jeu. soir, dim. soir et lun.-mar. - menu déj. 19 € - menu 36 € - 6 ch.* Dans une salle à la décoration repensée en 2020 dans un esprit contemporain, vous dégustez une cuisine régionale où le produit local est à l'honneur : foie gras, escargots, truffes... Notons aussi une prédilection du chef pour les st-jacques, le homard... De quoi avoir l'eau à la bouche !

Hébergement

À Vaïssac

Premier prix

Chez Terrassier – *205 r. du Village - 12 km à l'ouest de Bruniquel - 05 63 30 94 60 - www.chezterrassier.com - - 18 ch. 62/82 € - 10 € - formule déj. 14 €, plats 17/29 €.* Cette auberge familiale est bien située pour rayonner dans le Quercy et l'Albigeois. La salle de restaurant est lumineuse et les chambres sont bien tenues. Cuisine régionale.

Saint-Antonin-Noble-Val ★

Avec les falaises des gorges de l'Aveyron pour toile de fond, St-Antonin-Noble-Val, charmante cité médiévale aux toits de tuiles rondes, s'organise autour d'un hôtel de ville du 12e s. Très vivante, animée par son marché le dimanche ou les soirs d'été, elle est un avant-poste idéal pour parcourir les gorges de l'Aveyron où se pratiquent canoë-kayak, escalade, randonnée, etc.

Saint-Antonin-Noble-Val.
J. Moreno/Arco Images/age fotostock

Se repérer

CARTE C1 (P. 384) - CARTE DE LA VALLÉE DE LA BONNETTE AUX GORGES DE L'AVEYRON (P. 411).
1851 St-Antoninois – Tarn-et-Garonne (82).
40 km au nord-est de Montauban et 25 km au nord-ouest de Cordes-sur-Ciel.

À ne pas manquer

La cité médiévale ; l'abbaye de Beaulieu-en-Rouergue ; le village de Penne ; les Phosphatières du cloup d'Aural.

Organiser son temps

Le marché a lieu le dimanche matin.

Carnet pratique p. 414

Nos adresses p. 414

Au Moyen Âge, la présence d'un point de passage au confluent de deux rivières, l'Aveyron et la Bonnette, assurait à la bourgade d'importantes sources de revenus (octroi) ainsi qu'une grande circulation commerciale entre Rouergue, Quercy et Albigeois. St-Antonin était fréquenté par de riches marchands de draps, de fourrures et de cuirs qui érigèrent de belles demeures à partir du 12e s.

Place de la Halle

★ **Maison romane** – Sans doute bâti en 1125 pour un riche bourgeois anobli, Pons de Graulhet, ce bâtiment est l'un des plus anciens spécimens d'architecture civile romane en France. Les consuls de la cité y siégèrent au 14e s., puis ce fut le tour de la municipalité jusqu'à la Révolution. Viollet-le-Duc le restaura au 19e s. et lui accola un beffroi carré, couronné d'une loggia à mâchicoulis dans le style italien toscan, selon le projet qu'il présenta en 1845. Cette construction, un peu inattendue, a alimenté bien des polémiques... La façade se compose de deux étages. Notez les **sculptures** qui ornent deux piliers de la claire-voie du 1er étage : réalisées d'une main particulièrement habile, elles représentent l'empereur Justinien et Adam et Ève.

Croix du marché – Devant la halle aux robustes piliers se dresse une croix en pierre du 15e s., « à raquette », sculptée sur ses deux faces. Cet ouvrage original et rare, offert par la confrérie des orfèvres, aurait figuré primitivement à l'entrée ou au centre de l'ancien cimetière. Sur ce dernier, alors situé aux abords de l'Aveyron, a été aménagée l'actuelle promenade des Moines.

Rue Guilhem-Peyre

Débutant sous une arcade de la Maison romane, cette voie noble est bordée au n° 4 par une maison (13e-15e s.) dite « caserne des Anglais », et, dans le coude de la rue, par une splendide demeure du 12e s.

Descendez la rue vers la place de Payrols, puis engagez-vous à droite, rue Cayssac.

Rue des Grandes-Boucheries

À l'angle de la rue de l'Église, la « maison du Roy » présente au rez-de-chaussée cinq arcades ogivales, et, au 1er étage, autant de baies géminées, aux chapiteaux ornés de têtes juvéniles.

Remontez la rue de l'Église vers la nouvelle mairie.

Couvent des génovéfains

Construit en 1751, il accueille la mairie et l'office de tourisme. Un panneau placé à l'entrée de la galerie sud permet d'en connaître l'historique.

Gagnez la place de la Halle par la rue St-Angel et la place du Buoc.

Rue de la Pélisserie

Elle est bordée des riches maisons des maîtres tanneurs et fourreurs (13e et 14e s.).

Tournez à gauche dans la rue des Banhs.

Une noble cité

Son site agréable a valu à la station gallo-romaine, ancêtre de la ville actuelle, le nom de Noble-Val *(Nobilis Vallis)*. La première partie du nom a été donnée en souvenir d'Antonin, le saint qui, selon la tradition, serait venu évangéliser les confins du Rouergue. Après son martyre à Pamiers, ses reliques auraient été placées par les anges dans une barque qui, guidée par des aigles blancs, aurait descendu l'Ariège et la Garonne. Né vers 1150, le vicomte de St-Antonin, Ramon Jordan, comptait parmi les plus brillants troubadours de son temps.

Rue Rive-Valat

Cette rue est longée par un petit canal enjambé par des ponts, une des nombreuses dérivations de la rivière Bonnette creusées au Moyen Âge pour servir de tout-à-l'égout et alimenter les tanneries; celles-ci possèdent un dernier étage à claire-voie, à usage d'entrepôt et de séchoir, semblable à un *soleilho.*

La rue Rive-Valat débouche sur la rue Droite qui regagne, sur la droite, la place de la Halle.

Rue Droite

Dans cette rue, deux habitations se distinguent par la qualité de leurs clefs de voûte figurées, la **maison de l'Amour** (fin du 15e s.) et la maison du Repentir, où, à l'inverse, deux visages se détournent l'un de l'autre. Vers le milieu de la rue, très belle façade à double encorbellement, avec colombage garni de tuf calcaire et croisillons de bois.

Par la gauche, vous débouchez sur la place des Capucins d'où part la rue du Pont-des-Vierges.

Rue du Pont-des-Vierges

Au niveau de la place du Bessarel, ancien **moulin et pressoir à huile de noix**, aujourd'hui encore en état de fonctionnement. *On peut le voir dans le cadre de la visite guidée de la ville et lors de la Journée des moulins (3e dim. de juin) et de la Fête des Battages (1er dim. d'août).*

À proximité

CARTE P. 384

★★ Abbaye de Beaulieu-en-Rouergue C1

12,5 km au nord-est de St-Antonin-Noble-Val par la D 75.

05 63 24 50 10 - www.beaulieu-en-rouergue.fr - ♿ - juin-sept. : 10h-18h; reste de l'année, se rens. - 6 € (-26 ans gratuit).

Alliance parfaite de l'histoire et de la modernité, cette abbaye cistercienne du 13e s. abrite un **centre culturel** depuis qu'à la fin des années 1950 deux amateurs d'art, Geneviève Bonnefoi et Pierre Brache, l'ont sauvée de la ruine et y ont établi leur **collection d'art contemporain★★**. Apportant un souffle puissant à ce site reculé du Tarn-et-Garonne, celle-ci est constituée pour l'essentiel d'œuvres des avant-gardes artistiques parisiennes des années 1950-1970, autour de l'abstraction lyrique et de l'art informel (Dubuffet, Michaux, Fautrier, Hantai, Mathieu, Hartung, Benrath, etc.), ainsi que de pièces d'artistes régionaux. Quelque 300 œuvres s'égrainent dans les salles (réfectoire, dortoir, etc.), accrochées de façon thématique et associées à des écrans multimédias passionnants.

Après plusieurs années de travaux, l'abbaye a rouvert en 2022 en retrouvant l'austère beauté de ses lignes originelles. Fille de Clairvaux fondée en 1144 par l'évêque de Rodez dans le cadre sauvage et boisé de la vallée de la Seye, elle réunit des bâtiments selon un plan immuable, autour d'un carré de gazon qui symbolise le cloître disparu.

Bâtiments abbatiaux – La **salle capitulaire**, partie la plus ancienne, se compose de deux travées, couvertes chacune de trois voûtes d'ogives retombant sur deux colonnes. Une ouverture vers l'extérieur cadre dans son arc brisé une sculpture en bronze de Parvine Curie installée dans le jardin derrière, donnant le ton de ce mariage heureux entre épure gothique et formes contemporaines. Le **logis abbatial** a été entièrement remanié au 17e s. et flanqué de deux tourelles un siècle plus tard.

★ **Église** – On entre dans l'abbatiale par la cour intérieure ou par le premier étage, lesquels offrent deux points de vue sur les harmonieuses proportions de l'architecture. Bel exemple d'édifice cistercien, cette église du 13ᵉ s. est représentative du style gothique le plus pur. Sa nef unique est voûtée d'ogives et éclairée par des lancettes et des roses taillées en arabesques. L'abside à sept pans est précédée par la croisée du transept que surmonte une **coupole** octogonale. Chaque croisillon du transept s'ouvre sur une chapelle carrée.
Jardin – *En cours d'aménagement en 2022.* Mille rosiers ont été plantés dans cet espace paysager qui profite du calme de l'environnement sauvage et sur lequel ouvre la salle du petit café. Il est bordé par la rigole qui alimente le vivier, et qui apporte à l'ensemble la fraîcheur de son murmure.
Dans ce cadre unique, outre la présentation de la collection, des concerts et des animations culturelles sont organisés. Une réussite.

★ De la vallée de la Bonnette aux gorges de l'Aveyron

CARTE P. 411

Circuit de 120 km tracé sur la carte. Quittez St-Antonin par le nord en empruntant la D 19.

Château de Cas

Espinas - ✆ 05 63 67 07 40 - www.chateaudecas.eu - visite guidée (1h) sur RV mai-sept. : 15h30 ; reste de l'année : se rens. - 7 € (6-14 ans 5 €).
Élevé au 12ᵉ s. pour garder la vallée de la Bonnette, ce château fut remanié au 14ᵉ et au 16ᵉ s. Il abrita une commanderie de Templiers, où Philippe le Bel crut trouver le fameux trésor des Templiers. Démantelé à trois reprises, le château actuel a été reconstruit et rénové à partir de 1979. Vous visiterez 15 pièces agréablement meublées, la chapelle, le jardin et les communs.
Revenez sur la D 19 (à droite).

Caylus

20 r. Droite - ✆ 05 63 67 00 28 - www.causses-gorgesaveyron.com.
Des maisons à colombages, un clocher en position dominante, un château fort en ruine, Caylus s'accroche aux pentes de la vallée de la Bonnette, entre Tarn et Rouergue. Sur la place de la Mairie, les imposantes dimensions de la **halle** témoignent du rôle commercial du bourg sous l'Ancien Régime. Elle a conservé ses vieilles mesures à grains taillées dans la pierre. Partant de la place, la **rue Droite** est bordée de maisons médiévales, en particulier la fameuse « maison des Loups » (14ᵉ s.), dont la façade est ornée de quatre sculptures en forme de loups.
La rue mène à l'**église St-Jean-Baptiste**. Autrefois fortifiée, elle est épaulée de lourds contreforts surmontés de mâchicoulis. Au-delà de la nef unique du 14ᵉ s., près du chœur se dresse un gigantesque **christ★** en bois d'ormeau exécuté en 1954 par le sculpteur d'origine russe **Ossip Zadkine** (1888-1967), une œuvre à la fois saisissante, pathétique et émouvante, où l'absence de croix exacerbe la perception de la souffrance. L'artiste aurait offert ce christ à la commune en témoignage de sa reconnaissance après son séjour caylusien, où il s'était réfugié pour échapper aux nazis pendant la Seconde Guerre mondiale avant de regagner les États-Unis. Les vitraux du chœur, qui datent du 15ᵉ s., ont été patiemment restaurés.
Quittez Caylus par le nord en empruntant la D 19.

Lacapelle-Livron

Le village aux maisons couvertes de lauzes a conservé les vestiges d'une **commanderie de templiers** qui, après 1307, passa à l'ordre de Saint-Jean-de-Jérusalem (l'ordre de Malte) jusqu'à la Révolution. C'est actuellement un manoir fortifié dominant la Bonnette, avec une cour centrale conservant le plan d'origine de la commanderie. Au sud, sa petite **église-forteresse** romane est veillée par un puissant clocher-donjon dont subsistent les consoles du chemin de ronde. Elle fait face au réfectoire, devenu salle des gardes.

Chapelle N.-D.-des-Grâces – *À 600 m.* Lieu de pèlerinage, cette chapelle de style gothique flamboyant, coiffée d'un toit de lauzes, s'ouvre par un beau portail sculpté et ciselé. Bâtie à l'extrémité d'un promontoire, elle embrasse une vue étendue sur la vallée de la Bonnette et les collines boisées entrecoupées de prairies.

Poursuivez vers le nord par la D 19 jusqu'à St-Projet.

Château de la reine Margot

☏ 06 83 97 19 63 - www.saint-projet.com - de mi-mai à fin oct. : 14h-19h ; 3 premières sem. de nov. : w.-end 14h-18h30 - 7 €.

Construit sur un tumulus gallo-romain à la fin du 13e s., il hébergea en 1595 Marguerite de Valois, alias la **reine Margot**, et son amant, recherchés par les armées d'Henri IV. Après leur départ, la chambre fut murée et ne fut découverte par hasard qu'en 1990. En 1622, Louis XIII y fit également étape (*« Nos adresses »*).

Quittez le village à l'est, par la D33, dir. Limogne.

Parisot

Dans un site vallonné, à l'est du village, apparaît le **lac de Parisot** bordé de peupliers *(baignade, pédalos, camping, accès payant).*

Poursuivez direction sud-est par la D 84, puis la D 39, en direction de Najac.

★★ Najac C1

p. 189. *Poursuivez vers le sud par la D 594, puis la D 20.*

Verfeil

Ce petit bastion de la vallée de la Seye charme par ses vieilles demeures aux façades fleuries qui entourent une halle en pierre. L'**église** abrite un maître-autel en bois doré historié et un christ en bois du 17e s. provenant de l'abbaye de Beaulieu.

La D 20 à l'est, puis la D 958 à droite mènent à Varen.

Varen

ℹ ☏ 05 63 65 45 09 - www.varen.fr.

Blotti autour de son église romane que protège un important système défensif, le bourg de Varen est installé sur la rive droite de l'Aveyron.

Au sud, la **porte El-Faoure**, ancienne porte fortifiée, illustre la fidélité du doyenné de Varen au roi Louis XIII par l'inscription « IHS MA un diev une foy ». Elle s'ouvre sur la rue dite « Carrera del Fabre » et sur d'autres ruelles étroites, bordées de maisons à pans de bois et garnies de torchis dont les étages en encorbellement et les toits plats coiffés de tuiles rondes composent un vrai tableau.

Le **château** a été entièrement fortifié lors de sa construction. C'est dans ce bâtiment que le « seigneur-prieur » de Varen s'enfermait pour braver les décisions de l'évêque de Rodez et faire preuve de la plus complète indépendance. Cette situation prit fin lorsque, en 1553, le concile de Trente remplaça les moines du prieuré bénédictin par un collège de douze chanoines, plus dociles.

Construite à la fin du 11e s., l'**église St-Pierre★** jouxte le château du prieur. Dès sa construction, elle est conçue comme partie intégrante du système défensif de

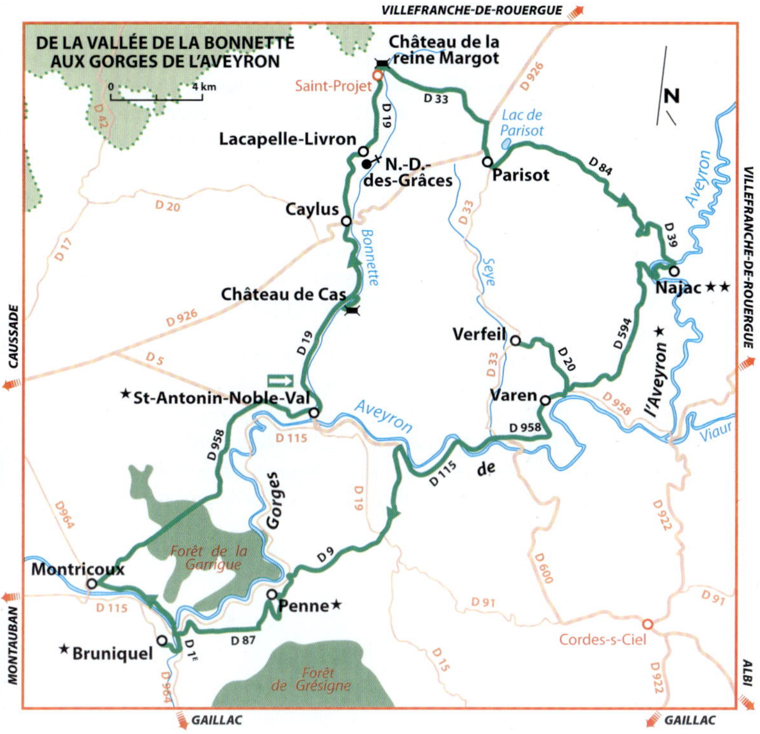

la ville, sa façade servant de mur d'enceinte. De l'ancien portail, muré au 16e s., il reste encore deux chapiteaux représentant saint Michel terrassant le dragon *(à gauche)* et Samson ouvrant la gueule du lion *(à droite)*. Un sobre clocher sur plan carré surmonte le chœur plat entre deux absidioles semi-circulaires. Le vaisseau, de style roman très pur, comprend une longue nef aveugle à neuf travées séparées des bas-côtés par des piles carrées. Le chœur et les absidioles sont ornés de **chapiteaux** à motifs végétaux, entrelacs, animaux affrontés et chérubins.

Jardins de Quercy – *Cambou (2 km au nord de Varen, fléché) - ✆ 05 63 65 46 22 - www.lesjardinsdequercy.fr - mai-sept. : merc.-dim. 10h-19h - 7,50 €.* Il faut rouler longtemps sur de minuscules routes perdues dans les collines avant de découvrir ce jardin remarquable. On traverse la succession de chambres à l'anglaise, teintées parfois d'exotisme, et ponctuées de cyprès, comme on passerait dans une parenthèse enchantée. Un jardin professionnel inventé par des amateurs passionnés, qui communiquent au passant leur goût des voyages et des plantes.

La D 115 puis la D 9 vous conduisent à Penne (à 22 km au sud).

★ Penne

ℹ *Le bourg - ✆ 05 63 56 36 68 - www.cordessurciel.fr - animations médiévales pendant la saison estivale.*

Dominé par son château, Penne occupe un **site★★** remarquable. Son nom évoque le piton rocheux, surplombant l'Aveyron, auquel s'accroche le village. On en a une jolie vue depuis la D 33, au nord, et la D 133, au sud. Une ruelle, bordée de maisons anciennes, mène à l'église dont le clocher-beffroi percé d'une porte ogivale sert d'entrée au village fortifié. Elle monte ensuite en direction du château,

7

puis redescend vers la porte Peyrière, à l'autre extrémité du bourg. La croix de la Peste (17e s.), commémorant le fléau qui s'abattit à plusieurs reprises sur le village, indique le sentier qui grimpe, à flanc de rocher, en direction du château.

★ **Château** – *R. du Château - 05 63 55 71 09 - www.chateaudepenne.com - juil.-août : 10h-19h ; avr.-juin : 10h30-13h, 14h-18h30 ; reste de l'année : se rens. - 5/7 € (-16 ans 3 €) - livret enf.* Posés sur un éperon rocheux, les vestiges romantiques du château de Penne semblent défier les lois de l'équilibre. Par sa situation, il a joué un rôle important dans l'histoire locale avant de tomber en ruine au 19e s. Peu à peu restauré dans le respect des techniques médiévales, il conserve tout le charme de ses murs en pierre dressés vers le ciel. Prenez le temps de consulter les panneaux d'interprétation, particulièrement pédagogiques et richement illustrés. Un chantier médiéval est reconstitué en haute saison. Dans la chapelle, des fouilles archéologiques, visibles par le public, sont en cours. Du haut du donjon, on jouit d'une **vue**★ à couper le souffle sur les ruines, le village et les gorges de l'Aveyron.

Quittez Penne au sud par la D 9 qui offre des **vues**★ *magnifiques sur le village.*

La route escalade le rebord du plateau sur lequel elle court ensuite au milieu d'une maigre végétation d'arbustes rabougris mêlés de quelques vignes. Elle redescend ensuite vers la vallée, dans un paysage de hautes collines boisées, laissant apparaître, de temps à autre, la roche à nu.

Par la D 1E que vous prendrez sur la gauche, vous atteignez Bruniquel.

★ Bruniquel

p. 404

Quittez Bruniquel à l'ouest en franchissant l'Aveyron.

Montricoux

Bâti en terrasses sur la rive droite de l'Aveyron, Montricoux a conservé ses anciennes murailles. La place Marcel-Lenoir et certaines ruelles sont bordées de maisons pittoresques datant des 13e, 14e et 15e s., à encorbellement et colombages.

★ **Château et musée Marcel-Lenoir** – *05 63 67 26 48 - www.marcel-lenoir.com - - mai-sept. : tlj sf mar. 10h-18h - 5 € (5-17 ans 2 €).* Le château abrite l'œuvre puissante et originale d'un peintre injustement oublié (*encadré ci-contre*).

La D 958 traverse la forêt de la Garrigue et offre des échappées sur les gorges de l'Aveyron. Puis la route en corniche longe la rivière avant de rejoindre St-Antonin-Noble-Val.

Le causse de Limogne

CARTE P. 384

Circuit de 55 km au départ de Caylus, tracé en bordeaux sur la carte. Quittez Caylus par la D 19 au nord.

Ce paysage doucement vallonné est assez sauvage. Sur un sol calcaire dur à cultiver, quelques champs, mais surtout de l'herbe rase et des genévriers, des bois de chênes et des prairies où paissent les moutons. Des murets de pierres séparent les parcelles et des « **gariottes** » (abris de berger) ou « **caselles** » (abris pour les animaux ou de remise à outils) surgissent ici ou là.

Beauregard C1

Édifiée sur un ancien bourg, la bastide a conservé le tracé d'origine de ses rues à angle droit. Sur la place centrale s'élève une **halle** du 14e s. dont les piliers trapus soutiennent une solide charpente et sa belle couverture de lauzes ; creusées dans la pierre, des **mesures à grains** témoignent de l'activité économique exercée jadis dans cette cité gouvernée par des consuls.

Les aléas de la postérité

Né à Montauban, Jules Oury, alias **Marcel Lenoir** (1872-1931), fut après 1918 l'une des grandes figures de Montparnasse, admiré par Modigliani, Braque et Matisse. Cependant, cultivant la marginalité, brouillé avec l'ensemble de la critique, refusant de se figer dans un style et adoptant une démarche profondément personnelle (des fresques de grande dimension sur des thèmes souvent religieux), il n'accéda pas à la célébrité de ses contemporains. Il termina ses jours dans l'oubli à Montricoux.

Sur le parvis de l'église se dresse un **calvaire** qui daterait du 15e s.
Prenez la D 55 vers Laramière.

Dolmen de la Peyre Levade C1

Bien dégagé, c'est l'un des plus beaux dolmens du Quercy (qui en compte près de 800) et sans doute l'un des plus lourds : on estime son poids à 25 tonnes ! Une cupule, sorte de bassin de 40 cm de diamètre, est creusée dans la table.
Poursuivez sur la D 55.

Prieuré de Laramière C1

Pl. de l'Église - ✆ 06 80 88 13 13 - de mi-juil. à fin sept. : tlj sf mar. 14h-19h - 6,50 € (-21 ans gratuit).
Les bâtiments élevés aux 12e et 13e s. formaient un quadrilatère, mais une partie fut démolie pendant les guerres de Religion. Au milieu du 17e s., les jésuites s'y installèrent et bâtirent la maison du régisseur. La visite permet de voir les voûtes de la chapelle, la salle romane qui accueillait les pèlerins et surtout la **salle capitulaire** voûtée et peinte de décors géométriques. La rivière Rausel est absorbée par le causse, sous le prieuré. Elle ressort par le gouffre de Lantouy, près de Cajarc.
Rebroussez chemin, passez Beauregard, continuez sur la D 55 jusqu'à Varaire, puis prenez la D 19 en direction de Bach. Tournez à gauche avant Bach.

★ Phosphatières du Cloup d'Aural C1

Cloup-d'Aural - ✆ 05 65 20 06 72 - www.phosphatieres.com - visite guidée (1h) juil.-août : 10h-12h, 14h-16h30 ; reste de l'année : se rens. - 10 € (5-14 ans 6 €). Buvette sur place.
Cet ancien site d'exploitation conte l'histoire de la découverte et de l'extraction industrielle du **phosphate**, utilisé comme engrais, résultat de la transformation du phosphore des cadavres d'animaux. Le lieu est aussi un livre ouvert sur la « mégafaune » de l'ère tertiaire (hyènes et félins géants, rhinocéros, chevaux...). Sur le plateau calcaire à la végétation clairsemée, des infiltrations avaient creusé des cavités où se sont accumulés des cadavres d'animaux. Devenus fossiles, ils représentent des instantanés des différentes époques de cette ère. On descend dans la cavité en visite guidée puis on se promène librement dans le parc à la découverte de la faune et de la flore des temps reculés (espaces pédagogiques et ludiques).
À Bach, tournez à gauche dans la D 22, poursuivez sur la D 85 qui ramène à Caylus.

Carnet pratique

S'informer

Office de tourisme – *10 pl. de la Pélisserie - St-Antonin-Noble-Val - ✆ 05 63 30 63 47 - www.tourisme-saint-antonin-noble-val.com.*

Agenda

Fête des battages – *Pl. du Pradel et du Bessarel - 1er dim. d'août.* Démonstrations de machines anciennes, animations, repas campagnard et bal musette.

Fête des moissons – *En juil. - dans un hameau autour de St-Antonin-Noble-Val différent chaque année.* Messe en plein air en occitan, moissons à l'ancienne, repas campagnard et bal.

Nos adresses

Restauration

Budget moyen

Auberge des Sens – *6 bd des Thermes - ✆ 05 63 31 27 41 - www.aubergedessens-82.fr - 12h-13h30, 19h-20h30 - fermé dim. soir-lun., vac. de Toussaint, de déb. déc. à mi-fév. - formule déj. 14 € - menu 25/30 €.* Avec ses murs en pierre colorée et sa terrasse ombragée par une tonnelle, ce bistrot ravit ses hôtes de passage comme ses habitués. Cuisine de saison avec menu « à l'improviste » et sélection intéressante de vins du Sud-Ouest. Service des plus charmants.

À proximité

Budget moyen

La Corniche – *Lieu-dit Brousses - 6 km au sud-ouest de St-Antonin - ✆ 05 63 68 26 95 - www.brousses.wix.com/la-corniche - ♿ P - 11h-16h, 19h-23h - fermé 2 sem. en oct., vac. de Noël, lun.-merc., jeu. soir et dim. soir - menu 32,50 €.* Sur la route des gorges de l'Aveyron, cette coquette maison de village, à l'ambiance chaleureuse, sert une cuisine authentique. En saison, dégustez cailles et agneaux du terroir. Belle terrasse surplombant la vallée. Réserv. conseillée.

Shopping

Marché – *dim. 8h-13h.*

Entre cour et jardin – *5 r. de l'Église - ✆ 06 87 54 13 47 - vend.-dim. 11h-17h30 (horaires variables, se rens.).* Dans une des jolies maisons de St-Antonin, un choix d'objets (antiquités, brocante, textiles anciens...) de qualité et original.

Les Conserves d'Autrefois – *Lieu-dit Las Couchos (à l'entrée de Caylus, D 926) - ✆ 05 63 67 06 14 - www.lesconservesdautrefois.fr - lun.-vend. 9h-18h30, sam. 9h-13h, 14h-17h.* Conserverie familiale. Depuis quatre générations, les Ramond se transmettent leur savoir-faire et leurs recettes : pavé caylusien (médaillon de foie de canard), magret de canard fourré, bûche de dinde au foie gras, plats cuisinés, etc. La découverte de l'atelier est instructive (visite et dégustation gratuites).

À proximité

Marchés – Le causse de Limogne compte deux gros bourgs réputés pour leurs marchés. **Lalbenque** : marché aux truffes mardi à 14h de décembre à mars ; marché hebdomadaire le sam. matin.

Limogne-en-Quercy : marché traditionnel le dimanche matin ; marché aux truffes vendredi à 10h30 de décembre à mars ;

marché aux truffes d'été dimanche à 10h de juin à août.

Activités

Activités sur l'eau, sur terre, sous terre, dans le ciel, vous n'aurez que l'embarras du choix. Pour les randonnées pédestres, équestres ou VTT, sachez que les sentiers sont bien balisés et que l'office de tourisme vend des topoguides. Vous pourrez aussi louer un canoë pour descendre l'Aveyron, pratiquer la spéléologie ou vous rendre sur les sites d'escalade.

Plein air

Variation – *À la plage - ✆ 05 63 68 25 25 - www.variation82.eu.* Encadrés par des moniteurs diplômés, les amateurs de sensations fortes trouveront leur bonheur ici : canoë-kayak, VTT, via ferrata, escalade, spéléo, randos... pour des périodes allant de 1h à 4j.

Promenade à cheval

Centre équestre – *58 pl. du Centre-Équestre - Limogne-en-Quercy (23 km au nord de Caylus par la D 19) - ✆ 06 13 49 43 64 - www.fraysse-equitation-lot.ffe.com - randonnées et promenades sur réserv.* Ce centre a choisi de pratiquer le dressage éthologique, une technique tout en douceur, rare en France. Ici, donc, pas de cravache ni de manière forte. Initiation à cette approche particulière, promenades aux alentours et découverte du causse sur réservation.

Hébergement

Premier prix

Chambre d'hôte Le chat qui dort – *26 Grand'Rue - Montricoux - ✆ 05 63 27 62 81 - 2 ch. 60 €.* Au cœur du village, cette maison, où l'on conjugue joliment tomettes, poutres et touches contemporaines, propose deux chambres confortables. Aux beaux jours, le petit-déjeuner (confitures maison) est servi dans le patio attenant à l'église.

Budget moyen

Marie Colline à la campagne – *5 r. Basse-du-Temple - ✆ 06 81 49 61 25 - avr.-oct. - ch. 106 €.* Une suite meublée avec goût et confort au dernier étage d'une maison du 12e s. donnant sur l'Aveyron : c'est le paradis, surtout au moment du petit-déjeuner, servi sur une terrasse au bord de l'eau.

Pour se faire plaisir

Chambre d'hôte La Résidence – *37 r. Droite - ✆ 05 63 67 37 56 ou 06 70 99 19 52 - www.laresidence-france.com - 4 ch. 118/164 € - studio à partir de 385 €/sem.* Cette maison de maître du 18e s. tenue par un couple d'Anglais sympathiques dissimule un jardin arboré où est servi le petit-déjeuner, continental, aux beaux jours. Un bel escalier en tomettes conduit aux chambres, lesquelles conjuguent avec bonheur charme *british* et couleurs du Sud : la plupart s'ouvrent sur le jardin et l'une d'elles dispose d'une vaste terrasse. Animaux non acceptés.

À St-Projet

Budget moyen

Château de la reine Margot – *✆ 06 83 97 19 63 - www.saint-projet.com - fermé nov.-avr. - 1 gîte (4 pers.) et 1 ch. 95 € - 15 € - menu 15/35 €.* Et pourquoi ne pas s'offrir la vie de château le temps d'une nuit ? Le gîte et ses deux chambres sont aménagés dans la tour de garde du château : des pièces tout en rondeur réparties sur 3 étages. La chambre d'hôte, elle, jouxte les appartements de la reine, au cœur de l'édifice. Ambiance rustique mais non moins confortable, calme et vue sur le parc... Que demander de mieux ? *p. 410.*

7

Caussade

Les parapluies sont de Cherbourg, la dentelle de Calais et les chapeaux de paille de… Caussade, qui produit près des deux tiers des pièces fabriquées en France. Tout, dans la ville, fait référence à cette activité dont l'initiative revient à Pétronille Cantecor (1796). Au carrefour des coteaux du Quercy, de la vallée de la Garonne et des gorges de l'Aveyron, cette ancienne place forte retrouve son centre ancien, au fil d'ambitieux travaux de rénovation.

Se repérer

CARTE B1 (P. 384).
6 808 Caussadais – Tarn-et-Garonne (82).
50 km au sud de Cahors, 25 km au nord-est de Montauban.

Organiser son temps

Comptez 1h pour la ville et ses alentours. Les Estivales du chapeau ont lieu la mi-juillet.

Carnet pratique ci-contre

Nos adresses p. 418

Place forte protestante lors des guerres de Religion, Caussade a perdu ses remparts au 18e s. L'**église**, reconstruite à la fin du 19e s. par l'architecte toulousain Gabriel Bréfeil dans le style gothique, a conservé un clocher octogonal de style toulousain (16e s.), en briques roses, haut de 54 m, dont les trois étages sont surmontés d'une flèche à crochets.
En face se trouve la **tour d'Arles** du 13e s. À l'intérieur, un décor historié témoigne de l'art de vivre en Quercy au Moyen Âge. Près de l'église, le **quartier ancien**, en cours de réhabilitation, abrite quelques vieilles demeures des 13e, 17e et 18e s. autour d'une halle couverte aux formes contemporaines (2019).

Chapellerie Willy's Paris

63 av. du Gén.-Leclerc - ✆ 05 63 93 09 96 - visite guidée (1h) - horaires, se rens. - 4 €.

La chapellerie dispose d'une boutique, avis aux amateurs.
Fondée dès 1864, cette grande chapellerie française ouvre régulièrement ses portes et ses coulisses dans le cadre d'une visite guidée *(sur réserv. auprès de l'office de tourisme)*. La fabrication de tous types de chapeaux, du traditionnel chapeau de paille aux plus modernes en feutre et en laine vous sera expliquée et montrée lors de cette passionnante visite.

L'Épopée chapelière

Les Récollets - ✆ 05 63 26 04 04 - ♿ - juin-août : 9h15-11h30, 14h15-17h, dim. 9h-11h30 ; mai-juin et sept. : 9h-11h30, 14h-16h30 ; oct.-avr. : lun.-vend. 9h-11h30, 13h30-16h - 4 € (-12 ans 1 €).

La chapellerie et le chapeau sont le noyau de l'artisanat et de l'industrie locale. L'office du tourisme de Caussade a donc installé une exposition permanente sur la grande histoire de l'industrie chapelière caussadaise. L'approche de cet espace muséographique, quant à elle, est bien plus déroutante : équipé d'un canotier sonore, vous serez plongé dans un fantastique voyage au pays du canotier. Une visite passionnante, ludique et pédagogique.

Un chapeau de paille de Caussade

Place forte protestante lors des guerres de Religion, Caussade est reconquise par les catholiques qui y fondent un couvent de récollets en 1683. Les remparts sont rasés au 18e s. Au 19e s., et encore au milieu du 20e s., la ville devient un centre important de l'industrie du chapeau de paille. Les fluctuations de la mode ont recadré son activité des canotiers d'antan, tel celui de Maurice Chevalier, aux casquettes de plage.

À proximité

CARTE P. 384

N.-D.-des-Misères B1

13 km au sud-ouest par la D 820 puis la D 40, commune de Mirabel.

Dominant la vallée de l'Aveyron, la chapelle (1150), est coiffée d'un séduisant clocher octogonal à deux étages ajouré de baies géminées d'allure romane (16e s.).

Puylaroque B1

14 km au nord-est par la D 17.

Bastide du bas Quercy, Puylaroque groupe ses maisons aux toits très plats au sommet d'une colline dominant les vallées de la Candé et de la Lère. Près de l'église, dont le massif clocher carré est accolé au portail principal, les rues étroites du bourg ont conservé des maisons (13e-14e s.) à encorbellement et à pans de bois. Des esplanades, notamment celle proche de l'église, on découvre des **vues** étendues sur les doux vallonnements de la campagne quercynoise, les plaines de Caussade et de Montauban.

Centre d'art et de design La Cuisine à Nègrepelisse B2

11 km au sud par la D 64. Espl. du Château - ✆ 05 63 67 39 74 - www.la-cuisine.fr - ♿ - mar.-sam. 14h-18h ; juil.-août : merc.-dim. 13h-19h, mar. 9h-19h - gratuit.

Réhabilité par le cabinet d'architectes catalan RCR, qui a conçu le musée Soulages à Rodez, le château de Nègrepelisse (13e s.) a ouvert ses portes au public en 2014. Il abrite un centre d'art original, axé sur les thèmes de l'alimentation et de la table. Au carrefour de terroirs riches (ail de Lomagne, truffe et safran du Quercy, jambon noir gascon, vin du Fronton), le centre abrite une salle dédiée aux expositions, une cuisine expérimentale, « Les Fourneaux », un atelier pour les artistes en résidence et un centre de documentation qui occupe l'une des tours du château, la « tour des livres ».

Carnet pratique

S'informer

Office de tourisme – *Carré des Chapeliers - Les Récollets - Caussade - ✆ 05 63 26 04 04 - www.tourisme-quercy-caussadais.fr*

Agenda

Estivales du Chapeau – *www.chapeau-caussade.fashion - sem. du 14 juil.* Cet événement associe concours et exposition de créations chapelières du monde entier. Nombreux concerts et marché nocturne également.

Nos adresses

Restauration

Budget moyen

La Table d'Alice – *24 r. Moissagaise - ✆ 09 86 26 57 79 - www.latabledalice.com - tlj sf merc. 12h-14h, 19h-21h - menu 28/38 €.* Le grand sourire d'Alice vous ouvre l'appétit et les assiettes qui s'enchaînent ne déçoivent pas. Dans une salle à manger toute claire ou sur la terrasse, on savoure les produits des agriculteurs et des éleveurs du coin. Simple, fait maison et chaleureux.

À Puylaroque

Pour se faire plaisir

Les Sens – *2 pl. de la Libération - ✆ 05 63 02 82 25 - www.restaurantlessens.com - 🅿 ♿ - 12h-13h45, 19h30-21h - fermé lun., mar. (sf en juil.-août) et dim. soir - menu 32/91 €.* Une des surprises gastronomiques les plus intéressantes de la région. Le chef, Thierry Pszonka, associe goûts et saveurs autour des produits du terroir, avec une rare dextérité et avec une prédilection pour la truffe. L'œuf poché ou la volaille fermière prennent des habits neufs, les épices (notamment le safran local) et les agrumes viennent ébouriffer les légumes du coin et les fleurs comestibles du potager sans les décapiter. Inventif, délicieux et léger à la fois. Service attentif sans lourdeur. Belle sélection de vins nature et en biodynamie. La perfection… à ne surtout pas rater.

Shopping

Chapellerie Willy's Paris – *63 av. du Gén.-Leclerc - ✆ 05 63 93 09 96* - Suite à votre visite des ateliers (*☞ p. 416*) ou en tant que simple visiteur, vous pouvez vous procurer le traditionnel chapeau de paille ou bien d'autres types de couvre-chefs dans la boutique d'usine de cette société de qualité française.

Hébergement

À Labastide-de-Penne

Une folie

Les Gouttes d'eau – *Lieu-dit Pradiès - 20,5 km au nord de Caussade - ✆ 05 63 30 39 10 - www.lesgouttesdeau.com - fermé de mi-déc. à mi-fév. - 2 dômes 175/215 € ☕.* Cocooner en pleine nature ? C'est possible. Deux dômes transparents offrent une vue imprenable sur le Quercy blanc. On passe donc la nuit à la belle étoile bien à l'abri dans un lit douillet. Brioches maison le matin, à savourer au lit ou sur la petite terrasse privée.

Pella Roca – *Limougne - ✆ 09 54 46 28 28 - www.pella-roca.com - 🅿 🏊 ✕ - 4 cabanes (2-4 pers.) à partir de 290 € ☕ - 2 nuits mini en haute sais.* Perchées sur les hauteurs d'un domaine de 9 ha de truffière, lande et forêt, ces cabanes sont aménagées avec un soin particulier et un goût raffiné, des matériaux et des objets jusqu'aux douces lumières. Délicieux petit-déjeuner et, pour le soir, panier repas.

Montpezat-de-Quercy ★

Castrum puis bastide, Montpezat-de-Quercy a conservé de son riche passé médiéval un plan en quadrilatère, une toponymie rappelant les corporations anciennes et un grand nombre de maisons à pans de bois. Mais c'est surtout la collégiale St-Martin et ses remarquables tapisseries des Flandres qui font le renom de ce bourg du Quercy blanc.

Se repérer

CARTE B1 (P. 384).
1590 Montpezatais – Tarn-et-Garonne (82).
26 km au sud de Cahors et 15 km au nord de Caussade.

Organiser son temps

Comptez 2h pour la vieille ville et la collégiale.

Nos adresses p. 421

Se promener

24 bd des Fossés - 05 63 02 05 55 - www.tourisme-quercy-caussadais.fr.

La bastide

L'entrée dans la ville se fait par l'ancienne porte fortifiée du 14e s.; la bastide s'étageant au-dessus des remparts. La place de la Résistance, centrale, s'entoure de couverts et de maisons à colombages. La mairie (19e s.) a été construite à l'emplacement de l'ancien hôtel de ville. Au nord, le cloître de l'ancien couvent des Ursulines du 12e s. a été remanié au 20e s. pour abriter l'école.

Collégiale St-Martin

05 63 02 05 55 (office de tourisme) - juil.-août : 8h-19h; reste de l'année : 9h-18h (en dehors des offices) - gratuit, billet visite guidée du village et de la collégiale.
Dédiée à saint Martin de Tours, elle fut construite en 1337 par un architecte de la cour papale d'Avignon. Elle fut épargnée lors du saccage de la ville par les SS en représailles aux actes de la Résistance pendant la Seconde Guerre mondiale. Elle présente les caractéristiques des édifices du Languedoc : une nef unique et des chapelles latérales séparées par les contreforts intérieurs de la nef. Voûté d'ogives dont les clefs sont peintes aux armes de la famille Des Prés, le **vaisseau** frappe par son unité, sa simplicité et l'harmonie de ses proportions. Les pièces qu'il renferme ne sont qu'une partie de l'extraordinaire trésor accumulé en ces lieux : dans la première chapelle à droite, belle Vierge de piété en grès polychrome (15e s.), dans la chapelle opposée, une Vierge aux colombes (14e s.) en albâtre. Dans la 2e chapelle à droite, trois éléments de retable en albâtre provenant de Nottingham ont pour thème la Nativité, la Résurrection et l'Ascension; enfin, dans la 4e chapelle à gauche, coffrets en bois (15e s.) avec application de pâtes dorées.

★★★ **Tapisseries des Flandres** – Cinq panneaux de trois tableaux, spécialement conçus pour le sanctuaire, longs de près de 25 m et hauts de 2 m environ, retracent en seize scènes les principaux épisodes historiques et légendaires de la vie de saint Martin : figurent, entre autres, le partage du manteau, diverses guérisons obtenues par le saint et sa lutte victorieuse contre le diable. Chaque scène est commentée par un quatrain en ancien français, placé sur la partie supérieure de chaque panneau. L'excellent état de conservation de ces tapisseries du 16e s., l'éclat et la richesse de leurs coloris, l'existence d'une telle série placée dans le cadre même pour lequel elle a été conçue leur confèrent un intérêt exceptionnel. La présentation et l'éclairage sont particulièrement réussis.

★ **Gisants** – Si le corps du cardinal Pierre Des Prés repose sous le pavement situé en avant du chœur, le mausolée en marbre de Carrare qui le représente fut placé en 1778 à l'entrée du chœur, à droite. De l'autre côté, à gauche, le gisant en pierre de son neveu Jean Des Prés est un chef-d'œuvre de la statuaire funéraire.

Derrière la collégiale se trouvent les habitations des chanoines : une galerie au 1er étage reliait ces maisons à pans de bois du 15e s. À gauche en sortant de la collégiale, le **chemin des Remparts** offre une vue d'un côté sur le village et de l'autre sur les coteaux.

À proximité

CARTE P. 384

Église de Saux B1

5 km au nord. Quittez Montpezat-de-Quercy par la D 20 en direction de Cahors, tournez à gauche après avoir parcouru 2 km.

Cet édifice dédié à saint André est situé à l'extrémité d'une route étroite qui serpente à travers bois et débouche dans un cadre bucolique. Composé de trois travées à coupoles, il est décoré de belles **fresques** des 14e et 15e s. Les mieux conservées se trouvent dans le chœur : Christ en majesté entouré des attributs des quatre évangélistes, Crucifixion et scènes de l'enfance de Jésus. Dans la chapelle de droite, fresques de la légende de sainte Catherine ; dans celle de gauche, saint Georges.

Molières B1

13 km à l'ouest par la D 20.

Le village, qui se développa au 13e s. quand Alphonse de Poitiers lui donna le statut de bastide, n'a plus sa halle, mais conserve son plan urbanistique et quelques pans des remparts détruits pendant la Révolution. De la promenade, point de vue sur l'**étang de Malivert**. Vous verrez deux passerelles en fer forgé du 19e s. qui relient les remparts à des habitations, attestant la prospérité passée. Outre deux maisons à colombages après la mairie, au nord se trouvait la tour de l'horloge dont témoigne la cloche accrochée à un arc en brique. Au sud, le clocher du 13e s., remanié au 17e s.

La famille Des Prés

Originaire de Montpezat (« Montpezat » désigne la localisation du bourg : *mons Pedatus* signifiant le mont fortifié, palissadé), cette famille a donné à l'Église cinq éminents prélats. Pierre Des Prés, cardinal de Préneste (actuelle Palestrina en Italie), est le fondateur de la collégiale St-Martin qu'il consacra en 1344. Son neveu Jean Des Prés fut tour à tour évêque de Coïmbra, ancienne capitale du Portugal, et de Castres. Trois autres membres de la famille montent successivement sur le siège épiscopal de la ville de Montauban, toute proche : Jean Des Prés (1517-1539), qui offre à la collégiale de Montpezat ses tapisseries flamandes, Jean de Lettes (1539-1556) et Jacques Des Prés (1556-1589), grand pourfendeur de huguenots, au sein de son diocèse, alors l'un des plus ardents foyers du protestantisme.

Nos adresses

Restauration

Budget moyen

La Table du Cardinal – *13 r. de la République - ✆ 05 63 64 47 50 - www.latableducardinal.fr - P - midi et soir - fermé lun., mar. soir, dim. soir (et merc. soir, jeu. soir hors saison) - menu déj. 20 € - menu 35/42 €.* Installée dans une maison historique, cette charmante table propose des recettes originales et de qualité. Service rapide et chaleureux. Excellent rapport qualité-prix.

Shopping

Les Vignerons du Quercy – *4555 rte de Paris - ✆ 05 63 02 03 50 - www.les-vignerons- du-quercy.com - tlj sf dim. 9h-12h, 14h-19h (18h le sam. et lun. apr.-midi seult).* Une vingtaine de producteurs se sont regroupés pour produire des vins AOC coteaux-du-quercy, régulièrement primés. Vente et dégustation.

Hébergement

À Molières

Premier prix

L'Auberge du Quercy blanc – *23 av. des Promenades - 13 km au sud-ouest de Montpezat-de-Quercy - ✆ 05 63 67 19 00 - P ♿ - 7 ch. 36 € - ☕ 8 € - ✕.* Ce petit hôtel dispose de chambres avec une belle vue sur la vallée. L'accueil est charmant et le restaurant propose une cuisine traditionnelle et familiale.

Safran.
bhofack2/Getty Images Plus

Lauzerte ★

Surnommée la « Tolède du Quercy », Lauzerte domine les terres fertiles du Quercy blanc. La bastide fondée en 1241 par le comte de Toulouse presse ses maisons gris clair, couvertes de toits presque plats, autour de l'église St-Barthélemy et de la place des Cornières. Perchée sur son promontoire, elle réserve de jolies surprises aux amoureux de vieilles pierres.

Se repérer

CARTE A1 (P. 384).
1454 Lauzertins – Tarn-et-Garonne (82).
23 km au nord de Moissac.

À ne pas manquer

La place de Lauzerte ; la bastide de Montjoi.

Organiser son temps

Comptez une journée.

Carnet pratique p. 424

Nos adresses p. 425

Se promener

Place des Cornières, l'**église St-Barthélemy** se compose d'une nef à trois travées, de six chapelles et d'un chevet à cinq pans, d'une façade néogothique et d'un portail gothique. Le retable baroque en bois doré et marbre rouge est consacré à la Vierge. La chapelle St-Antoine abrite quarante petits tableaux peints sur bois en camaïeu bleu, qui représentent divers paysages et monuments en ruine, de Joseph Ingres, père du célèbre peintre. La **promenade de l'Éveillé** était jadis le quartier des riches bourgeois et des officiers de justice avec ses belles demeures à pans de bois, de style gothique ou d'époque Renaissance. Bordant les rues de la Garrigue et de la Gendarmerie, les rez-de-chaussée de quelques maisons des 13e et 14e s. s'ouvraient sur des boutiques animées. À l'est, au-delà des anciens remparts, se dresse l'église des Carmes, remaniée aux 17e et 19e s.
Sous la barbacane de cette halte sur le chemin de St-Jacques-de-Compostelle s'étage le **jardin du Pèlerin** : ce jeu de l'oie paysagé grandeur nature retrace les péripéties rencontrées sur le parcours du pèlerin *(demander les clés à l'office de tourisme)*.

Le pays de Serres

CARTE P. 384

Circuit de 80 km tracé en rouge sur la carte. Quittez Lauzerte par le sud en empruntant la D 2, tournez à gauche sur la D 953, puis à droite sur la D 81. Après 2 km, tournez à droite en direction de St-Amans-de-Pellagal.
Les vallées entre les plateaux calcaires, parsemées de fermes isolées ou de hameaux de quelques maisons, sont colorées : bois de chênes pubescents, champs de lavande et de tournesols, vergers de cerisiers et de pruniers. Les bordures ondulées des plateaux forment de longues lanières ou « serres ».

Le Chartron B1

Beau **pigeonnier** quadrangulaire sur piliers surmonté d'une « capel », sorte de chapeau, qui empêchait les rongeurs ou les rapaces de rentrer. La volière à colombages est munie d'un toit de tuiles plates et d'un lanternon.

La place des Cornières, à Lauzerte.
H. Lenain/hemis.fr

Poursuivez durant 1 km, prenez à gauche puis tout de suite à droite. Passé St-Amans, suivez la direction Miramont.

Miramont-de-Quercy A1

Point de vue sur la vallée depuis le chemin de ronde de ce village.
Rejoignez la D 953.

Montjoi A1

Une jolie bastide de plus ! Une des plus petites, adorable et perchée, elle fait partie des bastides dites « alphonsines », car créée par Alphonse de Poitiers (*p. 457*). On entre par une porte en arc brisé : le temps de contempler les maisons soignées, les volets bigarrés et les rosiers qui ajoutent leurs boutons colorés, la place de la République est en vue. On s'y arrête un instant puis c'est le retour par le chemin de ronde et sa vue sur les collines environnantes.

Castelsagrat A1

Et encore une ! Place à cornières avec, au milieu, un vieux puits, maisons coiffées de tuiles rondes, bref, une bastide plein de charme. La façade de l'église, du 14e s., très sobre, dissimule une nef gothique dont le chœur est orné d'un retable en bois sculpté et doré gigantesque et inattendu...
Quittez Castelsagrat par le nord, rejoignez la D 7 et prenez à gauche.

Château de Brassac A1

07 86 50 58 90 - de juil. à mi-sept. : merc.-dim. 13h-19h - 4 € (12-14 ans 2 €).
Dominant la vallée de la Séoune, cette forteresse du 12e s. fut modifiée jusqu'au 16e s. Ses quatre tours rondes et ses courtines ont été arasées au niveau de la cour. Propriété des comtes de Toulouse, elle passa alternativement aux mains des Anglais et des Français pendant la guerre de Cent Ans pour appartenir définitivement aux Galard de Béarn (Hector Galard de Béarn, chambellan du roi Louis XI, n'est autre que le personnage représenté par le valet de carreau dans nos jeux de cartes !). Assiégée par les protestants lors des guerres de Religion, incendiée durant la Révolution, elle fut abandonnée au 19e s., puis restaurée à partir de 1891. Après avoir

contourné la motte féodale, on pénètre dans la cour d'honneur par un pont de pierre qui remplace le pont-levis. À votre gauche, le logis du 14e s. et la tour polygonale renfermant un escalier à vis du 15e s. Sous la cour se trouvent les salles des gardes.
Poursuivez sur la D 7 en direction de Bourg-de-Visa.

Bourg-de-Visa A1

Sur la place de la Mairie se trouve une halle en fer, de style Baltard, entourée de maisons à arcades. De l'ancien château ne restent que quelques vestiges. Près de l'église, remarquez le pigeonnier-tour.
Poursuivez sur la D 7; après 10 km, tournez à gauche.

Roquecor A1

Perché sur un piton rocheux, le village surplombe la Petite Séoune. Face à la mairie, prenez à droite la rue des Coutelets, puis la rue du Barry. Sur la gauche, vous descendrez au **lavoir** en passant devant les vestiges des remparts de la vieille ville, et arriverez au **roc de Nobis**, site troglodytique.
Quittez Roquecor par le nord et tournez à droite dans la D 7.

Montaigu-de-Quercy A1

Le bourg entoure un promontoire où se trouvait autrefois un château *(propriété privée)*. Remontez la rue des Frères-Quémeré, ancienne rue commerçante, pour rejoindre la place de la Mairie bordée du **lavoir** et de l'église. De style néogothique, elle a été reconstruite au 19e s., mais le **clocher** a été conservé : remarquez qu'il n'est ni dans l'axe ni à la dimension de l'église.
Longez ensuite les **remparts** *(rue des Colombiers)* et revenez à la mairie par la rue des Anciens-Fours. À droite, la rue de la Fontaine mène à une place où se trouve... la **fontaine**.
Quittez Montaigu par le nord-est (D 24); après 2 km, tournez à gauche.

Pervillac A1

L'église romane de ce hameau, remaniée au 19e s., renferme des **peintures murales** du 15e s. en bon état, longtemps cachées par un badigeon posé au 18e s. Scènes de l'enfer, purgatoire, Vertus... Cette iconographie au dessin grossier avait une vocation didactique.
Revenez en arrière, tournez à droite en direction de Montaigu, puis prenez la première à gauche (D 41) en direction de Touffailles.

Touffailles A1

L'**église St-Georges** (fin 15e s.) domine le village. La voûte de la nef est ornée de douze scènes représentant les deux cycles de l'enfance et de la passion du Christ.
Depuis la D 41, prenez à gauche la D 60 et à droite la D 73 qui mène à Lauzerte.

Carnet pratique

S'informer

Office de tourisme – *3 pl. des Cornières - Lauzerte - ✆ 05 63 94 61 94 - www.quercy-sud-ouest.com.*

Agenda

Festival du Quercy blanc et des arts vivants – *✆ 05 65 22 90 73 - www.festivalduquercyblanc.com - en août.* Une institution : musique classique et chansons à texte à Lauzerte, Montcuq et Montpezat.

Nos adresses

Restauration

Budget moyen

Le Quercy – *Fg d'Auriac - 11 rte de Cahors - ✆ 05 63 94 66 36 - www.hotel-du-quercy.fr - nov.-mars : midi et soir - fermé dim. soir-lun. et mar. soir, merc. soir, jeu. soir - menu 25 € - 9 ch. 55/65 € - ☕ 8,50 €.* Cette maison de pays possède le charme désuet des auberges de campagne. Les propriétaires se mettent en quatre pour satisfaire leurs hôtes ; on savoure de bons plats du terroir (dont l'agneau du Quercy). Pour l'étape, des chambres simples et bien tenues.

À Montjoi

Budget moyen

La Cage aux oiseaux – *Pl. de la République - ✆ 05 63 95 26 40 - 12h-21h (dim. déj. seult) - 30/38 €, menu 32 €.* Au calme et au bout de la toute petite bastide, on vient prendre un café sur la terrasse ou un repas de recettes locales.

À Miramont-de-Quercy

Budget moyen

Auberge de Miramont – *Le bourg - ✆ 05 63 94 65 57 - fermé dim.-lun. - menu 27/35 €.* Cette auberge de campagne est une adresse idéale pour faire bombance, sur sa terrasse fleurie à l'ombre des catalpas. Les assiettes mettent en valeur les produits locaux, comme l'agneau de pays. Réserv. conseillée.

Shopping

Marché fermier – *merc. mat.*

Activités

À Montaigu-de-Quercy

Montaigu Plage – *✆ 05 63 32 50 07 - www.montaiguplage82.com - baignade surveillée : juil.-août 10h-19h et mai-juin et sept. w.-end 12h-18h (se rens.) - 3,50 € (5-12 ans 2,50 €).* Canoës, pédalos, yoga kayaks, bouée tractée, parcours d'orientation, dans cette base de loisirs implantée au cœur des bois, sur les rives du lac.

Le Quercy à vélo – *Cazes-Mondenard - ✆ 06 84 30 64 72 - www.lequercyavelo.fr - 9h-19h - fermé jeu. - 45 €/j.* Vélos électriques et parcours adaptés à tous les niveaux.

Hébergement

À Lauzerte

Budget moyen

Le Belvédère – *1295 ch. de Cougoulet - Montagudet - ✆ 05 63 95 51 10 - www.lebelvedere-lauzerte.com - 🏊 - 24 ch. à partir de 82/260 € ☕ - ✕ menus 32/59 €.* À deux pas de Lauzerte, cette bâtisse en pierre se charge de vous déconnecter : chambres spacieuses et confortables, petit déjeuner copieux, Spa géant, cabines de soins, et grande piscine à débordement. Restaurant slow food où l'on cultive l'éloge de la lenteur et les produits du terroir.

À Labarthe

Pour se faire plaisir

La Colline de Boutiès – *Lieu-dit Boutiès - 22,5 km au sud-est de Lauzerte - ✆ 05 63 67 83 50 - www.collinedebouties.com - P 🏊 - 88/187 € ☕ - apéritif dînatoire 55 €.* Divers hébergements vous attendent : le lov'nid accroché à 5 m de haut ; une cabane perchée à 8 m accessible par un pont de singe ; la maison de Hobbit cachée dans la forêt ; un gîte aménagé dans la maison des propriétaires. Pour la convivialité, une paillote aménagée. Pour les loisirs, aire de jeux, piscine et Spa.

Abbatiale Saint-Pierre de Moissac.
J. Garcia/hemis.fr

COMPRENDRE LA RÉGION

Bienvenue dans le Lot, l'Aveyron et le Tarn 428
10 choses à savoir 429
Saveurs locales 430
Nature et paysages 434
Histoire 440
Arts et culture 450
Personnalités 463
Fêtes et traditions 464

Bienvenue dans le Lot, l'Aveyron et le Tarn

Entre le Massif central et les Pyrénées, il est une région de causses qui descendent doucement vers les grandes plaines du Sud. Ici, c'est la campagne, âpre et pastorale sur les plateaux, riche et fertile dans les plaines. Tranquille, préservé, ce territoire secret a fait de son isolement séculaire un atout de premier ordre.

Sauvages et ruraux

Plantons le décor. Le pastoralisme préserve les paysages des causses, les plus isolés, souvent soulignés par des murets de pierre sèche, entre lesquels vous observent les brebis à lunettes ou les aubrac aux yeux alanguis. Entre les plateaux calcaires et boisés serpentent les rivières. Ici un gouffre s'est laissé explorer, là une grotte a reçu les ornements des hommes du paléolithique. En bas, dans les plaines du Montalbanais et de l'Albigeois, alternent vergers et cultures maraîchères, qui par endroits laissent place à la vigne. La région retient de sa ruralité viscérale un goût pour les formes et les matières, qui s'épanouit dans un artisanat de qualité, couteaux de Laguiole, chapeaux de Caussade, paniers, gants de Millau. On en croise le fruit sur les marchés et dans les boutiques des bastides médiévales.

Bastides et musées

Les bastides sont une des caractéristiques du Sud-Ouest où de belliqueux seigneurs voulurent au Moyen Âge marquer leur territoire en créant des villes neuves. On les croise en particulier dans le Quercy blanc et dans le Rouergue. Elles côtoient des cités historiques, des abbayes aux cloîtres silencieux (Moissac, Beaulieu) et d'audacieux ouvrages d'art (viaducs du Viaur et de Millau). La cité épiscopale d'Albi, inscrite sur la liste du Patrimoine mondial de l'Unesco, les prestigieux musées Ingres Bourdelle à Montauban, Goya à Castres, Toulouse-Lautrec à Albi ou Soulages à Rodez sont autant d'invitations au voyage.

Éloge de la lenteur

Sur les marchés s'étalent les produits qui forgent une gastronomie de qualité, dont Michel Bras, à Laguiole, est une des célèbres figures. D'autres chefs locavores œuvrent avec talent, à Sauveterre, à Puylaroque, à Castres. Alors, que faire dans un pays rural, une fois que les villes et les villages ont livré leurs secrets ? Prendre son temps. Des milliers de kilomètres de sentiers et de routes sillonnent les plateaux, les gorges, les rives des rivières et les plaines. On les emprunte à cheval, à vélo, à pied, comme les pèlerins sur les chemins de St-Jacques, dont l'un des plus beaux tronçons traverse le Rouergue et le Quercy. On peut, comme dans les gorges du Tarn, préférer la fraîcheur de l'eau et suivre une rivière qui s'est faufilée dans le calcaire blanc.

10 CHOSES À SAVOIR

4 DÉPARTEMENTS
constituent la partie nord de l'Occitanie traitée dans ce guide : l'Aveyron (12), le Lot (46), le Tarn (81) et le Tarn-et-Garonne (82).

32 hab./km²
L'Aveyron et le Lot font partie des départements les moins peuplés de France. Les 6 villes principales – Cahors, Rodez, Millau, Albi, Castres et Montauban – sont de taille moyenne (entre 20 000 et 60 000 habitants). Vous avez dit rural ?

5 villages REMARQUABLES
Conques, St-Cirq-Lapopie, Ste-Énimie, Cordes-sur-Ciel, Rocamadour comptent parmi les joyaux de la région. On a beau être rural, on sait bâtir.

1316-1334
La chrétienté a connu un pape originaire de Cahors pendant dix-huit ans, sous le nom de Jean XXII. C'est dire la puissance des familles cadurciennes au 14e s.

20 millions
C'est le nombre de bouteilles qui sortent chaque année des caves lotoises, 100 % en rouge. La superficie de l'aire délimitée pour l'AOC Cahors est de 21700 ha. Le rustique a du bon : regardez aussi du côté des coteaux du Quercy, de Marcillac, Entraygues, Gaillac et Fronton.

Causses ET GORGES
La région compte 5 vallées spectaculaires : Dordogne, Lot, Célé, Tarn, Aveyron, toutes les rivières mènent à la Garonne. Mais que de beauté à traverser à pied, à vélo, en bateau...

103 m
C'est la profondeur du gouffre de Padirac. À moins d'explorer le Yucatán, vous ne verrez pas ailleurs de réseau noyé aussi long. Les causses, c'est beau dessus et magique dessous.

Des étoiles PAR MILLIARDS
Le causse de Gramat est enveloppé dans le « triangle noir », où le ciel présente une pureté exceptionnelle. Amis astronomes, c'est le moment de sortir les lunettes.

90 km
de bonheur sur le GR 65 entre Figeac et Cahors, sur la via Podensis, tronçon des chemins de St-Jacques de Compostelle classé à l'Unesco.

VERTE ET BLEUE
On ne fait pas que marcher dans la campagne. On peut aussi se baigner dans les lacs et les rivières. Nombreux sont les sites classés Pavillon bleu. Eh oui, on ne les trouve pas qu'au bord de la mer !

Saveurs locales

Sur ce terroir d'une grande diversité, des jardins abondants de l'Albigeois aux herbages des hauts plateaux aveyronnais, les mets et les vignobles du territoire se sont taillé une réputation qui ne se limite pas aux frontières des causses. Voyage gustatif.

Viandes fondantes

Moutons à lunettes noires (« parce que l'herbe est difficile à voir », disent les paysans), la race caussenarde, non contente d'entretenir les causses, offre au Quercy son fameux **agneau fermier**, estampillé Label rouge en 1991. Élevé sous la mère, cet agneau développe une finesse et une tendreté de viande assez rares, dues au lait qui concentre toutes les saveurs des plantes du causse. Les recettes ne manquent pas : épaule farcie, rouelles de gigot fermier à la persillade, ris d'agneau aux cèpes, daube au vin de Cahors...

L'Aveyron s'enorgueillit aussi d'une viande prestigieuse, l'agneau Allaiton triple A, élevé sous la mère, et régulièrement présent sur les grandes tables.

Le tableau serait incomplet si l'on ne mentionnait pas la célèbre race aubrac, **bœuf** fermier certifié Label rouge.

Le **canard** est présent sur les tables du Quercy sous la forme de magret, confit, fritons ou foie gras. Pour accompagner le confit, préparez vos pommes de terre avec l'**ail rose de Lautrec**.

Charcuterie de caractère

En Aveyron, la **saucisse sèche** « à la perche » est préparée de façon artisanale, à partir de viande de coche et de boyau naturel. Elle est séchée sur une perche en bois d'où sa saveur et sa forme en allers et retours. Servie en apéritif, elle est parfois concurrencée par le **fricandeau**, un pâté de campagne préparé avec du porc, cuit au four dans une crépine. Avec les abats de veau, on confectionne les savoureux **tripous** du Ségala.

Le Tarn est réputé pour son jambon sec, son boudin noir, le **galabart**, et son boudin blanc, le **melsat**. Parmi les autres spécialités charcutières, Castres est célèbre pour ses **bougnettes** (crépinettes de porc), Mazamet pour le **coudenou**, Lacaune pour ses saucissons et Valence-d'Albigeois pour ses **fritons** (pâté à base de résidus de porc rissolé dans leur graisse).

Fromages

Les **rocamadours** et **cabécous**, ces petits fromages de chèvre tout ronds, d'un diamètre de 6 cm sur 1,5 cm d'épaisseur, quatre fois striés sur le dessus, ont servi de monnaie à la fin du 15e s. Fromage du Quercy par excellence, le « roca » (AOC) est différent d'un producteur à l'autre, les chèvres n'allant pas brouter partout les mêmes plantes qui parfument le lait. Le lait de chèvre donne aussi le **cabécou de l'Aubrac** et le **pélardon** cévenol.

Le lait de vache fournit, quant à lui, des pâtes persillées comme le **bleu des Causses**, mais aussi la **fourme de Laguiole** en Aubrac, « formée » par

La truffe noire, le joyau du marché de Lalbenque, Quercy.
brizius/Getty Images Plus

un bois qui brunit son épaisse croûte brune. La **tomme fraîche** incorporée à la purée de pommes de terre, au beurre, à la crème et à l'ail donne l'**aligot**, cette recette des moines de l'Aubrac, qu'ils préparaient à l'origine avec du pain et de la tomme.

Le lait des brebis du Larzac donne le **pérail** et le prestigieux **roquefort**, pâte persillée dont l'AOC créée en 1925 impose une fabrication au lait cru et entier, sans homogénéisation ni pasteurisation, dans des laiteries situées sur les lieux de la collecte.

Desserts parfumés

En fin de repas, le palais s'adoucit sous l'arôme de fleur d'oranger des **soleils** de Rodez (gâteaux aux amandes sèches), des saveurs du **gâteau à la broche** (obtenu en versant une sorte de pâte à madeleine sur une broche que l'on tourne devant un feu) et du bon goût d'angélique des **fouaces** de Najac (brioches).

À mille lieues de celui de Marseille, le **pastis du Quercy** croustille dans la bouche. Rappelant pour certains la pastilla marocaine, ce dessert feuilleté est gorgé de beurre et de pommes marinées dans le rhum et l'eau de fleur d'oranger.

À Albi, la **gimblette** tient la vedette : en forme de couronne, ce petit gâteau est parfumé de citron et d'eau de fleur d'oranger.

Quant à la **pescajoune**, crêpe épaisse, elle se déguste salée (aux lardons) ou sucrée (à la pomme, à la poire ou aux pruneaux).

Le gargouillou de Michel Bras

Cette spécialité de l'Aveyron est faite à base de pommes de terre. Elle est mouillée d'eau et accompagnée d'une tranche de jambon de montagne. Le plat est devenu un classique de la cuisine de Michel Bras, grand officier de bouche à Laguiole : un mélange croquant et fondant garni de graines germées, de fleurs et d'herbes champêtres, de jeunes légumes (asperge verte, artichaut, cardon, chou pommé, blette, crosne) revenus avec le jambon. Un méli-mélo savoureux, renouvelé au gré des saisons.

Tout sur la truffe

Quinze ans de symbiose – Étrange production du règne végétal, la truffe est un champignon souterrain qui se développe autour du noisetier, du tilleul et du chêne. Cette association est une symbiose : le champignon offre à l'arbre les sels minéraux qu'il fabrique par digestion de matières organiques en décomposition ; l'arbre donne à la truffe les sucres que ses feuilles synthétisent par photosynthèse. Pour établir cette association, la truffe est exigeante. Elle monopolise toutes les ressources alentour, si bien qu'en surface la végétation disparaît, décrivant les fameux « ronds de sorcière » ou « brûlés » aux allures dénudées. Il lui faut 15 ans au minimum pour développer ces sortes de fructifications que sont les truffes.
Trouver la perle noire – La truffe naît au printemps. Sans saveur au départ, elle se développe pendant tout l'été, parvient à maturité en automne pour être récoltée entre les mois de novembre et février ou mars. Une truie ou un chien spécialement dressé indique au **caveur** l'emplacement pour récolter les truffes. Une autre technique consiste à repérer l'emplacement de la truffe grâce à une « mouche à truffe » : cherchant un lieu de ponte, celle-ci se pose avec précision à l'endroit où se trouve le champignon. Une bonne truffe doit être ferme au toucher. Si elle suinte quand on la presse, c'est qu'elle a subi les assauts du froid. Si elle paraît sèche et légère, elle a été trop exposée au soleil. Si elle n'a pas d'arôme, elle n'est pas assez mûre.
L'or noir du Quercy – Le Quercy (avec le Périgord voisin) n'est plus la première région de production de ce curieux champignon : la Provence assure 80 % de la production. Des plantations de chênes truffiers, notamment autour de Lalbenque, entretiennent cependant l'espoir d'améliorer le rendement. Le tarif oscille entre 700 et 1 000 € le kilo. La truffe embellit tout ce qu'elle touche grâce à son arôme imprégnant les aliments, mais règne sur les foies gras, les pâtés, les volailles, les ballottines et les galantines. Ne dit-on pas que le secret d'une bonne brouillade aux truffes consiste à enfermer œufs et truffe dans une boîte hermétique le temps que les puissants arômes du champignon traversent la coquille ? La truffe peut également se consommer crue, en lamelles sur du pain de campagne grillé, ou encore, luxe suprême, entière, seulement cuite sous la cendre. Et rien ne se perd dans la truffe : ses pelures rehaussent les plats et leur donnent un air de fête !

Fruits et épices

Selon les saisons, voici ce que vous pourrez rapporter du marché.

Du safran

Le safran, ingrédient d'une cuisine raffinée, était une culture commune au Moyen Âge entre les 15e et 18e s. On l'utilisait pour teindre la soie, épicer les plats et concocter des remèdes. Victime de mauvaises conditions climatiques, la culture du crocus déclina au cours du 19e s., pour finalement être abandonnée. Ce n'est que depuis la fin des années 1990 qu'une cinquantaine de producteurs le cultivent à nouveau dans la région. L'« or rouge » est devenu un élément important de l'image des départements du Lot, du Tarn et du Tarn-et-Garonne. Car le safran est cher : autour de 30 € le gramme. Mais une seule dose commerciale (0,3 g), correctement mise à infuser, suffit à parfumer et colorer un plat.

Des melons

Classé en IGP (indication géographique protégée), le melon du Quercy est la culture essentielle du bas Quercy avec 11 000 t chaque année (soit environ 25 % de la production française). On le cueille à la main de juin à octobre dans 90 exploitations, août et septembre étant les mois les plus importants.

Des reines-claudes

Cette prune de couleur vert doré, ronde, sucrée et juteuse, se cultive le long de la vallée de la Garonne ainsi que dans le Lot, le Lot-et-Garonne, le Tarn et le Tarn-et-Garonne. Elle représente à peu près le quart de la production nationale. Label rouge depuis 1998, la reine-claude se cueille en juillet, à la main. Méfiez-vous sur les marchés : des producteurs proposent parfois la « fausse reine-claude », souvent issue de la variété Bavay, plus tardive (août-septembre), sans goût et sans texture. Demandez toujours la « vraie » reine-claude !

Des noix

La **noix marbot**, variété la plus courante dans le Lot, très précoce, est souvent vendue comme noix fraîche (septembre-octobre). La **noix grandjean**, produite dans les régions de Sarlat et de Gourdon, fournit une grande partie des cerneaux du Périgord et du Quercy (septembre à juin, comme toutes les noix sèches).

Et aussi... des cèpes

Boletus edulis est le grand champignon de la région. Le cèpe se récolte d'août à septembre, en particulier dans le Lot et en Aveyron. Les cèpes sont bien meilleurs frais, ou confits dans l'huile. Ne lavez pas les cèpes frais, ils se comportent comme des éponges et perdent alors leur saveur. Ne les épluchez pas non plus. Retirez la terre avec une brosse.

Vins aux cépages variés

Le cahors

De robe sombre, très tannique et ample en bouche, le « Black Wine » exhale des arômes de fruits noirs (mûre, cassis), souvent complétés par des notes épicées (réglisse, cannelle, poivre) ou torréfiées (cacao, café). Il doit son côté charpenté au malbec, cépage qui entre pour au moins 70 % dans l'assemblage, associé au merlot et au tannat. L'AOC (1971) s'étend aujourd'hui sur 21700 ha (3300 ha de vignes cultivées dans l'appellation), entre deux types de terroirs : les sols alluviaux de la vallée du Lot (60 %) et les sols calcaires des causses (40 %). Avec 31 % des vignerons cultivant en bio ou en conversion, le cahors est engagé dans une production raisonnée, qualitative et durable, qui valorise, outre le cépage, la puissance du terroir où viennent s'ancrer en profondeur les vignes. *vindecahors.fr.*

Le fronton

Vin fruité aux accents épicés, qui se boit jeune, le vignoble (2300 ha) est calé entre le Tarn et la Garonne. Ce vin rouge labellisé AOP est composé d'au moins 50 % de négrette, et quelques rosés.

Le coteau du Quercy

Ce vignoble s'étend sur 400 ha entre Cahors et Montauban. Bénéficiant d'une appellation AOC depuis 2011, ces rouges en majorité se boivent jeunes (entre 2 et 5 ans) ; les rosés s'apprécient dans l'année.

Le gaillac

Caractérisée par sa diversité de terroirs et de cépages, l'AOC gaillac (3150 ha), vins rouges, rosés, blancs, s'étend sur les rives du Tarn et les coteaux dominant la rivière à l'ouest d'Albi. *p. 362.*

Les vins aveyronnais

Les meilleures vignes grimpent à l'assaut de coteaux abrupts et sont cultivées sur d'étroites terrasses dans des paysages saisissants. Elles donnent les solides rouges de Marcillac (AOC, 200 ha) et ceux du petit montagnard d'Entraygues-le-Fel (AOC, 22 ha), charnus et fruités. Dans la vallée du Lot, Estaing (AOC, 18 ha) produit des rouges bouquetés et des blancs secs et plaisants.

Nature et paysages

Des plaines fertiles du pays tarnais aux pâturages d'altitude de l'Aubrac, la région s'élève vers l'est en plateaux successifs, entrecoupés de vallées profondes, tandis que les franges sud et est sont délimitées par d'authentiques massifs, tels la Montagne Noire et l'Aigoual. Occupant une grande partie des terres, les causses composent des paysages arides aux allures de déserts d'altitude, qui dissimulent d'incroyables réseaux souterrains. Uniques liens naturels entre les différentes parties du territoire, les grands cours d'eau – Lot, Tarn et Aveyron – se fraient un chemin dans le relief, dessinant de nombreux méandres et, par endroits, un canyon ou une gorge, avant de ne faire qu'un avec la Garonne.

Les causses

Mot originaire du Rouergue, les causses désignent littéralement les « plateaux calcaires » du sud du Massif central. Ils constituent une des régions les plus singulières de France : la roche calcaire y a imprimé un paysage rude et grandiose de canyons et de puits vertigineux. S'il est difficile d'y vivre, la découverte de ces étendues reste un grand moment d'évasion. Les causses déroulent à l'infini leur solitude grise et pierreuse. On se laisse facilement impressionner par la grandeur et la sévérité de ces plateaux arides, hauts de quelque 1000 m. La surface,

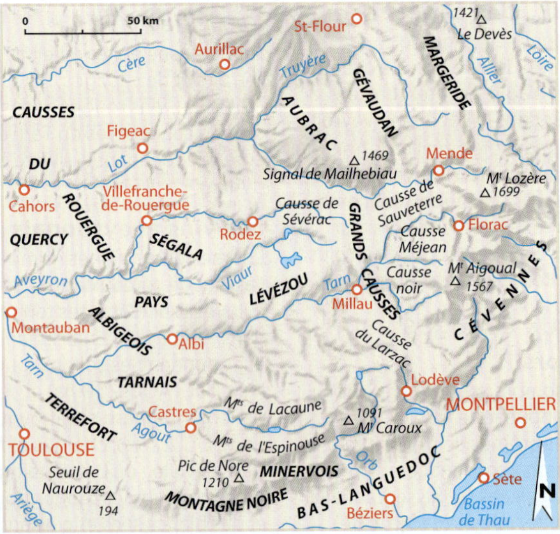

Causse du Larzac.
tupungato/Getty Images Plus

nivelée par l'érosion, a été criblée de phénomènes karstiques (le mot vient de Karst, région calcaire du nord de la Croatie). Il faut citer tout d'abord les **cloups**, dépressions circulaires formées par les eaux de pluie acides qui attaquent le calcaire. Lorsqu'ils s'agrandissent, ils forment des **sotchs** ou **dolines**, dépressions fermées de quelques dizaines de mètres de diamètre dont le fond cache une bonne terre arable rougeâtre, argileuse, tapissée d'inattendues oasis de prairies et de cultures. Les **avens** ou **igues** sont des gouffres, le plus connu étant l'**aven Armand**. Les **champs de lapiés** sont des étendues perforées d'alvéoles et de petits canaux; les eaux de ruissellement, en dissolvant irrégulièrement la surface, creusent des trous qui se rejoignent en rainures et ciselures discontinues.

Enfin, les **chaos**, constitués de grands **rochers ruiniformes**, forment d'étranges paysages de pierre; de telles fantaisies s'expliquent par la présence de la dolomie, roche associant le carbonate de chaux soluble au carbonate de magnésie peu soluble. Les chaos ruiniformes de Montpellier-le-Vieux, Nîmes-le-Vieux, les Arcs de St-Pierre, Roquesaltes ou Rajol sont particulièrement spectaculaires.

Les montagnes du haut Languedoc

À l'extrémité sud du Massif central, les failles ont formé des escarpements et détaché des blocs dissymétriques auxquels l'altitude donne un profil montagnard : ce sont le Sidobre, les monts de Lacaune et la Montagne Noire.

Senteurs des causses

Si les **orchidées** fleurissent au printemps, en été, vous apprécierez les effluves des **plantes aromatiques**, comme le serpolet et l'origan. Le genêt cendré forme des buissons épars tandis que le chêne pubescent envahit le causse dès lors qu'on le laisse faire : cherchant l'eau, il tend ses racines vers les réservoirs ouvragés par l'homme tels que les lacs de St-Namphaise, qu'il dégrade rapidement.

Comment protéger l'environnement ?

Depuis la loi du 18 juillet 1985, les départements ont la compétence pour préserver et valoriser des territoires sous le label **espaces naturels sensibles** (ENS), qui protège leurs ressources naturelles. Le Lot a labellisé 35 ENS, le Tarn 81, le Tarn-et-Garonne 15, l'Aveyron 43.

Les Arques, vallée de la Dordogne, Gourdon, Labastide-Murat, Rocamadour, rougier de Camarès, Bozouls.

Le classement et la gestion des ENS se font en partenariat avec les acteurs locaux, dont les communes et les **parcs naturels régionaux** (PNR). Ces derniers sont classés par l'État et participent également au développement des territoires sous le signe de l'environnement. La région est protégée par 4 PNR mandatés pour valoriser les patrimoines naturel, culturel et humain.

Grands Causses, Haut-Languedoc, Causses du Quercy et Aubrac.

À l'échelle internationale, certains sites naturels sont protégés par l'Unesco : les Causses du Quercy sont Géoparc mondial depuis 2017, et le paysage culturel de l'agropastoralisme méditerranéen est classé au Patrimoine mondial de l'Unesco depuis 2011.

Les hauteurs froides de Lacaune (1267 m au Montgrand) sont célèbres pour l'élevage et la qualité des eaux minérales et thermales. Le Sidobre, massif peu élevé d'où l'on extrait le granit, regorge de merveilles naturelles insolites : rochers tremblants, cascades et lacs.

La Montagne Noire constitue l'extrémité sud-ouest du Massif central. Elle se caractérise par un fort contraste entre son versant nord qui s'élève brusquement au-dessus du Thoré et son versant sud, doucement incliné vers les plaines du **Lauragais** et du **Minervois**, en vue des Pyrénées.

Les hauts plateaux aveyronnais

Uniques reliefs du département de l'Aveyron dépassant 1000 m d'altitude, les plateaux de l'Aubrac et du Lévézou se déploient en étendues d'herbage. La majesté du paysage laisse prise à la fantaisie des sculptures minérales et au cheminement des troupeaux.

Le Lévézou

Entre Millau et Rodez, ce petit massif cristallin grimpe jusqu'au Puech del Pal (1155 m). En haut, autour de Vezins, un espace désertique de sous-bois et de bruyère reçoit la visite des troupeaux. Le bas pays présente un visage plus souriant de bocages et de grands lacs aménagés pour le tourisme (à Pont-de-Salars, Bage, Pareloup, Villefranche-de-Panat...).

L'Aubrac

Entre les vallées de la Truyère et du Lot, les plateaux volcaniques accusent une certaine dissymétrie. Dans le Nord-Est, ses 1000 m d'altitude s'abaissent très doucement vers la Truyère ; dans le Sud-Ouest, le versant, raviné par le ruissellement des *boraldes*, s'affaisse à 500 m.

Le relief est mollement arrondi, à peine saillant. Il cache des coulées de basalte, épaisses de plusieurs centaines de mètres, qui recouvrent un socle granitique. Un immense pâturage très fleuri s'y déploie en juin. Dans la partie ouest, les champs sont agrémentés de hêtres, de landes et d'étangs. Un lourd manteau de neige enveloppe les hivers : des obélisques de granit, le long des routes, aident alors les voyageurs à retrouver leur chemin.

L'élevage – Naguère, de grands troupeaux de moutons estivaient sur l'Aubrac. Aujourd'hui, les vaches (encore des aubracs, d'un caramel clair, aux irrésistibles yeux fardés, mais aussi quelques salers chocolat dites « rouges », et de plus communes limousines blanches) occupent seules les herbages, de fin mai à mi-octobre. On observe les « drailles », pistes de **transhumance** parfois délimitées de petits murs de pierres sèches.

Les ségalas

Plateaux aux sols acides et pauvres, peu propices à la culture du blé, les ségalas tirent leur nom du seigle, céréale cultivée traditionnellement sur ces territoires. Légèrement ondulés en collines (les puechs) et sillonnés de vallées profondes, les ségalas désignent deux régions distinctes, les plateaux du sud-ouest du département de l'Aveyron et ceux du nord-est du département du Lot.

Le Ségala du Quercy

Tout ici rappelle le Cantal voisin. Dans cette région semi-montagneuse, le sol porte châtaigniers, pins, hêtres, bouleaux, chênes pédonculés et sessiles. Sur les croupes dénudées, aux pelouses arasées par le vent et le froid du soir, les vaches aubrac et salers sont plus nombreuses que les arbres. Au sud, vers Figeac, les profonds ravins boisés cachent d'anciennes galeries de mines de charbon.

Le Ségala du Rouergue

Les terres froides du Rouergue ont l'allure de lents plateaux inclinés vers le Bassin aquitain sur lesquels s'accrochent la châtaigneraie de toujours et de récents bocages épanouis au milieu de lacs immobiles. Des prés verdoyants enclos d'aubépines font aujourd'hui oublier la tristesse qui régnait autrefois dans cette région, longtemps concurrencée par le blé blond d'Aquitaine (le fromental), jusqu'à ce qu'elle s'éveille sous l'effet conjugué de l'exploitation de la chaux et de l'arrivée du chemin de fer (Carmaux-Rodez, Capdenac-Rodez), au 19e s. Un bouquet touffu de trèfle, de blé, de maïs et d'orge remplace ainsi la lande et le seigle d'antan. Cette petite révolution agricole s'est accompagnée d'un vrai développement des élevages bovins, ovins et porcins qui contribuent aux bonnes tablées de la région.
Le promeneur traverse, près de Camarès ou de Marcillac, des terres rouges fertiles, les **rougiers**, parsemées de vergers.

Plaines et coteaux

Issus de l'érosion du Massif central, plaines et coteaux se concentrent aux marges sud-ouest de la région. Les eaux du massif y convergent et entretiennent la richesse de vastes plaines alluviales, propices au développement agricole. La Garonne et la basse vallée du Tarn drainent dans leur sillage des tons chauds et lumineux : jaune céréalier, vert prairie, rouge brique et bleu pastel s'y mélangent joyeusement.
Nourrie en partie par les grands cours d'eau de la région (Tarn, Lot, etc.), la Garonne trace en aval un large couloir entre Aquitaine et Languedoc, dans lequel aime à s'engouffrer l'autan.
Des terrasses en gradins, séparées de talus boisés, assurent la transition avec les collines vigoureuses taillées dans la **molasse**.
En Albigeois, le relief se redresse en petits causses (Cordes, Blaye) et en pitons calcaires (« puechs ») que couronne souvent un village solitaire.
À la périphérie, la terre semble avoir tremblé : plateaux et petits monts s'interpénètrent étroitement dans le pays tarnais.

Le chardon, baromètre du Causse

On voit souvent, clouée sur la porte des maisons caussenardes, une fleur de chardon séchée. Il s'agit de la **cardabelle** *(Carlina acanthifolia)*, aux longues feuilles épineuses et découpées. Sa fleur s'ouvre et se ferme en fonction du degré d'humidité de l'air, c'est pourquoi on parle de « chardon baromètre ».

Richesses naturelles

Les rivières souterraines

Les eaux d'infiltration finissent par former d'importantes galeries souterraines et se réunissent en rivières à circulation plus ou moins rapide. Parfois chargées de matériaux abrasifs, elles élargissent leur lit et se précipitent en torrents souterrains. Lorsqu'elles s'écoulent lentement, elles forment, en amont, des barrages naturels ou **gours** qui s'édifient peu à peu par les dépôts de carbonate de chaux. Il arrive qu'au-dessus des nappes souterraines la dissolution de la croûte calcaire se poursuive : des blocs se détachent de la voûte, un dôme se forme, dont la partie supérieure se rapproche irrémédiablement de la surface du sol. C'est le cas du Grand Dôme de Padirac que quelques mètres seulement séparent de la surface du causse de Gramat. Lorsque la voûte du dôme devient très mince, un éboulement découvre la cavité et ouvre un gouffre.

Formation des grottes

Au cours de sa circulation dans les fissures et les interstices, l'eau abandonne lentement (à l'échelle géologique, soit des milliers d'années) le calcaire dont elle s'est chargée en pénétrant dans le sol. Elle façonne ainsi de magnifiques concrétions aux formes fantastiques. Dans certaines grottes, le suintement des eaux donne lieu à des dépôts de calcite blanchâtre (carbonate de chaux) qui constituent des cônes, des pendeloques, des pyramides, des draperies, dont les représentations les plus connues sont les stalactites, les stalagmites et les excentriques.

Les **stalactites** se forment à la voûte. Chaque gouttelette qui suinte du plafond y dépose, avant de tomber, une partie de la calcite dont elle s'est chargée. Peu à peu s'édifie ainsi la concrétion le long de laquelle d'autres gouttes d'eau viendront couler et déposer leur calcite.

Les **stalagmites** sont des formations de même nature qui s'élèvent du sol vers le plafond. Les gouttes d'eau tombant toujours au même endroit déposent leur calcite qui forme peu à peu un cierge. Celui-ci s'élance à la rencontre d'une stalactite avec laquelle il finira par se réunir pour constituer un **pilier** reliant le sol au plafond. La formation de ces concrétions est extrêmement lente : elle est, actuellement, de l'ordre de 1 cm par siècle sous nos climats.

Les **excentriques** sont de fines protubérances en forme d'aiguilles, dépassant rarement 20 cm.

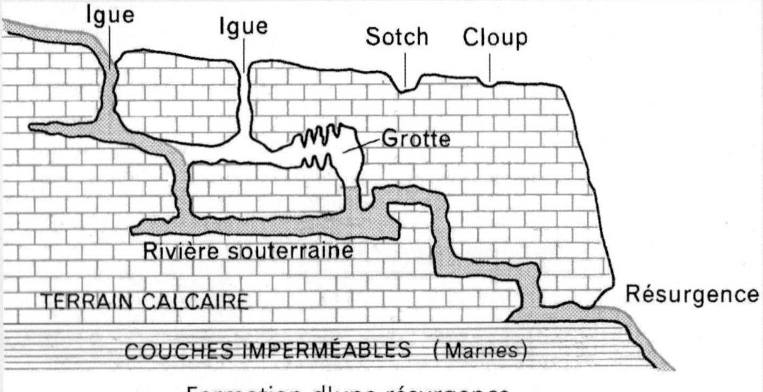

Formation d'une résurgence

Elles se développent dans une apparente anarchie sous forme de minces rayons ou d'éventails translucides. Formées par cristallisation, elles n'obéissent pas aux lois classiques de la pesanteur. Les grottes de Lacave (☛ p. 69) possèdent les excentriques les plus grandes d'Europe. Beaucoup plus rares mais tout aussi étonnants sont les **disques** (grotte du Pech Merle, ☛ p. 156), dont la forme spectaculaire s'explique aussi par quelques lois physiques de cristallisation.

Les résurgences

Les circulations souterraines s'alimentent soit avec les pertes d'un cours d'eau dans une igue du causse, soit par accumulation des eaux d'infiltration atteignant le niveau des couches imperméables (marnes ou argiles). Elles s'écoulent par conduite forcée ou par gravité, suivant l'inclinaison des couches jusqu'à réapparaître à l'air libre au flanc d'un versant : c'est une résurgence.

Gorges et canyons

Fruits de l'érosion des rivières et des résurgences, les **canyons** sont des vallées profondément creusées qui affleurent au sommet des versants comme au fond du sillon. Les **gorges du Tarn** entre Les Vignes et Le Rozier, les **gorges de la Jonte** et celles de la **Dourbie** en sont des exemples aussi magnifiques que spectaculaires. Soudain, d'horizontal, le paysage devient vertical : un canyon, qui peut atteindre 500 m de profondeur, scie les plateaux. Les élégants escarpements se colorent de teintes noires et rousses. La succession de parois abruptes, de corniches et de rebords tabulaires, est due, là encore, à la résistance et à la perméabilité du calcaire. Abrités des vents, les canyons forment des serres chaudes propices aux cultures. En hauteur, les versants marneux sont couverts de bois ; plus bas, la vigne étale

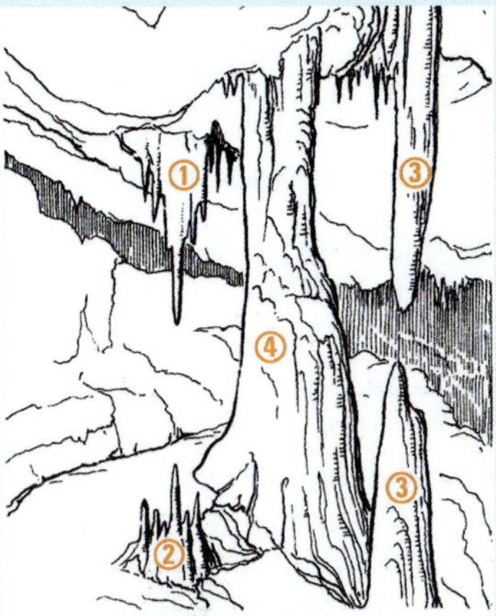

Grotte à concrétions :
① Stalactites ② Stalagmites
③ Colonne en formation ④ Colonne formée

MICHELIN

ses pampres au soleil et les arbres fruitiers s'étagent en terrasses. Les hautes parois sont forées de **baumes**, grottes béantes taraudées par les eaux qui les dépouillent de leurs marnes : les Baumes-Hautes dans les gorges du Tarn, St-Jean-de-Balmes sur le causse Noir, etc. Au bord de la rivière, d'étroites prairies créent un ruban de verdure coupé de haies de peupliers où s'égrènent petites villes et villages. Les rivières prennent leur source au pied des massifs cristallins voisins (l'Aigoual et mont Lozère) et réussissent à traverser les causses, alimentées par les résurgences de cours d'eau souterrains. Pour traverser les falaises, elles alternent contournement de roches dures et percées difficiles, si bien qu'elles se lovent en méandres bien dessinés.

Histoire

Terre de ferveur, la région s'est enflammée pour le grand pèlerinage de St-Jacques, dont les chemins sont parsemés d'églises, pour la foi des Albigeois et pour la Réforme. Son histoire est aussi jalonnée de frondes paysannes, des jacqueries du Moyen Âge aux récentes luttes des bergers du Larzac, sans oublier les puissants réseaux de résistance durant la Seconde Guerre mondiale.

La Préhistoire

La richesse et la diversité des sites souterrains ont fait la réputation de la région. Se côtoient, dans un même foisonnement de cavernes, l'œuvre patiente de la nature, mesurable en millions d'années, et celle de nos lointains et habiles ancêtres, il y a « quelques » dizaines de millénaires... La région du Sud-Ouest semble avoir été investie par l'*Homo ergaster* il y a 470 000 ans puis par l'homme de Néandertal il y a de cela environ 200 000 à 250 000 ans.

L'homme de Néandertal

Cet homme, qui subit des phases de refroidissement du climat très intenses, enterre ses morts, collectionne les fossiles et les belles pierres. Il s'essaierait à des œuvres d'art encore très frustes, et ses outils sont très élaborés.

L'homme moderne

L'homme anatomiquement moderne, *Homo sapiens* apparaît vers - 300 000 en Afrique du Nord, de l'Est et au Proche-Orient. Les plus anciens ossements de l'homme moderne ont été découverts en Éthiopie. Appelé couramment homme de Cro-Magnon (nom emprunté au lieu-dit de sa découverte au 19e s., dans le Périgord), l'homme moderne semble arriver en Europe au plus tôt vers - 43 000, date approximative des éléments retrouvés dans les Balkans. Vers - 25 000, l'**art pariétal** – sur paroi – apparaît dans la région : c'est le début de l'ornementation des grottes de Cougnac (*p. 58*) et du Pech Merle (*p. 156*).

Au **mésolithique** (période intermédiaire entre le paléolithique et le néolithique, de - 10 000 à - 6 000 ans environ), le climat évolue, devenant comparable à celui que nous connaissons aujourd'hui.

Plus tard, vers - 6 000, une nouvelle vague de peuplement arrive du Proche-Orient : ce sont les pasteurs et les agriculteurs du **néolithique**, qui remplacent progressivement les derniers chasseurs-cueilleurs. Les sociétés se développent, se hiérarchisent, se sédentarisent, édifiant sur place menhirs et dolmens ; vers - 3 000, c'est l'**âge des métaux**, puis le début de l'histoire...

Pourquoi le sud-ouest de la France ?

Pourquoi les hommes, arrivés du Moyen-Orient et d'Afrique, se sont-ils installés au bord des rivières du sud-ouest de la France ? La raison n'est pas le climat, mais une spécificité très intéressante de la région : le gel de l'eau infiltrée dans les falaises calcaires avait en effet élargi d'innombrables

Dolmen près de Laramière.
A. Felix/hemis.fr

failles en abris. Des grottes surtout, sous le surplomb desquelles nos ancêtres furent à couvert des intempéries et réchauffés par le rayonnement nocturne de la roche. L'homme n'a jamais habité à l'intérieur des cavernes, trop frais, humide et sombre, mais bien toujours à l'entrée, et de façon temporaire : il n'était ni cavernicole ni sédentaire ! De là, les premiers habitants de la région trouvaient de quoi subsister : ils allaient cueillir baies et fruits dans des forêts alors très denses, chasser les ruminants et le gibier en migration sur les plaines alluviales et les pelouses calcaires abondantes, et boire dans les rivières.

Les cultures de l'homme préhistorique

Néandertal, puis Cro-Magnon ont littéralement « vécu sur la bête », en particulier sur le renne dont les troupeaux étaient considérables en cette époque où le climat oscillait entre tempéré froid et glacial. Cette variation cyclique s'est traduite par des modifications des écosystèmes. Steppe, taïga et toundra, accueillant mammouths, rhinocéros laineux, aurochs, cerfs géants et rennes, se sont succédé dans la région durant tout le quaternaire. L'outillage nécessaire à la capture des proies évolua et, avec lui, les techniques de transformation de la pierre puis

Statues-menhirs et dolmens en Aveyron

Au néolithique, des **statues-menhirs** sont étrangement sculptées dans le sud de l'Aveyron (*p. 302*) : on y observe un visage tatoué (nez et yeux mais bouche absente), des bras, des mains, des membres inférieurs courts et des parures (colliers). L'Aveyron est également particulièrement riche en **dolmens**. Ces tables horizontales auraient servi de tombeaux. Dégagés des tumulus, buttes de terre et de pierre, ils font forte impression dans l'Aveyron. Ils pourraient être l'œuvre d'un peuple venu par mer et doué d'une grande technicité. En témoignent l'usage du fil à plomb, les routes et le transport de pierres de 350 t. (L'obélisque de la Concorde à Paris ne pèse que 220 t !)

des os, des peaux et des matières végétales. De façon générale, l'évolution s'est faite dans le sens de l'économie de la matière première, les sites à bons silex étant rares. Comment ? En affinant la taille et en utilisant des supports plus petits, des éclats plutôt que des rognons de silex, par exemple.
Moteur du développement humain, l'industrie des outils a été une véritable culture. Elle a connu des évolutions majeures, des étapes à dénommées « cultures » ou « industries » et décrites grâce à ce que la Préhistoire nous a laissé comme vestiges après tant de millénaires : des silex taillés en bifaces, des outils d'os et des grottes ornées de peintures, de gravures ou de sculptures.

L'Antiquité

Au temps de la Gaule, le Tarn et l'Aveyron sont peuplés par la tribu celte des **Rutènes** (d'où dérive le nom de Rodez et de leurs habitants, les Ruthénois), tandis que le territoire actuel du Quercy est habité par les Cadurques, avec pour capitale Divona (Cahors). Les deux peuples seront progressivement soumis à l'autorité de Rome, au cours des 2e et 1er s. av. J.-C. : l'ultime résistance gauloise a lieu en **51 av. J.-C.**, à Uxellodunum, que les historiens situent dans le Quercy, au **puy d'Issolud** (*p. 68*).

Provinces narbonnaise et aquitaine

Après la conquête de la Gaule par César, la région est répartie en 27 av. J.-C. entre deux provinces : la **Narbonnaise**, au sud (englobant le pays tarnais), et l'**Aquitaine**, au nord (comprenant le Quercy et le Rouergue). Une longue période de prospérité commence, la « Pax Romana » : c'est à cette époque que les ateliers de La **Graufesenque** (*p. 237*) se rendent célèbres par leurs poteries. Entre le 3e et le 5e s., les invasions successives des Alamans, Vandales et Wisigoths en terminent avec la présence romaine.

LE PÈLERINAGE DE ST-JACQUES (VOIR P. 446).
L'ÉPOPÉE CATHARE (VOIR P. 448).

Rivalités franco-anglaises

France et Angleterre se sont fait la guerre pendant près de huit siècles. À l'origine pour un différend successoral, la guerre est devenue un conflit géopolitique entre deux puissances revendiquant le contrôle du continent ouest-européen. C'est dans le sud-ouest de la France que la part terrestre de ce long conflit a été la plus active.

Les prémices du conflit

Aliénor (1122-1204), fille unique du duc d'Aquitaine, est le personnage central à l'origine du conflit qui opposera Anglais et Français pendant la guerre de Cent Ans : après un mariage mal assorti avec le roi de France Louis VII – adepte d'une vie monacale –, elle obtient la nullité de son mariage. Aliénor se remarie en **1152** avec Henri Plantagenêt, comte d'Anjou, suzerain du Maine, de la Touraine, de la Normandie... et futur roi d'Angleterre, sous le nom d'**Henri II** ! Pour la couronne française (Capétiens), c'est une catastrophe : les domaines réunis d'Henri II et d'Aliénor sont en effet aussi vastes que ceux des autres vassaux du roi de France. Bien que le duché d'Aquitaine demeure vassal du roi de France, l'équilibre des forces est rompu.
Situé aux confins du duché d'Aquitaine (désormais aux mains des Anglais) et du comté de Toulouse (vassal du roi de France), le **Quercy** est âprement disputé entre les deux puissances pendant la seconde moitié du 12e s. et tout au long du 13e s. : la province passe tour à tour aux mains de l'une et de l'autre, au fil des traités et des mariages. à la fin

du 13e s., le calme revient dans la province du Quercy, avant que n'éclate la guerre de Cent Ans, un demi-siècle plus tard.

La guerre de Cent Ans

Après le début officiel de la guerre, en **1337**, la région devient rapidement l'un des principaux théâtres du conflit entre les couronnes française et anglaise.

- **1360** – Le traité de Brétigny donne le **Quercy** et le **Rouergue** aux Anglais. Commence alors une période faste qui voit se développer la viticulture et l'activité fluviale sur la Dordogne et le Lot. Les deux rivières seront tout le long de la guerre deux enjeux stratégiques majeurs. Leurs rives se hérissent de châteaux. Les églises de la région se fortifient également, comme celle de Ste-Radegonde, dans l'Aveyron (*p. 170*).
- **1369** – Après des années de ravages par les **routiers**, soldats mis au chômage durant les années de paix, le Quercy et le Rouergue sont repris par Charles V, roi de France. Le futur connétable Du Guesclin, soutien actif du roi depuis quelques années déjà, a participé aux opérations. Les villes du Quercy et du Rouergue demeurent globalement fidèles au roi de France. Les cités de **Rodez** et de **Cahors**, par exemple, se libèrent toutes seules et ne seront jamais réinvesties par « l'Anglois ».
- **1440-1500** – Dévasté durant plusieurs décennies par des bandes de routiers (mercenaires) qui travaillent indifféremment pour les deux camps, le Quercy est presque entièrement dépeuplé : la province fait venir des milliers d'Auvergnats et d'habitants du Rouergue pour redresser sa courbe démographique.
- **1453** – La bataille de Castillon, en Aquitaine, met fin à la guerre de Cent Ans.

Révoltes et guerres de Religion

À cause des famines et des guerres de Religion, la région passe par des temps difficiles. Les luttes paysannes et les conflits religieux secouent les campagnes et les villes par intermittence, pendant plus de deux siècles.

- **1540** – Le **protestantisme** se développe dans la région. Il est alors l'affaire des Grands : il est soutenu dans le Quercy par Jeanne de Genouillac, les Gourdon et les Cardaillac, et dans le Rouergue par le baron Charles d'Arpajon.
- **1562** – Massacre de protestants à Cahors.
- **1594-1595** – Première révolte des **croquants**, qui touche le Quercy : les paysans, dits « croquants », se révoltent alors que les guerres de Religion, la misère et les famines

ont laissé la région exsangue. Ils se réunissent pour rédiger des doléances à transmettre au roi, se donnent une structure militaire, refusent de travailler pour les seigneurs et organisent des expéditions punitives contre eux. La noblesse réagit rapidement, une armée est levée sous les ordres du sénéchal de Bourdeilles et défait les paysans. Ceux-ci, plus misérables que jamais, retournent alors à leurs terres.

- **1598** – L'édit de Nantes accorde aux protestants des places de sûreté (Montauban) et la liberté de culte. Mais la paix d'Alès (1629) revient en arrière et dépossède les protestants de ces places de sûreté.
- **1624** – Nouvelle révolte des croquants du Quercy contre l'extension du régime de la gabelle (taxe sur la production agricole) : les paysans sont finalement écrasés par le maréchal de Thémines et leurs chefs sont exécutés.
- **1643** – Révolte des croquants du Rouergue contre l'augmentation de l'impôt.
- **1685** – Révocation de l'édit de Nantes : de nombreux protestants de la région s'expatrient.
- **1707** – Dernière révolte paysanne, dite des **Tard-Avisés** (nom déjà donné aux révoltés de 1594). Elle éclate dans le Quercy, mais est très vite étouffée par l'armée.
- **1787** – L'édit de Tolérance met fin aux persécutions.

Révolutions et mutations actuelles

La région, durant la Révolution, ne souffrit pas autant que Paris, Lyon ou la Vendée. Au 19e s., elle est restée longtemps en marge de la révolution industrielle et urbaine.

- **1790** – Formation des départements de l'Aveyron, du Tarn et du Lot : Cahors devient préfecture de ce dernier à la place de Montauban, capitale historique du Quercy. L'affront sera lavé par **Napoléon**, qui créera, lors de son passage dans la région, le département du Tarn-et-Garonne autour de Montauban, en 1808.
- **Début 19e s.** – Création à Decazeville des Houillères et Fonderies de l'Aveyron. La région devient un grand centre sidérurgique.
- **1860-1870** – Arrivée du train.
- **1868** – La crise du **phylloxéra** détruit les vignobles de Cahors, de Gaillac et de l'Aveyron, entraînant un véritable exode rural.
- **1892** – Grandes grèves de Carmaux. Jean Jaurès résout le conflit en faveur des mineurs et les représente à la Chambre des députés.
- **Début 20e s.** – Aménagements du Lot, du Tarn et de la Dordogne. Le nombre d'inondations diminue et la vitesse de circulation des **gabarres** s'accroît, ce qui favorise le développement des foires.
- **1926** – Face à la concurrence du train, le Lot, le Tarn et la Dordogne sont rayés de la *Nomenclature des voies navigables de France*. Des siècles de batellerie s'éteignent.
- **1914-1918** – L'éloignement des zones de combat de la Première Guerre mondiale permet l'implantation d'usines militaires dans la région.
- **1940-1944** – Très agricole et loin des grands axes de communication, la région se trouve à l'écart des batailles de la Campagne de France. Après la défaite, la région est au sud de la ligne de démarcation.

La **Résistance**, très présente, augmente dès la disparition de la ligne de démarcation en 1942 et l'institution du Service du travail obligatoire. De plus en plus de paysans nourrissent et cachent les francs-tireurs. Les anciennes régions de révoltes que furent les causses deviennent des maquis. Incapables de les « nettoyer », les occupants tentent de faire peur en brutalisant la population des villes, à **Figeac** notamment.

« Préparation des vignes dans le Quercy », par Henri Martin.
Artepics/age fotostock

- **Juin 1944** – La remontée vers la Normandie de la division blindée **Das Reich**, freinée par le harcèlement de la résistance locale, est ponctuée de représailles. **Montpezat-de-Quercy, St-Céré, Bagnac-sur-Célé, Cardaillac, Caylus, Cieurac** et **Figeac**, entre autres localités, subissent exécutions sommaires et crimes de guerre encore très présents dans la mémoire locale.
- **1945** – Nationalisation des compagnies minières, dont celle de Carmaux, qui fermera définitivement ses portes en 1983.
- **1960** – Création des régions : l'Aveyron, le Lot, le Tarn et le Tarn-et-Garonne intègrent la région Midi-Pyrénées, centrée autour de Toulouse.
- **1965** – Fermeture des mines de Decazeville.
- **1971-1981** – Lutte pacifique des habitants et éleveurs du Larzac contre le projet d'extension du camp militaire. Le projet sera finalement annulé par François Mitterrand, juste après son élection.
- **1996** – Albi est reliée à Toulouse par l'A 68, l'« autoroute du Pastel ».
- **1998** – Les chemins de St-Jacques-de-Compostelle sont classés au Patrimoine mondial de l'Unesco.
- **2003** – Achèvement de l'autoroute A 20 (« L'Occitane ») qui relie Limoges à Toulouse en contournant Cahors.
- **2004** – Inauguration du viaduc de Millau. L'autoroute A 75 (« La Méridienne ») est achevée quelques années plus tard, en 2010.
- **2010** – La cité épiscopale d'Albi est inscrite au Patrimoine mondial de l'Unesco.
- **2011** – Les Causses et les Cévennes sont inscrits au Patrimoine mondial de l'Unesco, comprenant une partie de l'Aveyron, mais aussi de la Lozère, du Gard et de l'Hérault.
- **2016** – Les anciennes régions Midi-Pyrénées et Languedoc-Roussillon sont regroupées pour former l'Occitanie. Carole Delga est élue à la présidence de la région.
- **2018** – Création du Parc naturel régional de l'Aubrac.
- **2021** – Carole Delga est réélue à la présidence de la région Occitanie.
- **2022** – Mort de Pierre Soulages, à l'âge de 102 ans.

Le pèlerinage de Saint-Jacques

Convertie au christianisme aux 4e et 5e s., la région se fait connaître grâce à l'un des plus grands pèlerinages de la chrétienté, St-Jacques-de-Compostelle. Ce dernier remonte à la découverte légendaire du tombeau du saint, en Galice, au cours du 9e s.

L'apôtre

Jacques arrive de Palestine pour évangéliser l'Espagne. Selon la légende enracinée dans l'histoire, il aurait été décapité, et son corps transporté par deux de ses disciples échoués sur la côte de Galice.
Vers l'an 813, un ermite repère en Galice la sépulture de saint Jacques le Majeur grâce à une pluie d'étoiles qui tombe sur un monticule. Une chapelle est aussitôt édifiée et le lieu prend le nom de *Campus stellæ* (Compostelle).
Le saint, évangélisateur de l'Espagne, est élu patron des chrétiens et symbolise la reconquête espagnole sur les infidèles à la suite d'une apparition : on l'aurait vu en 844 combattre les Maures (ou Mores), d'où son surnom de Matamore. L'évêque du Puy inaugure en 951 le premier pèlerinage français. Compostelle acquiert une réputation aussi grande que Rome ou Jérusalem, et, à partir du Moyen Âge, des millions de **jacquets** ou jacquots se mettent en route.

Les chemins de Compostelle

La pratique des pèlerinages lointains, notamment celui de Compostelle, amenait dans les villages des étrangers, souvent loqueteux, redoutés par les autorités locales, mais dont les récits étaient propres à enflammer l'imagination populaire.
Le costume du pèlerin ressemblait à celui des voyageurs de l'époque, mis à part le gros bâton à crosse, ou bourdon, et les insignes du pèlerinage : coquille et médaille. Nombre de tableaux et de statuettes révèlent la vaste cape et le mantelet court (esclavine) ; une panetière (musette), une gourde, un couvert, une écuelle, un coffret en tôle contenant les papiers et les sauf-conduits complétaient sa tenue.
Tout était prévu pour le réconfort et la sécurité du pèlerin, même un guide touristique (le *Codex Calixtinus*), rédigé en 1130 par un moine poitevin, Aymeri Picaud, qui traçait les chemins pour le pèlerinage de Compostelle. Dans la région, deux d'entre eux s'élançaient vers St-Jean-Pied-de-Port pour traverser les Pyrénées, formant le *Camino francés* : la **via Podiensis** part du Puy-en-Velay, traverse Aubrac, Espalion, Estaing, Conques, Figeac et propose un détour par Rocamadour avant de poursuivre sur Cahors puis Moissac ; la **via Tolosane**, que l'on emprunte à partir d'Arles, permet de passer par Castres et Sorèze, avant d'atteindre Toulouse.
La forêt vivante de fidèles diminue au fil des siècles. La foi des jacquets s'émousse, et les villageois, de leur côté, se méfient des aventuriers ou des escrocs cachés sous la pèlerine, rassemblés en bandes de « coquillards » auxquels aime se joindre le poète François Villon.
Mais plus de dix siècles de pèlerinage vers le tombeau de saint Jacques ont laissé de belles traces culturelles : Conques, Rocamadour ainsi que de nombreuses petites chapelles, des hospices, fontaines ou ponts évoquent au présent les lieux de repos, d'accueil et de dévotion des pèlerins.
Pour toutes les informations pratiques concernant les chemins de Saint-Jacques, reportez-vous à la rubrique « Randonnée pédestre » p. 474.

Bâton de marche orné d'une coquille saint-jacques.
Andres Victorero/Getty Images Plus

L'épopée cathare

Aux 12e et 13e s., le succès remporté par une hérésie, le catharisme, met à feu et à sang la région. La violente croisade contre les Albigeois a durablement marqué les esprits et sans doute contribué à la méfiance envers tout ce qui émane du pouvoir central.

La doctrine

Venue d'Orient, elle doit son nom au grec *katharos* (pur). Le « dualisme radical », fondé au concile de St-Félix-Lauragais (1167), emprunte au catholicisme, mais nie la divinité du Christ. Au Dieu bon régnant sur un monde spirituel de lumière et de beauté s'oppose le monde matériel de Satan qui emprisonne l'homme. Les **parfaits** ou **bonshommes** mènent une existence austère qui les libère du Malin et les ramène à la pureté divine. Les **croyants**, simples fidèles, les vénèrent.

L'église cathare

Ses quatre évêques sont à Albi (d'où le nom d'Albigeois), Toulouse, Carcassonne et Agen. L'Église cathare n'administre qu'un sacrement, le *consolamentum*, dont le rite varie selon qu'il s'agit de l'ordination d'un parfait ou de la bénédiction réservée aux croyants à l'article de la mort, qui seule peut leur ouvrir les portes du monde de la lumière. D'autres usages liturgiques rassemblent les fidèles : réunions de prière, confessions publiques, etc. Le refus des sacrements traditionnels (baptême et mariage) au profit du seul *consolamentum* attise la colère des clercs et explique le franc succès que remporte l'hérésie. Dons et legs assurent le fonctionnement économique de l'Église cathare et lui permettent de financer ses œuvres caritatives et hospitalières. Les fonds récoltés sont rassemblés dans un dépôt monétaire propre à chaque église locale. Ce *thesaurus* (« trésor » en latin) joue ainsi le rôle de banque. Par sa connotation mystérieuse et par son étymologie, ce terme a contribué à créer le mythe du « trésor cathare », notamment à Montségur, sous la plume des écrivains romantiques du 19e s. Un mythe favorisé par une

Trépidants Albigeois

C'est sous le nom d'**Albigeois** que l'on désignait dès le 12e s., dans le Languedoc, les adeptes de la religion cathare. Sans doute parce qu'ils trouvèrent refuge dans l'Albigeois, région qui s'étendait alors jusqu'à Béziers, Limoux, Carcassonne et St-Gilles. La ville les accueillit et les cathares y tinrent quelques conciles. Mais entre 1209 et 1229, une croisade permit de rattacher à la Couronne les terres du comte de Toulouse. La ville se tourna alors vers Simon de Montfort, qui avait pris la tête de la répression contre les Albigeois, et le fit seigneur d'Albi. Les évêques, sans cesse en guerre ou en procès, ne tardèrent cependant pas à recouvrer leurs pouvoirs. Bernard de Castanet fit ériger la cathédrale Ste-Cécile pour exalter la foi catholique et transforma la résidence épiscopale, le palais de la Berbie, en une forteresse ; son goût immodéré pour les satisfactions temporelles finit par scandaliser le pape et lui valut une retraite au couvent. Plus tard, Louis Ier d'Amboise (1473-1502), au terme d'un règne fastueux, dut abdiquer à la suite de querelles incessantes avec ses administrés. Albi fut malgré tout érigée en archevêché en 1678.

« Le Jugement Dernier », cathédrale Sainte-Cécile, Albi.
clodio/Getty Images Plus

réalité historique : persécutés, les hérétiques font circuler des sommes plus ou moins importantes dans la clandestinité.

La répression

En 1204, le pape Innocent III demande au comte de Toulouse, **Raimond VI**, de renoncer à protéger les hérétiques ; en vain. Le meurtre du légat Pierre de Castelnau va déclencher la **première croisade contre les Albigeois**, qui dégénère en massacres et appropriations. **Simon de Montfort** met à sac Mazamet (1212), Raimond VI doit abdiquer (1213) et Montfort fait tomber le comté de Toulouse (1215). Raimond VII venge son père par huit ans de guerre de libération cathare. En 1226, le roi Louis VIII en personne mène la **seconde croisade** du Nord contre le Sud. Avec la paix, le **traité de Paris** (1229) apporte à la couronne de France toutes les terres conquises par les Montfort.

La fin des opérations militaires ne signifie pas pourtant le retour au calme pour la région. Vient le temps de la répression ; l'Inquisition se met en place : enquêtes, questions, condamnations se succèdent, contribuant à la profonde cicatrice laissée par les événements dans la conscience populaire.

> « Jusqu'ici et pendant bien des années je vous ai chanté de douces paroles, en prêchant, en suppliant et en pleurant. Mais ainsi que le dit un proverbe de mon pays : “Où la bénédiction ne vaut, le bâton prévaut”. »
> saint Dominique, 1217

Ces passions ont définitivement posé les bases de l'unité française. On peut s'imprégner de leur décor à **Castres** (*p. 328*) et à **Albi** (*p. 310*).

Arts et culture

Terre des bergers, la région est également celle des peintres, des premières œuvres anonymes de la Préhistoire aux abstractions contemporaines de l'Aveyronnais Pierre Soulages. Parmi l'infinie palette de couleurs qui composent le paysage local, le rose tient ici une place à part : il teinte délicatement la cathédrale de Rodez et la place Nationale de Montauban, sans oublier la cité épiscopale d'Albi, authentique chef-d'œuvre de brique. Ce territoire occitan honore dignement ses génies en leur consacrant de somptueux musées, comme ceux d'Ingres et de Toulouse-Lautrec.

L'art préhistorique

Difficile, voire impossible de résumer le patrimoine préhistorique. Non pas tant parce que la région possède une importante collection de vestiges, mais parce que l'on se perd toujours en conjecture sur les motivations des peintres du paléolithique.

Qu'est-ce qui a bien pu les pousser à ne représenter principalement que des animaux, et si peu – et si mal – eux-mêmes ? Pourquoi Cro-Magnon, qui vivait à l'entrée des cavernes, s'est-il enfoncé, à genoux ou à plat ventre, au plus profond des falaises pour exercer son art ? À ces questions, préhistoriens et archéologues apportent des réponses aussi contradictoires qu'incertaines. Ce qui est sûr néanmoins, c'est que les techniques de peinture et de gravure appartenaient à peu d'hommes, qui l'enseignaient probablement à des élèves. L'art paléolithique s'est ainsi très certainement transmis de maîtres en disciples.

Un art symbolique

Chaque civilisation a sa propre vision artistique et ses techniques pour se représenter. Celle de l'homme de Cro-Magnon (la Préhistoire actuelle ne connaît pas l'équivalent pour celui de Néandertal) se déploie sur les murs des **grottes**. Gravée, sculptée ou peinte, elle a été représentée avec un parti pris général : il y a très peu de scènes naturalistes (quelques pré-accouplements, des troupeaux, des indications de saisonnalité comme les saumons bécards, des affrontements de mâles), pas plus d'histoire.

L'iconographie paléolithique suscite une interprétation symbolique : les animaux sont en procession, ils disent quelque chose que nous ne comprenons pas.

Par ailleurs, les artistes paléolithiques, découvrant les dessins faits par de lointains prédécesseurs, s'en servaient pour représenter d'autres animaux. De la croupe d'un cheval s'élève celle d'un bison qui est le front d'un mammouth... Bref, les grottes sont des palimpsestes (plusieurs dessins successifs se superposent) parfois difficilement lisibles.

Comment les hommes peignaient-ils ? Contrairement aux idées reçues, très rarement avec du charbon de bois. Le noir est de l'oxyde de magnésium, l'ocre de l'oxyde de fer.

« La Goulue et Valentin le Désossé », de Toulouse-Lautrec.
DEA PICTURE LIBRARY/De Agostini Editore/age fotostock

Les deux principales couleurs de la palette paléolithique sont donc des terres, que les artistes savaient identifier et extraire parfois fort loin de leurs « ateliers ». Ils les étalaient avec leurs doigts, les crachaient sur leurs mains utilisées comme des pochoirs ou des caches, les soufflaient au moyen de sarbacanes ou directement à la bouche.

Sans doute les artistes n'exerçaient-ils pas uniquement au plus profond des grottes. Les grottes ornées les plus célèbres sont vraisemblablement des exceptions. Nous les avons découvertes parce que des éboulements, en bouchant leurs entrées, ont préservé leurs richesses. Il est probable que leurs entrées étaient elles aussi décorées.

Voir la grotte du Pech Merle *(p. 156)*, les grottes de Foissac *(p. 179)* et les grottes de Cougnac *(p. 58)*.

L'art gallo-romain

Le souvenir de l'époque gauloise survit dans plusieurs sites du Quercy qui se disputent l'honneur d'avoir été le théâtre de la bataille d'Uxellodunum, dernier sursaut de la résistance des Gaules devant la conquête de César. Il s'agit de **Capdenac-le-Vieux**, de **Murcens** dans la vallée du Vers, de l'**Impernal** au nord de Luzech et enfin du **puy d'Issolud**. Ce dernier site est désormais reconnu comme le vrai théâtre de l'ultime bataille de résistance à l'occupant.

Pendant l'occupation romaine, l'ex-capitale des Cadourques, Divona (Cahors), était une ville importante où s'élevaient de nombreux édifices publics : on reconnaît dans le plan quadrillé du quartier ancien l'influence gallo-romaine ; l'arc de Diane, dernier vestige des thermes, est le seul élément architectural encore visible ; le musée de Cahors conserve aussi un sarcophage du 3e s. et un linteau sculpté. Toujours pendant l'occupation romaine, les ateliers de la **Graufesenque**, près de Millau (*p. 238*) étaient célèbres pour leurs poteries.

L'architecture militaire

Châteaux forts et donjons

Au fil des ans, l'émiettement de la puissance publique, puis la guerre des Albigeois incitent les seigneurs à organiser leur propre défense. Des fortifications grossières se dressent en dehors des cités à partir du 10e s., les **mottes**, qui vont se changer en citadelles inaccessibles.

Aux 12e et 13e s., l'entrée des canyons, les rocs abrupts et la Montagne Noire se hérissent de tours d'observation et de forteresses défendues par leur simple position, sans fossés ni pont-levis.

Les **donjons** viennent compléter l'arsenal dès le 11e s. Isolés, ils servent d'abord à se protéger puis à se défendre, avant d'être intégrés, aux 13e et 14e s., dans les enceintes du château. Le seigneur s'installe dans un bâtiment plus vaste de la **basse-cour**.

Voir le château des Gontaut-Biron à Cabrerets *(p. 152)* et le château de Bonaguil *(p. 136)*.

Églises fortifiées

Lieux de paix et de recueillement, les églises deviennent aux 10e et 11e s., avec les trêves de Dieu – ces journées où toute entreprise guerrière entraîne l'excommunication –, des aires d'asile inviolables. Avec leur architecture robuste et leur clocher tout désigné pour le guet, elles offrent un refuge sûr : l'église de Ste-Radegonde (*p. 170)* possède un véritable donjon-clocher. L'usage se répand, chez les comtes de Toulouse, de les renforcer de mâchicoulis.

Avec le triomphe de l'orthodoxie sur l'hérésie et l'intégration du Sud au domaine royal, le 13e s. voit se multiplier les grandes églises gothiques en brique, conçues dans un souci défensif.

La guerre de siège

À défaut d'une attaque surprise, la conquête des châteaux nécessitait souvent de longs sièges aux stratégies savantes, parfois cocasses. Le premier soin de l'attaquant était de fortifier la place pour se prémunir contre une sortie éventuelle des assiégés ou l'assaut d'une armée de secours.

On ébréchait ensuite la muraille avant d'actionner les engins conçus par les « engeigneurs ». À la catapulte romaine, le Moyen Âge préfère l'artillerie trébuchante, bâtie sur place (**pierrière** ou **trébuchet**).

Cette arme à tir courbe, propulsant des blocs de pierre à l'aide d'une énorme fronde, vint à bout du fief de Montségur. La sophistiquée **tour roulante** (ou beffroi) abritait des centaines de soldats. Au signal, les beffrois déversaient une fourmilière de combattants. De hautes échelles et des échafaudages assemblés par des charpentiers virtuoses s'abattaient sur les courtines en une toile d'araignée géante.

Les assiégés se défendaient en tirant des flèches, coupant les cordes, versant de la poix bouillante ou de la chaux vive sur les intrus. Un farouche corps à corps protégeait ensuite la prise de la forteresse intérieure.

Voir le château de Belcastel *(p. 192)* et le château de Castelnau-Bretenoux *(p. 106)*.

L'art roman

Le printemps de l'Europe

Après l'an 1000, la région est balayée comme tout l'Occident par un souffle économique, spirituel et artistique qu'on appelle le « printemps de l'Europe ». Dans cette Occitanie déjà hantée par les troubadours, l'art roman va se développer avec une richesse toute particulière.

Les églises sont construites en moellons concassés selon une technique importée d'Italie par des maçons lombards. Les « bandes lombardes », frises de petites arcatures retombant sur de légers pilastres, sont la seule fantaisie du décor (la collégiale St-Salvi, *p. 319*).

Le plan d'ensemble est simple : une nef unique et un chœur quadrangulaire qui deviendra ensuite semi-circulaire. Dès le milieu du 11e s., l'édifice se complique : des chapelles latérales sont ajoutées à l'abside, les voûtes en simples charpentes deviennent des berceaux plein cintre soutenus par des murs très épais. Autre caractéristique de la région, le **campanile**, tour carrée à étage avec fenêtres en arcades groupées deux à deux. Au début du 12e s., une architecture plus évoluée voit le jour. Les monuments se distinguent par des plans d'une exceptionnelle ampleur, une vaste abside entourée d'un déambulatoire et couronnée de chapelles rayonnantes.

La grande nouveauté est la généralisation de la sculpture aux fenêtres, dans le chœur et les petits édifices.

Les grands chantiers

De grands chantiers s'ouvrent vers la fin du 11e s., que dominent St-Pierre de Moissac et Ste-Foy de Conques.

Importante étape sur la route de Compostelle, l'abbaye bénédictine de **Moissac** rayonne de tous ses feux à l'époque romane, au cours de laquelle elle est partiellement reconstruite. Le portail et le cloître sont des chefs-d'œuvre qui laissent la sensibilité médiévale s'épanouir dans toute sa profondeur. L'harmonie et la richesse du décor se déploient jusque dans les chapiteaux des galeries qui offrent une grande variété de motifs géométriques, végétaux et animaux, et des scènes historiées.

Quant à l'abbatiale Ste-Foy de **Conques**, elle appartient à une famille architecturale d'églises conçues pour accueillir une grande foule de fidèles et pour abriter une importante communauté religieuse. Elle mêle subtilement pierre et brique, et développe toute la gamme raffinée des voûtes romanes.

Le gothique méridional

Né dans la première moitié du 12e s. en Île-de-France, l'art gothique supplante peu à peu l'art roman. Parvenu tardivement dans la région, il s'y prolonge tout de même jusqu'au 16e s.

De l'Île-de-France…

Le gothique est un ensemble de formes artistiques développées brillamment du 12e s. au 16e s. dans l'Occident chrétien. Il se caractérise par la voûte sur croisée d'ogives et l'emploi systématique de l'arc brisé, principes qui bouleversent l'art de construire puisque les murs ne subissent plus d'efforts qu'aux points de retombée des ogives.

La nouveauté, par rapport à l'architecture romane, vient aussi de la capacité du gothique à aérer et illuminer les édifices – en ajourant les murs et en multipliant les fenêtres – et à renforcer le sentiment de vertige par une plus grande verticalité. Né en Île-de-France (St-Denis, Chartres…), ce mouvement accompagne l'installation d'un pouvoir central fort et une nouvelle vision du monde plus attentive à l'homme et à la nature.

Le midi de la France ne s'aligne pas exactement sur ce style « français », représenté seulement par la cathédrale de Rodez (*p. 164*) ; farouchement indépendante, la région préfère innover tout en restant étroitement liée à ses traditions romanes.

… aux rives du Lot et du Tarn

Au 13e s., un **art gothique proprement méridional** se développe. Il se démarque par l'emploi de la brique légère et par la présence d'un clocher-mur ou d'un clocher-tour, ajouré d'arcs en mitre, grande technique originale du gothique méridional.

À l'intérieur, on choisit d'élever une nef unique, relativement sombre, très large, terminée par une étroite abside polygonale et bordée de chapelles peu profondes. Les vastes surfaces aveugles des murs appellent la décoration peinte.

Dans le Quercy, le gothique méridional inspire le plan des églises de **Gourdon** (église St-Pierre), **Martel** (St-Maur), **Montpezat-de-Quercy**

La sculpture baroque

Passé les guerres de Religion qui ont ravagé le Quercy et le Rouergue, l'évêque de Cahors **Alain de Solminihac** (1593-1659) – béatifié par Jean-Paul II – fait construire hôpitaux et orphelinats et décide de couvrir les églises d'œuvres baroques, symboles de la Contre-Réforme.
La région conserve de superbes retables à Figeac (N.-D.-du-Puy), Cahors (cathédrale), Villefranche-de-Rouergue (chapelle des Pénitents-Noirs), Rodez (chapelle des Jésuites)... Sans oublier les œuvres réputées des sculpteurs **Tournié** à Gourdon, décorant l'église St-Pierre et, surtout, la chapelle N.-D.-des-Neiges à côté de Gourdon.

(collégiale St-Martin, richement ornée) et **St-Cirq-Lapopie** (construite sur un premier édifice roman).

La cathédrale d'Albi

La cathédrale d'Albi constitue l'exemple le plus achevé de l'art gothique méridional. Elle abolit le transept, les collatéraux et le déambulatoire pour privilégier l'équilibre des masses. Vaisseau d'une seule nef à douze travées, soutenue d'épais contreforts et percée d'ouvertures étroites, elle affiche, malgré ses allures de forteresse, une très grande pureté de lignes. Commencée en 1282, elle n'est achevée que deux siècles plus tard. En 1500, le style flamboyant fait son apparition avec la clôture du chœur et le jubé, tandis que sont édifiés les trois derniers étages du clocher. En 1533, un porche en forme de baldaquin complète l'imposante physionomie du monument. Écho lointain des écoles gothiques française, flamande et italienne qui s'enrichissent mutuellement au fil des siècles, ces créations architecturales s'accompagnent d'un essor des ordres religieux, instruments d'une valorisation toujours plus avancée de la terre occitane. *p. 310.*

LES BASTIDES (VOIR P. 457)

Habitat traditionnel

Le Quercy

En **Bouriane**, les toits sont parfois couverts de lauzes et les murs sont en calcaire ocre ou en calcaire gréseux plus clair, comme le sol.
À l'opposé, dans le **Ségala**, les habitations rappellent l'Auvergne si proche : la couverture est en schiste et s'appelle « ardoise », les murs sont bâtis dans le même matériau ou en un mélange copié sur celui du sol (schiste, granit, gneiss et marbre). Dans le sud du pays, des ornements en bois rappellent qu'il y eut de grandes châtaigneraies, comme dans le Cantal frontalier.
La richesse de la terre se lit sur le matériau des murs, fait de calcaire et de grès rouges ou blonds. Dans le **Quercy blanc**, les toits sont en tuiles romaines. De façon générale, dans les fonds de vallée et près des rivières, nombre de constructions sont en brique, façonnées avec les argiles locales. Deux sortes de toit sont courantes en Quercy : le toit à forte pente (également appelé « toit celtique ») couvert de tuiles plates, parfois de lauzes à ses extrémités, et le toit à faible pente, couvert de tuiles romaines roses, dont les limites fluctuent entre le Lot et la Dordogne.

Le Rouergue

Les solides bâtisses du Rouergue s'appuient sur de gros murs en moellons de schiste ou de granit et se coiffent de toits de lauzes ou d'ardoises animés de lucarnes. La vie agricole s'étage des combles, où sèchent les châtaignes, à la cave, qui abrite les réserves. Sous l'escalier extérieur conduisant au logement, une porcherie est souvent installée. Près de Villefranche-de-Rouergue, cet escalier est prolongé au premier étage par un balcon ou « balet ». Quelquefois, un paysan aisé déploie plusieurs bâtiments autour d'une cour abritée d'un portail à auvent, et place ses châtaignes à l'écart dans la *secada* ou *secadour*.

Les burons, essentiellement constitués de basalte, et de granit pour les angles, servaient d'abri et de fromagerie aux bergers durant les mois d'estive.

On rencontre aussi, clairsemées dans les champs, de petites cabanes rondes en pierres sèches, au toit conique, qui rappellent les bories de haute Provence, utilisées comme abris, remises...

Dans la vallée du Lot, les granges ont de drôles de toitures « à la Philibert » en forme de carènes de bateaux renversées qui permettent d'amasser un grand volume de foin.

Les causses

Sur les causses calcaires, les maisons se groupent en hameaux le long des rivières ou se dispersent à proximité des terrains cultivables.

Les habitations, aux murs épais, sont de robustes bâtisses à étage, auquel on accède par un escalier extérieur. Elles tournent le dos aux vents du nord pour s'ouvrir vers le sud. La pierre calcaire, blanchâtre et sèche, est employée aussi bien pour les murs que pour la toiture. Dans ces contrées, où les grands arbres ont du mal à pousser, la voûte de pierre a remplacé la charpente en bois : vous en verrez de très beaux exemples sur le plateau du Larzac, notamment à La Couvertoirade.

L'habitation et la bergerie sont deux bâtiments distincts, quelquefois très éloignés l'un de l'autre. La maison rassemble la cave et la remise à outils au rez-de-chaussée et le logement au premier étage. La citerne, à proximité de la cuisine, est un élément important, comme dans toutes les régions où l'eau est rare. La bergerie, ou **jasse**, est un vaste bâtiment rectangulaire et bas.

La Montagne Noire

Tout en longueur, les maisons de la Montagne Noire abritent, sous le même toit, la demeure, les granges et les remises. Dans les grands

Place des Arcades, Castelnau-de-Montmiral.
H. Lenain/hemis.fr

domaines, ces trois bâtiments sont disposés en fer à cheval.
De nombreuses fermes possèdent un **pigeonnier**. Les plus caractéristiques sont en pierre ou à colombages, juchés sur des piliers ou des colonnes cerclés d'anneaux pour préserver les couvées des prédateurs. De plan carré, ils sont surmontés d'un lanternon troué de petits orifices facilitant l'envol des pigeons.

L'Albigeois et le Montalbanais

De longues maisons, dont le toit presque plat est recouvert de tuiles, jalonnent cette vaste plaine. Elles sont ornées d'un auvent et parées de granges et de remises. Faute de pierre, la **brique** s'est fait reine de Montauban à Albi. Non sans raison, puisque le sol de la région est chargé de glaise et d'argile : exactement ce qui est nécessaire à la fabrication d'une brique. Une brique plate et pleine, tantôt cuite tantôt crue, parfois additionnée de cailloux pour la construction. Son utilisation a connu de rares défaillances, finissant toujours par avoir le dessus sur le béton ou le marbre.
Outre les prestigieux édifices visibles à Albi, Gaillac et Montauban, nombreuses sont les constructions traditionnelles en brique : humbles bâtisses, hôtels particuliers, châteaux d'eau, fermes, tours, porches et ponts. Murs porteurs, façades, encadrements, clefs de voûte, corniches, ouvertures en arc en plein cintre... La brique sert à tout, jusqu'aux décorations en terre cuite (frises, rosaces, cariatides, etc.). Autre avantage : elle offre une variété de teintes, entre ocre, rose, feu, orangé et pourpre. De quoi colorer les cités.

L'Aubrac

Bâti au milieu du pacage, le **buron** est une cabane de berger dans laquelle était traditionnellement fabriquée la fourme de Laguiole. Construit en basalte et granit, percé d'une seule ouverture, il est souvent posé sur un terrain en pente, à proximité des points d'eau. Le *cantalès*, ou fromager, l'habitait pendant l'estive. Il disposait d'une pièce pour vivre et d'une cave d'affinage, partiellement enterrée. Le toit des burons offre un bel exemple du travail de la lauze.

Quelques bastides dans la région

Villefranche-de-Rouergue, **Villeneuve-d'Aveyron**, **Sauveterre-de-Rouergue** et **Najac** en Aveyron ; **Castelnau-de-Montmiral** dans le Tarn ; **Lauzerte** et **Montpezat** dans le Quercy ; **Castelsagrat** et **Montjoi** dans le Tarn-et-Garonne.

Pigeonniers et moulins

Il fut un temps où les pigeons étaient utilisés comme messagers et où leurs rejets servaient d'engrais pour le pastel, les vignes et les céréales, tandis que les moulins à vent, à eau ou à traction distribuaient leur énergie motrice.
Voilà pourquoi nombre de pigeonniers et moulins se dressent dans la région, isolés dans les champs ou partie intégrante d'un ensemble agricole et pleinement inscrits dans le patrimoine architectural de la région. Carrés, cylindriques, dotés d'un porche, sur piliers ou sur arcades, parfois à colonnes, les pigeonniers sont légion dans le Tarn et le Tarn-et-Garonne (qui propose même un circuit des pigeonniers).
Si la plupart des pigeonniers se sont vidés de leurs volatiles, rares sont également les moulins en activité. Dans le Tarn, beaucoup ont été restaurés pour se muer en résidences.

Les bastides

La rigoureuse géométrie de leur plan et le charme des matériaux utilisés font des bastides un joyau de l'architecture civile méridionale, la marque tangible du bouillonnant passage du gothique à la Renaissance.

Une volonté politique

Moins documenté que le renouveau urbain du 13e s., l'essor des villages à partir du 11e s. est lié à plusieurs facteurs. Afin de procéder aux défrichements et de se trouver en capacité de donner asile, les templiers et les monastères créèrent les **sauvetés**, dont on retrouve l'origine dans les toponymes de type Sauveterre. Les **castelnaux**, quant à eux, se développèrent sous l'aile d'un château. Avec l'apparition des **bastides**, aux 12e et 13e s., l'échelle change radicalement. De véritables villes nouvelles, parfois inscrites dans le périmètre d'une localité existante, surgissent de la terre occitane, voulues par de puissants seigneurs afin d'étendre leur influence politique et contrôler les frontières de leurs territoires.
Ce mouvement de construction a pour toile de fond la dynastie des comtes de Toulouse, Simon de Montfort, la répression cathare et la rivalité centenaire des souverains de France et d'Angleterre.
On compte environ 300 bastides, *bastidas* en langue d'oc, disséminées dans la région Occitanie, notamment le long de la Garonne et du Tarn.
Inscrites dans un vaste programme de colonisation et de valorisation des fiefs, nombre d'entre elles sont nées d'un contrat de paréage entre roi et seigneurs. Y étaient précisés les prérogatives seigneuriales, le statut des habitants, la nature du lotissement, les redevances à payer par les acquéreurs, etc.
Les nouveaux venus recevaient une parcelle à bâtir, une à jardiner et une à cultiver. Une charte les encourageait à s'installer et comprenait la garantie du droit d'asile, l'exemption du service militaire, la pleine disposition de leurs biens en faveur de leurs héritiers, l'égalité des conjoints. Une fois les bastides créées, il fallait leur trouver un nom, d'où les Villeneuve et autres Villefranche qui ont fleuri dans la région.

Un nouvel urbanisme

Les principaux fondateurs furent **Alphonse de Poitiers** (1249-1271), comte de Toulouse et frère de Saint Louis, et, à partir de 1272, les sénéchaux agissant pour le compte des rois de France, Philippe le Hardi et Philippe le Bel.
Sauf exceptions dues au relief, le plan des bastides était orthogonal. Leur régularité tranchait avec l'urbanisme anarchique et insalubre des bourgs anciens. On faisait appel à un arpenteur professionnel pour le tracé des rues se croisant à angle droit et le découpage de lots de valeur égale.
La bastide innovait aussi par son organisation autour d'une place unique et centrale, réservée aux marchés et entourée de **couverts**, ces arcades de bois ou de pierre.
Les bastides les plus prospères firent naître des chantiers d'églises qui s'ouvraient à proximité des couverts ou dans le prolongement des fortifications. Le gothique méridional, à nef unique, y trouva d'autant mieux sa place qu'il devait s'intégrer dans un espace limité : c'est le cas de l'église St-Jacques de Montauban, avec sa nef sombre et son clocher octogonal en brique.
Certaines de ces villes nouvelles ont disparu, mais celles qui demeurent donnent un beau témoignage de cette révolution de velours.

ABC d'architecture

Les dessins présentés dans les planches qui suivent o rent un aperçu visuel de l'histoire de l'architecture dans la région et de ses pa rticularités. Les dé nitions des termes d'art permettent de se familiariser avec un vocabulaire spéci que et de pro ter au mieux des visites des monuments religieux, militaires ou civils.

Architecture religieuse

MOISSAC – Portail méridional de l'église abbatiale (12e s.)

CONQUES – Coupole de l'abbatiale Ste-Foy (12e-14e s.)

La coupole sur trompes surmontant la croisée du transept existait dès le 12e s. Elle a été montée sur huit nervures au 14e s.

R. Corbel/Michelin

RODEZ – Chevet de la cathédrale Notre-Dame (13e-16e s.)

Alors que le chevet de la cathédrale date du 13e s., le clocher a été ajouté au 16e s., époque du gothique flamboyant finissant.

ALBI – Jubé de la cathédrale Ste-Cécile (16e s.)

Le jubé avait pour fonction de séparer le chœur (réservé aux clercs) de la nef centrale (où se tenaient les fidèles). Celui de la cathédrale d'Albi est un exemple de style gothique flamboyant.

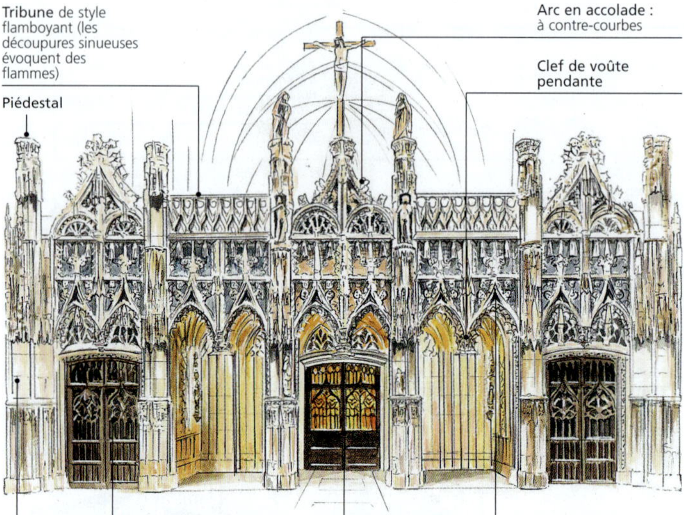

SOUILLAC – Chevet de l'ancienne abbatiale Sainte-Marie (12e s.)

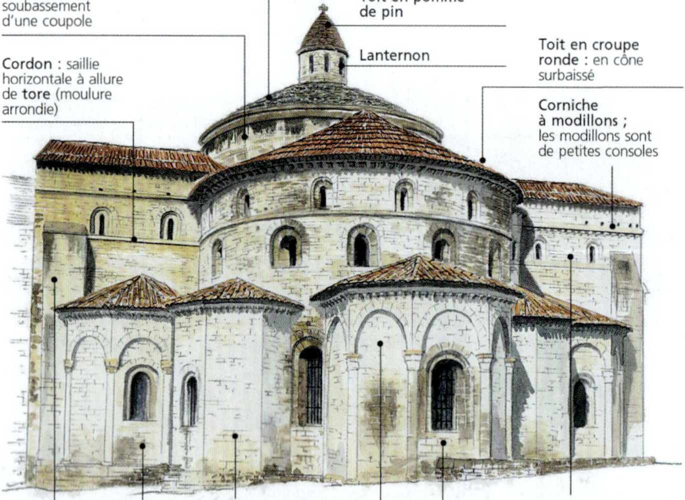

Constructions fonctionnelles

FIGEAC - Hôtel de la Monnaie (fin du 13e s.)

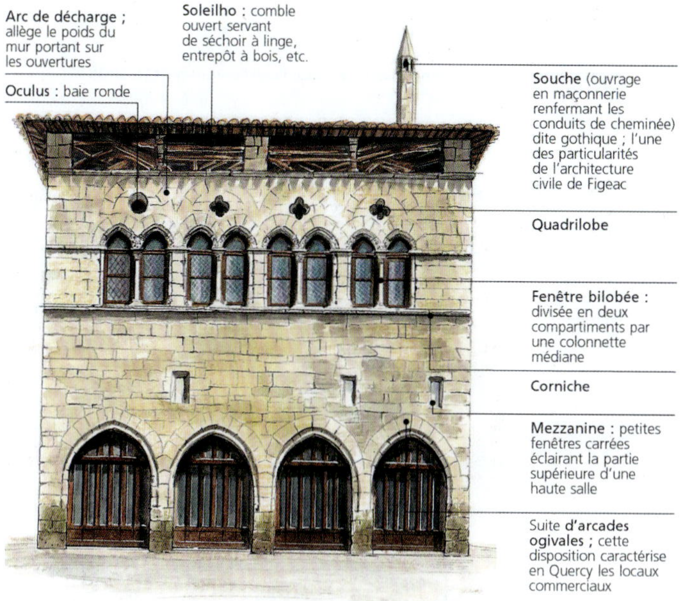

CAHORS – Pont Valentré (14e s.)

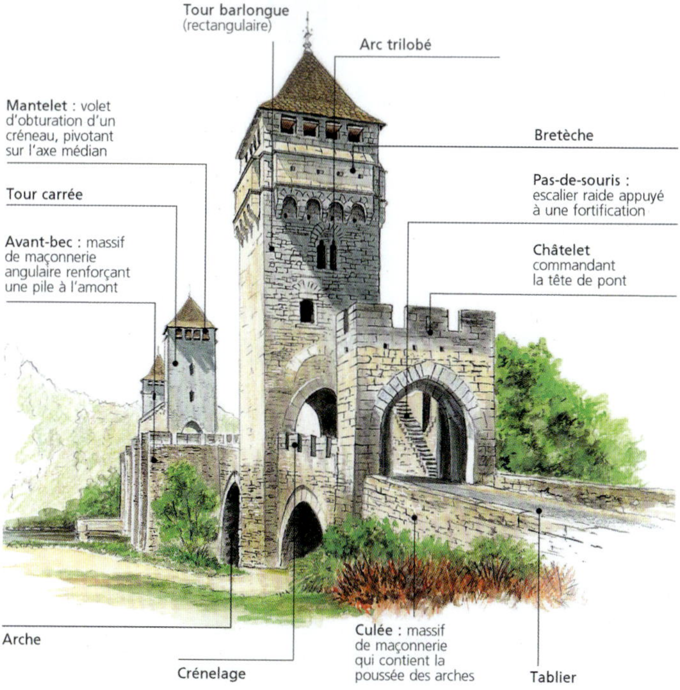

R. Corbel/Michelin

Architecture civile

MONTAUBAN – Immeuble néoclassique, place Franklin-Roosevelt (1830-1840)

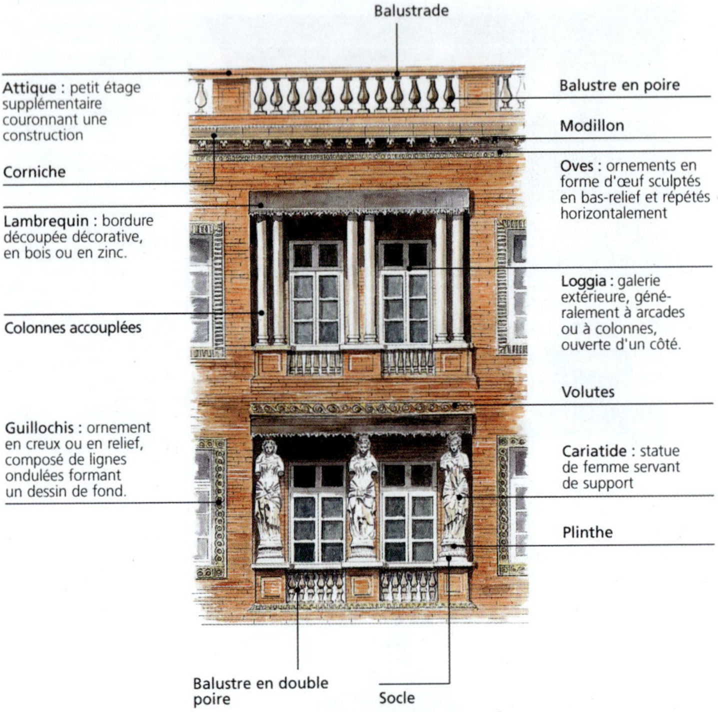

R. Corbel/Michelin

Personnalités

Pierre-Paul Riquet (1604-1680)

Né à Béziers en 1604, ce financier et ingénieur a imaginé et orchestré le creusement du canal du Midi entre Sète et Toulouse (et, donc, la Garonne). Mort un an avant la mise en eau généralisée en 1681, il fut à deux doigts de voir son rêve se réaliser.
p. 352.

Jean Auguste Dominique Ingres (1780-1867)

Peintre et dessinateur d'exception, Ingres est à l'origine du grand musée de Montauban, où il est né, en 1780. Il n'est pas seulement l'auteur d'odalisques aux lignes exagérées et de portraits aux matières veloutées, il fut aussi un violoniste averti, le directeur de la villa Médicis et le maître d'un atelier qui forma une génération de peintres.
p. 387.

Antoine Bourdelle (1861-1929)

Si vous voyez un Hercule tirant à l'arc à New York, Honolulu, Stockholm, Rome, Prague, Cologne, Bruxelles, Tokyo, il y a de fortes chances pour que ce soit celui de Bourdelle. Né à Montauban en 1861, peintre, architecte et sculpteur, il a connu un succès retentissant avec son *Héraklès archer* (1909), dont le plâtre original est conservé au musée de Montauban.
p. 387.

Henri de Toulouse-Lautrec (1864-1901)

En 1922, la comtesse Adèle, devant le refus des musées parisiens, signe à Albi l'acte de donation à l'origine du fonds prestigieux du palais de la Berbie. Elle met la première pierre à l'édifice qui apportera la consécration à son fils, **Henri de Toulouse-Lautrec**, né à Albi en 1864. Souffrant d'une maladie congénitale, doué d'un esprit acéré, il meurt jeune après avoir connu la bohème de Montmartre dont il fut le génial chroniqueur, plein d'humour et de tendresse pour ses modèles.
p. 314.

Pierre Soulages (1919-2022)

Le célèbre peintre du noir, né à Rodez en 1919, s'est éteint à Nîmes en octobre 2022. Il est à l'initiative du musée qui porte son nom dans sa ville natale. Son œuvre y est présentée, des brous de noix aux *Outrenoir*, en passant par les cartons des vitraux de Conques. *p. 164*

L'enfant sauvage

Trouvé en janvier 1800 dans les bois près de Lacaune, un jeune garçon âgé de 10 ans, ayant grandi seul dans la nature, défraya la chronique. L'histoire extraordinaire de cet enfant que l'on baptisa **Victor** inspira une pièce de théâtre et un film de François Truffaut, *L'Enfant sauvage* (1970). *p. 304.*

Fêtes et traditions

Fêtes et pastorales

Bienvenue au pays des « festaires ». Profanes ou sacrées, musicales ou historiques, les célébrations et les manifestations sont légion dans la région. La fête se déroule avec autant de ferveur dans les villes que dans les petits villages des vallées caussenardes : on ne compte plus les **fêtes médiévales**, à Cordes-sur-Ciel, Lavaur ou Estaing... Dans ces pays, les montagnes ne sont jamais loin, et avec elles leurs cortèges de **traditions pastorales** et musicales : les transhumances (Espalion, Aubrac, Saint-Geniez-d'Olt, Larzac...) témoignent aussi de longues pratiques ancestrales.

Rugby

Vigoureusement installé dans le Midi, le rugby est la marque de distinction des Occitans.

Établi parmi les meilleures équipes françaises du **Top 14** – l'élite du championnat de France –, le **Castres Olympique** est la grande équipe de la région : surnommé le « CO » ou Olympien, le club a remporté cinq fois le trophée du champion de France, le célèbre bouclier de Brennus (1949, 1950, 1993, 2013 et 2018).

Une équipe régionale navigue entre la troisième division et la **Pro-D2**, l'antichambre de l'élite : il s'agit du **SC Albi**. Autres équipes notables de la région, l'**US carmausine** (Carmaux) a été championne de France en 1951, et l'**Union sportive montalbanaise** (Montauban) en 1967.

L'occitan

Tendez l'oreille aux mélopées locales... Les accents portent encore la trace des belles sonorités colorées de la langue d'oc, écho lointain de la romance des troubadours.

Fiers troubadours

Oyez gentes dames ! Fini le temps où vous étiez de « souveraines pestes » et des « sentinelles avancées de l'Enfer » ; place à l'amour courtois !

Au 11e s., la rudesse des seigneurs s'estompe : ils deviennent chevaliers et honorent les charmes de leur belle. Vient alors l'idée de s'entourer de poètes capables de « trouver » eux-mêmes leurs chansons ; ce seront les « troubadours ». Certains sont princes, d'autres démunis, mais tous jouent le même air, celui de l'amour pur, inspiré par une femme idéale.

Parmi les plus célèbres, citons **Jaufré Rudel**, seigneur de Blaye, qui « s'enamoura de la comtesse de Tripoli sans la voir... » (« *amor de lonh* »), **Bernard de Ventadour**, chantre de la *fin'amor* (l'amour parfait), **Peire Vidal** qui promena son lyrisme extravagant de la Provence à la Terre sainte, **Guiraut Riquier**...

Les cours méridionales retentissent jusqu'au 13e s. de leur langue raffinée, l'**occitan**.

Celui-ci ne correspond pas exactement au dialecte alors parlé, mais à une langue plus littéraire, harmonisée, dans laquelle les troubadours écrivent leurs textes. Le phénomène du « classicisme » donne à l'occitan un surplus de dignité, même à l'étranger : ainsi Dante hésite-t-il entre le provençal et le toscan au moment de la rédaction de *La Divine Comédie*.

Renaissance d'une langue

« Occitan » est le terme qui remplace de nos jours celui de « langue d'oc ». Les langues d'oïl et d'oc, issues de la fusion du latin vulgaire et d'un vieux fonds linguistique gaulois, étaient ainsi nommées pour la façon dont on disait « oui » en chacune d'elles. Cette distinction, dessinée dès l'époque mérovingienne, était suffisamment avancée aux 10e et 11e s. pour que les deux langues entrent séparément dans la littérature. La limite géographique entre les pays d'oïl et d'oc passait au nord du Massif central, si bien que l'occitan comportait les parlers languedocien, gascon, limousin, auvergnat et provençal. Le catalan et le corse, autres expressions de cultures indépendantes, ont de nombreuses affinités avec l'occitan.

Avec les croisades contre les Albigeois (1209 et 1226), l'occitan déclina. En 1539, l'**édit de Villers-Cotterêts** lui porta le coup de grâce en imposant, dans les actes administratifs, le dialecte d'Île-de-France : le français.

L'occitan connut plusieurs sursauts : en 1819 avec la publication, par Rochegude, d'une anthologie de poèmes de troubadours, *Le Parnasse occitanien* ; au 19e s. avec l'édition de nombreuses études savantes de « romanistes » germaniques ; en 1854 lorsque le Félibrige (association de sauvegarde de la langue d'oc) réforma l'orthographe du provençal. Depuis le 19e s., donc, l'espoir renaît d'enrayer enfin le déclin de l'occitan, tout au moins comme langue de culture.

Il faut cependant attendre une loi de 1951, la « loi Deixonne », pour que soit annulée l'interdiction des « patois » à l'école et, partant, de l'occitan. En 1969, étape importante, il est introduit comme épreuve facultative au baccalauréat. Aujourd'hui, les enfants peuvent l'apprendre dans les *calendretas* d'Albi, de Castres, de Gaillac et de Rodez, et un collège bilingue a ouvert à Montpellier en 1997.

La batellerie

Les hommes de la région ont forgé une civilisation fluviale qui date du néolithique. Lot, Tarn et Dordogne furent aménagés à partir du 12e s. afin de réduire le débit et les caprices de l'eau. Durant des siècles, les **gabarres** ont affronté les « hautes eaux » hivernales du Lot, du Tarn et de la Dordogne pour descendre bois de chêne et de châtaignier, noix, huiles, fromages et châtaignes vers Cahors, Montauban et Gaillac. De ces ports importants, les marchandises descendaient jusqu'à Bordeaux. Au retour, les navires rapportaient du sel, du poisson salé, du sucre et un peu de tout ce que l'on pouvait acheter sur les quais de ce grand port colonial des 18e et 19e s. Le chemin de fer, plus ponctuel et indifférent à la météo, eut raison de la batellerie dans le dernier quart du 19e s. Ne reste aujourd'hui de cette civilisation que la légende des gabarriers, toujours très présente dans les mémoires et les histoires des conteurs.

Via ferrata sur les corniches du causse de Sauveterre, au-dessus des gorges du Tarn.
P. Jacques/hemis.fr

ORGANISER SON VOYAGE

Types de séjour	468
Aller dans la région	469
Avant de partir	470
Sur place de A à Z	472
Agenda	478
Livres, films	480

Types de séjour

Nature	
Randonnée et cyclotourisme	Le GR 65, qui emprunte le chemin de St-Jacques-de-Compostelle, est le plus célèbre des sentiers de la région *(p. 474)*, il passe notamment par Conques et Moissac. Autres incontournables, les gorges du Tarn *(p. 247)*. Amateurs de causses, visez la vallée du Célé *(p. 153)* ou le GR 6 (Alpes-Océan), qui passe en particulier par l'Aubrac. Les cyclotouristes longeront le canal des Deux-Mers *(p. 401)*, à l'ombre des platanes.
Au fil de l'eau	Le canoë-kayak dans les gorges du Tarn *(p. 247)*, du Lot *(p. 208)* ou du Célé *(p. 39)* ; vous pourrez en faire également dans les gorges de la Dourbie *(p. 295)* et de l'Aveyron *(p. 409)*. Les pêcheurs préféreront les rivières du Lot et de l'Aveyron.
Dans les airs et sous la terre	Incontournables, le parapente au-dessus de Millau *(p. 244)*. Mais aussi montgolfière dans la région de Rocamadour *(p. 84 et 473)*. Vous êtes dans une région intéressante pour la spéléologie grâce à ses causses, en particulier ceux du Quercy blanc, et du Parc naturel régional des Grands Causses *(p. 239)*, autour de Millau.
Culture et patrimoine	
Musées d'art	Cinq incontournables : le musée Ingres Bourdelle à Montauban *(p. 387)*, le musée Goya à Castres *(p. 329)*, le musée Toulouse-Lautrec à Albi *(p. 314)*, le musée Soulages à Rodez *(p. 164)* et le musée Fenaille *(p. 167)* également à Rodez.
Le patrimoine de St-Jacques	L'abbaye de Conques *(p. 195)*, chef-d'œuvre de l'art roman. La cathédrale d'Albi *(p. 310)* avec ses murs en brique rouge, son chœur gothique flamboyant, et son immense Jugement dernier. L'abbaye de Moissac *(p. 398)*, et son cloître aux chapiteaux remarquables.
Villages de charme	Cordes-sur-Ciel *(p. 369)*, cité de pierre et de tuiles qui flotte au-dessus de la brume matinale. Rocamadour *(p. 73)*, avec son donjon qui semble suspendu au-dessus des eaux de l'Alzou. Parmi les sites templiers, La Couvertoirade *(p. 293)*, aux murailles restées intactes. Mais également : St-Antonin-Noble-Val *(p. 406)*, à l'entrée des gorges de l'Aveyron, Ste-Énimie *(p. 258)* au milieu des gorges du Tarn, Penne *(p. 411)*, dont le château domine l'Aveyron, et St-Cirq-Lapopie en surplomb du Lot *(p. 143)*.
Gastronomie et artisanat	
Trésors d'artisanat	Le couteau de Laguiole *(p. 224)*, les gants en cuir de Millau *(p. 236)*, la poterie et la tradition pastellière d'Albi *(p. 324)*.
Spécialités gourmandes	Parmi les spécialités les plus connues, l'aligot remporte la palme, ainsi que la viande d'Aubrac, la truffe et le safran du Quercy, le melon et la reine-claude de la vallée du Tarn *(p. 433)* et le canard sous toutes ses formes dans le Lot. En fromage, le roquefort côtoie les cabécous et le rocamadour. Pour les amateurs de nouveautés, goûtez aux capucins du chef étoilé Michel Bras, à l'aire du viaduc de Millau *(p. 233)*.
Routes des vins	Le vignoble de Cahors permet de découvrir des vins denses et structurés et de profiter des paysages de la vallée du Lot. Presque aussi célèbre, le vin de Gaillac s'épanouit sur les contreforts du Tarn. Plus en amont de la même rivière, le côtes-du-tarn s'étend autour de Millau. Dans l'Aveyron, le marcillac est le plus réputé. Ultime route pour les amateurs, la haute vallée du Lot possède deux appellations, estaing et entraygues-le fel. *(p. 433.)*

Aller dans la région

Par la route

Grands axes

On atteint Millau depuis Paris par l'A 10, l'A 71 et l'**A 75** (**la Méridienne**) à partir de Clermont-Ferrand en empruntant le **viaduc de Millau**.

Pour **Cahors** et **Montauban**, vous pouvez prendre depuis Paris l'A 10, l'A 71 et l'**A 20**.

Depuis Toulouse, l'**A 68** dessert Albi.

Informations autoroutières : www.autoroutes.fr

Pensez au **covoiturage !**

www.mobicoop.fr, lio.laregion.fr/le-covoiturage

Cartes Michelin

Cartes Départements 337 (Lot, Tarn-et-Garonne), **338** (Aveyron, Tarn). **Carte Région 525** (Midi-Pyrénées). **Carte de France 721**.

En ligne : calcul d'itinéraires sur **www.viamichelin.fr**.

En train

Grandes lignes

Il existe des trains Paris Austerlitz-Toulouse qui s'arrêtent à Souillac *(5h)*, Gourdon, Cahors *(5h30)*, Caussade et Montauban *(6h)*.

TGV Paris Montparnasse-Montauban (3h50).

Réservations : 36 35 (7j/7 et de 8h à 20h) - www.sncf-connect.com.

TER

De nombreuses gares sont desservies par la ligne de **TER** Béziers/Bédarieux/Millau/Rodez.

Cahors, **Figeac** et **Souillac** sont sur les lignes desservant Toulouse et Brive. **Rocamadour** est accessible en train depuis Figeac et Brive.

Réservations : www.sncf-connect.com, www.ter.sncf.com/occitanie (réseau lio).

En avion

Aéroports de la région

Les aéroports de Rodez et Castres sont pratiques pour arriver dans la région, ainsi que ceux de Toulouse-Blagnac et de Bergerac.

Aéroport Rodez-Aveyron – 05 65 76 02 06 - www.aeroport-rodez.fr.

Aéroport Castres-Mazamet – 05 63 70 34 77 - www.aeroport81.fr.

Aéroport de Bergerac-Dordogne-Périgord – 05 53 22 25 25 - www.bergerac.aeroport.fr.

Aéroport de Toulouse-Blagnac – 0825 380 000 (0,18 €/mn) - www.toulouse.aeroport.fr.

Compagnies aériennes

Air France – 09 69 39 36 54 - www.airfrance.fr. Relie Paris à Toulouse, Castres et Rodez.

Brussels Airlines – www.brusselsairlines.com. Liaison Bruxelles/Toulouse.

Ryanair – Liaison Toulouse/Bruxelles - www.ryanair.com.

Distances en km	Cahors	Millau	Rocamadour	Rodez
Bordeaux	247	392	258	343
Lille	792	859	749	877
Lyon	540	312	423	336
Marseille	516	287	473	365
Paris	576	643	533	660
Strasbourg	870	815	810	841

Avant de partir

Le bon moment pour partir

Été : sec et chaud, orages violents et soudains.
Automne : climat doux et ensoleillé, parfois vent d'autan.
Hiver : doux, rigoureux en altitude.
Printemps : pluies abondantes, températures douces et parfois neige en altitude.

Adresses utiles

Les institutions

Comité régional du tourisme Occitanie – 15 r. Rivals - CS 78543 - 31685 Toulouse Cedex 6 - information@crtoccitanie.fr - www.tourisme-occitanie.com.

Agences ou comités de développement touristique départementaux

Aveyron – Rue Louis-Blanc - BP831 - 12008 Rodez - ✆ 05 65 75 40 12 - www.tourisme-aveyron.com.
Lot – www.tourisme-lot.com.
Lozère – Rue du Gévaudan - 48000 Mende - ✆ 04 66 65 60 00 - www.lozere-tourisme.com.
Tarn – 10 r. des Grenadiers - 81000 Albi - www.tourisme-tarn.com.
Tarn-et-Garonne – 100 bd Hubert-Gouze - 82000 Montauban - ✆ 05 63 21 79 65 - www.tourisme-tarnetgaronne.fr.

Offices de tourisme

Leurs adresses sont signalées dans le guide par le symbole ℹ.

Parcs naturels régionaux

Parc naturel régional du Haut-Languedoc – 1 pl. du Foirail - BP 9 - 34220 St-Pons-de-Thomières - ✆ 04 67 97 38 22 - www.parc-haut-languedoc.fr.
Parc naturel régional des Grands Causses – 71 bd de l'Ayrolle - 12101 Millau - ✆ 05 65 61 35 50 - www.parc-grands-causses.fr.
Parc naturel régional des Causses du Quercy – 11 r. Traversière - BP 10 - 46240 Labastide-Murat - ✆ 05 65 24 20 50 - www.parc-causses-du-quercy.fr.
Parc naturel régional de l'Aubrac – Pl. d'Aubrac - 12470 Aubrac - ✆ 05 65 48 19 11 - www.parc-naturel-aubrac.fr.

Personnes à mobilité réduite

Le symbole ♿ signale les sites accessibles aux personnes se déplaçant en fauteuil roulant.
Association Tourisme et Handicaps – www.tourisme-handicaps.org.

Accessibilité des transports

SNCF Accessibilité Service – ✆ 0 890 640 650 (0,12 €/mn).

Sites internet

Route des seigneurs du Rouergue – www.seigneurs-du-rouergue.fr. Elle rassemble 19 châteaux ouverts à la visite en Aveyron.
Bastides du Rouergue – www.bastides-gorges-aveyron.fr. Une bonne façon de découvrir l'histoire du Rouergue à travers les célèbres bastides.

Hébergement

Retrouvez notre sélection dans nos carnets d'adresses situés en fin de description des principaux sites.
Nos prix correspondent au tarif d'une chambre double en haute saison.
➜ Nos catégories de prix ci-contre.

Nos catégories de prix	Restauration	Hébergement
Premier prix	jusqu'à 25 €	jusqu'à 80 €
Budget moyen	de 25 à 40 €	de 80 à 120 €
Pour se faire plaisir	de 40 à 70 €	de 120 à 160 €
Une folie	plus de 70 €	plus de 160 €

L'hébergement rural

Gîtes de France - ✆ 0 826 10 44 44 - www.gites-de-france.com.

Fédération des Stations vertes de vacances – www.stationverte.com. Les 600 Stations vertes sont des destinations de vacances familiales reconnues pour leur qualité de vie et pour la qualité de leurs structures d'accueil et d'hébergement.

Bienvenue à la ferme – www.bienvenue-a-la-ferme.com. Ce site propose par département des fermes-auberges, campings à la ferme, fermes de séjour, et de nombreux loisirs.

Hébergement pour randonneurs

Les randonneurs peuvent consulter le site www.gites-refuges.com.

Auberges de jeunesse

Ligue française pour les auberges de la jeunesse (LFAJ) – www.auberges-de-jeunesse.com. Une auberge de jeunesse à Castres.

Fédération unie des auberges de jeunesse (FUAJ) – www.fuaj.org. Auberges de jeunesse à Cahors et Rodez.

En famille

Clévacances – Réseau national consacré au tourisme familial - www.clevacances.com.

Location de bateaux habitables

La location de « bateaux habitables » (sans permis) aménagés en général pour 6 à 8 personnes permet une approche insolite du Lot, qui est navigable sur 75 km entre Luzech et Cénevières.

Babou Marine – Port St-Mary - 46000 Cahors - ✆ 05 65 30 08 99 - www.baboumarine.com.

Lot Navigation – Le Bourg - 46330 : Bouziès - ✆ 05 65 24 32 20 -www.lot-navigation.com.

Les Canalous – Route de Caïx - 46140 Luzech - ✆ 03 85 53 76 74 - www.canalous-plaisance.fr.

Sur place de A à Z

Astronomie

Dans le triangle noir du Quercy, les ciels sont particulièrement propices à l'observation. Depuis 2021, le PNR des Causses du Quercy, qui travaille depuis vingt ans à réduire la pollution lumineuse, est classé « Territoire de villes et villages étoilés » (39 communes labellisées) – www.parc-causses-du-quercy.fr.

Baignade

La région n'a pas d'accès à la mer mais elle possède de nombreux lacs, rivières, bases de loisirs, cascades... Les sites des agences du développement touristique départementales listent les lieux de baignade autorisés (*p. 470*).

Pour le Lot : service Inf'eau loisirs – 05 65 21 22 16 (appel gratuit) - infeauloisirs.syded-lot.fr.

Pavillon bleu – Ce label valorise les communes et les ports de plaisance qui mènent une politique de développement touristique durable – www.pavillonbleu.org.

Canoë-kayak

Vous pouvez descendre la Dourbie, l'Aveyron, le Tarn, le Lot et le Célé.

Fédération française de canoë-kayak et sports de pagaie –www.ffck.org. La rubrique « Trouver un club » du site Internet recense tous les clubs du Lot, Tarn et Aveyron ainsi que leurs coordonnées.

Cyclotourisme

Les départements et les communes font un effort constant de balisage et d'entretien des routes et chemins, dont les itinéraires sont recensés sur les sites des agences du développement touristique.

De nombreux sentiers de grande randonnée ou de randonnée de pays sont accessibles aux amateurs de VTT.

Pour les routes de cols, des panneaux indiquent, au départ, les kilomètres et pourcentages de pente des itinéraires. Les amateurs de balades tranquilles pourront louer des vélos électriques, dont l'offre en location s'est largement étendue.

Moins exténuants, plusieurs parcours longent les fleuves et les canaux comme la voie verte du canal des Deux-Mers, la promenade en Bouriane, ou la véloroute de la vallée du Lot, à l'ouest de Cahors.

Les offices de tourisme proposent des circuits thématiques qui associent la beauté des paysages à un point de patrimoine identifiant.

Circuit des **dix plus beaux villages de France de l'Aveyron** (7 jours, 700 km), Brebis'cyclette (61 km - *p. 292*), le Ségala à vélo (46 km - *p. 188*), le tour du Lot à VTT électrique (400 km, 6 000 m de dénivelé - www.tourisme-lot.fr), les pigeonniers du Tarn (39 km - www.tourisme-tarn.com).

www.francevelotourisme.com.

Escalade

Les reliefs particuliers des profondes gorges du Tarn et du Lot constituent un véritable paradis pour les amateurs d'escalade. Les offices de tourisme et les clubs d'escalade proposent en saison une large gamme de prestations en initiation et en entraînement.

Club Cahors Escalade – Maison des associations - pl. Bessières - Cahors - www.cahors-escalade.com.

Pour les **gorges du Tarn et de la Jonte**, liste des guides diplômés sur www.cevennes-gorges-du-tarn.com.

Gastronomie

Stages culinaires

Pour découvrir la gastronomie locale et les vignobles.

Tarn Tourisme – 10 r. des Grenadiers - Albi - ✆ 05 63 77 32 30 - www.tourisme-tarn.com.

En Aveyron – Cours de cuisine au Sénéchal (www.hotel-senechal.fr) et au café Bras (www.cafebras.fr).

Dans le Lot – À l'écomusée de Cuzals (musees.lot.fr).

Marchés

Les marchés hebdomadaires proposent des fruits et légumes particulièrement appétissants en saison (surtout dans le Lot et le Tarn-et-Garonne), ainsi que fromages, salaisons et autres produits du cru.

Marché des producteurs de pays – Sous cette marque des Chambres d'agriculture, les marchés réunissent exclusivement des producteurs locaux, garantissant à l'acheteur la qualité fermière des productions – www.marches-producteurs.com.

Marché aux truffes – Hebdomadaire à Lalbenque (Lot) de novembre à mars.

Marché au gras – Hebdomadaires à Caussade et Montauban (Tarn-et-Garonne) de novembre à mars. Sur la même période, foires au gras organisées ponctuellement dans plusieurs localités.

Marché de nuit – Ils ne sont pas toujours reconduits d'une année sur l'autre mais se tiennent habituellement, certains jours de l'été, à Cahors, Figeac, St-Céré, St-Antonin-Nobleval... Renseignez-vous auprès des offices de tourisme.

Rallye

Les « Traces du fromage » à Laguiole (mars) consistent en une randonnée gastronomique à ski de fond ou à pied dont les étapes s'accompagnent de dégustations de spécialités de l'Aubrac : aligot, viande, fromage.

Coopérative fromagère Jeune Montagne – La Borie Neuve - Laguiole - ✆ 05 65 44 35 54 - www.jeune-montagne-aubrac.fr.

Grottes et gouffres

Une fois que vous vous serez prémuni contre la fraîcheur souterraine (température constante avoisinant les 13 °C), découvrez les grottes de la région et leurs exceptionnels dessins ou sculptures préhistoriques (Pech Merle) ou leurs concrétions naturelles (Foissac, Lacave, Padirac...).

Montgolfière

Atmosph'Air – 87 ch. de Caynac - ✆ 07 86 45 59 95/05 63 54 25 90 - www.atmosphair-montgolfieres.fr. Pour découvrir la région vue du ciel. Montgolfières pouvant accueillir 4 à 8 pers. : 205 € pour une pers. seule, prix dégressif avec le nombre de passagers. Vols au départ d'Albi, Cordes-sur-Ciel, Gaillac, Lautrec, Lavaur et du Lac de Pareloup

Navigation de plaisance

Les rivières Tarn, Aveyron et Lot offrent de nombreuses possibilités de navigation.

Les croisières organisées

Promenades en coche d'eau à Castres – *Voir « Nos adresses » à Castres p. 338.*

Navigation de plaisance – Promenade en gabarre sur le Tarn : *voir « Nos adresses » à Albi p. 324.*

Descente des gorges du Tarn en barque de La Malène au cirque des Baumes : *voir « Nos adresses » dans les gorges du Tarn p. 256.*

Découverte des gorges des Raspes à bord du *Héron des Raspes : voir « Nos adresses » à Millau p. 245.*

Bateau-promenade Le Papillon-Jaune – Tour du lac de Pareloup : *voir « Nos adresses » à Rodez p. 172.*

Pêche

La région est très intéressante pour les pêcheurs. Pour tout renseignement :
Fédération de l'Aveyron pour la pêche et la protection des milieux aquatiques – Moulin de la Gascarie - Rodez - ✆ 05 65 68 41 52 - www.pecheaveyron.fr.
Fédération départementale de pêche du Lot – 133 quai Albert-Cappu - Cahors - ✆ 05 65 35 50 22 - www.pechelot.com.

Randonnée équestre

Comité régional d'équitation Occitanie – 1 chemin des Courses - Toulouse - ✆ 05 61 52 12 88 - www.equitation-occitanie.fr.
Les **comités départementaux du tourisme équestre** (CDTE) peuvent vous fournir cartes et itinéraires : www.cheval-lot.com, www.tarn-a-cheval.com, www.tourisme-equestre-aveyron.com.
Voir aussi les sites des agences et comités du développement touristique départementales.

Randonnée pédestre

Les GR (grande randonnée) s'adressent aux marcheurs avertis. Le **GR 6** (Alpes-Océan) passe par les causses et l'Aubrac, le **GR 71** (traversée du haut Languedoc) parcourt le Larzac ; le **GR 46** « Tour des gorges de l'Aveyron » emprunte les routes du Lot de Cahors à Beauregard, puis celles du Tarn-et-Garonne et du Tarn de Loze à Penne (vers Mazamet) ; le **GR 65** « Sentier de St-Jacques » traverse la partie sud-est du Quercy, de Montredon à Cahors (départ de Conques) ; puis la partie sud-ouest, de Cahors à Moissac (vers Roncevaux).
À propos des **chemins de St-Jacques** : consultez le site www.chemins-compostelle.com (et pour l'aspect historique, *voir p. 446*).
Comité régional de la randonnée pédestre Occitanie – Maison des sports - 190 r. Isatis - 31670 Labège - ✆ 05 62 24 18 77 - www.randonnee-occitanie.com.
Fédération française de randonnée pédestre – 64 r. du Dessous-des-Berges - 75013 Paris - ✆ 01 44 89 93 90 - www.ffrandonnee.fr.
Voir *p. 474.*
Les comités départementaux de la FFR et les offices de tourisme éditent leurs propres parcours.
Aveyron – Maison du tourisme - 17 r. Aristide-Briand - 12000 Rodez - ✆ 05 65 75 54 61 - www.randonnee-aveyron.fr.
Lot – Espace Clément Marot - pl. Bessières - 46000 Cahors - ✆ 05 65 23 06 28 - lot.ffrandonnee.fr, aussi www.tourisme-lot.com
Tarn – 10 r. des Grenadiers - 81000 Albi - ✆ 05 63 47 33 70 - www.randonnee-tarn.com. Demandez le topoguide *Traversées du Tarn*. Les 500 km de sentiers balisés du Tarn, en font le département de la randonnée par excellence.
Chamina Voyages – Naussac - BP 5 - 48300 Langogne - ✆ 04 66 69 00 44 - www.chamina-voyages.com.
Fédération nationale ânes et randonnées – ✆ 06 95 26 29 96 - www.ane-et-rando.com.
Les **voies vertes** se sont multipliées dans la région. Elles suivent le tracé d'anciennes voies de chemin de fer désaffectées, empruntant les tunnels et reliant ainsi sur des kilomètres des sites touristiques : pour exemple, une voie verte relie Albi à Castres. Pour connaître leurs tracés, adressez-vous aux comités départementaux du tourisme ou voir le site www.voiesvertes.com.
Domaine Trail – *domainetrailcaussesaubrac.fr.* 17 circuits de trail (course hors route, sur piste ou sentier) sont balisés dans les causses de l'Aubrac.

Topoguides
Le Lot à pied, 2022.
L'Aveyron à pied, 2021.
Le Tarn à pied, 2019.
Tour des monts d'Aubrac, 2021.
Sentier vers Saint-Jacques-de-Compostelle via Le Puy, 2020.
Disponibles en librairie et sur www.ffrandonnee.fr.

Restauration

Retrouvez notre sélection dans nos carnets d'adresses situés en fin de description des principaux sites.
Ces établissements sont classés par catégorie de prix (*tableau p. 471*), sur la base d'un tarif minimal/maximal en haute saison.
Notre sélection – Nous avons sélectionné des **restaurants** régionaux, mais aussi classiques ou thématiques, et des adresses plus simples où faire une pause.
Les sites remarquables du goût – Dans la région, bénéficient de ce label : Martel-en-Quercy (Lot) pour ses noix du Périgord ; Lalbenque (Lot) pour son marché aux truffes ; Cajarc (Lot) pour le safran ; les burons de l'Aubrac (Aveyron) pour le fromage de Laguiole et l'aligot ; le rocher de Combalou pour le fromage de roquefort ; Lacaune (Tarn) pour les salaisons ; la ville de Moissac (Tarn-et-Garonne) pour son chasselas ; la fête de la Saint-Barthélemy à Najac (Aveyron) pour sa fouace et la fête de l'ail rose de Lautrec (Tarn).
sites-remarquables-du-gout.fr.

Ski

L'**Aubrac** se prête bien au ski de fond. Renseignements à l'office du tourisme d'Aubrac-Laguiole – 05 65 44 35 94 - www.aubrac-laguiole.com.

Souvenirs

Les produits du terroir : foies gras et confits, jambon de porc noir, saucisson, cèpes, truffes, châtaignes, fromages (fourme de Laguiole, bleu, rocamadour, roquefort, tomme), douceurs (violettes cristallisées, fouaces) et bien sûr vin et liqueur comme le cerno à Millau, les vins de Cahors ou la carthagène à Ste-Énimie. En artisanat : entre autres, poteries de Giroussens, couteaux de Laguiole ou gants de Millau.
Voir aussi les carnets d'adresses de chaque site décrit, et la partie « Comprendre ».
www.metiersdart-occitanie.com. Un guide à télécharger sur les ateliers des métiers d'art en Occitanie.

Spéléologie

Les plateaux et les vallées sont riches en grottes et en cavités. Seul un accompagnateur breveté, connaissant parfaitement le réseau hydrographique, assure la garantie d'une découverte en toute sécurité.
Comité de Spéléologie régionale Occitanie – 7 r. André-Citroën - Balma - 05 34 30 77 45 - csr-occitanie.fr.
Comité départemental de spéléologie du Lot – www.cds46.fr.

Villes et Pays d'art et d'histoire

Sous ce label décerné par le ministère de la Culture et de la Communication sont regroupés quelque 190 villes et pays qui œuvrent activement à la mise en valeur et à l'animation de leur architecture et de leur patrimoine.
Sur le périmètre de ce guide : Cahors, Lauzerte, Moissac, Caylus, Figeac, Decazeville-Aubin, les bastides du Rouergue, Rodez, Cordez-sur-Ciel, Gaillac, Castres, sont labellisés.
Pour les visites, renseignements auprès des offices de tourisme ou sur le site www.sites-cites.fr.

MICHELIN vous GuideVert
l'Europe de vos rêves
LE GUIDE VERT Week&GO
ROME 2022
LE GUIDE VERT Week&GO
ÎLES CANARIES
LE GUIDE VERT Week&GO
PORTO
MICHELIN
Format poche
Plan détachable
Nos meilleures adresses
Nos incontournables ★★★
MICHELIN

Agenda

Consultez la rubrique « Agenda des festivals » sur le site www.tourisme-occitanie.com. Retrouvez notre sélection dans les carnets pratiques des différents sites décrits dans le guide.

Février

Albi – Carnaval et fête foraine (fin fév.-déb. mars).

Mai

St-Chély-d'Aubrac, Aubrac et St-Geniez-d'Olt – Fête de la transhumance et de la vache Aubrac (le w.-end le plus proche du 25). ✆ 05 65 44 20 78 (office de tourisme) - www.transhumanceaubrac.fr.

Juin

Giroussens – Marché de la céramique contemporaine. ✆ 05 63 41 61 90 (mairie) - www.terre-et-terres.com.

Moissac – Chants du monde à Lafrançaise et à St-Nicolas-de-la-Grave - festivaldesvoix.com.

Juillet

Cahors – Festival de blues (mi-juil.). www.cahorsbluesfestival.com.

Cajarc – Africajarc, festival qui met l'Afrique à l'honneur (4e sem.). www.africajarc.com.

Castres – Festival Les Extravadanses (1re quinz.) : une semaine de danse. ✆ 05 63 71 56 58 - www.ville-castres.fr.

Cordes-sur-Ciel – Fête médiévale du Grand Fauconnier : défilé en costumes, bateleurs, jongleurs, troubadours, marché médiéval (autour du 14). ✆ 05 63 56 34 63 - medievale-cordes.fr.

Cordes-sur-Ciel – Musique sur Ciel : festival de musique classique (2e quinz.). ✆ 05 63 56 00 75 - www.festivalcordessurciel.com.

Montauban – Festival Montauban en Scènes (mi-juil.). www.montauban-en-scenes.fr.

Rodez – Estivada : festival interrégional des cultures occitanes. www.ville-rodez.fr.

Sorèze – Festival Musique des Lumières : concerts de musique classique. ✆ 05 63 50 86 38 - www.cite-de-soreze.com.

Souillac – Festival Souillac en Jazz (3e sem. du mois). ✆ 05 65 37 04 93 - www.souillacenjazz.fr.

Ste-Énimie – Festival de la BD médiévale (mi-juil.). www.enimie-bd.fr.

Juillet-août

Conques – Rencontres musicales (de fin juil. à mi-août). ✆ 05 65 71 24 00 - www.centre-europeen.com.

Figeac – Festival de théâtre (en partenariat avec St-Céré). festivaltheatre-figeac.com.

Flagnac – « Hier un village » : grande fresque vivante sur le pays rouergat début du 20e s. (fin juil.-déb. août). www.hierunvillage.com.

Lauzerte, Montcuq, Montpezat – Festival du Quercy blanc (de fin juil. à mi-août) : concerts de musique classique. ✆ 05 65 22 90 73 - www.festivalduquercyblanc.com.

Moissac – Moments de culture vivante. www.mcv-spectacle.com.

St-Céré – Festival d'opéra (en partenariat avec Figeac). ✆ 05 65 38 28 08 - www.festival-saint-cere.com.

Abbaye de Sylvanès – Festival international de musiques sacrées et musiques du monde. ✆ 05 65 98 20 20 - www.sylvanes.com.

Août

Aveyron – Festival folklorique international du Rouergue (une sem.) : démonstration de folklore du monde entier. www.cioff-france.org.

Gaillac – Fête des vins (1er w.-end du mois). www.vins-gaillac.com.
Gindou – Rencontres de cinéma. www.gindoucinema.org.
Gourdon – Les Médiévales de Gourdon (1er w.-end et lun.) : animations de rue. medievalesdegourdon.jimdo.com.
Lautrec – Fête de l'ail : concours, sculptures (sur ail !), dégustation (1er vend. du mois). www.ailrosedelautrec.com.
Rocamadour – Fête de l'Assomption : procession aux flambeaux (le 14).
Rocamadour – Festival de Rocamadour (3e sem.) : cycle de concerts de musique sacrée en l'honneur de Francis Poulenc. www.rocamadourfestival.com.
St-Antonin-Noble-Val – Fête des battages.
St-Geniez-d'Olt – Fête de la race aubrac (le sam. le plus proche du 15 août).
Sévérac – La légende de Jean-le-Fol : spectacle pyrotechnique dans la cour du château - www.spectacle-son-lumiere-aveyron.fr.
Sorèze – Grande foire (3e w.-end du mois) : vide-greniers, concours de peintres, marché au livre, animations nocturnes... ✆ 05 63 74 16 28 (office de tourisme).
Villefranche-de-Rouergue, Najac et Villeneuve – Festival en bastides (1re sem. du mois) : théâtre et animations de rue. ✆ 05 65 45 76 74 - espaces-culturels.fr.

Août-septembre

Rocamadour – Pèlerinage annuel.

Septembre

Albi – Grand Prix automobile (1er w.-end du mois). ✆ 05 63 43 04 04 - www.circuit-albi.fr.
Moissac – Fêtons Moissac (3e w.-end du mois). ✆ 05 63 04 01 85 - www.moissac.fr.
Montauban – « Les 400 Coups » : défilé de chars. www.montauban-festivites.com.
Quercy Blanc/Rocamadour – Montgolfiades (dernier w.-end du mois) - www.tourisme-lot.com.
Rocamadour – La Rue des enfants. Spectacles vivants et animations.

Octobre

Sauveterre-de-Rouergue – Fête de la châtaigne et du cidre doux (dernier dim. du mois). ✆ 05 65 72 02 52 (office de tourisme).
Gaillac – Festival du Livre (1er w.-end du mois) - ✆ 05 63 81 20 19 - festivaldulivre-gaillac.fr.

Novembre

Gaillac – Sortie du gaillac primeur (3e jeu.).

Décembre

Comprégnac – Fête de la truffe (dim. av. Noël).

Livres, films

Littérature

ARTAUD, Antonin, **Nouveaux écrits de Rodez**, 1994. Lettres écrites pendant l'internement d'Artaud à l'asile de Rodez, où il est enfermé de 1943 à 1946.

BOUDOU, Jean, **La Chimère**, 1974. Histoire d'un rouergat, Pèire Vaissièr, qui finira esclave eunuque à Alger, au 17e s.

CHAPUZET, Jean-Charles, **Cahors, le roman du vin noir**, 2008. Les hommes, les mentalités, le terroir, la production du vin de Cahors à travers les âges, racontés comme un roman.

CROZES, Daniel, **Le Pain blanc**, 1994. Antonia, réfugiée espagnole, est accueillie en France par un couple d'instituteurs.

MAHOUX, Bernard, **La Saga des Trencavel**, Pocket, 7 vol., 2001-2006. La croisade contre les Albigeois sur front d'affrontements entre familles seigneuriales.

MOULY, Henri, **Légendes du Rouergue**, 2003.

TILLINAC, Denis, **Le Bonheur à Souillac,** 2001. Francis Cabanne vit à Souillac et rêve d'amour et de gloire en regardant passer les trains qui montent vers Paris.

Littérature occitane

FABIÉ, François, **Souvenirs d'enfance et d'études**, 1925. Souvenirs rédigés par le poète aveyronnais, auteur de **La Poésie des bêtes**.

Cinéma

BROCA, Philippe de, **Cartouche**, 1962. Film d'aventure écrit d'après les tribulations de Louis Dominique Cartouche, brigand qui sévissait au début du 18e s., sous la Régence, incarné par Jean-Paul Belmondo. Le film est tourné à La Couvertoirade.

ENRICO, Robert, **Le Vieux Fusil**, 1975. Juin 1944, après le massacre de son épouse (Romy Schneider) et de sa fille par les SS, un médecin (Philippe Noiret) sombre dans une folie exterminatrice et élimine un à un les soldats réfugiés dans son château (Bruniquel).

MALLE, Louis, **Lacombe Lucien**, 1974. Juin 1944 dans le sud-ouest de la France, un adolescent, jugé trop jeune pour entrer dans le maquis, s'engage dans la milice. Film tourné dans la région de Figeac, où Louis Malle avait une maison.

MALRAUX, André, **Espoir, sierra de Teruel**, 1940. Adaptation par Malraux de son propre roman, qui raconte des faits d'armes pendant la guerre d'Espagne *(☞ p. 175)*.

OURY, Gérard, **La Grande Vadrouille**, 1966. De Funès et Bourvil forment un duo comique pendant la Deuxième Guerre mondiale. Une des scènes d'anthologie est tournée au Chaos de Montpellier-le-Vieux.

TRUFFAUT, François, **L'Enfant sauvage,** 1970. Victor de l'Aveyron, enfant trouvé dans la forêt *(☞ p. 304)*, devient l'objet d'études d'un médecin.

Séries

DAYAN, José, **La Rivière Espérance**, 9 épisodes, 1995. En 1832 dans le Quercy, Benjamin doit devenir gabarier sur la Dordogne, comme son père.

Toute la lumière que nous ne pouvons voir, mini-série tournée par Netflix en 2022 à Villefranche-de-Rouergue, d'après le roman d'Anthony Doerr. Sous l'Occupation se croisent les destins de Marie-Laure, une adolescente aveugle, et de Werner, un soldat allemand.

Notes

Notes

Millau : villes, curiosités et régions touristiques.
Bourdelle, Antoine : noms historiques ou termes faisant l'objet d'une explication.
Les sites isolés (châteaux, abbayes, grottes...) sont répertoriés à leur propre nom.
Nous indiquons par son numéro, entre parenthèses, le département auquel appartient chaque ville ou site. Pour rappel :
12 : Aveyron
46 : Lot
48 : Lozère
81 : Tarn
82 : Tarn-et-Garonne

A

Aéroports.....469
Agenda.....478
Albas (46).....128
Albi (81).....310
Berges du Tarn.....320
Cathédrale Sainte-Cécile.....310, 454
Collégiale St-Salvi.....319
Hôtel Reynès.....316
Hôtel Séré-de-Rivières.....319
Maison du vieil Alby.....319
Maison Enjalbert.....316
Marché couvert.....316
Musée de la Mode.....316
Musée Toulouse-Lautrec.....314
Palais de la Berbie.....314
Pharmacie des Pénitents.....316
Rue Toulouse-Lautrec.....319
Albigeois, croisade.....374, 448
Aliénor d'Aquitaine.....92, 442
Alric, mont (81).....352
Alzeau, prise d'eau d' (81).....353
Alzou, vallée (46).....79
Amadour, saint.....74, 150
Ambialet (81).....322
Anglars-Juillac (46).....129
Arfons (81).....351
Armand, Louis.....265, 274
Armand, aven (48).....264, 435
Les Arques (46).....54
Arts et culture.....450
Assier (46).....45
Astronomie.....472
Aubin (12).....200
Aubrac (12).....221, 436
Aubrac, parc naturel régional.....222
Aubrac, plateau (12).....222
Auriol, Vincent.....349
Aussillon-Plaine (81).....345
Autoire (46).....102
Autoire, cirque (46).....101
Aven.....435
Aveyron, gorges (81, 82).....409
Aynac, château (46).....47

B

Baignade.....472
Balsac d'Entraygues, Jeanne de.....109
Banassac (48).....278
Bancourel, belvédère (46).....145
Banquet, gorges (81).....347
Baousso del Biel (48).....255
Barthe, barrage (12).....218
Bastides.....457
Beauregard (82).....412
Bretenoux (46).....103
Castelnau-de-Montmiral (81).....362
Castelnau-Montratier (46).....139
Castelsagrat (82).....423
Cazals (46).....59
Labastide-Murat (46).....49
Lautrec (81).....326
Lauzerte (82).....422
Lisle-sur-Tarn (81).....364
Montpezat-de-Quercy (82).....419
Pampelonne (81).....381
Puylaroque (82).....417
Réalmont (81).....322
Revel (81).....349
Saint-Sulpice-la-Pointe (81).....358
Sauveterre-de-Rouergue (12).....185
Villefranche-de-Rouergue (12).....174
Villeneuve (12).....181
Batellerie.....465

Les Baumes,
ferme troglodytique (12) ... 237
Beaulieu-en-Rouergue,
abbaye (82) ... 408
Beauregard (82) ... 412
Bégon, causse (12) ... 296
Bélaye (46) ... 129
Belcastel (12) ... 192
Belcastel, château (46) ... 71
Belleperche, abbaye (82) ... 393
Belmont-sur-Rance (12) ... 303
Bessuéjouls, chapelle (12) ... 208
Bez-Bedène (12) ... 216
Bibliographie ... 480
Blanquefort, château (48) ... 248
Boisse, moulin (82) ... 140
Boissezon, militarial (81) ... 333
Bonaguil, château (47) ... 136
Bonnefon (12) ... 222
Bosc, château (12) ... 187
Boudou (82) ... 401
Bourdelle, Antoine ... 387, 390, 463
Le Bourg (46) ... 47
Bourg-de-Visa (82) ... 424
Bouriane (46) ... 58
Bournazel, château (12) ... 192
Bourseul, Charles ... 99
Bousquet, château (12) ... 225
Bouziès (46) ... 152
Bozouls (12) ... 203
Brameloup (12) ... 223
Brassac (81) ... 334
Brassac, château (82) ... 423
Braunhie, forêt (46) ... 52
Brayer, Yves ... 374
Brengues (46) ... 41
Bretenoux (46) ... 103
Bromme, gorges (12) ... 218
Brousse-le-Château (12) ... 304
Brousse, moulin (82) ... 141
Broze (81) ... 362
Brunehaut, reine ... 404
Bruniquel (82) ... 404
Burlats (81) ... 341

C

Cabrerets (46) ... 152
Cagnac-les-Mines (81) ... 380
Cahors (46) ... 114
Allées Fénelon ... 115
Barbacane et tour Saint-Jean ... 120
Boulevard Gambetta ... 115
Cathédrale Saint-Étienne ... 115
Collège Pélegry ... 119
Église Saint-Barthélemy ... 119
Hôtel de Roaldès ... 118
La Daurade ... 119
Musée de Cahors Henri-Martin ... 120
Musée de la Résistance,
de la Déportation
et de la Libération ... 120
Palais Duèze ... 119
Place Bessières ... 120
Pont Cabessut ... 119
Pont Valentré ... 121
Rue du Château-du-Roi ... 119
Rue du Docteur-Bergounioux ... 116
Rue Lastié ... 116
Rue Nationale ... 116
Rue Saint-Urcisse ... 118
Cajarc (46) ... 41
Calmont-d'Olt, château (12) ... 207
Calvignac (46) ... 154
Camarès (12) ... 300
Cambayrac (46) ... 129
Cambeyrac, barrage (12) ... 215
Camjac, église (12) ... 187
Cammazes, barrage (81) ... 353, 354
Caniac-du-Causse (46) ... 51
Canoë-kayak ... 472
La Canourgue (48) ... 277
Cantobre (12) ... 296
Cap'Découverte (81) ... 379
Capdenac (46) ... 38
Capluc, rocher (48) ... 267
Carbonnières, grotte (46) ... 70
Cardaillac (46) ... 38
Carennac (46) ... 95
Carladez (12) ... 218
Carmausin (81) ... 379
Carmaux (81) ... 379
Cas, château (82) ... 409
Castelbouc (48) ... 252
Castelfranc (46) ... 129
Castelnau-Bretenoux,
château (46) ... 106
Castelnau-Montratier (82) ... 139
Castelnau, château (12) ... 296
Castelnau-de-Lévis (81) ... 321
Castelnau-de-Montmiral (81) ... 362

Castelnau-Pégayrols (12) 238
Castelsagrat (82) 423
Castelsarrasin (82) 402
Castres (81) 328
Cathares (voir aussi Albigeois) 448
Caussade (82) 416
Causse Noir (12) 273
Causse Noir, corniche (12) 274
Causses 434
Bégon (12) 296
Grands Causses (12) 239, 242
Noir (12) 273
Causses du Quercy, parc naturel régional 49, 50
La Cavalerie (12) 283, 284
Le Cayla (81) 373
Le Caylar (34) 286
Caylus (82) 409
Cazals (46) 59
La Caze, château (48) 251
Cénevières, château (46) 145
Champerboux (48) 277
Champollion, Jean-François 37
Chanac (48) 277
Chaos 262, 435
Nîmes-le-Vieux (48) 266
Rajol (12) 273
Resse (81) 340
Roquesaltes (12) 273
Rouquette (81) 339
Charbonnières, château (48) 252
Charcuterie 430
Le Chartron (82) 422
Cinglegros, rocher (48) 269
Cité de Pierres de Montpellier-le-Vieux (12) 261
Cloup d'Aural, phosphatières (46) 413
Colombier, château (12) 169
Comberoumal, prieuré (12) 238
Combes (12) 201
Combret (12) 303
Comité régional du tourisme 470
Compostelle, chemins de 446, 474
Comprégnac (12) 237
Conduché (46) 152
Conques (12) 194
Copeyre, belvédère (46) 68
Cordes-sur-Ciel (81) 369
Cordes-Tolosannes (82) 393
Corn (46) 39
Couesques, barrage (12) 217
Cougnac, grottes (46) 58
Cougnaguet, moulin (46) 79
Coupiac (12) 304
La Couvertoirade (12) 293
Cransac (12) 201
Crayssac, plage aux ptérosaures (46) 122
Creysse (24) 69
Croisières 473
Croix Magne, point de vue (46) 122
La Cuisine, centre d'art (82) 417
Culture 450
Cuzals (46) 151
Cyclotourisme 472
Cyr, saint 145

D

Dargilan, grotte (48) 274
Decazeville (12) 198
Dolmens 441
Don du Fel (12) 214
Dourbies (30) 296
Dourbie, canyon (12) 296
Dourbie, gorges (12, 30) 295, 439
Dourgne (81) 352
Duravel (46) 133
Durfort (81) 350

E

En Calcat (81) 352
Énimie, sainte 259
Entraygues-sur-Truyère (12) 213
Environnement 436
Équitation 474
Escalade 472
L'Escalette, pas de (12) 286
Espagnac-Sainte-Eulalie (46) 40
Espalion (12) 207
L'Espérou (30) 296
Estaing (12) 208

F

Faycelles (46) 42
Le Fel (12) 214
Fenaille, Maurice 167
Fénelon, archevêque de Cambrai 96
Ferrières (81) 334
Figeac (46) 32

Figeac, aiguilles (46)....37
Flagnac (12)....210
Flaugnac (82)....140
Floirac (46)....68
Floirac, cirque (46)....68
Floirac, couasne (46)....68
Florac (48)....254
Foissac, grotte (12)....179
Fontbruno (81)....352
Foy, sainte....199
Francbouteille, col (48)....267, 268
Frau, landes (46)....61
Fromages....430

G

Gabarres....465
Gaillac (81)....360
Gaillac, vin....362
Galinières, château (12)....204
Gallo-romain, art....451
Gally (48)....266
Gardette, château (46)....145
Gastronomie....430, 473, 476
Genouillac, Galiot de....46
Giroussens,
jardin des Martels (81)....358
Giscard d'Estaing, famille....208
Gluges (46)....69
Golinhac, barrage (12)....209
Gorges....439
Aveyron (81, 82)....409
Banquet (81)....347
Bromme (12)....218
Dourbie (12, 30)....295
La Jonte (12, 48)....272, 439
Lot (12)....208
Tarn (12, 48)....247, 439
Trévezel (30)....295
Truyère (12)....215
Gothique, art....453
Gouges, Olympe de....390
Goujounac (46)....60
Gourdon (46)....56
Gouzes, André....298
Goya, Francisco de....331
Gramat (46)....81
Gramat, causse (46)....51, 80
Gramat, parc animalier de (46)....81
Grands Causses,
Parc naturel régional (12)... 239, 242
La Graufesenque,
site archéologique (12)....236, 442, 451
Graulhet (81)....358
Gréalou (46)....40
Greschny, Nicolaï....241, 304, 375
Grésigne, forêt (81)....363
Grézels (46)....129
Grotte-ermitage (48)....259
Grottes....438, 450, 473
Carbonnières (46)....70
Cougnac (46)....58
Dargilan (48)....274
Foissac (12)....179
Lacave (46)....69
Merveilles (46)....80
Pech Merle (46)....156
Presque (46)....101
Saint-Dominique (81)....339
Guerre de Cent Ans....117, 443
Guerres de Religion....443

H

Habitat traditionnel....454
Handicap....470
Haut-Languedoc,
parc naturel régional....349, 435
Hautpoul (81)....345
Hébergement....470
Henri II Plantagenêt....92, 442
Histoire....440
L'Hom (48)....266
L'Hospitalet (46)....80
Hospitaliers....283, 293
Hourtous, roc (48)....250
Hyelzas, ferme (48)....265

I

Impernal, pech (46)....128
Ingres, Jean Auguste
Dominique....387, 390, 463
Inières (12)....170
Invincible vigneron (81)....362
Ispagnac (48)....253
Issolud, puy (46)....68

J

La Jasse (12)....283
Jaurès, Jean....330, 380, 382
La Joconde....108

La Jonte, gorges (12, 48) 272, 439
Jou, belvédère (12) 219
Les Junies (46) 60

L

Labastide-Murat (46) 49
Labastide-Rouairoux (81) 346
Lacapelle-Livron (82) 410
Lacapelle-Marival (46) 47
Lacaune-les-Bains (81) 342
Lacaune, monts (81) 342
Lacave, grottes (46) 69
Lacroix-Barrez (12) 217
Lacrouzette (81) 340
Laguiole (12) 224
Lampy, bassin (81) 353
Laouzas, lac (81) 343
Laramière, prieuré (82) 413
Lardit, usine (12) 218
Largentié, vallée (46) 47
Larnagol (46) 154
Laroque-des-Arcs (46) 122
Larroque-Toirac, château (46) 42
Larzac, causse (12) 282, 284
Larzac, Maison (12) 283
Larzac, mouvement de lutte 284, 445
Lassalle, mine (12) 200
Lastours, château (82) 141
Lauragais (81) 436
Laussac (12) 219
Lautrec (81) 326
Lauzerte (82) 422
Laval-Roquecezière (12) 303
Lavaur (81) 357
Lenoir, Marcel 413
Lescure, église St-Michel (81) 321
Lévézou, lacs (12) 170
Lévézou, plateau (12) 238
Lherm (46) 60
Limogne, causse (82) 412
Limon, moulin (46) 69
Lisle-sur-Tarn (81) 364
Loc-Dieu, abbaye (12) 179
Lot, chemin de halage (46) 153
Lot, gorges (12) 208
Lot, vallée (12) 203
Loubatière, forêt (11) 352
Loubressac (46) 102
Lugan, commanderie (12) 193
Lurçat, Jean 101
Luzech (46) 127

M

Magrin, château (81) 335
Maison de la cerise (12) 237
La Malène (48) 249
Malepeyre, sabot (48) 277
Malivert, étang (82) 420
Marchés 473
Marcilhac-sur-Célé (46) 149
Marcillac (12) 170
Martel (46) 90
Martel, Charles 92
Martel, Édouard Alfred 89, 265, 274
Martels, jardin des (81) 358
Martignac (46) 133
Mas Raynal (12) 284
Masse, vallée (46) 55
Mauriac, château (81) 364
Maury, barrage (12) 216
Mazamet (81) 345
Méjean, causse (48) 264
Mélac, château (12) 291
Mercuès, château (46) 122
Merle, lac (81) 340
Meyronne (46) 69
Meyrueis (48) 271
Micropolis (11) 240
Millau (12) 232
Millau, viaduc (12) 232
Miramont-de-Quercy (82) 423
Moissac (82) 397
Molières (82) 420
Mondalazac (12) 169
Monestiés (81) 382
Montabès, puy (12) 214
Montagne Noire (81, 11) 349
Montagnès, lac (81) 346
Montaigu-de-Quercy (82) 424
Montaigut, château (12) 305
Montal, château (46) 108
Montalet, roc (81) 342
Montans (81) 364
Montauban (82) 386
Allées 391
Cathédrale Notre-Dame-de-l'Assomption 391

Centre du patrimoine ... *391*
Église St-Jacques ... *388*
Hôtel Lefranc de Pompignan ... *389*
Musée Ingres Bourdelle ... *387*
Palais de la cour des Aides ... *388*
Place Franklin-Roosevelt ... *392*
Place Nationale ... *391*
Pont Vieux ... *392*
Rue de l'Hôtel-de-Ville ... *392*
Rue des Carmes ... *392*
Montbrun (46) ... 42
Montcabrier (46) ... 133
Montcléra, château (46) ... 60
Montcuq (46) ... 140
Montech (82) ... 392
Montégut-Lauragais (31) ... 355
Montézic-Saint-Gervais, réservoir (12) ... 216
Montfort, Simon de ... 449
Montgey (81) ... 335
Montgolfière ... 473
Montjaux (12) ... 238
Montjoi (82) ... 423
Montpellier-le-Vieux, Cité de Pierres (12) ... 261
Montpezat-de-Quercy (82) ... 419
Montredon-Labessionné (81) ... 333
Montricoux (82) ... 412
Montrozier (12) ... 203
Montvalent, cirque (46) ... 68
Mouleyret, pech (46) ... 47
Mouliérat, Jean ... 106
Mounine, saut (46) ... 41
Murat, Joachim ... 49
Mur-de-Barrez (12) ... 218
La Muse, vallée (12) ... 237
Musée de l'Insolite (46) ... 152

N

Najac (12) ... 189
Nant (12) ... 295
Nasbinals (12) ... 223
Navigation ... 473
Nègrepelisse (82) ... 417
Nîmes-le-Vieux, chaos (48) ... 266
Nobis, roc (82) ... 424
Notre-Dame-de-Velles (46) ... 122
Notre-Dame-de-Verdale, site (46) ... 100
Notre-Dame-de-l'Île (46) ... 128
Notre-Dame-de-la-Drèche (81) ... 321
Notre-Dame-des-Grâces, chapelle (82) ... 410
Notre-Dame-des-Misères (86) ... 417
Notre-Dame-des-Neiges, chapelle (12) ... 58
Notre-Dame-d'Orient, chapelle (12) ... 303

O

Occitan ... 464
Offices de tourisme ... 470
Ouysse, vallée (46) ... 79

P

Padirac, gouffre (46) ... 88
Parcs naturels régionaux ... 436, 470
Aubrac ... *222*
Causses du Quercy ... *50*
Grands Causses ... *239*
Haut-Languedoc ... *349*
Pareloup, lac (12) ... 170
Parisot (82) ... 410
Pas de l'Arc (48) ... 254
Pas de l'Escalette (12) ... 286
Pas de Soucy (48) ... 249
Pas des Trois Fondus (48) ... 269
Pas du Loup (48) ... 269
Pas du Sant (81) ... 352
Pastel ... 335
Paysages ... 434
Pêche ... 474
Pech Merle, grotte (46) ... 156
Penne (81) ... 411
Pervillac (82) ... 424
Pescalerie, fontaine (46) ... 152
Peyre (12) ... 237
Peyrelade, château (48) ... 248
Peyreleau (12) ... 272
Peyre Levade, dolmen (82) ... 413
Peyro Clabado (81) ... 340
Peyro-Lebado, dolmen (81) ... 375
Peyrusse-le-Roc (12) ... 180
Phylloxéra ... 444
La Pierre plantée (81) ... 343
Pigeonniers ... 141, 456
Plaisance, navigation ... 473
Point Sublime (48) ... 248
Poitiers, Alphonse de ... 457
Pompidou, Georges ... 41

Pont-Crouzet (81) ... 354
Pont-de-Salars, lac (12) ... 171
Poterie ... 238, 442, 451
Le Pouget (12) ... 241
Pougnadoires, cirque (48) ... 251
Pousthomy (12) ... 302
Les Prades (46) ... 58
Prades, château (48) ... 252
Prades-d'Aubrac (12) ... 222
Préhisto-Dino Parc (46) ... 70
Préhistoire ... 440
Art ... *450*
Crayssac, plage aux ptérosaures (46) ... *122*
Musée d'Uxellodunum (Martel, 46) ... *93*
Préhisto-Dino Parc (46) ... *70*
Presque, grottes (46) ... 101
Protestantisme ... 334, 443
Puy-l'Évêque (46) ... 132
Puycelsi (81) ... 363
Puy de Montabès (12) ... 214
Puylaroque (82) ... 417

Q

Quercy blanc (82) ... 139, 454
Quercy, ségala ... 437
Quézac (48) ... 252
Quissac (46) ... 52

R

Rabastens (81) ... 365
Raimond VII, comte de Toulouse ... 242
Rajol, chaos (12) ... 273
Rampoux (46) ... 61
Rance, vallée (12) ... 302
Randonnée équestre ... 474
Randonnée pédestre ... 474
Les Raspes (12) ... 240
Réalmont (81) ... 322
Reine Margot, château (82) ... 410
Reptiland (46) ... 93
Resse, chaos (81) ... 340
Résurgences ... 439
Revel (31) ... 349, 354
Reyniès, château (82) ... 393
Rieu-Montagné (81) ... 343
Rieupeyroux (12) ... 182
Riquet, Pierre-Paul ... 352, 354, 463
Rocamadour (46) ... 73, 74
Rocheblave, château de (48) ... 252
Rocs de Crémaussel (81) ... 341
Rodez (12) ... 162
Cathédrale Notre-Dame ... *164*
Chapelle des Jésuites ... *167*
Église Saint-Amans ... *168*
Hôtel Delauro ... *167*
Maison canoniale ... *167*
Maison de Benoît ... *167*
Maison de Guitard ... *167*
Maison de l'Annonciation ... *168*
Maison dite « d'Armagnac » ... *168*
Musée Denys-Puech ... *169*
Musée Fenaille ... *167*
Musée Soulages ... *164*
Palais épiscopal ... *166*
Place de la Cité ... *167*
Place du Bourg ... *168*
Square des Embergues ... *169*
Square Monteil ... *168*
Tour Corbières ... *166*
Tour Raynalde ... *166*
Roman, art ... 452
Roquecor (82) ... 424
Roquefeuil, Béranger de ... 137
Roquefort, fromage ... 289, 290, 431
Roquefort-sur-Soulzon (12) ... 289
Roquelaure, château (12) ... 206
La Roque-Sainte-Marguerite (12) ... 297
Roquesaltes, chaos (12) ... 273
Roque Sourde (48) ... 249
Rouens (12) ... 217
Rouergue ... 437, 454
Rouergue, bastides (12) ... 181
See also Bastides
Rougier de Camarès (12) ... 300
Rouillac, église (82) ... 141
Rouquette, chaos (81) ... 339
Roussayrolles, église (81) ... 375
Le Rozier (48) ... 248
Rudelle (46) ... 46
Rugby ... 464
Russac, église (82) ... 139

S

Sagan, Françoise ... 41
Saint-Affricain (12) ... 240
Saint-Affrique (12) ... 242

Saint-Amans-Soult (81)....347
Saint-André, église (46)....60
Saint-Antonin-Noble-Val (82)....406
Saint-Beauzély (12)....240
Saint-Céré (46)....98
Saint-Chély-d'Aubrac (12)....222
Saint-Chély-du-Tarn, cirque (48)....251
Saint-Cirq-Lapopie (46)....143
Saint-Côme-d'Olt (12)....206
Saint-Crépin (12)....303
Saint-Cyprien-sur-Dourdou (12)....198
Saint-Cyr, mont (46)....122
Saint-Dominique, grotte (81)....339
Saint-Ferréol, bassin et barrage (81)....354
Saint-Geniez-d'Olt (12)....205
Saint-Izaire (12)....304
Saint-Jacques, chemins....446
Saint-Jacques, pèlerinage....446
Saint-Jean-d'Alcas (12)....285
Saint-Jean-de-Balmes (12)....273
Saint-Jean-du-Bruel (12)....296
Saint-Juéry (81)....321
Saint-Laurent-les-Tours, château (46)....100
Saint-Léons (12)....240
Saint-Lieux-lès-Lavaur (81)....358
Saint-Martial, église (46)....103
Saint-Martin-de-Vers (46)....51
Saint-Martin-le-Redon (46)....133
Saint-Michel-de-Rouviac (12)....296
Saint-Parthem (12)....209
Saint-Paul-des-Fonts (12)....285
Saint-Pierre, arcs (48)....269
Saint-Pierre-Toirac (46)....42
Saint-Rome-de-Tarn (12)....240
Saint-Sernin-sur-Rance (12)....302
Saint-Sulpice (46)....41
Saint-Sulpice-la-Pointe (81)....358
Saint-Urcize (12)....223
Saint-Véran (12)....296
Saint-Victor-et-Melvieu (12)....241
Sainte-Croix (82)....141
Sainte-Énimie (48)....258
Sainte-Eulalie-de-Cernon (12)....283
Sainte-Eulalie-d'Olt (12)....206
Sainte-Radegonde (12)....170
Saints-Peyres, lac (81)....347
Salles-la-Source (12)....169
Salmière, source (46)....80
Salviac (46)....59
Sarrans, barrage (12)....219
Sauliac-sur-Célé (46)....151
Saut de la Truite (81)....341
Sauveterre (48)....278
Sauveterre, causse (48)....277
Sauveterre-de-Rouergue (12)....185
Saux (46)....129
Saux, église (82)....420
Sculpture baroque....454
Ségala....437
Ségala, parc animalier (12)....186
Séniergues (46)....52
Sept-Faux, rocher (81)....340
Serpents....285
Serre, roc (48)....250
Serres, pays (82)....422
Sévérac-le-Château (12)....280
Sidobre (81)....339
Singes, forêt (46)....80
Sirven, Pierre-Paul....332
Ski....476
Soleilho....33
Sorèze (81)....350
Souillac (46)....66
Soulages, Pierre....164, 196, 463
Soulages-Bonneval, Grenier de Capou (12)....224
Soulomès (46)....51
Soult, maréchal....347
Souvenirs....476
Spéléologie....476
Statues-menhirs....302, 441
Sylvanès, abbaye (12)....298
Sylvanès, église russe (12)....299

T

Tarn, gorges (12, 48)....247, 439
Tarn, source (48)....252
Tauriac (46)....103
Templiers....283, 293
Thommasses, poste (81)....355
Thoré, vallée (81)....347
Tolerme, lac (46)....101
Touffailles (82)....424
Toulongergues (12)....180
Toulouse-Lautrec, Henri de....317, 463
Toulouse-Lautrec, musée (Albi)....314
Traditions....464

Traditions du Sud Aveyron, musée (12) ... 294
Train ... 469
Transhumance ... 437
Transhumance, fête de la (12) ... 226
Trévezel, gorges (30) ... 295
Triadou, château (12) ... 273
Trois Fromages (81) ... 341
Troubadours ... 464
Truel, terrasses (48) ... 272
Le Truffadou, chemin de fer ... 94
Truffe ... 432
Truite, saut (81) ... 341
Truyère, gorges (12) ... 215

U

Urbain V, pape ... 252
Uxellodunum ... 68

V

Vaillac, château (46) ... 53
Valon, château (12) ... 216
Vaour (81) ... 373
Varen (82) ... 410
Vautours, maison des (48) ... 272
Verfeil (82) ... 410
Vertige, belvédère du (48) ... 268
Le Veygalier (48) ... 266
Viala-du-Pas-de-Jaux (12) ... 285
Viaur, vallée (12) ... 186
Viaur, viaduc (12) ... 187, 381
Victor de l'Aveyron, l'enfant sauvage ... 463
Vieillevie (12) ... 209
Le Vigan (46) ... 58
Le Villard (48) ... 278
Le Villaret (48) ... 264
Villefranche-de-Panat, lac (12) ... 171
Villefranche-de-Rouergue (12) ... 174
Villelongue, chapelle (12) ... 186
Villemur-sur-Tarn (31) ... 393
Villeneuve-d'Aveyron (12) ... 182
Villes et Pays d'art et d'histoire ... 476
Vimenet (12) ... 204
Vins ... 433
La Vinzelle (12) ... 209
Voiture ... 469

W-Z

Wilmotte, Jean-Michel ... 236
Zadkine, Ossip ... 54
Zoo des Trois-Vallées (81) ... 333

Carte générale

Premier rabat de couverture

Cartes des microrégions

1 Figeac, entre Lot et Célé 30
2 Souillac et le haut Quercy 64
3 Cahors et le Quercy blanc 112-113
4 Rodez, entre Rouergue et Aubrac.................................... 160-161
5 Les Grands Causses et les gorges du Tarn............. 230-231
6 L'Albigeois et la Montagne Noire............ 308-309
7 La région de Montauban............... 384

Plans de ville

Albi 318
Cahors 118
Castres 333
Cordes-sur-Ciel.. 371
Figeac 34
Gaillac 361
Martel 91
Millau 234
Montauban 389
Rocamadour 77
Rodez 163
Saint-Céré 99
Villefranche-de-Rouergue 176

Plans de monument

Bonaguil, château 138
Moissac, abbaye 398
Pech Merle, grotte................................ 156
Peyrusse-le-Roc, site médiéval 181
Sainte-Cécile, cathédrale d'Albi 312

Cartes thématiques

Grands Causses (Parc naturel régional) 239
Relief 434
Possession des Anglais...................... 443

Cartes des circuits

Nos itinéraires 18-25
De la vallée du Célé à la vallée du Lot 39
La Bouriane 59
La Dordogne lotoise............................. 70
Entre Val d'Autoire et Dordogne 102
Les gorges de la Truyère..................... 215
Le Carladez 218
Le plateau de l'Aubrac 225
Les gorges du Tarn, du château de Peyrelade à Florac 250-251
Le causse Méjean 268
La vallée de la Dourbie 297
Le Sidobre 340
La Montagne Noire 349
De la vallée de la Bonnette aux gorges de l'Aveyron 409

LÉGENDE DES CARTES ET PLANS

Curiosités et repères

- Itinéraire décrit, départ de la visite
- Église
- Mosquée
- Synagogue
- Temple
- Temple : bouddhique - hindou
- Bâtiment
- Monastère - Phare
- Fontaine
- Point de vue
- Château - Ruine ou site archéologique
- Barrage - Grotte
- Monument mégalithique
- Tour génoise - Moulin
- Temple - Vestiges gréco-romains
- Autre lieu d'intérêt, sommet
- Distillerie
- Palais, villa, habitation
- Cimetière : chrétien - musulman - israélite
- Oliveraie - Orangeraie
- Mangrove
- Auberge de jeunesse
- Gravure rupestre
- Pierre runique
- Église en bois
- Église en bois debout
- Parc ou réserve national
- Bastide

Sports et loisirs

- Piscine : de plein air - couverte
- Plage - Stade
- Port de plaisance - Voile
- Plongée - Surf
- Refuge - Promenade à pied
- Randonnée équestre
- Golf - Base de loisirs
- Parc d'attractions
- Parc animalier, zoo
- Parc floral, arboretum
- Parc ornithologique réserve d'oiseaux
- Planche à voile, kitesurf
- Pêche en mer ou sportive
- Canyoning, rafting
- Aire de camping - Auberge
- Arènes
- Base de loisirs, base nautique ou canoë-kayak
- Canoë-kayak
- Promenade en bateau

Informations pratiques

- Information touristique
- Parking - Parking - relais
- Gare : ferroviaire - routière
- Voie ferrée
- Ligne de tramway
- Départ de fiacre
- Métro - RER - Tramway
- Station de métro (Calgary, ...) (Montréal)
- Téléphérique, télécabine
- Funiculaire, voie à crémaillère
- Chemin de fer touristique
- Transport de voitures et passagers
- Transport de passagers
- File d'attente
- Observatoire
- Station-service - Magasin
- Poste - Téléphone
- Internet
- H — Hôtel de ville
- B — Banque, bureau de change
- J POL. — Palais de justice - Police
- GNR — Gendarmerie
- T M — Théâtre - Musée
- U — Université
- Musée de plein air
- Hôpital
- Marché couvert
- Aéroport
- Parador, Pousada (Établissement hôtelier géré par l'État)
- A — Chambre d'agriculture
- D — Conseil provincial
- G — Gouvernement du district, Délégation du Gouvernement Police cantonale
- L — Gouvernement provincial (Landhaus)
- P — Chef-lieu de province
- Station thermale
- Source thermale

Axes routiers, voirie

- Autoroute ou assimilée
- Échangeur : complet - partiel
- Route
- Rue piétonne
- Escalier - Sentier, piste

Topographie, limites

- Volcan actif - Récif corallien
- Marais - Désert
- Frontière - Parc naturel

Comprendre les symboles utilisés dans le guide

LES ÉTOILES

★★★ **Vaut le voyage** ★★ **Vaut le détour** ★ **Vaut la visite**

HÔTELS ET RESTAURANTS

9 ch.	Nombre de chambres	(Wi-Fi)	Wi-Fi
7,5 €	Prix du petit-déjeuner en sus	(Piscine)	Piscine
50 €	Prix de la chambre double, petit-déjeuner compris	CC	Paiement par cartes de crédit
bc	Menu boisson comprise		Carte de crédit non acceptée
	Air conditionné dans les chambres	P	Parking réservé à la clientèle
	Restaurant dans l'hôtel	Tram	Station de tramway la plus proche
	Établissement servant de l'alcool (à l'étranger)	M	Station de métro la plus proche

SYMBOLES DANS LE TEXTE

	À faire en famille		Organisme de tourisme
	Pour approfondir		Astuce, conseil
	Promenade à pied		Adresse coup de cœur
	Randonnée à vélo	A2 B	Repère sur le plan
	Facilité d'accès pour les personnes à mobilité réduite		Tourisme écoresponsable

Note au lecteur

Michelin a apporté le plus grand soin à la rédaction de ce guide et à sa vérification. Toutefois, les informations pratiques (formalités administratives, prix, adresses, numéros de téléphone, adresses Internet, etc.) doivent être considérées comme des indications du fait de l'évolution constante de ces données.

Il n'est pas totalement exclu que certaines d'entre elles ne soient plus, à la date de parution du guide, tout à fait exactes ou exhaustives. N'hésitez pas à nous signaler toute omission ou inexactitude que vous pourriez constater, ainsi qu'à nous faire part de vos avis et suggestions sur les adresses contenues dans ce guide.

Avant d'entamer toute démarche, formalités administratives ou douanières notamment, vous êtes invité à vous renseigner auprès des organismes officiels. Ces informations ne sauraient, de ce fait, engager notre responsabilité.

Collection sous la direction de Philippe Orain

Responsable d'édition et rédacteur en chef du guide : Lucie Fontaine

Secrétaire d'édition : Agnès Le Béon

Rédaction : Luc Decoudin, Frédéric Denhez, Rebecca Edou, Sophie Fréret, Serge Guillot, Corinne Langlois, Florent Leclercq, Sophie Lhéraud, Emmanuelle Maisonneuve, Laurence Michel, Madeleine Parpet, Béatrice Peyret-Vignals, Pierre Plantier, Delphine Storelli, Magali Triano

Ont contribué à ce guide : Aura-Ionela Mardari, Costina-Ionela Lungu (**Cartographie**), Véronique Aissani, Carole Diascorn (**Couverture**), Marion Capéra, Marie Simonet (**Iconographie**), Andra-Florentina Ostafi (**Données objectives**), Bogdan Gheorghiu, Cristian Catona, Gabriel Dragu, Hervé Dubois, Pascal Grougon (**Prépresse**), Dominique Auclair (**Pilotage**)

Plans de ville : © MICHELIN 2022

Remerciements : Cathy Séguy (Tourisme Lot), Lauriane Donzelli (Tarn-et-Garonne Tourisme), Hélène Bibal et Benoît Opdebeck (office de tourisme Pays segali), Gaëlle Cabady Bosc-Andrieu et Ludovic Lemercier (office de tourisme Ouest-Aveyron)

Conception graphique
Christelle Le Déan, Sandro Borel, Justeciel (maquette intérieure)
Véronique Aissani, Marie-Pierre Renier (couverture)

Contacts
Vous souhaitez nous contacter?
Rendez-vous dans la rubrique contact de notre site internet : editions.michelin.com

Parution 2023

MICHELIN Éditions
Société par actions simplifiée au capital de 487 500 EUR
57 rue Gaston Tessier – 75019 Paris (France)
R.C.S. Paris 882 639 354

Dépôt légal : 11-2022 – ISSN 0293-9436
Compograveur : MICHELIN Éditions, Voluntari (Roumanie)
Imprimeur : Chirat, St-Just-la-Pendue
Imprimé en France, 10-2022

Sur du papier issu de forêts bien gérées